DROIT PÉNAL GÉNÉRAL SÉNÉGALAIS

TOME 1

L'INFRACTION PÉNALE

Préface du Pr Amadou FAYE
Maître de Conférences à l'Université
Cheikh Anta DIOP de Dakar

Papa Assane TOURÉ
Magistrat hors hiérarchie,
Docteur en Droit privé et Sciences criminelles

DROIT PÉNAL GÉNÉRAL SÉNÉGALAIS

TOME 1

L'INFRACTION PÉNALE

Préface du Pr Amadou FAYE
Maître de Conférences à l'Université
Cheikh Anta DIOP de Dakar

L'Harmattan Sénégal

10 VDN, Sicap Amitié 3, Lotissement Cité Police, DAKAR

senharmattan@gmail.com
senlibrairie@gmail.com

ISBN : 978-2-14-033466-5
EAN : 9782140334665

Je dédie exclusivement cet ouvrage à ma chère épouse Marie Sambe TOURÉ, qui a consacré sa vie à éclairer mon horizon et à meubler mes rêves.

SIGLES ET ABRÉVIATIONS

Act. jur. pén.	Actualité juridique pénal
AJDA	Actualité juridique de droit administratif
AJPI	Actualité juridique de la propriété immobilière
ALD	Actualité legislative Dalloz
Ann. fr. dr. intern	Annuaire français de droit international
Arch. phil. dr.	Archives de philosophie du droit
Arch. pol. crim.	Archives de politique criminelle
AUSCGIE	Acte uniforme relatif au droit des sociétés commerciales et du groupement d'intérêt économique
Bull. civ.	Bulletin des arrêts de la chambre civile de la Cour de Cassation
Bull. crim.	Bulletin des arrêts de la chambre criminelle de la Cour de Cassation
C. ass.	Cour d'assises
C. cass.	Cour de Cassation
CA	Cour d'appel
Cah. dr. entr.	Cahier de droit de l'entreprise
Cah. lamy dr. inf.	Cahiers Lamy droit de l'informatique
Cah. séc.	Cahiers de la sécurité
Cass. ass. plén.	Assemblée plénière de la Cour de Cassation
Cass. crim.	Chambre criminelle de la Cour de Cassation
Cass. req.	Chambre des requêtes de la Cour de Cassation
CCE	Cour des Communautés Européennes
CE	Conseil d'État
CEDEAO	Communauté Economique des États de l'Afrique de l'Ouest
CEDH	Cour européenne des droits de l'homme
Ch. civ. et comm.	Chambre civile et commerciale
Ch. acc.	Chambre d'accusation
Ch. crim.	Chambre criminelle
Ch. crim. spéc.	Chambre criminelle spéciale
Ch. corr.	Chambre correctionnelle
Ch. mil.	Chambre militaire
Ch. min.	Chambre des mineurs
Ch. réun.	Chambres réunies
Chr.	Chronique

Comm. com. électr.	Revue commerce communication électronique
COCC	Code des obligations civiles et commerciales
Concl.	Conclusions
Cons. const.	Conseil constitutionnel
CP	Code pénal
CPC	Code de procédure civile
CPP	Code de procédure pénale
CREDILA	Centre de recherche, d'étude et de documentation sur les institutions et les législations africaines
CS	Cour suprême
D. aff.	Recueil Dalloz affaires
D.	Recueil Dalloz
Délib.	Délibération
Dir.	Sous la direction de
Doc. fr.	La Documentation française
Doct.	Doctrine
Dr. banc. fin.	Revue de droit bancaire et financier
Dr. et patr.	Droit et patrimoine
Dr. fam.	Revue de droit de la famille
Dr. pén.	Revue de droit pénal
Dr. soc.	Revue de droit social
EDJA	Editions juridiques africaines
Expertises	Expertises des systèmes d'information
Gaz. pal.	Gazette du palais
Ibid.	Ibidem
IDEF	Institut international de droit d'expression française
IR	Informations rapides (Dalloz)
Juris-class. pén	Juris-classeur pénal
JAP	Juge de l'application des peines
Juri-class. pén. aff	Juris-classeur droit pénal des affaires
Juris-class. proc. pén.	Juris-classeur procédure pénale
Juris-class. comm.	Juris-classeur communication
Juris-class. intern	Juris-classeur international
JCP, éd. E.	Semaine juridique édition entreprise
JCP, éd. G.	Semaine juridique édition générale
JOAN	Journal officiel de l'Assemblée nationale
JOCE	Journal officiel des communautés européennes
JORS	Journal officiel de la République du Sénégal
JT	Journal des tribunaux
Juris-data	Bases de données juridiques

Lamy dr. médias comm	Lamy droit des médias et de la communication
Le Monde	Journal le Monde
Le Monde diplomatique	Journal le Monde diplomatique
Les Échos	Le journal des Échos
LGDJ	Librairie générale de droit et de jurisprudence
OAPI	Organisation africaine de la propriété intellectuelle
OHADA	Organisation pour l'harmonisation en Afrique du droit des affaires
Option Finance	Magasine Option finance
PA	Les petites affiches
PNUD	Programme des Nations unies pour le développement
Pouvoirs	La revue Pouvoirs
Procédures	Revue Procédures
Propr. intell.	Propriétés intellectuelles
PUAM	Presses universitaires d'Aix-Marseille
PUF	Presses universitaires de France
RDP	Revue de droit public
RDTI	Revue du droit des technologies de l'information
Rép. civ.	Répertoire civil
Rép. intern.	Répertoire international
Rép. pén.	Répertoire pénal
Rép. pén. proc. pén.	Répertoire pénal et procédure pénale
Rép. soc.	Répertoire sociétés
Rev. (belge) dr. pén.	Revue belge de droit pénal
Rev. adm.	Revue administrative
Rev. ass. sén. dr. pén	Revue de l'association sénégalaise de droit pénal
Rev. Banque	Revue Banque
Rev. déf. nat. et séc. coll.	Revue Défense nationale et sécurité collective
Rev. dr. aff.	Revue de droit des affaires
Rev. dr. pén. crim.	Revue de droit pénal et de criminologie
Rev. fr. dr. adm.	Revue française de droit administratif
Rev. inter. pol. crim.	Revue internationale de police criminelle
Rev. intern. crim. pol. tech.	Revue internationale de criminologie et de police technique
Rev. intern. dr. comp.	Revue internationale de droit comparé
Rev. jur. pol. ind. coop.	Revue juridique et politique indépendance coopération.
Rev. pénit. dr. pén	Revue pénitentiaire et de droit pénal

Rev. sén. dr	Revue sénégalaise de droit
RGCT	Revue générale des collectivités territoriales
RIDA	Revue internationale du droit d'auteur
RIDP	Revue internationale de droit pénal
RIPAS	Revue des institutions politiques et administratives du Sénégal
RLDI	Revue Lamy droit de l'immatériel
RRJ	Revue de recherche juridique et de droit prospectif
RSC	Revue de sciences criminelles et de droit pénal comparé
RTD civ.	Revue trimestrielle de droit civil
RTD com.	Revue trimestrielle de droit commercial
RTDH	Revue trimestrielle de droits de l'homme
Sem. jur.	Semaine juridique
Somm.	Sommaires commentés (Dalloz)
TGIHC	Tribunal de grande instance hors classe
Trib. corr.	Tribunal correctionnel
UEMOA	Union économique et monétaire ouest-africaine

SOMMAIRE

PRÉFACE

Un éminent pénaliste a écrit que « *le droit pénal général est la grammaire de la langue pénale dont le droit pénal spécial fournit le vocabulaire* » [1]. Ces mots sont très justes. En effet, cette discipline du droit pénal a pour objet de fixer les règles communes à toutes les infractions, à la responsabilité et aux sanctions pénales. Partant d'une démarche synthétique, le droit pénal général regroupe toutes les normes qui constituent le fonds commun à toutes les infractions.

Ces règles sont, pour l'essentiel, relatives aux principes fondamentaux de la matière pénale, à savoir notamment, le principe de la légalité des crimes et des délits, la théorie de la complicité, la tentative, la responsabilité pénale ou encore la nature et au régime des sanctions pénales. Alors que le droit pénal spécial a recours à la technique de la casuistique (étude au cas par cas), le droit pénal général est le résultat d'un effort de conceptualisation et de systématisation des solutions pénales. Il constitue la théorie générale du droit criminel.

Au Sénégal, le droit pénal en général a été « *enfanté* » au lendemain des turbulences de l'indépendance avec l'adoption de la loi n° 65-60 du 21 juillet 1965 portant Code pénal, plusieurs fois modifiée. Droit d'inspiration française, le droit pénal sénégalais n'en comporte pas moins des spécificités liées au besoin de prendre en considération les réalités propres à un jeune État en voie de développement.

L'étude du droit pénal général est essentielle à la compréhension des réponses pénales et des choix de politique criminelle qui s'inscrivent dans la cohérence d'ensemble du système pénal en pleine mutation.

Mais au Sénégal, cette discipline pénale, qui pourtant n'est pas indifférente à la doctrine, n'avait jusque-là pas donné lieu à la publication d'un ouvrage sous la forme d'un manuel ou même d'un traité. C'est ce vide académique et scientifique que le Dr. Papa Assane TOURÉ vient de combler avec beaucoup de bonheur.

---

[1] A. VITU, *Droit pénal spécial*, Paris, Cujas, 1981, p. 12, n° 04.

L'auteur n'a voulu rien laisser sous le boisseau. En effet, l'ouvrage que vous tenez entre vos mains procède à une étude exhaustive des règles générales relatives à l'infraction pénale, c'est-à-dire la théorie générale de l'infraction pénale, à travers sa classification et ses éléments constitutifs.

Le droit criminel sénégalais, traversé par plusieurs réformes, connaît, de nos jours, un bouillonnement sans précédent. Ainsi, avec pédagogie et subtilité, l'auteur nous promène dans les nouveaux jardins du droit pénal général, à travers la refonte du régime des confiscations, l'institution du placement sous surveillance électronique, comme mode d'aménagement des peines, l'admission formelle de la responsabilité pénale personnelle, la consécration d'un principe général de responsabilité pénale des personnes morales ainsi que la création d'une nouvelle catégorie d'infractions relatives à la criminalité organisée.

Pour ce faire, l'auteur a mobilisé un impressionnant appareil scientifique et méthodologique. En chercheur averti, il a utilisé des outils précieux de l'exégèse des textes les plus récents du droit pénal positif et a eu recours à des décisions jurisprudentielles inédites et à des circulaires signées par le Garde des Sceaux, Ministre de la Justice très difficile d'accès, ce qui confère à son ouvrage une originalité et une valeur scientifique inestimable. On retrouve également, dans ce livre, pratiquement toute la littérature pénale sénégalaise depuis l'accession de notre pays à la souveraineté internationale, dans le strict respect des règles de présentation des documents académiques.

L'auteur réalise, avec ce bel ouvrage, un équilibre entre le pragmatisme ainsi que l'empirisme du praticien et l'effort de conceptualisation, d'analyse et de systématisation du théoricien indispensable à toute entreprise de recherche.

Cet ouvrage, à ne pas en douter, fait l'honneur de son auteur. Il n'en constitue pas moins une fierté et une source de satisfaction pour l'enseignant et l'universitaire que je suis. En effet, j'ai eu le plaisir de suivre les premiers pas de l'auteur dans la matière pénale pour lui avoir dispensé, déjà en 1997, le cours de droit pénal général en deuxième année de sciences juridiques. Le choix porté sur notre personne pour rédiger la préface de cet ouvrage traduit éloquemment son sens élevé de la reconnaissance.

Rien de tout cela ne surprend. Papa Assane TOURÉ est un chercheur connu du monde universitaire par ses nombreuses publications scientifiques, doublé d'un praticien du droit en sa qualité de magistrat hors hiérarchie, ayant occupé de hautes fonctions judiciaires. Secrétaire général adjoint du Gouvernement chargé des affaires juridiques, il a été associé, de par ses fonctions dans l'Administration centrale de l'État, à toutes les dernières réformes pénales au Sénégal.

Par cet ouvrage de haute facture scientifique, l'auteur appose sa marque indélébile sur le marbre du droit pénal sénégalais et attache ainsi définitivement son nom à cette discipline du droit.

En définitive, l'ouvrage que le juge TOURÉ livre à la pensée juridique constituera, sans nul doute, un bréviaire pour tous les étudiants, les universitaires les praticiens du droit (magistrats, avocats, greffiers, officiers de police judiciaire, etc.) ainsi que les citoyens désireux de comprendre la rationalité qui irrigue le droit pénal général sénégalais.

Amadou FAYE
Maître de Conférences à l'Université
Cheikh Anta DIOP de Dakar

INTRODUCTION

PARAGRAPHE PREMIER : LE PHÉNOMÈNE CRIMINEL

1. Criminalité. La criminalité encore appelée « *délinquance* » constitue un phénomène aussi vieux que le monde. Le *dictionnaire Petit Robert* la définit comme : « *l'ensemble des actes criminels dont on considère la fréquence et la nature, l'époque et le pays où ils sont commis* »[2] . Entre le crime, au sens large, et la criminalité, il y a une simple nuance quantitative[3]. Le crime est un acte isolé et individuel alors que la délinquance est un « *phénomène collectif* »[4], qui renvoie à l'ensemble des infractions à la loi pénale commises à un moment donné dans un pays donné[5]. La criminalité est un état social et collectif composé par la globalisation des crimes qui perturbent une société.

2. Criminalités réelle, apparente et légale. L'ensemble des infractions à la loi pénale commises à un moment donné dans un pays donné constitue un phénomène de masse dont on apprécie l'importance en utilisant les méthodes des sciences sociales : statistiques, enquêtes, interviews, etc.

La criminalité réelle est le nombre d'infractions effectivement commises dans un pays ou une région donnée.

Elle se distingue de la criminalité apparente qui vise les infractions qui font l'objet de dénonciations, de plaintes, d'enquêtes policières ou de poursuites judiciaires et qui n'ont pas donné lieu à des condamnations[6].

En effet, les infractions portées à la connaissance de la justice n'aboutissent pas toujours à des condamnations ; elles peuvent donner lieu à des classements sans suite, des décisions d'incompétence, des décisions

---

[2] *Le nouveau Petit Robert de la langue française*, 2009, nouvelle édition millésime, 2009, V° criminalité p. 585.

[3] R. MERLE et A. VITU, *Traité de droit criminel. Problèmes généraux de la science criminelle. Droit pénal général*, tome 1, Cujas, 7e édition 1997, n° 12 ; A. RICHARD, *Le crime,* Paris, Flammarion, 1961.

[4] R. GASSIN, *Criminologie*, Paris, Dalloz, 5e édition, 2003, p. 256.

[5] R. MERLE et A. VITU, *Traité de droit criminel. Problèmes généraux de la science criminelle. Droit pénal général,* tome 1, Paris, Cujas, 7e édition 1997, p. 39.

[6] C. BABERGER-DAMAMME, *De la criminalité apparente*, Thèse, Lyon 1981.

d'irrecevabilité, de nullité, de non-lieu, de relaxe ou d'acquittement. Les statistiques des services d'enquête et du parquet permettent de mesurer la criminalité apparente. La différence entre les criminalités apparente et réelle constitue ce que les criminologues appellent le «*chiffre noir de la criminalité*» (*Dark number*) ou la « *criminalité cachée* »[7].

Quant à la criminalité légale, elle comprend les infractions qui ont fait l'objet de condamnations pénales ; elle est révélée par les statistiques de la justice.

La différence entre les criminalités apparente et légale est appelée « *le chiffre gris de la criminalité* ».

3. Criminalité : une réalité sociale. La criminalité est un phénomène social. L'infraction constitue une violation par un individu d'une règle sociale prévue par le droit pénal. Le phénomène criminel porte atteinte aux valeurs essentielles de la société (vie humaine, propriété privée, honorabilité des personnes, foi publique, etc.). La criminalité, dit-on, trouble ou risque de troubler l'ordre social.

Une telle affirmation suppose que la société est toujours la victime de ce phénomène. Il en est ainsi surtout lorsque c'est contre elle que l'acte antisocial a été dirigé. C'est le cas des infractions contre la chose publique (atteintes à la sûreté de l'État, atteintes à la défense nationale, fausses monnaies, etc.).

Mais même lorsque l'infraction viole un intérêt privé (vol, coups et blessures volontaires, diffamation, etc.), la société est toujours en cause, puisque l'acte infractionnel porte toujours atteinte aux valeurs cardinales de la société.

Donc l'infraction est intimement liée à la société. On dit qu'elle est un acte social. Le crime (au sens large) est inhérent à la vie en société qui remonte à la plus haute Antiquité. Selon Durkheim, « *le crime ne s'observe pas seulement dans la plupart des sociétés de telle ou telle espèce, mais dans toutes les sociétés de tous les types* »[8]. La délinquance existe dans toutes les sociétés traditionnelles ou modernes. Aussi, le phénomène criminel n'apparaît-il et n'existe-t-il que lorsqu'il y a société et parce qu'il y a société.

---

[7] En ce sens, V. Ministère de l'Intérieur, *La délinquance au Sénégal et sa cartographie. Faits et chiffres d'une enquête de victimation*, Dakar, p. 32.
[8] E. DURKHEIM, *Les règles de la méthode sociologique*, 1893.

4. Criminalité : une réalité humaine. Ce n'est pas la société qui produit le crime. À l'origine de la délinquance, il y a toujours l'action d'une personne, être humain et social, en révolte contre les valeurs de la société dont il est membre.

C'est en cela que la criminalité constitue une réalité humaine[9]. L'auteur de l'infraction n'est pas un animal, mais un individu. D'un point de vue réaliste, le phénomène criminel apparaît essentiellement comme l'acte d'un homme contre la société. La délinquance est le « *produit* » de l'homme. Ni les choses ni les animaux ne sont des agents pénaux. Les procès intentés aux animaux, aux choses et même aux cadavres ne sont plus de nos jours « *qu'une curiosité de l'histoire*».

Seul un être humain doué d'intelligence et de volonté peut commettre un acte contraire à l'ordre social pour lequel la société est en droit de lui demander des comptes. Il est important de prendre en compte cet aspect de la criminalité, surtout au plan judiciaire. Le juge doit, avant de prononcer une sanction quelconque contre l'agent pénal, prendre en considération sa personnalité et son milieu social, conformément au principe de la personnalité et de l'individualisation des peines.

PARAGRAPHE II : LES RÉPONSES DE POLITIQUE CRIMINELLE

5. Évolution de la réaction sociale contre le phénomène criminel. Tout phénomène criminel exige une réponse de politique criminelle adaptée et efficace. La société ne peut manquer de réagir contre la criminalité qui contrevient aux règles fondamentales posées par l'autorité publique pour la régulation des rapports sociaux.

On présente généralement l'histoire de la réaction sociale contre le phénomène criminel ou du droit de punir suivant trois types d'époques : la période de la vengeance privée, celle de la justice privée et l'époque de la justice publique.

6. Période de la vengeance privée. Pendant la période de vengeance privée, la victime d'une agression et son clan décidaient s'il y avait ou non offense et déterminaient la riposte appropriée. Même au plus profond de la

---

[9] B. BOULOC, *Droit pénal général*, Paris, Dalloz, 25e édition, 2017, n° 11.

nuit des temps, l'individu a toujours trouvé un appui auprès des membres de sa famille et de son clan[10].

Le chef du clan, généralement à la fois chef de guerre, chef politique et chef religieux, était investi des pouvoirs les plus absolus, en particulier pour faire régner l'ordre dans le groupe. On trouve en Égypte, en Grèce et à Rome, notamment, les traces de cette justice familiale.

La vendetta corse n'en est pas la seule survivance contemporaine. La vengeance était à l'époque un droit imprescriptible pour la victime et sa famille et même un devoir qui incombait aux proches parents de la victime. Le système de la vengeance privée concernait tous les actes dommageables, notamment le vol de troupeaux, l'attentat aux mœurs, le meurtre, etc. Ihering disait que la guerre privée « *ne connaît d'autres limites que le degré de surexcitation purement accidentel ou arbitraire de l'individu lésé* ».

Ce système a fonctionné dans les sociétés primitives[11]. Il prenait la forme d'une guerre privée qui se terminait souvent par l'extermination d'un groupe ou par une transaction sous forme d'indemnisation. Il s'agissait d'une réponse spontanée et dépourvue de toute organisation.

Même s'il était rudimentaire et brutal, la vengeance privée n'en constituait pas moins une garantie sommaire du maintien de l'ordre public dans les relations entre clans. En effet, la crainte de la vengeance et de ses conséquences pour le clan assurait un certain ordre social[12].

7. Période de la justice privée. On assiste à l'avènement de la justice, dès que l'on sort de l'arbitraire et de l'exercice illimité de la force brutale. Mais cette justice reste privée puisque la victime et sa famille restent les instigatrices de la répression et en assurent souvent la mise en œuvre.

Ainsi, contrairement à la vengeance privée, dans la justice privée, il y a un embryon « *d'organisation judiciaire* ».

---

[10] G. GLOTZ, *La solidarité de la famille dans le droit criminel en Grèce*, thèse Lettres Paris, 1904, p. 45.

[11] Sur le phénomène sociologique de la vengeance, R. VERDIER, *La vengeance dans les sociétés extra-occidentales,* texte I, 1980 ; R. VERDIER et J.-P. POLLY, *Vengeance, pouvoir, et idéologie dans quelques civilisations de l'antiquité,* texte II, 1984 ; COURTOIS, *La vengeance dans la pensée occidentale*, texte IV, 1984.

[12] B. BOULOC, op. cit., n° 59.

Le système de la justice privée a apporté des limitations au degré de vengeance légalement autorisée, à travers diverses institutions propres à cette forme de justice, comme le combat judiciaire, l'abandon noxal, le talion et la composition tarifée.

Le combat judiciaire ou duel judiciaire (aussi appelé « *jugement par combat* ») est une procédure par laquelle, pour statuer sur des accusations en l'absence de témoins ou d'aveux, les deux parties en litige se battent en combat singulier; le vainqueur est considéré comme étant celui désigné par Dieu et qui est la personne fondée dans ses prétentions. Le combat des Horace et des Curiace en fournit un bon exemple.

L'abandon noxal est une procédure par lequel l'offenseur est abandonné à la vengeance de la victime d'un acte antisocial. Il était décidé à l'origine par la famille entière, puis plus tard, par son chef.

Mais le coupable, ainsi livré, ne risquait pas toujours la mort, un temps d'esclavage pouvant suffire à la famille offensée.

Avec le talion (loi du talion) (« *œil pour œil, dent pour dent* »), qui était également connu de la plupart des législations répressives primitives, la vengeance était devenue mesurée, la pression individualisée[13]. En limitant le talion au cas d'infraction volontaire, on introduisait un élément subjectif utile à la socialisation des rapports humains.

La composition volontaire consistait à accepter une indemnité par la partie lésée qui renonçait ainsi à l'exercice de son droit à la vengeance contre l'agresseur. Quelle que soit la somme allouée, la partie lésée avait le droit de refuser de « *composer* » si son droit à la vengeance était reconnu par le pouvoir central[14].

8. Période de la justice publique. À partir du moment où le pouvoir étatique central a affermi son autorité, le système de répression a connu de profondes mutations. La justice est devenue publique à partir du moment où l'État a pris en main la direction de la répression pénale et l'a organisée de

[13] J. DURIF, *Le talion et le début de la justice publique*, thèse, Lyon 1937 ; KRAUTTER-BORDENET, AL KISAS, *le talion islamique*, Thèse, Paris, I, 1973 ; CHARAF EL DIN, « Le talion en droit égyptien et musulman », *RSC* 1975, p. 393.

[14] Cf. R. VAN DER MADE , « Les paix après homicide au pays de Liège », *Mélanges Monnier*, p. 400.

telle sorte qu'elle a pour objet essentiel la réparation du trouble causé par l'infraction.

Les États se sont orientés vers des modèles expiatoires et de rétribution de la peine. Le fondement de la répression n'est plus la vengeance, mais l'expiation du coupable. Le crime est ainsi une faute qui appelle une sanction. Dans le système de rétribution, la peine est l'exacte compensation afflictive de la faute commise.

Ainsi, la partie privée se trouve reléguée au second plan et même le procès pénal peut se dérouler normalement sans que son intervention soit indispensable.

Il est désormais interdit à la victime de se faire justice elle-même (sauf dans certaines circonstances exceptionnelles), elle doit s'adresser aux représentants du pouvoir central[15]. L'action répressive appartient à la société tout entière. Elle cesse d'être une action privée, pour devenir une action publique[16].

La peine est infligée au nom de la société et au bénéfice de celle-ci dans le cadre de l'action publique; elle est nettement distincte de la réparation du dommage causé par l'infraction donnant lieu à l'action civile. La «*vindicte sociale* » a ainsi remplacé la vengeance privée.

9. Politique criminelle. Par rapport aux systèmes traditionnels de répression du crime, la politique criminelle moderne représente une évolution remarquable.

En tout état de cause, la réaction sociale à l'infraction commise n'est plus une réaction vindicative et aveugle, mais elle est judiciaire, réfléchie et réglementée.

Cette réaction est organisée dans le cadre de la politique criminelle.

Étymologiquement, la « *politique* » vient de la racine grecque «*polis*» qui renvoie à la « *cité* ». De la politique, il est admis que c'est, de façon générale, la conduite des affaires de la cité[17]. Il s'agit de « *l'art de gouverner un État*

---

[15] J. J. THONISSEN, *L'organisation judiciaire, le droit pénal et la procédure pénale de la loi salique*, Paris, 1882.
[16] V. B. BOULOC, op. cit. n° 66.
[17] H. ARENDT, *Qu'est ce que la politique ?,* Paris, éditions du seuil, 1993, p. 31.

», pour reprendre la définition du *Dictionnaire Littré*[18]. Dans sa plus grande généralité sémantique, la politique est une idée, un concept que l'on veut mettre en œuvre.

Dans le discours juridique, la politique renvoie à une ligne d'action, de direction imprimée à une action par le choix des objectifs et des moyens de celle-ci[19].

La notion de politique peut également renvoyer à ce qui a trait à la cité, à l'exercice du pouvoir dans un État, à la participation qu'y prennent les citoyens, les organes institués et les partis politiques[20].

En droit constitutionnel sénégalais, il résulte de l'article 42 de la Constitution que le Président de la République est chargé de déterminer la politique de la Nation. Il lui revient de définir la politique de la Nation dans tous les secteurs de la vie (économie, justice, environnement, protection sociale, agriculture, etc.).

En d'autres termes, il incombe au Chef de l'État « *de fixer les grandes options, les directives principales de l'action de l'État* »[21]. La politique de l'État rentre dans le cadre des politiques publiques. Le concept de politique publique désigne les interventions d'une autorité investie de la puissance publique et de la légitimité gouvernementale dans un domaine spécifique de la société[22].

10. Concept de politique criminelle. La politique criminelle n'est qu'un aspect de la politique en général[23] et correspond à «*l'analyse et à la compréhension d'une affaire particulière de la société : le phénomène*

---

[18] Selon *le Petit Larousse Illustré*, 2002, p. 800. La politique est « *un ensemble d'options prises individuellement ou collectivement par le Gouvernement d'État ou d'une société dans les domaines relevant de son autorité* ». Sur cette question, V. A. CISSÉ, « La politique criminelle à l'épreuve de la décentralisation. Le cas du Sénégal », *Rev. Ass. Sén. dr. pén*, janvier-décembre 1996, n° 03-04, p. 81.

[19] G CORNU, *Vocabulaire juridique*, Paris PUF, 12 e édition, 2018, V° politique.

[20] G CORNU, *ibid.*

[21] V. C. GAUTRON et M. ROUGEVIN BAVILLE, *Droit public du Sénégal*, Paris, éd. Pédone, 2e éd., 1977, p. 66 ; J. MASSOT, *Chef de l'État et chef du Gouvernement. Dyarchie et hiérarchie*, Doc. fr., 2e éd., 2008.

[22] P. MULLER et Y. SUREL, *L'analyse des politiques publiques*, Paris, Montchrestien, coll. «Clefs-Politique », 2000 ; J-C. THOENIG, « Politiques publiques », in L. BOUSSAGUET et al., *Dictionnaire des politiques publiques*, Paris, Presses de Sciences Po, 2014, p. 420 ; P. MULLER, *Les politiques publiques*, Paris, PUF, coll. « Que sais-je ?», 8e éd. mise à jour, 2009,

[23] A. CISSÉ, *La transaction pénale administrative*, thèse Tunis II, 1993, p. 02.

criminel»[24]. Elle apparaît comme « *l'art de diriger la résistance que toute société doit opposer au crime*»[25].

Mais la recherche d'une systématisation d'un modèle théorique de la politique criminelle remonte déjà au XVIIIe siècle. Elle a mis en lumière les incertitudes et hésitations sur son champ et son objet. L'expression « *politique criminelle* » connaît plusieurs définitions, qui correspondent à autant de conceptions différentes de cette discipline aux contours fuyants et incertains[26].

Traditionnellement, certains auteurs, retenant une approche restrictive de la politique criminelle, y voyaient simplement un chapitre et une réflexion sur le droit pénal.

L'expression « *politique criminelle* » est employée pour la première fois à la fin du XVIIIe siècle dans les œuvres de Kleinschrod et Feuerbach, qui l'ont conçu comme un « *art législatif*».

Pour le premier auteur, «*la politique criminelle c'est la connaissance des moyens que peut trouver le législateur selon la disposition spéciale de chaque État pour empêcher les délits*»[27].

Quant au pénaliste allemand Feuerbach, il définissait la politique criminelle comme : «*l'ensemble des procédés répressifs par lesquels l'État réagit contre le crime* »[28].

---

[24] V. Ch. LAZERGES, *La politique criminelle*, « Que sais-je ? », Paris, PUF, 1987, p. 05 ; G. LEVASSEUR, « La politique criminelle », *Arch. ph. dr..*, XVI, 1971, p. 131.

[25] M. ANCEL, « Pour une étude systématique des problèmes de politique criminelle », *Arch. pol. crim*, n°01, Pédone 1975, p. 32.

[26] Sur la diversité des conceptions de la politique criminelle, V. notamment, J. BERNAT DE CELIS, « La politique criminelle à la recherche d'elle-même », *Arch.pol.crim.*, n° 02, Pedone 1977, p. 03 et s. ; E. BUCHOLZ, « Réflexions sur la politique criminelle », *RSC* 1986, p. 79 ; R. SCHMELCK, « Où en est la politique criminelle » ?, *Pouvoirs*, n° 16, 1981, p. 79 ; J-Y DAUTRICOURT, « De la loi pénale à la politique criminelle », *Arch.pol.crim*, n° 02, 1977, p. 83 ; R. LEGROS, « Politique criminelle et droit pénal », *Rev.dr.pén.crim*, n° 04, avril 1980, p. 287 ; G. LEVASSEUR, « La politique criminelle», *Arch.ph.dr.*, 1971, p.131 ; Ch. LAZERGES, *La politique criminelle*, Paris, Que sais-je ?, PUF, 1987; D. SZABO, « Pour une science de politique criminelle», *Rev.intern.crim.pol.tech.*, n° 02, 1993, p. 177 ; Ch. LAZERGES, *Introduction à la politique criminelle*, Paris, l'Harmattan 2000, p. 03.

[27] Cité par CH. LAZERGES, *La politique criminelle,* Paris, Que sais-je ?, PUF, 1987, p. 06.

[28] V. FEUERBACH, *Manuel de droit pénal,* 1803, cité par M. DELMAS-MARTY, *Les grands systèmes de politique criminelle,* Paris, PUF 1992, p. 13.

C'est avec Von liszt que s'annonce, au début du XXe siècle, le mouvement moderne de la politique criminelle. Ce dernier définissait cette discipline comme « *l'ensemble systématique des principes au moyen desquels l'État et la société doivent organiser la lutte contre le crime*»[29].

Cette approche de la politique criminelle sera rétrécie dans les années 30 en France par Donnedieu de Vabres et en Allemagne par Mezger. Ces auteurs ont circonscrit la politique criminelle dans deux nouvelles limitations : celle d'être pratiquement confondue avec le droit pénal, et par là même étant donné l'esprit du droit qui régnait, celle d'être répressive par nature[30].

Le criminaliste allemand Mezger considérait la politique criminelle comme la « *réaction de l'État contre le crime par les moyens du droit pénal* »[31], pendant que Donnedieu de Vabres attribuait à cette discipline une fonction purement répressive : « *si heureuse et efficace que soit la prévention, elle ne peut réduire à néant le phénomène criminel* ». Pour l'auteur, la politique criminelle consiste à « *réagir punitivement et répressivement contre le crime*»[32].

11. Approche moderne de la politique criminelle. Le décloisonnement de la politique criminelle, par la prise en compte de sa dimension préventive a été déjà perceptible dans la définition donnée à cette discipline par Marc Ancel. En effet, l'auteur évoquait déjà la nécessité d'inclure dans le champ de la politique criminelle « *à la fois les problèmes de prévention et le système de répression*»[33].

Le fondateur du mouvement de la «*défense sociale nouvelle* » considérait la politique criminelle comme « *un art de diriger la résistance que toute société doit opposer au crime* » et « *une science ou une méthode d'observation de la réaction anticriminelle*»[34]. C'est pourquoi Marc Ancel prônait une étude systématique des problèmes de politique criminelle qui

---

[29] Cité par J. BERNAT DE CELIS, op. cit, p. 06 et 07.

[30] J. BERNAT DE CELIS, op. cit, p. 07.

[31] Cité par P. CORNIL, « Une politique criminelle réaliste », in *Les principaux aspects de la politique criminelle moderne, Recueil d'études en hommage à la mémoire du Professeur Henri Donnedieu de Vabres,* Paris, Cujas, 1960, p. 29 et 30.

[32] H. DONNEDIEU DE VABRES, *La politique criminelle des États autoritaires*, Paris, 1938, p.04.

[33] M. ANCEL, « Pour une étude systématique des problèmes de politique criminelle », *Arch.pol. crim*, n°01, Pédone 1975, p. 15 ; V. aussi, ROUX, *Répression et prévention*, Paris, Alcan 1922 ; ROUX, « La méthode préventive est-elle utilisable pratiquement ? », *RIDP* 1925, p. 41.

[34] M. ANCEL, op. cit., p. 226.

consiste, selon une démarche comparative, « *à étudier l'évolution, l'état actuel et le devenir des systèmes de réaction anti-criminelle en fonction de leur finalité, des moyens employés et des résultats obtenus* »[35]. Les travaux de Marc Ancel préfigurent, en réalité, de la conception la plus actuelle de la politique criminelle.

Il faudra attendre la publication de l'ouvrage du professeur Mireille Delmas-Marty intitulé *Les grands systèmes de politique criminelle*[36] en 1992, pour que l'on assiste à une nouvelle orientation de la politique criminelle.

Le professeur Delmas-Marty a tiré argument de la perte de spécificités des catégories pénales et de la recomposition du champ pénal, pour proposer une nouvelle approche de la politique criminelle. La définition qu'elle donne à cette discipline est très large. Selon l'auteur, la politique criminelle comprend « *l'ensemble des procédés par lesquels le corps social organise les réponses au phénomène criminel* »[37]. Elle s'ouvre aux réponses sociétales à tous les comportements d'écarts aux normes (infraction et déviance) et non pas seulement aux actes infractionnels de la pensée pénale classique[38]. Ainsi, la politique criminelle, dans une telle perspective élargie, intègre, à côté de la réponse réactionnelle *a posteriori* (répression), les réponses *a priori* dites préventives.

Sous ce rapport, le droit pénal ne se confond pas avec la politique criminelle ; il ne constitue qu'un instrument de la politique criminelle et doit s'articuler aux autres outils de cette discipline dans un ensemble cohérent.

De nos jours, on assiste à une instrumentalisation des techniques du droit pénal (incriminations, responsabilité, sanctions et procédure pénale) par la politique criminelle au service de la lutte contre la criminalité[39]. Il y a ainsi

---

[35] M. ANCEL, Ibid.

[36] M. DELMAS-MARTY, *Les grands systèmes de politique criminelle,* Paris, PUF, 1992.

[37] M. DELMAS-MARTY, *Modèles et mouvements de politique criminelle*, Paris, Economica, 1983, p. 13.

[38] Ch. LAZERGES, *La politique criminelle*, Paris, PUF, coll. « *Que sais-je ?* », 1987, p.7 ; J. PRADEL, *Droit pénal général*, Paris, Cujas, 18e édition, 2010, p. 56 ; J. P. MIGNARD, *Cybercriminalité et cyberépression, entre désordre et harmonisation mondiale*, Thèse, Paris I, 2004, n° 9 ; F. DESPORTES et F. LEGUNEHEC, *Droit pénal général*, douzième édition, Paris, Economica, 2005, p. 6.

[39] Sur l'ensemble de cette question, la thèse de C. DUTHEIL DE LA ROCHERE, *Politique criminelle et techniques du droit pénal, étude systématique d'une relation,* Thèse Lyon, 2001, p. 8 ; dans le même sens, récemment, X. PIN, « Politique criminelle et frontières du droit pénal : enjeux et perspectives », *Rev.pén.dr. pén*, n° 1, janvier-mars 2011, p. 83.

une relation entre la politique criminelle, stratégie pénale contre l'infraction, et les techniques de droit pénal, tout choix ou option de politique criminelle mobilisant une technique du droit pénal pour le traduire.

PARAGRAPHE III : LE DROIT PÉNAL

12. Notion de droit pénal. Le droit pénal ou « *droit criminel* » occupe une place de choix dans les réponses de politique criminelle. Il peut être défini comme « *l'ensemble des règles juridiques qui organisent la réaction de l'État vis-à-vis des infractions et des délinquants* »[40].

Le droit pénal a pour objet de déterminer les règles relatives aux infractions et aux sanctions pénales encourues. Il s'agit du droit de l'infraction et de la réaction qu'elle engendre, c'est-à-dire l'ensemble des règles ayant pour objet de déterminer les actes antisociaux, de désigner les personnes pouvant en être déclarées responsables et de sanctions qui leur sont applicables[41].

L'une des particularités majeures du droit pénal réside dans le fait que sa mise en œuvre suppose nécessairement une intervention judiciaire. Alors que, généralement le droit ne se confond pas avec le contentieux, qui n'est qu'un « *accident* » de la vie juridique, le droit pénal est par nature un droit contentieux.

Pour mieux comprendre la place du droit pénal dans les autres réponses de politique criminelle, il importe d'étudier sa structure scientifique, ses caractères, ses sources et ses fonctions avant d'analyser l'évolution du droit pénal sénégalais.

A. La structure scientifique du droit pénal

13. Contenu scientifique. Le droit pénal est une discipline ayant pour objet d'étudier l'incrimination et la répression par l'État des agissements causant un trouble à la société[42]. Il comporte plusieurs branches et s'enrichit de toutes les autres sciences criminelles qui contribuent à l'appréhension du phénomène criminel.

---

[40] R. MERLE et A. VITU, *Traité de droit criminel. Problèmes généraux de la science criminelle. Droit pénal général*, tome 1, Cujas, 7e édition 1997, p. 178, n°130.
[41] F. DESPORTES et F. LE GUENEHEC, op. cit., n° 5.
[42] J. LEROY (dir.), *Faut-il rethéoriser le droit pénal* ?, Paris, Lexisnexis, 2017.

1. Les branches du droit pénal

14. Contenu scientifique. Le droit pénal comprend plusieurs disciplines juridiques.

15. Droit pénal international. Alors que le droit international pénal est un droit international, le droit pénal international constitue un droit national. Il s'agit de la branche du droit pénal qui a pour objet de régir l'ensemble des problèmes pénaux comportant un élément d'extranéité, c'est-à-dire des points de contact avec au moins deux systèmes pénaux. Il en est ainsi lorsqu'une infraction est commise par un sénégalais en France au préjudice d'une victime de nationalité chinoise. Le droit pénal international détermine ainsi les règles relatives à la compétence internationale des juridictions sénégalaises, à l'extradition et aux effets des sentences pénales.

16. Droit international pénal. Le droit international pénal, qui se rapproche du droit international public, organise la répression des infractions dans l'ordre international. Il a pour objet de définir les infractions portant atteinte à la paix et à la sécurité internationale (crime de guerre, crime contre l'humanité, génocide, etc.) ainsi que les règles d'organisation et de fonctionnement des juridictions internationales chargées de juger ces infractions (Cour pénale internationale, tribunal pénal pour l'ex. Yougoslavie, etc.)[43].

17. Droit pénal spécial. Le droit pénal spécial étudie, par une démarche casuiste, les éléments constitutifs et le régime juridique propre à chaque infraction[44]. Il s'intéresse aux éléments constitutifs propres à chaque infraction (le vol, l'escroquerie, le meurtre, etc.) ainsi que leur régime juridique (responsabilité, sanction, procédure). C'est en quelque sorte l'étude du catalogue des infractions ou de la galerie des actes antisociaux et des sanctions qui leur sont applicables. Le droit pénal spécial occupe la majeure partie du Code pénal.

C'est sans doute la discipline la plus ancienne du droit pénal. En effet, les sociétés ont commencé par établir les comportements antisociaux (incriminations) et les peines y attachées avant d'envisager la procédure

---

[43] Sur le droit pénal international, V. A. HUET et R. KOERING-JOULIN, *Droit pénal international*, Paris, Themis 3e éd. 2005 ; Cl. LOMBOIS, *Droit pénal international*, 2e éd., 1979 ; D. REBUT, *Droit pénal international*, Paris, Dalloz 2014.
[44] R. MERLE et A. VITU, op. cit. n° 143.

applicable. La théorisation et la systématisation du droit criminel ne sont intervenues que plus tard. C'est pourquoi on dit souvent que le droit pénal spécial est l'ancêtre le droit pénal général[45].

Le recours presque systématique à la sanction pénale pour assurer l'application des législations et réglementations dans les domaines liés à l'environnement, au numérique, au nucléaire, à la biosécurité, etc. a considérablement accru le domaine du droit pénal spécial. Il est possible de distinguer les infractions de base des infractions très spécifiques qui forment ce que l'on appelle un droit pénal technique.

On assiste aujourd'hui à une tendance à l'éclatement, au morcellement et à la spécialisation du droit pénal spécial qui donne naissance à des « *droits pénaux très spéciaux* ». Il en est ainsi du droit pénal de l'environnement, du droit pénal pétrolier, du cyberdroit pénal, du droit pénal nucléaire, etc.

18. Procédure pénale. Entre l'infraction commise et la peine prononcée se situe la procédure pénale. Le terme « *procédure* », vient du verbe latin « *procedere* », signifiant littéralement « *aller de l'avant* »[46]. Il désigne une manière de faire pour aboutir à un certain résultat. La procédure pénale ou droit pénal procédural est « *l'ensemble des règles relatives à la constatation des infractions ainsi qu'à l'identification, l'appréhension, la poursuite et le jugement de leurs auteurs*»[47]. La procédure pénale renvoie aux règles relatives à la conduite du procès pénal qui met en cause les intérêts de la société[48].

On dit souvent que « *le Code pénal est le code des mandarins, tandis que le Code de Procédure pénale est celui des honnêtes gens* ».

Le premier a pour objet de réprimer les auteurs d'infractions, tandis que le second est dominé par le souci d'éviter que les innocents soient punis. De nos jours, l'importance de la procédure pénale, en tant que technique

---

[45] Sur les rapports entre droit pénal général et droit pénal spécial, V. la thèse de J.-B., *Droit pénal général et droit pénal spécial,* Paris, LGDJ, 1977 ; M. L. RASSAT, *Droit pénal spécial*, 7e éd., nos 2 à 4 ; A. VITU, *Droit pénal spécial*, Paris, Cujas, 1981, nos 3 s.

[46] S. GUINCHARD et F. FERRAUD, *Procédure civile*, Dalloz, 28e édition, 2006, n° 1.

[47] F. DESPORTES et L. LAZERGES-COUSQUER, *Procédure pénale*, Paris, Economica, 2009, p. 1.

[48] Sur toute cette question, R. MERLE et A.VITU, *Traité de droit criminel. Problèmes généraux de la législation criminelle. Droit pénal général. Procédure pénale,* Paris, édition Cujas, 1967, p. 631 et s., G. STAFANI, G. LEVASSEUR et B. BOULOC, *Procédure pénale,* Paris, Dalloz, 14e éd., 1990, 18 et s.

d'organisation du procès dans les grandes options de la politique criminelle, et notamment dans les orientations du droit pénal, n'est plus discutée[49]. En réalité, les normes procédurales pénales, en garantissant l'application effective des instruments du droit pénal de fond (incriminations, responsabilité, sanctions), constituent le passage obligé de la pénalisation à la répression judiciaire des comportements antisociaux[50].

19. Pénologie. La condamnation du délinquant n'épuise pas la tâche du législateur pénal. Il convient encore de fixer le régime d'exécution des peines et des mesures de sûreté. Tel est l'objet de la science pénitentiaire ou pénologie qui étudie les problèmes posés par l'exécution des peines, une fois qu'elles sont devenues définitives[51]. Elle analyse aussi les différents systèmes répressifs applicables.

20. Droit pénal comparé. Le droit pénal comparé a pour objet la comparaison des systèmes pénaux nationaux (droits pénaux chinois, allemand, burkinabé, etc.), par l'étude des différences, mais aussi des ressemblances entre ces systèmes[52]. Il s'agit d'un instrument scientifique au service du droit pénal puisqu'il est essentiellement destiné à améliorer les systèmes des droits nationaux.

21. Droit pénal général. Au-delà des particularités de telle ou telle infraction, le droit pénal général a pour objet de fixer les règles communes à toutes les infractions, à la responsabilité et aux sanctions pénales. Partant d'une démarche synthétique, le droit pénal général regroupe l'ensemble des normes qui constituent le fonds commun à toutes les infractions. Ces règles sont relatives, pour l'essentiel, à la légalité criminelle, à la complicité, à la

---

[49] Sur l'importance des aspects procéduraux en politique criminelle en général, R. MERLE et A. VITU, *Traité de droit criminel. Problèmes généraux de la science criminelle. Droit pénal général. Procédure pénale*, édition, *Cujas*, 7e édition 1997, p. 140 ; J. PRADEL, *Manuel de procédure pénale*, Paris, éditions *Cujas*, 2004, p. 10 ; B. BOULOC, *Procédure pénale*, Paris, 22e édition, Dalloz, 2010, n° 3 ; M.-L. RASSAT, *Procédure pénale*, Paris, Ellipses, 2010, p. 5.

[50] H. CROZE, « Une autre idée de la procédure », in « *Une certaine idée du droit* », *Mélanges André Decocq*, *Litec*, 2004, p. 130-131 ; F. DESPORTES et L. LAZERGES-COUSQUER, *ibid.*

[51] B. BOULOC, *Droit de l'exécution des peines*, Paris, Dalloz, 4e éd., 2011 ; P. PONCELA, *Droit de la peine*, Paris, PUF, 2e éd., 2003 ; M. HERZOG-EVANS, *Droit de l'application des peines*, 4e éd., Paris, Dalloz, 2012 ; A. BEZIZ-AYACHE et D. BOESEL, *Droit de l'exécution de la sanction pénale*, Lamy Axe Droit 2010 ; E. GARÇON et V. PELTIER, *Droit de la peine*, Paris, Litec, 2015.

[52] J. B. HERZOG, « Les principes et les méthodes du droit pénal comparé », *RIDC* année 1957 9-2, p. 337-352 ; J. PRADEL, *Droit pénal comparé*, Paris, Dalloz, 4e édition, 2016.

tentative, à la responsabilité pénale ou encore à la nature et au régime des sanctions pénales, etc.

Alors que le droit pénal spécial a recours à la technique de la casuistique (étude au cas par cas), le droit pénal général est le résultat d'une approche de conceptualisation et de systématisation des solutions pénales[53] ; il a forgé la théorie générale du droit pénal[54].

En effet, c'est à la suite d'un effort combiné de la jurisprudence et de la doctrine que les règles du droit pénal général ont été élaborées. Cette discipline a essentiellement une dimension spéculative. Il constitue un droit tardif, d'inspiration doctrinale et jurisprudentielle à forte dimension théorique. Selon un auteur, « *le droit pénal général est la grammaire de la langue pénale dont le droit pénal spécial fournit le vocabulaire* »[55].

On assiste, de nos jours, à une tendance à la spécialisation de certaines disciplines du droit pénal général. Ainsi, la science pénitentiaire ou pénologie, qui étudie le régime des sanctions pénales ainsi que leur mode d'exécution, se détache, de plus en plus, du droit pénal général (droit pénal commun) pour constituer une discipline autonome.

2. Les autres sciences criminelles

22. *« Sciences auxiliaires »*. Les autres sciences criminelles ont été parfois qualifiées de «*sciences auxiliaires* » du droit pénal.

Mais cette dénomination est péjorative, puisqu'elle ne confère à ces sciences qu'un rôle accessoire et subalterne. La vérité est qu'il s'agit de sciences dont l'existence et les résultats sont quasi indispensables à l'élaboration et à l'application du droit pénal[56]. En réalité, pour mieux appréhender le phénomène criminel, il convient, au-delà du droit pénal, de

---

[53] J.-B. DENIS, *Droit pénal général et droit pénal spécial*, Paris, LGDJ, 1977.

[54] S. MANACORDA, « La théorie générale de l'infraction pénale en France : lacunes ou spécificité de la science pénale », *RD pén. crim.* 1999, p. 35.

[55] A. VITU, *Droit pénal spécial*, Paris, Cujas, 1981, p. 12 , n° 04.

[56] J. M. AUSSEL, « L'évolution des rapports du droit criminel et des sciences criminelles en France depuis 1950 », *Mélanges Alex Weill*, 1983, p. 19.

s'intéresser aux autres disciplines non juridiques qui contribuent à l'étude et à la compréhension de la criminalité[57].

Il s'agit pour l'essentiel des sciences criminalistiques et des sciences criminologiques.

23. Sciences criminalistiques. La criminalistique regroupe une série de disciplines scientifiques qui concourent à la constatation matérielle des infractions et à l'identification de leurs auteurs. Elle renvoie à l'ensemble des disciplines et des techniques dont l'objet est la recherche des circonstances de la commission d'une infraction. Alors que la criminologie tente d'expliquer les causes de la criminalité, la criminalistique intervient après le crime puisqu'elle a un rôle probatoire.

Elle regroupe la médecine légale, la toxicologie, la police scientifique et l'anthropométrie.

La médecine légale est une branche de la médecine qui s'intéresse à l'application des connaissances médicales en vue de résoudre des problèmes de responsabilité liés notamment à l'état mental d'un individu ou pour renseigner les circonstances de la commission des infractions[58]. Elle renseigne la justice sur l'heure, les causes d'un décès (thanatologie ou science de la mort), les circonstances d'une blessure, d'un viol, d'un avortement ou d'une agression, notamment par un examen du corps de la victime.

La toxicologie, encore appelée « *science des poisons* », est une discipline scientifique qui s'intéresse à l'étude des substances susceptibles de nuire à l'organisme (substances toxiques ou poison), mais aussi à la prise en charge des intoxications.

La police scientifique et technique est une branche de la criminalistique qui a pour objet l'application de diverses sciences exactes à l'administration de la preuve des infractions en vue d'édifier la justice sur la culpabilité de personnes.

---

[57] R. CARIO, *Introduction aux sciences criminelles. Pour une approche globale et intégrée du phénomène criminel*, L'Harmattan, 2000 ; G. LOPEZ et S. TZITZIS (dir.), *Dictionnaire des sciences criminelles*, Paris, Dalloz, 2014.

[58] P. CECCALDI et M. DURIGON, *Médecine légale, usage judiciaire*, éd. Cujas, Paris, 1979 ; L. DEROBERT, *Éléments de médecine légale,* éd. médic. et univ., 1977.

Elle étudie ainsi les circonstances de l'infraction par un examen des traces laissées par le délinquant, notamment les empreintes digitales. Cette discipline permet de découvrir l'origine d'une tache de sang, d'une poussière, d'un cheveu, ou de déterminer l'arme du crime, etc.

L'anthropométrie criminelle, fondée à la fin du XIXe siècle par le français Berillon, a pour objet de faciliter la recherche et l'identification des malfaiteurs et des criminels, par l'étude des caractéristiques anatomiques, des signes particuliers et par l'examen des empreintes digitales (la dactyloscopie).

24. Sciences criminologiques. Le droit criminel s'enrichit surtout des enseignements de la criminologie. Contrairement au droit pénal, qui est une discipline normative, la criminologie est une science empirique.

Cette discipline étudie les facteurs de l'action criminelle et les processus du passage à l'acte afin de déterminer les moyens de répression et de prévention pour lutter contre la délinquance. Science du criminel, du phénomène criminel et des thérapeutiques de la criminalité, la criminologie éclaire le législateur sur les choix de politique criminelle[59].

La criminologie s'attache à l'étude du délinquant, des causes de la criminalité et des moyens d'y remédier ; elle permet donc de comprendre la législation pénale et d'aider l'officier de police judiciaire, le magistrat et le personnel chargé de l'application des peines à découvrir la personnalité du délinquant ou à saisir ses mobiles[60].

La criminologie emprunte ses méthodes à diverses disciplines qui en constituent la structure. Il s'agit de l'anthropologie criminelle, de la psychologie criminelle et de la sociologie criminelle.

L'anthropologie criminelle encore appelée « *biologie criminelle* » (ou « *criminologie biologique* »), s'intéresse aux aspects anatomiques, génétiques, biochimiques de l'agent pénal. L'étude du phénomène criminel

---

[59] R. GASSIN, S. CIMAMONTI et P. BONFILS, *Criminologie*, Paris, Précis Dalloz, 7e éd ; P. MORVAN, *Criminologie*, Paris, Lexisnexis, 3e éd., 2019.

[60] P. BOUZAT, « Criminologie et droit pénal », *Bull. soc. int. crim.* 1959, p. 9 ; NUVOLONE, « Droit pénal et criminologie», *RIDP*, 1952, p. 157 ; V. VAN BEMMELEN, « Les rapports de la criminologie et de la politique criminelle », *RSC* 1985, p. 467 ; J. PINATEL, « Criminologie et politique criminelle », *Intantanés criminologiques*, n° 7, 1969, p. 3. .

sous l'aspect biologique a donné lieu à la théorie du « *criminel-né* »[61] développée par l'italien Lombroso.

La biologie criminelle est une branche de la criminologie qui étudie l'impact des aspects génétiques, héréditaires, somatiques et physiologiques sur le phénomène criminel[62].

Quant à la psychologie criminelle, elle a pour objet d'analyser l'intelligence, le caractère et les aptitudes sociales de l'agent pénal grâce, notamment, aux tests de la psychologie expérimentale[63].

La sociologie criminelle étudie le développement du phénomène criminel dans les sociétés humaines. À cette fin, elle utilise notamment les statistiques, les données de l'ethnologie et de l'histoire sociale[64]. La sociologie criminelle ne doit pas être confondue avec la sociologie du droit pénal et de la justice pénale encore appelée « *sociologie pénale* », qui s'intéresse à la réaction sociale contre le crime, en tant que fait social[65].

B. Les courants de pensée du droit pénal

25. Doctrines pénales. Le droit pénal est traversé par plusieurs doctrines ou courants de pensée[66]. Chaque courant a contribué à façonner l'analyse pénale.

Les doctrines pénales tentent de répondre à certaines questions. Pourquoi punir ? Ce qui conduit à s'interroger sur la légitimité de la répression pénale.

Qui punir ? Ce qui suppose une réflexion sur le crime et son auteur.

Et comment punir ? Ce qui exige de repenser l'organisation de la répression (privée ou publique).

---

[61] J. GRAVEN, « Existe-t-il un chromosome du crime », *RI crim. et pol. techn.* 1968, p. 277.
[62] V. DRILLOT, « Les causes biologiques de la criminalité », *RIDP* 1951, p. 541 ; V. GRAVEN, « Existe-t-il un chromosome du crime ? », *Rev. intern. crim. et pol. tech.* 1968, p. 277.
[63] K. SZEKERES, « Quelques problèmes de la psychologie judiciaire », *RSC* 1974, p. 313; R. MERLE et A. VITU, op. cit, n° 144.
[64] Ph. ROBERT, « La sociologie entre une criminologie de passage à l'acte et une criminologie de la réaction sociale », année sociologique, 1975, p. 441 ; P. DARBÉDA, « La sociologie criminelle d'Enrico Ferri », in CONTE (Ph.) et TZITZIS (S.) (dir.), *Peine Dangerosité Quelles certitudes ?,* Paris, Dalloz, 2010, p. 161.
[65] E. FERRI, *La sociologie criminelle,* réédition, Paris, Dalloz, 2004.
[66] J. PRADEL, *Histoire des doctrines pénales*, 2e éd., Paris, PUF 1991; É. TILLET, « Histoire des doctrines pénales », *Rép. dr. pén. proc. pén.* 2002, n° 1.

Les grands courants de pensée, qui portent chacun un projet pénal spécifique[67], se renvoient pour l'essentiel à trois courants : l'école classique, la doctrine positiviste, celle de la défense sociale nouvelle et la théorie du « *droit pénal de l'ennemi* ».

26. École classique. D'après ce courant de pensée, l'homme, doté d'un libre arbitre, est responsable de ses actes et par conséquent des infractions qu'il commet. En conséquence, celui qui a commis en toute connaissance de cause une infraction doit être condamné à une peine en tant que châtiment. Selon cette école, la peine a plusieurs fonctions essentielles : une fonction d'expiation, d'amendement, de reclassement et d'intimidation.

L'école du droit pénal classique ou du droit pénal libéral a été développée et défendue par les grands philosophes français, comme Montesquieu[68], Voltaire, Rousseau et Diderot ainsi que par un certain nombre de criminalistes comme Bentham[69], Feuerbach et surtout l'italien Cesare Beccaria qui publia en 1764, son *Traité des délits et des peines*[70].

L'école classique a exercé une influence considérable sur le droit pénal contemporain. On lui doit les principes fondamentaux, tels que le principe de la légalité criminelle (qui signifie que l'État ne peut exercer son droit de punir sans un texte législatif ou réglementaire réprimant l'acte ou le comportement avant sa commission), le principe de la proportionnalité (c'est-à-dire que la peine doit être proportionnelle au trouble causé à l'ordre public) et le principe de l'individualisation de la peine (qui signifie que la peine doit être adaptée à la personnalité et à la situation personnelle du délinquant).

Toutefois, les idées classiques ont eu pour inconvénient d'approcher le phénomène criminel sous l'angle trop abstrait du libre arbitre, sans toujours prendre en considération l'état dangereux de certains délinquants et d'autres facteurs déterminants.

27. École positiviste. L'école positiviste, apparue à la fin du XIXe siècle, a retenu une approche scientifique de la répression pénale. Elle enseigne que la répression doit être calquée sur la personnalité du délinquant et que cette

---

[67] En ce sens, M. DELMAS-MARTY, *Les grands systèmes de politique criminelle*, 1992, Paris, PUF, p. 45 et s

[68] MONTESQUIEU, *De l'esprit des lois* (1748).

[69] J. BENTHAM, *Théorie des peines et des récompenses*, 1811, Bossange et Masson, 2 vol.

[70] BECCARIA, *Traité des délits et des peines* (1764).

personnalité doit être analysée, non pas sous l'angle moral, notamment sous le prisme du libre arbitre, mais du point de vue du danger que l'individu présente pour l'ordre social ; c'est son état dangereux qui doit justifier et déterminer les mesures à prendre par le juge. La doctrine positiviste est fondée sur deux postulats[71].

D'une part, l'homme criminel n'est pas moralement libre et est donc irresponsable.

D'autre part, il est socialement dangereux et la collectivité a donc le devoir de prendre des mesures de défense sociale à son encontre.

D'après la pensée positiviste, les mesures de sûreté devraient être mises en œuvre par l'autorité (judiciaire ou administrative) avec une grande latitude et devraient pouvoir être modifiées en cours d'exécution en fonction de l'état dangereux de la personne concernée.

Parmi les théoriciens de l'école positiviste, on peut citer Lombroso, qui s'est efforcé de démontrer que la grande criminalité repose sur des prédispositions de nature anthropologique[72]. Enrico Ferri[73] voit plutôt dans le délinquant l'homme marqué par son milieu et soumis aux facteurs déterminants émanant de celui-ci[74].

L'influence de la doctrine positiviste s'est manifestée en droit pénal sénégalais. En effet, le Code pénal de 1965 a organisé l'interdiction de séjour, en écartant certains condamnés des lieux où leur présence pourrait être dangereuse pour l'ordre social. En outre, le Code de procédure pénale a institué la libération conditionnelle qui permet d'abréger la durée de l'exécution de la peine prononcée par le juge.

Les systèmes positivistes ont eu le mérite de rechercher et de trouver les causes concrètes à la délinquance, d'ouvrir la voie à la criminologie et de promouvoir les mesures de sûreté.

---

71 V. VIENNE, « L'état dangereux », *RIDP* 1951, p. 495.
72 LOMBROSO, *L'homme criminel*, 2e éd., 1895.
73 E. FERRI, *La sociologie criminelle* (1880), 1905.
74 P. BOUZAT, « Le centenaire d'Enrico Ferri ; l'œuvre du maître, son actualité », *RSC* 1957, p. 1.

Mais le déterminisme ne saurait constituer, à lui seul, l'explication essentielle du passage à l'acte et que le libre arbitre demeure un élément central dans la détermination de la responsabilité pénale.

28. École de la défense sociale nouvelle. Cette doctrine insiste sur le principe du respect dû à la personne humaine. L'idée d'une défense sociale a été renouvelée par la publication en 1954 d'un ouvrage rédigé par Marc Ancel intitulé *La défense sociale nouvelle*. Les partisans de ce courant de pensée rejettent les postulats des deux autres systèmes, à savoir le libre arbitre et le déterminisme[75].

Le problème criminel ne saurait, selon eux, se ramener à une abstraction. Lorsqu'il se manifeste, il est, en effet, nécessairement concret, individuel, humain et doit être analysé en tant que tel. Éloignée de toute visée d'expiation ou de rétribution, la peine est alors conçue comme une correction, dans le sens noble et premier du mot. Les mesures à prendre pour faire face à l'infraction sont destinées à resocialiser le délinquant et pourront prendre la forme d'une peine ou d'une mesure de sûreté[76].

L'important pour le mouvement de défense sociale nouvelle est le reclassement du délinquant dans la communauté par l'inculcation de valeurs morales perdues. Un tel système repose sur une véritable «*pédagogie de la responsabilité* » appliquée dès la première confrontation du délinquant avec l'appareil judiciaire jusqu'au terme du traitement pénitentiaire[77].

Le courant de la défense sociale nouvelle a eu une grande influence sur le droit criminel sénégalais[78]. Parmi les mesures inspirées plus ou moins directement de cette doctrine, figure l'instauration des mesures de protection,

---

[75] F. GRAMATICA, « La politique de défense sociale devant les aspects nouveaux de la délinquance », *RSC* 1976, p. 629 ; P. NUVOLONE, « Perspectives nouvelles de la défense sociale», *Mélanges Constant*, p. 279 ; H. CHARLIAC (H.), « La défense sociale nouvelle », *D*. 1983. chron. 219 ; F. GRAMATICA, « La politique de défense sociale devant les aspects nouveaux de la délinquance », RSC 1976, p. 629 ; P. NUVOLONE, « Perspectives nouvelles de la défense sociale», *Mélanges Constant*, p. 279; A. BERIA DI ARGENTINE, « Le développement du mouvement de défense sociale du congrès de Caracas 1976 au congrès de Thessalonique de 1981 », *RSC* 1982, p. 425; P. CORNIL, « Problèmes actuels de la répression pénale et la défense sociale nouvelle », *RSC* 1976, p. 4.

[76] Sur les rapports entre la peine et la mesure de sûreté, V. P. A. TOURÉ, *Droit pénal général sénégalais, tome 2 : la responsabilité pénale et la sanction pénale*, Dakar, l'Harmattan 2023, n°236 s.

[77] R. SALEILLES, *L'individualisation de la peine* (1899), 3e éd., 1927.

[78] V. R. GASSIN, « L'influence du mouvement de la défense sociale nouvelle sur le droit pénal contemporain », in *Mélanges Ancel*, 1975, t. II, p. 3-17 ; G. LEVASSEUR, « L'influence de Marc Ancel sur la législation répressive française contemporaine », *RSC* 1991, p. 9.

d'assistance, de surveillance et d'éducation des mineurs délinquants prévues par les articles 565 et s. du CPP[79]. On peut aussi citer l'institution du juge de l'application des peines (JAP)[80] et des modes d'aménagement des peines[81].

Ce système a pour mérite essentiel d'étudier le phénomène criminel sous un angle individualiste.

Toutefois, il n'accorde pas une grande importance aux fondements traditionnels de la responsabilité pénale, notamment le libre arbitre.

29. Théorie du « *droit pénal de l'ennemi* ». Depuis le milieu des années 1980 s'est développée, sous l'impulsion de l'universitaire allemand Günther Jakobs[82], une doctrine appelée « *droit pénal de l'ennemi* ». Cette théorie est fondée sur l'idée selon laquelle les normes pénales ordinaires ne peuvent s'appliquer aux personnes qui rejettent totalement les règles qui sont à la base de la société démocratique.

Ainsi, il conviendrait de scinder le droit pénal entre « *le droit pénal du citoyen*», destiné aux auteurs d'infractions qui ne portent pas atteinte aux fondements de la société et qui doivent bénéficier de l'ensemble de leurs garanties de procédure, et « *le droit pénal de l'ennemi* » applicable à ceux,

---

[79] J. CHAZAL, « La protection judiciaire des mineurs en France et le mouvement de la défense sociale nouvelle», *RSC* 1979, p. 403.

[80] Principal organe chargé de la mise en œuvre des mesures non privatives de liberté, le JAP a été institué au Sénégal par la loi n° 2000-39 du 29 décembre 2000 modifiant le Code de procédure pénale (art. 683 bis). Le JAP est un magistrat du siège nommé par arrêté du Garde des Sceaux, Ministre de la Justice. Aux termes de l'art. 683 bis CPP, il en est désigné au moins un dans chaque tribunal de grande instance. Dans les tribunaux d'instance, situés en dehors du siège du tribunal de grande instance, comprenant dans leur ressort un établissement pénitentiaire, un magistrat de la juridiction est délégué dans les fonctions de JAP dans les mêmes formes que pour le tribunal de grande instance. L'alinéa 3 de l'art. 683 bis CPP dispose que lorsque le JAP du tribunal de grande instance est temporairement empêché d'exercer ses fonctions, le président du tribunal de grande instance désigne par ordonnance un autre magistrat du siège pour le remplacer. Sur cette question, L. PONS, « Le rôle du juge de l'application des peines », *RSC* 1962, p. 574 ; G. PICCA, « Le juge de l'application des peines », *RSC* 1962, p. 117 ; J. MALHERBE, « Le juge de l'application des peines », *RSC* 1959, p. 635 ; G. MARC, « Les juges de l'application des peines devant leurs nouvelles responsabilités », *RSC* 1973, p. 464 ; A. LEGAL, « Les pouvoirs du juge de l'application des peines et leur évolution », *RSC* 1975, p. 311

[81] Sur cette réforme, V. C. M. B. NIANG, « Le rôle du parquet dans la procédure d'application des peines », *La Balance. Le Journal de l'Union des Magistrats sénégalais,* édition spéciale, août 2002, p.4.

[82] Sur cette théorie V. G. JAKOBS, « Aux limites de l'orientation par le droit : le droit pénal de l'ennemi », *RSC* 2009, p. 7 ; C. LAZERGES, « Le déclin du droit pénal : l'émergence d'une politique criminelle de l'ennemi », *RSC* 2016, p. 649 ; F. MUÑOZ CONDE, « Le droit pénal international est-il un droit penal de l'ennemi» ? », *RSC* 2009 p. 19 ; G. GIUDICELLI-DELAGE, « Droit pénal de la dangerosité- Droit pénal de l'ennemi », *RSC* 2010, p.69.

très minoritaires, qui combattent la société elle-même et qui pourraient être privés d'une partie de leurs droits et libertés.

Cette doctrine pénale a connu un regain d'intérêt à la faveur de la mise en place de dispositifs de lutte contre le trafic de drogue en Amérique centrale et en Amérique latine et a trouvé aussi parfois un écho favorable aux États-Unis dans le cadre de la lutte contre le terrorisme, surtout au lendemain des attentats du 11 septembre 2001.

Au Sénégal, la consécration législative de la théorie du « *droit pénal de l'ennemi* », très critiquée en Europe, s'accommoderait très mal des garanties de procédure consacrées par la Constitution et les instruments internationaux de protection des droits de l'homme.

C. Les caractères du droit pénal

30. Traits particuliers. Le droit pénal est un droit qui passe bien souvent, aux yeux du profane, pour la première et la seule image du droit[83]. Mais il présente des particularités par rapport aux autres branches du droit. En effet, il constitue un droit sanctionnateur et une discipline autonome.

1. Le droit pénal : un droit sanctionnateur

31. Droit répressif. Le droit pénal est indissociable de la sanction pénale qui lui confère sa nature même. Il pose lui-même certaines règles qui découlent des incriminations qu'il crée. Réprimant des agissements positifs (coups et blessures volontaires, vol, meurtre, etc.), il édicte par là même certaines prohibitions.

Le droit criminel réprouve également certaines abstentions (non-assistance à une personne en danger, non-dénonciation de crime, etc.) ; il crée, par la même occasion, des devoirs positifs correspondants (porter secours aux personnes en péril, dénoncer certains malfaiteurs, etc.).

Le législateur assortit les obligations qu'il crée de sanctions propres (réclusion criminelle, emprisonnement, amende, confiscation, etc.).

32. Subsidiarité du droit pénal. Le droit pénal se présente sous les traits d'un droit supplétif par rapport aux autres disciplines juridiques[84]. Il

---

[83] Pour Stendhal : « *Il n'y a de droit que lorsqu'il y a une loi pour défendre de faire telle chose, sous peine de punition* » (*Le Rouge et le Noir, II*).
[84] E. DREYER, « La subsidiarité du droit pénal », in *Mélanges J.-H. Robert*, p. 247.

entretient des rapports de dépendance avec ces branches du droit (droit civil, droit commercial, droit du travail, droit administratif, etc.) dont il renforce l'architecture et en constitue le prolongement naturel.

Sous ce rapport, le droit pénal ne crée pas par lui-même une obligation nouvelle ; il se contente d'apporter une sanction plus efficace aux règles déjà posées par d'autres branches du droit. Par exemple, le droit pénal consolide le droit de propriété consacré par le droit civil en qualifiant infraction le fait de soustraire frauduleusement une chose n'appartenant pas au prévenu.

Le droit pénal des sociétés commerciales renforce les règles relatives au fonctionnement des sociétés commerciales, à travers notamment, l'incrimination de l'action d'empêcher à un associé ou actionnaire de participer à une assemblée générale[85], de l'abus de biens sociaux[86] ou du défaut d'établissement des procès-verbaux des assemblées générales dans les formes requises[87], etc.

De même, en droit public, certains manquements aux obligations constitutionnelles du Président de la République ou des ministres sont réprimés sous la qualification de haute trahison[88].

« *Gendarme du droit* », le droit pénal joue un rôle majeur dans le fonctionnement général du système juridique. Il se présente sous les traits singuliers d'un droit sanctionnateur qui prête son appui à toutes les disciplines du droit public et du droit privé. Portalis disait que « *les lois pénales sont moins une espèce particulière de lois que la sanction de toutes les autres* »[89].

L'étude du droit pénal spécial démontre que la sanction pénale intervient le plus fréquemment pour renforcer les droits ou les obligations énoncés par les lois civiles, commerciales, administratives, constitutionnelles, fiscales ou économiques, etc. Les autres branches du droit ont souvent recours au droit pénal pour y puiser des sanctions aux obligations qu'elles édictent ; et cela

---

85 V. art. 891 de l'AUSCGIE.
86 V. art. 891-3 de l'AUSCGIE.
87 V. art. 892 de l'AUSCGIE.
88 V. art. 101 de la Constitution.
89 V. J.-J. ROUSSEAU, *Du contrat social ou principes du droit*, Amsterdam, 1762, livre II, chap. XII ; J.-E.-M. PORTALIS, « Discours préliminaire sur le projet de Code civil », présenté le 1er Pluviôse An IX, in *Discours, rapports et travaux inédits sur le Code civil,* Paris, Joubert, 1844, p. 16 à 17.

est d'autant plus vrai que ces branches du droit n'ont pas toujours forgé des sanctions propres suffisamment efficaces.

33. Spécificités de la répression extrapénale. Toutefois, certaines disciplines juridiques prévoient quelquefois des sanctions propres qui ont même parfois un caractère répressif marqué[90] ; il en est ainsi du droit disciplinaire qui a produit la répression disciplinaire et du droit administratif à l'origine de la répression administrative[91].

Mais les sanctions disciplinaires et administratives ne doivent pas être confondues pour autant avec les sanctions véritablement pénales, même si elles sont de plus en plus soumises aux principes et garanties prévues pour les sanctions véritablement pénales (principe du contradictoire, droits de la défense, etc.).

2. Le droit pénal : un droit autonome

34. Position du problème. En raison du caractère supplétif du droit criminel par rapport aux autres branches du droit[92], les tribunaux répressifs sont souvent amenés à appliquer des concepts définis par ces disciplines. Cette confrontation permanente du juge pénal avec les autres branches du droit est la conséquence du caractère sanctionnateur du droit criminel.

Par exemple, la répression de l'émission de chèque sans provision oblige parfois le tribunal correctionnel à prendre position sur la notion commerciale du «*chèque* »[93]. La mise en œuvre des sanctions pénales encourues par les fonctionnaires publics à l'occasion de certaines infractions commises dans l'exercice de leurs fonctions suppose la définition préalable de la notion de «*fonctionnaire* ».

Le délit d'abus de confiance, tel qu'il est décrit par l'article 383 du CP, consiste dans la violation de certains contrats (louage, dépôt, mandat, nantissement, travail, prêt à usage) dont les éléments constitutifs et les

---

[90] J. MOURGEON, *La répression administrative*, thèse Toulouse 1966.

[91] J. MOURGEON, « La répression administrative », in *RIDC*, vol. 20 n°2, avril-juin 1968. p. 424.

[92] V. RIGAUX, « Quelques réflexions sur les rapports entre le droit pénal et les autres branches du droit », *Mélanges Legros,* 1985, p. 517.

[93] V. notamment J.-B. HERZOG, « Réflexions sur la législation pénale du chèque », in *Mélanges M. Patin*, Paris, Cujas, 1965, p. 275 et s., spéc. p. 288, M. CABRILLAC, « L'indépendance du droit pénal à l'égard de quelques règles du droit commercial », in *Quelques aspects de l'autonomie du droit pénal*, Paris, Dalloz 1956, p. 293 et s.

conditions de validité sont précisés par le Code des Obligations civiles et commerciales.

La Cour suprême a jugé, dans un arrêt rendu le 16 avril 2015[94], «*qu'aux termes de l'article 383 du Code pénal, le délit d'abus de confiance consiste à recevoir des biens meubles au titre des contrats limitativement énumérés et de manquer à l'obligation de les rendre ou restituer à temps ou d'en faire l'usage ou l'emploi convenu* ».

Dans toutes ces hypothèses, il importe de déterminer comment doit se comporter le juge répressif. Doit-il emprunter au droit civil, au droit commercial ou au droit administratif, la définition des concepts extrapénaux inclus dans la loi d'incrimination ? Doit-il tenir compte, dans l'application de la sanction, des conditions de validité intrinsèques prévues par institutions extrapénales dont il protège le fonctionnement ? Ou doit-il se référer à une conception plus spécifiquement pénale des notions extrapénales ?

35. Manifestations de l'autonomie. Le droit pénal ne se rattache en réalité ni au droit public, ni au droit privé, mais constitue une construction juridique autonome ayant, d'un point de vue technique, ses propres concepts, et sous l'angle fonctionnel, ses objectifs propres. Il forme un troisième domaine du droit.

Les principes de la légalité criminelle, de non-rétroactivité de la loi pénale, de la responsabilité pénale personnelle, de la personnalité des peines, du non-cumul des peines ou de l'indifférence des mobiles ainsi que les notions de tentative, de complicité, de repentir actif, entre autres, sont propres au droit pénal et ne doivent rien au droit privé ou au droit public. Si ces principes ou notions sont parfois mis en œuvre dans d'autres disciplines, notamment en matière de répression disciplinaire ou administrative, c'est par emprunt au droit pénal[95].

En outre, le droit pénal présente une autonomie dans l'application des concepts extrapénaux[96].

---

[94] CS ch. crim. n° 37 du 16 avril 2015, M. S. c/ El H. Mb. D., *inédit*.
[95] F. DESPORTES et F. LE GUENEHEC, *op. cit.*, n° 45.
[96] Sur l'ensemble de cette question, V. l'ouvrage collectif, « Quelques aspects de l'autonomie du droit pénal », préface de G. Stefani, Dalloz, 1956 ; Mme ALT, « L'autonomie du droit pénal, mythe ou réalité d'aujourd'hui ou de demain ? », *RSC* 1987, p. 347 ; V. J.-L. GROUTAL, « L'autonomie du droit pénal : reflux et métamorphose », *RSC* 1980, p. 911, spéc. p. 927 ; R. VOUIN, « Justice

Les définitions du droit criminel présentent une autonomie par rapport à celles des autres branches du droit. Lorsqu'il est amené à mettre en œuvre des notions extrapénales, le juge répressif s'émancipe du sens qui leur est donné dans leur domaine d'origine. La jurisprudence criminelle n'hésite pas à faire preuve d'un particularisme assez spectaculaire. Certaines décisions judiciaires paraissent attribuer à la loi pénale une sorte de pouvoir novateur à l'égard des concepts extrapénaux.

Ainsi, la notion de domicile évoquée dans le texte d'incrimination de la violation de domicile[97] n'est pas définie par référence au droit civil. Ainsi, la jurisprudence pénale se démarque ainsi de la conception civiliste du domicile considéré comme le lieu du principal établissement de la personne, conformément à l'article 12 du Code de la Famille[98]. En réalité, cette conception étroite du domicile ne permettrait pas de protéger les résidences secondaires ou tertiaires, même lorsque les intéressés y résideraient effectivement[99].

Les magistrats ont assimilé à un domicile toute demeure permanente ou temporaire occupée par celui qui y a droit, ou de son consentement, par un tiers (par exemple un véhicule). Selon la Cour de Cassation française, « *le domicile ne signifie pas seulement le lieu où une personne a son principal établissement, mais encore le lieu où, qu'elle y habite ou non, elle a le droit*

---

criminelle et autonomie du droit pénal », *D.* 1947, p. 81, chron. XXI ; R. MEURISSE, « À propos de l'autonomie du droit pénal », *S.*, 1964, chr., p. 59 ; Ph. BONFILS, «L'autonomie du juge pénal», *Mélanges Bouloc*, Paris, Dalloz 2006, p. 47 ; J-H. ROBERT, « L'autonomie du droit pénal : survie ou déclin », *Cahiers de droit de l'entreprise* n° 04, juillet 2021, dossier 32 ; H. MATSOPOULOU, « L'autonomie du droit pénal et le droit commercial », *Cahiers de droit de l'entreprise* n° 4, juillet 2021, dossier 29.

[97] V. art. 164 du CP.

[98] Sur cette conception, F. TERRE et D. FENOUILLET, Droit civil, *Les personnes, La Famille, Les incapacités,* Paris, Dalloz, 7e éd. 2005, n° 201 ; G. CORNU, *Droit civil, Les personnes*, Paris, Montchrestien, Domat Droit privé, 13e éd. 2007, n° 68 ; Y. BUFFELAN-LANORE, « Domicile et Demeure », *Rép. civ. Dalloz*, n° 53; B. TEYSSIE, *Droit civil, Les personnes*, Paris, Litec, 10e éd. 2007, n° 200 ; M. PLANIOL, G. RIPERT et R. SAVATIER, *Traité pratique de droit civil français*, Paris, LGDJ, 2e éd. 1952, T. I, n° 141 et 143 ; J. CARBONNIER, *Droit civil, T. I, Les personnes*, Paris, PUF, coll. Thémis, 20e éd. 1996, n° 53.

[99] H. MATSOPOULOU, « Violation de domicile », *Juris-class. pén.* Code, art. 226-4, fasc. 20, 2019.

de se dire chez elle, quels que soient le titre juridique de son occupation et l'affectation donnée aux locaux»[100].

La Cour suprême du Sénégal a jugé, dans un arrêt du 21 juillet 1975[101], que le domicile, au sens de l'article 164 du CP, renvoie à toute demeure occupée par une personne lorsque cette occupation résulte d'un droit. La Cour d'Appel de Dakar a considéré, dans un arrêt rendu le 13 février 2012[102], que « *la notion de domicile, doit au sens du texte pénal, couvrir la demeure occupée par la partie civile lorsque cette occupation résulte d'un droit* ».

Le juge d'appel a estimé qu'une personne ne saurait être déclarée coupable de violation de domicile, dès lors que la partie civile n'avait aucun droit sur un terrain sur lequel elle a seulement construit son bâtiment.

Sont visés par le texte d'incrimination de la violation de domicile, les seuls lieux qui peuvent servir effectivement d'habitations. Ainsi, les squatters qui s'introduisent dans un appartement vide de meubles entre deux locations ou dans un appartement neuf et non occupé ou encore dans un appartement vide de meubles en attente de démolition, même par effraction, ne se rendent pas coupables de violation de domicile[103].

Il a été jugé que la sanction des délits relatifs à la provision s'applique malgré l'irrégularité du chèque[104], c'est dire que l'apparence d'un chèque suffit à fonder la répression pénale[105].

La Cour d'Appel de Dakar a déjà eu l'occasion de considérer, dans un arrêt du 10 décembre 2000[106], que la procédure d'hypothèque judiciaire prévue par l'Acte uniforme portant organisation des Sûretés « *ne peut s'appliquer dans le cas où le juge d'instruction a pris l'initiative des mesures provisoires, notamment une saisie qui, en vertu de l'autonomie du droit*

---

[100] Cass. crim., 26 févr. 1963, *Bull. crim.*, n° 92 ; Cass. crim., 13 oct. 1982, *Bull. crim.*, n° 212 ; *RSC* 1983, p. 670, obs. G. Levasseur ; Cass. crim., 24 avr. 1985, *Bull. crim.*, n° 158 ; *RSC* 1986, p. 103, obs. G. Levasseur.

[101] CS, n° 224 du 21 juillet 1975, MP c/ SAGNA, *inédit.*

[102] CA Dakar ch. corr., n° 182 du 13 février 2012, MP et A. G. B. c/N. B., *inédit.*

[103] Cass. crim. 19 juillet 1957, *Bull. crim.*, n° 513 ; CA Versailles, 31 janv. 1995, *Juris-Data* n° 040700.

[104] Cass. crim., 5 juin 1956, *Bull. crim.*, n° 425; Cass. crim., 15 oct. 1958, *D.* 1958, p. 715, note J. R. ; *RTD* com. 1959, p. 130; Cass. crim., 26 décembre1961, *Bull. crim.*, n° 555.

[105] J. LARGUIER et Ph. CONTE, *Droit pénal des affaires,* Paris, Armand Colin, 11e éd., 2004, n° 168 ; A. LEPAGE, P. MAISTRE DU CHAMBON, R. SALOMON, *Droit pénal des affaires*, 4e éd., Paris, Lexis Nexis, 2015, n° 1149.

[106] CA Dakar ch. corr., n° 244 du 19 décembre 2000, MP c/ M. S., *inédit.*

pénal peut s'appliquer sur tous les « biens » aussi bien mobiliers qu'immobiliers de l'inculpé ».

Aussi, il ne résulte pas des dispositions des articles 451 et suivants du CPP que l'exécution provisoire étendue sur la totalité des sommes doit être subordonnée à la constitution d'une garantie et que l'on ne peut *« au regard de l'autonomie du droit pénal, faire grief au juge pénal de ne pas avoir respecté des dispositions du Code de procédure civile, en l'absence d'une disposition expresse qui lui fait précisément obligation d'appliquer le texte invoqué »*[107].

Le droit des biens est une matière propice à l'autonomie du droit pénal. La jurisprudence de la chambre criminelle de la Cour de Cassation française n'hésite, en effet, pas à s'émanciper des qualifications civiles de « *chose* » et de «*bien* », pour permettre une meilleure protection pénale du patrimoine[108]. On admet que la formule très extensive « *biens quelconques* » visées par les textes d'incrimination de l'escroquerie, de l'abus de confiance et du recel, depuis l'adoption de la loi n° 2016-29 du 08 novembre 2016 modifiant le Code pénal, englobe tous les biens, à savoir les biens corporels et les biens incorporels, pourvu seulement qu'ils aient une valeur patrimoniale[109].

Dans un arrêt rendu le 19 mai 2004 par la Chambre criminelle de la Cour de Cassation française a jugé que commet le délit d'abus de confiance le salarié qui accédait, durant ses heures de travail, à des sites érotiques et pornographiques grâce à l'ordinateur et à la connexion internet que son employeur avait mis à sa disposition pour les besoins de l'accomplissement de son activité professionnelle[110]. Bien que l'arrêt ne le précise pas, on peut

---

[107] CA Dakar ch. corr., n° 379 du 27 août 2019, MP et R. W c/ V. D., *inédit* ; CA Dakar ch. corr., n° 111 du 1er avril 2019, MP et K. Y. c/ El H. Nd. D., *inédit.*

[108] A. TOUZAIN, « L'autonomie du droit pénal et le droit des biens », *Cahiers de droit de l'entreprise* n° 4, juillet 2021, dossier 25 ; A. TOUZAIN, « Regards d'un civiliste sur la notion de bien en matière pénale », in *Des limites à la volonté de puissance ?,* vol. 12, Paris, Dalloz, ICP, Essais de philosophie pénale et de criminologie, 2017, p. 221 à 246, spéc. note 83 ; J. DUBARRY, « Les pénalistes parlent-ils la même langue que les civilistes ? Regards croisés sur la chose et le bien », in *Mélanges Mayaud*, Paris, Dalloz, 2017, p. 167 et s., spéc. p. 179.

[109] Ch. GRZEGORCZYK, « Le concept de bien juridique : l'impossible définition », *Arch. phil. dr.*, Tome 24, 1979, p. 259 ; M. LACAZE, *Réflexions sur le concept de bien juridique protégé par le droit pénal*, 2011, Paris, LGDJ ; Th. REVET, « La notion de bien », obs. sous Cass. crim. 14 novembre 2000, *RTD civ.* 2001, p. 914.

[110] Cass.crim. 19 mai 2004, *Bull. crim.,* n° 126 ; *D.* 2004, somm. p. 2749, obs. B. de Lamy ; *Dr. pén.* 2004, comm., n° 129, obs. M. Véron ; *Act. jur. pén.*. 2004, p. 286, obs. J. Coste ; *RSC* 2004, p. 824, obs. B. Bouloc ; *comm. com. élec.* décembre 2004, p. 39, note A. Lepage.

penser que la connexion internet a été intégrée dans la catégorie des biens quelconques susceptibles de faire l'objet d'un abus de confiance[111].

Dans le cadre de la répression des délits concernant les fonctionnaires, comme la coalition de fonctionnaires[112], les juges entendent très largement la notion de « *fonctionnaires* » par rapport au droit administratif, puisqu'ils y incluent le notaire et même le conseiller municipal[113]. En outre, la nullité d'un acte juridique, au regard des règles du droit civil, n'a aucune influence sur l'existence de l'infraction pénale[114].

De plus, la nullité du contrat civil en vertu duquel la chose détournée avait été remise, à titre précaire, ne fait pas obstacle aux poursuites du chef d'abus de confiance, dès lors que la loi civile ne détermine les causes de nullité des contrats que du point de vue des intérêts civils, abstraction faite des éléments délictueux ou de leurs conséquences[115].

La Chambre correctionnelle de la Cour d'Appel de Dakar a jugé, dans un arrêt rendu le 23 juillet 2001, que « *l'autonomie du droit pénal induit que la nullité du contrat ne saurait affecter la constitution du délit d'abus de confiance* »[116].

En réalité, le rôle du droit pénal n'est pas seulement de garantir le respect des règles juridiques posées par d'autres disciplines, mais aussi de sanctionner les comportements antisociaux. Il a pour objet de protéger les intérêts essentiels de la société, et cela explique que, partout où ces intérêts sont en cause, même quand il ne fait qu'apporter à d'autres droits le secours

---

111 B. DE LAMY, « Délit d'abus de confiance : biens incorporels et vie privée », obs. sous crim. 19 mai 2004, *D.* 2004, somm, p. 2749 ; J. COSTE, « Surfer sur des sites pornos au bureau constitue un abus de confiance, obs. sous Cass. crim. 19 mai 2004 », *Act. jur. pén.* 2004, p. 286 ; B. DE LAMY, « Abus de confiance et biens incorporels : dématérialisation ou défiguration du délit ?, note sous cass.crim. 14 novembre 2000», *D.* 2001, Juris-class. comm. p. 1423.

112 V. art. 156 et s. du CP.

113 Crim., 24 février 1893, *D.*, 1893.1.393 ; A. LOUVARIS, « L'autonomie du droit pénal et le droit administratif », *Cahiers de droit de l'entreprise* n° 4, juillet 2021, dossier 26.

114 M. VASSEUR, « Des effets en droit pénal des actes nuls ou illégaux d'après les autres disciplines », *RSC* 1951, n° 1, p. 1-48.

115 V. M. VASSEUR, « Des effets en droit pénal des actes nuls ou illégaux d'après d'autres disciplines », *RSC* 1951, p. 45 ; R. SALOMON, « L'autonomie du droit pénal et le droit des contrats spéciaux ? », *Cahiers de droit de l'entreprise* n° 4, juillet 2021, dossier 23.

116 CA Dakar, ch. corr., n° 593 du 23 juillet 2001, MP et D. M. et autres c/ Nd. Kh. N., *inédit*.

de ses peines, c'est lui-même et lui seul qui doit déterminer les conditions dans lesquelles ces sanctions sont prononcées et appliquées[117].

Ainsi, le droit criminel est un droit réaliste, qui ne s'embarrasse pas de fictions juridiques[118].

36. Limites de l'autonomie. Toutefois, l'autonomie du droit pénal poussée très loin pourrait être source d'arbitraire et d'insécurité juridiques. Ainsi, c'est par application des règles du droit civil que le juge pénal recherche si la personne poursuivie du chef d'une atteinte au bien d'autrui était ou non le propriétaire de ce bien[119]. De même, c'est en se référant aux règles du droit administratif que la chambre criminelle de la Cour de Cassation française a défini la notion de délégation de service public pour l'application du principe de la responsabilité pénale des personnes morales[120].

La chambre pénale de la Cour suprême du Sénégal a jugé, dans un arrêt rendu le 08 janvier 1966[121], qu'une cour d'appel qui admet que la preuve de l'obligation en vertu de laquelle le blanc-seing avait été remis et de la résiliation du contrat « *devait être apportée conformément aux règles de preuve des contrats en matière commerciale* », a fait une exacte application de l'article 407 du CP.

En outre, un arrêt de la Cour de Cassation sénégalaise[122] a énoncé que « *la preuve de l'existence du contrat, base de l'abus de confiance, doit être faite, lorsqu'elle est contestée, selon les règles du Code des obligations civiles et commerciales* ». Selon la haute juridiction, si l'article 14 du COCC exige un écrit, l'article 16 dudit code déclare recevables les témoignages et présomptions, lorsqu'il existe un commencement de preuve par écrit, auquel sont assimilées les déclarations, même contradictoires et imprécises du prévenu, ses dénégations ou réticences recueillies par l'officier de police

---

[117] B. BOULOC, *op. cit.* , n° 36.
[118] F. DESPORTES et F. LE GUENEHEC, op. cit., n° 46 ; M. BRENAUT, « Sur la justification du principe d'autonomie du droit pénal », *Cahiers de droit de l'entreprise* n° 04, juillet 2021, dossier 22.
[119] Crim. 5 septembre 2001, *Bull. crim.* n° 173.
[120] Crim. 3 avril 2002, *Bull. crim.* , n° 77 ; *RJDA* 2002.
[121] CS n° 5 du 8 janvier 1966, K. N. c/ M. M'R, *inédit*.
[122] C. cass. ch. pén. n° 52 du 20 juillet 1993, M. K. c/ A. Y. N., *inédit*.

judiciaire ou le juge d'instruction lorsqu'elles sont de nature à rendre vraisemblable le fait allégué.

Dans le même sens, la Cour d'Appel de Dakar a jugé que « *le principe de la liberté de la preuve en matière pénale consacré par l'article 414 du CPP ne s'applique que lorsqu'il s'agit de prouver des infractions qui sont des faits juridiques ; qu'au contraire, lorsqu'il s'agit de prouver des actes juridiques comme le titre contractuel qui a fondé la remise, le juge pénal doit appliquer les règles du droit commun de la preuve et non celles de la procédure pénale* »[123].

D. Les sources du droit pénal

37. Diversité des sources. Alors que des pans entiers du droit privé échappent à la compétence du législateur national, le droit pénal reste dominé par la loi. Le droit de punir est, en effet, un attribut essentiel de la souveraineté et l'un de ses derniers bastions. Du point de vue formel, le principe de la légalité criminelle a longtemps signifié que seule une loi, expression de la souveraineté nationale et de la volonté générale, peut déterminer les infractions et les peines encourues.

Dès lors, on pourrait penser que la loi est la seule source du droit pénal.

Mais force est de constater que la loi a perdu beaucoup de son influence originelle en matière pénale. Elle a été enrichie de nouvelles sources, comme noramment le règlement, les principes généraux du droit, les circulaires et la coutume.

En outre, l'influence du droit international et du droit communautaire ne cesse de croître dans un contexte marqué par le développement des organisations d'intégration (UEMOA, CEDEAO, OHADA, etc.) et l'essor du droit international des droits de l'homme.

De nos jours, les sources du droit pénal s'articulent autour des sources nationales des sources internationales et des sources communautaires.

---

[123] CA Dakar, ch. corr. n° 696 du 22 juin 2012, MP et W. C. Y. c/ A. S., *inédit*.

1. Les sources nationales

38. Sources nationales du droit pénal. Les sources nationales du droit pénal sont la Constitution, la loi, le règlement, les principes généraux du droit, les circulaires et la coutume.

a. La constitution

39. Concept. La Constitution est la loi fondamentale de l'État[124]. Il s'agit de l'ensemble des règles fondamentales qui, dans le cadre de l'État, sont relatives à l'organisation et au fonctionnement des institutions politiques et aux rapports entre gouvernants et gouvernés. La Constitution établit les règles relatives à la dévolution et à l'exercice du pouvoir politique. Il s'agit du « *Code du pouvoir politique* »)[125].

40. Pouvoir constituant originaire. La Constitution peut avoir pour objet de poser les règles constitutionnelles initiales qui sont à la base de la fondation de l'État ou du régime ayant accédé au pouvoir. C'est la manifestation du pouvoir constituant originaire ; il s'agit d'un « *acte juridique fondateur suprême* »[126].

Dans l'histoire constitutionnelle du Sénégal, le pouvoir constituant originaire s'est exprimé à quatre reprises : en 1959, 1960, 1963 et 2001.

La Constitution du 24 janvier 1959 est historiquement la première Constitution fondatrice de la République du Sénégal. Elle a été instituée par la loi n° 59-003 du 24 janvier 1959 portant Constitution de la République du Sénégal[127]. Ce texte a amorcé les bases de la naissance de l'État du

---

[124] M. A. GLELE, « La Constitution ou la loi fondamentale », *Encyclopédie juridique africaine*, Tome 1, Dakar-Abidjan, NEA, 1982, p. 38 ; M. BADJI, « Variations sur le concept de Constitution en histoire des idées politiques. L'exemple de Montesquieu », *Nouvelles Annales africaines*, n° 01, 2007, p. 267 et s.

[125] S. RIALS, « Les incertitudes de la notion de Constitution sous la Ve République », *RDP,* 1984, p. 587 ; D. ROUSSEAU, « Une résurrection. La notion de Constitution », *RDP,* 1990, p. 5 ; G. BURDEAU, « Une survivance : la notion de Constitution », *S.* 1956, p. 53 et s. ; P. BASTID, *L'idée de Constitution*, Paris, Economica, 1985, plus récemment, M. M. SY, « L'insoutenable arythmie de la notion de Constitution. Analyse autour de la philosophie de Derrida et Habermas », in A. SALL et I. M. FALL (dir.), *Actualités du droit public et de la science politique en Afrique*, *Mélanges en l'honneur de Babacar KANTE*, Dakar, l'Harmattan, 2017, p. 347 et s.

[126] I. M. FALL, *Évolution constitutionnelle du Sénégal de la veille de l'indépendance aux élections de 2007*, Dakar, CREDILA-CREPOS, 2007, p. 10.

[127] P-F. GONIDEC, *Les Constitutions des États de la Communauté*, Paris, 1959 ; E. I. NDAO, *Sénégal, Histoire des conquêtes démocratiques*, Dakar, NEAS, 2003, p. 231.

Sénégal[128]. Cette Constitution fut l'œuvre d'une Assemblée constituante qui l'a adoptée.

À la suite de l'accession du Sénégal à l'indépendance[129] et de l'éclatement de la Fédération du Mali, le Sénégal a réorganisé son régime politique par la loi n° 60-045 AN du 26 août 1960 portant révision de la Constitution de la République du Sénégal. Cette Constitution a été rédigée par le Gouvernement et soumise à la Commission des lois et de la législation de l'Assemblée nationale qui l'a votée sans débat[130].

Contrairement à ce que pourrait laisser croire son intitulé, la loi constitutionnelle du 26 août 1960 a institué une nouvelle Constitution. Le décret de promulgation de ce texte n° 60-295 du 29 août 1960 indique clairement que « *la loi constitutionnelle est promulguée et sera exécutée comme Constitution de la République du Sénégal* ».

Après le traumatisme causé par la crise de décembre 1962, la loi constitutionnelle n° 63-22 du 07 mars 1963 portant révision de la Constitution de la République du Sénégal a été adoptée par l'Assemblée nationale, soumise pour approbation au référendum le 03 mars 1963 et promulguée le 07 mars 1963[131]. La loi constitutionnelle n° 62-62 du 18 décembre 1962 portant modification de la Constitution accordant au Président de la République le pouvoir « *de soumettre un projet de révision constitutionnelle* » ainsi que l'intitulé de la loi constitutionnelle n° 63-22 du 07 mars 1963 portant révision de la Constitution de la République du

---

[128] Une question se pose : comment une entité juridique non dotée de la souveraineté pleine et entière a-t-elle pu se doter d'une Constitution ? Comme l'écrit Elisabeth ZOLLER « *une Constitution est la loi fondamentale et suprême que se donne un peuple libre* » (E. ZOLLER, *Les grands arrêts de la Cour suprême des États-Unis*, Paris, PUF, « Droit fondamental », 2000, p. 31. Quoi qu'il en soit, l'article 76 de la Constitution française, qui permettait aux territoires d'outre-mer de choisir de devenir des États membres de la communauté franco-africaine, a posé les premières fondations juridiques et idéologiques de l'État du Sénégal ; sur l'ensemble de cette question, I. M. FALL, *Évolution constitutionnelle du Sénégal de la veille de l'indépendance aux élections de 2007*, CREDILA-CREPOS, 2007, p. 16 et s.

[129] La loi constitutionnelle n° 60-041 du 20 août 1960 a proclamé l'indépendance de la République du Sénégal.

[130] G. HESSELING, *Histoire politique du Sénégal. Institutions, droit et société*, Paris, Karthala et ASC Leiden, 1985, p. 192.

[131] Sur cette Constitution, G. D. LAVROFF, « Sénégal, la Constitution du 3 mai 1963 », *RDP*, n° 02, mars-avril 1963, p. 207-228 ; L. MURACCIOLE, « La Constitution de la République du Sénégal du 07 mars 1963 », *Rev. jur. et pol. d'outre-mer*, n° 01, 1963, p. 138-160.

Sénégal, pourraient laisser penser qu'il s'agissait simplement d'une révision de la Constitution et non d'une nouvelle Constitution.

Mais la révision a donné naissance à une nouvelle Constitution au regard de l'article 91 de la loi constitutionnelle du 07 mars 1963 qui énonce que l'Assemblée nationale en fonction exerce, jusqu'à la fin de son mandat, les pouvoirs prévus par « *la présente Constitution* ».

L'alternance politique survenue le 19 mars 2000 a été marquée par le déracinement du parti socialiste dominant la vie politique depuis quatre décennies[132]. Dans un climat enthousiaste, le Président Abdoulaye WADE décida de faire élaborer une nouvelle Constitution. Cette Constitution a été adoptée, par réferendum, le 07 janvier 2001 et promulguée le 22 janvier 2001[133] ; elle a été plusieurs fois modifiée[134].

41. Bases constitutionnelles du droit pénal. De nos jours, le droit pénal a des bases constitutionnelles très solides. Parmi les différentes branches du

---

[132] M. C. DIOP, M. DIOUF et A. DIAW, « Le baobab a été déraciné. L'alternance au Sénégal », *Politique africaine*, 78, juin 200, p. 157-179 ; S. M. SY, « L'alternance politique au Sénégal », in *Mélanges en l'honneur de Dimitri Georges Lavroff, La Constitution et les valeurs,* Paris, Dalloz, 2005, p. 593-609.

[133] P. D. SY, « Présentation de la nouvelle Constitution », *Nouvelles Annales africaines*, n° 01, 2007, p. 279 et s. ; I. M. FALL, « Constitution de 1963 et Constitution de 2001 : continuité ou rupture ? », *Nouvelles Annales africaines*, n° 01, 2007, p. 311 et s. ; J-M. NZOUANKEU, *Constitution de la République du Sénégal. Texte consolidé, Nzouankeu Alternatives. L'encrier et le porte-plume,* Dakar, édition mai 2017.

[134] La Constitution n° 2001-03 du 22 janvier 2001 portant Constitution (JORS, numéro spécial n° 5963 du 22 janvier 2001, p. 27) a été modifiée par plusieurs lois constitutionnelles. Il s'agit notamment de la loi n° 2006-37 du 15 novembre 2006, modifiant l'article 33 de la Constitution (JORS n° spécial du 11 décembre 2006, p. 2003 ; de la loi n° 2003-15 du 19 juin 2003 portant révision et instituant le Conseil de la République et des Affaires économiques et sociales, la loi constitutionnelle n° 2006-37 du 15 novembre 2006 (JORS numéro spécial du 11 décembre 2006, p. 2003), la loi constitutionnelle n° 2007-06 du 12 février 2007 créant le Sénat (JORS du 10 mars 2007, p. 2387), la loi n° 2007-19 du 19 février 2007, modifiant l'article 34 de la Constitution (JORS du 19 février 2007, p. 2210), la loi constitutionnelle n° 2008-33 du 07 août 2008 (JORS du 08 août 2008, p. 754), la loi constitutionnelle n° 2008-34 du 07 août 2008 (JORS du 08 août 2008, p. 755), de la loi n° 2009-22 du 19 juin 2009 instituant un poste de Vice-Président de la République (JORS numéro spécial du 19 juin 2009, p. 651), de la loi n° 2012-16 du 28 septembre 2012 portant révision de la Constitution (JORS n° 6688 du 28 septembre 2012, p. 1187), de la loi n° 2016-10 du 05 avril 2016, modifiant la Constitution (JORS n° 6926 du jeudi 07 avril 2016, p. 505), de la loi constitutionnelle n° 2018-14 du 11 mai 2018 portant révision de la Constitution (JORS n ° 7094 du 12 mai 2018, p. 551), de la loi constitutionnelle n° 2019-10 du 14 mai 2019 portant révision de la Constitution (JORS n° 7181 du lundi 20 mai 2019, p. 917), de la loi constitutionnelle n° 2021-41 du 20 décembre 2021 portant modification de la Constitution (JORS n° 7483 du 22 décembre 2021, p. 2017 et de la loi n° 2023-13 du 02 août 2023 portant révision de la Constitution (JORS n° 7647 du 02 août 2023, p. 967).

droit ayant fait l'objet d'une constitutionnalisation, le droit répressif occupe une place privilégiée[135]. En effet, plusieurs dispositions de la Constitution concernent le droit pénal. Certaines dispositions constitutionnelles ont prévu des droits et des libertés individuels.

Ainsi, l'article 7 de la Constitution consacre le principe de la sacralité et l'inviolabilité de la personne humaine. L'État a ainsi l'obligation de la respecter et de la protéger. Ce texte précise que « *Tout individu a droit à la vie, à la liberté, à la sécurité, au libre développement de sa personnalité, à l'intégrité corporelle notamment à la protection contre toutes mutilations physiques* ».

La Constitution prévoit que toute atteinte aux libertés et toute entrave volontaire à l'exercice d'une liberté sont punies par la loi. L'article 9 de la Constitution consacre le principe de la légalité criminelle et de la non-rétroactivité de la loi en énonçant que « *nul ne peut être condamné si ce n'est en vertu d'une loi entrée en vigueur avant l'acte commis* ».

Dans une décision rendue le 23 juin 1993[136], le Conseil constitutionnel sénégalais s'est prononcé sur la valeur du principe de la non-rétroactivité des lois.

Il a jugé que ce principe « *n'a de valeur constitutionnelle qu'en matière pénale, conformément aux articles 6 de la Constitution, 8 de la Déclaration des droits de l'homme et du citoyen de 1789 et 11.2 de la Déclaration universelle des droits de l'homme de 1948* ». Le juge constitutionnel a précisé que la rétroactivité d'une loi nouvelle ne peut remettre en cause des situations existantes que dans le respect des droits et libertés de valeur constitutionnelle[137].

---

[135] Sur cette question, V. L. FAVOREU, « La constitutionnalisation du droit pénal et de la procédure pénale. Vers un droit constitutionnel pénal », *Mélanges A. Vitu*, Paris, Cujas, 1989, p. 169 ; J. LE CALVEZ, « Les principes constitutionnels en droit pénal », *JCP* G 1985, I, 3198 ; D. MAYER, « L'apport du droit constitutionnel au droit pénal en France » *RSC*, 1988, p. 439 ; L. PHILIP, « La constitutionnalisation du droit pénal français », *RSC* 1985, p. 711 ; J. PRADEL (dir.), *Droit constitutionnel et droit pénal*, Paris, Cujas, Travaux de l'Institut de sciences criminelles de Poitiers, t. 21, 2000 ; M. VERPEAUX, « Droit constitutionnel répressif », *Juris-class. adm.* fasc. 1458.

[136] Cons. const. n° 11/93 du 23 juin 1993, Rabat d'arrêt, in I. M. FALL, *Les décisions et avis du Conseil constitutionnel du Sénégal*, Dakar, CREDILA, 2008, 89, obs. A. NDIAYE. Pour commentaire de cette décision, EL H. MBODJ, « La mise à mort du rabat d'arrêt ? Observations s/c Conseil constitutionnel : 23 juin 1993 », *Revue EDJA*, n° 23, octobre-novembre-décembre 1994, p. 80.

[137] G. LEVASSEUR, « Opinions hétérodoxes sur les conflits de lois répressives dans le temps », *Mélanges J. Constant*, Faculté de droit de Liège 1971, p. 189 ; du même auteur, « Le domaine

Le constituant érige aussi les droits de la défense en principe à valeur constitutionnelle. Selon l'article 9 de la Constitution « *la défense est un droit absolu dans tous les États et à tous les degrés de la procédure* ».

La liberté d'expression est également consacrée par l'article 10 de la Constitution. Aux termes de ce texte : « *chacun a le droit d'exprimer et de diffuser librement ses opinions par la parole, la plume, l'image, la marche pacifique, pourvu que l'exercice de ces droits ne porte atteinte ni à l'honneur et à la considération d'autrui, ni à l'ordre public* ».

Le principe de l'inviolabilité du secret de la correspondance, des communications postales, télégraphiques, téléphoniques et électroniques interdit d'ordonner des restrictions à cette inviolabilité, sauf dans les cas prévus par la loi[138].

L'inviolabilité du domicile est aussi un principe protégé par la Constitution. Selon les dispositions de l'article 16 de la Constitution : « *Il ne peut être ordonné de perquisition que par le juge ou par les autres autorités désignées par la loi. Les perquisitions ne peuvent être exécutées que dans les formes prescrites par celle-ci. Des mesures portant atteinte à l'inviolabilité du domicile ou la restreignant ne peuvent être prises que pour parer à un danger collectif ou protéger des personnes en péril de mort. Ces mesures peuvent être également prises, en application de la loi, pour protéger l'ordre public contre les menaces imminentes, singulièrement pour lutter contre les risques d'épidémie ou pour protéger la jeunesse en danger* ».

En France, le Conseil constitutionnel français a jugé que les principes d'accessibilité et d'intelligibilité de la loi sont des *« objectifs à valeur constitutionnelle »*[139].

---

d'application dans le temps des lois relatives à l'exécution des sanctions répressives », *Mélanges A. VITU*, Paris, Cujas 1989, p. 349 ; A. DEKEUWER, « La rétroactivité in mitius en droit pénal : un principe encore et toujours contesté ! », *JCP* G. 1997, I, 4063 ; J. LARGUIER et A.-M. LARGUIER, « Le rejet de l'analyse rétroactive en droit pénal », *RSC* 1972, p. 759 ; C. A. FOPA TAPON, « Le principe constitutionnel de la non-rétroactivité des lois : radioscopie d'un principe « méprisé » par le législateur camerounais»: http://afrilex.u-bordeaux.fr ; J. A-M. LARGUIER, « Le rejet de l'analyse rétroactive en matière pénale », *RSC* 1972, p. 759; T. PIAZZON, « Le principe de non-rétroactivité de la loi pénale, in *Code pénal et Code d'instruction criminelle, Livre du bicentenaire,* Paris, Dalloz 2010, p. 127.

[138] V. art. 13 de la Constitution.

[139] Cons. const., déc. 16 déc. 1999, *D.* 2000, chron. p. 361, note M.-A. Frison-Roche et W. Baranès.

Au Sénégal, le Conseil constitutionnel, dans sa décision rendue le 20 juillet 2021[140], a donné un contenu au principe d'accessibilité et d'intelligibilité de la loi pénale[141]. Le juge constitutionnel a estimé que le respect du principe constitutionnel de légalité « *implique que les termes utilisés pour fixer les incriminations et déterminer les peines qui leur sont applicables soient clairs et précis* ».

Il a précisé que « *l'exigence d'accessibilité et d'intelligibilité de la loi qui, pour les règles pénales de fond, est inséparable du principe de la légalité criminelle dont elle constitue la dimension substantielle impose au législateur l'adoption de lois suffisamment claires et prévisibles dans leurs conséquences afin que chaque citoyen sache exactement ce qui lui est interdit et ce qu'il encourt comme sanction en cas de violation de l'interdiction* ».

Dans le préambule de la Constitution, le Peuple sénégalais affirme son adhésion à la Déclaration des Droits de l'Homme et du Citoyen de 1789 et aux instruments internationaux adoptés par l'Organisation des Nations Unies et l'Organisation de l'Unité africaine, notamment la Déclaration Universelle des Droits de l'Homme du 10 décembre 1948, la Convention sur l'élimination de toutes les formes de discrimination à l'égard des femmes du 18 décembre 1979, la Convention relative aux Droits de l'Enfant du 20 novembre 1989 et la Charte africaine des Droits de l'Homme et des Peuples du 27 juin 1981.

Or, ces instruments internationaux ont consacré plusieurs droits et libertés (droit à la vie, à l'intimité de la vie privée, droit de propriété, droit d'être jugé dans un délai raisonnable, droits de la défense, droit d'être détenu dans un délai raisonnable, etc.).

Par ailleurs, dans la détermination des domaines de la loi et du règlement, la Constitution énumère plusieurs matières appartenant au droit pénal[142]. En

---

[140] Cons. const. n° 02/C/21 du 20 juillet 2021, Ch. M. A. D. et autres, *inédit*.
[141] Sur cette question, A. L. COULIBALY et P. A. TOURÉ, « Au-delà des turbulences, la constitutionnalisation du principe de l'intelligibilité de la loi : à propos de la décision du Conseil constitutionnel n° 02/C/21 du 20 juillet 2021 » : https://www.pressafrik.com. D'ailleurs, par une circulaire n° 000003 SGG/SGA/JUR/SP du 05 août 2021 relative à l'objectif de valeur de l'intelligibilité de la loi, le Ministre, Secrétaire général du Gouvernement a rappelé aux départements ministériels l'obligation constitutionnelle de veiller à l'intelligibilité et à la qualité rédactionnelle des textes que leurs services introduisent dans le circuit normatif.
[142] Sur cette question. J. M. NZOUANKEU, « Les domaines respectifs de la loi et du règlement en droit sénégalais», *RIPAS* n° 11, octobre-décembre 1984, p. 892 ; P. A. TOURÉ, *La légistique.*

effet, selon l'article 67 de la Constitution, la détermination des crimes et des délits, la procédure pénale ainsi que l'amnistie relèvent du domaine exclusif de la loi. Il appartient ainsi au législateur de prévoir les éléments constitutifs des crimes et des délits, de fixer les règles de procédure pénale[143] et de déterminer le régime de l'amnistie.

De plus, l'article 47 de la Constitution consacre, par une formule très brève, le droit de grâce du Président de la République. Aux termes de ce texte : « *Le Président de la République a le droit de faire grâce* »[144]. La grâce est une faveur et d'une prérogative régalienne exercée de manière discrétionnaire par le Président de la République[145]. Il s'agit d'une mesure de clémence décidée par le Chef de l'État et en vertu de laquelle un condamné est dispensé de subir sa peine en totalité ou en partie (remise de peine) ou par l'effet de laquelle une peine plus douce est substituée à la peine normalement exécutoire (commutation de peine)[146].

b. La loi

42. Acte législatif. La loi est la principale source du droit criminel. Par le terme « *loi* », il faut entendre aussi bien la loi proprement dite que les textes assimilés aux lois.

- **La loi proprement dite**

43. Notion de loi. La « *loi* » vise, au sens formel, l'acte juridique édicté par l'organe disposant du pouvoir législatif (Assemblée nationale) et promulgué par le Président de la République. Sous réserve des possibilités de consultation du Peuple (référendum), le Parlement (l'Assemblée nationale)

Techniques de conception et de rédaction des lois et des actes administratifs : une tradition de gouvernance normative, Dakar, l'Harmattan, 2018, p. 65, n° 74 ; V. GARRABOS, *Le domaine et l'autorité de la loi et du règlement en matière pénale*, thèse Paris, 1970 ; G. STEFANI, « Le domaine de la loi et du règlement en matière pénale », *Études juridiques en hommage à Julliot de la Morandière,* 1965, p. 581.

143 R. GASSIN, « La règle de procédure pénale au sens de l'article 34 de la Constitution », in *Les droits et le Droit, Mélanges B. Bouloc*, Paris, Dalloz, p. 363 ; F. DESPORTES et L. LAZERGES-COUSQUER, *op. cit.*, p. 104.

144 Sur la grâce, V. P. A. TOURÉ, *Droit pénal général sénégalais, tome 2 : la responsabilité pénale et la sanction pénale*, Dakar, l'Harmattan 2023, n° 561 s.

145 E. VERGÈS, « Réflexions sur la nature et la fonction de la grâce présidentielle », *RSC* 2008. 952 ; M.-H. RENAUT, « Le droit de grâce doit-il disparaître ? », *RSC* 1996. 575 ; L. GRIFFON-YARZA, « Droit de grâce présidentiel : le coup de grâce ? », *Dr. pén.* n° 5, mai 2018, ét. 14 ; M.-H. RENAUT, « Le droit de grâce doit-il disparaître ? », *RSC* 1995. 575.

146 V. CORNU, op. cit., p. 485-486. V° grâce.

vote la loi en respectant une procédure fixée par la Constitution et par le règlement intérieur de l'Assemblée nationale[147].

44. Détermination des crimes et délits et des peines. La loi est la principale source du droit pénal. Selon l'article 67 de la Constitution, la détermination des crimes et des délits relève du domaine exclusif de la loi. Il appartient au législateur de déterminer les éléments constitutifs des crimes et des délits. La définition d'une infraction punie d'une peine criminelle ou correctionnelle relève de la compétence de la loi[148].

La jurisprudence française refuse même à l'exécutif le pouvoir de modifier les dispositions d'un texte, même réglementaire, sanctionnées par une peine correctionnelle[149], considérant qu'une disposition définissant un crime ou un délit et une disposition la réprimant relèvent de la même compétence (législative). La détermination des peines attachées aux crimes et aux délits appartient également au domaine de la loi.

Dans un arrêt du 29 mai 1965, la Cour suprême du Sénégal a jugé que les contraventions de simple police relèvent du domaine réglementaire, tandis que relève de la loi, la détermination des infractions, dont les peines les plus élevées, dépassent le montant maximum des contraventions de simple police[150].

Le droit criminel tire essentiellement sa source des lois ordinaires. Il s'agit des lois votées par l'Assemblée nationale selon la procédure parlementaire ordinaire et qui ont pour objet de régir la vie quotidienne et le fonctionnement des institutions[151]. Ce sont les lois habituelles intervenant sur des sujets variés pour prévoir des incriminations, diverses peines (peines principales, complémentaires et accessoires) ainsi que les modalités d'engagement de la responsabilité pénale.

On peut citer la loi n° 65-60 du 21 juillet 1965 portant Code pénal plusieurs fois modifiée, la loi n° 2018-02 du 23 février 2018 relative à la répression du faux monnayage et des autres atteintes aux signes monétaires[152]

---

[147] J-E. GICQUEL, « Loi », *Juris-class. adm.*, juin 2013, fasc. 30, n° 02.
[148] Cons. const. 26 juin 1969, n° 69-55 DC.
[149] CE 02 février 1967, Confédération gén. des vignerons du midi, *Rec. CE*, p. 55.
[150] CS n° 3/C65 du 29 mai 1965, Statut de la coopérative dans les territoires relevant du ministère de la France d'outre-mer, *RIPAS*, janvier-décembre 1990, n° 23-24, p. 95.
[151] E. DIARRA, *op. cit.* p. 706.
[152] JORS n° 7095 du 14 mai 2018, p. 553.

et la loi n° 2018-03 du 23 février 2018 relative à lutte contre le blanchiment de capitaux et le financement du terrorisme[153]. Il en est de même des lois spéciales qui ont institué des codes comportant des crimes ou des délits (Code de la Route, Code forestier, Code de l'Urbanisme, Code de la Chasse, Code des Douanes, etc.).

Mais les pouvoirs publics ne se conforment pas toujours à l'exigence d'un support législatif pour créer des délits. À titre d'exemple, les articles R. 199 à R 204 du décret n° 2010-99 du 27 janvier 2010 portant Code de la Construction ont pour objet de sanctionner des délits relatifs aux travaux de construction ; il s'agit notamment de la poursuite de travaux sans contrôle technique dans le cas où celui-ci est obligatoire, de l'obstacle à l'exercice du droit de visite prévu lors de la construction et de la violation par le propriétaire d'un immeuble à grande hauteur des normes de sécurité.

Ces textes contreviennent manifestement aux dispositions de l'article 67 de la Constitution qui énumèrent les délits comme relevant du domaine exclusif de la loi[154].

45. Détermination des règles de procédure pénale. En vertu de l'article 67 de la Constitution, la procédure pénale relève du domaine exclusif de la loi. Il s'agit de «*l'ensemble des règles relatives à la constatation des infractions ainsi qu'à l'identification, l'appréhension, la poursuite et le jugement de leurs auteurs*»[155]. Parce qu'elle met en jeu les droits et libertés fondamentaux des citoyens, la procédure pénale fait partie des matières relevant intégralement de la compétence législative[156].

Ainsi, les règles relatives au procès pénal sont fixées par la loi n° 65-61 du 21 juillet 1965 portant Code de Procédure pénale, plusieurs fois modifiée. On peut citer également la loi n° 81-54 du 10 juillet 1981 créant une Cour de répression de l'enrichissement illicite[157].

---

[153] JORS n° 7095 du 14 mai 2018, p. 558.

[154] Sur cette question, V. P. A. TOURÉ, *Légistique. Techniques de conception et de rédaction des lois et des actes administratifs*, Dakar, l'Harmattan, 2019, n° 371.

[155] F. DESPORTES et L. LAZERGES-COUSQUER, *Procédure pénale*, Paris, Economica, 3e édition, 2013, p. 1.

[156] R. GASSIN, « La règle de procédure pénale au sens de l'article 34 de la Constitution », in *Les droits et le Droit, Mélanges B. Bouloc*, Paris, Dalloz, p. 363 ; F. DESPORTES et L. LAZERGES-COUSQUER, *op. cit.*, p. 104.

[157] JORS spécial n° 4846 du 24 juillet 1981, p.715 ; J. M. MAROUN, « La loi n° 81-53 du 10 juillet 1981 relative à la répression de l'enrichissement illicite », *RIPAS*, n° 02, octobre-décembre 1981,

La procédure pénale peut avoir pour source la loi organique qui a pour objet de fixer les modalités d'organisation et de fonctionnement des pouvoirs publics[158] ; la loi organique complète ou précise le contenu de la Constitution. Elle allège le texte constitutionnel de lourdeurs malvenues[159]. Ainsi, la loi organique n° 2002-10 du 22 février 2002 portant loi organique sur la Haute Cour de Justice[160] et la loi organique n° 2017-10 du 17 janvier 2017 portant statut des magistrats fixent notamment les conditions dans lesquelles les membres de la Cour suprême et de la Cour des Comptes peuvent être poursuivis, arrêtés, détenus ou jugés en matière pénale.

La compétence législative en matière de procédure pénale concerne également la procédure de simple police prévue par la loi n°65-61 du 21 juillet 1965 portant Code de Procédure pénale. Au Sénégal, la procédure de jugement des contraventions est encadrée par le titre III du Code de Procédure pénale comportant les articles 509 à 537.

La Cour d'Appel de Dakar a eu l'occasion de préciser la compétence législative en matière de procédure pénale dans l'arrêt Aïssatou Guèye DIAGNE rendu le 22 août 2012[161]. Dans cette espèce, la cour a jugé que l'article 27, alinéa 3 du décret n° 2009-328 du 08 avril 2009 fixant le statut des notaires, qui subordonne les poursuites contre les notaires à l'autorisation du Garde des Sceaux, Ministre de la Justice, après avis de la chambre disciplinaire, intervient dans le domaine de la loi et méconnaît l'article 67 de la Constitution. Selon la cour, « *ce texte aménage une procédure pénale*

---

p. 274 et s. ; A. CISSÉ, « Lois relatives à la répression de l'enrichissement illicite de retour ou le lifting laborieux d'un lit de procuste mite par une désuétude méritée », *Revue EDJA*, n° 106, juillet-août-septembre 2015, p. 9 et s. ; D. NDOYE, « Des principes de l'organisation judiciaire et la CREI», *Lex Hebdo*, n° 1236 du 11 août 2014, p. 8.

[158] M. VERPEAUX, « Brèves considérations sur l'actualité renouvelée des lois organiques », *AJDA* 2009. 1980; H. AMIEL, « Les lois organiques », *RDP* 1984, p. 409; P. CAMBY, « la loi organique dans la Constitution de 1958 », *RDP* 1989, p. 1401 ; « Quarante ans de lois organiques », *RDP* 1998, p. 1686 ; J.-C. CAR, *Les lois organiques de l'article 46 de la Constitution du 4 octobre 1958*, Paris, Economica, PUAM, 1999 ; I. M. FALL, «La loi organique dans les ordonnancements juridiques des États d'Afrique francophone. Réflexion sur une norme particulière », *RBSJA*, n° 32, 2014, p. 188.

[159] Ch. SIRAT, « La loi organique et la Constitution de 1958 », *D.* 1960, chron. 153.

[160] JORS n° 6038 du 23 mars 2002, p. 1018. Cette loi a été modifiée par la loi organique n° 2008-39 du 20 août 2008 (JORS n° 6441 du 06 décembre 2008, p. 1141) et par la loi organique n° 2012-26 du 28 décembre 2012.

[161] CA Dakar n° 888 du 22 août 2012, MP c/ A. G. D., in *Bulletin des arrêts rendus par la Cour d'Appel de Dakar en matière pénale*, année 2014, p. 134 ; dans le même sens, CA Dakar, n° 635 du 12 juillet 2010, MP et la SONAM c/ S. M. B., *inédit.*

spéciale dérogatoire aux règles édictées par la loi n°65-61 du 21 juillet 1965 portant Code de Procédure pénale et constitue une garantie supplémentaire pour le notaire ; il viole manifestement ladite loi ainsi que l'article 67 de la Constitution, en s'immisçant subrepticement dans les attributions relevant exclusivement du domaine du pouvoir législatif ».

Mais les dispositions qui déterminent le nombre, le siège, le ressort des tribunaux, même si elles entraînent des modifications d'autres juridictions du même ordre et du même degré, ne font pas partie des règles concernant la procédure pénale[162].

- **Les textes assimilés aux lois**

46. Ordonnances. À côté de la loi pénale, au sens strict, il existe d'autres textes de valeur sensiblement identique qui sont assimilés aux lois. Il s'agit des ordonnances de l'article 38 de la Constitution et des ordonnances de l'article 52 de la Constitution.

- **Les ordonnances de l'article 38 de la Constitution**

47. Notion. La frontière entre les domaines de la loi et du règlement n'est pas imperméable[163]. Dans certaines circonstances particulières, la Constitution accorde aux autorités exécutives un pouvoir réglementaire exceptionnel qu'elles exercent par ordonnances.

Les ordonnances sont des mesures prises par le pouvoir exécutif dans le domaine du pouvoir législatif sur habilitation du Parlement[164]. Aux termes de l'article 77 de la Constitution : « *Le Parlement peut habiliter, par une loi, le Président de la République à prendre des mesures qui sont normalement du domaine de la loi* ».

---

162 Cons. const. 18 juillet 1961, n° 61-64 L. *Rec. cons. const.*, p. 38.

163 Sur cette question. J. M. NZOUANKEU, « Les domaines respectifs de la loi et du règlement en droit sénégalais», *RIPAS* n° 11, octobre-décembre 1984, p. 892 ; P. A. TOURÉ, *La légistique. Techniques de conception et de rédaction des lois et des actes administratifs : une tradition de gouvernance normative*, Dakar, l'Harmattan, 2018, p. 65, n° 74 ; V. GARRABOS, *Le domaine et l'autorité de la loi et du règlement en matière pénale*, thèse Paris, 1970 ; G. STEFANI, « Le domaine de la loi et du règlement en matière pénale », *Études juridiques en hommage à Julliot de la Morandière,* 1965, p. 581.

164 CH. DEBBASCH, « Les ordonnances de l'art. 38 dans la Constitution du 4 octobre 1958 », *JCP.*, 1962.1.1701 ; A.-M. LE POURHIER, *Les ordonnances. La confusion des pouvoirs en droit public français,* Paris, LGDJ, 2011, p. 25 ; J.-C. COLLIARD, « Que reste-t-il de l'article 38 de la Constitution ? », *Mélanges Yves Jegouzo*, 2009, p. 131 ; P. De MONTALIVET, « L'inflation des ordonnances », *RDP* 2017, p. 37.

Il s'agit donc d'une extension occasionnelle des pouvoirs du Président de la République habilité à modifier éventuellement les lois existantes[165]. Les ordonnances traduisent un procédé de législation déléguée par lequel le Parlement consent à l'immixtion du Gouvernement dans son domaine en l'autorisant à « *légiférer* »[166]. Les ordonnances de l'article 38 de la Constitution constituent les ordonnances de droit commun[167]. Sous ce rapport, les ordonnances peuvent intervenir dans le domaine pénal en déterminant des crimes et des délits ou en prévoyant des règles de procédure pénale, au sens de l'article 67 de la Constitution.

Sous l'empire de la Constitution du 26 août 1960, l'organisation du Conseil supérieur de la Magistrature ainsi que les modalités de fonctionnement de la Cour suprême étaient respectivement fixées par les ordonnances n° 60-16 MJ du 03 septembre 1960 et n° 60-17 du 03 septembre 1960.

48. Nature juridique des ordonnances. L'ordonnance est une catégorie normative très particulière. Elle est à mi-chemin entre l'acte législatif et l'acte réglementaire. Un auteur a écrit que « *la nature des ordonnances varie dans le temps à la manière du caméléon* »[168].

Avant sa ratification par l'Assemblée nationale, l'ordonnance a une nature réglementaire sans limitation de durée, dès lors que le projet de loi de ratification a été déposé dans les délais. L'expiration de la période d'habilitation n'a aucun effet sur la nature juridique de l'ordonnance qui conserve sa nature administrative, sauf si elle a été ratifiée[169].

---

[165] A. BOCKEL, *Droit administratif*, Dakar-Abidjan, NEA, LGDJ, 1978, p. 109.

[166] S. N. TALL, « Les ordonnances en Afrique noire francophone », *Revue EDJA*, n° 64, janvier-février-mars 2005, p. 65.

[167] J-E GICQUEL, « Ordonnances », *Juris-class. adm.*, fasc. 35, mars 2015, n° 01 ; A. JENNEQUIN, « Les ordonnances de l'article 74-1 de la Constitution, Bilan de la pratique », *RFDA* 2008, p. 920 ; M. GUILLAUME, « Les ordonnances : tuer ou sauver la loi ? », *Pouvoirs* 2005, n° 114, p. 124.

[168] J. GICQUEL et J. E. GICQUEL, *Droit constitutionnel et institutions politiques*, Paris, LGDJ, 31e édition, 2017, p. 708, n° 1286 ; P. A. TOURÉ, « L'ordonnance : un instrument normatif au service de la riposte contre la COVID-19 », *Revue de l'ERSUMA* 2020, n° 12, p. 363.

[169] Sur cette question, L. FAVOREU, « Ordonnances ou règlements d'administration publique ? », *RFDA* 1987, p. 686.

En réalité, les ordonnances non ratifiées ont un double régime[170]. Elles ont un régime d'acte législatif si l'on sait, qu'intervenant dans le domaine législatif, elles peuvent modifier ou abroger des dispositions législatives et que leurs propres dispositions ne peuvent être modifiées ou abrogées que par la loi[171].

Mais du point de vue de leur régime contentieux, elles sont des actes réglementaires qui peuvent faire l'objet d'un contrôle juridictionnel[172] devant le juge de l'excès de pouvoir dans les conditions prévues par la loi organique n° 2017-09 du 17 janvier 2017 sur la Cour suprême[173].

Aussi, au cours d'un procès, les justiciables peuvent aussi soulever l'exception d'illégalité[174] de l'ordonnance non ratifiée devant les juridictions du fond (Cour d'appel, tribunal de grande instance et tribunal d'instance), lorsque la solution du litige dépend de l'examen de sa légalité[175].

Après sa ratification législative, l'ordonnance acquiert rétroactivement une valeur législative à compter de la date de sa publication. À cet égard, dans la hiérarchie des textes normatifs, elle a une valeur de loi ordinaire et peut, dès lors, faire l'objet d'un recours en inconstitutionnalité devant le Conseil

---

170 Sur l'ensemble de cette question, V. S. N. TALL, *Droit constitutionnel et ordonnances dans les États d'Afrique noire francophone,* Dakar, l'Harmattan, 2021, p. 169 et s.

171 L. FAVOREU, P. GAÏA, R. GHEVONTIAN, J-L. MESTRE, O. PFERSMANN, A. ROUX et G. SCOFFONI, *Droit constitutionnel*, Paris, Dalloz, 2014, p. 867, n°1206.

172 V. J-C BONICHOT, F. MERLIN-SOUCRAMANIEN et CH. MAUGÜE, « Le contrôle juridictionnel des ordonnances », *RFDA*, 1997, p. 450.

173 O. GAYE et M. S. DIOUF, *Le Conseil d'État et la pratique du recours en annulation*, Dakar, éd. 2001 ; M. M. MBACKE, « Le contrôle juridictionnel de l'administration. Le recours pour excès de pouvoir », *EDJA*, juin 1987, p. 09 et s. ; P. M. SY, « Quelques remarques sur l'institution du recours pour excès de pouvoir au Sénégal depuis la création du Conseil d'État », *EDJA*, n° 53, avril-mai-juin 2002, p. 57 et s. ; M. M. MBACKE, « Le Conseil d'État », *Revue EDJA*, n° 20, p. 02.

174 V. art. 8 de la loi n° 2014-26 du 03 novembre 2014 fixant l'organisation judiciaire. Sur cette question, A. FAYE, « État de droit et contrôle de l'exécutif : réflexions d'un privatiste sur l'exception d'illégalité en droit sénégalais», *EDJA*, n° 33, avril-mai-juin 1997, p. 36; A.A. BA, «L'exception d'illégalité dans le système sénégalais d'organisation judiciaire », *EDJA*, n° 33, avril-mai-juin 1997, p. 41 ; I. DIALLO, « L'exception d'illégalité dans le système judiciaire sénégalais», *Nouvelles Annales africaines*, n° 1, 2010, p. 152; plus récemment, P. A. TOURÉ, *La réforme de l'organisation judiciaire du Sénégal commentée et annotée*, Paris, l'Harmattan 2016, n° 249 et s. ; B. SENE, « Le traitement de l'exception d'illégalité en droit sénégalais », *La Balance, Revue semestrielle de l'Union des Magistrats sénégalais*, n° 01, janvier-juin 2017, p. 53 et s. ; du même auteur, « Le traitement de l'exception d'illégalité en droit sénégalais », in *Droit administratif : convergence ou concurrence des disciplines juridiques?, Mélanges en l'honneur de Demba Sy,* tome 2, Toulouse, Presse universitaire de Toulouse 1, 2020, p. 401 et s.

175 CE, 13 novembre 1974, Sté Leroi et Lardereau, *Rec. CE* 1974, tables, p. 874 ; CE, 09 septembre 1994, Sté Mayotte Motors Corporation, *Rec. CE* 1994, p. 410.

constitutionnel dans les conditions prévues par la loi organique n° 2016-23 du 14 juillet 2016 relative au Conseil constitutionnel [176].

La loi de ratification est une loi par laquelle le Parlement valide les mesures prises par le Président de la République dans le domaine du pouvoir législatif en leur conférant une valeur législative.

Il faut préciser qu'à l'occasion du vote de la loi de ratification, l'Assemblée nationale peut apporter des modifications à l'ordonnance en exerçant son droit d'amendement[177]. Le rejet du projet de loi de ratification par le Parlement entraîne l'abrogation de l'ordonnance.

Une fois ratifiées, les ordonnances, intervenant dans le domaine législatif, ainsi hissées à la dignité législative, ne pourront être abrogées ou modifiées que par une loi.

Il en est de même de celles qui sont intervenues dans des matières réglementaires, sauf si elles ont font l'objet d'une délégalisation encore appelée déclassement[178], suivant la procédure prévue par l'article 76, alinéa 2 de la Constitution. Selon ce texte, les textes de forme législative intervenus dans le domaine réglementaire peuvent être modifiés par décret si le Conseil constitutionnel, à la demande du Président de la République, a déclaré qu'ils ont un caractère réglementaire.

- **Les ordonnances de l'article 52 de la Constitution**

49. Pouvoirs exceptionnels du Président de la République. À côté des ordonnances de législation déléguée, d'autres types d'ordonnances sont prévues par la Constitution. Elles peuvent s'inscrire dans le cadre de l'exercice des pouvoirs exceptionnels du Président de la République[179]. En vertu de l'article 52 de la Constitution, lorsque les institutions de la République, l'indépendance de la Nation, l'intégrité du territoire national ou

---

[176] I. Y. NDIAYE, « Le Conseil constitutionnel sénégalais », *Les Nouveaux Cahiers du Conseil constitutionnel,* 2014/4, n° 45, p. 77.
[177] V. art. 77 de la Constitution.
[178] C. CANS, « La délégalisation. Un encouragement au désordre », *RDP,* 1999, p. 1419 ; Y. GAUDEMET, « Le mécanisme de déclassement des lois (art. 37, al. 2) », *D.* 1980, p. 121 ; J.-L. MESTRE, « De l'ancien sur l'article 37, alinéa 2, de la Constitution », *RFDA,* 2001, p. 301 ; L. FAVOREU, « La procédure de l'article 37, alinéa 2 », *RDP,* 1976, p. 225 ; L. FAVOREU, «La délégalisation des textes de forme législative par le Conseil constitutionnel », *Mélanges offerts à Marcel Waline*, Paris, LGDJ, 1974, TII, p. 429.
[179] J. LAMARQUE, « La théorie de la nécessité et l'article 16 de la Constitution », *RDP,* 1961, p.558.

l'exécution des engagements internationaux sont menacées d'une manière grave et immédiate et que le fonctionnement régulier des pouvoirs publics ou des institutions est interrompu, le Président de la République dispose de pouvoirs exceptionnels.

50. Mesures de nature législative. Au titre des mesures prises en application de l'article 52 de la Constitution, le Président de la République peut prendre des « *mesures de nature législative* » qu'il met lui-même en vigueur. Il peut les amender ou les rejeter à l'occasion du vote de la loi de ratification. Le Parlement se réunit de plein droit. Il est saisi pour ratification dans les quinze (15) jours de leur promulgation. Ces mesures deviennent caduques si le projet de loi de ratification n'est pas déposé sur le bureau de l'Assemblée nationale dans ledit délai.

Les mesures présidentielles « *de nature législative* » sont soumises à une procédure de ratification analogue à celle prévue pour les ordonnances de législation déléguée de l'article 77 de la Constitution. La haute juridiction administrative française voit dans les mesures prises par le Président de la République des actes de gouvernement dont il ne lui appartient « *ni d'apprécier la légalité ni de contrôler la durée d'application* »[180].

c. Le règlement

51. Notion de règlement. Les actes administratifs à caractère réglementaire (règlements) sont des actes unilatéraux de caractère général et impersonnel faisant partie de l'ordonnancement juridique[181]. La Cour suprême se fonde souvent sur la généralité et l'impersonnalité de l'acte administratif pour le qualifier d'acte réglementaire[182]. Les actes administratifs réglementaires relèvent du pouvoir réglementaire[183], c'est-à-

---

[180] CE, 2 mars 1962, Rubin de Servens , *JCP* G 1962, II, 12613, concl. Henry ; *S.* 1962, p. 147, note Bourdoncle.

[181] Sur cette notion, V. J.M. NZOUANKEU, *La notion d'acte réglementaire en droit français*, thèse, Paris II, 1976, 546 p.

[182] V. notamment, CS. ch. adm. n° 50 du 25 août 2016, Total Sénégal c/ État du Sénégal , *inédit* : «*Considérant que le décret attaqué eu égard à sa portée générale et impersonnelle a un caractère réglementaire* ».

[183] Sur le pouvoir réglementaire, J. M. NZOUANKEU, « Remarques sur le pouvoir réglementaire au Sénégal » in *Le pouvoir réglementaire des autorités administratives au Sénégal*, Actes du 5e colloque de la RIPAS, Dakar, 11-15 décembre 1989, *RIPAS*, janvier-décembre 1990, n° 23-24, p.11 et s. ; B. N. MBAYE, « À propos du pouvoir réglementaire au Sénégal » in *Le pouvoir réglementaire des autorités administratives au Sénégal*, Actes du 5e colloque de la RIPAS, Dakar,

dire le pouvoir d'édicter des règlements qui sont des actes exécutoires de portée générale et impersonnelle [184].

L'acte réglementaire peut être un décret (décret réglementaire)[185] ou un arrêté (arrêté réglementaire). Par exemple, un arrêté municipal interdisant le stationnement dans certains lieux est un acte réglementaire.

Il peut même se présenter sous la forme d'une délibération d'un conseil local (conseil municipal ou conseil départemental) ou d'un conseil académique d'une université. En effet, ces organes délibérants exercent leur pouvoir réglementaire par voie de délibérations. Il s'agit d'actes par lesquels ils règlent les affaires de la collectivité[186] ou délibèrent sur les aspects scientifiques, académiques, pédagogiques, disciplinaires ou de recherche relatifs à l'université[187]. Ces délibérations sont même susceptibles de recours pour excès de pouvoir devant la Cour suprême[188].

52. Compétence réglementaire en matière contraventionnelle. La Constitution, en son article 67, énonce que la détermination des crimes et délits, les peines qui leur sont applicables, la procédure pénale et l'amnistie sont du domaine exclusif de la loi.

Or, l'article 76 de la loi fondamentale proclame le principe de la compétence résiduelle du pouvoir réglementaire en prévoyant que « *les matières autres que celles qui sont du domaine de la loi ont un caractère réglementaire* ». Aussi, les contraventions échappent-elles à la compétence législative et relèvent ainsi du domaine du réglement.

11-15 décembre 1989, *RIPAS*, janvier-décembre 1990, n° 23-24, p. 33 et s. ; B. FAURE, « La crise du pouvoir réglementaire : entre ordre juridique et pluralisme institutionnel », *AJDA*, 1998, p. 547.

[184] V. LASSERRE, « Loi et règlement », *Rép. dr. civ.*, Dalloz, 2015, n° 21.

[185] J. MASSOT, « Les catégories des décrets réglementaires. Critère matériel et critère formel », in *Mélanges Avril*, Paris, Montchrestien, 2001, p. 363.

[186] V. art. 20 et 81 du Code général des Collectivités territoriales.

[187] V. art. 14 de la loi n° 2015-26 du 28 décembre 2015 relative aux universités publiques.

[188] En ce sens, V. CS ch. adm. n°16 du 23 février 2017, la S.P.I.A. c/ le Conseil rural de Nguidilé, *inédit ;* CS ch. adm. n°22 du 09 mars 2017, I. D. c/ Conseil municipal de Méouane, *inédit* ; CS ch. adm. n°67 du 22 décembre 2016, M. L. & autres c/ la Commune de Diockoul Diawrigne, *inédit* ; CS ch. adm. n°15 du 23 février 2017, A. B. c/ le Conseil rural de Malicounda-Sous-Préfet de Sindia-Maire de Saly, *inédit*; CS ch. adm. n°15 du 25 février 2016, D. B. & autres c/ Communauté rurale de Ndiagne, *inédit*; CS ch. adm. n°45 du 14 juillet 2016, A. Nd. c/ Préfecture de Mbour-Commune de Ngaparou, *inédit* ; CS ch. adm. n°34 du 26 mai 2016 , M. R. L. & famille c/ Communauté rurale de Mlomp, *inédit*.

En France, certains auteurs avaient néanmoins contesté cette lecture de la Constitution, soutenant que l'expression « *crimes et délits* » utilisée par l'article 34 de la Constitution française doit être entendue comme synonyme d'infractions[189].

Mais cette position a été contredite par le Conseil d'État français. La haute juridiction administrative, dans son célèbre arrêt Société Eky, a jugé « *si l'article 8 de la Déclaration des Droits de l'Homme de 1789 à laquelle se réfère le préambule de la Constitution pose le principe que "Nul ne peut être puni qu'en vertu d'une loi établie et promulguée antérieurement au délit", l'article 34 de la Constitution, qui énumère les matières relevant du domaine législatif, dispose que la loi fixe : "les règles concernant... la détermination des crimes et délits et les peines qui leur sont applicables" ; que ni cet article ni aucune autre disposition de la Constitution ne prévoit que la matière des contraventions appartient au domaine de la loi ; qu'ainsi il résulte de l'ensemble de la Constitution et, notamment, des termes précités de l'article 34 que les auteurs de celle-ci ont exclu dudit domaine la détermination des contraventions et des peines dont elles sont assorties et ont, par conséquent, entendu spécialement déroger sur ce point au principe général énoncé par l'article 8 de la Déclaration des droits ; que, dès lors, la matière des contraventions relève du pouvoir réglementaire par application des dispositions de l'article 37 de la Constitution*»[190].

La loi n'est pas compétente pour instituer des contraventions ou créer des peines contraventionnelles même privatives de liberté ; cette matière relève du domaine réglementaire. L'exécutif a donc une compétence de droit commun en matière contraventionnelle.

Relève du domaine réglementaire, la détermination des contraventions et des sanctions y attachées. Tout le droit pénal spécial des contraventions dépend exclusivement du pouvoir exécutif. Le Gouvernement peut donc seul déterminer les faits qui constituent des contraventions et fixer les peines qui

[189] G. LEVASSEUR, « Une révolution en droit pénal, le nouveau régime des contraventions », *D.* 1959, chron. p. 122 ; M.-L. RASSAT, « Emprisonnement et contraventions », *JCP* G 1975, I, 2740.
[190] CE, 12 févr. 1960, *JCP* G 1960, II, 11629, note G. Vedel ; *RSC* 1961, p. 103, obs. H. Légal ; dans le même sens, cons. const., déc. 19 févr. 1963, *D.* 1964, p. 92, note Hamon.

leur sont applicables. Au Sénégal, le Code des Contraventions a été institué par le décret n° 65-557 du 21 juillet 1965[191].

Le principe de la compétence réglementaire en matière de contravention peut être étendu au droit pénal général des contraventions, c'est-à-dire aux principes généraux du droit pénal des contraventions. Cet élargissement du domaine du règlement n'est pas exclu par l'article 67 de la Constitution[192]. D'ailleurs, c'est pour prendre en compte le domaine réglementaire des contraventions que la loi n° 99-05 du 29 janvier 1999 modifiant certaines dispositions du Code de Procédure pénale[193] a apporté une modification à l'article 4 du Code pénal, en consacrant ce qu'un auteur a appelé « *la réglementarité des contraventions* »[194].

Ce texte énonce que nul crime, nul délit, « *nulle contravention* » ne peuvent être punis de peines qui n'étaient pas prévues par la loi « *ou le règlement* » avant qu'ils fussent commis. Il consacre ainsi un véritable doublement des sources de la légalité pénale : « *nul crime, nul délit sans loi* », « *nulle contravention sans règlement* » pourrait-on dire.

Dans l'arrêt du 29 mai 1965 précité [195], la Cour suprême du Sénégal a jugé que les contraventions de simple police relèvent du domaine réglementaire, tandis que relève de la loi, la détermination des infractions dont les plus élevées dépassent le montant maximum des contraventions de simple police.

53. Pouvoir réglementaire autonome. En matière pénale, le Président de la République peut exercer un pouvoir réglementaire autonome encore appelé pouvoir réglementaire initial. Il s'agit pouvoir réglementaire que le Gouvernement tient, non pas de la loi, mais directement de la Constitution[196]. Ce pouvoir réglementaire vise les matières autres que celles qui sont fixées par le pouvoir législatif, énumérées par l'article 67 de la Constitution.

---

[191] JORS du 23 août 1975, p. 954 et s.

[192] Sur cette question, G. ROUJOU DE BOUBEE, « Les deux sources du droit pénal d'après la Constitution du 4 octobre 1958 », *JCP*, 1961, I, 1638 ; également G. RIVES, « La classification des infractions selon leur gravité en droit sénégalais », *Annales africaines* 1974, p. 185.

[193] JORS, n° 5847 du 27 février 1999, p. 836.

[194] D. NDOYE, *Code pénal du Sénégal annoté*, Dakar, EDJA, 2009, note sous art. 4, p. 12.

[195] CS n° 3/C65 du 29 mai 1965, Statut de la coopérative dans les territoires relevant du ministère de la France d'outre-mer, *RIPAS*, janvier-décembre 1990, n° 23-24, p. 95.

[196] R. CHAPUS, « De la soumission au droit des règlements autonomes », *D.* 1960, chon, p. 119 ; L. FAVOREU, « Les règlements autonomes existent-ils ? », in *Mélanges Burdeau*, 1976, p. 405 ; du même auteur, « Les règlements autonomes n'existent pas », *RFDA*, 1987, p. 871.

L'article 76 de la Constitution énonce que les matières qui ne sont pas du domaine législatif ont un caractère réglementaire. Le pouvoir exécutif dispose, à ce titre, d'une compétence de droit commun[197].

Le Chef de l'État exerce souvent le pouvoir réglementaire autonome, par décret, pour fixer le régime des contraventions. Ainsi, le Code des Contraventions a été institué par le décret n° 65-557 du 21 juillet 1965[198].

54. Pouvoir réglementaire dérivé. Le pouvoir exécutif peut aussi exercer le pouvoir réglementaire d'application. Ce pouvoir réglementaire subordonné est un pouvoir dérivé qui signifie qu'il est subordonné à la loi ou qu'il dérive d'elle; c'est-à-dire qu'il intervient en vertu d'une loi et en vue de son application[199].

Quelle que soit la matière, le pouvoir réglementaire est, sur le fondement de l'exécution des lois, toujours compétent pour mettre en œuvre les règles posées par le pouvoir législatif. C'est pourquoi ce pouvoir est appelé «*pouvoir réglementaire d'exécution*»[200]. Les actes réglementaires d'exécution (règlements d'administration publique) ont un domaine très précis.

En premier lieu, le pouvoir réglementaire d'exécution vise des matières énumérées par l'article 67 de la Constitution pour lesquelles la loi ne détermine que les « *principes fondamentaux* ». Dans ces cas, il revient au pouvoir réglementaire de fixer les modalités d'application des lois dans le respect des principes fondamentaux posés par le législateur.

---

[197] Sur la répartition des compétences, V. G. LEVASSEUR, « Une révolution en droit pénal : le nouveau régime des contraventions », *D.* 1959, chron. 121 ; P. DURAND, « La décadence de la loi dans la Constitution de la Ve République », *JCP* 1959. I. 1470 ; J. L'HUILLIER, « La délimitation des domaines de la loi et du règlement dans la Constitution du 4 octobre 1958 », *D.* 1959, chron. 173 ; G. ROUJOU de BOUBÉE, « Les deux sources du droit pénal dans la Constitution de 1958 », *JCP* 1961. I. 1638 ; G. STEFANI, « Le domaine de la loi et du règlement en matière pénale », *Etudes juridiques offetes à M. Julliot de la Morandière*, Paris, Dalloz, 1964, p. 531 ; P. LE MIRE, « Acte administratif. Domaines respectifs de la loi et du règlement », *Juris-class., dr. adm.*, 1993, fasc. 106, n° 02.

[198] JORS du 23 août 1975, p. 954 et s.

[199] J-C. VENEZIA, « Les règlements d'application, in *Mélanges R. CHAPUS*, 1992, p. 673 ; R. LIBCHEBER, « Le décret d'application, norme paradoxale », *RTD.civ.*, 1998, p. 788 ; J. M. AUBY, « L'obligation gouvernementale d'assurer l'exécution des lois », *JCP*, 1953, I, n° 1080 ; J-M. BRETON, « L'obligation pour l'administration d'exercer son pouvoir réglementaire d'exécution des lois. À propos de quelques décisions récentes du juge administratif », *RDP*, 1993,159, p. 1749.

[200] Cons. const., 03 mai 1961, décembre n° 61-13 L ; Cons. const. 25 juillet 1979, n° 105 DC.

En second lieu, le législateur n'est pas toujours en mesure de fixer les modalités précises d'application de la loi. Il se borne bien souvent à poser les normes générales, les principes généraux de la législation. Il reviendra alors au pouvoir exécutif d'en fixer les modalités d'application.

En matière pénale, on peut citer, comme relevant du pouvoir réglementaire dérivé, le décret n° 99-183 du 16 mars 1966 relatif aux conditions d'application de l'article 36 du Code pénal, le décret n° 69-998 du 12 septembre 1969 réglementant l'usage de la force pour l'application de l'article 92 du Code pénal[201], le décret n°2004-13 du 19 janvier 2004 portant partie réglementaire du Code de la Route et le décret n° 2001-362 du 04 mai 2001 relatif aux procédures d'exécution et d'aménagement des sanctions pénales, modifié par le décret n° 2021-1068 du 11 août 2021[202].

55. Décrets. En matière pénale, l'acte réglementaire se présente le plus souvent sous la forme d'un décret ou d'un arrêté.

Les décrets sont des actes administratifs signés par le Président de la République dans le cadre de ses compétences ou par le Premier Ministre sur autorisation du Président de la République. Le Sénégal, après être sorti du traumatisme de la crise de décembre 1962, a instauré, pour la première fois, dans la Constitution du 07 mars 1963, un régime de type présidentiel, avec un exécutif de type monocéphale[203].

La Constitution du 22 janvier 2001 n'a pas bouleversé cette orientation juridique. En vertu de l'article 43 de la Constitution, le Président de la République signe les décrets[204]. Il exerce le pouvoir réglementaire surtout par voie décrétale[205]. Dans le cadre du régime présidentiel, le Président de la République et le Premier Ministre sont seuls détenteurs du pouvoir

---

201 JORS du 04 octobre 1969, p 1160.

202 JORS n° 7466 du samedi du 23 octobre 2021, p. 1559.

203 I. M. FALL, *Évolution constitutionnelle du Sénégal de la veille de l'indépendance aux élections de 2007*, Dakar, CREDILA-CREPOS, 2007, p. 51.

204 M. TROPER, « La signature des ordonnances : fonction d'une controverse », *Pouvoirs* 1987, n° 41, p. 75 ; A.-M. LE POURHIET, *Les ordonnances*, Paris, LGDJ, coll. Systèmes, 2011.

205 A. BOCKEL, « Les administrations centrales », in *Encyclopédie juridique de l'Afrique*, Tome I, Dakar-Abidjan-Lomé, NEA, 1982, p. 156 ; P. AVRIL, « Les décrets réglementaires du Président de la République non délibérés en Conseil des Ministres », *AJDA,* 1976, p.116 ; D. POUYAUT, « Les décrets réglementaires du Président de la République », *RFDC* 1993, p. 55 ; également V. l'instruction primatorale n° 04 PM du 12 mars 1970 relative à la présentation et à la préparation des décrets.

réglementaire[206]. Les décrets du Président de la République doivent, sauf dans certains cas spécifiques, être contresignés par le Premier Ministre associé à leur exécution.

Les décrets peuvent aussi être édictés par le Premier Ministre. Il résulte de l'article 50, alinéa 2 de la Constitution que le Président de la République peut autoriser le Premier Ministre à prendre des décisions par décret.

Le Chef de l'État exerce très rarement cette prérogative[207]. À titre d'exemple, on peut citer les décrets primatoraux n° 2006-12 du 10 janvier 2006 portant création de l'Agence nationale des Expropriations et Relogements (ANER) et n° 2005-331 du 15 avril 2005 portant nomination du Président du Conseil de Surveillance de l'Agence nationale pour la Relance des Activités économiques et sociales en Casamance.

Les actes réglementaires du Premier Ministre sont soumis au contreseing des ministres chargés de leur exécution. Aux termes de l'article 57, alinéa 3 de la Constitution : « *Les actes réglementaires du Premier Ministre sont contresignés par les membres du Gouvernement chargés de leur exécution* ». Ainsi, un décret réglementaire du Premier Ministre doit obligatoirement être contresigné par les ministres chargés d'en assurer l'exécution[208].

56. Arrêtés. Il s'agit d'un acte administratif émanant des autorités administratives centrales (Président de la République, Premier Ministre, ministres), des autorités administratives déconcentrées (gouverneur, préfet, sous-préfet) ou décentralisées (maire, président du Conseil départemental, recteur d'université, etc.)[209].

---

[206] J. BARTHELEMY, « Le pouvoir réglementaire du Président de la République », *Rev. pol. et parlm.* 1898 ; M. DEBENE, « Pouvoir réglementaire et régime présidentiel », *RIPAS* n° 23-24, janvier- décembre 1990, *Actes du 5e colloque de la RIPAS*, Dakar du 11 au 15 décembre 1989, p.45.

[207] P. TALBOT, « La hiérarchie des décrets réglementaires du Premier Ministre et du Président de la République », *Rev. adm.*, 1990, p. 230.

[208] La circulaire n° 0015 PM/SGG/SGA/PAT du 30 décembre 2016 relative au contreseing ministériel des actes réglementaires du Premier Ministre a rappelé la portée qui s'attache à l'obligation de contreseing ministériel des actes réglementaires du Premier Ministre.

[209] V. TCHERNOFF, « Le pouvoir réglementaire des maires », 1902 ; J-Y. MADEC, « Le partage du pouvoir réglementaire entre les autorités administratives au Sénégal », in *Le pouvoir réglementaire des autorités administratives au Sénégal*, Actes du 5e colloque de la RIPAS, Dakar, 11-15 décembre 1989, *RIPAS*, janvier-décembre 1990, n° 23-24, p. 107 et s.

Le Président de la République et le Premier Ministre peuvent signer des arrêtés. Cette prérogative résulte du pouvoir reconnu à tout chef de service de prendre des mesures nécessaires à l'organisation de son service.

Le Président de la République prend des arrêtés surtout pour les besoins de l'organisation et du fonctionnement de ses services. C'est ainsi qu'il organise son cabinet par voie d'arrêté. Par exemple, les membres du Cabinet du Président de la République, à savoir, les ministres d'État, les ministres conseillers, les ambassadeurs itinérants, les conseillers spéciaux, les conseillers techniques et les chargés de mission sont nommés par arrêté du Président de la République[210].

Le Premier Ministre organise également les services de la Primature par voie d'arrêté. Le Directeur de Cabinet du Premier Ministre ainsi que les conseillers techniques et les autres membres du cabinet du Premier Ministre sont nommés par arrêté primatoral.

En outre, le Premier Ministre peut exercer le pouvoir réglementaire qui lui est reconnu par l'article 57 de la Constitution, par arrêté.

Force est de constater que le Président de la République et le Premier Ministre exercent rarement leur pouvoir réglementaire en matière contraventionnelle par arrêté.

Les ministres peuvent aussi prendre des arrêtés. Il s'agit des arrêtés ministériels, des arrêtés conjoints et des arrêtés interministériels[211].

L'arrêté ministériel est celui édicté par un ministre seul dans son domaine de compétence. Par exemple, la libération conditionnelle est accordée par arrêté du Ministre chargé de l'Administration pénitentiaire, c'est-à-dire le Ministre de la Justice[212].

L'arrêté conjoint est pris par deux ministres[213]. On peut citer l'arrêté du Ministre de la Justice et du Ministre de l'Économie des Finances et du Plan

---

[210] V. le décret n° 2007-909 du 31 juillet 2007 relatif à l'organisation de la Présidence de la République modifié.

[211] Sur cette question, J. GANDOUIN et J.-M. ROUSSIGNOL, *Rédaction administrative Afrique. Maghreb-Afrique subsaharienne,* Armand Colin, 4e édition mise à jour, 2013, p. 189.

[212] V. art. 700 du CPP.

[213] G. KOUBI, « L'acte administratif unilatéral conjoint », *RRJ* 1985, p. 297.

n° 0087661 du 14 septembre 1993 fixant le barème des provisions qui constitue un arrêté conjoint.

On parle d'arrêté interministériel lorsqu'il est édicté par plus de deux ministres. Il en est ainsi de l'arrêté interministériel n° 17878 du 7 décembre 1965 fixant la composition de la commission prévue à l'article 15, 5ᵉ du Code de Procédure pénale pour la désignation des gendarmes ayant qualité d'officier de police judiciaire.

d. Les principes généraux du droit

57. Consécration des principes généraux du droit. En droit criminel contemporain, un rôle grandissant est reconnu aux principes généraux du droit[214].

À cet égard, la jurisprudence a dégagé un certain nombre de règles considérées comme fondamentales qui ont pour objet d'éclairer ou de compléter les textes existants, en donnant leur pleine signification à des droits ou des libertés reconnus par les normes de valeur législative ou constitutionnelle.

Les principes généraux du droit ne forment pas une catégorie clairement identifiée. La place reconnue à ce corps de règles fondamentales du droit pénal est essentielle, en ce qu'il assure la continuité et la cohérence de l'ordonnancement pénal.

Par une décision rendue le 16 février 1971[215], le Conseil Constitutionnel français a décidé que la Déclaration des droits de l'homme proclamée en 1789, les principes fondamentaux reconnus par les lois de la République et les principes politiques, économiques et sociaux énoncés dans le préambule de la Constitution de 1946 font partie du « *bloc de constitutionnalité* ».

58. Principes généraux en droit pénal de fond. Dans le domaine du droit pénal de fond, ont été considérés comme des principes généraux

---

[214] M. PUECH, Les principes généraux du droit (aspect pénal), in *Rev. dr. internat. et de comp.*, 1980, p. 337 et s. ; E. VERGES, *Les principes directeurs du procès judiciaire*, *thèse préc.*, n° 346 et s ; J. RIVERO, « Les principes fondamentaux reconnus par les lois de la République, une nouvelle catégorie constitutionnelle », *D.*, 1972, chron., p. 265 et s.; F. DESPORTES et LE GUNEHEC, op. cit., nos 241 et 258; Ch. BAKAS, *Les principes directeurs du procès pénal au regard de l'intérêt de la personne poursuivie*, thèse Paris 2, 1982.

[215] Cons. const., 16 juillet 1971, in FAVOREU et PHILIP, *Les grandes décisions du Conseil constitutionnel*, 7ᵉ éd., 1993, n° 19.

auxquels ni le législateur, ni le pouvoir réglementaire, ni non plus le juge, ne sauraient se soustraire, le principe de liberté, qui permet de déclarer illégaux les règlements portant atteinte à la liberté du commerce et de l'industrie[216] et la liberté de faire stationner un véhicule, sous réserve du respect des droits des voisins[217].

Il en est de même du principe d'égalité des citoyens devant la loi pénale[218], du principe selon lequel l'intention criminelle est un élément constitutif des infractions, celui selon lequel la bonne foi se présume[219] ainsi que la règle selon laquelle l'état de récidive suppose l'existence d'un avertissement résultant d'une condamnation antérieure.

59. Principes généraux dans la procédure pénale. En matière de procédure pénale, la jurisprudence criminelle a donné une place importante aux principes généraux[220].

Ainsi, la Chambre criminelle de la Cour de Cassation française a élaboré, dans le cadre de l'instruction préparatoire, le système des nullités substantielles, destiné à combler les lacunes de la liste légale étroite des cas de nullité des actes irréguliers[221]. C'est ainsi qu'ont été annulées des instructions menées sans aucun interrogatoire de l'inculpé[222] ou sans que l'expert nommé ait prêté serment avant de commencer son expertise[223].

Dans le célèbre arrêt Imbert, la Cour de Cassation française a consacré le principe de la loyauté de la preuve en sanctionnant une technique de preuve déloyale. Elle a jugé que « *l'opération (...) a pour but et pour résultat d'éluder les dispositions légales et les règles générales de procédure que le juge*

---

[216] Crim., 2 et 5 février 1955, *D.*, 1955.275 et 276; 18 juill. 1957, *D.*, 1958. p. 8; crim. 10 octobre 1957, *Bull. crim.* n° 625; crim. 25 fév. 1959, *Bull. crim.* n° 132 (interdiction générale de l'exercice du métier de phoro-filmeur dans la rue).

[217] Crim., 21 fév, (deux arrêts) et16 oct. 1957, *Bull. crim.* n° 183 et n° 641.

[218] Crim., 26 juin 1958, *Gaz.pal.*, 1958.2.137.

[219] Crim., 11 avril 1965, *Bull. crim.*, n° 102.

[220] J. PRADEL, « Vers des principes directeurs communs aux diverses procédures pénales », *Mélanges Levasseur*, Paris, Litec, 1992, p. 458

[221] Sur cette question V. El. M. MBOUP, « Les nullités de l'enquête et de l'instruction : un exemple de déclin de la légalité procédurale ? », in M. BADJI, O. DEVAUX et B. GUEYE, *Droit sénégalais, Conflictualité en Afrique francophone*, n° 10, 2011-2012, Presses de l'Université de Toulouse I, p. 334 et s.

[222] Crim., 21 mars 1873, *D.*, 1873.1.224; 8 avril 1892, *D.*, 1893.1.302.

[223] Crim., 26 juin 1863, *Bull. crim.*, n°180.

d'instruction ou son délégué ne saurait méconnaître sans compromettre les droits de la défense »[224].

La Cour de Cassation affirmait en 1983 qu' « *il se déduit des dispositions de l'article 199 du Code de Procédure pénale et des principes généraux du droit que, devant la chambre d'accusation, l'inculpé doit avoir la parole en dernier* »[225].

Il faut préciser que la règle *in dubio pro reo* (le doute profite au prévenu), qui ne résulte expressément d'aucune disposition du Code de Procédure pénale, fait partie des principes généraux de la procédure pénale.

En France, l'arrêt Doré, la Cour de Cassation a fait appel aux principes généraux du droit pour vérifier la rectitude des avis rendus en matière d'extradition par la chambre d'accusation. Dans cet arrêt, la haute juridiction a affirmé que « *si aux termes de l'article 16 de la loi du 20 mars 1927, l'avis motivé de la chambre d'accusation sur la demande d'extradition est rendu sans recours, il résulte des principes généraux du droit, que cette disposition n'exclut pas le pourvoi en cassation lorsque celui-ci est fondé sur une violation de la loi qui (...) serait de nature à priver la décision rendue des conditions essentielles de son existence légale* »[226].

La Cour de Cassation introduisait ainsi l'idée que la loi ne peut contrevenir à des principes qui lui seraient supérieurs, bien que ces principes ne soient reconnus ni par la Constitution ni par une convention internationale.

e. La circulaire

60. Notion. Les circulaires sont des mesures d'ordre intérieur. Il s'agit d'actes régissant la vie interne d'un service administratif[227]. Elles ne produisent aucun effet juridique et ne peuvent recevoir application qu'à l'intérieur du département ministériel ou service concerné. Ces actes échappent d'ailleurs à l'obligation d'enregistrement au Secrétariat général du

---

224 Cass. crim., 12 juin 1952, *JCP* G 1952, II, 7241, note Brouchot ; *S.* 1954, 1, p. 69, note Légal.

225 Cass. crim., 28 sept. 1983, n° 83-93.215, *D.* 1984, jurispr. p. 156, note J. Pradel.

226 Cass. crim., 17 mai 1984, n° 83-92.068, *D.* 1984, jurispr. p. 536, note Jeandidier ; *JCP* G 1985, II, n° 20332, note Borricand ; *Gaz. pal.* 1984, 2, p. 779, rapp. Cruvellié.

227 R. E. CHARLIER, « Circulaires, instructions de service et autres prétendues mesures d'ordre intérieur administratives », *JCP* 1954. I. 1169 ; C. CHAUVET, « Que reste-t-il de la théorie des mesures d'ordre intérieur », *AJDA* 2015, p. 793 ; A. COCATRE-ZILGIEN, « La nature juridique des mesures d'ordre intérieur », *RISA* 1958, p. 487 ; J. RIVERO, *Les mesures d'ordre intérieur administratives*, Paris, Sirey, 1934.

Gouvernement, lorsqu'ils ne comportent aucun élément de décision. Ces mesures visent la note de service, la directive, l'instruction et la circulaire. Mais force est de constater que ce sont surtout les circulaires qui interviennent en matière pénale.

La circulaire, encore appelée « *instruction de service*» est « *un document dans lequel le chef de service, en sa qualité de supérieur hiérarchique, transmet à ses services ses instructions ainsi que ses directives sur la manière dont il souhaite voir fonctionner ses services ou sur l'interprétation qu'il donne à des textes législatifs ou réglementaires qu'il est chargé d'appliquer* »[228]. C'est une mesure d'ordre intérieur émise par l'autorité titulaire du pouvoir hiérarchique pour guider l'action de ses subordonnés[229].

Émanant des autorités administratives, la circulaire prend la qualification de l'autorité qui l'a édictée. On parle ainsi de circulaire présidentielle, primatorale, ministérielle, préfectorale, sous-préfectorale, etc.[230].

Il faut distinguer la circulaire de la lettre-circulaire. Dans la pratique administrative, la lettre-circulaire s'apparente à une lettre administrative de par son contenu purement informatif[231].

61. Circulaires en matière pénale. La plupart des circulaires signées par le Ministre de la Justice ont pour objet de fixer les modalités d'application de certaines dispositons pénales.

On peut citer la circulaire générale d'application du Code de Procédure pénale du Sénégal du 13 janvier 1966, qui précise les conditions de mise en œuvre de certaines dispositions du Code de Procédure pénale. Il en est de

---

[228] J. M. NZOUANKEU, *Les grandes décisions de la jurisprudence administrative sénégalaise*, Tome I, Dakar, 2e édition, 1984, p. 159 ; V. LESCLOUS et Cl. MARSAT, « Circulaires : éléments de bonne foi », *Dr. pén.* 1996, chron. 44.

[229] M. COMBEAU, « Un oubli dans la réforme : l'invocabilité des circulaires et instructions administratives », *AJDA* 2000, p. 495 ; M. COLLET, « La circulaire administrative, instrument de la qualité ? », in E. BONNIS-GARCON et V. MALABAT (dir.), *La qualité de la norme. L'élaboration de la norme,* Mare et Martin, 2016, p. 111 ; Y. GAUDEMET, « Remarques sur les circulaires administratives », in *Mélanges en l'honneur du professeur Michel Stassinopoulos*, Paris, LGDJ, 1974, p. 559, p. 572 ; R. NOGUELLOU, « Le statut des circulaires », *Dr. adm.* 2009, alerte 38 ; G. KOUBI, « Les circulaires du Premier Ministre [argumentations et justifications] », in *Études en l'honneur de Georges Dupuis. Droit public*, Paris, LGDJ, 1997, p. 187 ; G. KOUBI, *La grammaire juridique des circulaires*, Paris, Berger-Levrault, 2015.

[230] Sur l'intitulé des circulaires, V. la circulaire n° 60 PM/JUR du 10 juillet 1978 relative à l'intitulé des circulaires.

[231] J. GANDOUIN et J.-M. ROUSSIGNOL, *op.cit.*, p. 171.

même de la circulaire n° 84-MJ/DACG du 23 mai 1970 relative aux activités des cabinets d'instruction, de la circulaire n° 04731 MJ/DACG du 22 juin 1983 relative à l'application de la loi n° 83-76 du 5 juillet 1983 portant amnistie, de la circulaire n° 2196 MJ/DACG du 05 juin 2007 relative au vol de câbles téléphoniques et de la circulaire n° 4756 MJ/DACG du 30 juillet 2009 relative à la médiation pénale.

Quant à la circulaire n° 2932 MJ/DACG du 04 juin 1985, elle apporte des précisions aux modalités d'application de la loi n° 85-25 du 27 février 1985 modifiant le Code de Procédure pénale. On peut également citer la circulaire du Ministre de la Justice n° 03789 du 26 octobre 1989 relative au contrôle effectif de la garde à vue et la circulaire n° 0825 MJ/DACG du 1er octobre 1993, qui rappelle le rôle du parquet dans le contrôle de l'action des officiers de police judiciaire.

La circulaire peut être cosignée par deux ministres. Il en est ainsi de la circulaire interministérielle n° 14 MINT/DAP du 18 février 1980 sur la constitution et l'instruction des dossiers de libération conditionnelle.

On peut aussi évoquer la circulaire n° 1815 MJ/DACG du 26 avril 1996 relative aux poursuites et à la répression des violations des droits de l'homme, la circulaire n° 3856 MJ/DACG du 26 juin 2008 relative à la répression des atteintes aux mœurs et la lettre-circulaire n° 000094 MJ/DACG du 10 mai 2014 relative à l'application des nouvelles dispositions relatives au vol de bétail.

À la suite des controverses suscitées par l'article 5 du Règlement n° 05/CM UEMOA du 25 septembre 2014 relatif à l'harmonisation des règles régissant la profession d'Avocat dans l'espace UEMOA, la circulaire du Ministre de la Justice n° 00179 MJ/DACG/MN du 11 janvier 2018 a fixé les modalités d'application de ce texte relatif à la présence de l'avocat dès l'interpellation de son client par l'officier de police judiciaire.

Plus récemment, la circulaire de politique pénale générale n° 00246 du 14 janvier 2019 du Ministre de la Justice du Sénégal a eu pour objet de déterminer les orientations majeures de la politique pénale nationale.

62. Circulaires réglementaires et circulaires non réglementaires. En principe, les circulaires ne sont pas des sources du droit pénal[232]. Elles explicitent souvent les conditions d'application des lois et des règlements. Ainsi, par la circulaire, le chef de service fait connaître au personnel l'interprétation qu'il convient de donner à un texte ou à la politique à mettre en œuvre sur un problème précis. La circulaire éclaire, guide, oriente ou harmonise l'action des services[233].

La jurisprudence rappelle ce principe en énonçant que les circulaires ne peuvent servir de fondement à une poursuite[234].

Cette position jurisprudentielle est logique, puisque le principe de la légalité criminelle posé par l'article 4 du CP implique que les seules sources du droit pénal sont la loi et le règlement, c'est-à-dire des actes normatifs.

En principe, les circulaires sont interprétatives, c'est-à-dire qu'elles ont pour objet d'interpréter et de préciser le sens et la portée de la législation ou de la réglementation pénale en vigueur et valent seulement dans les rapports entre les agents publics et l'Administration. À ce titre, elles sont exclues de la catégorie des actes administratifs unilatéraux.

Elles sont des actes non décisoires, c'est-à-dire ne créant pas de droits ni d'obligations. Obligatoires pour les agents, elles n'ont pas de portée juridique pour les administrés qui ne peuvent former de recours pour excès de pouvoir à leur encontre[235]. Dans l'arrêt Parti démocratique sénégalais rendu le 21 février 1978,[236] la Cour suprême a déjà jugé qu'une circulaire du Ministre de l'Intérieur, qui énonce que le passage des électeurs dans l'isoloir est facultatif, « *n'a fait que rappeler les dispositions de la loi sous une forme différente mais sans en altérer le sens* », et doit être regardée comme une

---

[232] S. BRAUDO, « L'autorité des circulaires administratives en droit pénal », *Publ. fac. dr. Paris*, PUF, Paris, 1967.

[233] J. GANDOUIN, *Correspondance et rédaction administratives*, Paris, Arman Colin, 2013, p.151.

[234] Crim. 28 nov. 1972, *Bull. crim.* n° 363 ; Crim. 3 janvier 1978, *Bull. crim.* n° 2 ; Cass. crim., 16 janv. 2001, n° 00-82.625, *JurisData* n° 2001-008270 ; *Bull. crim.* 2001, n° 12.

[235] CE, ass., 29 janvier 1954, Institution Notre-Dame du Kreisker, *Lebon*, p. 64 ; *AJDA* 1954, II bis, p. 5, chron. Gazier et Long ; *RPDA* 1954, p. 50, concl. Tricot ; également, CE, sect., 08 octobre 1971, Synd. nat. architectes chargés construction d'HLM, *Lebon*, p. 586, concl. Vught ; CE, 5 mars 1982, Union hospitalière privée, *Lebon*, p. 99 ; CE, 27 septembre 1985, Gisti, *Lebon*, p. 260 ; CE, 11 décembre 1996, Dpt Val-d'Oise c/ Lacombe, *Lebon*, p. 482.

[236] CS 21 février 1978, Parti démocratique sénégalais, in M. NZOUANKEU, *Les grandes décisions de la jurisprudence administrative sénégalaise*, Tome I, Dakar, 2e édition, 1984, p. 158.

simple mesure d'ordre intérieur insusceptible de recours pour excès de pouvoir.

Le Conseil d'État a énoncé qu'une note circulaire en date du 27 octobre 1998 par laquelle, le Sous-Préfet de Thiaroye invitait les membres d'une association à renouveler leurs instances, conformément aux dispositions statutaires n'est pas un acte administratif à caractère décisoire susceptible de recours pour excès de pouvoir[237].

Mais exceptionnellement, les circulaires peuvent être une source d'incrimination. Il en est ainsi en matière d'homicide et de blessures involontaires. Il a été jugé que cette incrimination peut être constituée notamment par la violation d'une simple circulaire[238].

Aussi, sont considérées comme des circulaires réglementaires, celles qui soumettent la mise en œuvre des droits des administrés à des sujétions ou l'entourent de garanties ou encore celles qui contiennent une règle générale et impérative nouvelle.

Il en est de même des circulaires qui ajoutent à des textes législatifs ou réglementaires. Elles s'intègrent dans la hiérarchie des actes juridiques et, par conséquent, sont susceptibles d'être discutées par la voie contentieuse[239].

Un arrêt de la chambre administrative de la Cour suprême rendu le 14 janvier 2010[240] a jugé que la circulaire n° 01083 du 11 juin 2009 du Ministre chargé du Commerce, qui a subordonné la délivrance des attestations par les chefs de services régionaux aux membres du collège électoral de la section agricole à la présentation du certificat d'immatriculation au registre du commerce et du crédit mobilier en sus des documents visés à l'article 21-4° du décret n°2003-827 du 10 octobre 2003 fixant les règles d'organisation et de fonctionnement des Chambres de commerce, d'industrie et d'agriculture, est entachée d'illégalité.

---

[237] CE n° 0026 du 21 décembre 2000, Dj. ND. c/ État du Sénégal, *Bulletin des arrêts du Conseil d'État,* 2000, p. 53.

[238] CA Paris, 20 décembre 1971, *Gaz pal.* 1972 I. 317, note *JCP* et *RSC* 1972, p. 610 obsv. Levasseur.

[239] L. LEVANTAL, « L'annulation pour excès de pouvoir des circulaires administratives », *D.* 1954, p. 99.

[240] CS ch. adm. n° 02 du 14 janvier 2010, I. D. c/ État du Sénégal, *inédit.*

Selon la haute juridiction par cette circulaire, « *l'autorité administrative a ajouté une condition non prévue par le décret, prenant ainsi une décision réglementaire qui échappe à sa compétence* ».

63. Circulaires impératives et circulaires non impératives. Mais la distinction circulaire interprétative et circulaire réglementaire a connu une évolution récente[241]. Cette distinction ne semble pas toujours pertinente, puisqu'il peut arriver qu'une circulaire dite interprétative contienne des dispositions illégales. Sous ce rapport, la jurisprudence a été amenée à consacrer une nouvelle distinction entre les circulaires impératives et les circulaires non impératives. En France, depuis l'arrêt Duvignères[242], la recevabilité du recours contre la circulaire dépend désormais de l'appréciation de son caractère impératif ou non.

Désormais, les dispositions impératives à caractère général d'une circulaire, même si celles-ci ne font que réitérer des règles contenues dans les normes qu'elles se bornent à exposer, sont susceptibles de recours pour excès de pouvoir[243].

Au Sénégal, la chambre administrative de la Cour suprême semble avoir consacré cette évolution jurisprudentielle. Dans un arrêt rendu le 24 avril 2018[244] la haute juridiction a jugé qu'une circulaire n° 00799 MPEM/DITP du 24 novembre 2016 du Directeur des Industries de Transformations de la Pêche qui fixait un délai de validité des cartes de mareyeurs de la troisième catégorie et en interdisait le renouvellement, revêt un caractère impératif et

---

[241] C. BLUMANN, « L'application des circulaires administratives par le juge judiciaire », *AJDA* 1972, p. 263.

[242] CE, 18 décembre 2002, n° 233618, Duvignères, *Jurisdata* n° 2002-064827 ; *Lebon*, p. 463, concl. P. Fombeur ; *AJDA* 2003, p. 487, chron. F. Donnat et D. Casas ; CE, 26 mai 2009, n° 306757, Synd. nat. personnels techniques et travaux de l'équipement, *Jurisdata* n° 2009-075512 ; *Lebon* T., p. 599 ; CE, 30 janvier 2015, n° 375861 et n° 376094, Synd. directeurs généraux établissements du réseau CCI, *Jurisdata* n° 2015-001161.

[243] Sur l'ensemble de la question, V. J. GUEZ, « La normalisation du recours pour excès de pouvoir contre les circulaires et instructions administratives », *AJDA* 2005, p. 2445 ; A. ILIOPOULOU, « Quatre ans d'application de la jurisprudence Duvignères », *RFDA* 2007, p. 477 ; X. DOMINO et A. BRETONNEAU, « Les joies de la modernité : une décennie de contentieux des circulaires », *AJDA* 2012, p. 691 ; G. KOUBI, « Distinguer l'impératif du réglementaire au sein des circulaires interprétatives », *RDP* 2004, p. 499 ; P. COMBEAU, « Réflexions sur les fonctions juridiques de l'interprétation administrative », *RFDA* 2004, p. 1069 ; C. GROULIER, « L'impératif dans la jurisprudence Duvignères : réflexion sur un « sésame contentieux », *RFDA* 2008, p. 941.

[244] CS ch. adm. n° 24 du 12 avril 2018, la société Zénith company SARL et 22 autres sociétés et Groupements d'intérêt économique c/ État du Sénégal, in *Bulletin des arrêts de la Cour suprême*, n° 15-16, année judiciaire 2018, p. 175.

fait grief aux titulaires de ces cartes, lesquels sont ainsi privés de la possibilité de faire du mareyage à l'exportation. Dès lors, estime le juge administratif, cette circulaire est susceptible d'être attaquée par la voie du recours pour excès de pouvoir.

f. La coutume

64. Exclusion de principe de la coutume des sources du droit pénal. Conformément au principe de légalité, l'incrimination d'un comportement ne peut résulter que d'un texte écrit. Une telle assertion résulte des termes de l'article 8 de la Déclaration des droits de l'homme de 1789 qui dispose que « *la loi ne doit établir que des peines strictement et évidemment nécessaires, et nul ne peut être puni qu'en vertu d'une loi établie et promulguée antérieurement au délit, et légalement appliquée* ». La référence à l'opération de promulgation ne laisse planer aucun doute sur la forme de cette loi : il s'agit d'un texte et non d'une coutume[245].

La coutume a un rôle très limité en droit criminel en vertu du principe de la légalité. Seuls la loi et le règlement peuvent être source d'incriminations et l'abrogation d'un texte ne saurait résulter d'un défaut d'application même prolongé de celui-ci[246].

Ainsi, le juge pénal refuse que l'excision puisse être justifiée par le respect d'une coutume d'origine[247]. Au Sénégal, l'article 299 bis du CP incrimine d'ailleurs, sous la qualification d'excision, quiconque aura porté ou tenté de porter atteinte à l'intégrité de l'organe génital d'une personne de sexe féminin par ablation totale ou partielle d'un ou plusieurs de ses éléments, par infibulation, par insensibilisation ou par un autre moyen.

En outre, une coutume contraire à un texte ne peut l'emporter sur lui. Il a été jugé qu'un usage local, allégué par une personne poursuivie de tromperie et d'usurpation d'appellation d'origine, ne peut avoir de portée à l'encontre des dispositions d'un décret fixant les conditions de production et délimitant les aires d'appellation d'origine de la région de Cognac[248].

---

[245] J.-F. ROULOT, « La coutume du droit international pénal et l'affaire Kadhafi », *D.* 2001, p.2631.
[246] B. MAZABRAUD, « La coutume en droit pénal français », *Rev. pénit.* 2008. 329.
[247] Crim. 20 août 1983, *Bull. crim.* n° 229.
[248] Cass. crim., 16 janv. 2007, *JurisData* n° 2007-037507 ; *Dr. pén.* 2007, comm. 57, obs. J.-H. Robert.

65. Limites de l'exclusion. Toutefois la coutume connaît quelques manifestations sporadiques en droit pénal. En effet, elle peut servir à l'interprétation des textes pénaux, le législateur n'ayant pas pris le soin de définir certaines notions pénales.

À titre d'exemple, le concept de bonnes mœurs constitue une notion standard qui est abandonnée à l'appréciation du juge. On dit souvent que le contenu de la notion de bonnes mœurs varie en fonction de l'évolution des mœurs. Elle est susceptible d'évoluer avec le temps et que la distinction entre ce qui est permis et défendu doit être faite uniquement en fonction de l'état d'évolution des mœurs à une époque définie et dans un lieu déterminé[249].

Dans l'arbitrage qui lui incombe, le tribunal doit se référer à l'état de la société contemporaine et doit tenir compte de toutes les manifestations d'opinion exprimées sous des formes diverses et notamment de l'émoi ressenti par de nombreuses associations qui se sont regroupées pour faire connaître leurs sentiments.

La coutume peut même être prise en considération par le législateur dans la définition d'une incrimination pénale. Ainsi, l'article 300 du CP incrimine l'accomplissement de l'acte sexuel sur la personne d'un enfant au-dessous de 13 ans accomplis, « *lorsqu'il s'agit de la consommation d'un mariage célébré selon la coutume* ».

L'article 379 du CP incrimine le fait de promettre en mariage une fille dont, selon la coutume, il ne pouvait pas ou plus disposer et perçu ou tenté de percevoir tout ou partie de la dot et des cadeaux fixés par l'usage « *dans le cas de mariage devant être célébré selon la coutume* »[250].

Il arrive même que le législateur, de façon assez surprenante, prenne en compte la coutume pour justifier certaines infractions. C'est dans ce sens qu'il faut certainement comprendre l'article 329 du CP qui énonce que pour les maris polygames, les usages tolérés par la coutume ne sauraient en eux-mêmes constituer l'adultère.

---

[249] CA Besançon , 29 janvier 1976, *JCP* 1977, II. 18640, note Delpech.

[250] Pour des applications, V. CA Dakar, n° 1006 du 09 juillet 2007, MP et A. G. c/ K.S. *inédit* ; CA Dakar, n° 247 du 16 mars 2016, MP et S. Z. C. c/ A. T., *inédit*.

La coutume ou les usages ne sont pas inconnus en procédure pénale. Ils peuvent même aller à l'encontre de la loi ; on parle de coutume ou d'usage *contra legem*.

À cet égard, la correctionnalisation judiciaire occupe une place de choix dans les coutumes judiciaires.

Longtemps, en dehors de toute prévision légale, la pratique de correctionnalisation judiciaire conduit le juge correctionnel à connaître de faits criminels, par l'omission volontaire de certaines circonstances de leur commission ou de certains de leurs éléments[251]. Sans doute, cette forme de coutume n'a jamais été condamnée formellement par le législateur, mais son illégalité n'en est pas moins certaine, puisqu'elle revient à méconnaître les règles d'ordre public de compétence qui sont la base de la procédure pénale. Aussi doit-on analyser la correctionnalisation judiciaire comme une véritable coutume *contra legem*.

On peut également citer la pratique du « *retour de parquet* », très décriée par les organisations de défense des droits de l'homme. Dans le cadre de la procédure de flagrant délit, il arrive souvent que le procureur de la République, pour des raisons diverses, ordonne aux officiers de police judiciaire de conduire à nouveau la personne déférée au parquet dans les locaux de la gendarmerie ou de la police pour y être détenue, jusqu'à une date ultérieure. Cet usage des parquets est tout à fait illégal surtout en raison de la prolongation de la privation de liberté du mis en cause qu'il implique à l'expiration des délais de garde à vue[252].

2. Les sources internationales

66. Textes internationaux. À côté des sources nationales du droit pénal, il y a des sources internationales qui sont constituées pour l'essentiel des traités internationaux. En effet, les conventions internationales peuvent avoir une influence certaine sur le droit pénal sénégalais. Il résulte de l'article 2 de la Convention de Vienne sur le droit des traités du 23 mai 1969 que le traité s'entend d'un « *accord international conclu par écrit entre États et régi par le droit international, qu'il soit consigné dans un instrument unique ou dans*

---

[251] S. DETRAZ, « Correctionnalisation judiciaire légalisée », *JCP* 2010, 758; A. DARSONVILLE, « La législation de la correctionnalisation judiciaire », *Dr. pén.* 2007, étude n° 4

[252] A. DIEDHIOU, « Le retour de parquet : une pratique illégalement instituée », *L'Observateur*, n° 3076 des 21 et 22 décembre 2013, p. 5.

deux ou plusieurs instruments connexes et quelle que soit sa dénomination particulière ».

Il y a, en effet, une pluralité de dénominations des traités. Ils peuvent être appelés « *conventions* », « *protocoles* », « *accords* » ou « *pactes* », etc.

Un traité suppose un concours de volontés entre des sujets du droit international (États ou organisations internationales) ayant pour objet de créer entre les parties des engagements juridiques qui ont une force obligatoire ; le traité est soumis au droit international[253].

67. Ratification ou adhésion. Le Sénégal a ratifié ou adhéré à plusieurs conventions internationales dans le domaine du droit pénal. Il en est ainsi notamment de la convention des Nations Unies contre la torture et autres peines ou traitements cruels, inhumains ou dégradants, de la convention de Montego Bay du 10 décembre 1982 sur le droit de la mer et de la convention internationale pour la répression du financement du terrorisme.

Notre pays a également adhéré, en décembre 2016, à la convention sur la cybercriminalité adoptée à Budapest le 23 novembre 2001 et à son premier protocole additionnel relatif à l'incrimination des actes racistes et xénophobes commis par le biais de systèmes informatiques.

68. Principe de la supériorité des traités sur les lois. La supériorité des traités sur les lois est aujourd'hui affirmée par la Constitution du 22 janvier 2001 modifiée. Aux termes de l'article 98 de la Constitution : « *Les traités ou accords régulièrement ratifiés ou approuvés ont, dès leur publication, une autorité supérieure à celle des lois, sous réserve, pour chaque accord ou traité, de son application par l'autre partie* »[254].

Le Conseil d'État sénégalais, dans l'arrêt Proper Guéna NITCHEN rendu le 31 août 1994, a affirmé la soumission de l'Administration aux traités internationaux. Il a énoncé que l'autorité administrative est tenue de respecter le principe de l'égal accès de tous aux études supérieures résultant de la Déclaration universelle des droits de l'homme et du préambule de la

---

253 M. VIRALLY, « La notion d'accord », *Mélanges R. BINDSCHEDLER*, 1980, p. 159 et s. ; J. A. BARBERIS, « Le concept de traité international et ses limites », *AFDI*, 1984, p. 239-270 ; PH. GAUTHIER, *Essai sur la définition des traités entre États*, Bruxelles, Bruyant ; P. DAILLIER et A. PELLET, *Droit international public*, Paris, LGDJ, 7e édition 2002, p. 117 et s.

254 M. KAMARA, « De l'applicabilité du droit international des droits de l'homme dans l'ordre juridique interne», *Revue juridique et politique des États francophones*, janvier-mars 2011, p.114-115.

Constitution qui s'impose à elle[255]. Dans la hiérarchie des normes, les traités ont une valeur supra-législative[256].

Mais cette supériorité ne concerne que les traités régulièrement ratifiés ou approuvés; elle exclut, en principe, les accords en forme simplifiée qui ne font l'objet ni d'une ratification ni d'une approbation[257].

Lorsqu'elles constatent qu'une loi est incompatible avec un traité ou un accord international, les juridictions pénales ne peuvent pas la tenir pour abrogée ou caduque ou l'invalider. Elles doivent seulement en écarter l'application au profit de la norme internationale. La loi reste donc applicable dans toutes ses dispositions qui ne sont pas contraires au traité et peut retrouver sa pleine efficacité si le traité vient à être modifié ou abrogé.

L'autorité supérieure des traités doit conduire à écarter l'application de la loi qui leur est contraire, non seulement lorsqu'elle est antérieure mais également lorsqu'elle est postérieure[258]. Dans un jugement rendu le 10 avril 2018, la chambre criminelle spéciale du Tribunal de grande instance hors classe de Dakar a tiré argument du principe de la supériorité des traités sur les lois posé par l'article 98 de la Constitution, pour en conclure que « *la compétence exclusive de la chambre criminelle spéciale instituée par la loi n° 2016-30 du 08 novembre 2016 portant modification du Code de procédure pénale, qui est une loi nationale, ne peut être appliquée au mineur, sous peine de violation du principe de la hiérarchie des normes, alors surtout qu'il est admis qu'en cas de contrariété entre les dispositions d'un traité et celles d'une loi nationale, les premières s'appliquent* »[259].

Le Conseil constitutionnel sénégalais a déjà eu l'occasion de décliner sa compétence pour connaître du contrôle de la conventionnalité des lois ; c'est-

---

[255] CE n° 36 du 31 août 194, Prosper Guéna NITCHEN, et autres, *Répertoire de jurisprudence de droit administratif (recueil des arrêts du Conseil d'État 1993-1994-1995*, Dakar, CREDILA, p.174.

[256] H. TRIEPEL, « Les rapports entre droit interne et le droit international », *RCADI*, tome 1, 1923, pp. 73-122 ; S. N. TALL, « La Constitution sénégalaise de 2001 et le droit international public », *Nouvelles Annales africaines*, n° 01, 2007, p. 371 et s. ; I. DIALLO, « Les normes internationales et normes constitutionnelles dans l'ordre interne sénégalais », *Annales africaines,* décembre 2014, p. 2.

[257] En ce sens, P-F. GONIDEC, « Le droit international », in *Encyclopédie juridique de l'Afrique*, Tome premier, Abidjan-Dakar-Lomé, NEA, p. 301 ; I. DIAITE, « Les Constitutions africaines et le droit international », *Annales africaines* 1971-1972, p. 33-51 ; A. SALL, « Le droit international dans les nouvelles Constitutions africaines », *RJPlC,* n° 03, septembre-décembre, 1997, p. 341.

[258] Cass. ch. mixte 24 mai 1975, Soc. des Cafés Jacques Vabres, *D.* 1975, 497, concl. A. Touffait ; dans le même sens, CE 20 octobre 1989, Nicolo, *GAJA*, n° 117.

[259] TGIHC Dakar, ch. crim. spéc. n° 044 bis du 10 avril 2018, MP c/ M. S., *inédit.*

à-dire du contrôle de la conformité des lois aux traités. Dans l'affaire dite EZZAN, jugée le 12 février 2005[260], le Conseil constitutionnel a jugé que les articles 74 et 98 de la Constitution « *ne prescrivent ni n'impliquent le contrôle de la conventionnalité des lois dans le cadre du contrôle de la conformité des lois à la Constitution (...) il n'appartient pas au Conseil constitutionnel d'apprécier la conformité de la loi aux stipulations d'un traité ou d'un accord international* ».

69. Conditions de la supériorité des traités sur les lois. D'abord, la primauté des traités sur les textes législatifs suppose qu'ils soient approuvés ou ratifiés.

Ensuite, le traité doit faire l'objet d'une application par l'autre partie. Mais cette condition dite de réciprocité ne vaut que pour les traités bilatéraux, à l'exclusion des traités multilatéraux, notamment ceux concernant les droits de l'homme[261].

Enfin, le traité doit faire l'objet d'une publication pour avoir une valeur supérieure à celle des lois. La primauté du traité sur la loi est subordonnée à l'accomplissement de la formalité de la publicité[262]. C'est cette formalité qui permet d'intégrer les traités dans l'ordre normatif interne où ils prennent rang entre la loi ordinaire et la Constitution.

La Cour suprême du Sénégal a précisé la portée de la formalité de la publication dans l'arrêt Séga SECK FALL rendu le 29 janvier 1975[263]. La haute juridiction a énoncé que les dispositions de l'ancien article 79 de la Constitution, selon lesquelles les traités régulièrement ratifiés ou approuvés ont une autorité supérieure à celle des lois dès leur publication, s'appliquent même aux traités entrés en vigueur antérieurement à la Constitution de 1963.

Selon les hauts magistrats « *il n'est pas établi que la convention n° 87 de l'OIT ait fait l'objet de publication au Sénégal ; qu'en admettant même*

---

[260] Cons. const. n° 91/2005 1/C/2005 du 12 février 2005, Affaire de la loi n° 2005-01 du 07 janvier 2005 portant loi d'amnistie dite loi EZZAN, in I. M. FALL, *Les décisions et avis du Conseil constitutionnel du Sénégal*, Dakar, CREDILA, 2008, p. 473, obs. A. DIEYE.

[261] P. LAGARDE, « La condition de réciprocité dans l'application des traités internationaux : son appréciation par le juge interne », *Rev. crit. DIP*, 1975, p. 39.

[262] R. PINTO, « Le juge devant les traités non publiés par la France », in *Mélanges M. WALINE*, Paris, LGDJ 1947, p. 235 ; A. SALL, « Le juge national et la publication des traités : à propos de l'invocabilité du traité de l'OHADA devant les juridictions sénégalaises », *Revue EDJA*, n° 42, 1999, p. 71 et s.

[263] CS du 29 janvier 1975, Séga SECK FALL, in *GDJAS*, 2e édition, Dakar, RIPAS, p. 114.

qu'elle soit effectivement appliquée par le Sénégal, elle ne saurait dans ces conditions prévaloir sur les dispositions précitées de la loi n° 65-40 du 22 mai 1965 qui ont servi de fondement légal à la décision attaquée ».

La Cour suprême, retenant une interprétation restrictive de l'ancien article 79 de la Constitution, estime que la primauté du traité sur la loi ordinaire est subordonnée à sa « *publication au Sénégal* », la publication internationale ne suffisant pas.

Dès lors, estiment les hauts magistrats, le décret portant dissolution du syndicat des enseignants sénégalais, méconnaissant les dispositions du traité de l'OIT non publié au *Journal officiel* du Sénégal, ne saurait être annulé sur le fondement de la violation de la loi[264].

70. Mise en œuvre de la supériorité des traités sur les lois. Dans les États monistes[265], comme le Sénégal, les traités internationaux, dès leur ratification et leur publication, sont directement applicables et font partie de l'ordonnancement juridique interne, alors même que leurs stipulations n'ont pas fait l'objet de mesures spéciales visant à les incorporer dans la législation nationale.

On dit que de tels traités sont d'applicabilité directe ou ont un caractère auto-exécutoire (*self-executing*)[266].

Cependant, en l'absence d'une réglementation internationale uniforme, l'identification des critères d'applicabilité directe des traités dans l'ordre interne, et notamment dans l'ordre pénal, pose souvent des problèmes.

71. Position jurisprudentielle. Au Sénégal, l'attitude du juge à l'égard des conventions internationales, notamment celles relatives aux droits de l'homme, est assez ambiguë[267].

---

264 J. M. NZOUANKEU, obs. sous CS du 29 janvier 1975, Séga SECK FALL, in GDJAS 2e édition, Dakar, *RIPAS*, p. 122.

265 J. DHOMMEAUX, « Monisme et dualisme en droit international des droits de l'homme », *AFDI.*, vol. 41, 1995, pp. 447- 468.

266 M. KAMARA, « De l'applicabilité du droit international des droits de l'homme dans l'ordre juridique interne », *Revue juridique et politique des États francophones,* janvier-mars 2011, p.117.

267 G. CAMARA, « Les conventions internationales et les lois internes à travers la jurisprudence au Sénégal », in, *L'application du droit international dans l'ordre juridique interne des États d'Afrique francophone,* Actes du colloque de Ouagadougou du 24-26 juin 2003, pp. 289-290 ; F. K. KAMARA, « Les nouveaux défis de la codification au Sénégal : le cas du droit pénal », in *Droit, politique et religion, Droit sénégalais*, n° 09, 2009, p. 227 et s.

Les juridictions de base ainsi que la défunte Cour de Cassation ont souvent refusé de se soumettre au principe de l'applicabilité directe de certaines conventions internationales. Par une interprétation rigoriste de ce principe, ces juridictions exigent bien souvent des mesures nationales de réception des normes internationales[268].

Dans le cadre de l'affaire Hissein HABRÉ, la seule présence de Hissein HABRÉ sur le sol sénégalais n'a suffi pour justifier les poursuites dirigées contre lui, dès lors que la compétence universelle prévue par la convention des Nations Unies contre la torture et autres peines ou traitements cruels, inhumains ou dégradants ratifiée par le Sénégal, n'était consacrée par aucune disposition du Code de Procédure pénale.

La chambre d'Accusation de la Cour d'Appel de Dakar, dans un arrêt rendu le 4 juillet 2000[269], a jugé que « *le législateur sénégalais devrait parallèlement à la réforme entreprise dans le Code pénal apporter des modifications à l'article 669 du Code de Procédure pénale, en y incluant l'incrimination de torture, qu'en le faisant il se mettrait en harmonie avec les objectifs de la convention et reconnaîtrait par conséquent le principe de la compétence universelle* ».

Elle a en conclu que les juridictions sénégalaises ne peuvent connaître des faits de torture commis par un étranger en dehors du territoire sénégalais quelque soit les nationalités des victimes et que le libellé de l'article 669 du Code de Procédure pénale exclut cette compétence. La chambre d'accusation a en conséquence annulé le procès-verbal d'inculpation de M. HABRÉ et la procédure subséquente pour incompétence du juge saisi.

La Cour de Cassation du Sénégal, dans son arrêt du 20 mars 2001[270], a rejeté le pourvoi formé contre l'arrêt de la chambre d'accusation. Selon la cour régulatrice : « *l'article 5-2 de la Convention de New York du 10 décembre 1984 contre la torture et autres peines ou traitements cruels inhumains ou dégradants fait peser sur chaque État partie l'obligation de*

---

[268] En ce sens, El H. M. SANGHARE, *La réception du droit international des droits de l'homme au Sénégal*, Thèse de Doctorat, Grenoble 2014, p. 179 et s.

[269] CA Dakar, ch. acc. n° 135 du 07 juillet 2000, MP c/ H. H., *inédit*.

[270] Cass.crim, n° 14 du 20 mars 2001, affaire Hissène HABRÉ, in, *La Balance*, le journal de l'Union des Magistrats sénégalais, août 2002, p. 36, note, A. NDIAYE ; sur cette affaire, V. *Le Sénégal. Le secteur de la justice et l'État de droit.* Une étude d'AFRIMAP et de l'Open society initiative for West Africa-OSIWA, novembre 2008, p. 26-27.

prendre des mesures nécessaires pour établir sa compétence aux fins de connaître des infractions visées à l'article 4 dans le cas où l'auteur présumé de celles-ci se trouve sur tout territoire sous sa juridiction et où ledit État ne l'extrade pas ; qu'il en résulte que l'article 79 de la Constitution ne saurait recevoir application dès lors que l'exécution de la Convention nécessite que soient prises par le Sénégal des mesures législatives préalables ».

La haute juridiction a ajouté qu' *« aucun texte de procédure ne reconnaît une compétence universelle aux juridictions sénégalaises en vue de poursuivre et de juger, s'ils ont été trouvés sur le territoire de la République, les présumés responsables ou complices de faits (de torture) lorsque ces faits ont été commis hors du Sénégal par des étrangers ; que la présence au Sénégal d'Hissein HABRÉ ne saurait à elle seule justifier les poursuites intentées contre lui »*[271].

Mais d'autres décisions ont eu l'occasion d'appliquer directement des textes internationaux dans des contentieux pénaux. Ainsi, la chambre d'accusation de la Cour d'Appel de Dakar a appliqué directement, en matière de détention provisoire, le principe selon lequel toute personne a le droit d'être jugé dans un délai raisonnable, conformément à l'article 7 de la Charte africaine des droits de l'homme et des peuples et à l'article 9 du Pacte international relatif aux droits civils et politiques.

Dans l'affaire Madior CISSÉ et autres jugée par la Chambre d'Accusation de la Cour d'Appel de Dakar le 29 août 2013, à la suite des manifestations liées au dépôt de la candidature du Président de la République sortant à l'élection présidentielle de février 2012, qui étaient survenues à Podor, des éléments de la Brigade de gendarmerie de cette ville étaient intervenus en vue de maintenir l'ordre. Mais cette intervention avait entraîné deux morts.

Le Commandant de Brigade de gendarmerie de Podor ainsi que trois gendarmes ont été inculpés de meurtre et coups et blessures volontaires avant d'être placés sous mandat de dépôt.

---

[271] A. CISSÉ, « Droit sénégalais », in A. CASSESE et M. DELMAS-MARTY, *Juridictions nationales et crimes internationaux*, Paris, PUF, 2002, p. 437 et s.; A. SALL, *L'affaire Hissein HABRÉ. Aspects judiciaires nationaux et internationaux*, Paris, L'Harmattan, 2013, p. 13 ; J. SEROUSSI, « L'internationalisation de la justice transitionnelle : l'affaire Hissène Habré », *Critique internationale* 1/2006 (n°30), p. 83-101 ; A. CISSÉ, « La compétence universelle des juridictions pénales sénégalaises : l'affaire Hissène HABRÉ», *Africajuris*, du 14 au 20 novembre 2002, p. 04.

La Chambre d'accusation a ordonné la mise en liberté provisoire des inculpés et leur placement sous contrôle judiciaire en tirant argument du droit des inculpés d'être jugés dans un délai raisonnable ou d'être libérés.

Selon la Cour : « *les inculpés ont été placés en détention depuis le 31 juillet 2012 ; Que depuis lors, soit 13 mois, ils n'ont pas été entendus au fond sans qu'aucune justification liée aux nécessités de l'information n'ait été apportée sur cet état de fait par le magistrat instructeur ; Que cette situation est en contradiction avec les articles 7 de la Charte africaine des droits de l'homme et des peuples et 9 du Pacte international relatif aux droits civils et politiques qui proclament le droit pour les personnes détenues provisoirement d'être jugées dans les délais raisonnables ou libérées*»[272].

Suite à un pourvoi formé par le Procureur général près la Cour d'Appel de Dakar, la Chambre criminelle de la Cour suprême a, par un arrêt du 07 novembre 2013, rejeté le pourvoi formé contre l'arrêt de la chambre d'accusation[273].

Dans une autre affaire, la Chambre d'accusation de la Cour d'Appel de Dakar a eu à apprécier le droit d'être jugé dans un délai raisonnable dans un dossier criminel. Dans cette affaire, Maïmouna BOIRO, inculpée d'infanticide et placée sous mandat de dépôt depuis le 05 septembre 2008, a été renvoyée devant la Cour d'assises par ordonnance du 11 novembre 2009. Elle n'a pu être jugée, son dossier s'étant égaré entre les sessions d'assises. La Chambre d'accusation a ordonné la mise en liberté provisoire de l'inculpée aux motifs que : « *cette situation viole le droit pour la susnommée d'être jugée dans un délai raisonnable (...) conformément aux articles 7 de la Charte africaine des droits de l'homme et des peuples et 9 du Pacte international relatif aux droits civils et politiques, qui exigent qu'une personne détenue soit jugée dans un délai raisonnable ou libérée* »[274].

Ainsi, devant les lacunes de la législation pénale sénégalaise, la chambre d'accusation, dans les arrêts précités, n'a pas hésité à faire directement application du Pacte international relatif aux droits civils et politiques et de

---

272 CA Dakar ch. acc. n° 005 du 29 août 2013, MP c/ M. C. et autres, *inédit* ; I. MANDIANG, « L'affaire Hissène Habré devant les chambres africaines extraordinaires : ou une expérimentation réussie de la mise en œuvre de la compétence universelle par la justice sénégalaise », *Annales africaines,* avril 2023, n° 18, p. 163.

273 CS. ch. crim. n° 85 du 07 novembre 2013, MP c/ M. C. et autres, *inédit.*

274 CA Dakar ch. acc. n° 31 du 04 février 2014, MP c/ M. B., *inédit.*

la Charte africaine des droits de l'homme et des peuples, en mettant en œuvre le principe de célérité en matière de détention provisoire[275].

72. Supériorité de la Constitution sur les traités. La question du rang normatif des traités internationaux par rapport aux dispositions constitutionnelles a été très discutée.

Le droit constitutionnel interdit toute contradiction entre un engagement international et la Constitution. En vertu de l'article 97 de la Constitution, si le Conseil constitutionnel a déclaré qu'un engagement international comporte une clause contraire à la Constitution, l'autorisation de le ratifier ou de l'approuver ne peut intervenir qu'après la révision de la Constitution. Ce texte évoque le contrôle, non pas de « *conventionnalité* », mais celui de contrariété par lequel le Conseil constitutionnel examine si un engagement international ne comporte pas de clauses contraires à la Constitution[276]. La chambre civile et commerciale de la Cour d'Appel de Dakar a jugé, dans un arrêt du 26 décembre 2003, que « *le contentieux de la constitutionnalité des accords internationaux, qu'il soit soulevé par voie d'action ou par voie d'exception, est de la compétence exclusive du Conseil constitutionnel* »[277].

Le fait que la Constitution doive être adaptée au traité, et non le contraire, pourrait laisser penser à une supériorité de la norme internationale conventionnelle sur la norme constitutionnelle.

Toutefois, il est admis que la Constitution a une valeur supérieure aux traités internationaux[278]. Une jurisprudence française bien établie a jugé que la suprématie conférée aux traités internationaux par l'article 55 de la Constitution ne s'applique pas dans l'ordre juridique interne aux normes constitutionnelles[279].

---

275 En ce sens, P. A. TOURÉ, *La réforme de l'organisation judiciaire commentée et annotée*, Paris, l'Harmattan, 2016, p. 78 et s.

276 S. N. TALL, « La Constitution sénégalaise de 2001 et le droit international public », *Nouvelles Annales africaines*, n° 01, 2007, p. 371 et s.

277 CA Dakar, ch. civ. et comm. n° 565 du 26 décembre 2003, SOSEPRIM c/ ASECNA, *inédit*.

278 L. FAVOREU et Alii, *Droit constitutionnel*, 17e éd., 2015, Paris, Dalloz, n° 441 ; B. BEIGNIER et S. MOUTON, « La Constitution et la Convention européenne des droits de l'homme, rang et fonctions », *D.* 2001, chron. 1636.

279 CE, ass., 30 octobre 1998, Sarran, Levacher et a., req. n° 200286 et 200287, *RDP,* 1999. 919, note Flauss ; *D.* 2000. 152, note Aubin ; *RTD civ.,* 1999. 232, obs. Molfessis ; Cass., ass. plén., 02 juin 2000, n° 99-60.274, *D.* 2000. 865, note Mathieu et Verpeaux ; *RTD civ.*, 2000. 672, obs. Libchaber.

Ainsi, les traités ont une valeur infra-constitutionnelle[280].

L'affirmation de la supériorité de la Constitution sur les traités ne manque pas d'arguments.

D'une part, les autorités habilitées à signer et à ratifier les traités tiennent leur pouvoir de la Constitution et ne peuvent donc agir que dans les limites fixées par le droit constitutionnel. Ainsi, la Constitution constitue précisément la source originaire du droit international.

D'autre part, les modalités de ratification et d'opposabilité des traités internationaux sont prévues par la Constitution[281], de sorte que la supériorié des traités sur les lois a, avant tout, une base constitutionnelle.

3. Les normes communautaires

73. Droit communautaire. Les normes du droit communautaire peuvent avoir une influence sur le droit pénal[282]. En Afrique, la multiplicité des organisations communautaires constitue un phénomène majeur des temps modernes[283]. On peut citer l'Union Économique et Monétaire Ouest Africaine (UEMOA), la Communauté Économique et Monétaire de l'Afrique centrale (CEMAC) et l'Organisation pour l'Harmonisation en Afrique du Droit des Affaires (OHADA).

---

[280] Sur cette question, P. F. GONIDEC, « Droit international et droit interne en Afrique », *Penant*, n° 106, 1996 ; A. SALL, « Le droit international et les nouvelles constitutions africaines », *RJPIC*, n°03, septembre-décembre 1997 ; S.N. TALL, « La Constitution sénégalaise de 2001 et le droit international public », *Annales africaines*, n° 01, 2007, p. 373 et s. ; plus récemment, I. DIALLO, Normes internationales et normes constitutionnelles dans l'ordre juridique interne sénégalais », *Annales africaines*, vol. 02, décembre 2014, p. 2 et s.

[281] F. DELPEREE, « Les rapports de cohérence entre le droit constitutionnel et le droit international public, développements récents en Belgique », *RFDC* n° 36, 1998, p. 740 ; I. DIALLO, « Normes internationales et normes constitutionnelles dans l'ordre juridique interne sénégalais », *Annales africaines*, vol 02, décembre 2014, p. 07.

[282] Sur l'ensemble de cette question, V. D. BAYET, « Les grands axes de la jurisprudence de la chambre criminelle de la Cour de Cassation en droit communautaire », *Gaz. pal.*, 19-20 mars 1993, p. 2 ; J. BIANCARELLI, « Le droit communautaire et le droit pénal », *BICC*, n° 371, 15 juillet 1993, p. I ; J. BIANCARELLI et D. MAIDANI, «L'incidence du droit communautaire sur le droit pénal des États membres », *RSC*, 1984, p. 225 et s., 455 et s. ; J.-C. BONICHOT, « Droit communautaire et droit pénal », *RSC*, 1988, p. 581 ; B. BOULOC, « L'influence du droit communautaire sur le droit pénal interne », *Mélanges Levasseur*, 1992, p. 103 ; F. HAMON, « La réforme du système juridictionnel communautaire », *D.*, 1997, chr., p. 7 ; Ch. SOULARD, *La Chambre criminelle et l'ordre juridique communautaire, Rapp. C. cass.* 1998, p. 159.

[283] T. ZOGBELEMOU, *Droit des organisations d'intégration économique en Afrique (CEDEAO-CEMAC-UEMOA-ZMAO),* Paris, l'Harmattan, 2014, p. 14 et s.

Toutes ces organisations communautaires sont dotées d'une Cour de justice. A ces organisations, on peut ajouter la Communauté économique pour l'Afrique (CEA), l'Organisation Africaine de la Propriété intellectuelle (OAPI), la Conférence interafricaine des Marchés d'Assurances (CIMA) et la Conférence interafricaine de Prévoyance Sociale (CIPRES).

Certaines de ces instances sont des organisations de coopération visant la satisfaction d'intérêts communs dans le cadre d'un effort de coordination.

D'autres sont des organisations d'intégration qui ont pour objectif, à terme, de favoriser une fusion ou une harmonisation des législations entre les États membres pour constituer, soit une union douanière, soit un marché commun intégré et perfectionné[284].

74. Nomenclature des actes communautaires. Les normes communautaires comprennent les normes du droit primaire ou originaire constituées pour l'essentiel des traités constitutifs des organisations d'intégration (traité de l'UEMOA, traité de la CEDEAO, traité de la CIPRES, etc.), des traités modificatifs et des protocoles annexés aux traités.

Il y a également les normes du droit dérivé qui sont issues des règles du droit primaire ; il en est ainsi des règlements, des directives, des avis, des actes additionnels, etc[285].

Depuis l'adoption du protocole A SP/06/06 du 14 juin 2006 portant amendement du traité révisé de la Communauté économique des États de l'Afrique de l'Ouest (CEDEAO), la nomenclature des actes de la CEDEAO et celle de l'UEMOA sont devenues identiques[286].

Dans la typologie des normes du droit communautaire, on retrouve des actes non obligatoires. Il s'agit des avis, des recommandations, des déclarations et des lois types (lois-modèle) qui n'ont pas de force contraignante[287].

---

284 S. N. TALL, « La CEDEAO et l'UEMOA : concurrence et complémentarité ? », *Nouvelles Annales africaines*, n° 01, 2007, p. 42.

285 A. SALL, « Les systèmes normatifs de la CEDEAO et de l'UEMOA : considérations historiques et critiques », *Nouvelles annales africaines*, n° 01, 2007, p. 117 et s.

286 En ce sens, M. DIAKHATE, *Rédaction administrative au Sénégal*, Dakar, CREDILA, 2016, p. 173.

287 A. Y. SARR, *L'intégration juridique dans l'Union économique et monétaire ouest africaine et dans l'Organisation pour l'Harmonisation en Afrique du Droit des Affaires*, PUAM, 2008, n° 68.

Mais il y a aussi des normes obligatoires, à savoir, notamment les règlements, les directives, les actes additionnels, les décisions, les actes uniformes et les lois uniformes.

75. Règlements. Le règlement est la principale source du droit dérivé. C'est à travers lui que s'exprime le pouvoir normatif des organisations communautaires.

D'après les textes fondateurs de l'UEMOA, de la CEDEAO et de la CIPRES, les règlements sont des actes de portée générale obligatoires en toutes leurs dispositions et qui sont directement applicables dans les États membres[288]. On peut citer le Règlement n° 05/CM UEMOA du 25 septembre 2014 relatif à l'harmonisation des règles régissant la profession d'Avocat dans l'espace UEMOA.

En premier lieu, la portée générale des règlements signifie qu'ils contiennent des prescriptions générales et impersonnelles[289]. La Cour de justice des communautés européennes évoque « *la fonction législative du règlement* »[290].

À cet égard, le règlement s'oppose à la décision qui est un acte à caractère particulier ; il est « *de caractère essentiellement normatif et est applicable non à des destinataires limités, désignés et identifiables, mais à des catégories envisagées abstraitement et dans leur ensemble* »[291].

En deuxième lieu, alors que la directive ne lie les États que quant au résultat à atteindre, le règlement est « *obligatoire en tous ses éléments* »[292]. À travers cette norme de droit dérivé, le législateur communautaire dispose d'un pouvoir normatif complet puisqu'il peut non seulement prescrire un

---

[288] V. art. 43 du Traité de l'UEMOA et art. 9 du Traité de la CEDEAO issu de l'Acte additionnel A.SA.3/01/10 du 16 février 2010 ; art. 32 du Traité de la CIPRES du 21 septembre 1993.

[289] J-C. MASCLET, « Règlement », *Rép.dr.eur.*, juin 2011, n° 1 ; G. ISAAC, *Droit communautaire général,* 5e éd., 1996, p. 172 ; T. ZOGBELEMOU, Droit des *organisations d'intégration économique en Afrique (CEDEAO-CEMAC-UEMOA-ZMAO),* Paris, l'Harmattan, 2014, p. 193.

[290] CJCE 21 janvier 1999, France c/ Comafrica, aff. C-73/97, *Rec.*, I-185.

[291] CJCE 14 décembre 1962, Fédération nationale de la boucherie, aff.Jtes 19-22/62, *Rec.*, 043

[292] M. BLANQUET, « Effet direct du droit communautaire », *Rép. comm,* Dalloz, août 2008, n° 1 ; R. MEHDI, « Ordre juridique communautaire. Effet direct », *Juriclass.eur.*, fasc. 195, 2008 ; R. KOVAR, « L'intégrité de l'effet direct du droit communautaire selon la jurisprudence de la Cour de justice de la Communauté », in Der Europa des zweiten Generation, *Mélanges Sasse*, Baden-Baden, Nomos, 1981, p. 151 s. ; R. KOVAR, « L'applicabilité directe du droit communautaire », *JDI* 1973, p. 279.

résultat, mais aussi imposer toutes les modalités d'application et d'exécution du texte communautaire. Le règlement se suffit à lui-même[293].

En troisième lieu, il est directement applicable dans tout État membre.

L'applicabilité directe s'oppose à toute formalité nationale d'insertion ou de transposition dans l'ordre interne[294]. Il n'est donc nul besoin d'un acte national qui aurait pour objet d'introduire dans l'ordre interne le règlement en cause et qui conditionnerait son entrée en vigueur[295] ; un tel acte serait superfétatoire et inopportun[296].

76. Directives. La directive est une norme qui lie tout État membre destinataire quant au résultat à atteindre tout en laissant aux instances nationales la compétence quant à la forme et aux moyens[297]. Elle n'a pas en principe de portée générale ; elle ne lie, en principe, que ses destinataires, c'est-à-dire les États.

La directive impose une obligation de résultat aux États membres ; bien souvent une échéance est fixée aux membres pour atteindre le résultat visé. On peut citer la Directive n° 02/CM/UEMOA du 02 juillet 2015 relative à la lutte contre le blanchiment de capitaux et le financement du terrorisme dans les États de l'UEMOA.

Contrairement à d'autres normes de droit dérivé (acte uniforme, Acte additionnel, règlement, etc.), la directive ne constitue pas une norme directement applicable ; elle n'est pas d'application immédiate[298].

L'introduction de cette norme dans l'ordre normatif national suppose sa transposition[299]. D'après la circulaire n° 008/PM/SGG/PAT du 1er juin 2016

---

293 T. ZOGBELEMOU, *Droit des organisations d'intégration économique en Afrique (CEDEAO-CEMAC-UEMOA-ZMAO)*, Paris, l'Harmattan, 2014, p. 14 et s.

294 CJCE, 10 octobre 1973, Variola c/Adm. des finances italienne, affaire 34/73, *Rec.*, 981 ; V. CJCE, 02 février 1977, Amsterdam Bulb c/Produktschapvoor Siergewassen, aff. 50/76, *Rec.*, 137.

295 S. N. TALL, *Droit des organisations internationales africaines. Théorie générale. Droit communautaire comparé. Droit de l'homme, paix et sécurité,* Paris, l'Harmattan, 2015, p. 250-251.

296 Y. GALMOT, « Directives et règlements en droit communautaire », *CJEG* 1990, p. 73.

297 V. art. 43 du Traité de l'UEMOA et art. 9 du Traité de la CEDEAO issu de l'Acte additionnel A.SA.3/01/10 du 16 février 2010.

298 T. ZOGBELEMOU, *Droit des organisations d'intégration économique en Afrique (CEDEAO-CEMAC-UEMOA-ZMAO)*, Paris, l'Harmattan, 2014, p. 193.

299 Sur la notion de transposition, D. SIMON, « Directive », *Rép. dr. eur.*, Dalloz, mars 2022, n°29 ; M. HIANCE, « La transposition de la directive dans le droit national », *Gaz. pal.*, 24 février 2000, n° 055, p. 19 ; J. ROUX, « La transposition des directives communautaires à l'épreuve de la Constitution », *RDP,* 01/07/2007, n° 04, p. 1031 ; M. AYRAL, « La transposition des directives

sur la transposition des directives communautaires, la transposition est « *l'opération par laquelle un État membre destinataire de la directive procède à l'adoption de toutes les mesures nécessaires à son incorporation effective dans l'ordre juridique national par les véhicules normatifs appropriés* » ; elle relève d'une « *méthode de législation à deux étages* »[300].

Le Conseil constitutionnel sénégalais a eu l'occasion de juger, dans sa décision n° 1/C/2020 du 24 février 2020[301], que la transposition des directives constitue une obligation constitutionnelle. On peut lire sous la plume des juges : « *Considérant qu'après avoir rappelé dans le préambule de la Constitution l'attachement du peuple sénégalais à l'idéal de l'unité africaine, le Constituant a prévu, dans l'article 96, alinéa 3 de la Constitution, que la République du Sénégal peut conclure avec tout État africain des accords d'association ou de communauté comprenant abandon partiel ou total de souveraineté dès lors que lesdits accords ont pour objet la réalisation de l'unité africaine; Considérant que, s'inscrivant dans la logique des efforts d'intégration régionale en Afrique», le Sénégal et d'autres États africains ont adopté le Traité instituant l'Union Économique et Monétaire Ouest Africaine (UEMOA) ; Considérant qu'il résulte des articles 6, 7 et 43 du Traité de l'UEMOA, que les actes arrêtés par les organes de l'Union sont appliqués dans chaque État membre nonobstant toute législation nationale contraire, antérieure ou postérieure, que tous les États apportent leur concours à la réalisation des objectifs de l'Union en prenant toutes mesures générales ou particulières propres à assurer l'exécution des obligations découlant du Traité, en s'abstenant à cet effet de toutes mesures susceptibles de faire obstacle à son application et que les organes de l'Union peuvent adopter des directives qui lient tous les États membres quant aux résultats à atteindre ; Considérant que, parmi les obligations qui découlent pour l'État du Sénégal de la conclusion de cet accord, il y a celle de respecter les exigences communautaires en procédant notamment à la transposition, en droit interne, des directives communautaires* ». La haute juridiction constitutionnelle a ajouté que « *l'État du Sénégal est tenu de se conformer à l'obligation constitutionnelle de transposition des directives édictées par les*

---

dans les droits nationaux », *Rev. Marché commun,* 1977, p. 411 ; Y. GALMOT et J.-C. BONICHOT, « La Cour de justice et la transposition des directives en droit national », *RFD adm.,* 1988.

300 G. ISAAC et M. BLANQUET, *op. cit.*, p. 307.

301 Cons. const.n° 1-C-2020 du 24 février 2020, *inédit*.

organes des communautés créées sur le fondement d'accords signés en application des dispositions de l'article 96, alinéa 3 de la Constitution ».

L'opération de transposition n'est nécessaire que lorsque les dispositions nationales en vigueur ne permettent pas d'atteindre l'objectif visé par le législateur communautaire[302].

La directive offre une liberté aux États membres quant à la forme et aux moyens, notamment quant au choix de l'acte juridique de transposition (loi, décret, arrêté, etc.) et quant à la désignation des services chargés de son application. La directive contient une obligation de résultat et non une obligation de moyens[303].

77. Actes additionnels. Les actes additionnels sont des actes adoptés par la Conférence des Chefs d'État et de Gouvernement qui ont pour objet de compléter le traité et y sont annexés[304]. L'acte additionnel complète le Traité sans toutefois le modifier. Il est obligatoire en toutes ses dispositions et directement applicable. Le respect des actes additionnels s'impose aux États membres et aux institutions des organisations communautaires[305]. Ils sont souvent publiés au Bulletin officiel de l'Union. Ils entrent en vigueur après leur publication à la date qu'ils fixent[306].

78. Décisions. Les décisions sont des actes de portée individuelle en faveur des destinataires qu'elles désignent[307]. Elles peuvent également être prises dans le cadre du contrôle du fonctionnement des institutions de la communauté ou de la réalisation des objectifs de l'organisation

---

302 Le Sénégal est souvent présenté comme un État respectueux de ses obligations communautaires. Déjà, en 2015, il a transposé plus de 70% des directives communautaires, soit une performance moyenne de 66%, V. *Rapport général 2015 de la revue annuelle des réformes, politiques, programmes et projets communautaires de l'UEMOA*.

303 G. ISAAC et M. BLANQUET, *Droit général de l'Union européenne*, Paris, Sirey, 10eme édition, 2012, p 310.

304 V. art. 19 du Traité de l'UEMOA ; art. 9 du Traité de la CEDEAO issu de l'Acte additionnel A.SA.3/01/10 du 16 février 2010.

305 R. YOUGBARE, « La nature juridique de l'Acte additionnel dans le système juridique de l'UEMOA à la lumière de l'affaire YAI », *Penant*, n°864, juillet-septembre 2008, p. 340 et s. ; R. YOUGBARE et Y. BATCHASSI, « Les Actes additionnels de l'UEMOA : analyse juridique », in *les cahiers du CEEI*, 1999, n° 1.

306 V. art. 45 du Traité de l'UEMOA ; A. Y. SARR, *L'intégration juridique dans l'Union économique et monétaire ouest africaine et dans l'Organisation pour l'Harmonisation en Afrique du Droit des Affaires*, PUAM, 2008, n° 24.

307 V. art. 43 du Traité de l'UEMOA ; art. 9 du Traité de la CEDEAO issu de l'Acte additionnel A.SA.3/01/10 du 16 février 2010.

communautaire. Elles ne sont obligatoires que pour leurs destinataires. Les décisions du droit communautaire sont assimilables aux actes administratifs à caractère individuel du droit administratif interne[308].

Contrairement à la directive qui n'est obligatoire que quant au résultat à atteindre, la décision est obligatoire dans tous ses éléments ; elle peut même prescrire les moyens d'atteindre le résultat escompté. Les États ne conservent que le choix des formes juridiques de sa mise en œuvre dans l'ordre juridique national.

La décision a un effet direct si son destinataire est un particulier ou une entreprise, lorsqu'elle modifie sa situation juridique. Il n'en est pas de même en principe lorsque le destinataire est un État[309].

79. OHADA. L'objectif de l'OHADA est de favoriser la confiance en faveur des économies des pays membres afin de faciliter l'activité des entreprises. Le Président Kéba MBAYE a déjà écrit que : « *l'OHADA est un outil juridique imaginé et réalisé par l'Afrique pour servir l'intégration économique et la croissance* »[310].

Le Traité relatif à l'harmonisation du droit des Affaires en Afrique signé à Port-Louis (Iles Maurice) le 17 octobre 1993 est entré en vigueur le 18 septembre 1995. L'OHADA comprend dix-sept (17) États au 31 décembre 2014 dont la plupart appartiennent à la zone franc, à savoir le Bénin, le Burkina Faso, le Cameroun, la Centrafrique, les Comores, le Congo, la Côte d'Ivoire, le Gabon, la Guinée, la Guinée-Bissau, la Guinée équatoriale, le Mali, le Niger, la République démocratique du Congo, le Sénégal, le Tchad et le Togo. Le traité de l'OHADA a été modifié par le traité de Québec du 17 octobre 2008[311] entré en vigueur le 21 mars 2010.

---

308 A. Y. SARR, *op. cit.*, n° 61.

309 G. ISAAC et M. BLANQUET, *Droit général de l'Union européenne*, Paris, Sirey, 10e édition, 2012, p. 312.

310 K. MBAYE, op. cit, p. 04; Z. ZANKIA, « Le droit OHADA et le droit communautaire », *Annales africaines,* avril 2021, n° 14, p. 401.

311 L. BENKEMOUN, « L'OHADA, le temps et le diable, réflexions sur le Traité de Québec » : Ohadata D-14-08 ; A. NZAOU, « L'OHADA, un nouveau visage avec le Traité de Québec de 2008 » : Ohadata D-13-63 ; A. HARISSOU, « Nouveau Traité OHADA : forces et faiblesses » : Ohadata D-13-59 ; G. KENFACK DOUAJNI, « Les innovations du Traité OHADA révisé » : Ohadata D-13-58 ; V. A.-M. CARTRON, « Éclairages sur la révision du traité de l'OHADA », *Cah. dr. entr.* 2010, n° 1, p. 31 s. ; S. TOE, « Les enjeux et les perspectives du traité OHADA révisé », ohadata D-10-45.

80. Technique de l'uniformisation. A la lecture de l'article 1er du Traité de l'OHADA, le législateur communautaire de l'OHADA semble souffler le chaud et le froid sur le choix de la technique d'intégration employée. Selon l'article 1er du traité de Port-Louis, l'OHADA a pour objet « *l'harmonisation du droit des affaires dans les Etats Parties par l'élaboration et l'adoption de règles communes simples, modernes et adaptées à la situation de leurs économies, par la mise en œuvre de procédures judiciaires appropriées, et par l'encouragement au recours à l'arbitrage pour le règlement des différends contractuels* »[312].

Comment est-il possible techniquement de favoriser « *l'harmonisation du droit des affaires* » par l'élaboration de « *règles communes* » et adaptées aux économies africaines ? L'acronyme « *OHADA* » signifie « *Organisation pour l'harmonisation en Afrique du droit des Affaires* » ; ce qui pourrait laisser penser que la technique employée pour intégrer les États membres est celle de l'harmonisation.

Toutefois, si on se réfère aux modalités et à la procédure d'adoption des actes uniformes ainsi qu'au contenu de ceux-ci, il semble que la technique qui a été employée s'apparente à l'uniformisation. L'OHADA a, en effet, choisi d'édicter des normes communes et unifiées dans les États parties[313] ; il s'agit d'une technique d'intégration parfaite de la norme communautaire.

Ainsi apparaît la véritable nature du droit OHADA qui est un droit uniforme et non un droit harmonisé. La référence aux actes « *uniformes* »

---

312 V. art. 1er du Traité de l'OHADA ; P. G. POUGOUE et B-R. GUIMDO DONGMO, « Modèle d'intégration juridique OHADA », in P. G. POUGOUE (dir), *Encyclopédie du droit OHADA,* Paris, Lamy 2011p. 1120 et s ; J. ISSA-SAYEGH, « L'OHADA, instrument d'intégration juridique des pays africains de la zone franc », *Rev. jurispr. com.* juin 1999, p. 237.

313 B. MARTOR, N. PILKINGTON, D. SELLERS et S. THOUVENOT, *Le droit uniforme africain des affaires issu de l'OHADA,* Paris, Litec, 2004, p. 32, n° 128 ; B. MARTOR et S. THOUVENOT, « L'uniformisation du droit des affaires en Afrique par l'OHADA », Ohadata D-12 ; ND. DIOUF, « Actes uniformes et droit pénal des États signataires du traité de l'OHADA : la difficile émergence d'un droit pénal communautaire des affaires dans l'espace OHADA » : ohadata D-05-41 ; du même auteur, « La place du droit pénal dans le droit communautaire », *Nouvelles annales africaines*, n° 01, 2007, p. 161 ; E. L. KANGAMBEGA, « Observation sur les aspects pénaux de l'OHADA », *Penant* 2010, n° 834, p. 312 ; M. MAHOUVE, « Le système pénal OHADA ou l'uniformisation à mi-chemin », *Penant* 2004, n° 846, p. 87 ; H. TCHANTCHOU, A. AKOUETE, « L'état du droit pénal dans l'espace OHADA », ERSUMA 2011, n° spéc., p. 25 ; A. FOKO, « Analyse critique de quelques aspects du droit pénal OHADA », *Penant* 2007, n° 859, p. 195 ; E. K. YAO, «Uniformisation et droit pénal : esquisse d'un droit pénal des affaires dans l'espace OHADA », *Penant*, 2011, n° 876, p. 29 ; M. AKOUETE AKUE, « Droit pénal OHADA, mythe ou réalité ? » : Ohadata D-11-04.

renvoie bien au procédé d'uniformisation du droit[314]. L'article 10 du traité de l'OHADA a posé clairement le principe de supranationalité des actes uniformes en énonçant que : « *Les actes uniformes sont directement applicables et obligatoires dans les Etats Parties, nonobstant toute disposition contraire de droit interne, antérieure ou postérieure* »[315].

81. Nature juridique des actes uniformes. Les actes uniformes constituent une particularité du paysage normatif de l'OHADA. La nature juridique des actes uniformes est discutée[316]. Mais il ne fait pas l'ombre d'un doute qu'il s'agit d'actes pris pour l'adoption des règles communes ayant pour objet l'harmonisation du droit des affaires dans les États Parties[317].

Les actes uniformes peuvent intervenir dans le domaine du droit des affaires ; c'est-à-dire l'ensemble des règles relatives au droit des sociétés et au statut juridique des commerçants, au recouvrement des créances, aux sûretés et aux voies d'exécution, au régime du redressement des entreprises et de la liquidation judiciaire, au droit de l'arbitrage, au droit du travail, au droit comptable, au droit de la vente et des transports, et toute autre matière que le Conseil des Ministres déciderait, à l'unanimité, d'inclure dans le champ du droit des affaires[318].

82. Procédure d'adoption. En vertu de l'article 6 du Traité de l'OHADA, les actes uniformes sont préparés par le Secrétariat permanent de l'OHADA en concertation avec les Gouvernements des États Parties. Ils sont délibérés

---

[314] En ce sens, J. ISSA-SAYEGH et J. LOHOUES-OBLE, OHADA, *Harmonisation du droit des affaires* : Bruxelles, Bruylant, coll. Droit uniforme africain, 2002, n° 198, p. 93 ; A. P. SANTOS et J. Y. TOE, *OHADA, Droit commercial général*, Bruxelles, Bruylant, coll. Droit uniforme africain, 2002, n° 7, p. 5 ; F. SAWADOGO, OHADA, *Droit des entreprises en difficulté*, Bruxelles, Bruylant, coll. Droit uniforme africain, 2002, p. 16 ; P.-G. POUGOUE, « OHADA, Instrument d'intégration juridique », *Rev. africaine sc. jur.* 2001, vol. 02, n° 02, p. 11 s. ; P. DJONGA, « La problématique de l'harmonisation d'une carte judiciaire OHADA : entre espoir et désespoir », *Revue de l'ERSUMA*, 2019, n° 10, p. 57 ; Z. ZANKIA, « Le droit OHADA et le droit communautaire », *Annales africaines,* avril 2021, n° 14, p. 401.

[315] Sur cette question, T. ZOGBELEMOU, *Droit des organisations d'intégration économique en Afrique (CEDEAO-CEMAC-UEMOA-ZMAO),* Paris, l'Harmattan, 2014, p. 222.

[316] Sur cette question, A. OUATTARA, « De la nature juridique des Actes uniformes de l'OHADA », ohadata 02-08.

[317] J. I. SAYEGH, « Quelques aspects techniques de l'intégration juridique : l'exemple des actes uniformes de l'OHADA », *Revue de droit uniforme*, 1999, p. 6 ; R. MASAMBA, « Avantages comparatifs des actes uniformes de l'OHADA », *Penant*, 2010, n° 869, p. 489 ; F. M. SAWADOGO, « Les Actes uniformes : aspects techniques généraux », ohadata D 05-40.

[318] V. art. 2 du Traité du 17 octobre 1993 relatif à l'OHADA, révisé au Québec le 17 octobre 2008.

et adoptés par le Conseil des Ministres après avis de la Cour Commune de Justice et d'Arbitrage[319].

Les actes uniformes sont publiés au *Journal officiel* de l'OHADA par le Secrétariat permanent dans les soixante (60) jours suivant leur adoption. Ils sont applicables quatre-vingt-dix (90) jours après cette publication, sauf modalités particulières d'entrée en vigueur prévues par ces actes uniformes. Ils sont également publiés dans les États parties, au *Journal officiel* ou par tout autre moyen approprié ; mais cette formalité n'a aucune incidence sur leur entrée en vigueur.

L'adoption des actes uniformes par le Conseil des Ministres requiert l'unanimité des représentants des États Parties présents et votants et n'est valable que si les deux tiers (2/3) au moins des États Parties sont représentés. L'abstention ne fait pas obstacle à leur adoption.

Ainsi, le processus d'adoption des actes uniformes ne fait pas intervenir les parlements des États Parties ; ce qui traduit une véritable limitation de souveraineté[320].

Mais du point de vue de la technique législative, les critiques dirigées contre l'OHADA ne sont pas toujours justifiées. En effet, les États, en ratifiant le traité de l'OHADA n'ont-ils pas approuvé le mode d'adoption des actes uniformes « *court-circuitant* » les législateurs nationaux ? Il est légitime de le penser[321].

Le Conseil constitutionnel sénégalais a eu l'occasion d'apprécier la conformité du traité de Port-Louis relatif à l'OHADA aux dispositions de la Constitution. Dans une décision rendue le 16 décembre 1993, la haute juridiction constitutionnelle a jugé que le transfert de compétence, préconisé par l'article 14 du Traité de l'OHADA, n'emporte pas un changement de statut international du Sénégal en tant qu'État souverain et indépendant. Il

---

319 I. K. DIALLO, « Les mécanismes d'élaboration des normes de droit communautaire : l'équation de la méthode », *Nouvelles Annales africaines*, n° 01, 2007, p. 87 et s.

320 Sur cette question, D. NDOYE, « Le traité de l'OHADA, la Constitution sénégalaise et les principes de droit processuel », *Revue EDJA*, n° 22, juillet-septembre 1994, p. 15 ; P. BOUREL, « À propos de l'OHADA : libre propos sur l'harmonisation du droit des affaires en Afrique », *D.* 2007, n° 14, p. 969 et s. ; U. BABONGENO, « De la contrariété entre les Actes uniformes et les Constitutions des États membres de l'OHADA », ohadata D-09-44.

321 En ce sens, « Actes uniformes », in P. G. POUGOUE (dir), *Encyclopédie du droit OHADA*, Paris, Lamy 2011, n° 32.

s'agit en l'espèce, « *non d'un abandon de souveraineté, mais d'une limitation de compétence qu'implique tout engagement international* »[322].

83. Système de répression. Les actes uniformes ont instauré un système de répression assez spécifique, postulant un éclatement de l'élément infractionnel, par un doublement des sources du droit pénal uniforme de l'OHADA[323]. En effet, ils peuvent inclure des dispositions d'incrimination pénale. Les États Parties s'engagent à déterminer les sanctions pénales encourues[324].

Plusieurs actes uniformes de l'OHADA ont prévu des incriminations pénales. Il en est ainsi notamment de l'Acte uniforme relatif au droit des sociétés commerciales et du groupement d'intérêt économique (abus de biens sociaux, entrave à la participation d'un actionnaire ou d'un associé à une assemblée générale, etc.), de l'Acte uniforme sur les procédures collectives d'apurement du passif (banqueroute simple, banqueroute frauduleuse, etc.) et de l'Acte uniforme relatif au droit des sociétés coopératives.

Après que l'uniformisation ait servi de technique d'intégration juridique, la Conférence des Chefs d'État et de Gouvernement, lors de sa réunion du 17 octobre 2013, a opté pour un mécanisme complémentaire : le « *cadre de référence* », autrement dit la loi-modèle («*actes harmonisés* »)[325]. Cette

---

[322] Cons. const. n° 03/C/93 du 16 décembre 1993, in I. M. FALL (dir.), *Les décisions et avis du Conseil constitutionnel du Sénégal*, Dakar, CREDILA, 2008, p. 97 et s., obs. A. SALL; pour un commentaire de cette décision, A. SALL, « Observations sous Conseil constitutionnel 16 décembre 1993, traité portant harmonisation en Afrique du Droit des Affaires », *Penant*, n° 837, 1998, p. 223 ; D. NDOYE, «Le traité relatif à l'harmonisation du droit des affaires, la Constitution sénégalaise et les principes du droit processuel », *EDJA*, n°22, juillet-août- septembre 1994, p. 15 ; G. KENFACK DOUAJNI, « L'abandon de souveraineté dans le traité OHADA », *Penant*, 1999, n° 830, p. 125 et s.

[323] S. YAWAGA, « Politique criminelle de l'OHADA », in P-G. POUGOUE, *Encyclopédie du droit OHADA*, Paris, Lamy, 2011, p. 1389 ; également, J. A. NDIAYE, « L'OHADA et la problématique de l'harmonisation du droit pénal des affaires : bilan et perspectives d'un modèle de politique criminelle communautaire », in *Bulletin d'information (Cour suprême)*, n° 03, décembre 2011, p. 82.

[324] V. art. 5 du Traité du 17 octobre 1993 relatif à l'OHADA, révisé au Québec le 17 octobre 2008.

[325] Secrétariat permanent, Note explicative des points inscrits à l'ordre du jour de la XXXIVe réunion du Conseil des Ministres de l'OHADA (12 septembre 2013, p. 5): le Secrétariat permanent préconise de *« recourir, à côté de la technique de l'Acte uniforme utilisée jusqu'ici, à d'autres modes d'harmonisation plus souples (lois modèles, lois types, etc.)* »; également, V. Rapport général de la deuxième réunion des Forces vives de l'OHADA, Cotonou 17 et 18 octobre 2012, p. 6.

deuxième approche revêt un intérêt particulier pour les matières difficiles à unifier, comme le droit pénal[326].

Le recours à ce mode plus flexible d'adoption des textes est recommandé toutes les fois que l'application d'un acte uniforme exige l'édiction de mesures nationales ou pour prévenir les risques de disparités entre les États membres. On peut citer la loi-modèle sur les sanctions pénales élaborée par le Secrétariat permanent et envoyée aux États membres. S'inspirant de cette loi-modèle, le Sénégal a adopté la loi n° 2018-13 du 27 avril 2018 relative à la répression des infractions prévues par les Actes uniformes adoptés en application du Traité de l'OHADA. Ce texte abroge et remplace la loi n° 98-22 du 26 mars 1998 portant sur les sanctions pénales applicables aux infractions contenues dans l'Acte uniforme relatif au droit des sociétés commerciales et du groupement d'intérêt économique.

84. Lois uniformes. Les lois uniformes constituent une spécificité de l'espace communautaire de l'Union Monétaire Ouest Africaine (UMOA).

Au Sénégal, les lois qui ont été adoptées pour les besoins de l'incorporation de projets de loi uniforme dans l'ordre juridique national ont été qualifiées de « *lois uniformes* ». On peut citer notamment la loi uniforme n° 2004-09 du 06 février 2004 relative à la lutte contre le blanchiment de capitaux, la loi uniforme n°2009-16 du 02 mars 2009 relative à la lutte contre le financement du terrorisme, la loi uniforme n° 2008-48 du 03 septembre 2008 relative à la répression des infractions en matière de chèque, de carte bancaire et d'autres instruments et procédés électroniques de paiement[327] et la loi uniforme n° 2004-09 du 06 février 2004 relative à la lutte contre le blanchiment de capitaux.

Mais les lois uniformes n'étant pas répertoriées ni dans la nomenclature des textes communautaires ni dans celle des droits nationaux (loi constitutionnelle, loi organique, loi référendaire, loi ordinaire, etc.), il n'est pas recommandé d'ajouter l'adjectif « *uniforme* » à l'intitulé de la loi nationale incorporant le projet de loi uniforme dans le droit national. En effet, ce texte constitue en réalité une loi ordinaire élaboré en vue transposer le

---

[326] R. MASAMBA, « Le cadre normatif de l'OHADA à la croisée des chemins », in, *L'OHADA : Un passé, un présent et un avenir*, Colloque, CNB, Lyon 24-25 avril 2014.
[327] JORS n° 6453, du 7 février 2009, p. 120

projet de loi uniforme ou la loi uniforme (communautaire) dans l'ordre juridique national.

85. Politique d'uniformisation normative. Les projets de loi uniforme s'inscrivent dans le cadre de la politique d'uniformisation élaborée par l'UMOA[328]. Il résulte des articles 17 et 34 du Traité de l'Union Monétaire Ouest Africaine du 20 janvier 2007 que les Gouvernements des États membres de l'UMOA conviennent d'adopter une réglementation uniforme dont les dispositions sont préparées à son initiative ou à celle de la Banque centrale et arrêtées par le Conseil des Ministres, en vue de permettre la pleine application des principes d'union monétaire.

Cette réglementation uniforme concerne l'exécution et le contrôle des relations financières entre les États membres et ceux n'appartenant pas à l'UMOA, les règles générales d'exercice de la profession bancaire et financière et les activités s'y rattachant, les systèmes de paiement, la répression de la falsification des signes monétaires et de l'usage des signes falsifiés ainsi que la répression du blanchiment de capitaux.

Pour certains textes, la procédure d'adoption, impliquant seulement les instances de l'UMOA et les autorités nationales, suit deux niveaux de législations.

Après l'élaboration d'un projet de loi uniforme, le Conseil des Ministres de l'UMOA l'adopte en impartissant souvent aux États membres un délai pour prendre les dispositions nécessaires, en vue de son insertion dans leurs ordres juridiques nationaux.

Par la suite, il revient aux États Parties d'incorporer le projet de loi uniforme ainsi adopté dans leurs ordres normatifs dans le respect de leurs procédures internes.

La loi uniforme n° 2008-48 du 3 septembre 2008 relative à la répression des infractions en matière de chèque, de carte bancaire et d'autres instruments et procédés électroniques de paiement[329] est entrée en vigueur au Sénégal à la suite de l'adoption d'un projet de loi uniforme relatif aux instruments de

---

[328] M. DIAKHATE, *Rédaction administrative au Sénégal*, Dakar, CREDILA, 2016, p. 174.
[329] JORS n° 6453 du 7 février 2009.

paiement, par le Conseil des Ministres de l'Union Monétaire Ouest Africaine (UMOA), réuni en session ordinaire le 29 septembre 1995 à Bamako.

La même procédure a été suivie par l'UMOA en matière de répression de l'usure. En effet, suite à l'élaboration du projet de loi uniforme relative à la répression du faux monnayage et des autres atteintes aux signes monétaires, le Conseil des Ministres de l'UMOA a, par une décision en date du 24 juin 2016, adopté ce projet de loi uniforme et a fait obligation aux États membres de prendre les dispositions nécessaires en vue de son insertion dans leurs ordres juridiques.

Le Sénégal a incorporé cette loi uniforme dans son ordre juridique par l'adoption de la loi n°2018-02 du 23 février 2018 relative à la répression du faux monnayage et des autres atteintes aux signes monétaires[330].

Dans d'autres cas, l'adoption du projet de loi uniforme et son incorporation dans l'ordre juridique national sont précédées de l'adoption d'une directive par le Conseil des Ministres de l'UEMOA. De sorte que le projet de loi uniforme adopté par le Conseil des Ministres de l'UMOA n'est que la reproduction fidèle de la directive de l'UEMOA.

Par exemple, dans le cadre de la lutte contre le blanchiment de capitaux et le financement du terrorisme, le Conseil des Ministres de l'UEMOA a adopté la Directive n° 02/CM/UEMOA du 02 juillet 2015 relative à la lutte contre le blanchiment de capitaux et le financement du terrorisme dans les États de l'UEMOA.

Cette directive a été « *incorporée* » dans un projet de loi uniforme adopté par une décision du Conseil des Ministres de l'UMOA n° 26 du 02 juillet 2016 qui a accordé aux États un délai de six (6) mois, à compter de la date de sa signature pour prendre les dispositions nécessaires en vue de l'insertion du projet de loi uniforme dans leurs ordres juridiques.

Au Sénégal, ce projet de loi uniforme a été incorporé dans l'ordre juridique national par la loi n° 2018-03 du 23 février 2018 relative à la lutte contre le blanchiment de capitaux et le financement du terrorisme[331].

---

330 JORS n° 7095 du 14 mai 2018, p. 553.
331 JORS n° 7095 du 14 mai 2018, p. 558.

86. Limitations des marges de manœuvre nationales. Dans le processus d'adoption des projets de loi uniforme dans les législations nationales, les États membres n'ont pas de grandes marges de manœuvre. En effet, lesdits projets de loi, ayant été adoptés par le Conseil des Ministres de l'Union, les États membres ont l'obligation de procéder à l'insertion de leurs dispositions dans leurs ordres juridiques, sans y apporter des modifications substantielles ou y insérer des dispositions de nature à contrarier le texte communautaire.

D'ailleurs, l'article 17 du Traité de l'UMOA énonce que le Conseil des Ministres, dont les décisions sont obligatoires dans les États membres, est habilité à arrêter les projets de texte préparés à son initiative ou à celle de la Banque centrale, concernant les matières énumérées à l'article 34 dudit traité.

D'ailleurs, une fois que le projet de loi uniforme est inséré dans la législation nationale et entre en vigueur, il n'est plus possible, pour le législateur national, d'y apporter des modifications remettant en cause la substance du texte adopté par le Conseil des Ministres de l'UMOA.

À titre d'exemple, le 03 mars 2009, le Conseil des Ministres du Sénégal avait déjà adopté un projet de loi modifiant l'article 29 de la loi uniforme n° 2004-09 du 06 février 2004 relative à la lutte contre le blanchiment de capitaux. Ce projet de loi avait pour objet d'habiliter le procureur de la République, qui reçoit le rapport de la Cellule Nationale de Traitement des Informations Financières (CENTIF), soit classer le dossier sans suite, soit à saisir le juge d'instruction.

Ce projet de loi, très controversé, a fait l'objet d'un rejet de la part de la Commission des Lois de l'Assemblée nationale[332].

87. OAPI : objectifs et missions. L'Accord de Bangui du 02 mars 1977 instituant l'Organisation Africaine de la Propriété Intellectuelle (OAPI) a remplacé l'accord de Libreville, qui avait créé le 13 septembre 1962, l'Office Africain et Malgache de la Propriété Industrielle (OAMPI)[333].

Les États membres de l'OAPI sont le Bénin, le Burkina Faso, le Cameroun, les Comores, la République, la République Centrafricaine, la

---

332 M. FALL, « Projet de modification de la saisine de la CENTIF: qui veut blanchir les blanchisseurs ? » : http://www.leral.net/Projet-de-modification-de-la-saisine-de-la-Centif-qui-veut-blanchir-les-blanchisseurs-Analyse-de-Madior-Fall_a14449.html#

333 D. EKANI, « L'Office africain et malgache de propriété industrielle : OMPI », *RD propr. ind.* 1966, p. 232.

République du Congo, la Côte d'Ivoire, le Gabon, la Guinée, la Guinée Bissau, la Guinée équatoriale, le Mali, la Mauritanie, le Niger, le Sénégal, le Tchad et le Togo.

Cette organisation a pour objectif de promouvoir la contribution effective de la propriété intellectuelle dans le développement des États et de protéger les droits des auteurs de créations intellectuelles[334].

L'OAPI a pour mission d'appliquer les procédures administratives communes découlant d'un régime uniforme de protection de la propriété industrielle. Elle est également chargée de promouvoir le développement économique des États membres au moyen notamment d'une protection efficace de la propriété intellectuelle[335] et d'assurer la formation en propriété intellectuelle[336].

88. Architecture de l'OAPI. À ce jour, l'Accord de Bangui régit les brevets d'invention (Annexe I), les modèles d'utilité (Annexe II), les marques (Annexe III), les dessins et modèles industriels (Annexe IV), les noms commerciaux (Annexe V), les indications géographiques (Annexe VI), la protection contre la concurrence déloyale (Annexe VIII), les schémas de configuration de circuits intégrés (Annexe IX) et la protection des obtentions végétales (Annexe X). En matière de propriété industrielle, l'Accord de Bangui a prévu une législation uniforme, les textes applicables dans les États parties étant les mêmes.

89. Technique d'intégration pénale. L'OAPI a prévu une technique d'intégration pénale assez particulière par rapport au droit OHADA. En effet, les annexes relatives à la propriété industrielle (excepté celles relatives à la concurrence déloyale) prévoient aussi bien la norme d'incrimination que la norme de sanction. Ainsi, en matière de propriété industrielle, l'OAPI prévoit une intégration pénale plus avancée que l'OHADA.

---

[334] B. CAZENAVE, « L'Organisation africaine de la propriété intellectuelle (OAPI) de Libreville à Bangui : OMPI », *RD propr. ind.* 1989, p. 311 ; G. MEYO-M'EMANE, « L'Organisation africaine de la propriété intellectuelle (OAPI) : exemple original de coopération multinationale en matière de propriété industrielle » in *mélanges Paul Mathély,* Paris, Lexisnexis, 1990, p. 257; C.-J. KINGUÉ, *La protection du droit d'auteur dans les États membres de l'organisation africaine de la propriété intellectuelle*, thèse, Paris II, 1985, p.18 et s. ; Y. NGOMBÉ, « Une discrète quinquagénaire : l'Organisation africaine de la propriété intellectuelle (OAPI) », *Comm. com. électr.,* n° 02, février 2012, alerte 11.

[335] V. l'Accord de Bangui, art. 2.

[336] V. l'Accord de Bangui, art. 2, f.

À titre d'exemple, l'article 38 de l'Annexe III sur les marques de produits ou de services sanctionne d'une amende de 1 000 000 à 6 000 000 francs CFA et d'un emprisonnement de trois mois à deux ans ceux qui font une imitation frauduleuse d'une marque de nature à tromper l'acheteur ou font l'usage d'une marque frauduleusement imitée[337].

En outre, l'article 17 de l'annexe VI relatif aux indications géographiques prévoit que quiconque, intentionnellement, utilise de manière illicite une indication géographique enregistrée est puni d'un emprisonnement de trois mois au moins, et d'un an au plus et d'une amende de 1 000 000 à 6 000 000 francs CFA ou de l'une de ces deux peines seulement.

Alors que l'Accord de Bangui édicte un droit uniforme de la propriété industrielle, il ne prévoit qu'un « *droit commun* » de la propriété littéraire et artistique dont le siège est l'annexe VII, c'est-à-dire un minimum conventionnel pour l'ensemble des États membres[338]. Le champ de la propriété littéraire et artistique tel que circonscrit par le texte de l'OAPI comprend, d'une part, le droit d'auteur et les droits voisins et, d'autre part, la protection et la promotion du patrimoine culturel[339].

90. Modification de l'accord de Bangui. Compte tenu du rôle que joue la propriété intellectuelle dans la réalisation des objectifs de développement technologique, l'Accord de Bangui, adopté le 02 mars 1977, a fait l'objet d'une révision le 24 février 1999, avec pour objectif notamment de mettre la législation de l'OAPI en conformité avec les conventions internationales, notamment l'accord sur les ADPIC.

La lutte contre les atteintes dirigées contre les créations informatiques a été au cœur de la révision de 1999[340]. L'Annexe VII de l'Accord relatif à la création d'une Organisation Africaine de la Propriété Intellectuelle (OAPI) a

---

337 En ce sens, V. CA Dakar, ch. corr. n° 1029, MP et la Société Almes Division Végétale c/ M. CH. et Nouvelle Margarinerie du Sénégal civilement responsable et la société SOFIEX, *inédit* ; également, CA Dakar, ch. corr. n° 402 du 28 mai 2001, MP et R. R. c/ S. M., M. M. et autres, *inédit*.

338 L. Y. NGOMBE, « À propos de la supranationalité de la législation de l'organisation africaine de la propriété intellectuelle sur le droit d'auteur », *Revue de la propriété intellectuelle*, n° 176, octobre 2005, p. 09.

339 L. Y. NGOMBE, « Le droit d'auteur dans les États Membres de l'OAPI. Une harmonisation inachevée ? », *e-Bull. dr. auteur*, janvier-mars 2005.

340 En ce sens, Ch. D. DJOMGA, *La contrefaçon des logiciels dans l'espace OAPI. Etude comparée de l'accord révisé et des législations du Sénégal, du Gabon, de la Côte d'Ivoire et du Cameroun, édition ISIS*, Yaoundé, octobre 2011, p. 7.

procédé à une extension du champ des œuvres protégeables au titre du droit d'auteur aux programmes d'ordinateur[341] et aux bases de données[342].

En effet, les articles 5 et 6 de l'Annexe VII de l'Accord de Bangui citent parmi les œuvres de l'esprit protégeables les œuvres exprimées par écrit, y compris les programmes d'ordinateur et les bases de données, qu'elles soient reproduites sur support exploitable par machine ou sous toute autre forme.

L'élargissement du champ des œuvres protégeables aux créations informatiques a le mérite de rendre possible la sanction des atteintes dirigées contre ces œuvres (reproduction illicite, copie servile, diffusion et représentation illicites, etc.) sous la qualification d'atteinte au droit d'auteur.

91. Principe de la primauté du droit communautaire. Les rapports entre l'ordre normatif national et l'ordre juridique communautaire sont marqués par le principe de la primauté très tôt dégagé par la Cour de Justice des Communautés européennes[343].

Les droits communautaires de l'UEMOA et de l'OHADA ont affirmé le principe de la supranationalité des normes qu'ils édictent. Selon l'article 6 du Traité de l'UEMOA, les actes arrêtés par les organes de l'Union pour la réalisation des objectifs dudit traité et conformément aux règles et procédures instituées par celui-ci sont appliqués dans chaque État membre « *nonobstant toute législation nationale contraire, antérieure ou postérieure* ».

L'article 10 du Traité de l'OHADA a prévu une disposition similaire. Aux termes de ce texte : « *Les actes uniformes sont directement applicables et obligatoires dans les États Parties, nonobstant toute disposition contraire de droit interne, antérieure ou postérieure* »[344].

Dans son avis rendu le 30 avril 2001[345], la Cour Commune de Justice et d'Arbitrage (CCJA) de l'OHADA a estimé que l'article 10 du Traité de Port-

---

341 V. art. 5 de l'annexe VII de l'Accord relatif à la création d'une Organisation Africaine de la Propriété Intellectuelle (OAPI).

342 V. art. 6 de l'annexe VII de l'Accord relatif à la création d'une Organisation Africaine de la Propriété Intellectuelle (OAPI).

343 CJCE 15 juillet 1964, Flaminio Costa c/ ENEL, aff. 6/64, *Rec*. 1141 ; Lebon 1141 ; aussi, CJCE 9 mars 1978, Simmenthal, aff. 106/77, *Rec*., 629.

344 Sur cette question, T. ZOGBELEMOU, *Droit des organisations d'intégration économique en Afrique (CEDEAO-CEMAC-UEMOA-ZMAO)*, Paris, l'Harmattan, 2014, p. 222-223.

345 CCJA, avis, n° 001/2001/EP du 30 avril 2001, ohada.com, ohadata D.04-12, p/ 19 et s., obs. J. I. SAYEGH. La Cour suprême du Sénégal a également affirmé la primauté du droit communautaire

Louis « *contient une règle de supranationalité parce qu'il prévoit l'application directe et obligatoire dans les États parties des actes uniformes et institue, par ailleurs, leur suprématie sur les dispositions de droit interne antérieures et postérieures* »[346].

Les dispositions internes des États membres contraires ou identiques aux actes uniformes sont dépourvues d'efficacité juridique. Si elles ne sont pas formellement abrogées, elles sont réputées non écrites et neutralisées par l'OHADA[347].

Quant à la Cour de Justice de l'UEMOA, elle a également affirmé la primauté des règles communautaires primaires et dérivées de l'UEMOA, même sur les normes constitutionnelles. Dans l'avis n° 001/2003 du 18 mars 2003 émis sur la demande de la Commission de l'UEMOA relative à la création de la Cour des Comptes du Mali, la haute juridiction de l'UEMOA a énoncé que : « *le juge national, en présence d'une contrariété entre le droit communautaire et une règle de droit interne, devra faire prévaloir le premier sur la seconde en appliquant l'un et en écartant l'autre* ».

La cour a ajouté que « *la primauté bénéficie à toutes les normes communautaires, primaires comme dérivées, immédiatement applicables ou non et s'exerce à l'encontre de toutes les normes nationales, administratives, législatives, juridictionnelles ou même constitutionnelles, parce que l'ordre juridique communautaire l'emporte dans son intégralité sur les ordres juridiques nationaux* »[348].

---

sur le droit national, V. CS n° 12 du 05 mai 2009, Etat du Sénégal c/ ARMP, Comité de règlement des différends, Agence autonome des Transports routiers, *Bulletins des arrêts de la Cour suprême*, n° 01, décembre 2011, p. 96 ; sur cette décision, V. D. SY, « Un demi-siècle de jurisprudence administrative au Sénégal : de l'émergence à la maturation», in A. SALL et I. M. FALL (dir.), *Actualités du droit public et de la science politique en Afrique, Mélanges en l'honneur de Babacar KANTE*, Dakar, l'Harmattan, 2017, p. 630-631.

346 J. I. SAYEGH, « La portée abrogatoire des actes uniformes de l'OHAHA sur le droit interne des États parties », *Revue burkinabé de droit,* n° spécial, n° 39-40, p. 51 ; D. ABRACH, « La supranationalité de l'OHADA », *Rev. EDJA,* 2000, n° 44, p. 7 et s.; A.M. FONE MDONTSA, « Réflexions sur l'article 10 du Traité de l'OHADA », *Revue africaine des sciences juridiques,* 2010, vol. VII, n°01, p. 48 ; P. DIEDHIOU « L'article 10 du Traité de l'OHADA : quelle portée abrogatoire et supranationale ? », *Revue de droit uniforme*, 2007-2, vol. XII, p. 265.

347 En ce sens, P. G. POUGOUE et autres, « Actes uniformes », in P. G. POUGOUE (dir), *Encyclopédie du droit OHADA,* Paris, Lamy 2011, n° 45.

348 Pour un commentaire de cette décision, V. A. SALL, *La justice de l'intégration. Réflexions sur les institutions judiciaires de la CEDEAO et de l'UEMOA*, Dakar, l'Harmattan, 2008, 2eme édition revue, corrigée et augmentée, p. 184 et s.

92. Primauté du droit dérivé. Le principe de la primauté du droit communautaire concerne aussi bien les règles du droit primaire (par exemple, le traité de l'UEMOA) que celles de droit dérivé (règlement, directive, notamment) ; ces normes bénéficient d'une supériorité par rapport à toutes les normes du droit national.

La question de l'articulation des règles de la procédure pénale sénégalaise avec le droit communautaire s'est posée à la faveur de l'adoption du Règlement n° 05/CM UEMOA du 25 septembre 2014 relatif à l'harmonisation des règles régissant la profession d'Avocat dans l'espace UEMOA[349]. Aux termes de l'article 5, alinéa 1er du Règlement n° 05/CM UEMOA du 25 septembre 2014 : « *Les avocats assistent leurs clients dès leur interpellation, durant l'enquête préliminaire, dans les locaux de la police, de la gendarmerie ou devant le parquet* ».

Ce règlement communautaire a vite jeté un trouble dans l'esprit des praticiens et des théoriciens du droit et a suscité un vif débat sur son applicabilité directe.

En effet, avant l'adoption de ce règlement, l'avocat était présent, dans la seconde période de la garde à vue et pouvait s'entretenir avec son client pendant une durée n'excédant pas trente (30) minutes[350].

La Chambre d'accusation de la Cour d'Appel de Dakar, dans l'arrêt Thione SECK rendu le 22 septembre 2015[351], a affirmé clairement l'applicabilité directe de l'article 5 du Règlement du 25 septembre 2014. Elle

---

[349] Sur ce débat, Y. BODIAN et P. T. FALL, « À propos de la présence de l'Avocat aux premières heures de la garde-à-vue », *Le Soleil* du 28 août 2015, p. 5 ; P. A. TOURÉ, « L'article 5 du Règlement 05/CM UEMOA du 25 septembre 2014 relatif à l'assistance de l'avocat dès l'interpellation devant la Chambre d'accusation de la Cour d'Appel de Dakar : à propos de l'arrêt n° 149 du 22 septembre 2015, affaire Thione SECK », *Annales africaines*, nouvelle série, vol 02, n° 03, décembre 2015, p. 323 et s. ; P. A. TOURÉ, *La réforme de l'organisation judiciaire du Sénégal commentée et annotée,* Paris, l'Harmattan, 2016, p. 119 et s. ; M. KONATE, *Le temps et le procès pénal*, Thèse de Doctorat, Université de Dakar, 2017, p. 241 et s., n° 547 et s. ; Y. NDIAYE, « Présence de l'avocat durant la garde à vue : de l'ambition à la réalité », *Le Plumutif*, janvier-février-mars 2022, p. 23 ; P. A. TOURÉ, *Le droit à l'assistance d'un avocat dès l'interpellation durant l'enquête dans l'espace UEMOA : l'exemple du Sénégal,* Dakar, Abis édition, 2018.

[350] V. anc. art. 55 et s. du Code de Procédure pénale.

[351] CA Dakar ch. acc. n° 149 du 22 septembre 2015, affaire Thione SECK, *Annales africaines*, nouvelle série, vol 2, n° 03, décembre 2015, p. 323 et s., obs. P. A. TOURÉ ; dans le même sens, CA Dakar, ch. corr. n° 454 du 30 août 2018, MP et Etat du Sénégal et la Ville de Dakar c/ Kh. A. S. et autres, *inédit*.

a jugé que les dispositions de « *l'article 5 ne subordonnent pas leur entrée en vigueur à la prise d'un quelconque acte* ».

Tirant les conséquences de l'applicabilité directe du Règlement de l'UEMOA, la loi n° 2016-30 du 08 novembre 2016 modifiant la loi n° 65-61 du 21 juillet 1965 portant Code de Procédure pénale[352] a incorporé, non sans difficulté, la règle de l'assistance de l'avocat dès l'interpellation dans l'ordre juridique sénégalais[353].

La circulaire du Ministre de la Justice n° 00179 MJ/DACG/MN du 11 janvier 2018 a précisé les modalités d'application de l'article 5 du Règlement n°05/CM/UEMOA et des dispositions du Code de Procédure pénale relativement à l'assistance de l'avocat dès l'interpellation de son client par l'officier de police judiciaire.

D. Les fonctions du droit pénal

93. Fonctions essentielles. Le droit pénal est l'ensemble des règles qui régissent l'exercice de la répression des infractions par l'État. C'est le droit de l'infraction et celui de la réaction sociale qu'elle suscite. Il a trois fonctions essentielles : une fonction répressive et expressive ainsi qu'une fonction protectrice[354].

1. La fonction répressive et expressive

94. Nécessité de la répression. La loi pénale a été élaborée pour sanctionner, dans l'intérêt général, certains comportements dangereux pour l'ordre public ou contraires aux exigences de la vie en société. Le droit pénal a, avant tout, une fonction répressive ; il a pour objet de réprimer les comportements contraires aux valeurs essentielles de la société. Contester cette fonction, c'est contester le droit pénal lui-même.

Mais la fonction répressive ne signifie nullement que seul l'intérêt de la société est pris en compte. Le droit pénal comporte, en effet, de nombreuses dispositions permettant aux juridictions de considérer la situation de la

---

[352] JORS, n° 6976 du samedi 26 novembre 2016, p. 1627.

[353] P. A TOURÉ, « L'assistance de l'avocat dès l'interpellation dans la réforme du Code pénal et du Code de Procédure pénale : la greffe processuelle n'a pas bien pris ! », *La Balance, Revue semestrielle de l'Union des Magistrats sénégalais*, n° 01, janvier-juin 2017, p. 315 et s.

[354] A. BARATTA, « Les fonctions instrumentales et les fonctions symboliques du droit pénal », *Déviance et société,* 1991, vol. 15, n° 1, p. 18.

personne poursuivie de manière à éviter sa désocialisation ou à favoriser sa réinsertion.

Le caractère plus ou moins répressif du droit pénal dépend en réalité du fondement que l'on donne au droit de punir. Plusieurs doctrines (école classique, courant positiviste, école de la défense sociale nouvelle)[355] se sont affrontées, sur ce point. Toutes ont trouvé un écho en législation[356].

95. Fonction expressive : protection des valeurs sociétales. Le droit pénal pose les interdits fondamentaux qui sont la condition même de toute vie en société. Il est l'expression des valeurs sociales essentielles[357]. Il est doté d'une fonction expressive, en ce qu'il déploie des valeurs sur lesquelles repose la prohibition de comportements antisociaux.

En réalité, derrière chaque infraction pénale, il y a une valeur sociétale protégée (vie humaine, intégrité physique, propriété intellectuelle, confidentialité d'un système informatique, etc.). Lorsque le législateur érige le meurtre en crime, il protège pénalement la vie humaine. En réprimant le vol, la loi assure la protection pénale de la propriété privée ; le délit de diffamation garantit la protection pénale de l'honneur et de la considération de la personne.

Le droit pénal n'est donc pas uniquement un droit qui sanctionne; il ne se réduit pas à sa fonction répressive. En même temps qu'il réprime les infractions pénales, il exprime les valeurs cardinales de la société.

La fonction expressive du droit pénal prend parfois le pas sur sa dimension répressive. De nombreuses circonstances aggravantes ont été créées dans le Code pénal moins pour aggraver les peines encourues que pour exprimer certaines valeurs[358]. Il en est ainsi de la circonstance aggravante liée à la vulnérabilité de la victime prévue notamment en matière de viol[359] et de coups et blessures volontaires[360] qui est dictée par la volonté affichée de

---

[355] V. *supra*, n° 25 et s.

[356] Sur cette question J. PRADEL, *Histoire des doctrines pénales*, Paris, PUF, coll. Que sais-je ?, 1991.

[357] J. PINATEL, « Infractions et valeurs morales », *RSC* 1972, p. 664.

[358] Sur les circonstances aggravantes, V. P. A. TOURÉ, *Droit pénal général sénégalais, tome 2 : la responsabilité pénale et la sanction pénale*, Dakar, l'Harmattan 2023, n° 356 s.

[359] V. art. 320 du CP.

[360] V. art. 294 du CP.

garantir la protection de certaines personnes vulnérables (femme enceinte, personne âgée, personne atteinte d'une déficience mentale, etc.).

96. Mutabilité des valeurs sociétales. Les valeurs sociétales ne sont pas immuables ; elles peuvent connaître des mutations avec l'évolution de la société, des mœurs et des technologies. Le droit pénal est donc un droit évolutif puisqu'il est en rapport avec les valeurs de la société.

Les transformations numériques ont vu apparaître de nouveaux biens et de nouvelles valeurs. Il en est ainsi de la confidentialité des systèmes informatiques protégée par les délits d'accès frauduleux et de maintien frauduleux dans un système informatique. Il en est de même de l'intégrité des données informatiques garantie par les infractions d'effacement et de détérioration frauduleux de données informatiques.

Les valeurs traditionnelles de la société peuvent même connaître une érosion progressive. Ainsi, la notion de bonnes mœurs, qui n'est pas définie par le législateur, constitue une notion standard qui est abandonnée à l'appréciation du juge, et dont le contenu varie en fonction de l'évolution des mœurs. Il semble que le concept de bonnes mœurs aille en se rétrécissant au fil du temps. La société admet aujourd'hui ce qui pouvait faire frémir autrefois[361].

Il a été jugé que la notion de bonnes mœurs implique la permanence de valeurs que les tribunaux ont pour mission de faire respecter[362]. Elle est susceptible d'évoluer dans le temps et que la distinction entre ce qui est permis et défendu doit être faite uniquement en fonction de l'état d'évolution des mœurs à une époque définie et dans un lieu déterminé[363].

Au Sénégal, malgré l'évolution des mœurs, les juges correctionnels dans leur arbitrage se montrent souvent attachés aux valeurs permanentes de la société sénégalaise, de sorte que, du point de vue juridique, la notion de bonnes mœurs n'a pas connu un effritement notoire[364].

---

[361] R. VOUIN, *Droit pénal spécial,* Paris, Dalloz, 1988, n° 321.

[362] CA Paris, 13 novembre 1973, *Gaz. pal.* 1974, somm. 114.

[363] CA Besançon , 29 janvier 1976, *JCP* 1977, II. 18640, note Delpech.

[364] V. notamment, CA Dakar ch. corr., n° 264 du 26 avril 2010, MP et P. C. c/ L. C. D., *inédit* ; CA Dakar ch. corr., n° 954 du 10 septembre 2012, MP et D. D. et c/ Kh. Mb. et autres, *inédit*.

97. Droit pénal et morale. Dans la mesure où il exprime les valeurs de la société, le droit pénal entretient des rapports étroits avec la morale collective. Les comportements incriminés tirent souvent leur source de la morale.

Il faut cependant souligner que le droit pénal ne se confond pas avec la morale.

En premier lieu, beaucoup de comportements que la morale dominante réprouve ne sont pas pénalement sanctionnés. Il en est ainsi du simple mensonge et du non-paiement d'une dette qui ne constituent que des fautes civiles non sanctionnées pénalement.

En second lieu, sont les comportements érigés en infractions qui ne heurtent nullement la morale sont de plus en plus nombreux. Il en est ainsi de la plupart des contraventions de police qui sanctionnent moins des atteintes à des valeurs essentielles de la société que des manquements à la discipline sociale. Par exemple, les incriminations de stationnement irrégulier et de chevauchement d'une ligne continue ont peu de rapport avec les valeurs sociétales.

Une partie de la doctrine déplore une sorte de dévoiement du caractère expressif de la loi pénale, en évoquant sa « *fonction déclarative* ». En effet, certaines infractions, parfois dépourvues d'une utilité réelle, font souvent double emploi avec des incriminations existantes[365]. Par exemple, l'article 363 bis du CP, issu de la loi n° 2016-29 du 8 novembre 2016, incrimine la captation frauduleuse de l'image ou des paroles prononcées à titre privé, alors que l'article 431-19 du CP a déjà érigé en infraction la collecte déloyale de données à caractère personnel.

2. La fonction protectrice

98. Garantie fondamentale des libertés individuelles. Le droit pénal n'est pas seulement un droit sanctionnateur ; il est également un droit protecteur. Il constitue une garantie fondamentale de la liberté individuelle. Le droit pénal définit donc précisément ce qui est interdit de sorte que chacun est à l'abri de toute poursuite arbitraire. En effet, les infractions qu'il édicte ont pour objet de protéger les individus.

---

[365] Chr. LAZERGES, « De la fonction déclarative de la loi pénale », *RSC* 2004, p. 194.

En consacrant le principe de proportionnalité, le droit pénal prohibe les abus de répression et garantit notamment les libertés individuelles.

En outre, le principe de la légalité criminelle signifie que nul ne peut être condamné pour un fait qui, au moment où il a été commis, ne constituait pas une infraction selon le droit en vigueur. En matière pénale, le principe de la légalité est indispensable à la protection de la liberté individuelle et à l'exercice du libre arbitre. Il commande que les éléments constitutifs d'un crime ou d'un délit ainsi que la peine encourue soient définis par la loi et que ceux d'une contravention soient posés par le règlement qui fixe dans ce cas la peine.

La loi pénale précise les actes répréhensibles, définit les personnes responsables et prévoit les sanctions applicables. Ainsi conçu, le droit pénal est une garantie essentielle de la liberté individuelle, puisqu'en définissant précisément ce qui est interdit, il permet au citoyen de connaître exactement le champ de sa liberté et le met à l'abri de toute poursuite arbitraire.

Maître Kar N'Dofène DIOUF, Président et rapporteur de la Commission de la Législation, de la Justice et de l'Administration générale et du règlement intérieur de l'Assemblée nationale, s'adressant à la représentation nationale, affirmait à l'occasion de l'adoption de la loi du 21 juillet 1965 portant Code pénal que « *l'on ne pourra jamais avec assez de force souligner l'importance de la matière (droit pénal) au sein du Droit, en général, et dans notre société en particulier ; c'est d'elle que dépendent votre liberté et celle de tous les citoyens que vous avez l'honneur de représenter ; c'est d'elle que dépend leur honneur, leur avenir. Mais c'est d'elle que dépend aussi la solidité de la structure de votre État, son bonheur, son prestige, sa richesse et même la mesure du degré de civilisation de la nouvelle Nation sénégalaise* »[366].

On voit que la fonction protectrice du droit pénal suppose une société fondée sur les principes de liberté et de démocratie. Dans les sociétés totalitaires, où le principe de la légalité est inconnu, le droit pénal ne constitue plus une garantie, mais au contraire une menace permanente, puisque nul ne sait précisément ce qui est permis et ce qui est défendu.

---

[366] *Journal officiel de la République du Sénégal. Débats parlementaires de l'Assemblée nationale* du 12 juillet 1965, p. 1426.

E. L'évolution du droit pénal sénégalais

99. Droit d'inspiration française. Le droit pénal sénégalais est un droit jeune. Le Code pénal sénégalais a été institué par la loi n° 65-60 du 21 juillet 1965 portant Code pénal[367]. Maître Kar N'Dofène DIOUF affirmait, à l'occasion de l'adoption de la loi du 21 juillet 1965 portant Code pénal, que cette loi est la « *fille de la législation française* »[368]. Le Code pénal sénégalais est particulièrement inspiré du Code pénal français de 1810 plusieurs fois modifié.

Il n'en constitue bien souvent qu'une « *reproduction dans beaucoup de ses compartiments* »[369].

Georges RIVES a écrit qu'à première vue le droit criminel sénégalais ne constitue qu'une « *superficielle sénégalisation de la législation héritée du colonisateur* »[370].

100. Spécificités de droit criminel sénégalais. Mais une telle conclusion résulte en réalité d'un examen sommaire du dispositif mis en place par le législateur. En effet, la législation pénale sénégalaise comporte des spécificités liées au besoin d'adapter les textes aux réalités du pays et au souci de prendre en compte des problèmes inhérents à la situation d'un pays en voie de développement en perpétuelle mutation.

Le droit pénal général sénégalais a été simplifié avec la suppression de certaines peines. Il en est ainsi des peines principales de déportation[371], de

---

[367] JORS n° 3767 du 06 septembre 1965, p. 1009 et s.

[368] *Journal officiel de la République du Sénégal. Débats parlementaires de l'Assemblée nationale* du 12 juillet 1965, p. 1426.

[369] Nd. FALL, *Le droit pénal africain à travers le système sénégalais*, Dakar, EDJA, 2003, p. 13.

[370] G. RIVES, « Le droit criminel sénégalais », *Rev.sén.dr*, juin 1974, n° 15, 7e année, p. 45.

[371] La déportation était, en France, une peine politique afflictive et infamante, supprimée depuis l'adoption de l'ordonnance du 4 juin 1960. Elle consistait à transporter le condamné dans un lieu déterminé par la loi, hors du territoire continental, où il était tenu de demeurer à perpétuité.

bannissement[372] ainsi que la peine complémentaire de la relégation[373], en tant que peine éliminatoire[374].

Le droit pénal est très attaché aux valeurs positives de la société sénégalaise ; en témoigne l'incrimination de l'outrage aux bonnes mœurs[375], des actes impudiques ou contre nature[376] et de l'adultère[377], même si cette dernière infraction est punie de peines d'amende.

L'article 364 du Code pénal réprime toute personne ayant soustrait frauduleusement « une chose qui ne lui appartient pas ». Le vol est l'archétype du délit d'appropriation.

Certaines solutions du droit pénal spécial sénégalais présentent aussi des spécificités par rapport au droit français. Ainsi, l'article 364 du CP, qui incrimine le vol, n'exige pas que la chose volée appartienne à autrui (res propria), l'essentiel est qu'elle n'appartienne pas au prévenu.

En outre, le délit d'abus de confiance de l'article 383 du CP n'est pas seulement consommé par le détournement ou la dissipation de la chose remise.

En effet, l'élément matériel de cette infraction est, de façon plus large, le non-respect de l'obligation de rendre, représenter ou de faire de la chose un usage ou un emploi déterminé.

101. Modifications du Code pénal. La loi n° 65-60 du 21 juillet 1965 portant Code pénal, depuis son entrée en vigueur, a fait l'objet de modifications introduites par plusieurs textes[378].

---

372 Sous l'empire du Code pénal de 1810, le bannissement, peine principale criminelle et politique, simplement infamante, consistait dans l'expulsion du territoire français pour une durée déterminée. V. A. RIEG, « Peines en matière criminelle. Peines restrictives de liberté. Bannissement », *Juri-class. pén*, c. pén., art. 12 à 39, 1969.

373 La relégation était en France une mesure d'élimination perpétuelle de multirécidivistes que l'on présumait incorrigibles. Elle consistait à transporter les relégués dans les colonies, notamment en Guyane, où ils étaient soumis jusqu'à la fin de leur vie à la ségrégation. La relégation était alors une peine complémentaire obligatoire. Sur cette question, V. A. COLOMBINI et A. COLOMBINI, « Relégation », *Juri-class. pén*, c. pén., art. 56 à 58, 1953 ; P. SAVEY-CASARD, « Les caractères juridiques de la relégation », *D.* 1962, chron., p. 160.

374 G. RIVES, op. cit., p. 68 et 69.

375 V. art. 256 du CP.

376 V. art. 319 bis du CP.

377 V. art. 329 du CP ; P. B. DIENE, « De l'adultère : articles 330 et 331 du Code pénal », *Rev. sen. dr.*, spécial , n° 12, 1973, p. 147.

378 Sur les différentes modifications du Code pénal, V. la bibliographie.

Les révisions du Code pénal ne procèdent en général pas d'une volonté de réaliser une réforme en profondeur du droit pénal. Il s'agit plus modestement de renforcer le dispositif de lutte contre les nouvelles formes de criminalité (terrorisme, cybercriminalité, criminalité organisée, etc.) dans le respect des libertés individuelles[379].

Pour l'essentiel, les principes fondamentaux du droit pénal, constituant le droit pénal général, ont été fixés par la loi n° 65-60 du 21 juillet 1965 portant Code pénal.

Toutefois, des textes spécifiques modifiant le Code pénal ont eu pour objet de réaménager les règles du droit pénal général.

102. Renforcement de l'efficacité de la répression. Certains textes ont instauré un dispositif de consolidation de la répression pénale. Ainsi, la loi n° 67-52 du 29 novembre 1967 complétant le Code pénal et modifiant ses articles 36 et 375[380] a réaménagé la peine complémentaire d'interdiction de séjour dans le Code pénal. En effet, ce texte a prévu des cas où l'interdiction de séjour est obligatoirement prononcée pour une durée de dix ans contre une personne condamnée à une peine privative de liberté sans sursis en vertu des articles 241 à 247 et des articles 364 à 373 du CP.

Deux ans après, la loi n° 69-47 du 16 juillet 1969 modifiant l'article 154 du CP [381] a rendu obligatoire la peine complémentaire de confiscation générale des biens du condamné en cas de condamnation pour détournement, soustraction ou escroquerie portant sur les deniers publics[382].

La loi n° 76-02 du 25 mars 1976 modifiant le Code pénal[383] a exclu le bénéfice des circonstances atténuantes aux accusés reconnus coupables de tortures et d'actes de barbarie ayant entraîné la mort de la victime[384]. Il en est de même en cas d'arrestation, de détention ou de séquestration arbitraire

---

379 G. RIVES, « Le droit criminel sénégalais », *Rev.sén.dr*, juin 1974, n° 15, 7e année, p. 60 ; Cf. SCHAEFFER, «Politique pénale et développement. Libres propos sur la politique pénale dans les États d'Afrique noire d'expression française », *Annales africaines* 1962, p. 248 ; J. COSTA, «Quelques aspects nouveaux du droit des pays africains d'expression française, une politique pénale contre le sous-développement », *Penant* 1967, p. 246.
380 JORS n° 3801 du 5 février 1966, p. 150.
381 JORS n° 4050 du 02 avril 1969, p. 978.
382 V. art. 154 du CP.
383 JORS n° 4483 du 03 avril 1966, p. 502.
384 V. art. 288 du CP.

lorsque la prise d'otage a entraîné la mort d'une personne quelconque ou celle de la personne prise en otage[385].

En outre, le législateur a supprimé la possibilité de prononcer le sursis dans certains cas de vols troublant particulièrement l'ordre public ; il en est ainsi du vol ayant entraîné la mort, du vol avec usage d'armes[386], du vol avec effraction, usage d'escalade, de sape ou de fausses clés ainsi que du vol commis dans les chemins de fer ou dans un moyen de transport en commun, dans l'enceinte d'une gare d'un port ou d'un aéroport[387].

La loi n° 77-33 du 22 février 1977 modifiant le Code pénal[388] a apporté des retouches de pure forme aux dispositions relatives à la dégradation civique[389] et à la peine d'interdiction des droits civils, civiques et de famille.

La loi n° 79-49 du 11 avril 1979 modifiant le Code pénal[390] a étendu le champ de la répression de la tentative en sanctionnant la tentative de diffusion de fausses nouvelles[391].

Pour assurer que les décisions de condamnation en matière d'infractions commises par tous moyens de diffusion publique soient portées à la connaissance du public, la loi n° 80-48 du 24 décembre 1980[392] a inséré dans le Code pénal un article 278 bis prévoyant la publication de la décision de justice. Il s'agit d'une peine complémentaire obligatoire.

Quant à la loi n°2000-38 du 29 décembre 2000 modifiant le Code pénal, elle a prévu de nouvelles peines privatives ou restrictives de droits, que sont la suspension, le retrait de la licence, la confiscation du véhicule, l'annulation du permis de conduire, le retrait du permis de chasse, le retrait d'une arme soumise à autorisation et la confiscation d'armes[393].

Face à l'acuité du phénomène du vol de bétail, la loi n° 2014-27 du 03 novembre 2014 modifiant la loi n° 65-60 du 21 juillet 1965 portant Code

---

385 V. art. 337 bis, alinéa 3 du CP.
386 V. art. 367, dernier alinéa du CP.
387 V. art. 368, alinéa 3 du CP.
388 JORS n° 4556 du 4 avril 1977, p. 381.
389 V. art. 27 du CP.
390 JORS n° 7020 du jeudi 15 juin 2017, p. 725.
391 V. art. 255, al 4 du CP.
392 JORS n° 4806 du 26 décembre 1980, p. 1506.
393 V. art. 33-1 et art. 35-1 à 35-3 du CP.

pénal[394] a prévu une nouvelle circonstance aggravante lorsque le vol portant sur du bétail a été commis au préjudice d'une personne qui tire de l'exploitation dudit bétail l'essentiel de ses revenus ou qui fait de son élevage son activité principale[395].

Après quelques années de mise en œuvre, la loi n° 2017-22 du 22 mai 2017 modifiant la loi n° 65-60 du 21 juillet 1965 portant Code pénal[396] a supprimé la circonstance liée au préjudice causé à une personne tirant de l'exploitation du bétail l'essentiel de ses revenus ou qui fait de son élevage son activité principale.

Désormais, dès lors que le vol porte sur du bétail, l'auteur de l'infraction encourt l'aggravation des peines prévues par l'article 368 du CP.

Quelques ajustements du Code pénal ont également été opérés pour préserver la cohérence d'ensemble du dispositif répressif. La peine anachronique de travaux forcés qui n'était plus exécutée, même quand elle était prononcée, a été expurgée de l'arsenal pénal. Sa seule prévision constituait d'ailleurs «*une gêne ou un obstacle aux demandes de coopération judiciaire internationale* »[397]. La loi n° 2020-05 du 10 janvier 2020 modifiant n° 65-60 du 21 juillet 1965 portant Code pénal[398] a substitué les travaux forcés à la réclusion criminelle.

De plus, la référence aux peines « *afflictives et infamantes* » a été supprimée du Code pénal par la loi n° 2020-05 du 10 janvier 2020 précitée et remplacée par la notion de peines criminelles.

La dernière modification du Code pénal a été apportée par la loi n° 2021-32 du 23 juillet 2021 modifiant le Code pénal. À la faveur de ce texte, le législateur a procédé à la consécration pour la première fois d'un principe général de responsabilité pénale des personnes morales applicables à toutes les infractions pénales[399]. La loi n° 2021-32 du 23 juillet 2021 précitée a aussi réaménagé les dispositions de l'article 45 du CP qui prévoit désormais le principe de la responsabilité pénale personnelle ou principe de la

---

394 JORS n° 6818 du 10 novembre 2014, p. 1361.
395 V. art. 368, 3) du CP.
396 JORS n° 7020 du jeudi 15 juin 2017, p. 725.
397 V. exposé des motifs de la loi n° 2020-05 du 10 janvier 2020 modifiant n° 65-60 du 21 juillet 1965 portant Code pénal.
398 JORS n° 7257 du 13 janvier 2020, p. 30.
399 V. art. 45-1 du CP.

personnalité de la responsabilité pénale. Aux termes de ce texte : « *Nul n'est pénalement responsable que de son propre fait*».

Par ailleurs, la réforme du Code pénal et du Code de Procédure pénale, résultant de l'adoption de la loi n° 2021-33 modifiant la loi n° 65-60 du 21 juillet 1965 portant Code pénal[400] et de la loi n° 2021-34 du 23 juillet 2021 et la loi n° 65-61 du 21 juillet 1965 portant Code de Procédure pénale[401], a apporté une importante modification dans l'édifice pénal. Ce texte a, en effet, institué une nouvelle catégorie d'infractions appelée « *infractions relatives à la criminalité organisée* », en aménageant un régime procédural dérogatoire.

103. Consolidation des droits et libertés des individus. Mais au-delà de l'efficacité de la répression, le droit sénégalais s'est soucié de la protection des droits et des libertés des individus.

La loi n° 99-05 du 29 janvier 1999 modifiant certaines dispositions du Code pénal[402] a intégré le règlement dans les sources du droit pénal[403]. Ce texte a ainsi pris en compte la création des infractions et des peines prévues par voie réglementaire, prérogative dont dispose le pouvoir exécutif en vertu de la combinaison des articles 67 et 76 de la Constitution. La nouvelle formulation de l'article 4 du Code pénal, issu de la loi n° 99-05 du 29 janvier 1999 précitée, met aussi en évidence les deux sources de la légalité criminelle (la loi et le règlement).

Le législateur sénégalais, particulièrement attaché au droit à la vie[404] et aux idéaux d'humanisme, s'est conformé à une tendance de la communauté internationale[405]. En effet, la loi n° 2004-38 du 28 décembre 2004[406] a aboli la peine de mort et abrogé toutes les dispositions du Code pénal faisant référence à cette peine criminelle.

Par ailleurs, la loi n° 2007-01 du 12 février 2007 modifiant le Code pénal[407], tirant les conséquences de la suppression de la peine de mort, a

---

400 JORS n° 7444 du 30 juillet 2021, p. 1049.
401 JORS n° 7444 du 30 juillet 2021, p. 1056.
402 JORS, n° 5847 du 27 février 1999, p. 832.
403 V. art. 4 du CP.
404 F. DIENG, « La défense de la vie par le droit », *Rev. Ass. sén. dr. pén.*, 1997-1998, n° 5, 6, 7 et 8, p. 68.
405 Sur la question, V. P. A. TOURÉ, *Droit pénal général sénégalais, tome 2 : la responsabilité pénale et la sanction pénale*, Dakar, l'Harmattan 2023, n° 248 s.
406 JORS n° 6202 du 22 janvier 2005, p. 53.
407 JORS n° 6323 du 10 mars 2007, p. 2375.

substitué cette peine capitale aux travaux forcés à perpétuité dans toutes les dispositions antérieures à la loi n° 2004-38 du 28 décembre 2004 précitée[408].

Le législateur a aussi instauré dans l'édifice des sanctions un dispositif d'aménagement des peines. La loi n° 2000-38 du 29 décembre 2000 modifiant le Code pénal[409] a accueilli en droit pénal les modes d'aménagement des peines, à savoir, le sursis, la probation, le travail au bénéfice de la société, la semi-liberté, le fractionnement de la peine et la dispense de peine[410].

Les modalités d'application de cette loi ont été fixées par le décret n° 2001-362 du 04 mai 2001 relatif aux procédures d'exécution et d'aménagement des sanctions pénales, modifié par le décret n° 2021-1068 du 11 août 2021[411]. À travers la loi n° 2000-38 du 29 décembre 2000 susvisée, le législateur a entendu offrir aux juridictions pénales des options aussi diverses que variées destinées à substituer à l'incarcération des mesures de nature à faciliter la réinsertion sociale des condamnés et le maintien des liens familiaux. Cette réforme vise également le désengorgement des prisons et la maîtrise de la population carcérale.

Mais la loi exclut l'application des modes d'aménagement des peines en cas de récidive, en matière criminelle et en matière correctionnelle pour les infractions de détournement de deniers publics, les délits douaniers, le viol, l'attentat à la pudeur, la pédophilie et les délits relatifs aux stupéfiants.

Après environ deux décennies d'existence, les modes d'aménagement des peines n'ont pas donné les résultats escomptés. En effet, ils ne sont généralement pas prononcés par les juridictions de jugement, faute de la fixation des modalités d'application. Il a alors paru nécessaire de mettre en place un instrument qui se rapproche des modes d'aménagement des peines sans être trop éloigné de la peine privative de liberté.

En effet, la loi n° 2020-28 du 07 juillet 2020 modifiant la loi n° 65-60 du 21 juillet 1965 portant Code pénal[412] a consacré le placement sous

---

[408] Pour une application V. C. ass. Dakar, n° 10 du 31 mars 2014, MP c/ P. ND., *inédit*.
[409] JORS n° 5966 du 10 février 2001, p. 67.
[410] V. art. 44-1 à 44-8 du CP. Sur cette réforme, V. C. M. B. NIANG, « Le rôle du parquet dans la procédure d'application des peines », *La Balance. Le Journal de l'Union des Magistrats sénégalais*, édition spéciale, août 2002, p. 4.
[411] JORS n° 7466 du samedi du 23 octobre 2021, p. 1559.
[412] JORS n° 7257 du 13 janvier 2020, p. 30.

surveillance électronique comme mode d'aménagement des peines dans le système pénitentiaire. Le législateur a ainsi mis à la disposition des juridictions de jugement un nouveau mécanisme qu'elles pourront prononcer dans certains cas en lieu et place de la peine privative de liberté. Les pouvoirs du JAP ont été, par ailleurs, renforcés. Désormais, il peut prescrire ou aménager des peines à l'instar de la juridiction de jugement et du comité de l'aménagement des peines.

L'institution du placement sous surveillance électronique a également nécessité une adaptation du délit d'évasion, notamment par la pénalisation de l'enlèvement ou de l'altération du dispositif technique de surveillance.

104. Objet de l'ouvrage. Le présent ouvarge a pour objet d'étudier le droit pénal général sénégalais, à la lumière des décisions rendues par les juridictions et des analyses de la doctrine.

Le plan du présent ouvrage s'inspire du raisonnement juridique suivi par le juge saisi d'un litige au cours d'un procès pénal.

D'abord, conformément au principe de la légalité criminelle, le juge pénal doit vérifier si le comportement poursuivi rentre bien dans les prévisions de la loi pénale ; ce qui renvoie à l'étude de l'infraction pénale.

Ensuite, il doit rechercher si la personne poursuivie peut être déclarée pénalement responsable des faits incriminés ; c'est l'étude de la responsabilité pénale.

Enfin, la juridiction pénale doit se prononcer sur la sanction applicable à la personne déclarée coupable de l'infraction ; ce qui évoque la sanction pénale.

Dans le présent volume, seront étudiées les règles générales relatives à l'infraction pénale , c'est-à-dire la théorie générale de l'infraction.

PREMIÈRE PARTIE :

L'INFRACTION PÉNALE

105. Notion d'infraction. Dans un système légaliste, la loi pénale a pour objet spécifique de déterminer les infractions pénales. En effet, la norme pénale définit les différentes incriminations, les sanctions ainsi que les autres règles générales qui leur sont applicables.

L'infraction est l'une des pierres angulaires du droit pénal et représente son point d'ancrage[413]. Mais malgré la centralité de la notion d'infraction, le Code pénal n'a pas procédé à sa définition.

Étymologiquement, le mot « *infraction* » vient du latin *infragere* qui signifie «*briser*». L'infraction renvoie ainsi à une rupture du pacte social, puisqu'elle traduit une atteinte aux valeurs cardinales de la société. On considère généralement qu'elle désigne le comportement d'une personne déterminée contraire à la loi pénale[414].

Dans un sens plus juridique, l'infraction s'entend du comportement interdit sous la menace d'une peine tel qu'il est défini de manière générale et impersonnelle par la loi pénale. Il s'agit de toute action ou omission humaine prévue et punie par la loi pénale[415]. L'infraction constitue un « *cas de figure* », une situation juridique et matérielle correspondant à une incrimination abstraite, générale et impersonnelle[416].

---

[413] G. BEAUSSONIE, « Infraction », *Rép. dr. pén. proc. pén.* 2021, n° 01.
[414] J-Y. LASSALLE, « La notion criminologique de l'infraction pénale », in *Mélanges Gassin*, p. 421.
[415] A. MARCHAL et J. SCHEERS, « Une borne franchie : une nouvelle théorie conceptuelle de l'infraction », *RSC* 1983, p. 433.
[416] R. MERLE et A. VITU, op. cit. n° 383.

Par exemple, le meurtre, le vol et la diffamation sont des infractions puisqu'étant des comportements humains prévus et sanctionnés par le Code pénal[417].

Les termes « *infraction* » ou « *crime* » sont souvent employés indifféremment. Mais techniquement, il importe de faire une distinction entre l'infraction et le crime. L'infraction est une notion plus large que le crime qui n'est qu'une catégorie spécifique d'infraction[418], à côté du délit et de la contravention.

106. Infraction pénale et faute civile. L'infraction doit être distinguée de notions voisines, notamment celles de faute civile et de faute disciplinaire.

Il est important d'établir un départ conceptuel entre l'infraction ou faute pénale et la faute civile[419]. Selon l'article 119 du COCC, la faute est un manquement à une obligation préexistante. Le droit sénégalais a retenu une conception unitaire de la faute civile[420] qui englobe aussi bien la faute contractuelle résultant de l'inexécution d'un contrat (par exemple le fait de ne pas payer le prix d'un contrat de vente après avoir reçu livraison de la marchandise) et la faute délictuelle, résultant d'un manquement à une obligation autre que contractuelle (par exemple, le fait de causer un accident de la circulation).

D'abord, en vertu du principe de la légalité, l'infraction ne se conçoit pas sans un texte incriminateur. En revanche, en droit civil, la faute oblige à réparation même si aucun texte ne l'a prévu. La responsabilité civile peut être engagée par n'importe quel fait dommageable causé par une faute, même s'il n'est pas visé par un texte. Ainsi, la faute civile a un domaine beaucoup plus large que l'infraction pénale. En vertu de l'article 119 du COCC, tout

---

[417] V art. 280, 264 et s., 248, et 261 du CP.

[418] A.-C. DANA, *Essai sur la notion d'infraction pénale*, 1982, Paris, LGDJ, nos 15 et 19 ; N. STONESTREET, *La notion d'infraction pénale*, thèse, Bordeaux 4, 2009.

[419] A. PIROVANO, *Faute civile et faute pénale*, thèse Nice, 1964 ; J. VERHAGEN, « Faute pénale et faute civile », *Arch. de phil. dr.*, 28, 1983, p. 17 et s. ; J. DEPREZ, « Faute pénale et faute civile», in *Quelques aspects de l'autonomie du droit pénal*, p. 157 à 185.

[420] En ce sens, J-P TOSI, *Le droit des obligations au Sénégal*, LGDJ, NEA, 1982, p. 180. Selon l'auteur, les rédacteurs du Code des obligations civiles et commerciales ont consacré «*la thèse de l'unité de la faute contractuelle et de la faute délictuelle* » ; G. RIVES, « Théorie générale des obligations en droit sénégalais », *Rev. sén. dr.*, décembre 1971, n° 10, p. 31 ; F. B. DIA, « L'unité des responsabilités contractuelle et délictuelle : état de la question», in I. Y. NDIAYE, J. L. CORREA et A. A. DIOUF, *Code des obligations civiles et commerciales du Sénégal (COCC) : cinquante ans après*, vol. 1, Dakar, l'Harmattan, 2018, p. 178.

manquement à une obligation préexistante constitue une faute civile, quelle que soit sa nature (contractuelle ou délictuelle), même si cette faute n'a pas été expressément prévue par la loi[421].

Ensuite, l'infraction peut être constituée indépendamment de tout dommage causé à une personne. Il en est ainsi de la mendicité, du vagabondage ou de l'association de malfaiteurs. Toutefois, en matière civile, la faute pour donner lieu à une réparation doit causer un préjudice à autrui. Aux termes de l'article 118 du COCC n'est responsable que la personne qui par sa faute « *cause un dommage à autrui* ».

Enfin, la commission de l'infraction entraîne contre l'auteur le prononcé d'une sanction pénale (peine ou mesure de sûreté), alors que le délit civil entraîne au profit de la victime une réparation civile (dommages-intérêts, restitution, remboursement, etc.)[422].

Mais face à la tendance des parquets à soumettre certaines affaires civiles à la procédure pénale en vue du recouvrement rapide de créances, la circulaire n° 03547 MJ/DACG du 20 juin 2013 relative au traitement pénal des dossiers de nature civile a exhorté les magistrats du parquet à procéder au classement sans suite de ces affaires.

107. Infraction pénale et faute disciplinaire. L'infraction doit aussi être distinguée de la faute disciplinaire. La faute disciplinaire renvoie à la violation des règles qui sont propres à des groupements restreints, sociaux ou professionnels. Toutefois, la faute pénale résulte de la violation de la loi pénale, applicable à tous les citoyens, sans exception[423].

La faute et la procédure disciplinaire présentent une certaine autonomie par rapport à la faute et à la procédure pénale. Ainsi, un arrêt rendu par la chambre administrative de la Cour suprême le 11 juillet 2019 a énoncé « *qu'en raison de son autonomie, la procédure disciplinaire suivie contre un maire pour manquement aux obligations liées à l'exercice de ses fonctions, peut aboutir à une décision de révocation, alors même qu'il n'a pas été statué*

---

[421] A. PIROVANO, *Faute civile et faute pénale*, thèse, Nice, 196.

[422] Sur l'ensemble de cette question, C. PORTERON, « Infraction », *Rép. dr. pén. proc. pén.*, Dalloz, n° 5.

[423] J. PRALUS-DUPUY, «Discipline », *Rép. dr. pén. proc. pén.*, Dalloz, 2002.

définitivement sur l'action pénale engagée à son encontre sur la base des mêmes faits »[424].

De plus, si, en vertu du principe de la légalité, la faute pénale doit être expressément prévue par le législateur, la faute disciplinaire peut résider dans un fait qui n'est pas expressément interdit par les règles du groupement. Par exemple, tout manquement à la dignité ou l'honorabilité de la profession peut constituer, de la part d'un médecin, une faute disciplinaire. Il faut préciser qu'un fait unique peut constituer à la fois une faute pénale et une faute disciplinaire[425].

À titre d'exemple, la Cour d'Appel de Dakar a jugé, dans un arrêt rendu le 6 juin 2013[426], que commet une faute pénale et une faute disciplinaire ouvrant droit à des sanctions, le commissaire de Police qui, sans justification, a privé de liberté un gendarme dans la chambre de sûreté pendant une quarantaine de minutes. En outre, le commissaire de Police s'était transporté dans une zone hors de son domaine de compétence territoriale sans en avoir informé préalablement le procureur de la République et rendu compte à ce magistrat de son intervention.

Un arrêt de la Cour de Cassation du Sénégal rendu le 12 janvier 2000[427] a précisé que « *l'autonomie du droit disciplinaire et du droit pénal permet à l'employeur de sanctionner des faits qu'il reproche à l'employé, qu'il considère comme fautifs et qui portent préjudice à l'entreprise et ce, même si ces actes sont susceptibles d'incrimination pénale* ». Elle a ainsi approuvé une décision d'une cour d'appel qui a considéré que le détournement reproché à un employé, établi au vu des éléments recueillis au cours de l'enquête préliminaire dont le procès-verbal versé au dossier, constitue une faute lourde justifiant le licenciement.

Par ailleurs, l'infraction est punie des sanctions prévues par la loi pénale et prononcées par une juridiction répressive. Par contre, la faute disciplinaire entraîne l'application de mesures concernant l'exercice de la profession, comme le blâme, l'avertissement, une suspension ou l'interdiction provisoire

---

[424] CS ch. adm. n° 30 du 11 juillet 2019, A. Y. Z. c/État du Sénégal : https://juricaf.org/
[425] J. PRALUS-DUPUY, « La répression disciplinaire de l'infraction pénale », *RSC* 1992, p. 22.
[426] CA Dakar, ch. corr., n° 115 du 06 juin 2013, MP c/ S. D., in *Bulletin des arrêts rendus par la Cour d'Appel de Dakar en matière pénale*, année 2014, p. 125.
[427] Cass. soc. n° 21 du 12 janvier 2000, A. A. c/ La société DAMAG https://juricaf.org/

d'exercer la profession ou la radiation. Ces mesures sont généralement prononcées par des instances disciplinaires. C'est le cas du Conseil supérieur de la Magistrature, pour les magistrats ou du Conseil de l'ordre des avocats, pour les avocats.

108. Structure de l'infraction. L'infraction pénale comporte deux éléments, à savoir, d'une part, l'incrimination et, d'autre part, la sanction.

L'incrimination est la description des divers éléments constitutifs du comportement interdit. Au sens strict, l'infraction est la transgression d'un interdit pénal. Elle présuppose donc qu'un comportement ait préalablement fait l'objet d'une incrimination, c'est-à-dire d'une interdiction sous la menace d'une peine. «*Incriminer* », en effet, c'est déclarer un fait infractionnel.

L'opération d'incrimination consiste à « *nommer une situation, un comportement, parfois innommé jusqu'alors* » [428], en vue de garantir la protection des valeurs cardinales de la société. C'est une façon de « *désigner le mal* »[429] (décrire le comportement interdit) et par la même occasion de « *nommer le bien* » (protéger une valeur de la société).

La sanction est la mesure prononcée par le juge en réaction à la commission d'une infraction pénale, sous forme de peine ou de mesure de sûreté (emprisonnement, amende, confiscation, etc.)[430].

Pour analyser en détail les règles applicables aux infractions pénales, il importe d'en étudier la classification avant passer en revue leurs éléments constitutifs.

---

[428] M. DELMAS-MARTY, *Les grands systèmes de politique criminelle*, Paris, PUF 1992, p. 306 : « *La criminalisation passe par l'opération juridique et sociale de l'incrimination. Incriminer, c'est définir un crime, au sens large d'infraction pénale, donc à la fois nommer et diviser (...)* » ; du même auteur, *Modèles et mouvements de politique criminelle*, Paris, Economica, 1983, p.159 et s.

[429] G. BEAUSSONIE, « Infraction », *Rép. dr. pén. proc. pén.* 2021, n° 07.

[430] F. DESPORTES et F. LE GUENEHEC, *Droit pénal général,* Paris, Economica, 2005, 12e édition, p. 10, n° 22.

TITRE PREMIER :

LA CLASSIFICATION DES INFRACTIONS

109. Typologie des infractions. Le comportement qualifié infraction par le juge s'intègre nécessairement dans un ensemble d'autres infractions qui auront des traits communs quant à leur mode d'existence, de répression et d'extinction[431]. Face à la diversité des catégories d'infractions, il parait nécessaire de procéder à leur classification[432]. La fixation des typologies d'infractions présente un grand intérêt juridique, puisqu'elle permet de déterminer les règles applicables à chaque catégorie d'infractions.

La classification des infractions peut s'opérer de manière très diverse. Selon qu'on prend pour base l'élément légal, matériel ou moral, les infractions peuvent être rangées dans des catégories différentes.

Mais la plus importante des classifications est celle qui est fondée sur l'élément légal de l'infraction. Toutes les classifications des infractions s'induisent, au fond, de l'élément légal. La loi est à l'origine de toutes les classifications, puisqu'elle détermine les divers éléments constitutifs de l'infraction et la sanction applicable.

Pour distinguer les multiples infractions pénales, le législateur tient compte soit de leur gravité objective (crime, délit ou contravention), soit de leur nature particulière (infraction ordinaire ou infraction particulière).

Ainsi, il existe une classification cardinale prévue par le Code pénal tirée de la gravité des infractions et une classification fondée sur leur nature.

---

[431] J.-P. DOUCET, « Les familles d'infractions », *RD pén. crim.* 1975, p. 769.

[432] Sur cette question, V. L. ACCAD, « Classification des infractions », in *Encyclopédie juridique de l'Afrique*, tome dixième *Droit pénal et procédure pénale*, Abidjan-Dakar-Lomé, 1982, p. 53.

CHAPITRE PREMIER :

LA CLASSIFICATION CARDINALE FONDÉE SUR LA GRAVITÉ DES INFRACTIONS

110. Classification tripartite. La classification tripartite des infractions n'est apparue en France qu'avec le Code de brumaire an IV qui distinguait entre les peines de simple police, les peines correctionnelles et les peines afflictives ou infamantes.

Le Code pénal napoléonien, de son côté, ne devait que parfaire la classification avec la dénomination des infractions qualifiées, selon les cas, de « *crimes* », « *délits* » ou « *contraventions* ». Son article 1er énonçait que : « *L'infraction que les lois punissent de peines de police est une contravention. L'infraction que les lois punissent de peines correctionnelles est un délit. L'infraction que les lois punissent d'une peine afflictive ou infamante est un crime* »[433].

Le Code pénal sénégalais de 1965 a hérité de cette classification tripartite des infractions pénales. En effet, la rédaction de l'article 1er du Code pénal reprend pour l'essentiel le Code napoléonien. Ainsi, la classification cardinale des infractions est fondée sur un critère précis et présente des intérêts certains.

---

[433] En ce sens, D. ROETS, « Classifications des infractions », *Juris-class. pén. code*, art. 111-1, fasc. 20, 2010. n° 5.

SECTION PREMIÈRE :

LE CRITÈRE DE LA CLASSIFICATION DES INFRACTIONS

111. Critère tiré de la gravité de la peine. La loi n° 2020-05 du 10 janvier 2020 modifiant la loi n° 65-60 du 21 juillet 1965 portant Code pénal a refondu le texte de l'article 1er de ce code. En effet, elle a substitué la peine de travaux forcés à celle de réclusion criminelle. En plus, la référence aux peines afflictives et infamantes a été supprimée du Code pénal par ce texte.

Le nouvel article 1er du Code pénal énonce que l'infraction que les lois punissent de peines de police est une contravention. L'infraction que les lois punissent de peines correctionnelles est un délit. L'infraction que les lois punissent de peines criminelles est un crime.

S'agissant des personnes physiques, il suffit donc de s'attacher, en principe, à la peine encourue pour déterminer la nature de l'infraction en cause. Pour qualifier une infraction, il faut se référer aux seules peines principales encourues par les personnes physiques, sans tenir compte des peines alternatives ou complémentaires qui peuvent éventuellement compléter les peines principales[434].

En ce qui concerne les personnes morales, il n'existe pas de peines spécifiques en matière criminelle et correctionnelle. De sorte que, pour déterminer si l'infraction commise par la personne morale constitue un crime ou un délit, il est nécessaire de consulter les peines encourues pour la même infraction par les personnes physiques[435]. Ainsi, la qualification des infractions commises par les personnes morales est déterminée par référence aux peines encourues par les personnes physiques.

112. Crimes. L'infraction que les lois punissent de peines criminelles est un crime.

---

[434] R. MERLE et A. VITU, *op. cit.* n° 408.

[435] R. MERLE et A. VITU, *op. cit.* n° 408 ; F. DESPORTES et F. LE GUENEHEC, *op. cit.*, n° 128.

Les peines criminelles sont celles qui sont encourues par les personnes coupables d'avoir commis des crimes, infractions classées dans la catégorie la plus grave de la classification tripartite des infractions[436].

Les peines en matière criminelle sont la réclusion criminelle à perpétuité, la réclusion criminelle à temps, la détention criminelle à temps et la dégradation civique[437].

La réclusion criminelle est la peine criminelle de droit commun dont l'objet est la privation de liberté du condamné[438]. Elle s'applique donc aux crimes de droit commun. La réclusion criminelle est une peine criminelle privative de liberté qui remplace la peine de travaux forcés. Elle peut être à temps ou à perpétuité[439].

La détention criminelle est une peine criminelle consistant dans l'internement du condamné, appelé détentionnaire, dans un camp pénal[440]. Elle est encourue pour les crimes politiques.

La détention et la réclusion criminelles obéissent à un régime pénitentiaire quasi identique[441]. En vertu de l'article 689 du CPP, les condamnés à la réclusion criminelle et les condamnés à la détention criminelle purgent leur peine dans un camp pénal.

En outre, l'article 23 du décret n°2001-362 du 04 mai 2001 relatif aux procédures d'exécution et d'aménagement des sanctions pénales, modifié par le décret n° 2021-1068 du 11 août 2021[442] énonce que les camps pénaux reçoivent les individus condamnés aux travaux forcés (devenus la réclusion criminelle), à la détention criminelle et ceux auxquels il reste à subir une peine d'une durée supérieure à un an, ou plusieurs peines dont le total est

---

436 B. PAILLARD, « Peines criminelles applicables aux personnes physiques », *Juris-class. pén. code*, art. 131-1 et 131-2, fasc. 2, 2010, n° 1.

437 V. art. 7 du CP ; B. PAILLARD, « Peines criminelles applicables aux personnes physiques», *Juris-class. pén.* code, art. 131-1 et 131-2, fasc. 2, 2010, n°1 ; H. ANGEVIN, « Peines criminelles applicables aux personnes physiques », *Juris-class.-class. pén.*, art. 131-1 et 131-2, 1995.

438 A. BEZIZ-AYACHE, *Dictionnaire de la sanction pénale*, Paris, Ellipses, 2009, p. 141, V° réclusion criminelle.

439 V. art. 7 du CP ; G CORNU, *Vocabulaire juridique*, Paris, PUF, 2014, p. 772, V° Réclusion criminelle.

440 V. A. BEZIZ-AYACHE, *op. cit.*, p. 43, V° détention criminelle. F. DESPORTES et F. LE GUNEHEC, *Le nouveau droit pénal,* 8e éd., 2001, coll. *Droit pénal*, Paris, Économica, t. 1, *Droit pénal général*, spéc nos 109 et s.

441 A. BEZIZ-AYACHE, *op. cit.*, p. 155, V° sanctions pénales.

442 JORS n° 7466 du samedi du 23 octobre 2021, p. 1559.

supérieur à un an, après le moment où leur condamnation ou la dernière de leurs condamnations est devenue définitive.

Le Code pénal a conservé la distinction entre la réclusion criminelle et la détention criminelle.

Mais l'identité de régimes entre ces deux peines criminelles pose inévitablement la question de l'intérêt du maintien d'une telle distinction, au-delà des raisons historiques ou philosophiques qui l'irradient.

La dégradation civique est une peine criminelle qui est prononcée, à titre principal, pour des infractions politiques ou, à titre de peine complémentaire, pour certains crimes. En effet, la condamnation à une peine criminelle emporte dégradation civique[443]. Elle consiste dans la privation globale de certains droits[444]. La dégradation civique est une peine indivisible, en ce que la loi fixe d'office l'étendue des déchéances encourues ; le juge n'a aucun pouvoir de les scinder. La dégradation civique réside dans la destitution et l'exclusion des condamnés de toutes fonctions, emplois ou offices publics, la privation du droit de vote, d'éligibilité et en général de tous les droits civiques et politiques, du droit de porter toute décoration, de l'incapacité d'être juré ou expert, d'être témoin sauf pour donner en justice de simples renseignements et l'incapacité de faire partie d'un conseil de famille et d'être tuteur, subrogé tuteur ou curateur.

Les termes « *fonctions et emplois publics* » doivent être entendus au sens large. Ils ne visent pas seulement les fonctionnaires proprement dits, mais aussi les employés d'une administration quelconque. La dégradation civique entraîne aussi la privation du droit de port et de détention d'armes, de servir dans la Gendarmerie nationale, dans la Police, dans la Douane, dans le corps des Sapeurs-pompiers et dans les Forces armées et en général de participer à un service public quelconque, de tenir école ou d'enseigner et d'être employé dans aucun établissement d'instruction à titre de professeur, maître ou surveillant[445].

Il faut préciser que le législateur pénal a abandonné le qualificatif de peine criminelle seulement infamante donné à la dégradation civique. En effet, la

---

443 V. art. 23 du CP.
444 G CORNU, *Vocabulaire juridique*, Paris, PUF, 2014, p. 772, V° Dégradation civique.
445 V. art. 27 du CP.

loi n° 2020-05 du 10 janvier 2020 modifiant la loi n° 65-60 du 21 juillet 1965 portant Code pénal a abrogé expressément l'article 8 du CP qui prévoyait que la peine seulement infamante est la dégradation civique. En effet, comme nous l'avons déjà indiqué, la distinction entre les peines afflictives et infamantes ainsi que celles seulement infamantes n'a aucune portée juridique.

113. Délits. Le délit est l'infraction punie de peines correctionnelles. En vertu de l'article 9 du CP, les peines en matière correctionnelle sont l'emprisonnement à temps dans un lieu de correction, l'amende, l'interdiction à temps de certains droits civiques, civils ou de famille et les peines privatives ou restrictives de droits prévues à l'article 33-1 dudit Code.

L'emprisonnement figure en tête de la liste des peines correctionnelles et apparaît ainsi comme la première des peines de référence. La durée de la peine d'emprisonnement sera supérieure à un mois sans dépasser dix ans, sauf les cas de récidive ou ceux pour lesquels la loi aura déterminé d'autres limites. La peine à un jour d'emprisonnement est de vingt-quatre heures, alors que la peine d'un mois est de trente jours[446].

Quant à l'amende, en tant que peine pécuniaire, elle est en matière correctionnelle supérieure à 20 000 francs. Il s'agit de l'obligation imposée au condamné de payer, à titre de sanction pénale, une somme d'argent dont le profit revient au Trésor public. L'amende pénale ne saurait être confondue aux dommages-intérêts alloués à la victime en réparation du dommage causé par l'infraction [447].

L'interdiction à temps de certains droits civiques, civils ou de famille constitue également une peine correctionnelle. Selon l'article 34 du CP, les tribunaux jugeant correctionnellement pourront, dans certains cas, interdire, en tout ou en partie, l'exercice de droits civiques, civils et de famille. Il s'agit de l'interdiction des droits de vote, d'éligibilité, d'être appelé ou nommé aux fonctions de juré ou autres fonctions publiques ou aux emplois de l'administration ou d'exercer ces fonctions ou emplois, l'interdiction du port et de détention d'armes ainsi que l'interdiction de vote et de suffrage dans les délibérations de famille, d'être tuteur, subrogé tuteur ou curateur ou d'être

---

[446] V. art. 33 du CP.

[447] A. RIEG, «Peines en matière criminelle et correctionnelle. Fascicule II. L'amende», *Juri-class. pén*, c. pén. art. 6 à 11, 1966, n° 6.

expert ou témoin sauf pour donner en justice de simples renseignements. Le juge ne peut prononcer l'interdiction des droits civils, civiques ou de famille que lorsqu'elle est autorisée ou ordonnée par une disposition de la loi[448].

Les peines privatives ou restrictives des droits prévues à l'article 33-1 du CP sont la suspension, pour une durée de cinq ans au plus du permis de conduire un véhicule à moteur, l'annulation du permis de conduire avec interdiction de solliciter la délivrance d'un nouveau permis de conduire pendant cinq ans au plus, le retrait définitif ou temporaire, pour une durée n'excédant pas cinq ans, de la licence ou de l'autorisation administrative d'exploiter un véhicule à moteur et la confiscation d'un ou plusieurs véhicules appartenant au condamné.

Il en est de même de l'interdiction de détenir ou de porter, pour une durée de cinq ans au plus, une arme soumise à autorisation, de la confiscation d'une ou de plusieurs armes dont le condamné est propriétaire ou dont il a la libre disposition et du retrait du permis de chasse avec interdiction de solliciter la délivrance d'un nouveau permis pendant cinq ans au plus.

114. Contraventions. La contravention constitue une infraction punie de peines de police. Les peines de police sont l'emprisonnement, l'amende et la confiscation de certains objets saisis[449]. La peine de police est un emprisonnement d'un jour à un mois et une amende de 200 à 20 000 francs CFA[450]. Selon l'article 6 du Code des Contraventions, dans les cas prévus par ledit code ou par les lois et règlements particuliers, seront ou pourront être confisquées soit les choses saisies en contravention, soit les choses produites par la contravention, soit les matières ou les instruments qui ont servi ou étaient destinés à la commettre.

115. Incidences des causes de modification de la peine sur la qualification de l'infraction. La peine encourue pour chaque infraction est celle prévue par la loi ou le règlement. C'est uniquement en prenant en considération cette peine qu'il convient de déterminer si l'infraction est un crime, un délit ou une contravention.

---

448 V. art. 35 du CP.

449 V. art. 1er du Code des Contraventions.

450 V. art. 2 et 3 du Code des Contraventions.

Dans tous les cas où, sous l'influence d'une cause d'atténuation ou d'aggravation de la sanction, la peine appliquée au délinquant change de nature, on doit rechercher si, par voie de conséquence, l'infraction ne change pas elle aussi de qualification et de nature. Ainsi, un fait normalement qualifié crime par la loi ne dégénère-t-il pas en délit lorsqu'en raison d'une cause de diminution, il n'est puni que d'une peine correctionnelle ? Ou, inversement, le délit qui, par l'effet de circonstances aggravantes est puni de peines criminelles, ne devient-il pas un crime ?

S'agissant de la question des effets des circonstances aggravantes sur la nature de l'infraction, il convient d'opérer une distinction entre les circonstances aggravantes spéciales et la circonstance aggravante générale qu'est la récidive[451].

La jurisprudence admet sans difficulté que les circonstances aggravantes spéciales changent la qualification de l'infraction lorsqu'elles modifient la nature de la peine. Par exemple, un vol commis en réunion avec port d'armes [452] ou un vol avec usage de violences ayant entraîné la mort[453], puni de peines criminelles devient un crime, de la compétence des chambres criminelles. Dès lors, l'action publique pour cette infraction se prescrit par dix ans. On dit d'ailleurs pour cette raison que l'on se trouve en présence d'un délit qualifié crime par la loi.

Cependant, la circonstance aggravante générale qu'est la récidive n'a aucune incidence sur la qualification de l'infraction ; elle change seulement la peine, mais la nature de l'acte reste la même.

Quant aux causes de diminution de la peine, elles n'ont pas d'influence sur la qualification ; elles ne modifient pas la nature de l'infraction[454]. La jurisprudence décide que les circonstances atténuantes ne modifient pas la qualification d'une infraction[455]. Il a été jugé ainsi que les excuses atténuantes n'affectent pas la qualification de l'infraction[456].

---

[451] Sur la récidive, V. P. A. TOURÉ, *Droit pénal général sénégalais, tome 2 : la responsabilité pénale et la sanction pénale*, Dakar, l'Harmattan 2023, n° 364 s.
[452] V. art. 366 du CP.
[453] V. art. 367 du CP.
[454] En ce sens, cass. crim., 24 avr. 1925, *S.* 1925, 1, p. 329, note J.-A. Roux.
[455] Sur les circonstances atténuantes, V. P. A. TOURÉ, *op.cit.*, n° 354 s.
[456] V. Crim., 24 avril 1925, *S.*, 1925.1.329, note Roux.

SECTION II :

LES INTÉRÊTS DE LA CLASSIFICATION TRIPARTITE

116. Intérêts pratiques. Bien qu'ils soient soumis à de nombreuses dispositions communes, les crimes, les délits et les contraventions obéissent respectivement à certaines règles particulières tant du point de vue de l'autorité compétente pour les créer et les modifier, que s'agissant du droit pénal de fond et de la procédure pénale.

117. Autorité compétente pour créer et modifier les infractions. Le premier intérêt de la distinction tripartite tient à la détermination de l'autorité compétente pour créer et modifier les incriminations ainsi que les peines qui leur sont applicables[457]. En vertu des dispositions de l'article 67 de la Constitution, l'Assemblée nationale est seule compétente pour déterminer les crimes et les délits. En outre, les matières qui ne relèvent pas du domaine de la loi sont du domaine réglementaire, en vertu de l'article 76 de la Constitution. Ainsi, la définition des contraventions et des peines applicables relève du pouvoir réglementaire, c'est-à-dire de l'exécutif.

118. Droit pénal de fond. En droit pénal de fond, les intérêts de la classification tripartite peuvent être appréciés en étudiant la tentative, la complicité et la prescription de la peine.

S'agissant de la tentative, elle est toujours punissable en matière de crime[458].

En matière délictuelle, la tentative, pour être punissable, doit être prévue de façon expresse par un texte[459].

La complicité est toujours punissable pour les crimes et les délits[460].

---

457 En ce sens, F. DESPORTES et F. LE GUENEHEC, *op. cit.*, p. 70, n° 112.
458 V. art. 2 du CP.
459 V. art. 3 du CP.
460 V. art. 45 du CP. Sur la complicité pénale, V. P. A. TOURÉ, *Droit pénal général sénégalais, tome 2 : la responsabilité pénale et la sanction pénale*, Dakar, l'Harmattan 2023, n° 34 s.

Mais elle ne l'est pas en matière contraventionnelle, sauf disposition contraire de la loi. En droit sénégalais, les complicités de tapage nocturne[461] et de rixes ou violences légères sont sanctionnées[462].

La prescription de la peine constitue une cause d'extinction de la peine. Après l'écoulement d'un certain temps, il n'est plus possible d'exécuter une peine prononcée par une juridiction répressive. Le délai de prescription de la peine est de vingt ans en matière de crime, de cinq ans en matière de délits et de deux ans pour les contraventions[463].

Mais le législateur a prévu un délai de prescription de la peine plus long en matière de terrorisme par rapport au délai de prescription en matière criminelle.

En effet, selon l'article 677-25, alinéa 2 du CPP, les peines prononcées pour ces crimes se prescrivent par quarante ans révolus à compter de la date où la décision est devenue définitive.

119. Droit pénal procédural. En ce qui concerne la procédure pénale, les intérêts de la distinction entre les crimes, les délits et les contraventions sont multiples.

S'agissant des règles de compétence, elles dépendent largement de la gravité de l'infraction. Les crimes relèvent de la compétence des chambres criminelles[464].

Toutefois, la loi n°2018-02 du 23 février 2018 relative à la répression du faux monnayage et des autres atteintes aux signes monétaires[465] a apporté une importante dérogation à la compétence des chambres criminelles en matière criminelle. En effet, selon l'article 24 de cette loi, les juridictions correctionnelles sont compétentes pour connaître des crimes prévus par ladite loi.

---

461 V. art. 8 13° du Code des Contraventions.

462 V art. 11 3° du Code des Contraventions.

463 V. art. 721 et s. du CPP.

464 V.art. 218 du CPP ; P. A. TOURÉ, *La réforme de l'organisation judiciaire du Sénégal. Commentée et annotée*, Paris, l'Harmattan, 2016, p. 57 et s. ; P. A. TOURÉ, « La réforme de l'organisation judiciaire du Sénégal : évolution ou révolution judiciaire ? », *La Balance, Revue semestrielle de l'Union des Magistrats sénégalais*, n° 01, janvier-juin 2017, p. 34 et s.

465 JORS n° 7095 du 14 mai 2018, p. 553.

Les délits sont de la compétence de principe du tribunal de grande instance qui prend la dénomination en matière pénale de « *tribunal correctionnel* »[466]. Le législateur a entendu soumettre les infractions les plus graves et dont la qualification peut présenter des difficultés à la compétence du tribunal de grande instance[467].

Les contraventions relèvent en principe de la compétence des tribunaux d'instance appelés en matière pénale « *tribunaux de simple police* ».

Mais le tribunal de simple police peut exceptionnellement connaître de certains délits prévus par la loi n° 84-20 du 2 février 1984 (vol simple, vol au préjudice de l'employeur, détournement de mineur sans violence, outrage public à la pudeur, etc.) ou par des textes spéciaux[468], notamment la loi n° 67-04 du 27 février 1967 tendant à réprimer les dépenses excessives à l'occasion des cérémonies familiales[469].

En ce qui concerne la prescription de l'action publique, c'est le délai au-delà duquel l'action publique est éteinte ; c'est-à-dire qu'il n'est plus possible de poursuivre l'auteur de l'infraction. Le délai de prescription est de dix ans en matière de crime[470], de trois ans en matière de délit[471] et d'un an en matière de contravention[472].

Toutefois, le législateur prévoit parfois des dérogations.

En matière de soustraction, de détournement et d'escroquerie de deniers publics et de blanchiment de capitaux et financement du terrorisme, le délai de prescription est porté à sept ans[473].

De plus, l'action publique en matière de délits relatifs aux stupéfiants prévus par les articles 95 à 103 du Code des Drogues se prescrit par sept ans, à compter de la découverte des faits[474].

---

466 V. art. 369 et 370 du CPP.

467 G. D'ARBOUSSIER, « Le Sénégal : un exemple africain d'organisation judiciaire », *Penant*, n° 686, avril-mai 1961, p. 177.

468 En ce sens, P. A. TOURÉ, « Clair-obscur autour du périmètre de compétence du tribunal d'instance en matière correctionnelle », *Lex Hebdo,* n° 1275 du lundi 16 novembre 2015, p. 10 et s.

469 JORS n° 3879 du 1er mars 1967, p. 30.

470 V. art. 7 du CPP.

471 V. art. 8 du CPP.

472 V. art. 9 du CPP.

473 V. art. 8 du CPP, issu de la loi n° 2021-34 du 21 juillet 2021.

474 V. art. 144 du Code des Drogues.

En outre, selon l'article 25 de la loi n° 2018-02 du 23 février 2018 relative à la répression du faux monnayage et des autres atteintes aux signes monétaires, pour les infractions prévues par ce texte, l'action publique se prescrit par dix ans pour les délits et par vingt ans s'agissant des crimes.

Le législateur prévoit parfois des délais de prescription de l'action publique plus longs. En effet, selon l'article 677-25 du CPP, l'action publique pour les infractions de terrorisme et les actes assimilés se prescrit par trente ans.

Par ailleurs, selon l'article 70 du CPP, l'instruction préparatoire est obligatoire en matière de crime ; sauf dispositions spéciales, elle est facultative en matière de délit ; elle peut également avoir lieu en matière de contravention.

Ainsi, l'ouverture d'une information judiciaire est obligatoire en matière criminelle[475].

Toutefois, s'agissant des délits, elle est facultative. En matière de contravention, le recours à l'instruction est exceptionnel.

[475] V. art. 70 du CPP.

CHAPITRE II :

LA CLASSIFICATION FONDÉE SUR LA NATURE DES INFRACTIONS

120. Nature des infractions. La classification fondée sur la nature des infractions regroupe des infractions dont l'originalité explique l'applicabilité d'un régime substantiel et/ou procédural totalement ou partiellement dérogatoire à celui applicable aux infractions relevant du droit commun.

L'infraction de droit commun est « *celle qui est soumise aux règles de fond, de compétence judiciaire ou de procédure généralement applicables aux crimes, aux délits et aux contraventions* »[476]. Il en est ainsi du vol, du meurtre, du chantage, etc. Selon cette définition, toutes les infractions soumises à un régime particulier se trouvent donc placées hors du domaine des infractions de droit commun.

On assiste à une tendance actuelle à la reconnaissance de la particularité des infractions les unes par rapport aux autres[477] et à une multiplication des infractions soumises à des règles particulières dérogeant aux principes généraux du droit pénal de fond et de la procédure pénale; ce qui aboutit à une sorte d'émiettement du droit pénal général et à sa dilution dans des « *analyses particularistes* »[478].

121. Classification retenue. La classification fondée sur la nature des infractions permet d'isoler, d'une part, les infractions de droit commun et les infractions spéciales et, d'autre part, les infractions de droit commun et celles soumises à un régime procédural particulier.

[476] R. MERLE et A. VITU, op. cit., n° 375.
[477] Y. MAYAUD, op. cit., n° 309.
[478] F. DESPORTES et F. LE GUENEHEC, *op. cit.*, n° 145.

SECTION PREMIÈRE :

INFRACTIONS DE DROIT COMMUN ET INFRACTIONS SPÉCIALES

122. Infractions de droit spécial. Par opposition aux infractions de droit commun, les infractions de droit spécial constituent une catégorie spécifique d'infractions soumises à un ensemble cohérent de règles de fond et de procédure qui, par leur nombre et leur importance, forment un régime juridique autonome distinct du régime ordinaire[479].

Répondent à la qualification d'infractions de droit spécial plusieurs infractions pénales, notamment les infractions politiques, les infractions militaires et les infractions commises par tous moyens de diffusion publique.

PARAGRAPHE PREMIER : INFRACTIONS DE DROIT COMMUN ET INFRACTIONS POLITIQUES

123. Distinction. La distinction entre infractions politiques et infractions de droit commun est malaisée, la loi n'ayant pas fourni des critères précis permettant d'établir un départ entre ces deux catégories d'infractions[480]. Ainsi, en l'absence d'un critère légal général, il est revenu à la doctrine et à la jurisprudence d'élaborer des critères variables pour donner une qualification politique à une infraction[481]. La distinction entre les infractions de droit commun et les infractions politiques présentent des intérêts juridiques certains.

A. Les critères de distinction

124. Double critère. Pour distinguer l'infraction politique de l'infraction de droit commun, la doctrine et la jurisprudence ont élaboré deux critères : l'un subjectif et l'autre objectif.

---

[479] F. DESPORTES et F. LE GUENEHEC, *op. cit.*, n° 174.

[480] Pour une étude du régime de l'infraction politique, V. F. DESPORTES et F. LE GUNEHEC, *Droit pénal général,* Paris, éd. Economica, 16e éd., 2009, n° 147 ; R. RODIERE, *Le délit politique*, thèse Paris, 1931; J. PRADEL, *Droit pénal général*, Paris, éd. Cujas, 21e éd., 2016, n° 266.

[481] H. LEVY-BRUHL, « Les délits politiques. Recherche d'une définition », *Rev. française de sociologie*, 1964, p. 131 ; R. KOERING-JOULIN, « Infraction politique et violence », *JCP* G. 1982, I, 3066 ; D. MAYER, « L'infraction politique », *RDPC* 1984, p. 480 ; J.-J LEMOULAND, « Les critères jurisprudentiels de l'infraction politique », *RSC* 1988, p. 16 ; G. GRÉCOURT, « Réflexion autour de la notion d'infraction politique », *Dr. pén.* 2017. étude 17.

1. Le critère subjectif de l'infraction politique

125. Motivations politiques. Le critère subjectif prend en compte le mobile politique qui anime l'agent : l'infraction est politique dès que l'intéressé a eu la volonté de la commettre pour des raisons d'ordre politique. Par exemple, les infractions de droit commun inspirées par des mobiles politiques sont qualifiées infractions politiques. Il en est ainsi de l'assassinat d'un chef d'État.

L'approche subjective de l'infraction politique est beaucoup plus large que le critère objectif, puisque sont politiques aussi bien les infractions portant atteinte à l'existence ou l'organisation de l'Etat (espionnage, trahison, violation du secret de défense nationale, etc.) que les infractions de droit commun lésant un intérêt privé, dès lors qu'elles sont commises dans un but politique.

L'inconvénient majeur de ce critère est de prendre le contrepied du principe de l'indifférence des mobiles qui dénie aux mobiles le moindre rôle dans le processus d'établissement de la responsabilité pénale.

126. Rejet du critère politique. L'arrêt de principe illustrant le rejet du critère subjectif de l'infraction politique a été rendu le 20 août 1932 par la Cour de Cassation française dans l'affaire Gorguloff[482]. Selon la haute juridiction, « *l'assassinat du président Doumer par un individu, qui voulait ainsi protester contre l'attitude de la France à l'égard des Soviets, n'a pas perdu sa nature de crime de droit commun par le fait qu'il a été commis sur la personne du Président de la République* ».

Outre l'assassinat du chef de l'État, d'autres exemples corroborent la solution qui réduit l'infraction ayant un motif politique à une infraction de droit commun.

Ainsi, des coups et blessures commis pour des motifs politiques entre adversaires politiques à Djibouti ne sont pas pour autant des délits politiques[483].

---

[482] Cass. crim., 20 août 1932, *DP* 1932, 1, p. 121, concl. Matter.
[483] Cass. crim., 12 mars 1969, *Bull. crim.*, n° 116.

Il en va de même de la dégradation d'un monument public qui reste une infraction de droit commun[484].

2. Le critère objectif de l'infraction politique

127. Infraction portant atteinte à l'existence ou à l'organisation de l'État. Le critère objectif est fondé sur la nature de l'intérêt protégé. En effet, est politique l'infraction qui, indépendamment des mobiles de l'agent, porte atteinte à l'existence ou à l'organisation de l'État. L'infraction politique est celle qui a pour objet l'organisation ou le fonctionnement de la vie politique alors que l'infraction de droit commun est celle qui porte atteinte à un intérêt privé[485].

Force est de constater qu'en jurisprudence, le critère objectif l'a emporté sur l'approche subjective de l'infraction politique.

Parmi les infractions dont le caractère politique n'est guère discuté, figurent d'abord les atteintes aux intérêts fondamentaux de la nation dont l'objet est incontestablement politique. Il s'agit notamment de la trahison, de l'espionnage, des atteintes aux institutions de la République, à l'intégrité du territoire national et à la défense nationale, etc.[486] Il en est de même des attroupements sur la voie publique ou dans des lieux publics et de la contrefaçon du sceau de l'État.

Dans un arrêt rendu le 28 mars 2017, la chambre criminelle de la Cour de Cassation française a considéré que constitue une infraction politique, le délit sanctionnant la participation sans arme à un attroupement, malgré la sommation de se disperser. En l'espèce, un prévenu, poursuivi des chefs de violences volontaires sur une personne dépositaire de l'autorité publique et de participation sans arme à un attroupement malgré la sommation de se disperser, avait comparu devant le tribunal correctionnel suivant la procédure de comparution par procès-verbal[487].

Le caractère politique des fraudes électorales n'est pas davantage contesté. La jurisprudence a aussi tendance à ranger parmi les infractions politiques tous les crimes ou délits commis dans l'exercice d'une liberté publique ou qui

---

484 Cass. crim., 23 févr. 1972, *Bull. crim.*, n° 74 ; *D.* 1973, jur. p. 333, note M.-J. Littmann.
485 R. MERLE et A. VITU, *op. cit.*, n° 424.
486 Cass. crim., 12 sept. 1983, *Bull. crim.* n° 359.
487 Cass. crim., 28 mars 2017, *JurisData* n° 2017-005657.

portent atteinte à ces libertés. Qu'il s'agisse de la liberté de la presse, de réunion, d'association, de culte, du travail, etc.

Il paraît toutefois opportun de faire, à ce sujet, une distinction entre les infractions qui lèsent un droit ou un intérêt public et celles qui troublent un droit ou un intérêt particulier, puisque seules les premières sont politiques par nature.

128. Cas des infractions complexes. Le problème de la qualification des infractions complexes, qui lèsent un intérêt privé dans un but politique, a été très discuté en jurisprudence et en doctrine.

Pendant longtemps, les tribunaux ont généralement fait prédominer la nature de droit commun de ces infractions, considérant ainsi que la fin ne justifie pas les moyens. En France, cette solution a été affirmée à propos de l'assassinat de chefs d'État à l'époque où la peine de mort en matière politique était abrogée. Les assassins de certains présidents de la République ont été déclarés justiciables de la peine de mort en tant que délinquants de droit commun[488].

Mais des décisions plus récentes ont fait prédominer le caractère politique en considération du mobile[489].

129. Cas des infractions de droit commun connexes à une infraction politique. Une catégorie d'infractions soulève des difficultés : les infractions de droit commun connexes à une infraction politique. Il en est ainsi du pillage d'une armurerie au cours d'une émeute.

De façon classique, la jurisprudence retenait la qualification d'infraction de droit commun[490].

Toutefois, un arrêt paraît opérer un renversement de jurisprudence. La chambre criminelle de la Cour de Cassation française a considéré, en effet, que la contrainte par corps, alors exclue pour les infractions politiques, est

---

[488] Cour d'Assises du Rhône, 5 août 1894, *Gazette des tribunaux*, 3-4 août 1894 (assassinat du président Carnot par Caserio); crim., 20 août 1932, *D.*, 1932.1.121, concl. P. Matter (assassinat du président Doumer par Gorguloff) ; comp. CA Grenoble, 13 janv. 1947, *S.*, 1947. 2.44.

[489] CA Paris, 3 juill. 1967 ; *JCP*, 1967.11.15774 (extradition refusée en cas d'incendie volontaire commis dans un but politique ; CA Paris, 4 déc. 1967, *JCP*, 1968.11.15387 (vol qualifié commis dans un but politique) ; crim., 28 sept. 1970, *D.*, 1971.36, note Chabas (dégradation de monument par des inscriptions à caractère politique) ; cf. Légal, obs. *RSC*, 1971, p. 679.

[490] Cass. crim., 9 mars 1849, *S.* 1849, 1, p. 203, aff. de l'assassinat du Général de Bréa.

inapplicable à une condamnation prononcée pour tentative d'assassinat et d'association de malfaiteurs connexes à un délit d'atteinte à la sûreté de l'État, motif pris de ce que toutes ces infractions « *ont dans leur ensemble un caractère politique* »[491].

En matière criminelle, la nature de la peine prévue facilite l'identification de l'infraction politique, puisque la détention criminelle constitue la peine criminelle politique par opposition à la réclusion criminelle applicable aux infractions de droit commun. À titre d'exemple, devraient revêtir une nature politique les crimes punis de la détention criminelle, il en est ainsi notamment des atteintes au secret de défense nationale[492] et de la participation à une entreprise de démoralisation de l'Armée[493].

Il faut préciser que la nature de la peine encourue n'est pas toujours un critère pertinent de qualification des infractions politiques. Ainsi, des infractions comme la trahison[494], de l'espionnage[495] et la collecte de renseignements ou procédés dans l'intention de les livrer à une puissance étrangère[496] constituent par essence des infractions politiques qui pourtant sont punies de la réclusion criminelle en droit pénal sénégalais.

En matière correctionnelle, la peine privative de liberté étant souvent l'emprisonnement, il faut user d'autres indices pour identifier le délit politique.

De façon générale, c'est l'analyse du texte d'incrimination qui permet de qualifier l'infraction de politique. La chambre criminelle de la Cour de Cassation a ainsi estimé que les délits relatifs aux attroupements ont une nature politique[497].

Il importe encore de préciser que les délits politiques ne sont pas tous contenus dans le titre premier du livre troisième du Code pénal consacré aux « *crimes et délits contre la chose publique* » (art. 56 à 100). À l'inverse, ce même titre du Code pénal contient des délits qui ne sont pas politiques.

---

491 Cass. crim., 18 nov. 1959, *JCP* G 1960, II, 11475 ; *RSC* 1960, p. 276, obs. A. Légal, aff. Lekbir et Bouhdjah.

492 V. art. 61, 62, 63, 65, 66, 67, 69 et 70 du CP.

493 V. art. 70 CP ; V. également, art. 73, 81, 83, 85, 86, 345, alinéa 1er et 413 du CP.

494 V. art. 55 à 58 du CP.

495 V. art. 59 du CP.

496 V. art. 60 du CP.

497 V. Cass. crim., 12 déc. 1963, *D*. 1964, p. 185.

En outre, les délits de fraudes électorales prévus par le Code électoral sont des délits politiques[498] et le délit de faux en écriture publique n'est pas un délit politique, « *car il ne met pas en péril l'organisation politique de l'État* »[499]. Par ailleurs, la Cour de Cassation française assimile, dans certains cas, les délits de presse à des délits politiques[500]. Quant à la Cour de Cassation sénégalaise, elle a jugé, dans un arrêt rendu le 15 juin 1999[501], qu'en vertu de l'article 711 du CPP, la contrainte par corps ne peut jamais être prononcée pour une infraction ayant un caractère politique et que « *les infractions de presse doivent être assimilées à cet égard à des infractions politiques* ».

130. Articulation des critères objectif et subjectif. Au Sénégal, à la lecture des lois d'amnistie adoptées, le législateur semble mettre en œuvre les critères subjectif et objectif pour qualifier certaines délits d'infractions politiques.

L'approche objective de l'infraction politique est présente dans beaucoup de lois d'amnistie. Ainsi, la loi n°64-08 du 24 janvier 1964 autorisant l'amnistie de certaines infractions a prévu que pendant un délai d'un an à compter de sa promulgation, pourront être admis par décret au bénéfice de l'amnistie « *les auteurs ou complices d'infractions portant atteinte à la sûreté intérieure et extérieure de l'État commises avant le 1er avril 1962* ».

D'autres lois d'amnistie ont articulé en même temps les critères objectif et subjectif de l'infraction politique. À titre d'exemple, la loi n° 76-21 du 25 mars 1976[502] a amnistié de plein droit les crimes et délits politiques et, lorsqu'ils ont été déterminés en tout ou en partie par des motifs d'ordre politique, tous les crimes et délits contre la sûreté de l'État ainsi que tous les crimes et délits de droit commun, connexes ou pas aux deux catégories précédentes commis entre le 4 avril 1960 et 24 février 1967, lorsque leurs auteurs n'ont pas déjà bénéficié des dispositions des lois n°64-08 du 24 janvier 1964 et n° 67-05 du 24 février 1967 autorisant l'amnistie de certaines infractions[503].

---

498 En ce sens, V. Cass. crim., 6 août 1996, *Dr. pén.* 1996, comm. 272.

499 J.-H. ROBERT, *op. cit.*, p. 236.

500 En ce sens, V. par ex. cass. crim., 22 juin 1993, *Bull. crim.*, n° 218.

501 C. cass, n° 71 du 15 juin 1999, A. Nd. S. et autres Sud-Comm. c/ J. Cl. M. et C.S.S, *inédit*.

502 JORS du 3 avril 1976, p. 503.

503 V. art. 1er de la loi n° 81-18 du 6 mai 1981 portant amnistie : « *Sont amnistiées de plein droit, les délits commis, pour des motifs politiques, entre le 31 décembre 1975 et le 31 décembre 1980* ».

En outre, la loi n° 2005-05 du 17 février 2005 portant loi d'amnistie, dite loi EZZAN a amnistié, de plein droit, toutes les infractions criminelles ou correctionnelles commises, tant au Sénégal qu'à l'étranger, en relation avec les élections générales ou locales, ayant eu une motivation politique, situées entre le 1er janvier 1983 et le 31 décembre 2004, que leurs auteurs aient été jugés ou non[504].

B. Les intérêts de la distinction

131. Suppression de la Cour de Sûreté de l'État. Il faut d'emblée préciser que la distinction entre les infractions politiques et les infractions de droit commun ne présente aucun intérêt en ce qui concerne les règles de compétence juridictionnelle.

Autrefois, la Cour de Sûreté de l'État, juridiction spéciale de nature politique, était chargée de juger les auteurs et complices de crimes et délits contre la sûreté de l'État, et de façon générale, les auteurs de crimes et de délits de nature politique[505]. Cette juridiction, créée par la loi n° 73-47 du 04 décembre 1973, en remplacement du Tribunal spécial institué par la loi n° 61-57 du 21 septembre 1961, a été supprimée de l'architecture judiciaire par la loi n° 92-31 du 4 juin 1992 portant suppression de la Cour de sûreté de l'État[506]. En effet, les articles 1er et 2 de cette loi ont expressément abrogé la loi n°73-47 du 04 décembre 1973 portant création de la Cour de Sûreté de l'État ainsi que toutes les dispositions contraires, notamment la loi n° 61-57 du 21 septembre 1961 instituant le Tribunal spécial[507].

D'une part, l'exposé des motifs de la loi n° 92-31 du 04 juin 1992 a justifié la suppression de la Cour de Sûreté de l'État par le fait que les infractions dévolues à cette juridiction ainsi que la procédure applicable devant elle, sont à peu près identiques à celles prévues par le Code de procédure pénale devant les juridictions ordinaires.

---

[504] V. art. premier de la loi n° 2005-05 du 17 février 2005 portant loi d'amnistie.

[505] Sur cette cour en France, A. VITU, « Une nouvelle juridiction d'exception : la Cour de Sûreté de l'État », *RSC* 1964, p. 45.

[506] JORS, n° 5470 du 04 juin 1992, p. 267.

[507] P. A. TOURÉ, *La réforme de l'organisation judiciaire du Sénégal commentée et annotée*, Paris, l'Harmattan, 2016, n° 153 ; P. A. TOURÉ, « La réforme de l'organisation judiciaire du Sénégal : évolution ou révolution judiciaire ? », *La Balance, Revue semestrielle de l'Union des Magistrats sénégalais*, n° 01, janvier-juin 2017, p. 34 et s.

D'autre part, le législateur a tiré argument de ce que la création de la Cour de Sûreté de l'État «*ne faisait que répondre au besoin d'autorité suscité par la crise croissante des jeunes États à l'aube des indépendances africaines* ». Cette période étant révolue, il a paru logique « *de se départir d'une structure dont le qualificatif de juridiction d'exception tranche avec notre démarche démocratique, d'autant que sa disparition ne préjudicie en rien au système judiciaire et juridique sénégalais, sa compétence n'étant que concurrente et concomitante à celle de juridictions déjà existantes* »[508].

Depuis la suppression de la Cour de Sûreté de l'État, les infractions politiques, comme les infractions de droit commun, relèvent de la compétence des juridictions de droit commun (tribunaux correctionnels).

132. Intérêts de la distinction. En dehors de la compétence d'attribution, la distinction entre infractions politiques et infractions de droit commun présente des intérêts juridiques.

En premier lieu, l'extradition n'est pas possible en matière d'infraction politique[509]. L'extradition est définie comme « *le mécanisme juridique par lequel un État (État requis), sur le territoire duquel se trouve un individu, remet ce dernier à un autre (État requérant) afin qu'il le juge (extradition à fin de jugement) ou lui fasse exécuter une peine (extradition à fin d'exécution)* »[510].

Pour l'État requis (État qui reçoit la demande d'extradition), on parle d'une procédure d'extradition passive. Alors que concernant l'État requérant, il s'agit d'une extradition active[511]. L'extradition[512] constitue un instrument très efficace de collaboration internationale. Laïty KAMA écrivait déjà en 1970 qu'elle « *réalise la forme la plus développée de la solidarité répressive*

---

[508] Sur la Cour de Sûreté de l'État, M. M. TOURÉ, «Histoire de l'organisation judiciaire du Sénégal : l'unification des juridictions et l'unicité de la juridiction suprême », *Rev.sén. dr.* n° 17, juin 1975, p. 62 ; G. RIVES, « Le droit criminel sénégalais », *Rev.sén.dr*, juin 1974, n° 15, 7e année, p. 45.

[509] F. HENRY-RINGEL, *L'infraction politique en droit extraditionnel, Thèse, Aix-Marseille*, 1988.

[510] A. HUET et R. KOERING-JOULIN, *ibid.*

[511] Sur les différentes formes d'extradition, G. LEVASSEUR et H. BONNARD, « Extradition, notions générales », *J-class. dr. inter.*, art. 689 à 696, fasc. 405-B-02, 03, 1989, p. 05, n° 04.

[512] Sur l'ensemble de la question de l'extradition, V. *L'extradition*, actes du séminaire international tenu à l'Institut supérieur international des sciences criminelles, Syracuse, 04-09 décembre 1989 (Italie), *RIDP*, 1990.

internationale »[513], au point que l'on parle à son sujet « *d'entraide majeure* »[514].

Aux termes de l'article 5 de la loi n° 71-77 du 28 décembre 1971 relative à l'extradition, l'extradition n'est pas accordée « *lorsque le crime ou délit a un caractère politique ou lorsqu'il résulte des circonstances que l'extradition est demandée dans un but politique* ».

L'extradition sera refusée dès lors que la demande est adressée à des fins politiques. Le Conseil d'État français a érigé l'interdiction d'extrader, en cas de demande poursuivant un but politique, en principe fondamental reconnu par les lois de la République[515].

En deuxième lieu, la procédure de flagrant délit est exclue en ce qui concerne les infractions politiques. Selon l'article 63 du CPP, la procédure de flagrant délit est inapplicable en matière de délits politiques[516]. Ainsi, le ministère public ne dispose que l'information judiciaire et de la citation directe lorsqu'il envisage de déclencher des poursuites.

En troisième lieu, selon l'article 711 du CPP, la contrainte par corps[517] ne peut jamais être prononcée pour une infraction ayant un caractère politique[518]. Il s'agit du mécanisme par lequel une personne qui ne s'acquitte

---

[513] L. KAMA, « Commentaire de lois, loi n° 71-77 du 22 décembre 1971 relative à l'extradition », *Rev. sén. dr.*, mars 1970, p. 113.

[514] A. HUET et R. KOERING-JOULIN, *Droit pénal international*, Paris, PUF, coll. Thémis, 2005, p. 343.

[515] CE, ass. cont., 3 juill. 1996, n° 169219, Koné, *JurisData* n° 1996-050682.

[516] Sur le refus d'appliquer la contrainte en matière politique, cf. pour des infractions à la sûreté de l'État: crim., 15 juin 1939, *S.*, 1940. I. 105, note L. Hugueney, *RSC*, 1940.41, obs. Magnol; crim. 17 juin 1953, *D.*, 1953. 662, note Pageaud; Légal, *RSC*, 1953, p. 85; pour la participation ou la provocation à des attroupements ; crim. 23 fév. 1954, *D.*, 1955.465, rapport Patin; crim. 23 mai 1955, *D.*, 1955.655, *RSC*, 1956.679, obs. L. Hugueney ; crim. 12 déc. 1963, B., 359 ; crim. 23 mars 1971, *Bull crim.*, n°102 ; pour des injures à l'armée et la provocation de militaires à la désobéissance : crim. 9 oct. 1974, *Bulll cim.*, n° 282, *G.P.*, 1975.1.200 ; pour des inscriptions politiques sur un édifice: crim., 28 sept. 1970, *Bull. crim.*, n° 252, *D.*, 1971.36, note Chabas, *RSC* 1971, p. 669, obs. Légal; crim. 23 fév. 1972 ; pour des délits électoraux, crim., 18 juin 1991, *Bull crim.*, n° 264.

[517] A. LABORDE, « La contrainte par corps », *Lois nouvelles*, 1929. I. 167 ; A. LÉGAL, « Les garanties d'indemnisation de la victime d'une infraction », *Mélanges Hugueney*, 1964, p. 35 et s. ; J. M. GONNARD, « Contrainte par corps », *Juris-class. proc. pén.*, art. 749 à 762.

[518] C. cass. n° 71 du 15 juin 1999, A. Nd. S. et autres c/ J. Cl. M. et C.S.S, *inédit* : « *Selon l'article 711 du CPP, la contrainte par corps ne peut jamais être prononcée pour une infraction ayant un caractère politique* ».

pas du paiement de ses obligations pécuniaires résultant d'une condamnation pénale est incarcérée [519].

En pratique, elle constitue un moyen puissant pour contraindre le débiteur au paiement.

PARAGRAPHE II : INFRACTIONS DE DROIT COMMUN ET INFRACTIONS COMMISES PAR TOUS MOYENS DE DIFFUSION PUBLIQUE

133. Infractions spéciales. Pour mieux comprendre la distinction entre les infractions de droit commun et les infractions commises par tous moyens de diffusion publique, il importe de cerner les contours de la notion d'infractions commises par tous moyens de diffusion publique avant d'examiner les intérêts qui s'attachent à cette distinction.

A. La notion d'infractions commises par tous moyens de diffusion publique

134. Notion d'infractions commises par tous moyens de diffusion publique. Les infractions commises par tous moyens de diffusion publique ont pour siège la section VI du chapitre IV, du titre premier, du livre troisième du Code pénal intitulé : « *Des infractions commises par tous moyens de diffusion publique* »[520]. Ce chapitre du Code pénal, inspiré des dispositions de la loi française du 29 juillet 1881 sur la liberté de la presse, regroupe une variété d'infractions pénales limitativement énumérées par le législateur, à savoir la diffamation, la diffusion de fausses nouvelles, l'injure publique, l'apologie de crime ou délit, la provocation suivie ou non suivie d'effets, l'offense au chef de l'État, etc.[521].

---

[519] Sur la contrainte par corps, S. DETRAZ, *La contrainte par corps*, thèse, Bordeaux, 2002 ; L. DEYMÈS, *L'évolution de la nature juridique de la contrainte par corps*, thèse, Toulouse, 1942 ; M. H. RENAUT, « La contrainte par corps. Une voie d'exécution civile à coloris pénal », *RSC* 2002. 791 ; D. LOCHOUARN, « La contrainte par corps : nature, évolution, actualité », *Rev. huissiers* 1998, p. 449 ; L. NURY, « Le processus de la répression. La contrainte par corps », *Gaz. pal.* 1997, 2, doctr. p. 1065 ; Y. DIALLO, *Le procureur de la République*, Dakar, l'Harmattan, 2018, p. 423.
[520] V. art. 248 à 269 du CPP.
[521] Sur les infractions de presse, A. LEPAGE, « Le Code pénal et la loi du 29 juillet 1881 sur la liberté de la presse », in V. MALABAT, B. DE LAMY et M. GIACOPELLI (dir.), « *La réforme du Code pénal et du Code de procédure pénale. Opinio doctorum* », éditions *Dalloz*, 2009, p. 135 et s ; J. GENTHIAL, « Les principales infractions en matière de presse », *Rev. pol. nat., janv.* 1972, p. 29 ; O. SEYE, « La procédure en matière de délits de presse », *Nouvelles Annales africaines*, n° 2, 2008, p. 349.

Les infractions commises par tous moyens de diffusion publique ne doivent pas être confondues avec les infractions de presse au sens strict du terme. En effet, ces dernières infractions commises par voie de presse (presse écrite, audiovisuelle ou presse en ligne) ne constituent qu'une catégorie d'infractions commises par des moyens de diffusion publique. En réalité, les délits commis par tous moyens de diffusion publique n'ont pas toujours pour support la presse ; ils peuvent être réalisés par des cris ou menaces proférées dans des lieux ou réunions publics[522].

Les infractions de presse, et notamment les délits de presse, ont une existence presque « *clandestine* » en droit pénal sénégalais, qui prévoit plutôt la catégorie des « *infractions commises par tous moyens de diffusion publique* ».

Tout au plus, le Code de Procédure pénale évoque la notion de délits de presse, en déclarant inapplicable la procédure de flagrant délit « *en matière de délits de presse* »[523].

Récemment, à la faveur de la loi n° 2021-33 du 23 juillet 2021 modifiant le Code pénal, l'article 41-1 dudit code prévoit la possibilité pour le juge de prononcer la peine de confiscation pour les crimes et les délits punis d'une peine d'emprisonnement d'une durée supérieure à un an « *à l'exception des délits de presse* ».

Les infractions commises par tous moyens de diffusion publique ont pour objet de réprimer les « *abus à la liberté d'expression* », liberté publique proclamée par la Constitution du Sénégal et par les instruments fondamentaux de protection des droits de l'homme[524].

L'article 8 de la Constitution du Sénégal garantit à tous les citoyens les libertés individuelles fondamentales, notamment la liberté d'opinion, la liberté d'expression et la liberté de la presse. C'est pourquoi les infractions commises par tous moyens de diffusion publique sont soumises à un régime

522 V. art. 248 du CP.

523 V. art. 63 du CPP.

524 Sur l'ensemble de cette question, D. NDOYE, *La liberté d'opinion et d'expression au Sénégal. La doctrine politique et les textes,* éditions du Caford, 2003, p. 3 et s.

spécifique prenant en considération la nécessité de ne pas attenter gravement à la liberté d'expression[525].

Le droit pénal spécifique applicable aux infractions commises par tous moyens de diffusion publique exprime « *un compromis optimal entre l'exercice de la liberté fondamentale de l'information et la protection des droits des personnes*»[526]. La jurisprudence assimile aux infractions commises par tous moyens de diffusion publique les infractions politiques du point de vue de leur régime (exclusion de la contrainte par corps, du flagrant délit et de l'extradition, etc.)[527].

135. Exigence de la publicité. En matière de presse, « *c'est la publication qui fait le délit* », écrivait Barbier, dès 1911, dans son *Code expliqué de la presse*[528]. Les infractions commises par tous moyens de diffusion publique ont un élément en commun : c'est la publication[529].

Cette notion constitue l'élément constitutif essentiel conditionnant l'application du régime dérogatoire de ces infractions (prescription abrégée, exigence de la plainte préalable, responsabilité en cascade, exclusion de principe du flagrant délit, etc.). Les infractions commises par tous moyens de diffusion publique sont par essence des « *délits de publication* ».

L'ancienne Cour de Cassation sénégalaise a déjà jugé que les propos injurieux tenus dans un bureau au sein de la Cour des Comptes ne constituent pas l'infraction d'injure publique, faute d'un élément de publicité comme prévu par l'article 248 du CP[530]. Un arrêt de la Cour d'Appel de Dakar du

---

[525] B. DE LAMY, *La liberté d'opinion et le droit pénal*, préf. G. Roujou de Boubée, Paris, LGDJ, coll. Bibliothèque de sciences criminelles, 2000.
[526] Ch. BIGOT, *Connaître la loi de 1881 sur la presse*, Guide Légipresse, 2004, p. 9.
[527] C. cass. n° 71 du 15 juin 1999, A. Nd. S. et autres c/ J. Cl. M. et C.S.S, *inédit* : « *Les infractions de presse doivent être assimilées à cet égard à des infractions politiques* ».
[528] BARBIER, *Code expliqué de la presse*, 2e édition, 1911, tome I, n° 243.
[529] P. AUVRET, « Les éléments communs aux délits de la loi de 1881 » in *Droit de la presse*, Paris, éd. Litec, fasc. 122, p. 24 ; H. GUILLOT, « Presse », *Rép. dr. pén. proc. pén.*, Dalloz, B. BEIGNIER, B. DE LAMY et E. DREYER (dir), *Traité de droit de la presse et des médias*, Paris, Litec, 2009, p. 1233 : « *Ces infractions de presse ne sont constituées que si les actes ont reçu une certaine publicité (...) L'acte de publicité est fondamental pour qualifier l'infraction de presse* » ; E. DERIEUX, « La notion de "publication" en droit de la communication », in *Droit et Actualité Études offertes à Jacques Béguin*, Paris, Lexisnexis, 2005, p. 124 ; P. A. TOURÉ, « Les infractions commises par tous moyens de diffusion publique à l'épreuve du cyberespace », in *Justice et intégration, Mélanges en l'honneur du professeur Ndiaw DIOUF,* Cotonou, édition du CREDIJ et éditions de l'ERSUMA, 2020, tome I : *la Justice*, p. 661 et s.
[530] C. cass . n ° 01 du 29 septembre 2006, MP et Ch. L. c/ A. S. D., *inédit.*

07 août 2017 a énoncé qu'en tant que délit de presse, la diffamation «*suppose une certaine publicité et doit se réaliser par l'un des moyens définis à l'article 248 du CP*».[531]

Aux termes de l'article 248 du CP : « *sont considérés comme moyens de diffusion publique : la radiodiffusion, la télévision, le cinéma, la presse, l'affichage, l'exposition, la distribution d'écrits ou d'images de toutes natures, les discours, chants, cris ou menaces proférées dans des lieux ou réunions publics, et généralement tout procédé technique destiné à atteindre le public* »[532]. Ce texte, qui énumère limitativement les moyens de publication, vise les vecteurs de publication médiatique et les supports de publication non médiatique.

Les supports médiatiques, en tant qu'intermédiaires dans la transmission d'un message[533], renvoient aux vecteurs de reproduction de l'information (la presse écrite, l'affichage, l'exposition, la distribution d'écrits ou d'images de toutes natures) et les moyens de représentation de l'information (la radiodiffusion, la télévision, le cinéma).

Les moyens de publicité ne concernent pas seulement les médias, la loi pénale énumére, en effet, « *les discours, chants, cris ou menaces proférées dans des lieux ou réunions publics* ». La notion de publicité, au sens du droit de la presse, déborde donc largement le domaine des activités des médias, pour couvrir « *toute communication d'un message au public* »[534].

136. Critère de la communauté d'intérêts. Devant les incertitudes de la notion de publication[535], les juridictions pénales ont tenté d'établir le départ entre le message présentant un caractère public, susceptible de consommer l'infraction commise par tous moyens de diffusion publique relevant du droit de la communication et le message privé soumis au droit des télécommunications.

---

531 CA Dakar, ch.corr. n° 567 du 07 août 2017, MP c A. TH., *inédit*.

532 CA Dakar, ch.corr. n° 567 du 07 août 2017, MP c A. TH., *inédit*. Selon cet arrêt, en tant que délit de presse, la diffamation « *suppose une certaine publicité et doit se réaliser par l'un des moyens définis à l'article 248 du CP* ».

533 E. DREYER, *Droit de l'information*, Paris, Litec, 2002, p. 129, n° 266.

534 E. DREYER, *op. cit*, p. 129, n° 266.

535 Sur ces incertitudes, E. DERIEUX, *op. cit.*, p. 127, n° 363.

À cet effet, les juges ont eu recours au critère fondamental de la « *communauté d'intérêts* »[536]. Initialement, c'est à propos de l'interprétation de l'expression « *réunion publique* » que cette notion a été dégagée par la jurisprudence. Elle a fini par imprégner tous les moyens de communication[537].

Le professeur Mayaud s'est particulièrement attaché à affiner les contours de la notion de communauté d'intérêts. Selon l'auteur, elle renvoie à « *une appartenance commune, des inspirations ou des objectifs partagés formant une entité suffisamment fermée pour ne pas être perçue comme regroupant des tiers par rapport à l'auteur des propos (...). Mais encore faudrait-il que les liens qui tissent cette communauté soient réels, par référence à des intérêts véritablement partagés, situant chacun de ses membres dans une situation de proximité par rapport aux autres, comme adhérant à la même sensibilité ou aux mêmes motivations* »[538]. Cette communauté d'intérêts est généralement reconnue lorsque le message est diffusé dans un cercle restreint de personnes unies par un lien associatif, politique, professionnel ou syndical.

On retrouve cette approche doctrinale de la communauté d'intérêts dans un arrêt de la Cour de Cassation française qui y voit «*un groupe de personnes liées par une appartenance commune, des aspirations et des objectifs partagés, et formant une entité suffisamment fermée pour ne pas être perçue comme des tiers par rapport à l'auteur des propos mis en cause* »[539].

L'articulation jurisprudentielle du critère de la communauté d'intérêts a, en réalité, pour objectif de préserver la liberté des débats dans des

---

[536] Sur l'ensemble de cette question, J. THERON, « De la communauté d'intérêts », *RTD Civ.*, janvier-mars 2009, p. 19 ; Y. MAYAUD, « Communauté d'intérêts », *RSC* 1998, p. 104 ; A. LEPAGE, « Précisions sur la communauté d'intérêts », *Comm. com. électr.* 2009, comm. 102 ; Th. CASSUTO, « Vie privée, vie publique et cybercriminalité », *Sécurité globale*, 2008/4, n° 6, p. 45 ; P. A. TOURÉ, *Le traitement de la cybercriminalité devant le juge : l'exemple du Sénégal,* Paris, l'Harmattan, 2010, p. 319 et s. ; P. A. TOURÉ, « Les infractions commises par tous moyens de diffusion publique à l'épreuve du cyberespace », in *Justice et intégration, Mélanges en l'honneur du professeur Ndiaw DIOUF,* Cotonou, édition du CREDIJ et éditions de l'ERSUMA, 2020, tome I : la Justice, p. 661.

[537] P. AUVRET, « Éléments constitutifs des infractions de la loi de 1881 », *Juris-class. Communication,* fasc. 3020, juin 2006, p. 8, n° 40 ; N. MALLET-POUJOL, « La notion de publication sur l'Internet et son incidence concernant la prescription des délits en ligne », in « *Le droit de la presse : une spécialité légitime ou dépassée ?* », *Actes du Forum Légipresse du 29 septembre 2005, Légicom,* n° 35, 2006, p. 54.

[538] Y. MAYAUD, obs. sous Cass. crim, 3 juin 1997, *RSC* 1998, p. 104 ; plus récemment, Ch. BIGOT, *Pratique du droit de la presse,* Victoires éditions, 2013, p. 85.

[539] Crim. 28 avr. 2009, n° 08-85.249.

groupements privés qui constituent des « *enceintes emblématiques et privilégiées* »[540].

La Cour de Cassation française a rappelé, dans un arrêt rendu par sa chambre criminelle le 27 mai 1999, que « *la diffusion d'un écrit n'est une distribution publique (...) que si les destinataires de cet écrit sont étrangers à un groupement de personnes liées par une communauté d'intérêts* »[541]. Ainsi, le message public constitutif du délit de presse est celui adressé à un public inconnu et imprévisible, par opposition à celui destiné à des personnes liées par une communauté d'intérêts, comme une entreprise, une association ou tout groupement de droit ou de fait poursuivant un but commun.

La Cour régulatrice a jugé que « *la diffusion litigieuse sur le réseau internet, à destination d'un nombre illimité de personnes nullement liées par une communauté d'intérêts, constitue un acte de publicité commis dès lors que l'information a été mise à la disposition des éventuels utilisateurs du site* »[542].

Le critère de la communauté d'intérêts est présent dans la jurisprudence pénale sénégalaise. Un arrêt de la Cour d'Appel de Dakar rendu le 12 janvier 2007 a déjà énoncé « *qu'il est de jurisprudence que les relations verbales et épistolaires entre personnes qui sont liées par une communauté d'intérêts, quelle qu'en soit la nature en vue de leur information sur un objet concernant cet intérêt ne sont susceptibles d'aucune incrimination* »[543].

Cette analyse des juges d'appel est sans doute très radicale, puisque les propos tenus dans une correspondance destinée à une ou des personnes liées par une communauté d'intérêts, faute de constituer des infractions commises par tous moyens de diffusion publique, peuvent, tout de même, être incriminés sous la qualidication d'injure non publique.

137. Moyens de communication électronique. Le législateur a intégré expressément les moyens de communication électronique dans les moyens de diffusion publique. Il résulte de l'article 431-59 du CP, issu de la loi n°

[540] N. MALLET-POUJOL, « La liberté d'expression sur l'Internet : aspects de droit interne », *D.* 2007, n° 9, p. 595.
[541] Cass. crim. 27 mai 1999, *Bull. crim.*, n° 112 ; aussi Cass. civ. 24 janvier 2002, *Bull. civ.* II, n° 2 ; *D.* 2002 . IR. 1179.
[542] Crim, 16 octobre 2001, n° 00-85.728
[543] CA Dakar ch. corr., n° 70 du 12 janvier 2007, MP et K. T. S. c/M. D., *inédit*.

2016-29 du 08 novembre 2016 modifiant le Code pénal, que sont considérés comme moyens de diffusion publique, au sens de l'article 248 dudit code, les moyens de communication électronique[544].

L'article 341-7 du CP définit la communication électronique comme toute mise à la disposition du public ou d'une catégorie de public, par un procédé électronique ou magnétique, de signes, de signaux, d'écrits, d'images, de sons ou de messages de toute nature[545]. Les communications électroniques sont composées des communications au public par voie électronique, d'une part, et de la correspondance privée, d'autre part.

Cette définition très large est susceptible de couvrir toutes les formes de communication via les réseaux numériques, comme les services de l'internet (web, forums de discussion, *mail listing*, les réseaux sociaux ou même dans certains cas le courrier électronique)[546]. Constituant une mise à la disposition du public de messages, les moyens de communication électronique doivent en principe présenter un caractère public.

138. Portée de la modernisation des moyens de diffusion publique. Mais il ne faut pas exagérer la portée de l'intégration des moyens de communication électronique dans les moyens de diffusion publique. En effet, en principe, le web, les forums de discussion ouverts au public[547], les *blogs*[548], les plateformes de partage (YouTube, DailyMotion, Picasa, Flickr ou PhotoBucket, SoundCloud, Expat-Dakar, etc.)[549] et les réseaux sociaux en

---

[544] P. A. TOURÉ, *Le traitement de la cybercriminalité devant le juge : l'exemple du Sénégal*, Paris, l'Harmattan, 2010, p. 321 ; P. A. TOURÉ, « Les infractions commises par tous moyens de diffusion publique à l'épreuve du cyberespace », in *Justice et intégration, Mélanges en l'honneur du professeur Ndiaw DIOUF*, Cotonou, édition du CREDIJ et éditions de l'ERSUMA, 2020, tome I : la Justice, p. 675.

[545] V. G. VERCKEN, « Aperçu rapide des nouvelles définitions de la communication et des services dans la LEN », *Cah. Lamy droit de l'informatique et des réseaux,* juillet 2004, p. 19.

[546] N. MALLET-POUJOL, « La notion de publication sur l'internet et son incidence concernant la prescription des délits en ligne », in *Le droit de la presse : une spécialité légitime ou dépassée ?, Actes du forum Légipresse* du 29 septembre 2005, *Légicom*, n° 35, 2006, p. 57.

[547] Sur l'ensemble de la question, C. ROJINSKI, « Forums de discussion », *Juris-class. comm.*, 2008, fasc. 4750, n° 18 et s. ; N. MALLET-POUJOL, « La notion de publication sur l'internet et son incidence concernant la prescription des délits en ligne », *Légicom*, n° 35, 2006, p. 62 et s. ; P. AUVRET, « Application de la loi de 1881 à la communication en ligne », *Juris-class. comm.*, 2006, fasc. 4860, n° 29.

[548] G. KESSLER, « Aspects juridiques du blog », *D.* 2006, p. 446.

[549] B. BARRAUD, « Droit du web participatif (blogs, forums, wikis, réseaux sociaux, plateformes de partage) », *Juris-class. comm.*, fasc. 600, 2018, n° 49 ; Th. FOURREY, « Twitter et le droit de la presse », *RLDI* 2014, n° 109, p. 67 s.; E. NETTER, « La responsabilité juridique de l'utilisateur de Twitter », *JCP* G. 2013, 65, p. 102 s.

général (Facebook[550], Twitter[551], Instagram, Snapshat ou Linkeldin)[552] peuvent être considérés comme des moyens de publicité.

Déjà, dans l'affaire Robert Sagna, jugée par le Tribunal de grande Instance de Ziguinchor le 06 janvier 2004[553], bien avant l'adoption de l'ancienne loi n° 2008-11 du 25 janvier 2008 sur la cybercriminalité, les juges ont considéré que : « *l'outil Internet en cause qui constitue un réseau international permettant à des personnes habitant divers endroits du monde et disposant d'ordinateurs de communiquer entre elles constitue un procédé technique destiné à atteindre le public* » [554]. Ainsi, estime le juge, une diffamation commise sur le site web dénommé « *senégalaisement.com* » accessible au public, constitue une diffamation au sens légal du terme. Cette interprétation était légitimée par la généralité des dispositions de l'article 248 du CP qui énumèrent parmi les moyens de diffusion publique « *tout procédé technique destiné à atteindre le public* ».

Après l'adoption de l'ancienne loi du 25 janvier 2008 portant sur la cybercriminalité, le Tribunal correctionnel de Dakar a confirmé cette solution.

Dans l'affaire Momar NDAO, jugée le 15 décembre 2011[555], la Société Nationale des Télécommunications (SONATEL) reprochait au prévenu d'avoir publié dans le site osiris.sn un article dans lequel il lui reprochait, dans le cadre du décret sur les appels entrants, d'avoir fait partie des

---

550 Sur l'ensemble de la question, R. HARDOUIN, « Facebook ou l'établissement de la frontière entre espace public et sphère privée », *RLDI*, janvier 2011, n° 67, 2209, p. 54.

551 Th. FOURREY, op. cit, p. 67.

552 Mais il faut dire que la caractérisation de la publicité dans les réseaux sociaux dépend largement du système de paramétrage utilisé. En effet, la condition de la publicité n'est réunie que lorsque les contenus postés sont paramétrés de sorte que toute personne puisse y avoir accès.

553 TGI Ziguinchor, 06 janvier 2004, Affaire Robert SAGNA, jugement *inédit*.

554 Sur cette affaire, L. DIEMÉ, « Un mandat d'arrêt international contre le propriétaire de senegalaisement.com » : http://www.osiris.sn/article822.html (consulté le 23 mars 2010) ; « L'internaute français Christian Costeaux condamné à un an de prison et 600 millions de dommages et intérêts » : http://www.osiris.sn/article824.html (consulté le 23 mars 2010) ; P. A. TOURÉ, *Le traitement de la cybercriminalité devant le juge : l'exemple du Sénégal*, Paris, l'Harmattan, 2010, p. 324 ; P. A. TOURÉ, « Les infractions commises par tous moyens de diffusion publique à l'épreuve du cyberespace », in *Justice et intégration, Mélanges en l'honneur du professeur Ndiaw DIOUF*, Cotonou, édition du CREDIJ et éditions de l'ERSUMA, 2020, tome I : *la Justice*, p. 670.

555 TGIHC Dakar, n° 752 du 15 décembre 2011, affaire M. Nd., *inédit* ; également, CA Dakar, ch. corr. n° 193 du 08 mars 2017, MP et E. G.-P. c/ Ch. K. D., *inédit*.

opérateurs ayant encaissé la somme de cinq milliards de francs CFA, malgré la suspension dudit décret.

Les magistrats ont jugé que le réseau internet utilisé pour diffuser les propos diffamatoires constitue un moyen de diffusion publique, pour être un procédé technique destiné à atteindre le public[556].

Il a été également jugé que le site leral.net, par lequel des allégations diffamatoires ont été postées constitue « *un moyen de communication et de diffusion publique, librement accessible sur internet* »[557].

Par contre, les sites web et les réseaux fermés, comme les intranets[558] ainsi que le courrier électronique[559] relèvent en principe de la correspondance privée et échappent, à ce titre, au régime des infractions commises par tous moyens de diffusion publique[560]. Aussi, le dialogue entre quelques personnes au moyen d'un service de messagerie instantanée relève de la confidentialité des communications[561].

Mais la jurisprudence sénégalaise a eu l'occasion, en mettant en œuvre le critère de la communauté d'intérêts, de limiter l'assimilation du courrier électronique à un moyen privé de communication. Dans une décision rendue le 16 mars 2010, dans l'affaire Palluci[562], le tribunal correctionnel de Dakar a jugé que le fait pour un peintre français d'envoyer par mail des photographies obscènes à une dizaine de personnes qui ne sont pas liées par une communauté d'intérêts constitue une diffusion publique d'images

---

[556] Dans le même sens, TGIHC Dakar, n° 2715 du 19 juin 2012, affaire des jeunes filles de Grand Yoff, *inédit*. Dans cette affaire très médiatisée, le tribunal correctionnel a considéré que le world wide web, en tant que service de l'internet, qui a servi de vecteur de transmission d'une vidéo montrant des jeunes filles se livrant à des agissements sexuellement explicites, « *constitue un moyen de diffusion publique, c'est-à-dire un instrument de communication par voie électronique* ».

[557] TGIHC Dakar n° 26 avril 2012, MP et S. L. N. c/ D. D., S. A. B. D. et GIE L., *inédit*.

[558] Ph. HUGOT, « Infractions de presse et réseaux intranet », *Légicom* 2002, n° 27, p. 41.

[559] V. notamment, F. BITAN, « Courrier électronique », *Juris-class. comm.*, 2006, fasc. 4740, n° 62 et s. ; X. LINANT DE BELLEFONDS, « Le petit courriel », *Comm. com. électr.* 2000, repère 3 ; M. QUEMENER et J. FERRY, *Cybercriminalité. Défi mondial*, Paris, Economica, 2e édition, 2009, p. 36.

[560] P. A. TOURÉ, *Le traitement de la cybercriminalité devant le juge : l'exemple du Sénégal*, Paris, l'Harmattan, 2010, p. 327 et s.

[561] CA Aix en Provence, 7 mai 2013, *D.* 2013. Actu. 1550, obs. Manara.

[562] TGI Dakar, n° 1159 du 16 mars 2010, affaire Palluci, *inédit*.

contraires aux bonnes mœurs. Ce jugement a été confirmé sur ce point par un arrêt de la Cour d'Appel de Dakar rendu le 25 mars 2011[563].

Dans un autre arrêt rendu le 16 juin 2014[564], la Cour d'Appel de Dakar a considéré que le mail reste un moyen de communication privée à condition que son contenu revête un caractère purement confidentiel, c'est-à-dire non accessible à des tiers. Lorsqu'il y a plusieurs destinataires, il faudrait que ceux-ci soient unis par une communauté d'intérêts pour que le message revête un caractère privé. Dès lors, la cour a jugé que les écrits diffamatoires envoyés par mail par le prévenu à des personnes dont il n'est pas établi qu'elles forment une communauté d'intérêts sont exclusifs de tout caractère confidentiel et revêtent un caractère public.

B. Le régime des infractions commises par tous moyens de diffusion publique

139. Intérêts de la distinction. La distinction entre les infractions de droit commun et les infractions commises par tous moyens de diffusion publique présente des intérêts aussi bien en droit pénal de fond qu'en procédure pénale.

1. En droit pénal de fond

140. Applicabilité du régime des infractions politiques. Les infractions commises par tous moyens de diffusion publique sont assimilées à des délits politiques. Il s'en suit que les règles particulières applicables aux infractions politiques doivent être étendues à ces infractions. Ainsi, elles excluent l'application de la contrainte par corps[565] et ne peuvent donner lieu à l'extradition.

141. Présomption de mauvaise foi. Dans la plupart des infractions commises par tous moyens de diffusion publique, la mauvaise foi du prévenu

---

[563] CA Dakar, ch. corr. n° 356 du 25 mars 2011, affaire Pallucci, *inédit*.

[564] CA Dakar, ch. corr., n° 833 du 16 juin 2014, MP et M. S. O. M. c/ O. T. D., *inédit*.

[565] V. art. 711 du CPP. V. Cass. ch. pén., n° 71 du 15 juin 1999, A. Nd. S. et autres c/ J. Cl. M. et C.S.S, *inédit* : « *Attendu que selon l'article 711 du Code de procédure pénale, la contrainte par corps ne peut jamais être prononcée pour une infraction ayant un caractère politique; que les infractions de presse doivent être assimilées à cet égard à des infractions politiques; Qu'il suit de là qu'en prononçant la contrainte par corps contre les demandeurs la cour d'appel n'a pas légalement justifié sa décision* ».

est présumée[566]. Il en est ainsi notamment en matière de diffamation et d'injure.

D'ailleurs, la reproduction d'une imputation diffamatoire est présumée faite de mauvaise foi. Aux termes des dispositions de l'article 264 du CP : « *Toute reproduction d'une imputation qui a été jugée diffamatoire sera réputée faite de mauvaise foi, sauf preuve contraire par son auteur* ».

La jurisprudence a posé une présomption de mauvaise foi, l'intention en matière de diffamation étant présumée. En d'autres termes, l'imputation matérielle est censée englober nécessairement l'élément psychologique de culpabilité[567]. La chambre criminelle de la Cour de Cassation sénégalaise a déjà eu l'occasion de juger, dans un arrêt du 15 juin 1999, que « *l'intention coupable, en matière de diffamation, étant présumée, se déduit des imputations diffamatoires mêmes* »[568].

Le juge répressif n'a donc pas à établir l'existence de cette intention pour motiver la condamnation qu'il prononce. D'ailleurs, le diffamateur ne peut échapper aux poursuites en alléguant sa bonne foi ; ni la croyance en l'exactitude des faits rapportés, ni l'absence d'animosité, ni la notoriété des imputations ne suffit à exonérer le prévenu[569].

En matière d'injure, l'intention est présumée, puisqu'on ne conçoit pas que l'auteur du fait ait pu, de bonne foi, user de termes grossiers ou méprisants à l'égard d'autrui. La jurisprudence affirme d'ailleurs l'existence d'une présomption de mauvaise foi contre l'auteur de propos injurieux : « *Attendu que les expressions outrageantes, termes de mépris ou invectives visés par la*

---

566 Cf. TOULEMON, « La publicité et l'intention en matière de diffamation », *Gaz. pal.* chron. 1953. 2, doct. 12 ; Ph. CONTE, « La bonne foi en matière de diffamation ; notion et rôle », *Mélanges Chavanne*, 1990, p. 49.

567 Cependant, un arrêt isolé de la Cour d'Appel de Dakar a jugé qu'en matière de diffamation « *la mauvaise foi n'est présumée que si les allégations ou imputations sont fausses*» (CA Dakar ch. corr., n° 509 du 10 décembre 2019, MP et M. K. S. c/ A. S., Ch. M. S., *inédit*).

568 C. cass, n° 71 du 15 juin 1999, A. Nd. S. et autres c/ J. Cl. M. et C.S.S, *inédit*. Ainsi, l'intention coupable, en matière de diffamation est présumée et se déduit des imputations diffamatoires mêmes (crim. 3 mai 1966, n° 65-90.515 ; crim. 24 février 1966, n° 64-92.614 , *Bull. crim.* n° 72 ; crim. 16 décembre 1986, n° 85-96.064, *Bull. crim.* n° 374; crim. 21 février 1967, n° 65-92.437, *Bull. crim.* n° 76).

569 Ph. CONTE, « La bonne foi en matière de diffamation : notion et rôle », in *Mélanges Chavanne*, 1990, Paris, Litec, p. 49.

loi comme constitutifs d'injures sont réputés, de droit, écrits ou prononcés avec une intention coupable »[570].

142. Responsabilité en cascade. En matière d'infractions commises par tous moyens de diffusion publique, le législateur a institué un système de responsabilité en cascade encore appelé « *responsabilité éditoriale* » prévu par les dispositions de l'article 270 du CP [571]. Selon ce texte, sont responsables de ces infractions, les directeurs de publications, codirecteurs, producteurs, éditeurs ou gérants, quelle que soit leur dénomination, à leur défaut, les auteurs, à défaut des auteurs, les directeurs des entreprises d'impression, d'enregistrement, de reproduction ou de diffusion, de quelque nature qu'elles soient ou à défaut de ceux-ci, les vendeurs, afficheurs et distributeurs, quelle que soit leur dénomination.

Les importateurs, exportateurs ou transitaires qui auront participé sciemment aux infractions pourront être poursuivis directement comme auteurs principaux [572].

Si le directeur de publication est poursuivi en qualité d'auteur principal, les auteurs des articles diffamatoires ou injurieux, par exemple, ne seront pas, pour autant, exonérés de toute responsabilité. En effet, selon l'article 271 du CP, lorsque les directeurs de publication seront en cause, les auteurs seront poursuivis comme complices.

---

[570] Crim.10 mai 2006, n° 05-82.971, *D.* 2006. 2220, note E. Dreyer ; *Dr. pén.* 2006. Comm. 135, obs. M. Véron ; crim. 18 janvier 1950, *Bull. crim.* n° 23.

[571] Sur le système de la responsabilité en cascade, E. DERIEUX, « La responsabilité des médias… », *JCP*, G., 1999. I. 153 ; P. AUVRET, « Détermination des personnes pénalement responsables », *Juris-class. comm.*, fasc. 3050, 2007 ; E. DERIEUX, « Responsabilité des services de communication au public en ligne. Détermination des responsables », *RLDI* mars 2010, n° 1964 ; E. DERIEUX, « Responsabilité du directeur de publication », *RLDI* sept. 2009, n° 52, n° 1734 ; M. VERON, « La responsabilité du directeur de la publication. Infractions de presse et infractions par voie de presse », *Dr. pén.*, février 1996, p. 1 ; P. MONGIN, « Le problème de la responsabilité pénale des directeurs de publication. Echos des huitièmes journées juridiques franco-italiennes », *RSC* 1974, p. 57 ; J.-C. SAINT-PAU, *La responsabilité pénale des infractions de presse*, Travaux de l'Institut de sciences criminelles et de la justice, vol. 1, Paris, Cujas, 2011, p. 228 ; P. AUVRET, « Détermination des personnes pénalement responsables », *Juricl. comm.*, fasc. 3050, 2007 ; P. AUVRET, « La détermination des personnes responsables », *Gaz. pal. Rec.* 2002, doct., p. 744 ; M. VERON, « La responsabilité pénale du directeur de publication. Infractions de presse et infractions par voie de presse », *Dr. pén.* 1996, chron. 5.

[572] Pour des applications de la responsabilité en cascade, V. notamment, CA Dakar ch. corr. n° 590 du 22 avril 2015, MP et LONASE et A. B. W. c/ A. L. C. et autres, *inédit* ; CA Dakar, ch. corr. n° 695 du 16 novembre 2016, MP c/ Y. ND. c/ F. NZ., *inédit* ; CA Dakar, ch. corr. n° 560 du 07 août 2017, MP et El Hadji HACHEM c/ Youssoupha DIALLO, *inédit*.

La responsabilité éditoriale, fondée sur « *une présomption de responsabilité* »[573], couvrant les infractions visées par les articles 249 et suivants du CP, est exclusive de la responsabilité de droit commun[574]. Elle est liée à l'obligation qui incombe au directeur de publication de surveiller et de contrôler le contenu diffusé[575]. Ce mécanisme prévoit, à titre principal, la responsabilité du directeur de publication en raison de son pouvoir de contrôle sur le contenu diffusé. Aux termes des dispositions de l'article 74 de la loi n° 2017-27 du 13 juillet 2017 portant Code de la Presse[576] : « *Le directeur de publication est le responsable de la gestion de l'information de son organe de presse écrite* ». En effet, il est la personne qui, en principe, est chargée de décider de rendre ou non publics les écrits rédigés ou les émissions réalisées par les journalistes et susceptibles de comporter des messages tombant sous le coup de la loi pénale.

D'ailleurs, l'insertion dans un organe de presse écrite d'un article, d'un document ou d'un autre texte non signé engage la responsabilité du directeur de publication[577].

La Cour de Cassation sénégalaise a déjà jugé que l'article 270 du CP autorise les poursuites contre les directeurs de publication et édicte à leur encontre, hors le cas d'introduction sur le territoire de journaux interdits, une présomption de culpabilité sans distinction du lieu d'impression ou de publication de l'écrit incriminé[578].

Un arrêt de la Cour d'Appel de Dakar a estimé que l'article 270 du CP désigne comme auteurs principaux, en première position, les directeurs de publication et que l'article 271 dudit code dispose que lorsque les directeurs de publication seront en cause, les auteurs seront poursuivis comme complices et qu'il ressort de ces dispositions que les auteurs des propos

---

[573] M. VERON, « La responsabilité du directeur de la publication. Infractions de presse et infractions par voie de presse », *Dr. pén.*, février 1996, p. 1 ; R. MERLE et A. VITU, *Traité de droit criminel, Droit pénal spécial*, Paris, éditions Cujas, 1982, p. 1244, n° 1577.

[574] Cass. crim., 7 mai 2019, n° 18-82.876, *JurisData* n° 2019-007348 ; *RSC* 2020, p. 96, obs. E. Dreyer ; *Légipresse* 2019, p. 398 ; *Légipresse* 2020, p. 193, étude N. Verly ; Cass. crim., 6 octobre 1992, *JurisData* n° 1992-002733 ; *JCP* G 1993, IV, n° 125 ; *Bull. crim.* n° 303 ; *Gaz. pal.* Rec. 1993, 1, jurispr. p. 122 ; *D.* 1993, IR p. 5.

[575] Sur la description de la responsabilité éditoriale, E. DREYER, « L'auteur de l'infraction de presse : auteur naturel ou artificiel ? », *Dr. pén.*, n° 9, septembre 2008, étude 18.

[576] JORS n° 7036 du samedi 19 août 2017, p. 945.

[577] V. art. 91, alinéa 3 du Code de la Presse.

[578] C. cass. ch. crim. n° 38 du 18 avril 2000 MP et B. B. Y.- Jeune Afrique c/ M. T., *inédit*.

supposés diffamatoires peuvent être poursuivis soit comme complices soit comme auteurs principaux, cette dernière hypothèse étant seulement soumise à la condition que les directeurs de publication et assimilés ne soient déjà poursuivis à titre principal.

La chambre criminelle de la Cour suprême, dans un arrêt rendu le 7 octobre 2010[579], a cassé cet arrêt de la Cour d'appel au motif « *qu'en statuant ainsi alors que, d'une part, la loi désigne clairement les auteurs du délit de diffamation, à savoir, les personnes responsables du moyen de diffusion publique par lequel les propos présumés diffamatoires ont été divulgués et, d'autre part, vise, en prévoyant que lorsque le directeur de publication est en cause, les auteurs peuvent être poursuivis comme complices, non pas l'auteur de l'infraction déjà désigné en la personne du directeur de publication, mais en l'espèce, le journaliste auteur de l'article de presse contenant les propos incriminés, la cour d'appel a violé les textes visés au moyen* ».

143. Extension à la presse audiovisuelle. À la lecture de l'article 270 du CP, la responsabilité en cascade n'a vocation à s'appliquer qu'à une catégorie spécifique d'infractions commises par tous moyens de diffusion publique, savoir les infractions commises par voie de presse. Il semble d'ailleurs qu'elle n'a été prévue que pour la presse écrite. Le Tribunal de grande Instance hors Classe de Dakar a déjà eu l'occasion de juger, dans une décision rendue le 27 juin 2002[580], que le système de responsabilité en cascade prévu par l'article 270 du CP ne saurait trouver à s'appliquer dans le cadre d'une émission télévisée. Selon le juge, les fonctions de directeur général d'une chaîne de télévision ne peuvent être assimilées à celles visées à l'article 270 du CP [581].

Le législateur a, semble-t-il, voulu procéder à la transposition de la responsabilité en cascade à la presse audiovisuelle. Aux termes de l'article 224 de la loi n° 2017-27 du 13 juillet 2017 portant Code de la Presse : « *Au cas où l'une des infractions prévues à la section VI du chapitre IV du titre premier et du titre IV du livre troisième du CP ainsi qu'aux articles 363 bis et 429 bis du CP est commise par un moyen de diffusion publique prévu dans*

[579] CS ch. crim. n° 134 du 07 octobre 2010, M. D. ND., MP c/M. C., *inédit*.

[580] TGIHC Dakar, n° 3026 du 27 juin 2002, *inédit*.

[581] Pour une critique de cette décision, V. N. NGOM, « Les droits de la personnalité et la liberté de la presse au Sénégal », *Revue Ass. sén. dr. pén.*, année 2010, n° 9, p. 68-69.

le présent Code, le directeur de publication, le responsable des programmes ou de l'information, le rédacteur en chef sera poursuivi comme auteur principal (...) ».

Ce texte précise que lorsque l'une quelconque de ces personnes est mise en cause, l'auteur ou le producteur sera poursuivi comme complice. Pourra également être poursuivie, comme complice, toute autre personne à laquelle les articles 45 et suivants du CP sur la complicité seront applicables[582].

144. Exigence d'une fixation préalable. Pour éviter des iniquités, le législateur prévoit que le directeur de publication, le responsable des programmes ou de l'information, le rédacteur en chef sera poursuivi comme auteur principal, « *lorsque le message a fait l'objet d'une fixation préalable à sa communication au public* », c'est-à-dire lorsque ce message a été enregistré au préalable[583]. Ainsi, le directeur de publication est responsable de plein droit, dès lors que l'émission est pré-enregistrée[584].

La responsabilité du directeur de publication du service de communication audiovisuelle est fondée sur la connaissance du contenu litigieux et la possibilité de contrôler celui-ci avant la publication. Celui-ci n'est donc pas systématiquement tenu de répondre des débordements d'une émission « *en direct*». Autrement dit, les propos diffamatoires ou injurieux tenus au cours d'émissions « *en différé* » ou de rediffusions peuvent engager la responsabilité du directeur de la publication, du responsable des programmes ou de l'information ou du rédacteur en chef.

Il faut préciser qu'en vertu de l'article 1er du Code de la Presse, ce code n'a vocation à s'appliquer qu'aux professionnels des médias et aux activités de la presse écrite, de la communication audiovisuelle et de la presse en ligne.

145. Une responsabilité personnelle. Le système de responsabilité éditoriale pourrait être considéré comme une atteinte au principe de la

---

582 Cf. GUERDER, « La responsabilité des journalistes face aux nouveaux médias », in *Les droits des journalistes et les nouveaux médias*, *D. aff.* suppl. 27 mai 1999, p. 15 ; B. WOUTS, « La presse et l'enjeu des nouvelles technologies », in *Les droits des journalistes et les nouveaux médias*, *D. aff.*, suppl. 27 mai 1999, p. 2 ; CE, *Internet et les réseaux numériques*, rapport 1998, p. 175 s.

583 Sur l'ensemble de cette question, E. DERIEUX, *Droit des médias, droit français, européen et international*, Paris, LGDJ, 5e édition, 2008, p. 448, n° 1355.

584 Cass. crim., 13 févr. 2001, n° 00-84.338, *JurisData* n° 2001-009110 ; Cass. crim., 7 mars 2000, n° 99-86.646, *JurisData* n° 2000-002030 ; CA Aix-en-Provence, ch. corr. 7, 26 févr. 2002, *JurisData* n° 2002-177830.

responsabilité pénale personnelle dans la mesure où le premier responsable semble être celui qui a personnellement tenu ou écrit les propos incriminés, c'est-à-dire l'auteur des propos et non le directeur de publication, le responsable des programmes ou de l'information ou le rédacteur en chef.

Toutefois, cette analyse est d'une apparence trompeuse. En effet, c'est bien la diffusion du propos ou du message qui constitue l'infraction, puisqu'en matière de presse, c'est la publicité qui fait le délit. La responsabilité pénale du directeur de publication, du responsable des programmes ou de l'information ou du rédacteur en chef peut être fondée sur son obligation de contrôler le contenu diffusé. Il est vrai que, dans les journaux importants, c'est une fiction de croire que le directeur de publication vérifie lui-même tout ce qui paraît et prend personnellement la décision de publier tel ou tel article.

On voit que sa situation est, en pratique, similaire à celle du dirigeant[585], sous l'importante réserve que la délégation de pouvoir n'a aucune influence sur la responsabilité du directeur de publication. D'ailleurs, il résulte de l'article 72 du Code de la Presse que le directeur de publication peut déléguer une partie de ses attributions à une personne de son choix, « *sans qu'il en résulte une exonération des responsabilités pénale et civile afférentes à sa fonction* ».

Mais des assouplissements ont été apportés par la jurisprudence. Ainsi, lorsque la responsabilité pénale du directeur de publication est recherchée selon les règles du droit commun pour une publication ne constituant pas un délit de presse, la chambre criminelle de la haute juridiction a admis qu'il puisse s'exonérer en établissant avoir été mis dans l'impossibilité de s'acquitter de son devoir de contrôle[586].

146. La limitation du pouvoir de disqualification. En matière d'infraction commises par tous moyens de diffusion publique, l'article 621 du CPP énonce que « *si le ministère public requiert une information, il sera tenu dans son réquisitoire d'articuler et de qualifier les provocations, outrages, diffamations et injures, à raison desquels la poursuite est intentée, avec indication des textes dont l'application est demandée à peine de nullité*

---

[585] M. BENEJAT, *La responsabilité pénale professionnelle*, vol. 111, Paris, Dalloz, coll. Nouvelle bibl. des thèses, 2012, n° 307.
[586] Crim. 14 juin 2000, *Bull. crim.*, n° 223.

du réquisitoire de ladite poursuite ». En outre, selon l'article 624 du CPP, la citation précisera et qualifiera le fait incriminé, elle indiquera le texte de loi applicable à la poursuite.

Ainsi, l'acte qui met en mouvement les poursuites doit articuler et qualifier les faits incriminés[587].

La jurisprudence pénale en a déduit un principe de « *cristallisation de la qualification d'origine* »[588]. En effet, en matière de presse, la qualification est irrévocablement fixée par le réquisitoire introductif[589]. En d'autres termes, les juridictions répressives ont le droit de substituer à une infraction commise par tous moyens de diffusion publique, une qualification de droit commun (remplacer une diffamation par une dénonciation calomnieuse), mais qu'il leur est interdit de permuter entre elles deux infractions commises par tous moyens de diffusion publique (remplacer une injure publique par une diffamation) ou de substituer à une qualification de droit commun une infraction commise par tous moyens de diffusion publique[590] (remplacer un outrage à agent par une injure publique)[591].

Dans une espèce, une cour d'appel avait décidé que constituaient une diffamation réprimée par l'article 261 du CP, les faits pour lesquels une personne avait fait l'objet de poursuites du chef de dénonciation calomnieuse.

Dans un arrêt rendu le 29 mai 1971[592], la Cour suprême a jugé que « *ce changement de qualification a été opéré en violation des articles 621 et 624 du CPP selon lesquels, en matière d'infractions commises par tous moyens de diffusion publique, le réquisitoire et la citation doivent, à peine de nullité de la poursuite, d'une part, articuler et qualifier le fait incriminé, d'autre part, indiquer le texte de loi applicable* ».

---

[587] R. MERLE et A. VITU, *Traité de droit criminel- Droit pénal spécial*, Paris, Cujas, 1981, t. 1, par A. Vitu, p. 1255, n° 1589.
[588] W. JEANDIDIER, op. cit., n° 192.
[589] Crim. 12 janv. 1956, *Bull. crim.* n° 53; Crim. 12 juin 1956, *Bull. crim.* n° 458; Crim. 10 oct. 1963, *Bull. crim.* n° 279.
[590] Cass. crim., 18 nov. 1975, *Bull. crim.*, n° 250; Cass. crim., 25 sept. 1991, n° 90-83.140, *JurisData* n° 1991-003717 ; *Bull. crim.* 1991, n° 319.
[591] Cass. crim., 6 févr. 1990, n° 88-86.436, *JurisData* n° 1990-700875 ; *Bull. crim.* 1990, n° 64; Cass. crim., 4 janv. 1991, n° 90-81.872, *JurisData* n° 1991-700793 ; *Bull. crim.* 1991, n° 70; Cass. crim., 7 avr. 1994, n° 91-86.115; *JurisData* n° 1994-001032 ; *Bull. crim.* 1994, n° 142
[592] CS n° 21 du 29 mai 1971, S. S. c/ MP et S. M. KH. G., *inédit.*

147. Exclusion de la récidive. La récidive est une circonstance aggravante générale qui a vocation à s'appliquer à toutes les infractions. Il y a récidive légale, lorsqu'après avoir subi une première condamnation pénale définitive le délinquant commet, dans les conditions fixées par la loi, une deuxième infraction.

Toutefois, en matière d'infractions commises par tous moyens de diffusion publique, le législateur exclut l'application des règles relatives à la récidive[593].

En effet, aux termes des dispositions de l'article 279 du CP, l'aggravation des peines résultant de la récidive ne sera pas applicable aux infractions commises par tous moyens de diffusion publique[594]. Ainsi, la loi supprime, en la matière, l'effet aggravant de la récidive.

2. En droit pénal procédural

148. Exigences procédurales supplémentaires. Le Code pénal a prévu des conditions rigoureuses et un formalisme dérogeant aux règles ordinaires qui compliquent la poursuite et la répression des infractions commises par tous moyens de diffusion publique, en enserrant à tout moment la conduite de l'affaire dans un strict réseau d'exigences procédurales originales[595]. Cela accrédite l'idée selon laquelle toute infraction susceptible de limiter la liberté d'expression devrait accorder au prévenu le bénéfice des garanties procédurales protectrices[596].

149. Prescription abrégée. En droit pénal commun, le délai de prescription des délits est, en principe, de trois ans à compter de la date de commission de l'infraction[597].

Toutefois, en matière de presse, le législateur a prévu un régime de prescription abrégée. En effet, il résulte des dispositions de l'article 632 du CPP que les infractions de presse se prescrivent pour un délai de six mois[598].

---

593 V. art. 279 du CP.
594 Cass. crim., 8 novembre 1955, *Bull. crim.*, n° 465.
595 R. MERLE et A. VITU, op. cit., n° 1579.
596 N. BONNAL, « Les règles processuelles de la loi de 1881 sont-elles toujours applicables devant le juge civil ? », *Légipresse* 2010, n° 272, p. 19 ; M. VERON, « Le parcours procédural en matière d'injures et de diffamations envers les particuliers », in *Liberté de la presse et droit pénal*, PUAM 1994, p. 67 ; B. ADER, « La procédure de presse », nov. 2005-janv. 2007, *Légipresse* 2007, II, p. 43.
597 V. art. 7 du CPP.
598 Pour une application, V. CS ch. crim. n°31 du 16 juin 2022, A. D. c/ B. T., *inédit*.

Cette courte prescription a toujours été considérée comme un des éléments essentiels de l'encadrement de la liberté d'expression et l'une de ses garanties fondamentales. La prescription abrégée s'explique par le fait que l'infraction doit appeler normalement une réaction rapide du parquet ou de la victime[599].

La fugacité du trouble à l'ordre public serait le propre des atteintes médiatiques marquées, surtout avec l'avènement du numérique, par une versatilité et une absence totale de mémoire : l'action qui ne serait pas immédiatement exercée ne mériterait pas d'être engagée par la suite ; le temps écoulé relativiserait à la fois le trouble et le préjudice[600].

En France, la haute juridiction de cassation a refusé de renvoyer au Conseil constitutionnel une question prioritaire de constitutionnalité, estimant que « *le délai de prescription institué par l'article 65, alinéa 1er, de la loi du 29 juillet 1881 ne porte pas au droit à un recours effectif une atteinte excessive dans la mesure où il procède d'un juste équilibre entre le droit d'accès au juge et les exigences de conservation des preuves propres aux faits que réprime cette loi*»[601].

Par ailleurs, la chambre criminelle de la Cour de Cassation considère que la brièveté du délai de prescription en matière de presse n'est pas contraire à l'article 6 de la Convention européenne des droits de l'homme. Selon la haute juridiction : « *aussi bien l'existence d'un court délai de prescription que le point de départ de ce délai au jour de premier acte de publication, qui ont pour but de garantir la liberté d'expression, ne privent pas pour autant la victime de la diffamation de tout recours effectif si elle fait preuve de diligence* »[602].

150. Limitation du droit de poursuite. Le droit de poursuite du ministère public connaît des dérogations importantes en matière d'infractions

---

[599] B. ADER, « Quelques rappels et réflexions sur la prescription en matière de presse », *Légipresse* 2004, II, p. 103 ; S. LAVRIC, « La question du délai de prescription des infractions de presse », in *La réécriture de la loi sur la presse du 29 juillet 1881, une nécessité ?*, Paris, LGDJ, coll. Grands colloques, 2016, p. 170.

[600] V. critiquant ces justifications, Ph. BLANCHETIER, « Point de départ du délai de prescription des délits de presse sur Internet », *D.* 2001, p. 2056.

[601] Cass. civ., 5 avr. 2012, n° 11-25.290, *JurisData* n° 2012-006419 ; *Bull. civ.* I, n° 87 ; *Gaz. Pal.* 5-9 août 2012, p. 10, note E. Dreyer ; *Dr. pén.* 2012, comm. 90, obs. M. Véron ; *JCP* G 2012, 1318, n° 11, obs. N. Tavieaux-Moro.

[602] Cass. crim., 2 oct. 2001, n° 01-81.951, *JurisData* n° 2001-011718 ; *Comm. com. électr.* 2002, comm. 66, obs. A. Lepage.

commises par tous moyens de diffusion publique. En effet, la poursuite de plusieurs de ces infractions est subordonnée à l'accomplissement d'une formalité préalable (plainte ou délibération). C'est ce qui résulte de l'article 619 du CPP selon lequel dans le cas d'injure ou de diffamation envers les cours et tribunaux, la poursuite n'aura lieu que sur une délibération prise par eux en assemblée générale.

Dans le cas d'offense envers les chefs d'État ou d'outrage envers les agents diplomatiques étrangers, la poursuite sera subordonnée à la demande adressée au Ministre des Affaires étrangères et par celui-ci au Ministère de la Justice.

En cas d'injure ou de diffamation envers les fonctionnaires publics, les dépositaires ou agents de l'autorité et envers les citoyens chargés d'un service ou d'un mandat public, la poursuite aura lieu soit sur leur plainte, soit d'office sur la plainte du ministère dont ils relèvent.

Ce texte précise que dans le cas de diffamation envers un juré ou témoin, la poursuite n'aura lieu que sur plainte du juré ou du témoin qui se prétendra diffamé.

S'il s'agit d'une diffamation envers les particuliers et d'une injure publique, la poursuite n'aura lieu que sur la plainte de la personne diffamée ou injuriée.

Dans ces différentes hypothèses où la poursuite est subordonnée à la plainte préalable de la victime, le retrait de la plainte ou le désistement de la victime éteint l'action publique[603]. La règle de la plainte préalable se justifie par le fait que la personne mise en cause est seule à même d'apprécier l'opportunité et l'utilité des poursuites au regard du caractère personnel du préjudice invoqué, mais également de la publicité qui peut entourer le procès[604].

151. Exclusion de principe du flagrant délit. Le flagrant délit est un mode de poursuite qui permet au ministère public de déférer directement un inculpé devant le tribunal correctionnel pour y être jugé, lorsque l'infraction

---

603 V. art. 620 du CPP. Pour des applications de ce texte, CA Dakar ch. corr., n° 01 du 02 janvier 2017, MP et Ch. K. c/ Félix Nz., M. L. D. et la Trib., *inédit* ; CA Dakar n° 900 du 25 juin 2014, MP et A. J. c/ A. L. C. et autres, *inédit* ; CA Dakar ch. corr., n° 699 du 24 juillet 2006, MP et B. C. c/ M. S. et F. S., *inédit*.

604 En ce sens, E. DREYER, *Responsabilités civile et pénale des médias*, Paris, Litec 2011, n° 729.

a été commise dans les conditions de flagrance ou lorsque le mis en cause reconnaît les faits à lui reprochés devant le procureur de la République.

Toutefois, le recours au flagrant délit est exclu en matière d'infraction de presse, sauf pour le délit de diffusion de fausses nouvelles[605].

D'ailleurs, le législateur exige en cas de citation directe ou d'ouverture d'une information que le parquet ou la victime articule les provocations et outrages dans l'acte de saisine (réquisitoire introductif ou citation à comparaitre) avec indication des textes à peine de nullité[606]. Ces exigences s'accommodent mal de la procédure de flagrant délit caractérisée par sa grande célérité.

Néanmoins, l'exclusion de la procédure de flagrant délit ne semble concerner que les « *délits de presse* », à l'exclusion des autres infractions commises par tous moyens de diffusion publique (infractions commises dans un lieu public ou au cours d'une réunion publique, etc.).

PARAGRAPHE III : INFRACTIONS DE DROIT COMMUN ET INFRACTIONS MILITAIRES

152. Spécificité du droit pénal militaire. Le particularisme du droit pénal militaire est commandé par les singularités du milieu militaire lui-même, marqué par le principe de l'obéissance rigide et de la discipline[607]. La société militaire constitue un monde particulier par les fonctions de défense qu'elle remplit et les pouvoirs dont elle dispose[608].

---

[605] V. art. 631 du CPP.

[606] V. art. 621 et 624 CPP.

[607] Sur cette question, V. M. DIOP, *L'institution militaire au Sénégal. Dimensions humaine, technique et stratégique,* Dakar, juin 2012.

[608] S. RAYNE, « Justice militaire », *Rép. dr. pén. proc. pén.,* Dalloz, 2012 ; J. G. AUGIER et G. LE POITTEVIN, *Traité théorique et pratique de droit pénal et de procédure criminelle militaire*, 2e éd. 1918, t. 1, *Droit pénal militaire* ; R. COLAS, « Le nouveau Code de justice militaire », *RSC* 1965, p. 909 s ; T. JOURDAN, *Le droit pénal appliqué aux armées*, 1995, éd. La Baule. J.-P. DOLL, *Analyse et commentaire du code de justice militaire*, Paris, LGDJ , 1966, suppl. 1968 ; J.-L. ROPERS, « Le nouveau Code de justice militaire », *JCP* G 1966, I, 1992 ; P. HUGUENEY, *Traité théorique et pratique de droit pénal et de procédure pénale militaires,* Sirey 1933 ; J.-P. DOLL, « L'évolution de la justice militaire en France depuis 1965 », *RSC* 1975, p. 901 ; R. COLAS, « Le régime disciplinaire et pénal des personnels accomplissant le service national actif dans le service de la coopération et le service de l'aide technique », *RSC* 1966, p. 923 s.

D'abord, le droit pénal militaire est par essence un droit disciplinaire élevé au rang pénal par suite de son degré d'achèvement. Il y a donc dans l'infraction militaire un aspect disciplinaire non négligeable.

Ensuite, l'infraction militaire est celle liée aux services des armées même si on ne peut nier que le militaire peut commettre des infractions tout à fait identiques à celles commises par les particuliers.

Enfin, la nécessaire efficacité des armées postule une répression rapide et sévère. Toutefois, la dimension idéologique de l'infraction militaire incite à une certaine indulgence à l'égard des délinquants militaires pour ne pas hypothéquer leur avenir dans la vie civile.

La loi n° 94-44 du 27 mai 1994 portant Code de Justice militaire a institué une catégorie d'infractions appelée « *infractions militaires* » en lui affectant un régime pénal spécifique.

A. Les infractions commises par les militaires

153. Critère de l'infraction militaire. La recherche d'un critère de qualification des infractions militaires est théoriquement malaisée. La difficulté tient au fait que, parmi les infractions commises par les militaires, il en est qui sont inconcevables en dehors de la vie militaire (la désertion, l'insoumission, le recel de déserteurs, etc.), et d'autres qui ne diffèrent en rien, si ce n'est par la qualité de leur auteur, de celles qui peuvent être commises dans la vie courante (vol, meurtre, viol, etc.).

Les meurtres, les vols, les escroqueries, les attentats à la pudeur ne sont pas l'apanage des civils ; ils peuvent être perpétrés par des militaires. Il s'agit donc de déterminer le régime applicable à ces infractions de droit commun commises par des militaires.

Le législateur a pris en compte l'existence d'infractions typiquement militaires et les pénalités qui leur sont applicables. Selon l'exposé des motifs du Code de Justice militaire, « *par infraction militaire l'on entend l'infraction qui ne se conçoit que dans le milieu militaire ou qui est aggravée par le caractère militaire de ses auteurs ou des lieux où elle est commise* ».

154. Infractions d'ordre militaire. Les infractions d'ordre militaire sont des infractions inconcevables en dehors de la vie militaire et tendent à soustraire leurs auteurs à leurs obligations militaires. Le Code de Justice militaire distingue deux catégories d'infractions d'ordre militaire.

En premier lieu, les infractions d'ordre militaire visent des crimes et délits contre le devoir et l'honneur militaire[609]. Il s'agit notamment de l'insoumission[610], de la désertion[611], de la provocation à la désertion, du recel de déserteurs[612], de la mutilation volontaire[613], de la capitulation[614], de la trahison, du complot militaire[615] et de l'incitation à commettre des actes contraires au devoir[616]. Il en est de même de l'outrage au drapeau ou à l'Armée[617], du port illégal d'uniforme, de décorations, de signes distinctifs et emblèmes[618], du faux, de la falsification, des détournements, du vol[619], des pillages[620] et des destructions[621].

En second lieu, les infractions militaires visent également les infractions contre la discipline militaire. On peut citer la révolte militaire[622], la rébellion[623], le refus du service dû légalement[624], le refus d'obéissance[625], les voies de fait et outrages envers les supérieurs[626], les violences ou insultes à sentinelles ou à vedette[627], l'abus d'autorité[628] et les infractions aux consignes[629].

---

609 H. DE TOUZALIN, *Infractions contre l'honneur et le devoir, la discipline et les consignes, thèse Paris* 1970.
610 V. art. 106 du Code de Justice militaire ; A. COLLET, « Insoumission », *Rép. dr. pén. proc. pén.,* Dalloz 2000.
611 V. art. 107 et s. du Code de Justice militaire.
612 V. art. 122 et s. du Code de Justice militaire
613 V. art. 126 et s. du Code de Justice militaire
614 V. art. 129 et s. du Code de Justice militaire.
615 art. 131 et s. du Code de Justice militaire.
616 art. 135 du Code de Justice militaire.
617 art. 136 du Code de Justice militaire.
618 art.137 du Code de Justice militaire.
619 art. 139 et s. du Code de Justice militaire.
620 art. 143 et s. du Code de Justice militaire.
621 art. 145 du Code de Justice militaire.
622 art. 150 et s. du Code de Justice militaire.
623 art. 153 et s. du Code de Justice militaire ; A. COLLET, « Rébellion, Trahison », *Rép. dr. pén. proc. pén.,* Dalloz 2001.
624 art. 155 et s. du Code de Justice militaire.
625 art. 157 et s. du Code de Justice militaire.
626 art. 160 et s. du Code de Justice militaire.
627 art. 166 et s. du Code de Justice militaire.
628 art. 168 et s. du Code de Justice militaire.
629 art. 173 et s. du Code de Justice militaire.

Aux infractions militaires par nature, il faut rapprocher certaines infractions contre la sûreté de l'État (trahison, espionnage, etc.) qui sont politiques en temps de paix et militaires en temps de guerre. En effet, selon l'article 672 du CPP, lorsqu'ils sont commis en temps de guerre, les crimes et délits contre la sûreté de l'État sont jugés conformément aux dispositions du titre premier du livre premier du Code de Justice militaire.

155. Infractions de droit commun. Il faut ajouter à la liste des infractions militaires, les infractions « *de toutes natures*», c'est-à-dire les infractions de droit commun commises dans le service ou dans les établissements militaires qui relèvent de la compétence des juridictions militaires.

Il s'agit des infractions commises dans les casernes ou en ville à l'encontre des particuliers. Elles ne distinguent pas tant des infractions de droit commun, si ce n'est que par la qualité de leur auteur. Il peut s'agir d'un viol, d'un recel, d'un chantage, etc.

B. Le régime des infractions militaires

156. Régime spécial. Les infractions militaires constituent des infractions spéciales par rapport aux infractions de droit commun. La spécificité de l'institution militaire exerce une influence sur les règles applicables aux infractions militaires. Le Code de Justice militaire a instauré un régime pénal spécifique aux infractions militaires qui prévoit les règles relatives à la compétence des juridictions, aux poursuites et aux peines applicables aux militaires.

1. La compétence des juridictions

157. Compétence matérielle. Le législateur a prévu des règles de compétence qui dérogent à bien des égards au droit pénal commun. Il résulte de l'article 6 de la loi n° 94-44 du 27 mai 1994 portant Code de Justice militaire[630], qu'en matière de contravention et de délit, le Tribunal de grande Instance hors Classe de Dakar est compétent pour le jugement des hommes de troupe, des sous-officiers et officiers jusqu'au grade de capitaine inclusivement et des personnels des corps paramilitaires de grade correspondant.

---

[630] JORS n° 5602 du samedi 15 octobre 1994, p. 451 et s.

Pour le jugement des officiers supérieurs ou des personnels des corps paramilitaires de grade correspondant et des officiers généraux, la Cour d'Appel de Dakar est compétente pour connaître des mêmes infractions. Selon l'exposé des motifs du Code de Justice militaire « *cette exception de juridiction se justifie par le fait que c'est à Dakar qu'il est plus facile de trouver les personnels susceptibles de remplir les conditions requises pour exercer les fonctions d'assesseurs, de jurés et de défenseurs* ».

En matière militaire, le Tribunal de grande Instance hors Classe de Dakar statue en formation spéciale. En effet, en vertu de l'article 5 du Code de Justice militaire, la Cour d'Appel et le Tribunal de grande Instance hors Classe de Dakar en formation collégiale rendent la justice militaire. Ils prennent à cette occasion l'appellation de juridictions ordinaires à formation spéciale[631].

Les juridictions ordinaires à formation spéciale statuent en premier et dernier ressort[632]. Il s'agit là d'une des particularités du droit pénal militaire, puisque le seul recours recevable est le pourvoi en cassation. Selon l'article 80 du Code de Justice militaire, en tout temps, les décisions rendues par les juridictions ordinaires à formation spéciale peuvent être attaquées par la voie du pourvoi devant la Cour suprême, conformément aux règles de procédure et de fond applicables devant cette juridiction.

Le Code de Justice militaire a prévu que les juridictions ordinaires à formation militaire s'adjoignent avec voix délibérative, deux assesseurs militaires ou assimilés désignés par le président de la juridiction sur une liste dressée par le Ministre chargé des Forces armées, le Ministre chargé de l'Intérieur et par l'autorité habilitée par les statuts propres aux personnels des corps paramilitaires, pour ce qui concerne les personnels des corps paramilitaires.

D'ailleurs, aux termes de l'article 9 de la loi du 03 novembre 2014 fixant l'organisation judiciaire : « *Le tribunal de grande instance en formation spéciale est complété par des assesseurs* ». L'article 7 du Code de Justice militaire précise que les assesseurs sont d'un grade supérieur ou au moins

---

[631] Notamment, V. CA Dakar, ch. mil. n°006 du 29 octobre 2014, MP c/ A. D., *inédit* ; CA Dakar, ch. mil. n°001 du 23 décembre 2014, MP c/ S. S. et A. S., *inédit*.
[632] V. art. 7 du Code de Justice militaire.

égal à celui des prévenus et, dans ce dernier cas, d'une ancienneté supérieure. Ils doivent appartenir à la même arme et au même service que le prévenu[633].

Dans un arrêt rendu le 04 mai 2004[634], la chambre pénale de la Cour de Cassation sénégalaise a considéré qu'une infraction de droit commun (coups et blessures volontaires) reprochée à deux gendarmes, qui ont agi dans l'exercice de leurs fonctions, est de nature militaire et relève de la compétence de la formation spéciale du Tribunal de grande Instance hors Classe de Dakar chargée des affaires militaires.

La Cour d'Appel de Dakar a jugé, dans un arrêt du 23 août 2013[635], qu'en application des articles 27 et suivants du Code de Justice militaire, le Tribunal de grande Instance hors Classe de Dakar et la cour d'appel, dans leur composition ordinaire, sont incompétents pour connaître des infractions reprochées à un médecin militaire en activité à l'Hôpital Principal de Dakar, qui est également une structure militaire.

158. Cour d'assises militaire. L'article 8 du Code de Justice militaire énonce qu'en matière de crime, la Cour d'Assises de Dakar est compétente. Le jury est composé de quatre jurés militaires désignés dans les mêmes conditions que pour les assesseurs des juridictions ordinaires à formation militaire. Les jurés militaires doivent être d'un grade supérieur ou au moins égal à celui de l'accusé, et dans ce dernier cas, d'une ancienneté supérieure. Ils doivent appartenir à la même arme ou au même service que l'accusé[636].

La Chambre d'Accusation de la Cour d'Appel de Dakar a jugé que les faits reprochés à un gendarme, poursuivi pour meurtre commis dans l'exercice de ses fonctions, relèvent de la compétence des juridictions ordinaires à formation spéciale, conformément aux articles 4 et 27 du Code de Justice militaire. Ainsi, en application de l'article 70 dudit code, la chambre d'accusation a prononcé sa mise en accusation et son renvoi devant la Cour d'assises avec jury militaire pour y être jugé conformément à la loi[637].

---

633 C. DIAKHOUMPA, *Traité théorique et pratique de procédure pénale. Tome 2 : la phase décisoire du procès pénal*, 3e édition, 2022, p. 201 et s.

634 C. cass. ch. pén. 04 mai 2004, B. TH. c/ M. D. , *inédit*.

635 CA Dakar ch. corr., n° 1269 du 23 août 2013, MP et A. L. c/ El H. A. F., A. L. et P. S. MB., in *Bulletin des arrêts rendus par la Cour d'Appel de Dakar en matière pénale*, année 2014, p. 10.

636 V. art. 8 du Code de Justice militaire.

637 CA Dakar, ch. acc. n° 02 du 08 janvier 2013, MP c/ G. D., *inédit*.

159. Instauration des chambres criminelles. Pour lutter contre les longues détentions, la loi n° 2014-28 du 03 novembre 2014 a mis en place les chambres criminelles en remplacement des anciennes cours d'assises[638]. L'institution des chambres criminelles à la place des cours d'assises a été justifiée, d'après l'exposé des motifs de la loi n° 2014-28 du 03 novembre 2014 modifiant le Code de procédure pénale, par le souci de favoriser le traitement diligent des dossiers criminels. L'objectif a été de garantir une meilleure souplesse de la procédure criminelle ainsi qu'une plus grande régularité de la tenue des sessions des juridictions criminelles. Les chambres criminelles sont également moins coûteuses que les anciennes cours d'assises dont le fonctionnement exige une logistique assez lourde.

160. Subsistance de la cour d'assises militaire. Toutefois, l'instauration des chambres criminelles à la place des cours d'assises par la loi n° 2014-28 du 03 novembre 2014 n'a pas eu pour effet de supprimer toute référence à la cour d'assises dans notre organisation judiciaire ; elle laisse subsister la cour d'assises militaire instituée par le Code de Justice militaire. En effet, aux termes de l'article 2 du Code de Justice militaire, *« sous réserve des dispositions qui suivent, les infractions sont instruites et jugées selon les règles du Code de procédure pénale* ». Il résulte de cette disposition que les règles de procédure prévues par le Code de Justice militaire, qui font figure de droit spécial par rapport à celles du droit pénal commun aménagées par le Code de Procédure pénale, ne trouveront à s'appliquer en matière d'infractions militaires que dans le silence du Code de Justice militaire.

Or, les dispositions dudit code ont prévu un dispositif spécial relatif à la compétence juridictionnelle[639] et à la procédure devant la cour d'assises militaire.

---

[638] P. A. TOURÉ, *La réforme de l'organisation judiciaire du Sénégal commentée et annotée*, Paris, l'Harmattan, 2016, n° 57 ; P. A. TOURÉ, « La réforme de l'organisation judiciaire du Sénégal : évolution ou révolution judiciaire ? », *La Balance, Revue semestrielle de l'Union des Magistrats sénégalais*, n° 01, janvier-juin 2017, p. 34 et s. ; A. TRAORE , « L'institution des chambres criminelles au niveau des tribunaux de grande instance », *La Balance, Revue semestrielle de l'Union des Magistrats sénégalais*, n° 01, janvier-juin 2017, p. 121.

[639] V. art. 8 du Code de Justice militaire.

Ces règles spécifiques concernent notamment le greffe de la cour d'assises militaire[640], la désignation des assesseurs[641] ainsi que l'exercice des fonctions de ministère public et de juge d'instruction[642].

Aussi, le remplacement des cours d'assises par les chambres criminelles ne saurait-il affecter l'existence juridique de la cour d'assises militaire instituée par le Code de Justice militaire[643]. Cela est d'autant plus vrai que bien après l'adoption de la loi n° 2008-50 du 23 septembre 2008 modifiant le Code de procédure pénale[644], qui avait procédé à la suppression du jury criminel, la Cour d'Assises militaire de Dakar a continué à fonctionner dans sa composition prévue par le Code de Justice militaire, c'est-à-dire avec un président, deux conseillers et quatre assesseurs militaires[645].

D'ailleurs, l'article 2 de la loi n° 2014-28 du 03 novembre 2014 modifiant le Code de Procédure pénale a procédé au remplacement de l'expression « *cour d'assises* » par celle de « *chambres criminelles compétentes du tribunal de grande instance ou de la cour d'appel* » seulement « *dans les autres articles du Code de Procédure pénale où elle figure* ». En conséquence, les crimes commis par les militaires sont encore justiciables de la Cour d'assises militaire de Dakar[646].

161. Compétence personnelle. Les juridictions ordinaires à formation spéciale ont une compétence personnelle. Selon l'article 27 du Code de Justice militaire, les juridictions ordinaires à formation spéciale connaissent des infractions d'ordre militaire, des infractions de toute nature commises par des militaires dans le service, dans les casernes, quartiers et établissements militaires et chez l'hôte et des infractions prévues par les statuts des corps paramilitaires.

---

[640] V. art. 12 du Code de Justice militaire.

[641] V. art. 15 du Code de Justice militaire

[642] V. art. 14 du Code de Justice militaire

[643] En ce sens, V. P.A. TOURÉ, *La réforme de l'organisation judiciaire du Sénégal commentée et annotée*, Paris, l'Harmattan, 2016, n° 58 ; P. A. TOURÉ, « La réforme de l'organisation judiciaire du Sénégal : évolution ou révolution judiciaire ? », *La Balance, Revue semestrielle de l'Union des Magistrats sénégalais*, n° 01, janvier-juin 2017, p. 34 et s.

[644] JORS n° 6458 du 7 mars 2009, p. 210.

[645] C. ass. mil. n° 01 du 30 mai 2013, MP c/ G. D., *inédit*.

[646] Dans le même sens, M. GUÈYE, *Les procédures pénales dérogatoires au Sénégal,* Thèse doctorat Dakar, Presses universitaires de Dakar, 2021, p. 121-122.

La Cour d'Appel de Dakar a jugé, dans un arrêt du 20 juillet 2012, que le service doit être entendu au sens de l'activité professionnelle dont le prévenu est chargé et qui est d'assurer la sécurité. La Cour a jugé qu'un gendarme, en procédant à la vente de véhicules saisis qui relève des prérogatives des douaniers, s'est immiscé dans les attributions de la douane. Cette activité est, en effet, détachable de la mission de surveillance dont était chargé le prévenu. Le juge d'appel en a conclu que les infractions à lui reprochées sont justiciables de la juridiction de droit commun et non du tribunal militaire[647].

Pourtant, un arrêt de la Cour d'Appel de Dakar, rendu le 12 septembre 2012, a eu l'occasion d'assimiler à une « *infraction commise chez l'hôte* », une infraction commise par un gendarme dans la section Douane du Port Autonome de Dakar où ce dernier était en détachement[648].

Cette dernière décision est discutable, puisqu'en vertu de l'article 27 du Code de Justice militaire, l'expression « *chez l'hôte* » vise le lieu où est hébergé le militaire en déplacement. Si le déplacement a lieu dans les limites du territoire national, l'expression ne vise que les dépendances et le domicile de la personne qui a hébergé le ou les militaires. Sont assimilés aux établissements militaires, toutes installations définitives ou temporaires utilisées par les forces, les bâtiments de la flotte militaire et les aéronefs militaires, en quelque lieu où ils se trouvent.

Dans une espèce jugée par la Cour suprême le 20 mars 2014[649], à la suite d'un incident opposant une patrouille de la Brigade des Douanes de Matam à des piroguiers sénégalais ayant fait un mort par balle, un préposé des douanes a été inculpé de meurtre. Après son renvoi devant la Cour d'Assises de Saint-Louis, cette juridiction s'est déclarée incompétente aux motifs que c'est la Cour d'Assises de Dakar, statuant en formation spéciale, qui a compétence pour connaître des faits reprochés à l'accusé du fait de son statut de préposé des douanes et de la nature de l'infraction commise à l'occasion de son service.

La Cour d'Assises de Dakar, réunie en session spéciale militaire, constatant l'irrégularité de sa saisine pour défaut d'un arrêt de renvoi a

---

647 CA Dakar, ch. corr. n° 790 du 20 juillet 2012, MP et J. B. et autres c/ O. S., *inédit*.
648 CA Dakar, ch. corr. n° 975 du 12 septembre 2012, MP et A. A. G. N. B.- P. D. ND. c/ O. S., *inédit*.
649 CS ch. crim. n°43 du 20 mars 2014, MP c/ S. Mb. F., *inédit*.

renvoyé le ministère public et l'accusé à se pourvoir ainsi qu'ils aviseront. La Chambre d'Accusation de la Cour d'Appel de Dakar s'est déclarée incompétente pour renvoyer l'accusé devant la Cour d'assises militaire motif pris de ce qu'il s'agit d'une infraction de droit commun relevant de la compétence des juridictions ordinaires.

Face au conflit négatif de compétence entre deux cours d'appel n'ayant aucune juridiction supérieure en dehors de la Cour suprême, la cour régulatrice réglant de juges a estimé que selon les dispositions de l'article 27 du Code de Justice militaire, les juridictions ordinaires à formation spéciale connaissent notamment des infractions prévues par les statuts des corps paramilitaires.

Au sens de l'article 18 de la loi n° 69-64 du 30 octobre 1969 relative au statut du personnel de la douane, les dispositions des articles 194, 195, 204, 205, 208, 209, 210, 212, 213, 218, 219, 220, 221, 225, 227, 229, 230, 240 du Code de Justice militaire pour l'armée de terre en temps de paix sont applicables au personnel de la douane. La haute juridiction en a conclu que l'infraction de meurtre reprochée au préposé des douanes est une infraction de droit commun ne faisant pas partie de celles énumérées par la loi pour être dévolues à la justice militaire et que le jugement de cette affaire doit être fait devant la formation ordinaire de la Cour d'Assises de Saint-Louis.

Sont aussi justiciables des juridictions ordinaires à formation spéciale, les militaires qui possèdent le statut de militaire de carrière, les militaires qui servent en vertu d'un contrat, les militaires qui accomplissent le service militaire dans les conditions prévues par la loi sur le service national et les personnes assimilées aux militaires[650].

Les personnels précités doivent être en activité de service, en situation de présence, de disponibilité, en congé ou en permission, en position hors cadre ou en non-activité, ou lorsqu'ils voyagent isolément avec une feuille de déplacement s'ils sont en position de détachement et lorsque, sans être employés, ils restent à la disposition du Gouvernement et reçoivent un traitement. Il résulte de l'article 32 du Code de Justice militaire que les auteurs, coauteurs ou complices d'une infraction contre les forces armées sénégalaises ou contre les établissements ou matériels, si elle est réprimée par

[650] V. art. 28 du Code de Justice militaire.

la loi sénégalaise sont justiciables des juridictions ordinaires à formation spéciale.

La compétence des juridictions ordinaires à formation spéciale s'étend à tous les auteurs, coauteurs ou complices lorsque l'un d'eux est justiciable de ces juridictions, et ce, quelle que soit la nationalité des auteurs[651].

La Chambre d'Accusation de la Cour d'Appel de Dakar[652] a jugé que le Code de Justice militaire prévoit la compétence des juridictions ordinaires à formation spéciale pour juger les coauteurs et complices des militaires traduits devant elles, mais reste muet sur les auteurs civils des infractions connexes. Elle a ordonné la disjonction de la procédure et le renvoi des auteurs civils devant le tribunal de grande instance statuant en matière correctionnelle pour y être jugés conformément à la loi.

162. Cas des officiers de police judiciaire. Toutefois, les officiers de police judiciaire ne sont pas justiciables des juridictions ordinaires à formation spéciale pour les infractions de droit commun commises dans l'exercice de leurs fonctions relatives à la police judiciaire civile[653]. En vertu de l'article 661 du CPP, lorsqu'un officier de police judiciaire est prévenu d'avoir commis un délit dans l'exercice de ses fonctions, le procureur général près la cour d'appel le fait citer devant la première chambre de cette cour qui se prononce sans qu'il puisse y avoir appel.

S'agissant de l'officier de police judiciaire prévenu d'avoir commis un crime, le procureur général près la cour d'appel et le premier président de cette cour remplissent tous les deux le premier les fonctions d'officier du ministère public et le second celles de juge d'instruction ou désignent spécialement et respectivement des magistrats du parquet général et de la cour pour exercer ces fonctions[654]. La Chambre d'Accusation de la Cour d'Appel prononce, s'il y a lieu, le renvoi devant la cour d'appel, composée de cinq magistrats au moins, qui est seule compétente pour statuer sur le crime[655].

---

651 V. art. 33 du Code de Justice militaire.

652 CA Dakar, ch. acc. n° 001 du 19 mai 2016, MP c/ Ch. S. A. W. ND. et autres, *inédit*.

653 V. art. 34 du Code de Justice militaire.

654 V. art. 662 du CPP.

655 V. art. 663 du CPP.

2. La poursuite des infractions militaires

163. Ordre de poursuite. En matière militaire, le droit de poursuite du ministère public comporte quelques limitations. En effet, une fois la procédure établie par l'officier de police judiciaire militaire ou ordinaire, il revient à l'autorité ministérielle de juger de l'opportunité des poursuites et de saisir le Procureur de la République de Dakar par un ordre de poursuite[656].

L'article 60 du Code de Justice militaire énonce que lorsque le Ministre chargé des Forces armées, le Ministre chargé de l'Intérieur ou l'autorité habilitée par les statuts propres aux personnels des corps paramilitaires estime qu'il y a lieu de poursuivre un justiciable des juridictions ordinaires à formation spéciale, il délivre un ordre de poursuite au procureur de la République.

Lorsque le justiciable a le grade d'officier général, l'ordre de poursuite ne peut être délivré que sur autorisation du Président de la République, après communication de la procédure.

Mais lorsqu'une infraction de la compétence des juridictions ordinaires à formation spéciale a été dénoncée par un juge d'instruction, par un procureur de la République, par un procureur général ou par la chambre d'accusation de la cour d'appel, les autorités habilitées à délivrer l'ordre de poursuite sont tenues de donner cet ordre.

En tout état de cause, aucune poursuite devant les juridictions ordinaires à formation spéciale ne peut avoir lieu, à peine de nullité, que sur un ordre de poursuite.

L'ordre de poursuite, qui est sans appel, doit mentionner exactement les faits, leur qualification et l'indication des textes de loi applicables.

Un arrêt de la Chambre criminelle de la Cour suprême du 18 octobre 2012[657] a énoncé qu'aux termes de l'article 60, alinéa 5 du Code de Justice militaire, aucun recours n'est possible contre un ordre de poursuite. À l'ordre

---

[656] S. RAYNE, « Justice militaire », *Rép. dr. pén. proc. pén.,* Dalloz, 2012, n° 239 ; M. GUÈYE, *Les procédures pénales dérogatoires au Sénégal,* Thèse doctorat Dakar, Presses universitaires de Dakar, 2021, p. 127.

[657] CS ch. crim. n° 86 du 18 octobre 2012, P. A. S. c/ Le Groupement d'achats de la Gendarmerie nationale, *inédit.*

de poursuite, sont joints les rapports, les procès-verbaux, pièces, objets saisis ou tous autres documents à l'appui.

Lorsqu'il s'agit d'une infraction punissable de peines correctionnelles, l'autorité habilitée peut, après consultation du procureur de la République, ordonner que le prévenu soit traduit directement devant le tribunal sans instruction préalable, sous la réserve qu'il ait été procédé à une enquête préliminaire dans les formes prescrites par la loi[658].

3. Les peines applicables aux militaires

164. Nature des peines. L'état militaire a une influence sur les peines encourues. Lorsque les militaires commettent des infractions de droit commun, ce sont les peines ordinaires qui leur sont applicables (amende, confiscation, emprisonnement, réclusion criminelle, etc.). C'est ce qui ressort des dispositions de l'article 95 du Code de Justice militaire selon lesquelles pour les infractions de droit commun, les peines applicables par les juridictions ordinaires à formation spéciale sont celles prévues dans le Code pénal.

Mais les peines applicables aux militaires présentent certaines particularités. En effet, il résulte de l'article 96 du Code de Justice militaire que pour les infractions d'ordre militaire, les peines applicables par les juridictions ordinaires à formation spéciale sont celles prévues par ledit code.

Les juridictions ordinaires à formation spéciale peuvent prononcer les peines militaires de destitution et de perte du grade[659]. L'article 104 du Code de Justice militaire prévoit que pour les prisonniers de guerre et les personnes étrangères aux armées, la destitution et la perte de grade prévues, à titre principal, sont remplacées par un emprisonnement d'un an à cinq ans.

La destitution entraîne la perte de grade et du droit de porter les insignes et l'uniforme. Elle a les effets prévus par la législation des pensions, en ce qui concerne le droit à l'obtention et à la jouissance d'une pension. Cette peine est applicable aux officiers ainsi qu'aux sous-officiers de carrière dans tous les cas où elle est expressément prévue pour les officiers[660].

---

[658] V. art. 61 du Code de Justice militaire.

[659] V. art. 98 du Code de Justice militaire.

[660] V. art. 99 du Code de Justice militaire.

En outre, si l'infraction est passible d'une peine criminelle, la destitution pourra être prononcée à titre complémentaire même si, par suite de l'admission des circonstances atténuantes, la peine principale est l'emprisonnement.

Quant à la perte du grade, elle entraîne les mêmes effets que la destitution, mais sans modifier les droits à pension et à récompense pour services antérieurs.

Cette peine est applicable aux officiers et, dans tous les cas où elle est expressément prévue pour ceux-ci, aux sous-officiers de carrière et aux sous-officiers servant sous contrat[661].

Toute condamnation prononcée pour crime, contre un officier, un sous-officier de carrière ou un sous-officier servant sous contrat emporte de plein droit la perte du grade.

Toute condamnation à une peine égale ou supérieure à trois mois d'emprisonnement, avec ou sans sursis, prononcée contre un officier, un sous-officier de carrière ou un sous-officier sous contrat emporte la perte du grade pour les délits prévus par les articles 159, 160 et 161 du CP, les délits prévus par les articles 364 à 383 inclus et 430 du CP et les infractions visées par l'article 251 du CP.

Il en est de même si la peine prononcée même inférieure à trois mois d'emprisonnement, s'accompagne, soit d'une interdiction de séjour, soit d'une interdiction de tout ou partie des droits civiques, civils et de famille ou si la décision déclare que le condamné est incapable d'exercer une fonction publique.

Toute condamnation de même nature dans les conditions spécifiées à l'article 102 du Code de Justice militaire entraîne de plein droit la perte de grade pour tous les militaires autres que ceux désignés audit article et la révocation, s'ils sont commissionnés.

165. Sursis à l'exécution de la peine. En matière militaire, le régime du sursis à l'application de la peine présente des particularités par rapport au droit commun. En vertu de l'article 78 du Code de Justice militaire, en cas de condamnation à l'emprisonnement ou à l'amende, la juridiction ordinaire à

---

661 V. art. 101 du Code de Justice militaire.

formation spéciale peut décider qu'il sera sursis à l'exécution de la peine. Il peut être fait application du sursis pour toute condamnation à l'emprisonnement ou à l'amende pour crime ou délit de droit commun ou pour crime ou délit militaire[662].

Ainsi, la condamnation pour crime ou délit militaire, non punissable d'après les lois pénales ordinaires, ne fait pas perdre au condamné le bénéfice du sursis qui lui a été antérieurement accordé pour une infraction de droit commun. Elle ne fait pas obstacle à l'octroi ultérieur du sursis à l'exécution d'une condamnation pour une infraction de droit commun.

Mais la condamnation pour crime ou délit militaire fait obstacle à l'octroi ultérieur du sursis à l'exécution d'une condamnation pour infraction militaire.

166. Récidive. Le législateur fait une distinction entre les condamnations pour des infractions de droit commun et celles prononcées pour crimes ou délits militaires.

Pour le jugement des infractions de droit commun, les juridictions ordinaires à formation spéciale appliquent les dispositions prévues par le Code pénal en matière de récidive[663].

Les condamnations prononcées pour crime ou délit militaire ne peuvent constituer le condamné en état de récidive que si lesdites infractions sont punies par les lois pénales ordinaires[664]. L'article 42, alinéa 2 du CP semble reprendre la même règle lorsqu'il énonce que « *l'individu condamné par un tribunal des Forces armées ne sera, en cas de crime ou délit postérieur, passible des peines de la récidive qu'autant que la première condamnation aurait été prononcée pour des crimes ou délits punissables d'après les lois pénales ordinaires* ».

La jurisprudence ne compte pour la récidive que les condamnations prononcées pour des infractions de droit commun, c'est-à-dire celles prévues et réprimées par le Code pénal[665]. La récidive est également appliquée en cas

---

[662] M. GUÈYE, *Les procédures pénales dérogatoires au Sénégal,* Thèse doctorat Dakar, Presses universitaires de Dakar, 2021, p. 132.
[663] V. art. 44 du CP.
[664] V. art. 78 du Code de Justice militaire.
[665] Cass. crim., 18 sept. 1873, *Bull. crim.*, n° 249.

de concours entre infractions militaires et infractions de droit commun donnant lieu à une condamnation unique[666].

Au contraire, ne sont pas prises en considération, au titre de la récidive, les condamnations pour infractions purement militaires, telles que la désertion, l'insoumission ou l'outrage envers un supérieur.

167. Suspension de l'exécution de la décision de condamnation. Après le prononcé de la décision de condamnation, le Code de Justice militaire prévoit un mécanisme assez original qui traduit la spécificité du droit pénal militaire.

Le législateur reconnaît, en effet, aux autorités ministérielles et militaires, une fois le jugement rendu, la possibilité de demander la suspension de l'exécution du jugement. L'article 88 du Code de Justice militaire énonce que le Ministre chargé des Forces armées, le Ministre chargé de l'Intérieur ou l'autorité habilitée par les statuts propres aux personnels des corps paramilitaires disposent, sans limitation de délai, du pouvoir de suspendre l'exécution de tout jugement ou arrêt portant condamnation à une peine.

La décision prise, à cet effet, est portée à la connaissance du Ministre de la Justice et du Ministre de l'Intérieur. Le jugement ou l'arrêt conserve son caractère définitif bien que la suspension ait été prononcée.

Mais la suspension n'efface pas la sanction pénale prononcée qui est inscrite au casier judiciaire, mais avec la mention de la suspension accordée.

Quand il s'agit d'une infraction prévue par le Code de Justice militaire, les incapacités attachées à la condamnation cessent de produire effet dès que la suspension de l'exécution de la peine est prononcée.

La suspension peut être simplement partielle ; elle ne peut s'étendre aux frais de justice ni aux déchéances. Elle prend effet à la date à laquelle elle intervient.

Le temps pendant lequel un condamné bénéficiaire de la suspension à l'exécution d'une décision aura été présent sous les drapeaux postérieurement à sa condamnation doit se confondre avec la durée de la peine prononcée.

---

666 Cass. crim., 9 nov. 1878, *DP* 1879, 1, p. 388.

La peine prononcée contre le condamné est réputée définitivement exécutée et la suspension de l'exécution de la décision non susceptible de révocation si, après cette suspension, compte tenu éventuellement de la détention subie, ledit condamné a accompli une durée de service militaire égale au temps de détention qui lui restait à accomplir.

Il faut préciser qu'en cas de libération du service actif, avant l'exécution de la peine, la suspension peut être révoquée[667].

L'autorité militaire bénéficie ainsi d'une prérogative difficilement conciliable avec le principe de l'autorité de la chose jugée[668].

Mais le pouvoir exorbitant de suspension de l'exécution de la peine est reconnu aux autorités uniquement pour leur permettre de disposer de certains condamnés en temps de guerre ou de crise. Il correspond, en quelque sorte, en matière militaire, à la libération conditionnelle prévue par le Code de Procédure pénale[669].

Il faut noter que les autorités ministérielles, militaires et paramilitaires ne devraient user que de façon exceptionnelle de cette prérogative, et ce, pour des raisons impérieuses de service.

---

[667] V. art. 89 du Code de Justice militaire.
[668] V. M-L. RASSAT, *Droit pénal général*, précité, p. 297.
[669] V. exposé des motifs du Code de Justice militaire.

SECTION II :

INFRACTIONS DE DROIT COMMUN ET INFRACTIONS SOUMISES À UN RÉGIME PROCÉDURAL PARTICULIER

168. Infractions de droit commun soumises à un régime procédural particulier. Toute catégorie d'infractions ne mérite pas la qualification d'infractions spéciales. En effet, à côté des infractions spéciales soumises à un corps de règles de fond et de procédure spécifiques dérogeant au droit commun (infractions militaires, infractions politiques, etc.), il y a des infractions pénales de droit commun ne présentant aucune particularité par rapport aux autres infractions ordinaires quant à leur constitution ainsi que s'agissant du régime de responsabilité pénale.

En réalité, le particularisme du régime de ces infractions ne concerne que les règles de procédure, à l'exclusion des règles du droit pénal de fond[670]. En l'état actuel du droit positif, constituent des infractions de droit commun soumises à un régime juridique particulier, plusieurs infractions pénales. Il en est ainsi des infractions relatives à la criminalité organisée, des infractions de terrorisme, des infractions douanières et fiscales ainsi que des crimes de guerre et des crimes contre l'humanité.

Dans notre étude, l'accent sera mis sur les infractions relatives à la criminalité organisée et les infractions de terrorisme[671].

---

[670] En ce sens, F. DESPORTES et F. LE GUENEHEC, op. cit., n° 174.

[671] Il faut préciser que récemment, la loi n° 2023-14 du 02 août 2023 modifiant le Code de procédure pénale (JORS n° 7647 du 02 août 2023, p. 968) a institué au Tribunal de grande Instance hors Classe et à la Cour d'Appel de Dakar, un Pool judiciaire spécialisé dans la répression des crimes et délits économiques ou financiers, dénommé « *Pool judiciaire financier* ». Cette formation juridictionnelle remplace la Cour de Répression de l'Enrichissement illicite. Le législateur a ainsi créé une nouvelle catégorie d'infractions à caractère économique et financier de la compétence du Pool judiciaire financier. Il exerce une compétence concurrente et une compétente exclusive pour connaître de certaines infractions financières. À l'image des infractions relatives à la criminalité organisée, les infractions à caractère économique et financier constituent des infractions de droit commun à régime procédural particulier. Sur cette question, V. C. GINESTET, « Le regroupement fondé sur la complexité du contentieux : la matière économique et financière », in *La spécialisation des juges*, Presses de l'Université Toulouse 1 Capitole, 2012 ; A. GIUDICELLI, « Poursuite, instruction et jugement des infractions en matière économique et financière », *RSC* 2002, p. 623 ; S. M. DIAKHATE, *La lutte contre la délinquance économique et financière dans l'Union Economique et Monétaire Ouest Africaine (UEMOA) et dans l'Organisation pour l'Harmonisation du Droit des Affaires en Afrique (OHADA) : état des lieux et perspectives,* Thèse de doctorat, Université Panthéon-Sorbonne, Paris I, 2017, n° 99 ; W. JEANDIDIER,

PARAGRAPHE PREMIER : INFRACTIONS DE DROIT COMMUN ET INFRACTIONS RELATIVES À LA CRIMINALITÉ ORGANISÉE

169. Délinquance organisée. Les mutations actuelles du phénomène criminel sont surtout marquées par l'avènement de formes émergentes de criminalité, à savoir notamment la criminalité économique et financière, la criminalité environnementale, la criminalité transnationale et le terrorisme international.

Aux secteurs traditionnels de la prostitution, du trafic de stupéfiants, du faux monnayage, de la contrebande, des paris illicites, de la corruption et de la fraude fiscale, s'est ajoutée la cybercriminalité[672]. Le phénomène de la criminalité organisée encore appelée « *délinquance organisée* », qui occupe une place de choix dans les nouvelles formes modernes de criminalité, fait l'objet d'une appréhension dans les systèmes pénaux contemporains.

A. Le phénomène de la criminalité organisée

170. Avènement de la criminalité organisée. On assiste, de nos jours, à l'essor des infractions dites de groupes qui supposent la participation d'une pluralité de personnes ou l'implication de bandes structurées.

Les organisations criminelles fonctionnent de plus en plus comme des entreprises privées. La délinquance s'est développée en passant d'une forme traditionnelle peu structurée à la montée en puissance de nouvelles bandes de malfaiteurs[673].

L'explosion des gains d'argent sale et des cryptomonnaies a eu pour conséquence un développement spectaculaire du blanchiment de capitaux, permettant de réinjecter dans l'économie les gains illicites et de constituer des avoirs criminels d'une licéité de façade, en particulier dans les domaines immobilier et financier. En outre, la nocivité des organisations criminelles sort renforcée de leur infiltration dans la « *société légale* », par le biais d'une

---

« Infractions économiques », *Rép. dr. pén. proc. pén.*, Dalloz, 2016 ; D. PERE, « Infractions en matière économique et financière. Poursuite. Instruction. Jugement. Assistants spécialisés», *Jurisclass. proc. pén.*, art. 704 à 706-1-2, fasc. 20, 2021.

[672] V. W. JEANDIDIER, « Criminalité et délinquance organisées », *Rep. dr. pén. proc. pén.*, Dalloz, janvier 2017, n° 03.

[673] F. MOLINS, « De la nécessité de lutter plus activement contre les nouvelles formes de criminalités », *Act. jur. pén.* 2004 p.177.

corruption à grande échelle contre laquelle les systèmes répressifs se sont révélés souvent impuissants.

171. Notion de criminalité organisée. La criminalité organisée[674] est une notion vague et difficile à appréhender. Sous l'angle criminologique, elle présente trois traits communs.

D'abord, il suppose une organisation criminelle très structurée. Il s'agit d'une délinquance «*dont la préparation et l'exécution supposent une organisation méthodique et qui, le plus souvent, procure à ses auteurs leurs moyens d'existence* »[675]. Une délinquance organisée suppose une structure, soit une pluralité d'individus, hiérarchisée en un ou plusieurs groupes (des bandes) et animée d'objectifs bien déterminés et disposant des moyens de les atteindre[676]. À cet égard, l'archétype de la délinquance organisée est la mafia sicilienne[677].

Ensuite, la criminalité organisée s'est muée aujourd'hui en une délinquance économique tournée vers le profit[678]. Le culte effréné du profit implique surtout une diversification phénoménale des domaines d'activités des organisations criminelles. Il s'agit d'une délinquance qui fait référence à

---

674 V. J. CEDRAS, « Les systèmes pénaux à l'épreuve du crime organisé », *RIDP.*, n°69,1998, p. 341 ; E. VERGES, « La notion de criminalité organisée après la loi du 09 mars 2004 », in *Dossier Criminalité organisée : une justice adaptée ?*, *Act. jur. pén.* 2003-2004, p. 181 ; F. DEBOVE, «Vers un droit pénal de la criminalité organisée ? », *LPA*, n° 226, 12 novembre 2002, p. 06 ; M. QUILLET, « Le crime organisé : du mythe à la réalité », *Rev. pénit.* 1999. 31 ; D. FONTANAUD (D.), *La criminalité organisée*, Doc. fr., mai 2002 ; X. PRADEL, « La criminalité organisée dans les droits français et italien ». *Rev. pénit.* 2003, p. 123 ; X. RAUFER et S. QUÉRÉ, *Le crime organisé*, Paris, PUF, Que sais-je, Paris, 3e éd., 2003 ; C. GIRAULT, « Le droit pénal à l'épreuve de l'organisation criminelle », *RSC*, 1998, p. 715 ; J-C. PAYE, « Les définitions légales de l'organisation criminelle», *Courrier hebdomadaire du CRISP,* 2000/32, n° 1697, p. 5 ; J. PRADEL et J. DALLEST, *La criminalité organisée. Droit français, droit international et droit comparé*, Paris, Lexisnexis, 2012.

675 R. GASSIN, *Criminologie*, Paris, Dalloz, 5e édition, 2003, p. 282 ; N. QUELOZ, « A-t-on encore des raisons de distinguer criminalité économique et criminalité financière ? », *Les Cahiers de la Sécurité intérieure,* n° 36, 2e semestre, 1999 ; P. A. TOURÉ, *Le traitement de la cybercriminalité devant le juge : l'exemple du Sénégal*, Paris, l'Harmattan, 2012, p. 25, n° 11.

676 J-P. LABORDE, *État de droit et crime organisé*, Paris, Dalloz, 2005 ; E. BEIGZADEH, «Présentation des instruments internationaux en matière de crime organisé », *Arch. pol. crim.*, 2003/1, n° 25, p. 195.

677 M. CUSSON, *Criminologie actuelle*, p. 105 et s.

678 W. JEANDIDIER, « Criminalité et délinquance organisées », *Rep. dr. pén. proc. pén.*, Dalloz, janvier 2017, n° 01.

des actions illicites dominées par la recherche du profit économique ou financier[679].

Enfin, la délinquance organisée présente souvent un caractère transnational. En effet, la mondialisation de l'économie, les flux internationaux de capitaux ainsi que les mutations technologiques fulgurantes sont des facteurs intensifiant le phénomène de l'internationalisation de la criminalité organisée[680]. Les cybercriminels font de plus en plus partie de réseaux internationaux très organisés au regard de leurs tâches, de leurs niveaux de connaissance et de leurs cibles.

L'on est loin des comportements des jeunes *hackers* qui agissaient de façon isolée, par simple passion, ce qui relevait souvent de l'addiction aux réseaux numériques[681]. La criminalité organisée a investi l'espace cybernétique, particulièrement pour les besoins du commerce et de la contrefaçon de produits illicites de plus en plus variés ou pour faire transiter des flux financiers grandement facilités par les monnaies virtuelles[682].

B. L'appréhension de la criminalité organisée

172. Mobilisation internationale et régionale. La criminalité organisée, qui est devenue depuis quelques années un sujet de préoccupation, fait l'objet d'une grande mobilisation de la part des instances internationales et régionales[683].

Au niveau international, la Convention des Nations unies contre la criminalité transnationale organisée, adoptée le 15 novembre 2000, dite Convention de Palerme, et entrée en vigueur le 29 septembre 2003, constitue le premier instrument international dédié à la lutte contre la criminalité organisée.

---

679 X. RAUFER, « Désordre mondial : nouveaux dangers, nouvelles figures criminelles » in *La criminalité organisée,* p. 19

680 P. TREMBLAY et M. CUSSON, « Marchés criminels transnationaux et analyse stratégique » in *La criminalité organisée*, p. 108.

681 P. HERNU, « Le Web et les organisations mafieuses : mythes et réalités » », in *La criminalité numérique, Cah. séc.,* n° 06, octobre-décembre 2008, p. 09 ; P. GUEYE, *Criminalité organisée, terrorisme et cybercriminalité : réponses de politiques criminelles*, Dakar, l'Harmattan, 2018, p. 286.

682 P. JEROME, « Criminalité organisée », in H. MOUTOUH éd., *Dictionnaire du renseignement,* Paris, Éditions Perrin, hors collection, 2018, p. 227.

683 En ce sens, V. G. LOPEZ et S. TZITZIS, *Dictionnaire des sciences criminelles*, Paris, Dalloz, 2004, V° criminalité organisée.

La Convention de Palerme a pour objectif de promouvoir la coopération afin de prévenir et de combattre plus efficacement la criminalité transnationale organisée. Par cette convention, les États, qui ont adopté des règles générales sur la lutte contre la criminalité organisée, se sont engagés, notamment à prévoir certaines infractions (participation à un groupe criminel organisé, blanchiment de capitaux, corruption et entrave à la justice) et à adopter des cadres en matière d'extradition et d'entraide mutuelle en matière pénale.

Au niveau européen, la Décision-cadre 2008/841/JAI du 24 octobre 2008 relative à la lutte contre la criminalité organisée a remplacé l'Action commune n° 98/733/ JAI du 21 décembre 1998 relative à l'incrimination de la participation à une organisation criminelle dans les États membres. L'article 2 de la Décision-cadre 2008/841/JAI du 24 octobre 2008 précitée énonce que chaque État membre prend les mesures nécessaires pour que l'un des deux ou les deux types de comportements liés à une organisation criminelle soi (en) t considéré (s) comme une (des) infraction (s).

En Afrique de l'Ouest, la criminalité organisée est devenue un sujet de préoccupation internationale au milieu des années 2000, lorsque d'importantes cargaisons de cocaïne furent détectées en transit vers l'Europe[684].

Depuis 2008, la Communauté Économique des États d'Afrique de l'Ouest (CEDEAO) s'est engagée dans un Plan d'action régional avec l'appui de l'Office des Nations Unies contre la drogue et le crime (ONUDC) dans le but d'apporter une réponse au problème croissant de la consommation et trafic illicite de drogue, en Afrique de l'Ouest.

La Déclaration de Bamako sur l'impunité, la justice et les droits de l'homme, adoptée en décembre 2011, a formulé des recommandations pratiques pour lutter contre le crime organisé, le trafic illicite, le terrorisme et la piraterie. Elle a réaffirmé l'importance du renforcement des cadres juridiques dans les États d'Afrique de l'Ouest en adéquation avec les instruments régionaux et internationaux destinés à faciliter la coopération internationale en la matière.

[684] *Criminalité transnationale organisée en Afrique de l'Ouest : une évaluation des menaces*, ONUDC, 2013.

173. Timide appréhension de la criminalité organisée. Le droit pénal positif sénégalais ignorait jusqu'à une période récente la notion de criminalité organisée, le Code pénal et le Code de Procédure pénale n'ayant pas organisé un régime cohérent y relatif (définition du groupe criminel, infractions relatives à la criminalité organisée, enquête, instruction et jugement des infractions).

En effet, la criminalité organisée n'était appréhendée qu'indirectement dans le Code pénal à travers deux aspects fondamentaux du crime organisé, à savoir la pluralité d'agents pénaux et l'organisation criminelle, en tant que structure de base de cette forme de criminalité[685].

En premier lieu, l'entreprise criminelle était saisie à travers la circonstance aggravante de la réunion lorsque la pluralité des auteurs de l'infraction permet d'aggraver la répression. Il en est ainsi notamment en matière de viol[686], de vol[687], de proxénétisme[688], de la mendicité[689], du pillage de denrées ou marchandises[690].

Le législateur évoque quelquefois dans le Code pénal la notion de « *bande* » ou de « *bande armée* » sans autre précision en désignant une infraction commise par une pluralité de personnes sans lui donner un contenu conceptuel. Il en est ainsi de l'article 82, alinéa 1er du CP qui incrimine quiconque, en vue de troubler l'État par l'un des crimes prévus aux articles 72 et 79 ou par l'envahissement, le pillage ou le partage des propriétés publiques ou privées ou encore en faisant attaque ou résistance envers la force publique agissant contre les auteurs de ces crimes, se sera mis à la tête de bandes armées ou y aura exercé une fonction ou un commandement quelconque. Les individus faisant partie « *des bandes* », sans y exercer aucun commandement ni emploi, seront punis de la détention criminelle de dix à vingt ans[691].

Par ailleurs, l'article 189 du CP énonce qu'en cas de rébellion avec bande ou attroupement, l'article 89 dudit code sera applicable aux rebelles sans

---

685 En ce sens ; Y. MAYAUD, « Le crime organisé », in P. MEHAIGNERIE (dir.), *Le nouveau Code pénal, enjeux et perspectives,* Paris, Dalloz, 1994, p. 145.

686 V. art. 320 du CP.

687 V. art. 366 du CP .

688 V. art. 324 du CP.

689 V. art. 245 du CP.

690 V. art. 412 du CP.

691 V. art. 83 du CP.

fonctions ni emplois dans la bande, qui se seront retirés au premier avertissement de l'autorité publique, ou même depuis, s'ils ont été saisis hors du lieu de la rébellion et sans nouvelle résistance et sans armes.

Néanmoins, certains textes spécifiques évoquent la notion de « *bande organisée* », sans ni la définir ni lui affecter un régime pénal particulier, en l'érigeant en circonstance aggravante. Il en est ainsi notamment de l'article 431-40 du CP qui érige la bande organisée en circonstance aggravante des infractions relatives à la pornographie enfantine.

Selon ce texte, les infractions de pornographie enfantine, lorsqu'elles sont commises en bande organisée, sont punies d'un emprisonnement de dix ans et d'une amende de 10 000 000 de francs ou de l'une de ces peines.

En outre, l'article 115 de la loi n° 2018-03 du 23 février 2018 relative à la lutte contre le blanchiment de capitaux et le financement du terrorisme[692] porte au double les peines prévues en matière de blanchiment de capitaux, lorsque l'infraction est commise en bande organisée.

De plus, l'article 390 du Code des Douanes aggrave les peines en cas de contrebande, d'importation ou d'exportation sans déclaration portant sur des marchandises dangereuses pour la santé, la moralité ou la sécurité publique, contrefaisantes ou portant atteinte à la propriété intellectuelle « *commise en bande organisée* ».

En second lieu, le crime organisé a pu être appréhendé sous la forme d'une infraction autonome. Tel est le cas de l'association de malfaiteurs prévue par l'article 238 du CP qui incrimine toute association formée, tout groupement formé ou toute entente établie, quel que soit sa durée ou le nombre de ses membres, en vue de la préparation ou de la commission d'un crime ou d'un délit[693]. D'ailleurs, dans un arrêt rendu le 06 mars 2014, la chambre criminelle de la Cour suprême a considéré que l'association de malfaiteurs, définie comme une entente frauduleuse entre deux ou plusieurs personnes dans le but de commettre des infractions, « *suppose pour sa réalisation,*

[692] JORS n° 7095 du 14 mai 2018, p. 558.
[693] Sur l'association de malfaiteurs, V. R. DANIAULT, « L'association de malfaiteurs », *JCP* 1952, éd.G, I, 1062 ; M. CULIOLI et P. GIOANNI, « Association de malfaiteurs », *Rép. dr. pén.proc. pén.*, 2017.

l'existence d'une bande dotée d'une certaine structure de commandement »[694].

En matière de cybercriminalité, l'article 431-33 du CP a transposé le délit d'association de malfaiteurs dans l'environnement électronique, en incriminant la participation à une association formée ou à une entente établie en vue de préparer ou de commettre une ou plusieurs cyberinfractions.

Pourtant, les infractions relatives à la criminalité organisée sont souvent occultes et difficiles à appréhender dans un système pénal conçu traditionnellement pour identifier les auteurs de faits constatés et non pour révéler des activités criminelles dissimulées.

Une lutte efficace contre la délinquance organisée suppose une intervention pénale anticipée, par l'adoption d'incriminations précoces, comme l'association de malfaiteurs, la prise en compte du caractère collectif des infractions (circonstance aggravante) et la mise en cause de chaque participant, y compris l'instigateur et le groupe ainsi qu'une répression pénale orientée vers la recherche d'une efficacité procédurale.

174. Instauration du régime de criminalité organisée. La réforme du Code pénal et du Code de Procédure pénale résultant de l'adoption de la loi n° 2021-33 modifiant la loi n° 65-60 du 21 juillet 1965 portant Code pénal[695] et de la loi n° 2021-34 du 23 juillet 2021 et la loi n° 65-61 du 21 juillet 1965 portant Code de Procédure pénale[696] a réaménagé le dispositif pénal en vue de l'adapter aux évolutions de la criminalité.

En vue de mieux lutter contre la criminalité économique, le législateur a instauré un régime spécifique de saisie pour garantir l'effectivité des peines de confiscation susceptibles d'être prononcées par le juge et a procédé à une refonte du régime des confiscations. Le législateur a également créé un organe de gestion et de recouvrement des avoirs criminels (ONRAC), chargé notamment de la gestion de tous les biens saisis ou confisqués au cours d'une procédure pénale[697].

---

[694] CS ch. crim. n°33 du 06 mars 2014, MP et Agent judiciaire de l'Etat c/ Ch. G. et autres, *inédit.*

[695] JORS n° 7444 du 30 juillet 2021, p. 1049.

[696] JORS n° 7444 du 30 juillet 2021, p. 1056.

[697] V. art. 677-47 et s. du CPP. Sur cette question, V. C. DIAKHOUMPA, *Traité théorique et pratique de procédure pénale. Tome I : la phase préparatoire du procès pénal*, 3e édition, 2022, p. 408 et s.

La criminalité organisée occupe une place importante dans la réforme du Code de Procédure pénale. Cette réforme a apporté des innovations majeures dans l'édifice pénal qui s'articulent autour de la redéfinition de l'infraction d'association de malfaiteurs, de la répression des faits de piraterie maritime, tels que spécifiés dans la Convention des Nations Unies sur le droit de la mer du 10 décembre 1982 et de la fixation d'un régime général de la responsabilité pénale des personnes morales, conformément à la Convention de Palerme.

À la faveur de la réforme, le législateur a innové en organisant, pour la première fois, un régime pénal général relatif à la criminalité organisée.

La loi n° 2021-34 du 23 juillet 2021 modifiant la loi n° 65-61 du 21 juillet 1965 portant Code de Procédure pénale a inséré dans le Code de procédure pénale un titre XVIII intitulé « *De la procédure applicable à la criminalité organisée* », comportant les articles 677-65 à 677-91, qui prévoit la procédure applicable à l'enquête, la poursuite, l'instruction et au jugement des crimes et des délits relevant de la criminalité organisée.

175. Détermination des infractions relatives à la criminalité organisée. Le législateur n'a pas entrepris de définir le concept de criminalité organisée. Il a tout au plus choisi d'énumérer de façon exhaustive les infractions relevant de cette forme de délinquance. Selon l'article 677-65 du Code de Procédure pénale, les infractions relatives à la criminalité organisée sont les suivantes:

- les infractions contre la chose publique du titre premier du livre troisième du Code pénal ;
- les crimes et délits constituant de la piraterie maritime, des actes de terrorisme et des actes assimilés du titre II du livre troisième du Code pénal ;
- les infractions relatives aux stupéfiants et substances psychotropes ;
- les infractions relatives au régime des armes et munitions ;
- les infractions relatives à la traite des personnes et aux pratiques assimilées, y compris le trafic de migrants ;
- les infractions relatives à la corruption de mineur ;

- les infractions relatives au proxénétisme prévues par les articles 323 à 327 du CP ;
- les infractions de trafic illicite de bois ;
- les infractions de trafic illicite d'espèces protégées et de chasse illégale ;
- l'infraction d'association de malfaiteurs prévue par les articles 238 à 240 du CP, lorsqu'elle a pour objet la préparation de l'une des infractions relatives à la criminalité organisée ;
- les actes de corruption et les pratiques assimilées prévus par les articles 159 à 168 du CP;
- les infractions de blanchiment de capitaux et de financement du terrorisme;
- les infractions relatives au faux monnayage et autres atteintes aux signes monétaires ;
- les infractions liées aux technologies de l'information et de la communication prévues au titre IV du CP.

Cette disposition, prise au pied de la lettre, pourrait laisser penser que l'existence d'un groupe criminel organisé est indifférente à la qualification d'infraction relative à la criminalité organisée.

Toutefois, cette analyse procède d'une lecture hâtive du dispositif prévu par le législateur. En effet, le régime procédural dérogatoire prévu par les articles 677-65 et s. du CPP n'a vocation à s'appliquer aux crimes et délits relatifs à la criminalité organisée que lorsqu'ils sont « *commis par un groupe criminel organisé* »[698].

Quel serait l'intérêt de qualifier la liste des incriminations prévues par l'article 677-65 du CPP d'infractions relatives à la criminalité organisée si aucun critère ne permet de les distinguer des infractions de droit commun et de certaines infractions spéciales. En effet, les infractions énumérées par le législateur sont en réalité constituées pour l'essentiel d'infractions de droit commun (infractions contre la chose publique, infractions liées aux technologies de l'information et de la communication, actes de corruption et

---

698 V. art. 677-65 du CPP.

les pratiques assimilées, etc.) et d'infractions à régime procédural particulier (notamment les actes de terrorisme et les actes d'appui).

Il se poserait alors de délicats problèmes pour distinguer les infractions de droit commun de certaines infractions à régime procédural particulier. Ces difficultés seraient d'autant plus préoccupantes que les infractions relatives à la criminalité organisée relèvent d'un régime procédural spécifique par rapport aux autres infractions.

En réalité, une lecture globale de l'article 677-65 du CPP permet de comprendre que la notion de groupe criminel organisé est au cœur de la qualification d'infractions relatives à la criminalité organisée[699]. En effet, selon l'article 677-65, alinéa 2 du CPP, le groupe criminel organisé désigne un groupe structuré de trois personnes ou plus existant depuis un certain temps et agissant de concert « *dans le but de commettre une ou plusieurs des infractions ci-dessous spécifiées* », c'est-à-dire des infractions relatives à la criminalité organisée pour en tirer, directement ou indirectement, un avantage financier ou un autre avantage matériel.

En tout état de cause, il aurait été plus logique pour le législateur d'énoncer que les infractions relatives à la criminalité organisée listées par l'article 677-65 du CPP sont celles commises par un groupe criminel organisé. Ainsi, le groupe criminel organisé permet d'isoler une catégorie spécifique d'infractions : les infractions relatives à la criminalité organisée.

À titre d'exemple, les infractions de terrorisme relèvent, en principe, du régime procédural prévu par les articles 677-24 et s. du CPP. Mais lorsqu'elles sont commises par un groupe criminel organisé, seul le dispositif spécifique aux infractions relatives à la criminalité organisée a vocation à s'appliquer.

Ainsi, les infractions relatives à la criminalité organisée constituent des infractions de droit commun soumises à un régime juridique particulier. En réalité, contrairement aux infractions spéciales (infractions militaires par exemple), le particularisme du régime des infractions relatives à la criminalité

---

[699] En ce sens, P. A. TOURÉ, « Le groupe criminel organisé en droit pénal sénégalais », in *Par le droit immobilier et au-delà, Mélanges en l'honneur de Daniel Tomasin*, Paris, Dalloz, 2022, p. 697 et s.

organisée n'affecte que les règles de procédure à l'exclusion des règles du droit pénal de fond[700].

176. Notion de groupe criminel organisé. La procédure pénale dérogatoire relative à la criminalité organisée n'a vocation à s'appliquer que lorsque les infractions précitées sont commises « *par un groupe criminel organisé* ».

Le droit sénégalais présente une particularité par rapport au droit français qui évoque à la place la notion de « *bande organisée* ». En France, la loi n° 2004-204 du 09 mars 2004 portant adaptation de la justice aux évolutions de la criminalité rattache la notion de criminalité organisée à celle de « *bande organisée* ». Ce concept, qui constitue une circonstance aggravante, a été systématisé dans le Code pénal français. Selon l'article 132-71 du CP français, la bande organisée désigne « *tout groupement formé ou toute entente établie en vue de la préparation, caractérisée par un ou plusieurs faits matériels, d'une ou plusieurs infractions* ».

Cette définition, quasi identique à celle du délit d'association de malfaiteurs de l'article 450-1 du Code pénal français, a confronté la jurisprudence criminelle française à de sérieuses difficultés pour établir un départ entre la bande organisée et l'infraction d'association de malfaiteurs.

En France, en raison de la « *proximité terminologique* » entre l'association de malfaiteurs et la bande organisée, un auteur a écrit qu'une infraction commise en bande organisée n'est pas autre chose qu'un crime ou un délit commis par des participants à une association de malfaiteurs[701].

Mais le Conseil constitutionnel français, dans la décision n° 2004-492 DC du 2 mars 2004[702], a estimé que l'expression de « *bande organisée* » n'est ni obscure, ni ambiguë. Ainsi, le juge constitutionnel a pris en compte des règles tirées d'autres lois ou du Code pénal, de la jurisprudence ou même des règles jurisprudentielles ou contenues dans de la Convention des Nations unies

---

[700] En ce sens, F. DESPORTES et F. LE GUENEHEC, *op. cit.*, p. 117, n° 174.
[701] H. ANGEVIN, *Juris-class. pén.*, art. 132-71. V. aussi la circulaire de présentation des dispositions relatives à la criminalité organisée de la loi n° 203-2004 du 9 mars 2004 portant adaptation de la justice aux évolutions de la criminalité ; circulaire crim. 04-13 G1 du 2 sept. 2004, BO min. justice, n° 95, 1er juill., 30 sept. 2004.
[702] Cons. const., 2 mars 2004, n° 2004-492 DC, préc. n° 15, cons. 13 et 14.

adoptée à New York le 15 novembre 2000 contre la criminalité transnationale organisée, sans que cela prenne la forme d'une réserve d'interprétation.

La bande organisée suppose la conjonction de trois critères : l'existence d'un réseau relationnel, des actes préparatoires et une organisation structurée, celle-ci se caractérisant uniquement par une répartition des rôles entre les membres du groupe[703].

Au Sénégal, la notion de groupe criminel organisé irrigue le nouveau dispositif pénal mis en place par la loi n° 2021-34 du 23 juillet 2021 modifiant la loi n° 65-61 du 21 juillet 1965 portant Code de Procédure pénale.

En effet, la qualification de groupe criminel organisé présente un grand intérêt juridique puisqu'elle permet de caractériser une nouvelle catégorie d'infractions relative à la criminalité organisée et détermine l'applicabilité du régime pénal dérogatoire y relatif [704].

En droit sénégalais, le législateur a procédé à une transposition fidèle de la définition de la notion de « *groupe criminel organisé* » prévue par l'article 2 de la convention des Nations Unies contre la criminalité transnationale organisée.

Aux termes des dispositions de l'article 677-65, alinéa 2 du CPP : *« le groupe criminel organisé désigne un groupe structuré de trois personnes ou plus existant depuis un certain temps et agissant de concert dans le but de commettre une ou plusieurs des infractions ci-dessous spécifiées pour en tirer, directement ou indirectement, un avantage financier ou un autre avantage matériel* ». La complexité de la notion de groupe criminel organisé tient au fait qu'à la lumière de son approche conceptuelle, elle présente une grande singularité par rapport à des notions voisines, comme l'association de malfaiteurs et la réunion.

---

[703] J. SUSINI, « La bande criminelle », *RSC* 1957, p. 673 ; P. LEMOINE, « Le délit d'association de malfaiteurs et la circonstance de bande organisée », *Dr. pén.* 2007. 277 s. ; L. MOUREY, « Bande organisée et association de malfaiteurs : vers une nouvelle distinction ? note sous crim. 8 juill. 2015, n° 14-88. 329 », *LPA* 23 nov. 2015, n° 233 ; A. MARON, « La lutte contre la délinquance organisée. Aspects de procédure pénale française », *RIDP*, vol. 69, 1998, p. 643 ; V. R. PARIZOT, « Ceci n'est pas une pipe : l'association de malfaiteurs et la bande organisée selon la Cour de Cassation », *D.* 2015, p. 2541

[704] V. P. A. TOURÉ, « Le groupe criminel organisé en droit pénal sénégalais », in *Par le droit immobilier et au-delà, Mélanges en l'honneur de Daniel Tomasin*, Paris, Dalloz, 2022, p. 697.

177. Structuration de l'organisation criminelle. Le groupe criminel organisé suppose une structuration de l'organisation criminelle. En vertu des dispositions de l'article 677-65, alinéa 2 du CPP, le groupe criminel organisé désigne *« un groupe structuré de trois personnes ou plus existant depuis un certain temps et agissant de concert (...)»*.

Il suppose une structuration de l'organisation criminelle. La structure est le cœur de groupe criminel. Selon la Décision-cadre 2008/841/JAI du 24 octobre 2008 relative à la lutte contre la criminalité organisée, l'organisation criminelle est une association structurée de plus de deux personnes, établie dans le temps, agissant de façon concertée dans le but de commettre des infractions.

Les membres du groupe criminel doivent avoir les mêmes intérêts, les mêmes aspirations ou la même idéologie. L'action commune du 21 décembre 1998 relative à l'incrimination de la participation à une organisation criminelle dans les États membres définit l'organisation criminelle comme *«l'association structurée, de plus de deux personnes, établie dans le temps, et agissant de façon concertée (...)»*[705].

Le groupe criminel organisé suppose que les auteurs de l'infraction aient préparé, par des moyens matériels qui sous-entendent l'existence d'une certaine organisation, la commission du crime ou du délit[706]. Il s'agit d'une structure hiérarchisée et disciplinée qui donne au groupement sa force et sa pérennité[707].

La définition du groupe criminel organisé permet de le distinguer de la circonstance aggravante de la réunion[708]. Contrairement au groupe criminel organisé, qui exige la caractérisation d'une organisation et une structuration criminelles, la réunion est un groupe d'individus ayant réalisé les éléments

---

[705] JOCE n° L 351, 29 déc. 1998.

[706] Crim. 8 juill. 2015, n° 14-88.329, *Bull. crim.* n° 172 ; *D.* 2015. 2541, note Parizot ; *D.* 2015. Pan. 2465, obs. Herzog-Evans ; *Act. jur. pén.* 2016. 141, obs. Porteron ; *Dr. pén.* 2015, n° 120, obs. Conte.

[707] Cass. crim., 4 novembre 2004, n° 04-81.211, *JurisData* n° 2004-026025

[708] A. CHAVANNE, « Les circonstances aggravantes en droit français », *RID pén.* 1965. 527 ; M. DALLOZ, *Les circonstances aggravantes légales en droit criminel français, thèse*, Nice, 2001 ; E. DREYER, « Notations sur l'éclatement des circonstances aggravantes », in V. MALABAT, B. DE LAMY et M. GIACOPELLI (dir.), *La réforme du Code pénal et du Code de procédure pénale-Opinio doctorum*, in, coll. Thèmes et commentaires, Paris, Dalloz, 2009, p. 63 ; C. DE JACOBET DE NOMBEL, *Théorie générale des circonstances aggravantes*, Paris, Dalloz, 2006 ; M. DALLOZ, « Circonstances aggravantes », *Rép. dr. pén. proc. pén.*, 2017.

constitutifs de l'infraction, sans qu'il soit nécessaire d'établir une organisation criminelle structurée[709].

En outre, la circonstance aggravante de la réunion est caractérisée, dès que plusieurs personnes ont commis une infraction ensemble et de concert dans le cadre d'une coaction[710]. Or, le groupe criminel organisé doit être un groupe structuré « *de trois personnes ou plus existant depuis un certain temps et agissant de concert depuis un certain temps* ».

L'exigence d'une structuration criminelle permet aussi d'établir un départ entre l'infraction d'association de malfaiteurs et le groupe criminel organisé. En effet, en matière d'association de malfaiteurs, le nombre de protagonistes ainsi que la durée de l'association ou du groupement sont indifférents, l'article 238 du CP évoquant un groupement formé ou toute entente établie « *quelle que soit sa durée ou le nombre de ses membres* ».

Le concours de deux personnes, comme un couple, suffit[711]. Peu importe que les autres membres de l'association criminelle, à laquelle un individu a adhéré, n'aient pas tous été identifiés, du moment que ce groupement, son activité et ses buts ont été clairement établis[712].

178. Finalité de l'organisation criminelle. La finalité criminelle constitue le deuxième élément du groupe criminel organisé, puisqu'il doit être constitué dans le but de commettre une ou plusieurs des infractions relatives à la criminalité organisée *« pour en tirer, directement ou indirectement, un avantage financier ou un autre avantage matériel* ». Il s'agit là d'une des spécificités de la notion de groupe criminel organisé par rapport à l'infraction d'association de malfaiteurs et à la réunion, qui peuvent concerner toutes infractions pénales[713].

Il faut préciser que la législation pénale antérieure n'incriminait l'association de malfaiteurs que lorsque l'entente ou l'association était établie

---

709 En ce sens, P. A. TOURÉ, « Le groupe criminel organisé en droit pénal sénégalais », in *Par le droit immobilier et au-delà, Mélanges en l'honneur de Daniel Tomasin*, Paris, Dalloz, 2022, p. 697.
710 Sur la coaction, V. P. A. TOURÉ, *Droit pénal général sénégalais, tome 2 : la responsabilité pénale et la sanction pénale*, Dakar, l'Harmattan 2023, n° 67 s.
711 J. LARGUIER, *Droit pénal spécial*, Paris, 1994, Mémentos Dalloz, 8e, éd., p. 266 ; P. GATTEGNO, *Droit pénal spécial,* Paris, Dalloz, 7e éd., 2007, p. 560, note 1 ; crim. 29 oct. 1975, *Bull. crim.* n° 230, *RSC* 1986. 417, obs. A. Vitu; crim. 3 juin 2004, n° 03-83.334 , *Dr. pén.* 2004, com. 182, obs. Véron.
712 Crim. 25 juin 1984, *D.* 1984. IR 480.
713 V. art. 238 du CP.

dans le but « *de préparer ou de commettre un ou plusieurs crimes contre les personnes ou les propriétés* » [714]. La loi n° 2021-33 du 23 juillet 2021 modifiant la loi n° 65-60 du 21 juillet 1965 portant Code pénal a procédé à une redéfinition, voire à un élargissement de la structure de l'infraction d'association de malfaiteurs qui désormais a pour finalité « *la préparation ou de la commission d'un crime ou délit* ».

Par ailleurs, les membres du groupe doivent agir pour tirer de leur activité criminelle, « *directement ou indirectement, un avantage financier ou un autre avantage matériel* ». Cette exigence conforte la nature économique de la criminalité organisée[715]. Les actions des membres du groupe criminel organisé doivent être orientées vers la recherche du profit[716]. La délinquance organisée couvre une gamme d'activités illégales, comme la fraude, l'escroquerie, l'évasion fiscale, le blanchiment de capitaux, etc.[717]

Toutefois, les personnes impliquées dans une association de malfaiteurs ou dans une coaction ne sont pas forcément guidées par la recherche du profil. Ils peuvent agir de concert en vue de commettre un meurtre ou des coups de blessures volontaires ou même un viol en dehors de toute recherche de profit.

179. Régime procédural dérogatoire des infractions relatives à la criminalité organisée. L'enquête, l'instruction et le jugement des infractions relatives à la criminalité organisée sont souvent très souvent ardus et nécessitent le recours à des mesures, telles que des techniques d'enquête spéciales, encore appelées « *techniques d'enquêtes discrètes* ». L'efficacité de la répression de ces infractions est souvent tributaire de la qualité des investigations.

Le titre XVIII du Code de Procédure pénale relatif à la procédure applicable à la criminalité organisée (art. 677-65 à 677-91 du CPP), qui été inséré dans ce code par la loi n° 2021-34 du 23 juillet 2021 modifiant la loi

---

[714] M. CULIOLI et P. GIOANNI, « Association de malfaiteurs », *Rép. dr. pén.proc. pén.*, 2017, n°79.

[715] P. A. TOURÉ, « Le groupe criminel organisé en droit pénal sénégalais », in *Par le droit immobilier et au-delà, Mélanges en l'honneur de Daniel Tomasin*, Paris, Dalloz, 2022, p. 697.

[716] V. M. QUEMENER, *Criminalité économique et financière à l'ère du numérique*, Paris, Economica, 2015, p. 24.

[717] C. SOULLEZ, « Criminalité et économie : un mariage efficace et durable », *Regards croisés sur l'économie*, 1 , 2014, p. 89 ; N. QUELOZ, « Criminalité économique et criminalité organisée », *l'Économie politique* 03/2002, n° 15, p. 58 ; S-M. CABO, « L'influence du cyber espace sur la criminalité économique et financière », *Dr. pén.* n° 3, mars 2018, étude 5.

n° 65-61 du 21 juillet 1965 portant Code de Procédure pénale, prévoit le régime procédural applicable à la criminalité organisée.

Il résulte de l'article 677-65 du CPP que la procédure applicable à l'enquête, à la poursuite, à l'instruction et au jugement des crimes et des délits relatifs à la criminalité organisée est celle prévue par le Code de procédure pénale, sous réserve des dispositions du titre XVIII précité, lorsque ces crimes et délits sont commis par un groupe criminel organisé.

En d'autres termes, les infractions relatives à la criminalité organisée relèvent d'un régime procédural spécifique, puisque l'enquête, la poursuite, l'instruction et le jugement de ces infractions sont régis par des dispositions dérogatoires. Ce n'est que dans le silence des règles spéciales qu'elles sont soumises au droit commun procédural.

Le régime procédural dérogatoire prévu est orienté vers l'efficacité des investigations, par une extension des pouvoirs d'investigations des autorités policières et judiciaires[718]. Le législateur a aménagé des mesures spéciales de surveillance[719], d'infiltration[720], de garde à vue[721], de perquisition, de visites domiciliaires et de saisies de pièces à conviction[722]. Le Code de procédure pénale a aussi institué des techniques de collecte de la preuve électronique, à savoir l'accès à distance aux correspondances électroniques stockées[723], la captation, la fixation, la transmission et l'enregistrement des paroles ou images dans un lieu privé[724] ainsi que des mesures conservatoires[725].

---

[718] H. MATSOPOULOU, « Les nouveaux moyens de preuve au service de la criminalité organisée : à propos de la loi n° 2016-731 du 3 juin 2016 », *JCP* 2016. 707 ; Th. MEINDL, « Procédure applicable à la criminalité et la délinquance organisées. Poursuite. Instruction. Jugement. Assistants spécialisés. Dispositions dérogatoires de procédure », *Juris-class. proc. pén.*, art. 706-73 à 706-106, fasc. 20, 2020 ; W. JEANDIDIER, « Criminalité et délinquance organisées », *Rep. dr. pén. proc. pén.*, Dalloz, janvier 2017, n° 03 ; J. DANET, De la procédure à la répression de la criminalité organisée, ou laquelle est l'instrument de l'autre ?, *Act. jur. pén.* 2004, p. 192 ; M. D. DIOUF DIOP, « La lutte contre le terrorisme, un défi pour les Etats africains à l'aube du 21e siècle », Discours d'usage audience solennelle de rentrée des cours et tribunaux, 9 janvier 2020.

[719] V art. 677-66 du CPP.

[720] V. art. 677-67 du CPP.

[721] V. art. 677-74 du CPP.

[722] V. art. 677-76 du CPP.

[723] V. art. 677-82 du CPP.

[724] V. art. 677-84 du CPP.

[725] V. art. 677-89 du CPP.

PARAGRAPHE II : INFRACTIONS DE DROIT COMMUN ET INFRACTIONS DE TERRORISME

180. Actes de terrorisme. La montée en puissance des actes de terrorisme commis par des groupes de plus en plus organisés est devenue, depuis les années 80, une préoccupation de la communauté internationale.

Au Sénégal, face à l'acuité du phénomène du terrorisme, le législateur a mis en place un dispositif procédural dérogatoire applicable aux infractions de terrorisme.

A. Le phénomène du terrorisme

181. Criminalité terroriste. Le terrorisme est devenu, depuis le début du 21e sièclen un des phénomènes les plus générateurs d'insécurité ou de sentiment d'insécurité pour les peuples. Au lendemain des attentats du 11 septembre 2001, plusieurs résolutions, déclarations et conventions ont été adoptées en vue de lutter contre le terrorisme. Il s'agit notamment de la Convention pour la répression des attentats terroristes à l'explosif, adoptée le 15 décembre 1997, de la Convention internationale pour la répression du financement du terrorisme, adoptée le 09 décembre 1999 à New York, de la Convention internationale pour la répression des actes de terrorisme nucléaire, adoptée à New York le 14 septembre 2005, du Protocole international relatif à la Convention pour la répression des actes illicites contre la sécurité de la navigation maritime, signée à Londres le 14 octobre 2005 et du Protocole relatif au Protocole pour la répression d'actes illicites dirigés contre la sécurité des plateformes fixes situées sur le plateau continental, signé à Londres le 14 octobre 2005[726].

182. Création des infractions de terrorisme. La multiplication des actes de terrorisme dans le monde ainsi que la stupeur suscitée par les attentats terroristes ont incité le législateur sénégalais à apporter quelques aménagements au Code pénal par l'adoption de la loi n° 2007-01 du 12 février 2007 modifiant le Code pénal[727]. Ce texte a intégré dans l'arsenal répressif une nouvelle catégorie d'infractions qualifiées « *actes terroristes* ».

---

[726] NF. CAMARA, *La lutte contre le terrorisme en Afrique : contribution à l'étude de la pertinence des instruments de lutte contre le terrorisme en Afrique*, Dakar, 2013, p. 8.
[727] JORS n° 6323 du 10 mars 2007, p. 2375.

L'article 1er de cette loi a inséré, après l'article 279 du CP, une section VII intitulée « *Des actes terroristes* »[728].

Avec l'acuité particulière que revêt le phénomène du terrorisme au regard de ses manifestations récentes aussi bien sur le plan international que dans la sous-région, « *il a paru nécessaire de renforcer la lutte contre le cyberterrorisme* »[729].

À cet effet, la loi n° 2016-29 du 08 novembre 2016 modifiant le Code pénal[730] a intégré les infractions liées aux technologies de l'information et de la communication dans la liste des actes terroristes.

Plus récemment, la loi n° 2021-33 du 23 juillet 2021 modifiant le Code pénal a renforcé le dispositif de lutte contre le terrorisme par la prise en compte d'incriminations prévues, notamment par la Convention internationale pour la répression du financement du terrorisme du 09 décembre 1999. Ce texte a également autonomisé le délit d'apologie du terrorisme en l'incriminant dans un texte spécifique[731].

183. Rejet de la qualification d'infraction politique. Pendant longtemps, l'acte terroriste a été perçu comme empreint d'une violence politique contestataire et subversive. Il a été ressenti comme un acte perpétré contre l'État et réprimé en conséquence en tant qu'infraction politique.

La Cour de Cassation française a eu l'occasion de fixer sa doctrine sur cette question. Sa chambre criminelle, par un arrêt du 14 mars 1989, a dénié à un ex-membre de groupe Action directe le bénéfice d'une loi portant amnistie. Pour ce faire, elle a affirmé que les infractions « *en relation avec une entreprise individuelle ou collective ayant pour but de troubler gravement l'ordre public par l'intimidation ou la terreur* » relèvent d'un autre champ d'application que les infractions commises « *en relation avec toute entreprise tendant à entraver l'exercice de l'autorité de l'État* »[732].

De même, la première chambre civile de la Cour de Cassation française, par un arrêt du 17 octobre 1995, a censuré une cour d'appel qui exigeait, pour

---

728 J. PRADEL, « Les infractions de terrorisme, un nouvel exemple de l'éclatement du droit pénal », *D.* 1987, chron. p. 39 à 50.
729 V. exposé des motifs de la loi n° 2016-29 du 08 novembre 2016 modifiant le Code pénal.
730 JORS n° 6975 du vendredi 25 novembre 2016. p. 1613.
731 V. art. 279-2 du CP.
732 Crim. 14 mars 1989, no 88-87.503, *Bull. crim.* n° 123.

qualifier comme terroristes des infractions, qu'elles aient été commises dans un but politique ou idéologique, précisant qu'elle ajoutait ainsi à la loi une condition qu'elle ne comportait pas[733].

184. Actes terroristes. Le droit pénal sénégalais n'a pas défini la notion de terrorisme. Il s'est contenté d'énumérer les différents actes terroristes[734].

Il résulte de l'article 279-1 du CP, issu la loi n° 2021-33 du 23 juillet 2021, que constituent des actes de terrorisme punis de la réclusion criminelle à perpétuité, lorsqu'ils sont commis intentionnellement en relation avec une entreprise individuelle ou collective ayant pour but d'intimider une population de troubler gravement l'ordre public ou le fonctionnement normal des institutions nationales ou internationales, de contraindre un Gouvernement ou une organisation internationale à accomplir ou à s'abstenir d'accomplir un acte quelconque par la terreur :

- les attentats et complots visés par les articles 72 à 84 du CP ;
- les crimes commis par participation à un mouvement insurrectionnel visés par les articles 85 à 87 du CP ;
- les violences ou voies de fait commises contre les personnes et les destructions ou dégradations commises lors de rassemblements et visées par l'article 98 du CP ;
- les enlèvements et séquestrations prévus par les articles 334 à 337 bis du CP ;
- les destructions, dégradations et dommages visés aux articles 406 à 409 du CP;
- la dégradation des biens appartenant à l'État ou intéressant la chose publique prévue par l'article 225 du CP ;
- l'association de malfaiteurs prévue par les articles 238 à 240 du CP ;

[733] Cass. civ., 17 oct. 1995, n° 93-14.837 , *Bull. civ.* I, n° 368.

[734] Sur la notion, V. J.-P. MARGUENAUD, « La qualification pénale des actes de terrorisme », *RSC* 1990, n° 1, p. 1 à 28 ; V. SANSICO, « Le terrorisme, vie et mort d'une notion juridique (1930-1945)», *Arch. pol. crim.*, vol. 38, n° 01, 2016, p. 27 ; M. MASSE, « La criminalité terroriste », *RSC* 2012, p. 89 ; Y. MAYAUD, « Terrorisme», *Rép. dr. pén. proc. pén.*, Dalloz, 1995 ; J. PRADEL, «Les infractions de terrorisme, un nouvel exemple de l'éclatement du droit pénal », *D.* 1987, chron., 39.

- les atteintes à la vie prévues par les articles 280, 281, 284, 285 et 286 du CP ;
- les menaces prévues par les articles 290 à 293 du CP ;
- les blessures et coups volontaires prévus par les articles 294 à 298 du CP ;
- la fabrication ou la détention d'armes prohibées prévue par la législation sur les armes ;
- la fabrication, l'acquisition, la possession, le transport, le transfert, par tout acteur non étatique, d'armes nucléaires, chimiques, biologiques et leurs vecteurs ;
- les vols et extorsions prévus par les articles 364 et 372 du CP ;
- le fait d'introduire dans l'atmosphère, sur le sol, dans le sous-sol ou dans les eaux une substance de nature à mettre en péril la santé de l'homme ou des animaux ou le milieu naturel ;
- les infractions liées aux technologies de l'information et de la communication ;
- les atteintes à la défense nationale[735].

De façon traditionnelle, les actes terroristes constituent des infractions graves portant atteinte à la sécurité publique, à l'intégrité physique et psychique des personnes ainsi qu'à la propriété des biens lorsqu'elles sont intentionnellement en relation avec une entreprise individuelle ou collective ayant pour but de troubler l'ordre public ou le fonctionnement normal des institutions nationales ou internationales, par l'intimidation ou la terreur[736]. Les actes de terrorisme ne sont pas des infractions autonomes ; ils recoupent en réalité des infractions préexistantes en droit pénal commun et qui présentent la spécificité d'être en relation avec une entreprise terroriste.

Selon l'article 279-9 du CP, les actes terroristes sont punissables alors même qu'il n'existerait pas un acte commis ou tenté, dès lors qu'un acte matériel tendant à les réaliser est entrepris.

[735] D. GUERIN, « Les actes de terrorisme », *Juris-class. pén. code*, art. 421-1 à 422-7, fasc. 20.
[736] V. CRETTIEZ, « Les modèles conceptuels d'appréhension du terrorisme », *Cah. sécurité int.*, n° 38, 1999, p. 199.

185. Relation avec une entreprise individuelle ou collective. L'exigence légale d'une relation de l'acte terroriste avec une entreprise individuelle ou collective ayant pour but de troubler l'ordre public ou le fonctionnement normal des institutions par l'intimidation ou la terreur constitue une particularité du terrorisme[737]. La qualification terroriste ne peut être appliquée qu'aux infractions qui sont « *en relation* » avec une entreprise ayant pour but de troubler gravement l'ordre public par l'intimidation ou la terreur. Tout le dispositif répressif antiterroriste repose sur cette formule. Selon le professeur Jean PRADEL, l'acte terroriste est « *celui qui suscite une peur collective dans la population pour l'amener à céder ou pour amener le Gouvernement qui le représente à céder* »[738].

La définition législative de l'entreprise terroriste a été fréquemment dénoncée comme étant trop imprécise et ouvrant la voie à tous les abus.

Cependant, malgré les critiques de la doctrine[739], le Conseil constitutionnel français a estimé, dans sa décision n° 86-213 DC du 3 septembre 1986, que cette formule ne heurtait pas le principe de la légalité des délits et des peines.

186. Notion d'entreprise individuelle ou collective. C'est en réalité l'intention terroriste qui permet de distinguer les actes terroristes des infractions de droit commun. L'entreprise terroriste suppose une organisation, des actes, une stratégie, voire une planification qui révèlent de manière univoque chez ceux qui la portent leur détermination à commettre, à plus ou moins long terme, une action terroriste propre à troubler gravement l'ordre public par l'intimidation ou la terreur.

L'entreprise doit consister en une action d'intimidation ou de terreur se caractérisant par un mode d'action tendant à répandre dans la population un

---

[737] J. PRADEL et M. DANTI-JUAN, *Droit pénal spécial. Droit commun droit des affaires*, 4e édition, Paris, édition Cujas, 2007, p. 828 ; M. L. RASSAT, *Droit pénal spécial*, 6e édition, Paris, Dalloz, 2011, p. 635, n° 859 ; V. OLIVERI, « Terrorisme et radicalisation : la nécessité d'un régime carcéral adapté», *Dr. pén.* 2017, entretien 1 M.-E. CARTIER, «Le terrorisme dans le nouveau Code pénal français», *RSC* 1995, n° 02, p. 225 à 246; B. BOULOC, *Le terrorisme, Problèmes actuels de science criminelle*, PUAM, vol. II, 1989, p. 65 ; J. ALIX, «Flux et reflux de l'intention terroriste», *RSC* 2019, p. 505.

[738] J. PRADEL, « Les infractions de terrorisme, un nouvel exemple de l'éclatement du droit pénal (loi n° 86-1020 du 9 septembre 1986) », *D.* 1987, chron. p. 39.

[739] J.-P. MARGUENAUD, « La qualification pénale des actes de terrorisme », *RSC* 1990, n° 1, p. 1 à 28.

sentiment d'épouvante, de sidération ou de peur violente et à faire naître chez les personnes un sentiment de menace personnelle. Cette action d'intimidation ou de terreur cause ainsi un trouble grave à l'ordre public qui revêt, en conséquence, un retentissement national ou international et affecte le pays tout entier ou une partie importante de son territoire ou de sa population.

L'action commise peut consister en la déstabilisation des institutions, la désorganisation de l'économie, la fracturation de la société ou, plus généralement, en l'instauration d'un climat de peur[740]. L'action terroriste est une action violente dont les effets psychologiques sont hors de proportion. En pratique, l'adhésion à une idéologie tendant à imposer par la violence des convictions politiques ou religieuses est souvent l'un des éléments révélant l'existence de l'entreprise terroriste.

La notion d'entreprise recouvre un dessein formé ou un plan concerté se traduisant par des efforts coordonnés en vue de l'atteinte d'un objectif déterminé.

Qu'elle s'applique à un fanatique isolé ou à un réseau international, elle est exclusive de toute idée d'improvisation ; elle suppose des préparatifs et un minimum d'organisation. Peuvent ainsi être pris en considération des éléments tels que l'établissement d'un plan d'action, le rassemblement de moyens matériels, la mise en place d'un dispositif de repli ou encore la rédaction d'un communiqué destiné à la presse[741]. C'est dire que les actes de terrorisme ne trouvent leur véritable nature que s'ils sont le résultat d'une détermination suffisamment élaborée, d'une véritable « *stratégie* »[742].

Dans un jugement rendu le 10 avril 2019[743], le Tribunal de grande Instance hors Classe de Dakar a considéré que l'entreprise individuelle ou collective est un concept nommé et non défini par l'article 279-1 du CP. Le tribunal a énoncé qu'il s'agit d'un « *projet mûrement réfléchi, planifié,*

---

740 D. GUERIN, « Les actes de terrorisme », *Juris-class. pén.* code , art. 421-1 à 422-7, fasc. 20, 2021, n° 27.

741 Circulaire n° crim. 86.21/F1 du 10 oct. 1986, sur la mise en œuvre des dispositions de la loi n° 86-1020 du 9 sept. 1986, BOMJ 1986. 57 s., spéc. p. 62, n° 2113.

742 Crim. 7 mai 1987, n° 87-80.822 , *Bull. crim.* n° 186.

743 TGIHC Dakar, ch. crim. n°028 du 10 avril 2019, MP c/ S. K., *inédit*.

organisé, ayant une logique interne, se traduisant par des actes matériels et tendant à des buts terroristes ».

La condition tirée de l'entreprise individuelle ou collective renvoie volontiers au crime ou délit organisé, mais entendu différemment, selon le caractère collectif ou individuel de l'entreprise. À la manière de la bande organisée, définie à l'article 132-71 du Code pénal français, elle s'apparente d'abord à ce qui porte la marque d'actions coupables particulièrement graves et redoutées, pour ce qu'elles représentent d'initiatives à base d'entente, de concertation ou d'idéologie partagée entre plusieurs personnes[744].

Elle rejoint alors l'entreprise terroriste collective, dont l'organisation est d'autant plus redoutable qu'elle peut se confondre avec un terrorisme d'État.

En revanche, lorsqu'elle est individuelle, sans le relais de structures d'appui, l'entreprise terroriste se rapproche davantage de la préméditation, du « *dessein formé avant l'action* », pour reprendre la formule du Code pénal.

L'idée d'organisation est la meilleure pour rendre compte de l'entreprise terroriste. La Cour de Cassation française a approuvé une juridiction du fond pour avoir retenu qu'un acte de terrorisme implique « *un minimum d'organisation*» et avoir relevé que l'acte dont le demandeur avait été victime constituait une action isolée contre un établissement scolaire, et que son mode de perpétration ne révélait pas le professionnalisme de son ou de ses auteurs, demeurés inconnus, avec pour conséquence légale et justifiée de ne pouvoir assimiler cet acte à un acte de terrorisme[745].

187. Portée intimidante ou terrorisante de l'entreprise. L'entreprise en relation avec l'acte terroriste doit avoir pour but de troubler gravement l'ordre public par l'intimidation ou la terreur. Le contexte terroriste ne tient pas seulement à l'existence d'une entreprise objectivement établie et suffisamment prouvée. Il faut encore que celle-ci procède d'une finalité qui en fait une opération intimidante et terrorisante.

« *Ce qui caractérise le type de criminalité que veut atteindre le législateur, c'est, au-delà des conséquences immédiates de l'infraction, la volonté d'intimider ou de terroriser la population ou une partie de celle-ci,*

---

[744] Y. MAYAUD, « Le crime organisé », in P. MÉHAIGNERIE (dir.), *Le nouveau Code pénal. Enjeux et perspectives*, Paris, Dalloz, 1994, p. 60.
[745] Cass. civ., 17 oct. 1995, n° 93-14.837, *Bull. civ.* I, n° 368 ; *D.* 1995. IR 245 ; *RCA* 1996. comm. 72.

en troublant ainsi gravement l'ordre public »[746]. Il est donc nécessaire de ne pas s'arrêter aux seules manifestations visibles et immédiates de l'acte supposé terroriste, voire de l'organisation qui en a permis la réalisation. Il faut en apprécier les suites, afin de se convaincre que l'entreprise criminelle s'inscrit bien dans une logique de peur.

188. Appréciation objective. L'appréciation de la portée intimidante de l'entreprise terroriste doit être objective. Il s'agit de se convaincre de la portée déstabilisatrice de l'acte mis à exécution, en jugeant de son importance et de son impact par ses retombées. C'est dans la dimension de l'entreprise elle-même que doit être apprécié le trouble inséparable du terrorisme, non pas dans le vécu psychologique de son auteur.

Dans une affaire de sabotages de caténaires réalisés pour provoquer des ruptures d'alimentation électrique sur des lignes TGV, la Cour de Cassation française a jugé que l'exigence d'une finalité terroriste attachée aux agissements reprochés aux inculpés procéde d'une exigence que l'article 421-1 du Code pénal ne contient pas.

D'après la haute juridiction : « *L'article 421-1 du Code pénal n'exige, pour qualifier des agissements comme étant des actes de terrorisme, ni qu'ils aient eu une finalité terroriste, ni que les actes de sabotage incriminés aient été susceptibles de provoquer des atteintes à l'intégrité physique des personnes* »[747].

Autrement dit, le trouble à l'ordre public n'est pas d'ordre subjectif, mais doit présenter un caractère objectif, avec cette conséquence que le juge doit l'apprécier au regard de la seule entreprise terroriste.

189. Trouble grave à l'ordre public. Quant aux manifestations du trouble, l'article 279-1 du CP exige que les actes terroristes aient pour but de troubler « *gravement l'ordre public* », ce qui laisse au juge un large pouvoir d'appréciation.

Mais il doit être toujours guidé par la volonté du législateur de réserver la qualification terroriste aux hypothèses les plus marquantes de déstabilisation

---

[746] Circulaire du 10 oct. 1986, préc. p. 62, n° 2113.

[747] Crim. 10 janv. 2017, n° 16-84.596 , *Bull. crim.* n° 14 ; *D.* actu. 2 févr. 2017, obs. A. André ; *act. jur. pén.* 2017. 79, obs. Alix ; *Dr. pén.* 2017, n° 35, obs. Conte.

sociale, qui ne sauraient notamment se réduire à de simples entraves à l'exercice de l'autorité de l'État[748].

Il faut préciser que c'est par l'intimidation ou la terreur que doit s'extérioriser le trouble à l'ordre public, un tel trouble ne pouvant être retenu pour asseoir une qualification terroriste sans être la résultante, soit de l'une, soit de l'autre.

L'intimidation peut être définie comme la peur physique qui paralyse les individus, tandis que la terreur est la peur psychologique qui s'empare de la collectivité[749]. En réalité, l'intimidation serait davantage psychologique et la terreur plus viscérale[750].

Quoi qu'il en soit, l'entreprise terroriste doit se manifester par une déstabilisation de la collectivité, après avoir éveillé en elle des craintes et des angoisses dont l'effet premier est de paralyser l'esprit d'initiative, de contrarier la confiance mutuelle et de douter des possibilités de réaction des pouvoirs publics.

« *Il s'agit de faire un maximum de victimes pour atteindre par ricochet le pouvoir politique* »[751]. Le terrorisme joue sur la force pour générer un sentiment d'impuissance. C'est tout le particularisme de la finalité de l'infraction terroriste, qui en fait une criminalité très particulière, basée sur une conception et une organisation, dont l'effet doit dépasser les victimes directes, telle une réaction en chaîne, pour atteindre la collectivité dans son ensemble.

Ainsi, a été justifiée la condamnation pour recel de malfaiteurs en relation avec une entreprise terroriste d'individus qui ont apporté leur aide matérielle et logistique à une personne qu'ils savaient impliquée dans l'assassinat d'un préfet et dont ils connaissaient l'engagement idéologique[752].

Dans cet arrêt, la chambre criminelle a approuvé la motivation de la cour d'appel qui était ainsi rédigée : « *en l'espèce, il n'est pas nécessaire pour*

---

[748] Crim. 14 mars 1989, n° 88-87.503 , *Bull. crim.* n° 123.

[749] F. COLCOMBET, *Rapport n° 2244, t. 1, exposé général. Examen des articles, 1991*, AN, p. 93.

[750] M. E. CARTIER, « Le terrorisme dans le nouveau Code pénal français», *RSC* 1995, n° 02, p. 230, spéc. p. 236.

[751] Y. SEMEN, « Le terrorisme-Éclairage historico-philosophique », Journée de formation AREFA, Lyon, 21 sept. 2017.

[752] Cass. crim., 4 juin 2014, n° 13-84.427.

caractériser l'existence de la circonstance aggravante de démontrer que les prévenus aient eu un "rapport" avec les faits reprochés à M. Z..., alors sous le coup de deux mandats d'arrêt délivrés contre lui pour sa participation à l'action commando commise le 6 septembre 2007 contre la gendarmerie de Pietrosella et à l'assassinat du préfet D....à Ajaccio le 6 février 1998 ; il suffit que l'auteur de l'infraction ait eu l'intention d'inscrire son action délictuelle dans le cadre d'une entreprise individuelle ou collective ayant pour but de troubler gravement l'ordre public par l'intimidation ou la terreur ; en l'espèce, il est incontestable que les prévenus ont hébergé ou apporté une aide matérielle ou logistique à M. Z....en considération de ce qu'il représentait, du crime qui lui était reproché et de son engagement idéologique radical auquel au moins M. André E...et Mme X...souscrivaient ; tous connaissaient l'engagement de M. Z...qui dans le journal indépendantiste "U. Ribombu" évoquait les attentats et la violence en Corse, les qualifiant d'actes de résistance face à une politique de négation de "notre peuple" ».

Dans une autre espèce, une personne avait fourni à l'auteur de plusieurs assassinats à caractère terroriste l'arme du crime. La chambre criminelle a cassé l'arrêt d'appel qui, pour retenir la circonstance aggravante tenant à un acte de terrorisme ayant pour objet de porter volontairement atteinte à la vie ou à l'intégrité d'autrui, exigeait la démonstration de la connaissance précise et concrète du projet d'assassinat chez le participant à une association de malfaiteurs de nature criminelle[753].

190. Intention terroriste. Le législateur exige que les actes terroristes soient « *commis intentionnellement* ». En matière de terrorisme, la volonté de commettre des actes terroristes, c'est-à-dire la volonté de rejoindre une «*entreprise*» de déstabilisation sociale, constitue l'intention explicitement requise[754].

Quant à son objet, il est renvoyé à la commission d'actes terroristes, ce qui n'est rien d'autre que le dommage socialement redouté au titre du crime ou du délit. Pour agir intentionnellement, il faut vouloir, non seulement le

---

[753] Cass. crim., 7 oct. 2016, n° 16-84.597, *JurisData* n° 2016-020130 ; *Bull. crim.* n° 263 ; *Dr. pén.* 2016, comm. 170, obs. C. de Jacobet de Nombel.
[754] Y. MAYAUD, « L'intention terroriste », 2019, *Lexbase pénal*, n° 18 ; J. ALIX, « Flux et reflux de l'intention terroriste », *RSC* 2019, p. 505.

comportement qui matérialise l'infraction, c'est-à-dire l'action ou l'omission prohibée par le texte d'incrimination, mais également le dommage ou le résultat que le législateur redoute à travers ce comportement. En matière de meurtre, par exemple, il ne suffit pas de vouloir le coup porté, il faut encore avoir la volonté du résultat inhérent à ce coup, vouloir la mort de la victime[755].

C'est exactement la même chose pour le terrorisme, dont la réalisation, au-delà de la volonté des actes qui en concrétisent l'action, doit intégrer la volonté du résultat, c'est-à-dire la volonté du dommage terroriste, celle de s'engager dans un processus délibérément recherché pour ce qu'il va entraîner de désordre social à la dimension de l'acte commis.

En ce qui concerne la preuve de l'intention terroriste, le Conseil constitutionnel français a émis une réserve d'interprétation. Il a jugé que « *la preuve de l'intention de l'auteur des faits de préparer une infraction en relation avec une entreprise individuelle terroriste ne saurait, sans méconnaître le principe de nécessité des délits et des peines, résulter des seuls faits matériels reconnus comme actes préparatoires…* »[756].

Ainsi, l'intention terroriste ne saurait être présumée et résulter ainsi de la caractérisation des seuls faits matériels participant de l'acte terroriste, sauf à consacrer une conception déformée de l'incrimination de terrorisme[757].

B. Le régime procédural dérogatoire du terrorisme

191. Procédure dérogatoire. La loi n° 2016-30 du 08 novembre 2016 modifiant la loi n° 65-61 du 21 juillet 1961 portant Code de Procédure pénale a abrogé et remplacé le titre XV du livre IV du Code de Procédure pénale relatif à l'enquête, à la poursuite, à l'instruction et au jugement des infractions en matière de terrorisme et d'actes assimilés par un nouveau titre (art. 677-24-677-31 du CPP)[758]. En vertu de l'article 677-24 du CPP, les infractions en

---

[755] Y. MAYAUD, *Droit pénal général*, op. cit., n° 230, p. 284.

[756] Cons. const. 7 avr. 2017, n° 2017-625 QPC , JO 9 avr. ; *D.* 2017. 819 ; *D.* 2017. 1180, note N. Catelan et J.-B. Perrier ; *D.* 2017. 1134, Point de vue Y. Mayaud ; *D.* 2017. 2501, obs. G. Roujou de Boubée ; *D.* 2018. 1345, obs. E. Debaets et N. Jacquinot ; *Act. jur. pén.* 2017, p. 237; Constitutions 2017. 337 ; *RSC* 2017. 385, obs. B. de Lamy ; *RSC* 2018. 75, obs. P. Beauvais.

[757] Y. MAYAUD, « Terrorisme- Infractions », *Rép. dr. pén. proc. pén.* , Dalloz, 2020, n° 192.

[758] Sur ce texte, TH. A. NDIOGOU, « Réflexions sur la nouvelle législation sénégalaise antiterroriste » *Droits fondamentaux,* n° 16, janvier 2018, décembre 2018.

matière de terrorisme sont poursuivies, instruites et jugées selon les règles du CPP sous réserve des dispositions des articles 677-24 et s. du code précité.

Ainsi, le législateur a prévu un rallongement des délais de prescription en matière de terrorisme par rapport au délai de prescription en matière criminelle[759]. En matière de crime, l'action publique se prescrit par dix années révolues à compter du jour où le crime a été commis.[760] Or, selon l'article 677-25 du CPP, l'action publique pour les infractions de terrorisme et les actes assimilés se prescrit par trente ans.

En droit commun, le délai de prescription de la peine en matière criminelle est de vingt années révolues à compter de la date où cet arrêt est devenu définitif[761].

Mais les peines prononcées pour les infractions de terrorisme et les actes assimilés se prescrivent par quarante ans révolus, à compter de la date où la décision est devenue définitive.

En outre, le procureur de la République près le Tribunal de grande Instance hors Classe de Dakar est seul compétent pour l'exercice de l'action publique lorsque l'infraction rentre dans des actes de terrorisme et les actes d'appui[762].

Le cabinet d'instruction spécialisé du Tribunal de grande Instance hors Classe hors classe de Dakar saisi est seul compétent pour conduire l'information ouverte contre les auteurs des infractions relatives au terrorisme et aux actes d'appui. La Chambre d'Accusation de la Cour d'Appel de Dakar est la seule juridiction d'instruction du second degré compétente pour les infractions rentrant dans la catégorie des actes de terrorisme et des actes d'appui[763].

La chambre criminelle du Tribunal de grande Instance hors Classe de Dakar, siégeant en formation spéciale, est seule compétente pour juger les actes de terrorisme et les délits qui leur sont connexes[764]. L'appel contre les

---

759 M. GUÈYE, *Les procédures pénales dérogatoires au Sénégal,* Thèse doctorat Dakar, Presses universitaires de Dakar, 2021, p. 192.
760 V. art. 7, alinéa 1er du CPP.
761 V. art. 721 du CPP.
762 V. art. 677-29 et art. 677-30 du CPP.
763 V. art. 677-29 du CPP.
764 V. art. 677-30 du CPP.

décisions rendues par la chambre criminelle spéciale du tribunal de grande instance est porté devant une chambre criminelle spéciale de la Cour d'Appel de Dakar composée d'un président et de quatre conseillers désignés par ordonnance spéciale du premier président de la cour d'appel.

Ainsi, l'article 677-30 du CPP attribue une compétence exclusive aux juridictions de Dakar pour connaître des infractions de terrorisme, quel qu'en soit l'auteur, ce qui semble écarter l'exercice de toute autre compétence ratione personae.

Mais que décider lorsque la personne poursuivie était mineure au moment des faits ? On se retrouve ainsi en présence d'un conflit entre deux règles spéciales de compétence : celle qui donne compétence à la chambre criminelle spéciale du Tribunal de grande Instance hors Classe de Dakar pour statuer sur les actes de terrorisme et les délits connexes et celle qui attribue compétence au tribunal pour enfants pour connaître des crimes et des délits reprochés aux mineurs.

La chambre criminelle spéciale du Tribunal de grande Instance hors Classe de Dakar a été confrontée à ce délicat problème dans un jugement rendu le 10 avril 2018[765].

Dans cette espèce, la chambre criminelle a jugé que l'article 677-30 du CPP, qui « *n'a prévu aucune mesure adaptée à la situation spécifique du mineur impliqué dans des affaires de terrorisme, est manifestement en contradiction non seulement avec les autres dispositions internes existantes relatives au mineur, en l'occurrence les articles 566 et suivants du Code de procédure pénale instituant le Tribunal pour enfants et une procédure spéciale pour le jugement des mineurs soupçonnés d'avoir commis des infractions, mais également avec les engagements internationaux souscrits par le Sénégal, comme la Convention internationale des droits de l'enfant adoptée par l'Assemblée générale de l'Organisation des Nations Unies le 20 novembre 1989 entrée en vigueur à l'égard du Sénégal le 02 septembre 1990* ».

Le juge criminel a ajouté que l'article 40 de la Convention internationale des droits de l'enfant promeut l'adoption de lois, de procédures, la mise en place d'autorités et d'institutions spécialement conçues pour les enfants

---

[765] TGIHC Dakar, ch. crim. spéc. n° 044 bis du 10 avril 2018, MP c/ M. S., *inédit*.

suspectés d'infractions, sans aucune exception liée à la compétence fondée sur la gravité de l'infraction. Il en est de même, d'ailleurs, de la Charte Africaine des droits et du bien-être de l'enfant adoptée, le 18 mai 1992, par l'Organisation de l'Unité africaine, devenue Union africaine et entrée en vigueur à l'égard du Sénégal le 29 juillet 1998 qui, en son article 17-2.d, exige des États qu'ils veillent à ce qu'il soit interdit à la presse et au public d'assister au procès de tout enfant accusé d'avoir enfreint la loi pénale.

Le juge a tiré argument du principe de la supériorité des traités sur les lois posé par l'article 98 de la Constitution, pour en conclure que « *la compétence exclusive de la chambre criminelle spéciale instituée par la loi n° 2016-30 du 08 novembre 2016 portant modification du Code de procédure pénale, qui est une loi nationale, ne peut être appliquée au mineur, sous peine de violation du principe de la hiérarchie des normes, alors surtout qu'il est admis qu'en cas de contrariété entre les dispositions d'un traité et celles d'une loi nationale, les premières s'appliquent* ».

En conséquence, la chambre criminelle spéciale s'est déclarée incompétente pour connaître de la cause concernant le mineur accusé d'infractions terroristes, au motif que les dispositions du CPP, instituant le tribunal pour enfants, prévalent sur celles du même code issues de la loi n° 2016-30 du 08 novembre 2016.

Le législateur a aussi instauré une organisation procédurale tournée vers l'efficacité[766], par notamment la mise en place de puissants moyens d'investigation à la disposition des autorités policières et judiciaires.

Selon l'article 677-26 du CPP, les visites et perquisitions ainsi que les mesures conservatoires ou d'investigation, les transports, mesures conservatoires et saisies prévus par les articles 83 à 88 du CPP peuvent être effectuées à toutes heures de jour et de nuit, sur autorisation du juge saisi, même sans le consentement de la personne au domicile de laquelle elles ont lieu ou de toute autre personne concernée en cas de risque sérieux de disparition de preuves ou d'indices ou s'il existe des présomptions qu'une ou plusieurs personnes, se trouvant dans les locaux où la visite ou la perquisition doit avoir lieu, se préparent à commettre des actes de terrorisme.

---

[766] M. GUÈYE, *Les procédures pénales dérogatoires au Sénégal,* Thèse doctorat Dakar, Presses universitaires de Dakar, 2021, p. 191.

Le législateur a également aménagé des régimes spéciaux de garde à vue[767] et de visites, perquisitions, de transports et de mesures conservatoires[768].

Par ailleurs, l'article 677-31 du CPP énonce que la procédure d'examen des demandes d'extradition concernant les personnes poursuivies ou condamnées pour actes de terrorisme est suivie devant la Cour d'Appel de Dakar. Les délais relatifs à la procédure d'examen de la demande d'extradition sont doublés en matière de terrorisme.

---

767 V. art. 677-28 du CPP.

768 V. art. 677-26 du CPP.

TITRE II :

LES ÉLÉMENTS CONSTITUTIFS DE L'INFRACTION

192. Notion d'élément constitutif. Toute infraction pénale n'est constituée que si tous ses éléments constitutifs sont réunis. L'absence de l'un de ces éléments fait disparaître l'infraction[769]. Il s'agit donc de conditions cumulatives.

La jurisprudence consacre expressément la formule «*éléments constitutifs*»[770]. Ces éléments essentiels constituent ce que l'on appelle la structure de l'infraction.

Mais l'expression « *éléments constitutifs de l'infraction* » ne doit pas être confondue avec d'autres notions voisines.

L'élément constitutif se distingue de la notion de circonstances aggravantes. Il s'agit d'éléments, fixés de façon limitative par la loi, qui sont rattachés à un comportement pénalement répréhensible et entraînent l'accroissement des peines encourues dans des proportions également définies par le législateur[771].

Les circonstances aggravantes ne remettent pas en cause l'existence de l'infraction, mais aggravent seulement la répression.

Les éléments constitutifs de l'infraction doivent aussi être distingués des conditions préalables de celle-ci. Cette dernière notion vise des faits matériels

---

769 C. BALLOT-SQUIRAWSKI, *Les éléments constitutifs de l'infraction : essai sur les composantes de l'infraction*, thèse, Paris-Saclay, 2017 ; H. ROBERT, « Histoire des éléments constitutifs de l'infraction », *RSC* 1977, p. 269.

770 Cass. crim., 6 mars 1996, n° 95-83.997, *JurisData* n° 1996-002594.

771 M. DALLOZ, « Circonstances aggravantes », *Rép. dr. pén. proc. pén.* Dalloz, 2017, n° 1 ; A. CHAVANNE, « Les circonstances aggravantes en droit français », *RID pén.* 1965. 527 ; M. DALLOZ, *Les circonstances aggravantes légales en droit criminel français,* thèse, Nice, 2001 ; E. DREYER, « Notations sur l'éclatement des circonstances aggravantes », *in La réforme du Code pénal et du Code de procédure pénale-Opinio doctorum, in* V. MALABAT, B. DE LAMY et M. GIACOPELLI (dir.), 2009, coll. Thèmes et commentaires, Dalloz, p. 63 ; C. DE JACOBET DE NOMBEL, *Théorie générale des circonstances aggravantes*, Paris, Dalloz 2006.

ou juridiques précédant l'activité infractionnelle qui, en leur absence, ne serait pas concevable. C'est le cas de la situation de péril dans l'infraction de non-assistance à une personne en danger, de la caractérisation d'une remise faite en vertu d'un des contrats visés par l'article 383 du CP dans l'abus de confiance[772] ou de l'existence d'un système informatique dans le cas des infractions relatives aux systèmes informatiques.

Dans une conception classique, toute infraction pénale nécessite la réunion de trois éléments constitutifs. Un élément légal, un élément matériel et un élément psychologique ou moral.

[772] J.-P. DOUCET, « La condition préalable à l'infraction », *Gaz. pal.* 1972. 2, doctr. 726 ; B. THELLIER DE PONCHEVILLE, *La condition préalable de l'infraction,* PUAM, 2010.

CHAPITRE PREMIER :

L'ÉLÉMENT LÉGAL DE L'INFRACTION

193. Principe de la légalité criminelle. L'exigence de l'élément légal de l'infraction, exprimée par le principe de la légalité criminelle, implique que le premier élément constitutif de l'acte infractionnel est une loi violée. Cette loi, prise au sens large, sans laquelle il ne saurait naître de responsabilité pénale à la charge de l'agent pénal, constitue ce que l'on appelle l'élément légal de l'infraction. L'infraction n'existe pas faute d'un fondement légal[773].

L'expression « *légalité des délits et des peines* » pourrait laisser croire qu'en matière pénale le principe de la légalité ne concerne que les lois de fond et qu'il est sans application dans le domaine procédural.

Cependant, cette conception est trop étroite et il importe de restituer au principe de la légalité sa véritable signification en matière criminelle, en rappelant qu'il couvre également le domaine de la procédure pénale.

Le principe de la légalité ne concerne pas seulement les infractions et les sanctions, mais il rejaillit sur toutes les branches du droit pénal. Il irradie toute la matière pénale ; d'où la consécration de l'expression « *principe de la légalité criminelle* ».

Il importe ainsi de revenir sur le principe de la légalité criminelle avant d'étudier sa mise en œuvre et ses conséquences.

---

[773] W. JEANDIDIER, « Principe de légalité criminelle », *Juri-class. pén.*, 1998, fasc. 10, art. 111-2 à 111-5 ; A. GIUDICELLI, « Le principe de la légalité en droit pénal français : aspects législatifs et jurisprudentiels », *RSC* 2007, p. 509 ; plus récemment, Ch. CLAVERIE-ROUSSET, « La légalité criminelle », *Dr. pén*, septembre 2011, p. 21 et s. ; J-P. DELMAS SAINT-HILAIRE, « Les principes de la légalité des délits et des peines », in *Mélanges Bouzat*, p. 149.

SECTION PREMIÈRE :

LE PRINCIPE DE LA LÉGALITÉ CRIMINELLE

194. Principe directeur de l'œuvre pénale. Exprimé par la règle fondamentale *nullum crimen sine lege*[774], le principe de la légalité a été très tôt affirmé par Montesquieu[775], dans un contexte marqué par la prédominance de l'école classique. L'idée a été reprise et développée par Beccaria, qui a écrit dans son *Traité des délits et des peines que* : « *seules les lois peuvent fixer les peines qui correspondent aux délits* ».

Portalis rappelait ce principe en forme de maxime dans sa présentation du Code pénal de 1810 : « *en matière criminelle, il faut des lois précises, point de jurisprudence* ».

Pour mieux comprendre la portée du principe de la légalité criminelle, il importe d'étudier sa consécration avant d'analyser ses justifications.

PARAGRAPHE PREMIER : LA CONSÉCRATION DU PRINCIPE DE LA LÉGALITÉ CRIMINELLE

195. Consécration textuelle. Le principe de la légalité constitue la clé de voûte du droit criminel. Il est consacré par plusieurs textes juridiques et se justifie par plusieurs arguments.

C'est la Déclaration des droits de l'homme et du citoyen (DDHC) du 27 août 1789 qui proclame, pour la première fois, le principe. L'article 5 de cette Déclaration énonce que « *tout ce qui n'est pas défendu par la loi ne peut être empêché et nul ne peut être contraint de faire ce qu'elle n'ordonne pas* ».

---

[774] L. JULLIOT DE LA MORANDIERE, *De la règle nulla poena sine lege*, *thèse* Paris, 1910 ; M. ANCEL, « La règle *nulla poena sine lege* dans les législations modernes », in Annales de l'institut de droit comparé de l'Université de Paris, 1936, p. 245 et s. J. LEAUTE, « Le changement de fonction de la règle nullum crimen sine lege », *Mélanges Hamel,* Paris, 1959, p. 81 ; A. RACINE, « Maintien ou abandon de la règle *nullum crimen...* devant les juridictions pour enfants », *Rev. (belge) dr. pén. et crim* 1937, p. 149 ; A. DUPRE, *La règle pénale légaliste, son application actuelle en droit comparé*, *Thèse Grenoble* 1938 ; SOLER, « La formulation actuelle du principe *nullum crimen* », *RSC* 1952, p. 11 ; G. LEVASEUR , « Réflexions sur la compétence, un aspect négligé du principe de la légalité », in *Mélanges Hugueney,* édition Sirey, 1964, p. 1 et s. ; Cf. NUVOLONE, « Le principe de la légalité et les principes de la défense sociale », *RSC* 1956, p. 231 ; GLASER, « Le principe de la légalité en matière pénale, notamment en droit codifié et en droit coutumier », *Rev. (belge) dr. pén. et crim. 1966,* p. 899.

[775] *L'esprit des lois*, livre XII, ch. IV.

L'article 8 de la DDHC dispose que « *la loi ne peut établir que des peines strictement et évidemment nécessaires et nul ne peut être puni qu'en vertu d'une loi établie et promulguée antérieurement au délit et légalement appliquée* ».

En matière procédurale, l'article 7 de la DDHC prévoit que « *nul homme ne peut être arrêté ni détenu que dans les cas déterminés par la loi et dans les formes qu'elle a prescrites* ».

La Déclaration universelle des droits de l'homme de 1948 consacre, elle aussi, la règle dans ses articles 9, 10 et 11. Il en est de même de la Convention européenne de sauvegarde des droits de l'homme et des libertés fondamentales de 1950 (articles 5 et 7) et du Pacte international relatif aux droits civils et politiques de 1966 (articles 9, 14 et 15).

L'article 7 2° de Charte africaine des droits de l'homme et des Peuples énonce que : « *Nul ne peut être condamné pour une action ou une omission qui ne constituait pas, au moment où elle a eu lieu, une infraction légalement punissable. Aucune peine ne peut être infligée si elle n'a pas été prévue au moment où l'infraction a été commise* ».

Le principe de la légalité criminelle est inscrit dans toutes les Constitutions d'obédience libérale. Ce principe signifie que la loi est la seule source du droit pénal ; elle seule détermine les incriminations, fixe les peines attachées aux infractions ; il revient également à la loi de fixer les règles de procédure à suivre pour sanctionner ces infractions (procédure pénale)[776].

---

[776] M. A. AGARD-PEANO, « Faut-il repenser le principe de la légalité criminelle », *Rev. pénit.* 2001, p. 247 s. ; A. GIUDICELLI, « Le principe de la légalité en droit pénal français : aspects législatifs et jurisprudentiels », *RSC* 2007, 509 ; M.-C. ROCCA, « Le principe de la légalité et l'incrimination », *Rev. pénit.* 2001.272 ; M.-A. AGARO-PEANO, « Le principe de la légalité et la peine », *Rev. pénit.* 2001.28 ; R. GASSIN, « Le principe de la légalité et la procédure pénale », *Rev. pénit.* 2001.300 ; PH. CONTE, « La distinction de la légalité formelle et de la légalité matérielle : ses dits et non-dits », *Dr. pén.* n° 7-8, juillet 2020, étude 23 ; F. DIENG, « Le principe de la légalité en droit pénal à l'épreuve du mysticisme », *Nouvelles Annales africaines*, 2007, p. 137; J.-P. DELMAS-SAINT-HILAIRE, « Les principes de la légalité des délits et des peines », *Mélanges Bouzat*, Paris, Pédone, 1980, p. 149 et s ; D. ZEROUKI, *La légalité criminelle, enrichissement de la conception formelle par une conception matérielle*, thèse Lyon-III, 2001 ; W. JEANDIDIER, « Principe de légalité criminelle. Sources du droit pénal . Contrôles de constitutionnalité et de conventionnalité des lois. Contrôle de légalité et interprétation des actes administratifs », *Juris-class.pén.* Code, art. 111-2 à 111-5, fasc. 10 , 2011 ; Ch. CLAVERIE-ROUSSET, « La légalité criminelle », *Dr. pén.* 2011, n° 9, étude 16, p. 21 ; P. MAISTRE DU CHAMBON, « Le déclin du principe de la légalité en matière pénale », *Mélanges en l'honneur du doyen R. Decottignies*, PUG, 2003, p. 209 et s.

Le principe de la légalité suppose d'abord la prédétermination textuelle des infractions, des peines et de la procédure pénale, imposant de vérifier l'existence préalable d'une norme pénale.

Au Sénégal, la légalité a été érigée en principe à valeur constitutionnelle. Aux termes des dispositions de l'article 9, alinéa 1er de la Constitution du 22 janvier 2001 : « *Nul ne peut être condamné si ce n'est en vertu d'une loi entrée en vigueur avant l'acte commis* ».

Au plan législatif, l'article 4 du CP exprime clairement ce principe en énonçant que nulle contravention, nul délit, nul crime ne peuvent être punis de peines qui n'étaient pas prononcées par la loi ou le règlement avant qu'ils fussent commis.

PARAGRAPHE II : LES JUSTIFICATIONS DU PRINCIPE

196. Double justification. Le principe de la légalité criminelle est une exigence essentielle sur laquelle repose le droit pénal tout entier. Il a une double justification, politique et criminologique.

A. La justification politique

197. Exigence de politique criminelle. Le principe de la légalité criminelle est une nécessité de politique criminelle. En effet, la définition claire et accessible des interdits et des peines attachées à leur transgression permet de délimiter clairement le champ de la répression pénale et constitue un véritable rempart contre l'arbitraire du juge, puisque les actes des citoyens ne peuvent être sanctionnés pénalement que si au préalable ils ont été punis par un texte de loi ou par un règlement[777]. Ainsi, l'exigence de la légalité criminelle constitue « *une soupape de sûreté face au risque d'arbitraire* »[778].

L'exigence de la légalité est une garantie essentielle de la liberté individuelle et de la sécurité juridique. Il faut que la loi avertisse avant de frapper afin que le citoyen sache avant d'agir ce qui est permis et ce qui est interdit. On retrouve le propos, exprimé de manière plus concise, sous la plume de Portalis : « *Le législateur ne doit point frapper sans avertir* ».

---

[777] V. Ph. CONTE, « L'arbitraire judiciaire chronique d'humeur », *JCP*, 1988, I, 3343.

[778] En ce sens, V. F. DIENG, « Le principe de la légalité en droit pénal à l'épreuve du mysticisme», *Nouvelles Annales africaines*, 2007, p. 137 ; B. NIANG, « Le principe de la légalité de la répression au Sénégal » : http://afrilex.u-bordeaux.fr/le-principe-de-la-legalite-de-la-repression-au-senegal/

198. Principe de la séparation des pouvoirs. Le principe de la légalité criminelle, dans sa pureté originelle, est éclairé par la théorie de la séparation des pouvoirs. En ce qu'il exige que les infractions soient définies par la loi au sens étroit du terme, le principe de la légalité est justifié par le fait que les valeurs essentielles protégées par le droit pénal ne peuvent être déterminées que par les représentants du corps social dont elles émanent.

Au surplus, seuls les représentants du Peuple disposent de la légitimité et de la compétence pour fixer les peines pouvant être infligées à ceux qui ont méconnu les normes établies. Il revient au seul législateur de limiter les droits et les libertés des individus.

Le pouvoir exécutif ne saurait y prétendre, puisqu'il n'est pas l'émanation directe de la volonté populaire. En outre, par essence, les activités de l'administration sont dominées par des impératifs de sûreté difficilement compatibles avec le postulat de l'équilibre entre les droits du citoyen et ceux de la collectivité.

Quant à la justice, elle ne saurait avoir le pouvoir de déterminer les peines encourues en cas de commission d'une infraction, puisqu'il lui incombe de trancher uniquement des litiges entre particuliers dans le strict respect de la loi.

Le juge, qui est un rouage de l'État, ne saurait à l'occasion d'un procès poser des règles générales, c'est-à-dire « *légiférer* » par arrêt de règlement, en imposant de la sorte aux citoyens des normes auxquelles, par hypothèse, ils n'auraient pas consenti.

Mais force est de constater que la justification du principe de la légalité tirée de la séparation des pouvoirs a perdu de sa force avec l'évolution de la notion de légalité. En effet, le pouvoir exécutif a fini par se voir reconnaître le pouvoir de définir les incriminations, en matière de contraventions, ainsi que les peines y attachées.

En outre, avec l'essor du droit communautaire, le droit pénal a de plus en plus une place de choix dans les normes produites par les organisations d'intégration notamment (réglements, directives et lois uniformes, etc.).

B. La justification criminologique

199. Fonction pédagogique. La préexistence de la norme d'incrimination, résultant du principe de la légalité criminelle, postule la fixation préalable des comportements incriminés et indique, par voie de conséquence, aux citoyens le droit chemin. Tout se passe comme si la loi éduquait le citoyen en cherchant à l'intimider. Le concept moderne de prévisibilité de la loi traduit d'ailleurs cette idée.

L'existence d'une loi pénale aisément accessible remplirait une fonction pédagogique. En permettant à chaque citoyen de connaître les valeurs communes qui fondent la société, le législateur concourrait en quelque sorte à la consolidation de l'esprit civique et à la cohésion sociale.

200. Fonction d'intimidation. Au plan social, en confiant à la loi ou au règlement le pouvoir de prévoir des incriminations et des sanctions, le principe de la légalité remplit une fonction d'intimidation dont la société ne peut que profiter. La prévision d'un catalogue répressif, en principe connu de tous, exerce sur les citoyens une contrainte psychologique de nature à annihiler ou à contrecarrer tout penchant délictuel. Ainsi, d'un point de vue criminologique, la connaissance des actes incriminés et des peines encourues aurait une fonction intimidante.

SECTION II :

LA MISE EN ŒUVRE DU PRINCIPE DE LA LÉGALITÉ CRIMINELLE

201. Applications. Le principe de la légalité criminelle irrigue toutes les techniques du droit criminel. Il fait l'objet d'une application rigoureuse par le juge pénal. Mais de nos jours, le principe légaliste connaît un déclin certain.

PARAGRAPHE PREMIER : L'APPLICATION DU PRINCIPE DE LA LÉGALITÉ

202. Applications diverses. Le principe de la légalité criminelle fait l'objet d'applications aussi bien en ce qui concerne les infractions et les sanctions que s'agissant de la procédure pénale.

A. L'application du principe aux infractions et aux sanctions

203. Monopole législatif. En droit pénal de fond, le principe de la légalité criminelle postule un monopole du législateur dans la répression pénale et prohibe un rôle créateur du juge.

1. La répression pénale : un monopole législatif

204. Monopole de la loi. Le législateur a le monopole de la création du droit criminel. Le principe de la légalité dans la répression donne à la loi le pouvoir d'établir les incriminations pénales et les sanctions applicables. L'article 67 de la Constitution énonce que la loi fixe les règles concernant la détermination des crimes et délits ainsi que les peines qui leur sont applicables. Il s'agit du domaine exclusif de la loi.

Ce monopole de la loi rejoint le principe de la séparation des pouvoirs. En effet, la loi, expression de la volonté générale, formulée par le Parlement, organe souverain, peut seule apprécier le trouble social causé par tels ou tels agissements et déterminer les sanctions applicables. Ni le pouvoir exécutif ni le pouvoir judiciaire ne peut créer, en principe, des incriminations et prévoir des sanctions pénales. Dans sa décision des 19 et 20 janvier 1981 relative à la loi Sécurité et Liberté, le Conseil constitutionnel français a affirmé qu'il ne lui appartient pas de substituer sa propre appréciation à celle du législateur en ce qui concerne la nécessité des peines attachées aux infractions définies par celui-ci ; tout au plus, le pouvoir exécutif ne peut intervenir en droit pénal que pour établir les contraventions et les peines prévues à cet effet.

Au Sénégal, le Conseil constitutionnel, dans une décision rendue le 20 juillet 2021[779], à propos du recours en inconstitutionnalité dirigé contre les projets de loi modifiant le Code pénal et le Code de Procédure pénale a énoncé « *qu'en vertu du principe de la légalité consacré par l'article 9 de la Constitution, une personne ne peut être condamnée pour un crime ou pour un délit si ce n'est en vertu d'une loi entrée en vigueur avant la commission de l'acte* ».

La haute juridiction constitutionnelle a estimé que le fait pour le législateur de réprimer un fait sous différentes qualifications ne constitue pas une atteinte au principe de la légalité, dès lors que les éléments constitutifs de ces infractions ainsi que les peines qui leur sont applicables ont été fixés par la loi de façon claire et précise.

En contrepartie du rôle majeur qu'il lui confie, comme source du droit criminel, le principe de la légalité impose au législateur d'exercer effectivement son pouvoir créateur de la norme pénale. Le Parlement ne doit déléguer ni trop aisément ni trop largement à l'exécutif une fonction qui ne doit être exercée que par les représentants élus du Peuple.

Lorsque, pour répondre à des circonstances politiques ou économiques exceptionnelles, l'Assemblée nationale doit déléguer ses pouvoirs à l'exécutif, conformément à la procédure de délégation législative[780]. Aux termes des dispositions de l'article 77, alinéa 1er de la Constitution, l'Assemblée nationale peut habiliter par une loi le Président de la République à prendre des mesures qui sont normalement du domaine de la loi. Il se doit de définir avec netteté les termes de la délégation et d'en limiter étroitement la durée. D'ailleurs, le Président de la République ne peut prendre des ordonnances de législation déléguée que « *dans les limites de temps et de compétence fixées par la loi d'habilitation* ».

205. Exigence de clarté et d'intelligibilité des textes. Le principe de la légalité impose au législateur l'élaboration de textes clairs et précis. Il est évident qu'une incrimination vague ôte toute garantie aux citoyens et les

---

779 Cons. const. n° 02/C/21 du 20 juillet 2021, Ch. M. A. D. et autres, *inédit*.

780 V. art. 38 de la Constitution.

laisse en particulier à la merci de l'arbitraire du juge[781]. À quoi servirait l'affirmation de la légalité des délits et des peines si, par des formules vagues, les rédacteurs de la loi ouvrent la porte à un arbitraire judiciaire que ce principe avait précisément pour objectif d'empêcher. La loi doit définir sans ambiguïté un comportement interdit et une peine correspondante et éviter ainsi qu'une infraction ou une peine définie en termes vagues ne donne trop de liberté aux organes chargés de sa mise en œuvre. D'ailleurs, le Conseil constitutionnel français a jugé que les principes d'accessibilité et d'intelligibilité de la loi sont des *« objectifs à valeur constitutionnelle »*[782].

Le Conseil constitutionnel français a déjà, dans sa décision n° 80-127 DC du 20 janvier 1981, donné une valeur constitutionnelle au principe de la légalité. Il a affirmé *«qu'aux termes de l'article 8 de la Déclaration des droits de l'homme et du citoyen de 1789, nul ne peut être puni qu'en vertu d'une loi établie et promulguée antérieurement au délit et légalement appliquée ; qu'il en résulte la nécessité pour le législateur de définir les infractions en termes suffisamment clairs et précis pour exclure l'arbitraire »*[783].

Le juge constitutionnel a réaffirmé, dans la décision n° 2004-492 DC du 2 mars 2004 que : « *le législateur tient de l'article 34 de la Constitution, ainsi que du principe de légalité des délits et des peines, l'obligation de fixer lui-même le champ d'application de la loi pénale et de définir les crimes et délits en termes suffisamment clairs et précis ; que cette exigence s'impose non seulement pour exclure l'arbitraire dans le prononcé des peines, mais encore pour éviter une rigueur non nécessaire lors de la recherche des auteurs d'infractions*[784].

---

[781] F. PALAZZO, « Précision de la loi pénale et certitude de la peine : principes et expériences», *Mélanges Giudicelli-Delage*, p. 633.

[782] Cons. const., déc. 16 déc. 1999, *D.* 2000, chron. p. 361, note M.-A. Frison-Roche et W. Baranès.

[783] Cons. const., 20 janv. 1981, n° 80-127 DC, préc. n° 32, cons. 7.

[784] Cons. const., 2 mars 2004, n° 2004-492 DC, préc. n° 15, cons. 5. Cette interprétation se retrouve, dans la décision n° 2006-540 DC : « *il résulte [de l'article 8 de la Déclaration et de l'article 34 de la Constitution] que le législateur est tenu de fixer lui-même le champ d'application de la loi pénale et de définir les crimes et délits en termes suffisamment clairs et précis ; que cette exigence s'impose non seulement pour exclure l'arbitraire dans le prononcé des peines, mais encore pour éviter une rigueur non nécessaire lors de la recherche des auteurs d'infractions* » (Cons. const., 27 juill. 2006, n° 2006-540 DC, préc. n° 59, cons. 10) ; également, Cons. const., 8 déc. 2016, n° 2016-741 DC, cons. 35 : JO 10 déc. 2016, texte n° 4 ; Cons. const., 21 janv. 2016, n° 2015-727 DC, Loi de modernisation de notre système de santé, cons. 25 : JO 27 janv. 2016, texte n° 2 : il appartient au législateur de *« définir les crimes et délits en termes suffisamment clairs et précis pour permettre la*

Au Sénégal, dans l'affaire Mamadou MBODJ, jugée le 27 avril 1981[785], la Cour d'Appel de Dakar a estimé que l'article 4 du CP, « *qui consacre le principe de la légalité des délits et des peines exige du législateur de faire des lois précises (...)».*

Le Conseil constitutionnel sénégalais, dans la décision rendue le 20 juillet 2021[786], a eu l'occasion, pour la première fois à notre connaissance, de donner un contenu au principe d'accessibilité et d'intelligibilité de la loi[787].

Le juge constitutionnel a considéré que le respect du principe constitutionnel de la légalité « *implique que les termes utilisés pour fixer les incriminations et déterminer les peines qui leur sont applicables soient clairs et précis* » et que l'accessibilité de la loi, souvent corrélée au principe d'intelligibilité de la loi, « *s'apprécie au regard du bon entendement de la norme législative par les destinataires de celle-ci et également par rapport aux conditions d'application de la loi* ».

Il a précisé que « *l'exigence d'accessibilité et d'intelligibilité de la loi qui, pour les règles pénales de fond, est inséparable du principe de la légalité criminelle dont elle constitue la dimension substantielle impose au législateur l'adoption de lois suffisamment claires et prévisibles dans leurs conséquences afin que chaque citoyen sache exactement ce qui lui est interdit et ce qu'il encourt comme sanction en cas de violation de l'interdiction* ».

Toutefois, l'exigence de clarté et d'intelligibilité des textes pénaux ne saurait évidemment être poussée à l'absurde. En effet, le législateur ne peut intervenir que par la voie de dispositions générales et on ne peut lui demander, à tout instant, d'énumérer dans les moindres détails tous les comportements incriminés que l'imagination suggère ; sa tâche deviendrait impossible.

---

détermination des auteurs d'infractions et exclure l'arbitraire dans le prononcé des peines et de fixer dans les mêmes conditions le champ d'application des immunités qu'il instaure »

785 CA Dakar, n° 289 du 27 avril 1981, MP c/ M. MB., *inédit*.

786 Cons. const. n° 02/C/21 du 20 juillet 2021, Ch. M. A. D. et autres, *inédit*.

787 Sur cette question, A. L. COULIBALY et P. A. TOURÉ, « Au-delà des turbulences, la constitutionnalisation du principe de l'intelligibilité de la loi : à propos de la décision du Conseil constitutionnel n° 02/C/21 du 20 juillet 2021 » : https://www.pressafrik.com. D'ailleurs, par une circulaire n° 000003 SGG/SGA/JUR/SP du 05 août 2021 relative à l'objectif de valeur de l'intelligibilité de la loi, le Ministre, Secrétaire général du Gouvernement a rappelé aux départements ministériels l'obligation constitutionnelle de veiller à l'intelligibilité et à la qualité rédactionnelle des textes que leurs services introduisent dans le circuit normatif.

D'ailleurs, les rédacteurs du Code pénal se sont efforcés de définir avec précision les incriminations retenues, mais force est de constater que certaines formulations législatives sont relativement larges. Il est vrai que certaines notions sont assez connues du langage courant ou ont été suffisamment précisées par une jurisprudence pour qu'il ne soit pas nécessaire de les définir dans les textes. Il en est ainsi des notions d'homicide, de tentative, de violence, de menaces ou de violation de domicile[788].

Toutefois, il y a des notions qui sont forcément laissées à l'appréciation du juge. Il en est ainsi notamment du concept « *bonnes mœurs* », de l'offense au Chef de l'État et des manœuvres de nature à troubler la sécurité publique.

206. Pénalité par référence. Mais malgré l'affirmation du principe de la légalité criminelle, rien ne s'oppose à ce que le législateur, en fixant les incriminations et les peines, renvoie à un autre texte : c'est la technique du renvoi ou de la pénalité par référence.

En légistique, les renvois ou références[789] consistent pour le rédacteur à se référer dans le dispositif à une ou plusieurs dispositions du texte ou à un autre ou à plusieurs autres textes voire à une législation ou à une réglementation relative à une matière déterminée· Le procédé du renvoi relève de la technique de la législation par référence[790].

La technique de la pénalité par référence, consistant à réprimer une infraction par renvoi à des peines prévues pour une autre infraction, constitue une variante de la méthode de législation par référence[791]. À titre d'exemple, l'article 430 du CP punit le recel de choses des peines prévues pour le vol simple.

207. Exécution des peines. Le principe de la légalité impose également à l'administration pénitentiaire de n'exécuter que les peines régulièrement

---

[788] R. MERLE et A. VITU, *op. cit.* n° 156.

[789] N. MOLFESSIS, « Le renvoi d'un texte à un autre », in N. MOLFESSIS (dir.), *Les mots de la loi*, Paris, Économica, coll. « Études juridiques », 1999, p. 55 ; P. A. TOURÉ, *Légistique. Techniques de conception et de rédaction des textes législatifs et réglementaires : une tradition de gouvernance normative*, Dakar, l'Harmattan, 2018, n°145.

[790] Sur l'ensemble de cette question, V. GAUDEMET, « La législation par référence », *RRJ*, 1996, p. 1189.

[791] J-H. ROBERT, « L'incrimination par renvoi du législateur national à des règlements communautaires futurs», in *Mélanges offerts à Georges Levasseur*, Paris, Litec-Gazette du Palais, 1992, p. 169 ; P. FAIVRE, *La détermination par référence de la pénalité,* Thèse de doctorat, Lyon, 1937.

prononcées par les juges, c'est-à-dire les peines prévues par la loi. Le caractère légal de la peine découle du principe de la légalité criminelle. Toutes les peines doivent être prévues par la loi. Selon l'article 685 du CPP, la mise à exécution des décisions judiciaires prononçant une peine privative de liberté ou ordonnant une incarcération provisoire, la garde et l'entretien des personnes qui, dans les cas déterminés par la loi, doivent être placées ou maintenues en détention en vertu ou à la suite de décisions de justice sont assurés par l'administration pénitentiaire.

2. La prohibition du rôle créateur du juge

208. Restrictions du pouvoir judiciaire. Il résulte du principe de la légalité criminelle que le juge ne peut créer lui-même des incriminations ou des peines ni appliquer les incriminations ou les peines existantes hors les cas prévus par la loi en s'érigeant en autorité législative ; il violerait ainsi à la fois le principe de la légalité et celui de la séparation des pouvoirs.

Le principe de la légalité criminelle s'impose au juge. Le rôle de l'autorité judiciaire, dans la création du droit, est singulièrement limité en matière pénale.

En France, c'est en réaction à l'arbitraire des juges de l'Ancien Régime que le principe de la légalité criminelle a été consacré comme un rempart. Quelles que soient la capacité et la conscience des juges, il ne peut leur être laissé le soin d'incriminer les comportements portant atteinte aux valeurs de la société, en raison de la variabilité de leurs appréciations et du fait qu'ils sont des hommes qui peuvent éprouver plus ou moins de sympathie ou d'antipathie pour ceux qu'ils jugent[792].

S'agissant des incriminations, dans chaque affaire, les autorités de poursuite, d'instruction et de jugement ont le devoir de rechercher la disposition légale exactement applicable au fait poursuivi ; elles doivent rechercher la qualification correcte.

La Cour d'Appel de Dakar a rappelé l'office du parquet conformément au principe de la légalité criminelle. Elle a jugé « *qu'il appartient au ministère public d'examiner la légalité des poursuites et qu'à cet égard il doit s'assurer que toutes les conditions permettant de faire condamner les prévenus sont*

[792] M-L. RASSAT, *Droit pénal général*, Paris, Ellipses, 2006, 2e édition, p. 58.

vraisemblablement réunies, que l'infraction qu'il poursuit paraît bien exister et que la responsabilité pénale de la ou des personnes prévenues est engagée ;

Qu'il appartient au ministère public de voir sous le coup de quelle disposition précise de la loi tombent les faits ; Qu'en plus, étant maître des poursuites, le ministère public doit vérifier si les éléments constitutifs du délit qu'il poursuit se trouvent réunis et que les poursuites revêtent une suffisante légalité »[793].

La Chambre d'Accusation de la Cour d'Appel de Dakar a eu l'occasion de juger, dans un arrêt du 27 août 2015, « *qu'en vertu du principe de légalité des délits et des peines, un comportement ne peut tomber sous le coup de la loi pénale que si l'interdiction était prévue avant qu'il ne fût accompli* »[794]. Dès lors, elle a annulé les poursuites engagées contre une inculpée a qui il était reproché des faits de trafic portant sur un produit appelé « *Khat* », non répertorié dans la liste des stupéfiants. La chambre d'Accusation a estimé que les poursuites étaient dépourvues de base légale. Il est ainsi fait défense au juge pénal d'étirer les éléments constitutifs des infractions au-delà de ce qu'autorise la légalité criminelle.

Le juge en prononçant une peine doit constater, dans sa décision, les éléments constitutifs exigés par la loi pour que le fait soit punissable[795]. Le premier devoir du juge est de s'assurer qu'une qualification pénale est bien applicable aux faits qui lui sont soumis. La juridiction pénale ne saurait punir un fait qui n'est pas prévu et réprimé par la loi pénale[796] ; elle doit, selon la formule jurisprudentielle, constater «*l'existence des circonstances exigées par la loi pour que tous les faits soient punissables* »[797].

Il a été jugé que « *le juge d'instruction saisi in rem vérifie conformément au principe de légalité dans un premier temps si les faits relèvent d'une*

[793] CA Dakar ch. corr., n° 790 du 14 novembre 2001, MP et A. D. c/ L. L. L. et autres, *inédit*.
[794] CA Dakar ch. acc. n° 230 du 27 août 2015, MP c/ A. S., *inédit*.
[795] Cass. crim., 23 juin 1964, *D.* 1964, p. 579 ; Cass. crim., 18 mai 2004, *JurisData* n° 2004-024242 ; Cass. crim., 18 mai 2004 , *JurisData* n° 2004-024411 ; Cass. crim., 2 juin 2004, *JurisData* n° 2004-024330 ; sur tous ces arrêts, V. obs. J.-H. Robert, *Dr. pén.* 2004, comm. 146.
[796] Crim. 23 juin 1964, *D.*, 1964, 578.
[797] Crim. 2 déc. 1991, *JCP*, 1992, IV, 958 ; 3 avril 2001, *Bull. crim.*, n° 90.

disposition légale et choisit dans un second temps parmi les qualifications, celle qui est à même de s'appliquer au cas d'espèce »[798].

Toutefois, s'il interdit de réprimer des faits qui ne seraient pas prévus par la loi, le principe de la légalité ne s'oppose pas à ce qu'une infraction soit poursuivie et jugée sous une qualification moins grave que celle résultant de la stricte application des dispositions légales. La correctionnalisation judiciaire est une atteinte aux règles de compétence juridictionnelle, mais n'est pas contraire au principe de la légalité criminelle.

209. Interdiction de la répression hors-la-loi. Le principe de la légalité criminelle prohibe la répression hors-la-loi. En vertu de ce principe, le juge ne peut prononcer de peine autre que celle prévue par la loi pour l'infraction qu'il retient. Si le fait considéré n'est pas prévu par la loi (par exemple une faute civile), il ne peut y avoir ni de poursuites ni de condamnation[799]. Pour Beccaria « *aucun magistrat, qui fait partie de la société, ne peut sans injustice infliger de son chef des châtiments contre un autre membre de la société* ». Peu avant lui, Montesquieu affirmait, dans une formule demeurée célèbre, que les juges ne devaient être que *« les bouches qui prononcent les paroles de la loi »*.

Dans l'affaire Mamadou MBODJ, jugée par la Cour d'Appel de Dakar le 27 avril 1981[800], à la suite de la plainte réitérée du Khalife général des Mourides, des personnes qui circulaient dans la Ville de Touba en état d'ébriété manifeste, ont été arrêtées et inculpées d'outrage d'un ministre de culte dans l'exercice de ses fonctions, délit prévu par l'article 233 du CP. Après disqualification, le tribunal a condamné les prévenus, sur le fondement de l'article 232 du même code, sanctionnant le délit de profanation d'un lieu servant à l'exercice d'un culte.

Mais la Cour d'Appel de Dakar a infirmé le jugement d'instance. Selon le juge d'appel, l'article 4 du Code pénal, « *qui consacre le principe de la*

---

[798] CA Dakar ch. acc. n° 193 du 09 août 2012, MP c/ P. H. H., *inédit* ; dans le même sens, V. CA Dakar ch. acc. n° 204 du 23 août 2012, MP c/M. B. S., *inédit.*

[799] Cass. crim., 16 juin 1981, *D.* 1982, p. 190, note Sfez ; Cass. crim., 24 novembre 1983, *Bull. crim.*, n° 315 ; Cass. crim., 5 mars 2002, *JurisData* n° 2002-013623 ; Cass. crim., 3 juin 2004, *JurisData* n° 2004-024246 ; *Bull. crim.* 2004, n° 152; *Dr. pén.* 2004, comm. 154, obs. J.-H. Robert ; *RSC* 2004, p. 892 , obs. D. Rebut ; *JCP* E 2004, 1600 , note M. Raimon ; Cass. crim., 1er sept. 2005, *JurisData* n° 2005-030560 .

[800] CA Dakar, n° 289 du 27 avril 1981, MP c/ M. MB. *inédit.*

légalité des délits et des peines exige du législateur de faire des lois précises et non rétroactives, mais surtout fait obligation au juge pénal dans le souci de protection des libertés individuelles et de défense sociale, de s'en tenir uniquement aux termes de la loi ; que sanctionner un acte non prévu par un texte lors de sa commission conduit à une répression imprévisible et divinatoire, le droit écrit, devant servir à tracer la frontière entre le licite et l'illicite, est le seul moyen de garantir la Justice et d'éviter les abus ».

La Cour d'appel a ajouté que « *le juge pénal ne peut prendre des libertés avec les textes au risque de s'en affranchir (...) Que le principe de la légalité ainsi compris interdit au juge pénal d'appliquer un texte au sens clair et précis, comme en l'espèce, en le détournant de sa signification, à des faits placés hors de son champ d'application même si l'intérêt social ou ceux de la communauté appelle cette extension de la loi pénale à des cas voisins ou similaires*».

Les magistrats de la Cour d'appel ont ainsi soutenu que le délit de profanation de lieu de culte n'est pas constitué en l'espèce, puisque « *personne ne peut soutenir valablement que la Cité de Touba sanctifiée par son illustre fondateur Cheikh Ahmadou Bamba est dans l'intégralité de son territoire, un sanctuaire où la pratique du culte, honneur rendu à la divinité est la seule préoccupation de ses habitants* ». Ainsi, estime le juge d'appel, le premier juge a délibérément, mais gravement élargi ses prérogatives dans le but évident de réprimer des faits qui ne pouvaient l'être.

Dans un arrêt rendu le 21 décembre 1983, la Cour suprême a rejeté le pourvoi formé contre l'arrêt de la Cour d'appel, au motif qu'en décidant que les faits relevés contre les prévenus ne constituent pas le délit de profanation de lieu de culte, a fait une exacte application de la loi[801].

La Cour d'Appel de Dakar a jugé aussi, dans un arrêt rendu le 26 juillet 2006, que pour la répression de l'infraction de stellionat, l'article 178 du décret du 26 juillet 1932 portant réorganisation du régime de la propriété foncière en Afrique Occidentale Française renvoie à l'article 405 du Code pénal français. Or, l'article 434 du CP de 1965 a expressément abrogé les articles 1er à 463 du CP précédemment en vigueur. Le juge d'appel en a conclu « *qu'en l'état actuel de notre législation, aucune sanction pénale ne*

---

[801] CS n° 59 du 21 décembre 1983, PG/ CS c/ M. MB., *inédit*.

peut être appliquée au stellionataire sur le fondement du décret de 1932 car, eu égard au principe de la légalité des infractions et de peines, le juge ne pouvant d'office procéder la substitution de peines, par le procédé de l'équivalence »[802].

Mais cette décision a été cassée par un arrêt de la chambre criminelle de la Cour suprême du 04 mars 2008. Selon la haute juridiction de cassation « *en se déterminant ainsi alors que l'article 88 du Code de l'Urbanisme prévoit et réprime ladite infraction, la cour d'appel n'a pas légalement justifié sa décision* »[803].

Dans une autre affaire, pour renvoyer les prévenus des fins de la poursuite, les juges d'appel se sont fondés sur les dispositions de la loi n° 98-22 du 26 mars 1998 portant sur les sanctions applicables aux infractions contenues dans l'Acte uniforme relatif au droit des sociétés commerciales et du groupement d'intérêt économique qui n'a pas prévu de sanction pénale pour l'incrimination. La Cour d'appel a ajouté que la loi n° 2018-13 du 27 avril 2018 relative à la répression des infractions prévues par les Actes uniformes, adoptée en application du Traité de l'OHADA, bien qu'ayant prévu des sanctions, n'a pas vocation à s'appliquer à des faits commis antérieurement à sa promulgation.

La Cour suprême, dans un arrêt rendu le 10 septembre 2020[804], a cassé la décision de la Cour d'appel. Selon la haute juridiction « *en prononçant la relaxe au motif que l'infraction de défaut d'immatriculation au registre du commerce et du crédit mobilier n'était pas pénalement sanctionnée au moment des faits alors que la loi n° 94-63 du 22 août 1994 sur les prix, la concurrence et le contentieux économique qui assimile le fait pour tout producteur, commerçant ou industriel d'effectuer des actes de commerce sans inscription au registre du commerce à l'infraction de pratique illicite de prix qu'elle prévoit et punit en ses articles 46, 47 et 67 d'une peine d'amende de 25 000 francs CFA à 50 millions francs CFA et d'un emprisonnement de*

---

[802] CA Dakar ch. corr., n° 707 du 26 juillet 2006, *inédit* ; dans le même sens, V. CA Dakar ch. corr., n° 827 du 09 mai 2007, MP et A. S. c/Ch. D., *inédit* : « *En l'état actuel de notre législation, aucune sanction pénale ne peut être appliquée au stellionataire sur le fondement du décret de 1932 car, eu égard au principe de la légalité des infractions et des peines, le juge ne peut d'office procéder à la substitution de peines, par le procédé de l'équivalence* ».

[803] C. cass. n° 20 du 04 mars 2008, Y. B. c/ A. G., *inédit*.

[804] CS ch. crim. n° 34 du 10 septembre 2020, PG près la Cour d'Appel de Saint-Louis c/ V. D., S. V. et la société Laborex, *inédit*.

3 mois à 3 ans en cas de manœuvres frauduleuses », la cour d'appel a méconnu le sens et la portée de la loi.

Aucune poursuite n'est envisageable également lorsque le fait n'est plus prévu par la loi[805] ou lorsqu'il est ignoré par la loi au moment où il a été commis, quand bien même il serait incriminé ultérieurement[806].

Dans le même ordre d'idées, les juges ne peuvent invoquer l'usage ni la coutume pour créer une incrimination ou la considérer comme supprimée sous le prétexte qu'elle n'est plus appliquée[807].

Les juridictions pénales doivent être censurées lorsqu'elles prononcent une peine existant dans l'échelle générale des peines, mais non prévue par le texte spécial réprimant l'infraction considérée. Il s'agit le plus souvent d'une peine complémentaire, notamment la publication de la décision[808].

Cependant, s'agissant des peines, le principe de la légalité interdit seulement au juge d'aggraver de quelque manière que ce soit la répression prévue par la loi, mais il ne lui impose pas de prononcer les peines légalement encourues. Le juge peut en diminuer le quantum, écarter certaines d'entre elles ou les assortir de diverses modalités prévues par la loi (sursis, probation, fractionnement, dispense de peine, etc.). L'accroissement constant des pouvoirs du juge dans le souci d'une meilleure individualisation de la peine constitue une véritable tendance du droit pénal contemporain.

B. L'application du principe à la procédure pénale

210. Légalité procédurale. Le principe de la légalité criminelle n'est pas confiné au droit pénal de fond, il s'applique également à la procédure pénale. On parle ainsi de l'exigence de la légalité procédurale. L'article 7 de la Déclaration de 1789 proclame d'ailleurs que « *nul homme ne peut être arrêté*

---

805 Cass. crim., 1er déc. 2009, *JurisData* n° 2009-050988 ; T. corr. Bordeaux, 17 févr. 2000, *JurisData* n° 2000-156465 ; *D.* 2001, p. 2922, note F. Agostini ; Cass. crim., 16 janv. 2002, *JurisData* n° 2002-012801 ; *Bull. crim.*, n° 6 ; *Dr. pén.* 2002, comm. 56 , obs. J.-H. Robert ; *D.* 2002, p. 1225, note M. Dobkine.

806 Cass. crim., 17 janv. 2003, *D.* 2004, p. 92, note J. Daniel.

807 Cass. crim., 4 février 1898, *S.* 1899, 1, p. 249, note J.-A. Roux.

808 Crim. 25 sept. 1995, *Bull. crim.*, n° 277 ; crim. 12 janv. 2000, *Bull. crim.*, n° 20 ; crim. 18 févr. 2004, *Bull. crim.*, n° 47 ; crim. 26 oct. 2004, *Bull. crim.*, n° 256; crim. 18 mai 2005, *ECPB* ; crim. 21 mai 1990, *Dr. pén.*, 1990, n° 244.

ni détenu que dans les cas déterminés par la loi et dans les formes qu'elle a prescrites ».

En matière procédurale, il revient à la loi d'instituer les juridictions, de prévoir les règles de compétence applicables à ces juridictions et celles relatives au déroulement de l'instance, notamment les voies de recours. Elle seule peut mesurer la nature des atteintes qu'il convient d'apporter aux libertés individuelles et la part à réserver aux droits de la défense au cours de l'instance pénale.

D'ailleurs, toute la procédure pénale relève du domaine exclusif de la loi, y compris la procédure applicable aux contraventions[809].

211. Organisation et compétence des juridictions. Dans le domaine de l'organisation judiciaire, le principe de la légalité emporte l'exigence de l'institution de juridictions légalement constituées et préexistantes aux faits incriminés (*nemo judex sine lege*), ce qui aboutit à rejeter les «*tribunaux populaires* » créés sans base légale par des individus non mandatés régulièrement.

Il en est de même des juridictions d'exception constituées pour punir des faits déjà commis et des coupables connus, selon une procédure généralement mesurée au résultat à atteindre. Cette exigence a pour conséquence l'indépendance des juges vis-à-vis du pouvoir et des parties, ainsi que la possibilité pour la personne poursuivie de récuser tel ou tel magistrat, ou même le tribunal tout entier, s'il y a un motif légitime.

Du principe de la légalité découle la nécessité pour la loi de fixer la compétence des juridictions avec précision. Le délinquant doit à l'avance connaître son juge, comme il doit savoir le comportement que la loi lui interdit et la peine encourue. D'ailleurs, en matière pénale, les règles de compétence sont d'ordre public et l'incompétence de la juridiction peut être soulevée d'office par le juge et en tout état de cause.

212. Déroulement de la procédure. Le principe de la légalité entraîne des conséquences importantes dans le déroulement de la procédure. La loi doit aussi assurer l'équilibre du procès pénal, c'est-à-dire qu'il doit éviter

---

809 V. art. 67 de la Constitution.

« *l'écrasement* » de la partie poursuivie par la partie poursuivante (principe dit de l'égalité des armes).

Dans le cadre de la procédure pénale, il résulte du principe de la légalité que le législateur doit chercher un équilibre satisfaisant entre les droits de l'accusation et ceux de la défense. La loi est protectrice des libertés individuelles autant que des intérêts de la société. Il importe donc que les dispositions de procédure ne soient, ni trop sévères pour le délinquant, ni exagérément formalistes. Il faut que la défense s'exprime librement, sans toutefois entraver ou rendre impossible la répression.

Les conditions dans lesquelles les enquêteurs pourront procéder à une arrestation, à des perquisitions ou à des interceptions de correspondances, qui sont de nature à apporter des limitations aux libertés individuelles, doivent être clairement fixées par le législateur.

Par ailleurs, le juge ne saurait condamner un individu sans que soit pleinement et solidement établie sa culpabilité. C'est pourquoi la charge de la preuve incombe à l'accusation et faute de preuves assez convaincantes, l'accusé ou le prévenu doit être renvoyé des fins de la poursuite (le doute profite au prévenu).

Il s'y ajoute que la loi doit organiser un système de preuves qui préserve la dignité de la personne poursuivie en tant qu'être humain et lui assure les moyens d'établir sa défense; ce qui implique l'exclusion de la torture ou des preuves contraires à la morale, la contradiction dans la recherche et l'instruction à charge et à décharge.

PARAGRAPHE II : LE DÉCLIN DU PRINCIPE DE LA LÉGALITÉ CRIMINELLE

213. Affaiblissement du principe. Malgré sa consécration constitutionnelle, le principe de la légalité a fait l'objet de vives critiques. Il connaît, de nos jours, aussi bien un déclin en matière législative qu'un affaiblissement sous l'angle judiciaire.

A. Le déclin du principe en matière législative

214. Compétence réglementaire en matière contraventionnelle. La Constitution sénégalaise reconnaît au pouvoir exécutif le pouvoir d'intervenir en matière pénale. À côté de la loi pénale, au sens strict, il existe d'autres textes de valeur sensiblement identique qui sont assimilés aux lois. En effet, seule la détermination des crimes, des délits et des règles de procédure pénale relève du domaine exclusif de la loi. Or, aux termes de l'article 76 de la Constitution « *Les matières qui ne sont pas du domaine législatif ont un caractère réglementaire*».

En conséquence, les contraventions relèvent de la compétence réglementaire. Il appartient au pouvoir exécutif de fixer les contraventions et les peines qui leur sont applicables[810].

La Constitution a retiré purement et simplement des mains du pouvoir législatif toute la matière des contraventions de police : l'exécutif est devenu le maître des incriminations contraventionnelles et des sanctions applicables. C'est justement pour prendre en compte la place du règlement dans les sources de la légalité qu'un auteur a proposé l'expression « *principe de la textualité* »[811]. On est ainsi passé d'une approche de légalité formelle (loi au sens strict) à celle de légalité matérielle (loi au sens large incluant le règlement).

La formule de l'ancien article 4 du CP était moins explicite ; elle se contentait d'énoncer que : « *nulle contravention, nul délit, nul crime ne peuvent être punis de peines qui n'étaient pas prononcées par la loi avant qu'ils fussent commis* ».

C'est pour prendre en compte la compétence réglementaire en matière contraventionnelle que la loi n° 99-05 du 29 janvier 1999 modifiant certaines dispositions du Code pénal[812] a révisé l'article 4 du CP, en consacrant ce qu'un auteur a appelé « *la réglementalité des contraventions* »[813]. Ce texte énonce que nul crime, nul délit, « *nulle contravention* » ne peuvent être punis de peines qui n'étaient prévues par la loi « *ou le règlement* » avant qu'ils fussent commis. Il consacre ainsi un véritable doublement des sources de la légalité pénale.

---

[810] J. BARTHELEMY, « Gouvernement législateur », *Rev. polit. et parlm.* avril 1917, p. 4 ; G. LEVASSEUR, « Une révolution en droit pénal : le nouveau régime des contraventions», *D.* 1959. chron. 121.

[811] M-L. RASSAT, *Droit pénal général*, Paris, Ellipses, 2006, 2e édition, 96.

[812] JORS, n° 5847 du 27 février 1999, p. 836.

[813] D. NDOYE, *Code pénal du Sénégal annoté,* Dakar, EDJA, 2009, note sous art. 4, p. 12.

Dans l'arrêt du 29 mai 1965, la Cour suprême du Sénégal a jugé que les contraventions de simple police relèvent du domaine réglementaire, tandis que relève de la loi, la détermination des infractions, dont les plus élevées dépassent le montant maximum des contraventions de simple police[814].

Le principe de la compétence réglementaire en matière de contravention peut être étendu au droit pénal général des contraventions, c'est-à-dire aux principes généraux du droit pénal des contraventions (état de nécessité, légitime défense, circonstances atténuantes, etc.). Cet élargissement du domaine du règlement n'est pas exclu par l'article 67 de la Constitution[815].

Tout le droit pénal spécial des contraventions dépend exclusivement du pouvoir exécutif. Au Sénégal, le Code des Contraventions a été institué par le décret n° 65-557 du 21 juillet 1965[816].

Il existe, de nos jours, une dualité des sources du droit pénal qui constitue une véritable atteinte au monopole législatif classique.

Mais seule la procédure applicable aux contraventions relève de la compétence législative. En effet, la compétence législative en matière de procédure pénale prévue par l'article 67 de la Constitution concerne également la procédure de simple police prévue par la loi n°65-61 du 21 juillet 1965 portant Code de Procédure pénale. Au Sénégal, la procédure de jugement des contraventions est encadrée par les articles 509 à 537 du CPP.

215. Procédure d'habilitation législative. Le déclin du principe de la légalité criminelle tient aussi à la possibilité donnée au pouvoir exécutif d'intervenir dans le domaine du pouvoir législatif. En effet, la frontière entre les domaines de la loi et du règlement n'est pas imperméable[817]. Dans certaines circonstances particulières, la Constitution accorde aux autorités

---

[814] CS n° 3/C65 du 29 mai 1965, Statut de la coopérative dans les territoires relevant du ministère de la France d'outre-mer, *RIPAS*, janvier-décembre 1990, n° 23-24, p. 95.

[815] Sur cette question, G. ROUJOU DE BOUBEE, « Les deux sources du droit pénal d'après la Constitution du 04 octobre 1958 », *JCP*, 1961, I, 1638 ; également G. RIVES, « La classification des infractions selon leur gravité en droit sénégalais », *Annales africaines* 1974, p. 185.

[816] JORS du 23 août 1975, p. 954 et s.

[817] Sur cette question. J. M. NZOUANKEU, « Les domaines respectifs de la loi et du règlement en droit sénégalais», *RIPAS* n° 11, octobre-décembre 1984, p. 892 ; P. A. TOURÉ, *La légistique. Techniques de conception et de rédaction des lois et des actes administratifs : une tradition de gouvernance normative*, Dakar, l'Harmattan, 2018, p. 65, n° 74 ; V. GARRABOS, *Le domaine et l'autorité de la loi et du règlement en matière pénale*, thèse Paris, 1970 ; G. STEFANI, « Le domaine de la loi et du règlement en matière pénale », *Études juridiques en hommage à Julliot de la Morandière,* 1965, p. 581.

exécutives un pouvoir législatif exceptionnel qu'elles exercent par ordonnances. À ce titre, ces ordonnances peuvent intervenir en matière pénale.

Les ordonnances sont des mesures prises par le pouvoir exécutif dans le domaine du pouvoir législatif sur habilitation du Parlement[818]. Aux termes de l'article 77 de la Constitution : *« Le Parlement peut habiliter, par une loi, le Président de la République à prendre des mesures qui sont normalement du domaine de la loi »*. Il s'agit donc d'une extension occasionnelle des pouvoirs du Président de la République habilité à modifier éventuellement les lois existantes[819]. Les ordonnances traduisent un procédé de législation déléguée par lequel le Parlement consent à l'immixtion du Gouvernement dans son domaine en l'autorisant à « *légiférer* »[820]. Ainsi, les ordonnances peuvent intervenir dans le domaine pénal en déterminant des crimes et des délits ou en prévoyant des règles de procédure pénale au sens de l'article 67 de la Constitution.

Sous l'empire de la Constitution du 26 août 1960, l'organisation du Conseil supérieur de la Magistrature ainsi que les modalités de fonctionnement de la Cour suprême étaient respectivement fixées par les ordonnances n° 60-16 MJ du 03 septembre 1960 et n° 60-17 du 03 septembre 1960.

L'ordonnance est une catégorie normative très particulière. Elle est à mi-chemin entre l'acte législatif et l'acte réglementaire. Un auteur a écrit que « *la nature des ordonnances varie dans le temps à la manière du caméléon* »[821].

---

[818] CH. DEBBASCH, « Les ordonnances de l'art. 38 dans la Constitution du 4 octobre 1958 », *JCP.*, 1962.1.1701 ; A.-M. LE POURHIER, *Les ordonnances. La confusion des pouvoirs en droit public français,* Paris, LGDJ, 2011, p. 25 ; J.-C. COLLIARD, « Que reste-t-il de l'article 38 de la Constitution ? », *Mélanges Yves Jegouzo*, 2009, p. 131 ; P. De MONTALIVET, « L'inflation des ordonnances », *RDP* 2017, p. 37.

[819] A. BOCKEL, *Droit administratif*, Dakar-Abidjan, NEA, LGDJ, 1978, p. 109.

[820] S. N. TALL, « Les ordonnances en Afrique noire francophone », *Revue EDJA*, n° 64, janvier-février-mars 2005, p. 65 ; J-E GICQUEL, « Ordonnances », *Juris-class. adm.*, fasc. 35, mars 2015, n° 01 ; A. JENNEQUIN, « Les ordonnances de l'article 74-1 de la Constitution, Bilan de la pratique », *RFDA* 2008, p. 920 ; M. GUILLAUME, « Les ordonnances : tuer ou sauver la loi ? », *Pouvoirs* 2005, n° 114, p. 124..

[821] J. GICQUEL et J. E. GICQUEL, *Droit constitutionnel et institutions politiques*, Paris, LGDJ, 31e édition, 2017, p. 708, n° 1286 ; P. A. TOURÉ, « L'ordonnance : un instrument normatif au service de la riposte contre la COVID-19 », *Revue de l'ERSUMA* 2020, n° 12, p. 363.

Avant sa ratification par l'Assemblée nationale, l'ordonnance a une nature réglementaire sans limitation de durée, dès lors que le projet de loi de ratification a été déposé dans les délais. L'expiration de la période d'habilitation n'a aucun effet sur l'ordonnance qui conserve sa nature administrative, sauf si elle a été ratifiée[822]. En réalité, les ordonnances non ratifiées ont un double régime[823]. Elles suivent le régime des actes législatifs, si l'on sait, qu'intervenant dans le domaine législatif, elles peuvent modifier ou abroger des dispositions législatives et que leurs propres dispositions ne peuvent être modifiées ou abrogées que par une loi[824].

Mais du point de vue de leur régime contentieux, elles sont des actes réglementaires qui peuvent faire l'objet d'un contrôle juridictionnel[825] devant le juge de l'excès de pouvoir dans les conditions prévues par la loi organique n° 2017-09 du 17 janvier 2017 sur la Cour suprême[826].

Aussi, au cours d'un procès, les justiciables peuvent aussi soulever l'exception d'illégalité[827] de l'ordonnance non ratifiée devant les juridictions

[822] L. FAVOREU, « Ordonnances ou règlements d'administration publique ? », *RFDA* 1987, p. 686.
[823] Sur l'ensemble de cette question, V. S. N. TALL, *Droit constitutionnel et ordonnances dans les États d'Afrique noire francophone,* Dakar, l'Harmattan, 2021, p. 169 et s.
[824] L. FAVOREU, P. GAÏA, R. GHEVONTIAN, J-L. MESTRE, O. PFERSMANN, A. ROUX et G. SCOFFONI, *Droit constitutionnel*, Paris, Dalloz, 2014, p. 867, n°1206.
[825] V. J-C BONICHOT, F. MERLIN-SOUCRAMANIEN et CH. MAUGÜE, « Le contrôle juridictionnel des ordonnances », *RFDA*, 1997, p. 450.
[826] O. GAYE et M. S. DIOUF, *Le Conseil d'État et la pratique du recours en annulation*, Dakar, éd. 2001 ; M. M. MBACKE, « Le contrôle juridictionnel de l'administration. Le recours pour excès de pouvoir », *EDJA*, juin 1987, p. 09 et s. ; P. M. SY, « Quelques remarques sur l'institution du recours pour excès de pouvoir au Sénégal depuis la création du Conseil d'État », *EDJA*, n° 53, avril-mai-juin 2002, p. 57 et s. ; M. M. MBACKE, « Le Conseil d'État », *Revue EDJA*, n° 20, p. 02.
[827] V. art. 8 de la loi n° 2014-26 du 03 novembre 2014 fixant l'organisation judiciaire. Sur cette question, A. FAYE, « État de droit et contrôle de l'exécutif : réflexions d'un privatiste sur l'exception d'illégalité en droit sénégalais», *EDJA*, n° 33, avril-mai-juin 1997, p. 36; A.A. BA, « L'exception d'illégalité dans le système sénégalais d'organisation judiciaire », *EDJA*, n° 33, avril-mai-juin 1997, p. 41 ; I. DIALLO, « L'exception d'illégalité dans le système judiciaire sénégalais », *Nouvelles Annales africaines*, n° 1, 2010, p. 152; P. A. TOURÉ, *La réforme de l'organisation judiciaire du Sénégal commentée et annotée*, Paris, l'Harmattan 2016, n° 249 et s. ; B. SENE, « Le traitement de l'exception d'illégalité en droit sénégalais », *La Balance, Revue semestrielle de l'Union des Magistrats sénégalais*, n° 01, janvier-juin 2017, p. 53 et s. ; du même auteur, « Le traitement de l'exception d'illégalité en droit sénégalais », in *Droit administratif : convergence ou concurrence des disciplines juridiques?, Mélanges en l'honneur de Demba Sy,* tome 2, Toulouse, Presse universitaire de Toulouse 1, 2020, p. 401 et s.

du fond (Cour d'appel, tribunal de grande instance et tribunal d'instance), lorsque de l'examen de sa légalité dépend la solution du litige[828].

Après sa ratification législative, l'ordonnance acquiert rétroactivement une valeur législative à compter de la date de sa publication. À cet égard, dans la hiérarchie des textes normatifs, elle a une valeur de loi ordinaire et peut, dès lors, faire l'objet d'un recours en inconstitutionnalité devant le Conseil constitutionnel dans les conditions prévues par la loi organique n° 2016-23 du 14 juillet 2016 relative au Conseil constitutionnel[829]. La loi de ratification est une loi par laquelle le Parlement valide les mesures prises par le Président de la République dans le domaine du pouvoir législatif en leur conférant une valeur législative.

Il faut préciser qu'à l'occasion du vote de la loi de ratification, l'Assemblée nationale peut apporter des modifications à l'ordonnance en exerçant son droit d'amendement[830]. Le rejet du projet de loi de ratification par le Parlement entraîne l'abrogation de l'ordonnance.

Une fois ratifiées, les ordonnances intervenant dans le domaine législatif, ainsi hissées à la dignité législative, ne pourront être abrogées ou modifiées que par une loi.

Il en est de même de celles qui sont intervenues dans des matières réglementaires, sauf si elles ont fait l'objet d'une délégalisation encore appelée déclassement[831], suivant la procédure prévue par l'article 76, alinéa 2 de la Constitution. Selon ce texte, les textes de forme législative intervenus dans le domaine réglementaire peuvent être modifiés par décret si le Conseil constitutionnel, à la demande du Président de la République, a déclaré qu'ils ont un caractère réglementaire.

---

[828] CE, 13 novembre 1974, Sté Leroi et Lardereau, *Rec. CE* 1974, tables, p. 874 ; CE, 09 septembre 1994, Sté Mayotte Motors Corporation, *Rec. CE* 1994, p. 410.

[829] I. Y. NDIAYE, « Le Conseil constitutionnel sénégalais », *Les Nouveaux Cahiers du Conseil constitutionnel,* 2014/4, n° 45, p. 77.

[830] V. art. 77 de la Constitution.

[831] C. CANS, « La délégalisation. Un encouragement au désordre », *RDP,* 1999, p. 1419 ; Y. GAUDEMET, « Le mécanisme de déclassement des lois (art. 37, al. 2) », *D.* 1980, p. 121 ; J.-L. MESTRE, « De l'ancien sur l'article 37, alinéa 2, de la Constitution », *RFDA,* 2001, p. 301 ; L. FAVOREU, « La procédure de l'article 37, alinéa 2 », *RDP,* 1976, p. 225 ; L. FAVOREU, « La délégalisation des textes de forme législative par le Conseil constitutionnel », *Mélanges offerts à Marcel Waline*, Paris, LGDJ, 1974, TII, p. 429 ; P. A. TOURÉ, « La procédure constitutionnelle de délégalisation au service de la politique de régulation des loyers : à propos de la décision du Conseil constitutionnel du n° 2/C/2023 du 1er février 2023 » : https://ceracle.com (consulté le 29 avril 2023).

À côté des ordonnances de législation déléguée, qui constituent en quelque sorte les ordonnances de droit commun, d'autres types d'ordonnances sont prévues par la Constitution. Elles peuvent s'inscrire dans le cadre de l'exercice des pouvoirs exceptionnels du Président de la République[832]. En vertu de l'article 52 de la Constitution, lorsque les institutions de la République, l'indépendance de la Nation, l'intégrité du territoire national ou l'exécution des engagements internationaux sont menacées d'une manière grave et immédiate et que le fonctionnement régulier des pouvoirs publics ou des institutions est interrompu, le Président de la République dispose de pouvoirs exceptionnels.

Au titre des mesures prises en application de l'article 52 de la Constitution, le Président de la République peut prendre des « *mesures de nature législative* » qu'il met lui-même en vigueur. Il peut les amender ou les rejeter à l'occasion du vote de la loi de ratification. Le Parlement se réunit de plein droit. Il est saisi pour ratification dans les quinze (15) jours de leur promulgation. Ces mesures deviennent caduques si le projet de loi de ratification n'est pas déposé sur le bureau de l'Assemblée nationale dans ledit délai.

Les mesures présidentielles « *de nature législative* » sont soumises à une procédure de ratification analogue à celle prévue pour les ordonnances de l'article 77 de la Constitution. La haute juridiction administrative française voit dans les mesures prises par le Président de la République des actes de gouvernement dont il ne lui appartient « *ni d'apprécier la légalité ni de contrôler la durée d'application* »[833].

Dans l'histoire institutionnelle du Sénégal, la procédure d'habilitation législative a été utilisée bien avant l'indépendance. Déjà, la loi n° 59-006 du 26 janvier 1959 a autorisé le Gouvernement à prendre par ordonnances, jusqu'à l'entrée en fonction de la future Assemblée législative, « *des mesures qui sont normalement du domaine de la loi* ». C'est sur le fondement de ce

[832] J. LAMARQUE, « La théorie de la nécessité et l'article 16 de la Constitution », *RDP,* 1961, p. 558.

[833] CE, 2 mars 1962, Rubin de Servens , *JCP* G 1962, II, 12613, concl. Henry ; *S.* 1962, p. 147, note Bourdoncle.

texte que l'ordonnance n° 59-043 SG du 31 mars 1959 créant un Contrôle financier a été signée[834].

À la suite de l'accession du Sénégal à la souveraineté internationale, plusieurs lois d'habilitation ont été adoptées par le Parlement. Il s'agit notamment de la loi n° 60-43 ALS du 20 août 1960[835], dont l'article 1er dispose que le Gouvernement de la République du Sénégal est habilité pendant un délai de trois (3) mois à compter de sa date, et en cas de besoin, avant la promulgation, « *à régler par voie d'ordonnance toutes les matières relevant de la compétence de l'Assemblée nationale* »[836].

Les pouvoirs publics ont eu aussi recours à la procédure d'habilitation législative dans des périodes de turbulence économique. La loi n° 89-11 du 17 janvier 1989 portant loi d'habilitation[837] a autorisé le Président de la République, et pendant deux (2) ans « *en cas d'urgence et de nécessité impérieuse d'intérêt national, à apporter des modifications, par ordonnances aux droits d'importation et d'exportation inscrits au tarif des douanes et aux impôts, droits et taxes prévus par le Code général des Impôts* »[838].

Pendant la période de crise sanitaire, les pouvoirs publics ont mobilisé les ordonnances de législation déléguée au service de la lutte contre le coronavirus[839]. Il s'est agi d'adapter la procédure législative ordinaire aux exigences de célérité dictées par la situation exceptionnelle induite par le Covid-19 nécessitant l'adoption de réformes urgentes et rapides.

---

834 En ce sens, P. A. TOURÉ, *op. cit.*, n° 138.

835 JORS du 24 août 1960, p. 857. Sur le fondement de la loi d'habilitation n° 60-43 ALS du 20 août 1960, le Président de la République a signé plusieurs ordonnances. Il s'agit de l'ordonnance n° 60-01 MF du 20 août 1960 relative au fonctionnement du Trésor sur le territoire du Sénégal, de l'ordonnance n° 60-02 MF du 20 août 1960 portant création d'un service des Douanes de la République du Sénégal, de l'ordonnance n° 60-03 MF du 20 août 1960 portant modification de la formule exécutoire et de l'ordonnance n° 60-04 du 20 août 1960 portant deuxième remaniement du budget de la République du Sénégal (JORS du 24 août 1960, p. 859-860).

836 La loi n° 60-046 ALS du 07 septembre 1960 a habilité le Gouvernement à prendre, pour une durée de trois (3) mois, des mesures qui sont normalement du domaine de la loi.

837 JORS du 25 février 1989, p. 74.

838 V. dans le même sens, la loi n° 91-04 du 11 février 1991 portant loi d'habilitation qui a autorisé le Président de la République, en cas d'urgence et de nécessité impérieuse d'intérêt national, à apporter des modifications par ordonnances aux droits d'importation et d'exportation, inscrits au tarif des douanes et aux impôts, droits et taxes prévus par le Code général des Impôts.

839 P. A. TOURÉ, « L'ordonnance : un instrument normatif au service de la riposte contre la COVID-19 », *Revue de l'ERSUMA 2020,* n° 12, p. 363 et s.

Le Président de la République a pris une série de mesures comprenant notamment, l'interdiction des rassemblements, la fermeture des frontières, des écoles, universités et crèches, le renforcement des moyens de lutte contre le Covid-19 pour le personnel de santé et l'arrêt des formalités pour les pèlerinages religieux.

Par la suite, par un arrêté n° 007782 du 13 mars 2020, le Ministre de l'Intérieur a interdit sur l'ensemble du territoire, pour des raisons de sécurité liées à la propagation du Covid-19, toutes les manifestations ou tous les rassemblements de personnes dans les lieux ouverts ou clos pendant la période du 14 mars au 14 avril 2020. En application de cet arrêté, le Gouverneur de la Région de Dakar a prescrit, par un autre arrêté n° 27 du 19 mars 2020, la fermeture des mosquées à partir du 20 mars 2020 jusqu'à nouvel ordre.

Le Président de la République a proclamé l'état d'urgence à compter du 24 mars 2020 sur toute l'étendue du territoire par un décret n° 2020-830 du 23 mars 2020.

Après les premières décisions présidentielles, visant à contenir la propagation de la maladie dans notre pays, il a paru nécessaire de passer à une étape supérieure dans la prise en charge de la pandémie en prenant des mesures exceptionnelles destinées à consolider la résilience durable des populations et à sauvegarder les intérêts vitaux de la Nation.

C'est dans ce contexte que s'inscrit l'adoption de la loi d'habilitation n° 2020-13 du 02 avril 2020[840] qui a autorisé le Président de la République, en application de l'article 77 de la Constitution, à prendre, par ordonnances, dans un délai de trois mois, à compter de sa publication toute mesure relevant du domaine de la loi afin de faire face aux besoins d'ordre économique, financier, budgétaire, sécuritaire et sanitaire[841]. Ce texte législatif a, en même temps, autorisé la prorogation de l'état d'urgence pour une période de trois

---

[840] JORS n° 7296 du 03 avril 2020, p. 797.

[841] A. DIEYE, « Les lois d'habilitation en droit comparé. La situation dans quelques États d'Afrique noire francophone et en France », *Annales de l'Université de Toulouse I, Capitole*, tome IV, 2014, p. 133 et s. ; C. GAUTRON et M. ROUGEVIN BAVILLE, *Droit public du Sénégal*, Paris, éd. Pédone, 2e éd., 1977, p. 104 ; A. NDIAYE, « La loi d'habilitation dans les systèmes constitutionnels d'Afrique francophone », *Annales africaines*, volume 1, avril 2021, n° 14, p. 173 et s.

mois à compter de sa publication[842]. Plusieurs ordonnances ont déjà été prises en application de cette loi d'habilitation[843].

216. Imprécision et inflation pénales. L'affaiblissement du principe de la légalité criminelle s'est également manifesté dans les techniques d'élaboration des lois répressives. En effet, le législateur ne s'est pas toujours soucié de rédiger des textes clairs et précis. Certaines dispositions légales ont alors pris une allure extensive, se bornant même parfois à donner des directives générales aux juges ou à employer des termes vagues au contenu mal délimité.

C'est en matière d'infractions relatives à la sécurité publique que l'on trouve les exemples les plus typiques de formules imprécises ouvrant la porte à l'arbitraire du juge. À titre d'exemple, l'article 80 du CP punit d'un emprisonnement de trois ans au moins à cinq ans au plus et d'une amende de 100 000 à 1 500 000 francs « *les autres manœuvres et actes de nature à compromettre la sécurité publique ou à occasionner des troubles politiques graves, à enfreindre les lois* », sans véritablement caractériser ces manœuvres.

Dans le même sens, il importe de relever l'article 234 du CP qui réprime «*quiconque (...) se sera livré à des pratiques de sorcellerie, magie, ou charlatanisme susceptibles de troubler l'ordre public et porter atteinte aux personnes ou à la propriété* ». Ainsi, les termes «*sorcellerie, magie ou charlatanisme* » ne sont pas définis par le législateur.

---

842 À la suite du décret n° 2020-925 du 03 avril 2020, prorogeant l'état d'urgence pour une durée de trente jours, le Président de la République a, à nouveau, par un décret n° 2020-1014 du 03 mai 2020, prorogé l'état d'urgence pour une nouvelle durée de trente jours.

843 Il s'agit notamment de l'ordonnance n° 001-2020 du 08 avril 2020 aménageant des mesures dérogatoires au licenciement et au chômage technique durant la période de la pandémie de la Covid-19, de l'ordonnance n° 002-2020 du 23 avril 2020 relative aux mesures fiscales en soutien aux entreprises dans le cadre de la pandémie de la Covid-19, de l'ordonnance n° 003-2020 du 23 avril 2020 relative à l'admission en franchise des droits et taxes à l'importation de matériels et équipements sanitaires destinés à la lutte contre la pandémie de la Covid-19, de l'ordonnance n° 004-2020 du 28 avril 2020 portant modification des prévisions et autorisations de recette et de dépenses du budget général et de l'ordonnance n° 005-2020 du 28 avril 2020 aménageant des mesures dérogatoires au fonctionnement des conseils départementaux, municipaux et de ville. Sur l'ensemble de la question V. P. A. TOURÉ, « Le droit du travail à l'épreuve de la Covid-19 : un droit social d'exception « fugace » au service de la stabilité de l'emploi », in *Le droit africain à la quête de son identité, Mélanges offerts au Professeur Isaac Yankhoba Ndiaye*, Dakar, l'Harmattan, 2021, p. 1181.

L'imprécision ou le silence de certains textes montre que le législateur, incapable de tout détailler, s'en remet bien souvent aux juridictions.

Mais cette attitude n'est pas toujours sans danger; certaines notions sont tellement imprécises qu'elles risquent d'engendrer un redoutable arbitraire judiciaire. Ainsi, l'article 68 du CP, pour ne laisser subsister aucune lacune dans la répression des infractions contre la sûreté de l'État, réprime comme délit correctionnel le fait d'accomplir sciemment, en temps de guerre, « *un acte de nature à nuire à la défense nationale non prévu et réprimé par un autre texte* ».

La fonction première du principe de la légalité est de garantir les citoyens contre la répression de faits non prévus par la loi.

Mais de nos jours, la multiplication des sources du droit pénal s'accompagne de plus en plus d'une inflation législative. On assiste une augmentation quantitative de la production normative, symptomatique de l'« *inflation législative* ». Certains auteurs parlent même « *d'overdose législative* »[844], qui est souvent liée à l'accélération du rythme d'édiction des normes[845].

Les décideurs publics n'hésitent pas à recourir, surtout à la suite de l'accession d'un nouveau régime au pouvoir, à des mécanismes d'accélération de la procédure d'élaboration et d'adoption des textes pour atteindre des objectifs de politique publique ; ce qui aggrave l'empilement des textes sans toujours garantir leur qualité. Avec le phénomène de l'inflation législative, on constate une tendance à la pénalisation à outrance des comportements sociaux.

217. Influence du droit communautaire. Le monopole de la loi dans la définition des infractions et dans la détermination des sanctions pénales ainsi que des règles de procédure pénale est fortement concurrencé par l'essor

---

844 F. DEBOVE, « L'overdose législative», *Dr. pén*, 2004, chr 12, p. 6 et s.

845 R. SAVATIER, « L'inflation législative et l'indigestion du corps social », *D.* 1977, chr., p. 43. L'auteur relève que « *la natalité des lois n'est nullement balancée par leur mortalité. Le législateur abolit beaucoup moins qu'il ne légifère* »; J-R. TANCREDE, «Boulimie normative ! », *Les Annonces de la Seine*, n° 13, 28 février 2002, p. 1 ; J. C. ZARKA, « À propos de l'inflation législative », *D.* 2005, point de vue, p. 660 s., spéc. p. 660 ; G. HISPALIS, « Pourquoi tant de loi (s) ? », *Pouvoirs* 2005, n° 114, p. 115.

contemporain du droit communautaire[846]. En effet, pour atteindre des objectifs d'harmonisation normative et d'intégration économique, certaines organisations communautaires prévoient souvent des dispositions de nature pénale. Ainsi, la loi pénale nationale au sens large (loi et règlement) ne constitue plus la seule source du droit pénal ; la norme communautaire est désormais une source importante du droit criminel. À cet égard, plusieurs techniques de répression sont utilisées par les organisations d'intégration.

L'Organisation pour l'harmonisation en Afrique du droit des affaires (OHADA) a instauré un système de répression assez spécifique, postulant un éclatement de la structure de l'infraction ainsi qu'un doublement des sources du droit pénal uniforme[847]. En effet, en vertu de l'article 5 du traité de l'OHADA révisé au Québec le 17 octobre 2008, les actes uniformes peuvent inclure des dispositions d'incrimination pénale. Les États Parties s'engagent à déterminer les sanctions pénales encourues. Il revient ainsi à la loi uniforme de définir l'incrimination et à la loi nationale de fixer la sanction pénale[848].

Plusieurs actes uniformes de l'OHADA ont prévu des incriminations pénales. Il en est ainsi de l'Acte uniforme relatif au droit des sociétés commerciales et du groupement d'intérêt économique (abus de biens

---

[846] B. BOULOC, « L'influence du droit communautaire sur le droit pénal interne », *Mélanges offerts à Georges Levasseur,* Paris, Litec 1992, p. 103 s. ; J. BORE, « La difficile rencontre du droit pénal français et du droit communautaire », *Mélanges A. Vitu*, p. 25; ND. DIOUF, « La place du droit pénal dans le droit communautaire », *Nouvelles Annales africaines*, n° 01, 2007, p. 161.

[847] ND. DIOUF, « Actes uniformes et droit pénal des États signataires du traité de l'OHADA : la difficile émergence d'un droit pénal communautaire des affaires dans l'espace OHADA » : http://www.ohada.com; S. YAWAGA, « Politique criminelle de l'OHADA », in P-G. POUGOUE, *Encyclopédie du droit OHADA*, Paris, Lamy, 2011, p. 1389 ; M. MAHOUVE, « Le système pénal OHADA ou l'uniformisation à mi-chemin », *Penant*, n° 846, janvier-mars 2004, p. 87 et s.; E. LALLÉ KANGAMBEGA, « Observations sur les aspects pénaux de l'OHADA », *Penant* n° 834, septembre-décembre 2000, p. 318 et s. ; A. FOKO, « Analyse critique de quelques aspects du droit pénal OHADA», *Penant*, n° 859, p. 193 et s. ; M. AKOUETE AKUE, « Droit pénal OHADA… mythe ou réalité », *Revue de droit uniforme africain*, n° 00, 1ere trimestre 2010, p. 05 ; P. A. TOURÉ, *La réforme de la composition et de la compétence des juridictions du Sénégal commentée et annotée,* Dakar, Abis édition, 2017, n° 466 et s. ; Th. A. NDIOGOU, « Leurre et lueur sur l'incompétence de la CCJA dans le contentieux répressif OHADA », *Recueil LGA,* n° 01, mars 2018 ; J. A. NDIAYE, « L'OHADA et la problématique de l'harmonisation du droit pénal des affaires : bilan et perspectives d'un modèle de politique criminelle communautaire », in *Bulletin d'information (Cour suprême)*, n° 03, décembre 2011, p. 82 ; P. A. TOURÉ, «Pourvoi en cassation et contentieux pénal de l'OHADA : la difficile gestation d'un droit pénal uniforme de l'OHADA» : https://www.legiafrica.com.

[848] D. NZOUABETH, « La légalité criminelle malmenée dans le droit OHADA », in *Les horizons du droit OHADA, Mélanges en l'honneur du Professeur Filiga Michel SAWADOGO*, édition du CREDIJ, 2018, p. 521 à 546.

sociaux, l'entrave à la participation d'un actionnaire ou d'un associé à une assemblée générale, etc.), de l'Acte uniforme sur les procédures collectives d'apurement du passif (banqueroute simple, banqueroute frauduleuse, etc.) et de l'Acte uniforme relatif au droit des sociétés coopératives.

Au Sénégal, pour sanctionner les infractions prévues par l'OHADA, le législateur a adopté la loi n° 2018-13 du 27 avril 2018 relative à la répression des infractions prévues par les actes uniformes adoptés en application du Traité de l'OHADA. Ce texte abroge et remplace la loi n° 98-22 du 26 mars 1998 portant sur les sanctions pénales applicables aux infractions contenues dans l'Acte uniforme relatif au droit des sociétés commerciales et du groupement d'intérêt économique.

Les actes uniformes obéissent à une procédure d'adoption très particulière par rapport aux lois ordinaires. En vertu de l'article 6 du Traité de l'OHADA, ils sont préparés par le Secrétariat permanent de l'OHADA en concertation avec les Gouvernements des États Parties. Ils sont adoptés par le Conseil des Ministres après avis de la Cour Commune de Justice et d'Arbitrage[849].

Les actes uniformes sont publiés au *Journal officiel* de l'OHADA par le Secrétariat permanent dans les soixante (60) jours suivant leur adoption. Ils sont applicables quatre-vingt-dix (90) jours après cette publication, sauf modalités particulières d'entrée en vigueur prévues par ces actes uniformes. Ils sont également publiés dans les États parties, au *Journal officiel* ou par tout autre moyen approprié ; mais cette formalité n'a aucune incidence sur leur entrée en vigueur.

L'adoption des actes uniformes par le Conseil des Ministres requiert l'unanimité des représentants des États Parties présents et votants et n'est valable que si les deux tiers (2/3) au moins des États Parties sont représentés.

L'abstention ne fait pas obstacle à leur adoption.

Ainsi, le processus d'adoption des actes uniformes ne fait pas intervenir les parlements des États parties ; ce qui traduit une véritable limitation de la souveraineté et de l'autonomie normative des États[850].

---

849 I. K. DIALLO, « Les mécanismes d'élaboration des normes de droit communautaire : l'équation de la méthode », *Nouvelles Annales africaines*, n° 01, 2007, p. 87 et s.

850 Sur cette question, D. NDOYE, « Le traité de l'OHADA, la Constitution sénégalaise et les principes de droit processuel », *Revue EDJA*, n° 22, juillet-septembre 1994, p. 15 ; P. BOUREL,

Le Conseil constitutionnel sénégalais a eu l'occasion d'apprécier la conformité du traité de Port-Louis relatif à l'OHADA aux dispositions de la Constitution. Dans une décision rendue le 16 décembre 1993, la haute juridiction constitutionnelle a jugé que le transfert de compétence, préconisé par l'article 14 du Traité de l'OHADA, n'emporte pas un changement de statut international du Sénégal en tant qu'État souverain et indépendant. Il s'agit en l'espèce, « *non d'un abandon de souveraineté, mais d'une limitation de compétence qu'implique tout engagement international* »[851].

Dans l'espace de l'Union économique et monétaire ouest africaine (UEMOA) et de l'Union monétaire ouest africaine (UMOA), plusieurs infractions pénales ont été adoptées pour les besoins de la transposition de directives ou de l'incorporation de lois uniformes dans les ordres juridiques des États membres. On peut citer la loi uniforme n° 2008-48 du 3 septembre 2008 relative à la répression des infractions en matière de chèque, de carte bancaire et d'autres instruments et procédés électroniques de paiement[852]. Ce texte est entré en vigueur au Sénégal à la suite de l'adoption d'un projet de la loi uniforme relative aux instruments de paiement par le Conseil des Ministres de l'Union Monétaire Ouest africaine (UMOA), réuni en session ordinaire le 29 septembre 1995 à Bamako.

La loi n° 2018-03 du 23 février 2018 relative à la lutte contre le blanchiment de capitaux et le financement du terrorisme[853] est entrée en vigueur au Sénégal, après l'adoption par le Conseil des Ministres de l'UEMOA de la Directive n° 02/CM/UEMOA du 02 juillet 2015 relative à la lutte contre le blanchiment de capitaux et le financement du terrorisme

---

« À propos de l'OHADA : libre propos sur l'harmonisation du droit des affaires en Afrique », *D.* 2007, n° 14, p. 969 et s. ; U. BABONGENO, « De la contrariété entre les Actes uniformes et les Constitutions des États membres de l'OHADA », ohadata D-09-44.

[851] Cons. const. n° 03/C/93 du 16 décembre 1993, in I. M. FALL (dir.), *Les décisions et avis du Conseil constitutionnel du Sénégal*, Dakar, CREDILA, 2008, p. 97 et s., obs. A. SALL; pour un commentaire de cette décision, A. SALL, « Observations sous Conseil constitutionnel 16 décembre 1993, traité portant harmonisation en Afrique du Droit des Affaires », *Penant*, n° 837, 1998, p. 223 ; D. NDOYE, «Le traité relatif à l'harmonisation du droit des affaires, la Constitution sénégalaise et les principes du droit processuel », *EDJA*, n°22, juillet-août- septembre 1994, p. 15 ; G. KENFACK DOUAJNI, « L'abandon de souveraineté dans le traité OHADA », *Penant,* 1999, n° 830, p. 125 et s. ; J.P. RAYNAL, « Intégration et souveraineté : le problème de la constitutionnalité du traité OHADA », *Penant* n° 832, 2000, p. 5 et s.

[852] JORS n° 6453 du 7 février 2009.

[853] JORS n° 7095 du 14 mai 2018, p. 558.

dans les États de l'UEMOA et de la décision du Conseil des Ministres de l'UMOA n° 26 du 02 juillet 2016.

Cette décision du Conseil des Ministres a accordé aux États un délai de six (6) mois, à compter de la date de sa signature pour prendre les dispositions nécessaires en vue de l'insertion du projet de loi uniforme dans leurs ordres juridiques.

Le dispositif prévu par le projet de loi uniforme relatif à la répression du faux monnayage et des autres atteintes aux signes monétaires, adopté par le Conseil des Ministres de l'UMOA, par une décision en date du 24 juin 2016, a été transposé dans l'ordre pénal sénégalais par la loi n°2018-02 du 23 février 2018 relative à la répression du faux monnayage et des autres atteintes aux signes monétaires[854].

Le phénomène de la communautarisation du droit pénal n'épargne même pas les règles de procédure pénale. On peut citer, à cet égard, le Règlement n° 05/CM UEMOA du 25 septembre 2014 relatif à l'harmonisation des règles régissant la profession d'Avocat dans l'espace UEMOA. Ce texte communautaire, directement applicable au Sénégal, a consacré une puissante garantie de procédure : le droit à l'assistance d'un avocat dès l'interpellation durant l'enquête[855]. Aux termes de l'article 5, alinéa 1er du Règlement n° 05/CM UEMOA du 25 septembre 2014 : « *les avocats assistent leurs clients dès leur interpellation, durant l'enquête préliminaire, dans les locaux de la police, de la gendarmerie, ou devant le parquet* ».

La consécration de l'intervention de l'avocat dès l'interpellation n'a pas manqué de bouleverser les systèmes procéduraux de États de l'UEMOA. En effet, l'adoption du Règlement n° 05/CM UEMOA du 25 septembre 2014,

---

[854] JORS n° 7095 du 14 mai 2018, p. 553.

[855] Sur cette question, V. Y. BODIAN et P. T. FALL, « À propos de la présence de l'Avocat aux premières heures de la garde à vue », *Le Soleil* du 28 août 2015, p. 5 ; EL. H. B. FAYE, « Droit à un conseil dès l'interpellation : de la portée de la réforme du Code de Procédure pénale », *Les Echos du Palais*, n° 1, février 2018, p. 23 ; P. A. TOURÉ, « L'assistance de l'avocat dès l'interpellation dans la réforme du Code pénal et du Code de Procédure pénale du Sénégal : la greffe processuelle n'a pas bien pris ! », *La Balance, Revue semestrielle de l'Union des Magistrats sénégalais*, n° 01, janvier-juin 2017, p. 315 et s. ; M. KONATE, *Le temps et le procès pénal*, Thèse de Doctorat, Université de Dakar, 2017, p. 241 et s. n° 547 et s.; P. A. TOURÉ, *Le droit à l'assistance d'un avocat dès l'interpellation durant l'enquête dans l'espace UEMOA : l'exemple du Sénégal*, Dakar, Abis, 2018.

qui a introduit une grande innovation en ce qui concerne le moment d'intervention de l'avocat durant l'enquête, a bouleversé les repères droits pénaux des États, qui ne prévoyaient la présence de l'avocat dans la seconde période de la garde à vue, c'est-à-dire en cas de prolongation de la mesure.

Par la suite, la circulaire du Ministre de la Justice n° 00179 MJ/DACG/MN du 11 janvier 2018 relative aux modalités d'application de l'article 5 du Règlement n° 05/CM/UEMOA et des dispositions du Code de Procédure pénale, relativement à la présence de l'avocat dès l'interpellation de son client par l'officier de police judiciaire a apporté des précisions relatives aux modalités d'intervention de l'avocat durant la phase de l'enquête.

Finalement, la règle de la présence de l'avocat dès l'interpellation a été insérée dans le Code de Procédure pénale. La loi n° 2016-30 du 08 novembre 2016 modifiant la loi n° 65-61 du 21 juillet 1961 portant Code de Procédure pénale[856] a ainsi abrogé et remplacé l'ancien article 55 du Code de Procédure pénale par un nouvel article[857].

Quant à l'Organisation africaine de la Propriété Intellectuelle (OAPI), elle a aussi prévu une technique d'intégration pénale plus radicale. En effet, les annexes relatives à la propriété industrielle (excepté celles relatives à la concurrence déloyale) prévoient aussi bien la norme d'incrimination que la norme de sanction.

À titre d'exemple, l'article 38 de l'Annexe III sur les marques de produits ou de services sanctionne d'une amende de 1 000 000 à 6 000 000 francs CFA et d'un emprisonnement de trois mois à deux ans ceux qui font une imitation frauduleuse d'une marque de nature à tromper l'acheteur ou font l'usage d'une marque frauduleusement imitée[858].

---

[856] JORS, n° 6976 du samedi 26 novembre 2016, p. 1627.

[857] V. P. A. TOURÉ, « L'assistance de l'avocat dès l'interpellation dans la réforme du Code pénal et du Code de Procédure pénale du Sénégal : la greffe processuelle n'a pas bien pris ! », *La Balance, Revue semestrielle de l'Union des Magistrats sénégalais*, n° 01, janvier-juin 2017, p. 315 et s.

[858] Pour une application, V. CA Dakar, n° 402 du 28 mai 2001, MP et R. R. c/ S. Mb., M. Mb. et autres, *inédit*.

B. L'affaiblissement du principe en matière judiciaire

218. Montée en puissance du juge. Le législateur reconnaît de plus en plus au juge un pouvoir d'individualisation de la sanction qui n'a cessé de s'étendre au nom d'une politique criminelle éprise d'une justice concrète. Le juge dispose pour chaque infraction d'une grande latitude avec la technique légale du maximum et du minimum (système de la fourchette) à laquelle est encore attaché le droit pénal sénégalais.

Par le jeu des circonstances atténuantes, le juge peut ignorer le minimum légal prévu pour l'infraction considérée et aller jusqu'aux frontières extrêmes de l'indulgence[859].

En outre, la loi n° 2000-38 du 29 décembre 2000 modifiant le Code pénal[860] a accueilli en droit pénal les modes d'aménagement des peines[861]. Il s'agit du sursis, de la probation, du travail au bénéfice de la société, de la semi-liberté, du fractionnement de la peine, de la dispense de peine, de l'ajournement de peine et du placement sous surveillance électronique[862].

Dans le domaine de la procédure pénale, la manifestation la plus spectaculaire sans doute de l'effritement de la légalité est le procédé de la correctionnalisation judiciaire[863]. Par cette technique, sous prétexte d'obtenir l'allégement, l'accélération et l'efficacité des procédures, les autorités judiciaires soustraient délibérément aux juridictions criminelles la connaissance de crimes pour les déférer aux juges correctionnels ; ce qui constitue une entorse au principe de la légalité criminelle.

Mais malgré l'affaiblissement actuel de la légalité criminelle, elle demeure un principe cardinal du droit pénal.

---

[859] V. art. 432 du CP.

[860] JORS n° 5966 du 10 février 2001, p. 67.

[861] Sur cette réforme, V. C. M. B. NIANG, « Le rôle du parquet dans la procédure d'application des peines », *La Balance. Le Journal de l'Union des Magistrats sénégalais,* édition spéciale, août 2002, p. 4.

[862] Sur la question, V. P. A. TOURÉ, *Droit pénal général sénégalais, tome 2 : la responsabilité pénale et la sanction pénale*, Dakar, l'Harmattan 2023, n° 396 s.

[863] Cass. crim., 19 janv.1816, *Bull. crim.*, n° 3.

SECTION III :

LES CONSÉQUENCES DU PRINCIPE DE LA LÉGALITÉ : L'APPLICATION DE LA LOI PÉNALE

219. Mission d'application de la loi. De la nécessité de l'existence d'un texte légal pour qu'il y ait infraction et répression pénale, il résulte une conséquence fondamentale : l'exigence de l'application de la loi . La principale mission du juge pénal est d'appliquer la loi. D'ailleurs, en vertu de l'article 90, alinéa 2 de la Constitution, les juges ne sont soumis qu'à l'autorité de la loi dans l'exercice de leurs fonctions.

Aux termes de l'article 2 de la loi n° 84-19 du 02 février 1984 fixant l'organisation judiciaire[864] : « *Les juridictions appliquent, pour toutes les matières, la loi et les règlements en vigueur, ainsi que, s'il en existe en ces matières, les usages qui ne sont pas contraires à la loi* ». En matière pénale, la question de l'application de la loi pénale se pose dès lors qu'un fait délictueux ou présumé tel a été commis.

Mais le juge, pour appliquer la loi pénale, doit souvent, au préalable, déterminer son domaine d'application, procéder à son interprétation, au contrôle de sa validité par rapport aux normes supérieures et à la qualification pénale des faits.

SOUS-SECTION I : LA DÉTERMINATION DU CHAMP D'APPLICATION DE LA LOI PÉNALE

220. Sphère d'application de la norme criminelle. La loi pénale a pour objet essentiel de sanctionner les atteintes aux valeurs cardinales de la société.

Mais il arrive que plusieurs textes pénaux aient vocation à s'appliquer à une même situation pénale. Or, la loi pénale n'est ni atemporelle ni universelle.

Le champ d'application de la norme pénale est limité, puisqu'elle n'est pas applicable à tous les faits qu'elle incrimine et sanctionne, quel que soit la date de ou le lieu de leur commission. Le juge doit s'assurer que, compte tenu

---

[864] JORS n° 6818 du 10 novembre 2014, 1359 et s.

du moment et de lieu où ils ont été commis, les faits délictueux entrent dans son champ d'application.

La question de la sphère d'application de la loi pénale pose le problème de la détermination de son champ d'application dans le temps et dans l'espace.

PARAGRAPHE PREMIER : L'APPLICATION DE LA LOI PÉNALE DANS LE TEMPS

221. Position du problème. Au-delà de la durée d'application de la loi, c'est-à-dire celle relative aux événements qui marquent le début et la fin de son existence, le problème de l'application de la loi pose surtout la question de son champ d'application temporel.

Supposons qu'une loi pénale nouvelle abroge, modifie ou remplace une loi ancienne, par exemple elle crée une incrimination, abroge une incrimination existante, modifie les pénalités applicables à une infraction donnée, institue une juridiction répressive nouvelle, ou encore aménage la compétence ou la procédure devant une juridiction.

Cette loi s'appliquera sans discussion possible à tous les faits accomplis et à toutes les procédures nés postérieurement à son entrée en vigueur.

Mais régira-t-elle également les faits délictueux qui ont été commis sous l'empire de la loi ancienne et qui seront jugés après son applicabilité ou les procédures déjà commencées et non encore achevées au jour de son entrée en vigueur ?

Les solutions à apporter au problème du champ d'application de la loi pénale dans le temps varient suivant le cas où il s'agit de lois pénales de fond ou d'autres sortes de lois pénales.

A. Le champ d'application dans le temps des lois pénales de fond

222. Lois d'incrimination et de pénalité. Les lois pénales de fond encore appelées lois d'incrimination et de pénalité sont des lois générales ou spéciales qui définissent les comportements interdits, les peines qui leur sont applicables et les conditions de mise en œuvre de la responsabilité de leurs auteurs. Ces lois (au sens large) constituent donc l'essentiel du droit pénal.

Les lois pénales de fond sont régies par le principe de non-rétroactivité qui comporte d'importantes exceptions.

1. Le principe de la non-rétroactivité de la loi pénale

223. Énoncé du principe. Le principe de la non-rétroactivité signifie que la loi nouvelle ne s'applique que pour l'avenir. En matière civile, on retrouve en filigrane ce principe dans les dispositions de l'article 831 du Code de la Famille.

Selon ce texte, la loi nouvelle « *régit les actes et faits juridiques postérieurs et les conséquences que la loi tire des actes ou faits qui ont précédé sa mise en application* »[865].

Corollaire du principe de la légalité, la non-rétroactivité de la loi pénale est un principe fondamental qui assure la protection de la liberté individuelle[866]. La loi pénale n'est légitime que si elle prévient avant de réprimer (*lex moneat priusquam feriat*)[867]. Dans un État de droit attaché au principe de la légalité criminelle, il est impensable que les citoyens soient punis pour des actes non prévus par la loi au moment de leur commission[868].

Il est tout aussi inadmissible que les individus soient sanctionnés pour des faits incriminés seulement après leur commission, puisqu'ils n'ont pas été solennellement mis en garde par le législateur. Aux termes de l'article 9, alinéa 2 de la Constitution du Sénégal : « *Nul ne peut être condamné si ce n'est en vertu d'une loi entrée en vigueur avant l'acte commis* »[869].

---

[865] Pour des applications de ce principe, CA Dakar, ch. civ. comm. n° 301 du 16 avril 2007, I. O. c/ la Soc. Conf. T. L., *inédit* ; CA Dakar, c. civ. n° 84, 02 juin 2014, la comp. d'Ass. NSIA c/ H. V., *inédit* : « *Aux termes d'un principe de droit, la loi ne disposant que pour l'avenir ; n'ayant point d'effet rétroactif, elle ne peut s'appliquer qu'aux conventions ou actes ou faits juridiques nés sous son empire* ».

[866] S. VAN DROOGHENBRŒK, « Interprétation jurisprudentielle et non-rétroactivité de la loi pénale », *RTDH* 1996, p. 463 ; J.-P. DOUCET, « L'entrée en vigueur d'une nouvelle loi d'incrimination », *Gaz. pal.* 1990. 2. doctr. 130.

[867] J. CALVO, « La notion de prévisibilité infractionnelle », *LPA* 24 octobre 1997, n° 128, p. 4 s. ; J. BOURIN, « Échec aux conséquences funestes des revirements en droit pénal », *Gaz. pal.* 1995. 2. Doctr. 343 ; S. VAN DROOGHENBRŒK, op. cit, p. 463.

[868] C. cass. n° 45 du 24 mars 1999, A. T. et 68 autres c/ la Soc. Sav. SALY, *inédit* ; Cons. const., 30 décembre 1982, n° 82-155 *DC, Lebon*, p. 88, cons. n° 32 et 33 ; *RDP* 1983, p. 333, note L. Favoreu ; adde N. MOLFESSIS, *Le Conseil constitutionnel et le droit privé*, Paris, LGDJ, 1997, n° 236 s.

[869] V. également l'art. 4 du CP.

Dans l'affaire Mamadou MBODJ jugée le 27 avril 1981[870], la Cour d'Appel de Dakar a considéré que l'article 4 du Code pénal, «*qui consacre le principe de la légalité des délits et des peines exige du législateur de faire des lois précises et non rétroactives* ».

Dans une décision rendue le 23 juin 1993[871], le Conseil constitutionnel sénégalais s'est prononcé sur la valeur du principe de la non-rétroactivité des lois. Il a jugé que ce principe « *n'a de valeur constitutionnelle qu'en matière pénale, conformément aux articles 6 de la Constitution, 8 de la Déclaration des droits de l'homme et du citoyen de 1789 et 11.2 de la Déclaration universelle des droits de l'homme de 1948* ».

Le juge constitutionnel a précisé que la rétroactivité d'une loi nouvelle ne peut remettre en cause des situations existantes que dans le respect des droits et libertés de valeur constitutionnelle[872].

Le législateur se voit interdire la faculté de faire rétroagir, non pas seulement les peines plus sévères prononcées par le juge répressif, mais plus largement «*toute sanction ayant le caractère d'une punition même si le législateur a cru devoir laisser le soin de la prononcer à une autorité de nature non judiciaire*»[873].

Le principe de la non-rétroactivité s'applique aux réglements. La chambre administrative de la Cour suprême a jugé, dans un arrêt du 10 novembre

---

870 CA Dakar, n° 289 du 27 avril 1981, MP c/ M. MB. *inédit*.

871 Cons. const. n° 11/93 du 23 juin 1993, Rabat d'arrêt, in I. M. FALL, *Les décisions et avis du Conseil constitutionnel du Sénégal*, Dakar, CREDILA, 2008, 89, obs. A. NDIAYE. Pour commentaire de cette décision, EL H. MBODJ, « La mise à mort du rabat d'arrêt ? Observations s/c Conseil constitutionnel : 23 juin 1993 », *Revue EDJA,* n° 23, octobre-novembre-décembre 1994, p. 80.

872 G. LEVASSEUR, « Opinions hétérodoxes sur les conflits de lois répressives dans le temps », *Mélanges J. Constant,* Faculté de droit de Liège, 1971, p. 189 ; du même auteur, « Le domaine d'application dans le temps des lois relatives à l'exécution des sanctions répressives », *Mélanges A. VITU*, Paris, Cujas 1989, p. 349 ; A. DEKEUWER, « La rétroactivité *in mitius* en droit pénal : un principe encore et toujours contesté ! », *JCP* G. 1997, I, 4063 ; J. LARGUIER et A.-M. LARGUIER, « Le rejet de l'analyse rétroactive en droit pénal », *RSC* 1972, p. 759 ; C. A. FOPA TAPON, « Le principe constitutionnel de la non-rétroactivité des lois : radioscopie d'un principe « méprisé » par le législateur camerounais»: http://afrilex.u-bordeaux.fr/wp-content/uploads/2021/03/Afrilex; J. A-M. LARGUIER, « Le rejet de l'analyse rétroactive en matière pénale », *RSC* 1972, p. 759; T. PIAZZON, « Le principe de non-rétroactivité de la loi pénale, in *Code pénal et Code d'instruction criminelle, Livre du bicentenaire,* Paris, Dalloz 2010, p. 127.

873 Cons. const., 30 décembre 1982, n° 82-155 DC.

2022[874], qu'un arrêté interministériel du 27 juillet 2021, qui dispose que les pénalités portant sur la détention des conteneurs ou sur les immobilisations de matériels de transport et antérieures à la signature du présent arrêté sont annulées, règlemente les situations juridiques entièrement constituées telles des créances résultant des conventions commerciales nées entre des acteurs privés et des engagements en cours d'exécution, sous l'empire de l'arrêté du 17 janvier 2018. Ainsi, estime le juge administratif, en l'absence de dispositions législatives l'y autorisant et de dispositions transitoires, l'arrêté précité ne saurait régir des situations juridiques dont les effets ont été entièrement consommés sous l'empire de l'ancien arrêté ou éteintes antérieurement à son entrée en vigueur. Dès lors, un tel arrêté méconnaît le principe de la non-rétroactivité du règlement.

224. Application du principe à la loi plus sévère. Le principe de la non-rétroactivité a vocation à s'appliquer à la loi pénale plus sévère.

En France, ce principe a été rappelé par le Conseil constitutionnel à propos d'une disposition législative de validation en matière fiscale. Il a jugé que «*conformément au principe de non-rétroactivité des lois répressives posé par l'article 8 de la Déclaration des droits de l'homme et du citoyen, (l'opération de validation) ne saurait permettre d'infliger des sanctions à des contribuables à raison d'agissements antérieurs à la publication des nouvelles dispositions qui ne tombaient pas également sous le coup de la loi ancienne* »[875].

Le principe de la non-rétroactivité, qui a vocation à s'appliquer à la loi pénale plus sévère, n'est pas confiné aux sanctions appliquées par les juridictions pénales. Selon le juge constitutionnel français ce principe « *ne concerne pas seulement les peines appliquées par les juridictions répressives, mais s'étend nécessairement à toute sanction ayant le caractère d'une punition même si le législateur a cru devoir laisser le soin de la prononcer à une autorité de nature non judiciaire* »[876].

---

[874] CS, ch. adm. n°52 du 10 novembre 2022, le Syndicat des Armateurs en Container du Sénégal dit « SACS » c/ Etat du Sénégal (AJE), *inédit*.

[875] Cons. const., 29 déc. 1988, n° 88-250 DC, Loi de finances rectificative pour 1988, cons. 5, JO 30 déc. 1988.

[876] Cons. const., 30 déc. 1982, n° 82-155 DC, Loi de finances rectificative pour 1982, cons. 33 : JO 31 déc. 1982, p. 4034.

225. Notion de loi pénale plus sévère. Le texte pénal est plus sévère lorsqu'il crée une nouvelle infraction[877], étend le champ d'application d'une incrimination préexistante, supprime une condition de l'infraction[878], étend le champ d'application de la responsabilité pénale aux personnes morales[879] ou élargit une incrimination à une nouvelle catégorie de prévenus[880].

Il en est de même lorsqu'il crée une nouvelle circonstance aggravante ou abroge une qualification spécifique sans dépénalisation en laissant le comportement relever d'une qualification de droit commun plus rigoureuse[881].

Est encore plus sévère, le texte qui exclut le bénéfice d'une immunité[882].

La Cour de Cassation sénégalaise a jugé, dans un arrêt du 07 mai 2002, que la loi n° 97-18 du 1er décembre 1997 portant Code des Drogues qui a prévu, en son article 97, une peine d'emprisonnement de cinq à dix ans, par un relèvement substantiel du minimum de la peine encourue, est plus sévère que la loi antérieure n° 87-12 du 24 février 1987 qui punissait la tentative d'achat de stupéfiant d'une peine d'emprisonnement de deux à dix ans[883].

Un jugement de la chambre criminelle du Tribunal de grande Instance hors Classe de Dakar rendu le 10 avril 2019[884] a énoncé qu'il est de principe que seules les lois de fond plus douces rétroagissent au profit de la personne poursuivie à l'exception des autres.

Les juges ont précisé que la loi n°2016-29 du 08 novembre 2016 modifiant le Code pénal est plus sévère que l'ancienne loi n°2007-01 du 12 février 2007 puisque « *tout en gardant la même peine encourue pour les crimes d'actes de terrorisme prévus à l'article 279-1 du CP, (elle) a élargi*

---

877 Crim. 05 août 1933, *Bull. crim.* n° 186; crim. 08 août 1981, *Bull. crim.* n° 241 ; crim. 21 avril 1982, n° 81-92.914 ; crim. 15 avril 1986, *Bull. crim.* n° 128; crim. 08 février 1994, n° 92-86.333; crim. 15 novembre 2006, n° 06-80.655.

878 Crim. 21 novembre 2000, *Dr. pén.* 2001. 35, obs. Robert; crim. 23 juin 2009, n° 08-82.411, *D.* 2009. *Act jur.*1975, obs. Darsonville ; *JCP* 2009, n° 31-35, p. 28 ; *RSC* 2009. 837, obs. Mayaud.

879 Crim. 23 février 2000, n° 99-83.928, *Bull. crim.* n° 08.

880 Crim. 19 juin 2007, n° 06-85.490, *Dr. pén.* 2007. 134, obs. Véron ; *Gaz. pal.* 2008. 1. Somm. 1127, note Monnet ; *RSC* 2008. 87, obs. Ambroise-Castérot ; Crim. 20 octobre 2009, n° 09-81.721, *D.* 2009. AJ 2753 ; *D.* 2010. Pan. 2733 ; *Act. jur. pén.*. 2010. 31, obs. Lasserre Capdeville.

881 CA Douai, 06 mai 1994, *Gaz. pal.* 1994. 2, somm. 439.

882 V. Crim. 14 novembre 2007, n° 07-82.527, *Act. jur. pén.* 2008. 29, obs. Roussel ; *Dr. pén.* 2008. 16, obs. Véron.

883 C. cass. n° 19 du 7 mai 2002, Ib. S. D. c/ MP et la Douane, *inédit.*

884 TGIHC Dakar, ch. crim. n° 28 du 10 avril 2019 : https://juricaf.org.

le champ d'application de cette catégorie d'infractions en prévoyant d'autres incriminations qui n'existaient pas dans le Code pénal dans sa version de 2007 ; Qu'elle a aussi aggravé les peines en ce qui concerne le délit d'apologie du terrorisme ».

Il a été également jugé que « *le principe de légalité des poursuites pénales (...) exige que tout comportement pénalement répréhensible soit apprécié à la lumière du droit en vigueur au moment de sa commission* » et que « *les faits commis avant l'entrée en vigueur de la loi nouvelle et qui n'ont pas encore fait l'objet de jugement restent soumis à la loi en vigueur au moment de la commission des faits, si les dispositions de cette loi sont moins sévères que celles de la loi nouvelle* »[885].

En matière de peines encourues, l'on admet que les peines contraventionnelles sont plus douces que les peines correctionnelles, qui sont elles-mêmes plus douces que les peines criminelles. Entre deux peines de même nature et de même degré, on doit comparer le maximum de ces peines. Si ces peines ont un maximum équivalent, il faut comparer le minimum, lorsqu'il en existe un, ou rechercher si le texte nouveau comporte aussi une autre peine[886].

Entre deux peines de nature différente, la plus grave est celle qui occupe le degré le plus élevé dans l'échelle des peines, l'amende étant toujours plus douce que l'emprisonnement.

2. Les exceptions au principe de la non-rétroactivité des lois

226. Rétroactivité des textes. Malgré l'affirmation du principe de non-rétroactivité dicté par un besoin d'assurer la sécurité juridique des personnes, il comporte des exceptions impliquant la rétroactivité de la loi pénale.

Le législateur peut prévoir que la loi sera rétroactive, c'est-à-dire qu'elle s'appliquera à des situations juridiques nées avant son entrée en vigueur[887]. Il s'agit en réalité d'un cas d'entrée en vigueur anticipée du texte.

---

885 TGIHC Dakar, ch. crim. n° 91 du 19 juillet 2018 : https://juricaf.org.

886 V. D. AI BACHERAOUI, « Du caractère plus doux ou plus sévère de certaines dispositions du nouveau code pénal », *JCP* 1994. I. 3767.

887 M. DIAKHATE, *Les lois au Sénégal. Volume 1. La procédure législative*, Dakar, CREDILA, 2020, p. 112.

Même si l'article 10 de la loi n° 2021-21 du 02 mars 2021 fixant les règles d'applicabilité des lois, des actes administratifs à caractère réglementaire et des actes administratifs à caractère individuel[888] ne réserve que les cas où des dispositions expresses reportent l'entrée en vigueur des textes à une date ultérieure, il a été toujours admis la possibilité d'une entrée en vigueur anticipée de la loi, c'est-à-dire d'une rétroactivité de la loi ou du règlement[889]. Les effets du texte se déploient alors dans le passé[890].

227. Lois instituant des mesures de sûreté. En matière pénale, la doctrine admet que les lois édictant des mesures de sûreté peuvent s'appliquer rétroactivement[891]. Ces mesures ont pour objet de prévenir les conséquences d'un état dangereux[892].

Prises soit dans l'intérêt des délinquants qu'elles visent, soit en vue de la protection de l'ordre public, ces mesures doivent être appliquées même aux délinquants dont les agissements sont antérieurs à l'entrée en vigueur des textes nouveaux[893]. Il en est ainsi des mesures de rééducation et de protection prévues en matière d'enfance délinquante[894].

En France, la Cour de Cassation a admis l'application des mesures de placement prévues par l'ordonnance du 02 février 1945 relative à l'enfance délinquante à des faits commis avant l'entrée en vigueur de ce texte[895].

228. Lois déclaratives. Une loi déclarative est assez similaire à une loi interprétative dans la mesure où elle ne fait que constater une règle préexistante.

---

888 JORS n° 7409 du samedi 20 mars 2021, p. 303. Sur ce nouveau texte, B. SARR, « L'entrée en vigueur de l'acte administratif unilatéral », *Annales africaines*, volume 1, avril 2021, n° 14, p. 101 et s.

889 P. A. TOURÉ, *L'entrée en vigueur des lois, des ordonnances et des actes administratifs en droit sénégalais*, Dakar Abis édition, 2021, n° 191 et s.

890 A. HUET, « La rétroactivité in mitius des textes réglementaires en matière économique (dissonances sur une question simple) », *JCP* G 1989, I, 3378 ; G. JEZE, « Les lois rétroactives », *RDP* 1916, p. 2 ; du même auteur, « Contribution à l'étude du principe de la non-rétroactivité des lois. Les lois interprétatives », *RDP* 1924, p. 177.

891 R. MERLE et A. VITU, op. cit., n° 256 ; J. PRADEL, op. cit. n° 189 ; G. STEFANI, G. LEVASSEUR et B. BOULOC, op. cit., n° 165.

892 Cass.crim., 11 juin1953, *JCP* G 1953, II, 7708, note J. Brouchot ; *RSC* 1954, p. 117, obs. A. Légal.

893 R. MERLE et A. VITU, *Traité de droit criminel. Problèmes généraux de la science criminelle. Droit pénal général*, tome 1, Cujas, 7e édition 1997, n° 223.

894 V. art. 565 et s. du CPP.

895 Crim. 11 juin 1953, *JCP*, 1953, II, 7708, note J. Brouchot, *RSC*, 1954, 117, obs. Légal.

Elle est donc consubstantiellement rétroactive[896].

L'exemple typique est la célèbre loi française du 26 décembre 1964 « *tendant à constater l'imprescriptibilité des crimes contre l'humanité* ». Dans l'arrêt Klaus Barbie, la Cour de Cassation française a estimé que cette loi « *s'est bornée à confirmer que cette imprescriptibilité était déjà acquise en droit interne par l'effet des textes internationaux auxquels la France avait adhéré* »[897].

229. Lois incriminant des atteintes à des valeurs essentielles de civilisation. L'article 15. § 2 du pacte international relatif aux droits civils et politiques dispose que le principe de non-rétroactivité « *ne portera pas atteinte au jugement et à la punition d'une personne coupable d'une action ou d'une omission qui, au moment où elle a été commise, était criminelle d'après les principes généraux du droit reconnus par les nations civilisées* ».

La Cour de Justice de la CEDEAO a déjà jugé, dans un arrêt rendu le 18 novembre 2010[898], que « *c'est pour éviter l'impunité des actes considérés, d'après le droit international comme délictueux que le paragraphe 2 de l'article 15 du Pacte prévoit la possibilité de juger ou de condamner tout individu en raison d'actes ou omissions qui, au moment où ils ont été commis, étaient tenus pour criminels, d'après les principes généraux de droit reconnus par l'ensemble des nations* ».

Les actes contraires au droit international humanitaire peuvent toujours être réprimés en tant que tels, même si à l'époque de leur commission, leur répression n'était pas expressément prévue dans la législation interne de l'État où ils ont été commis ou dans celle de l'État poursuivant[899]. C'est tout le sens qu'il faut donner à l'alinéa 2 de l'article 9 de la Constitution sénégalaise issu de la loi constitutionnelle n° 2008-33 du 07 août 2008. Selon ce texte, le principe de la non-rétroactivité de la loi pénale ne s'oppose pas *« à la poursuite, au jugement et à la condamnation de tout individu en raison d'actes ou omissions qui, au moment où ils ont été commis, étaient tenus pour*

896 F. DESPORTES et F. LEGUNEHEC, op. cit., n° 330.
897 Cass.crim., 26 janv.1984, n° 83-94.425, *Bull.crim.* n° 34.
898 CJ CEDEA ECW/CCJ/JUD/06/10 du 18 novembre 2010 Affaire Hissein HABRÉ c/ République du Sénégal, *inédit*.
899 F. DESPORTES et L. LAZERGES-COUSQUER, *Procédure pénale*, Paris, Economica, 2009, n° 332 ; J. HUET, « Une méconnaissance du droit international : à propos de la rétroactivité in mitius », *JCP* 1987. 1. 3293.

criminels d'après les règles du droit international relatives aux faits de génocide, crimes contre l'humanité et crimes de guerre ».

230. Lois pénales plus douces. Le principe de non-rétroactivité de la loi pénale perd sa raison d'être lorsque la loi nouvelle adoucit la répression[900]. En effet, la rétroactivité est possible si la nouvelle loi correspond à un allégement des sanctions pénales, qualifiée de rétroactivité *in mitius*, ce qui signifie en latin « *plus doux* » ou « *plus clément* ».

Lorsqu'une nouvelle loi est plus douce, l'intérêt du délinquant rejoint celui de la société. Jugée par cette dernière inutile, la répression sévère doit être écartée et la norme plus douce appliquée même à ceux qui ont commis leur forfait sous l'empire de la loi ancienne.

Le Conseil constitutionnel français a affirmé la valeur constitutionnelle du principe de rétroactivité de la loi pénale plus douce comme étant un principe autonome dérivé du principe de nécessité des peines, énoncé dans l'article 8 de la Déclaration des droits de l'Homme de 1789[901]. Selon le juge constitutionnel français, « *le fait de ne pas appliquer aux infractions commises sous l'empire de la loi ancienne la loi pénale nouvelle, plus douce, revient à permettre au juge de prononcer les peines prévues par la loi ancienne et qui, selon l'appréciation même du législateur, ne sont plus nécessaires* ».

De même, dans la décision n° 93-327 DC du 19 novembre 1993, relative à la loi organique sur la Cour de justice de la République, le Conseil constitutionnel français a pris soin de préciser que l'ensemble des organes de la Cour de justice sont soumis au principe de l'application immédiate de la loi pénale moins sévère, alors même qu'aucune disposition de la loi organique examinée n'était susceptible de porter atteinte à ce principe[902].

Le principe de non-rétroactivité de la loi pénale plus douce est également consacré au plan international. Ainsi, l'article 15, § 1er, du Pacte international relatif aux droits civils et politiques admet le principe de non-rétroactivité

---

[900] R. VIENNE, « Le principe de la rétroactivité de la loi pénale plus douce doit-il être considéré comme absolu ? », *JCP* 1947. I. 618 ; R. BÉRAUD, « La non-rétroactivité des lois nouvelles plus douces », *RSC* 1949, p. 7.
[901] Cons. const. 19 et 20 janvier 1981, *JCP* 1981. II. 19707, note C. Franck ; *D.* 1982. 441, note A. Dekeuwer.
[902] Cons. const., 19 nov. 1993, n° 93-327 DC, cons. 15, JO 23 nov. 1993.

lorsque la peine prévue par le nouveau texte est « *plus légère* ». Aux termes de ce texte : « *Si, postérieurement à (l'infraction), la loi prévoit l'application d'une peine plus légère, le délinquant doit en bénéficier*».

Si la formulation de ce texte semble ne renvoyer qu'à la notion de «*peine* », le Comité des droits de l'homme retient une approche extensive de cette disposition, puisqu'il considère qu'elle vise non seulement une loi qui diminue une peine, mais aussi, a fortiori, une loi «*prévoyant une suppression de peine pour un acte qui ne constitue plus une infraction*»[903].

Toutefois, la chambre criminelle de la Cour de Cassation française ne partage pas cette analyse, car elle interprète de façon restrictive cette disposition en considérant que ce texte ne concerne que les sanctions et non les incriminations[904].

La loi pénale plus douce s'applique aux faits commis avant son entrée en vigueur et qui n'ont pas fait l'objet d'une condamnation définitive.

Les lois pénales plus douces ont un effet rétroactif. La chambre correctionnelle de la Cour d'Appel de Dakar a jugé, dans un arrêt du 06 septembre 2013[905], que « *par dérogation à la règle de non-rétroactivité des lois, les dispositions de la loi nouvelle plus douces s'appliquent immédiatement aux infractions commises avant leur entrée en vigueur et n'ayant pas donné lieu à une condamnation passée en force de chose jugée* ».

231. Notion de loi pénale plus douce. Une loi de fond est plus douce lorsqu'elle supprime une incrimination existante par le procédé de la dépénalisation, c'est-à-dire lorsqu'elle abroge une incrimination[906]. La Cour suprême a jugé que les dispositions plus douces de la loi nouvelle sont immédiatement applicables, même aux faits antérieurs à sa promulgation ; il en est ainsi notamment de l'article 1er de la loi n° 64-28 du 07 avril 1964 qui

---

[903] J. HUET, « La France, le Comité des droits de l'homme de l'ONU et la rétroactivité de la loi pénale plus douce », *D.* 2010, chron. 2865.

[904] Crim. 06 octobre 2004, n° 03-84.827, *D.* 2005. Pan. 1528, obs. Roujou de Boubée ; *Dr. pén.* 2005, n° 09, obs. Robert ; V. également J. HUET, « Une méconnaissance du droit international, à propos de la rétroactivité in mitius », *JCP* 1987. I. 3293.

[905] CA Dakar, ch. corr. n° 1376 du 06 septembre 2013, MP et SDV c/ Ph. S., *inédit.*

[906] Crim. 18 juin 1997, n° 96-81.264 P, *D. aff.* 1997. 956 ; *RSC* 1998. 315, obs. Bouloc ; crim. 22 mars 2011, n° 10-80.203, *D. act,* 20 avril 2011, obs. Bombled ; *D.* 2011. Pan. 2825, obs. Roujou de Boubée ; *Act. jur. pén.* 2014. 412, obs. Gallois ; Crim. 24 janvier 2012, n° 11-84.045, *D. act.*, 27 février 2012 ; *RSC* 2013, p. 93, obs. Castérot.

attribuait compétence au tribunal correctionnel pour connaître de tous les détournements quel qu'en soit le montant[907].

La jurisprudence pénale sénégalaise a eu l'occasion de mettre en œuvre la rétroactivité *in mitius* des lois pénales de fond plus douces à la suite de la dépénalisation du délit d'émission de chèque sans provision par la loi uniforme n° 2008-48 du 03 septembre 2008 relative à la répression des infractions en matière de chèque, de carte bancaire et d'autres instruments et procédés électroniques de paiement[908] . Cette loi a donc été considérée par les juges comme plus douce que la législation pénale antérieure[909].

La loi pénale est aussi plus douce lorsqu'elle exclut une responsabilité pénale ou prévoit des circonstances atténuantes, un fait justificatif ou encore lorsqu'elle supprime une circonstance aggravante[910], modifie les éléments constitutifs d'une circonstance aggravante par des exigences supplémentaires[911], donne au juge le pouvoir de tenir compte de l'intention[912] ou restreint l'étendue d'une présomption défavorable[913].

Il en est de même de la loi qui supprime une présomption réfragable[914], admet un fait justificatif nouveau ou une nouvelle cause de non-imputabilité[915]. Un arrêt de la Cour suprême du Sénégal rendu le 20 mai 2008[916] a énoncé que la loi n° 2004-38 du 28 décembre 2004, qui prévoit

[907] CS n° 30 du 6 juin 1967, M. B. c/ MP et CRAD du Fleuve, *Rev. sen. dr.* juin 1974, n° 15, p. 78.
[908] JORS n° 6453, du 7 février 2009, p. 120
[909] CA Dakar ch. corr., n° 308 du 10 mai 2010, MP c/ Ch. ND.-K. D., *inédit* ; CA Dakar ch. corr., n° 103 du 31 janvier 2011, MP et D. A. c/ Cath. G. L., *inédit* ; CA Dakar ch. corr., n°398 du 18 avril 2012, MP et M. T. L. c/ A. G. D., *inédit* ; CA Dakar ch. corr., n° 60 du 21 janvier 2011, MP et S. A. C.-M. Nd. MB. c / Nd. M. ND., *inédit* ; CA Dakar ch. corr., n° 1376 du 06 septembre 2013, MP et SDV c / Ph. S., *inédit* ; dans le même sens, CA Dakar ch. corr., n° 636 du 03 mai 2013, MP et I. H. c / M. Kh. D., in *Bulletin des arrêts rendus par la Cour d'Appel de Dakar en matière pénale*, année 2014, p. 139 ; CA Saint-Louis ch. corr., n° 95 du 29 avril 2011, MP et O. S. c/ A. S., *inédit* ; CA Dakar ch. corr., n° 497 du 08 avril 2013 , El H. S., M. T. c / MP et M. T. et El H. S. S. M. D., *inédit*
[910] Crim. 19 juillet 1961, *D.* 1961, p. 548.
[911] Crim. 11 décembre 1996, n° 96-82.303.
[912] Crim. 16 novembre 1987, *Bull. crim.* n° 403 ; crim. 07 décembre 1987, *Bull. crim.* n°446.
[913] Crim. 14 septembre 2010, n° 10-80.718, *D.* 2010. 2434.
[914] Crim. 28 juin 1995, n° 94-84.811, *Dr. pén.* 1995. 223, obs. Véron ; *JCP* 1996. II. 22576, note Dekeuwer.
[915] Crim. 12 janvier 1994, n° 92-86.390, *Bull. crim.* n° 19 ; *RSC* 1994. 759, obs. B. Bouloc. Constitue aussi une loi plus douce celle qui établit une excuse absolutoire ou atténuante V. Crim. 18 mars 1965, *Bull. crim.* n° 81.
[916] CS, n° 42 du 20 mai 2008, A. C. dit A. c/ MP, *inédit.*

l'abolition de la peine de mort, s'applique aux infractions qui lui sont antérieures, mais non encore définitivement jugées.

232. Lois interprétatives. La loi interprétative est à l'origine une création jurisprudentielle ; elle a pour objet de clarifier la signification d'une loi antérieure qui est équivoque[917]. D'après une jurisprudence française établie, « *une loi ne peut être considérée comme interprétative qu'autant qu'elle se borne à reconnaître, sans rien innover, un droit préexistant qu'une définition imparfaite a rendu susceptible de controverse* »[918]. La loi interprétative a pour vocation de préciser le sens et la portée d'une loi antérieure ambiguë. Il s'agit d'une loi adoptée pour expliciter une autre loi dont le sens ou la portée était incertain par suite de l'obscurité ou de l'insuffisance des termes employés.

La loi nouvelle n'apporte donc pas, théoriquement, de droit nouveau, elle ne fait que déclarer ce qui préexistait. Elle fait corps avec la loi interprétée et a ainsi le même domaine d'application[919]. De sorte qu'elle n'est pas considérée comme une loi nouvelle[920]. En conséquence, une loi à caractère interprétatif a un effet rétroactif et doit recevoir application dans les procédures non encore définitivement jugées. C'est pourquoi les lois interprétatives sont par définition des lois rétroactives. Elles traduisent la volonté du législateur d'imposer une interprétation de la loi conforme à la volonté qui a été la sienne[921].

La Cour de Cassation française a qualifié d'interprétatives les dispositions de l'article 15 de la loi du 17 juin 1998 qui précisent que l'obligation de dénoncer les mauvais traitements infligés à un mineur s'applique également

---

917 J. REYMOND, *Des lois d'interprétation et de leur rétroactivité*, Thèse Aix, 1925 ; N. MOLFESSIS, « La notion de loi interprétative », *RTD civ.* 2002, p. 599.

918 Cass. 3e civ., 27 février 2002, n° 00-17.902, *Jurisdata* n° 2002-013243 ; *Bull. civ.* III, n° 53 ; *GAJ civ.*, Dalloz, 13e éd., 2015, n° 10; Cass. 3e civ., 09 décembre 2008, n° 08-10.061 ; Cass. soc., 08 juin 2011, n° 09-67.051, *Jurisdata* n° 2011-010948 ; *Bull. civ.* n° 142.

919 X. PRETOT, « Le législateur peut-il s'opposer rétroactivement à la jurisprudence ? Ou de la disparition des lois interprétatives », *RJS* 5/2004, p. 343.

920 Crim. 15 avril 2015, n° 14-82.172, *Bull. crim.* n° 93 ; crim. 25 mai 2016, n° 15-81.511, *Bull. crim.* n° 161 ; crim. 30 novembre 2016, n° 15-83.168 ; crim. 15 novembre 2017, n°17-85.272, *Dr. pén.* n° 2, février 2018, comm. 24, note P. Conte.

921 C. BERGEAL, *Rédiger un texte normatif. Manuel de légistique*, 7e édition, Paris, Berger-Levrault, octobre 2012, p 170.

en cas d'atteintes sexuelles[922]. On comprend le souci du législateur de préciser le sens et la portée d'une loi devant les interprétations divergentes.

Mais le recours à la loi interprétative devient condamnable lorsqu'elle est adoptée à l'occasion d'un procès en cours pour « *forcer la main* » du juge et l'obliger à statuer dans un sens déterminé. La Cour de Cassation française a manifesté ses réserves à l'égard d'un tel procédé. Elle décide que : « *la notion de procès équitable s'oppose sauf pour d'impérieux motifs d'intérêt général, à l'ingérence du pouvoir législatif dans l'administration de la Justice afin d'influer sur le dénouement judiciaire du litige* »[923].

B. L'application du principe aux autres lois pénales

233. Les lois de procédure. Les lois de procédure échappent en principe à la non-rétroactivité de la loi pénale. Elles sont régies par le principe de l'application immédiate et s'appliquent immédiatement même à des infractions commises antérieurement. Constituent des lois de procédure, les textes relatifs à l'organisation judiciaire, à la compétence et à l'instance pénale ainsi qu'à l'exécution des peines. La Cour de Cassation française, dans deux avis rendus le 22 mars 1999, a énoncé qu'en vertu des principes généraux du droit transitoire *« en l'absence de disposition spéciale, les lois relatives à la procédure [...] sont d'application immédiate. Cependant, si elles sont applicables aux instances en cours, elles n'ont pas pour conséquence de priver d'effet les actes qui ont été régulièrement accomplis, sous l'empire de la loi ancienne »*[924].

Autrement dit, les lois de procédure sont applicables immédiatement aux instances en cours, mais elles ne régissent que les actes postérieurs à la loi ; les actes de procédure régulièrement faits selon la loi ancienne restant valables. La Cour de Cassation sénégalaise a rappelé le principe de l'effet immédiat des lois de procédure dans un arrêt rendu le 24 mars 1999. Selon la

---

922 Crim. 12 janvier 2000, *Dr. pén.*, 2000, n° 71.

923 Cass. 09 juillet 2003, *JCP* 2004 II. 10016, note X. Perrot ; cass. 23 janvier 2004, *D.* 2004. I. 1108, note P.Y. Gautier.

924 Cass. avis, 22 mars 1999, *Bull. civ.* 1999, n° 2 ; V. également Cass. 2e civ., 30 avril 2003, n° 00-14.333, *Jurisdata* n° 2003-018801 ; *Bull. civ.* 2003, II, n° 123, p.105 ; Cass. 2e civ., 17 février 2011, n° 10-13.977, 437, *Jurisdata* n° 2011-001963 ; V. déjà, Cass. 1re civ., 23 mars 1965, *JCP* G 1965, II, 14344, note Bulté.

haute juridiction : «*les lois de procédure ont un effet immédiat et sont applicables aux instances en cours* »[925].

Cette solution de l'application immédiate des lois nouvelles de procédure s'explique par le fait qu'elles n'influent pas sur la situation des justiciables, mais ont été instituées dans le but d'assurer une meilleure administration du service public de la justice[926].

L'application immédiate de la loi de procédure subit néanmoins une limitation : aucune décision sur le fond ne doit être intervenue en première instance. Dans le cas contraire, la loi nouvelle n'aura aucune incidence pour la suite de la procédure[927]. Ainsi, le principe de l'effet immédiat des lois de compétence et d'organisation judiciaire est écarté si, au jour de l'entrée en vigueur de la loi nouvelle, un jugement au fond a été rendu en première instance. La personne poursuivie continue alors de relever du même ordre procédural jusqu'à la fin du procès.

234. Les lois relatives à la prescription de l'action publique. Une loi nouvelle peut modifier la durée de la prescription de l'action publique.

La Cour de Cassation estime que les lois relatives à la prescription de l'action publique qui, assimilées à des lois de procédure, s'applique immédiatement aux prescriptions en cours, même si elles étaient plus sévères[928]. Il a été jugé qu'une loi nouvelle sur la prescription de l'action publique s'applique immédiatement aux prescriptions en cours.

---

925 C. cass. n° 45 du 24 mars 1999, A. T. et 68 autres c/ la Soc. Savana Saly, *inédit*.

926 H. DE LAROSIERE, « L'application dans le temps des lois de procédure pénale (organisation judiciaire et compétence, procédure, prescription et voies de recours) », *Gaz. pal.* Rec. 1996, 1, doct., p. 465 ; C. LE GUNEHECN, « Bilan de deux années d'application du Code pénal par la Cour de Cassation », *Rev. pénit.* 1996, p. 217 ; G. LEVASSEUR, « Opinions hétérodoxes sur les conflits de lois répressives dans le temps », *Mélanges J. Constant*, 1971, p. 192 ; G. MATHIEU, « L'application de la loi pénale dans le temps (Dans la perspective du Code pénal de 1992) », *RSC* 1995, p. 257 ; T. PIAZZON, « Le principe de non-rétroactivité de la loi pénale » in *Code pénal et code d'instruction criminelle, livre du Bicentenaire*, ouvrage collectif de l'Université Panthéon-Assas, Paris, Dalloz, 2010.

927 Crim. 30 janvier 2002, *RSC* 2002. 623, obs. Giudicelli. Pour une critique de cette solution, V. G. LEVASSEUR, « Opinions hétérodoxes sur le domaine d'application des lois répressives dans le temps », *Mélanges constant*, 1971, Université de Liège, Faculté de droit p. 189.

928 Crim. 16 mai 1931, *Gaz. pal.*, 1931, 11, 178, *rap. Legris* ; 26 mars 1997, *Bull crim.*, n° 122.

Mais elle est sans effet sur les prescriptions déjà acquises[929]. La Cour de Cassation française a jugé qu'« *une disposition modifiant le délai d'une prescription est applicable à toutes les actions nées avant la date de promulgation de cette disposition et non encore prescrites* ». Lorsque la prescription est acquise, la loi nouvelle ne peut l'atteindre, qu'elle en modifie le délai ou la computation[930].

Dans un arrêt rendu le 03 janvier 2019[931], la chambre criminelle de la Cour suprême sénégalaise a jugé « *qu'une loi nouvelle, notamment, en matière de prescription, comme c'est le cas en l'espèce, qui ne modifie ni les caractéristiques de l'infraction, ni la peine encourue, encore moins, la responsabilité de l'auteur, mais se limite à préciser le mode de poursuites, revêt le caractère de loi de forme ou de procédure et, comme telle, est d'application immédiate, y compris dans les instances pénales en cours au moment de son entrée en vigueur* ».

235. Lois relatives à la prescription de la peine. Par contre, la jurisprudence assimile les lois relatives à la prescription de la peine à des lois de fond ; ainsi elles ne peuvent s'appliquer aux prescriptions en cours que si elles sont plus douces[932].

La haute juridiction a ainsi jugé, s'agissant des infractions à la législation sur les stupéfiants commises en 1985 et 1986 et réprimées par une décision de condamnation devenue définitive en 1988, que la durée de prescription de la peine est de vingt (20) ans. En effet, la haute juridiction a considéré que la loi applicable est celle en vigueur à la date où la condamnation est devenue définitive, et non celle en vigueur à la date des faits[933].

236. Les lois relatives aux modes de preuve. La doctrine est divisée sur la question du domaine d'application dans le temps des lois relatives aux modes de preuve.

---

[929] Crim. du 03 novembre 1994, *Bull. crim.* n° 349 ; crim. 28 février 1995, *Bull. crim.* n° 87 ; crim. 03 septembre 1997, *Bull. crim.* n° 294.

[930] Cass. crim., 14 mai 1991, n° 90-83.783, *Bull. crim.* n° 203.

[931] CS ch. crim. n° 47 du 20 décembre 2018, Kh. A. S. et autres c/ MP et AJE, *inédit* ; CS ch. crim. n° 001 du 03 janvier 2019, Kh. A. S. et autres c/ MP et AJE, *inédit*.

[932] Crim. 25 nov. 1830, *S.*, 1831, 1, 392.

[933] Cass. crim., 04 sept. 2002, n° 01-82.736, *JurisData* n° 2002-016191.

Certains auteurs estiment que le problème de la preuve touche au fond du droit et qu'il faut donc appliquer aux lois relatives aux modes de preuve les règles applicables aux lois d'incrimination et de pénalité[934].

D'autres auteurs, par contre, considèrent que le droit de la preuve doit être régi par la loi en vigueur au jour où la preuve doit être produite, avec cette réserve que les preuves préconstituées conservent la valeur probatoire que leur attachait la loi en vigueur au jour de leur accomplissement[935].

La jurisprudence conforte plutôt cette dernière analyse[936]. En tout état de cause, une disposition édictant une présomption de mauvaise foi est davantage une règle de fond, puisqu'elle a pour objet de modifier l'élément moral de l'infraction[937].

237. Les lois relatives à l'exécution des condamnations civiles. Les condamnations civiles prononcées par les juridictions répressives sont parfois assorties de garanties qui rendent leur exécution plus efficace. C'est le cas, par exemple, de l'astreinte dont est assortie une obligation de faire ou de ne pas faire imposée à un justiciable ou de la contrainte par corps. Il ne s'agit pas là de sanctions pénales qui seraient gouvernées par la distinction entre lois plus douces et lois plus sévères, mais de mesures d'exécution forcée, attachées à l'imperium du juge, et dont l'existence et les modalités d'application sont régies uniquement par la loi en vigueur au jour où est prononcée la condamnation répressive dont elles dépendent.

Il importe donc peu qu'une loi postérieure à la décision attaquée ait modifié le régime juridique de la mesure d'exécution forcée ; la régularité de la décision doit être appréciée seulement en conformité avec la législation applicable au jour où elle a été rendue.

238. Les lois relatives aux voies de recours. Comme tout acte de procédure, le jugement est régi par la loi en vigueur au jour où il a été prononcé. C'est cette loi qui permet d'en connaître les caractères (jugement en premier ou dernier ressort, contradictoire ou par défaut, etc.) ; c'est donc cette loi qu'il faut interroger pour connaître les voies de recours dont il est

---

934 G. LEVASSEUR, « Un problème d'application de la loi pénale dans le temps », *RSC*, 1966, p. 1.
935 R. MERLE et A. VITU, op. cit., n° 262.
936 Crim. 15 déc. 1922, *Bull crim.*, n° 414.
937 Crim. 28 juin 1995, *Bull crim.*, n° 243.

susceptible, le nombre des personnes admises à les exercer et les causes d'ouverture admises ; ce qui milite en faveur de la survie de la loi ancienne[938].

Il en résulte que si le législateur supprime une voie de recours, le condamné conserve le droit de se pourvoir, malgré la loi nouvelle. La même solution du maintien de la loi antérieure doit prévaloir quand le texte nouveau raccourcit le délai donné pour agir ou modifie les conditions de fond prévues pour l'exercice du recours. Les dispositions substantielles concernant les voies de recours (cas d'ouverture, délai, titulaires) sont régies par la loi ancienne.

Toutefois, l'application de la loi ancienne comporte une limite en ce qui concerne la forme dans laquelle le recours doit être interjeté, c'est-à-dire les formes de la voie de recours. Le texte antérieur ne s'applique, en effet, qu'au droit de recours lui-même, qui doit être maintenu tel qu'il existait au jour où a été prononcé le jugement.

Néanmoins, l'exercice même du droit subit l'action de la loi nouvelle, comme la forme de tous les actes de procédure à accomplir (déclaration au greffe, exploit d'huissier, etc.). La Cour suprême du Sénégal a jugé, dans un arrêt rendu le 8 février 1966[939], que « *les dispositions de la loi nouvelle concernant la forme du pourvoi s'appliquent immédiatement aux pourvois présentés après son entrée en vigueur, même si l'arrêt attaqué a été prononcé antérieurement* ».

PARAGRAPHE II : L'APPLICATION DE LA LOI PÉNALE DANS L'ESPACE

239. Termes du problème. On assiste, de nos jours, au développement d'une criminalité qui dépasse les frontières des États. Il en est ainsi des trafics de stupéfiants, de la corruption transfrontalière, du blanchiment de capitaux, de la cybercriminalité et du terrorisme international, etc.

Dans un tel contexte, les infractions présentent souvent des éléments d'extranéité, c'est-à-dire des points de contact avec au moins deux ordres pénaux. Par exemple, une escroquerie commise par une bande de malfaiteurs

---

[938] Cass.crim., 26 juill.1928, *DP* 1929, 1, p. 126.
[939] CS 08 février 1966, *Penant* n° 717, juillet-août-septembre 1967, p. 369, note Rougevin-Baville.

de nationalités différentes, réalisées dans plusieurs pays, présente un caractère international.

La compétence répressive revêt ainsi un caractère international, dès lors que la poursuite d'une infraction est de nature à intéresser une pluralité d'États; ce qui pose le problème de la détermination du champ d'application dans l'espace de la loi pénale. En d'autres termes, quelle est la juridiction compétente pour connaître de l'infraction internationale ?

240. Problème de fond ou de procédure ? En France, depuis la réforme du Code pénal de 1994, le législateur aborde la question de la compétence des juridictions françaises dans les dispositions de ce code relatives à l'application de la loi pénale dans l'espace[940]. À cet égard, l'article 113-2 du Code pénal français prévoit que « *la loi pénale française est applicable aux infractions commises sur le territoire de la République* ».

L'infraction est réputée commise sur le territoire de la République dès lors qu'un de ses faits constitutifs a eu lieu sur ce territoire. C'est certainement pourquoi les auteurs français, depuis cette réforme, consacrent souvent un chapitre dédié à l'application de la loi pénale dans l'espace, dans leurs ouvrages ou manuels de droit pénal général.

Mais en droit sénégalais, la question de l'application de la loi pénale dans l'espace ne pose pas, à titre principal, un problème de droit pénal de fond, mais plutôt une problématique de procédure pénale, liée à la détermination de la compétence internationale des juridictions. Le droit sénégalais traite, d'ailleurs, de la compétence des juridictions pénales sénégalaises dans les articles 664 et s. du CPP.

Il est vrai néanmoins qu'en matière pénale, il y a un lien étroit entre la compétence juridictionnelle et l'application de la loi pénale[941].

En effet, en droit international privé, il est possible et fréquent que les juridictions sénégalaises appliquent la loi civile ou commerciale étrangère, dès lors que la règle de conflit la désigne comme loi applicable.

---

940 M. MASSÉ, « La compétence française dans l'espace depuis l'entrée en vigueur du nouveau Code pénal », *RSC*, 1995, p. 856.

941 V. MALABAT, « Libres propos sur les conflits de lois en droit pénal », *Mélanges R. Koering-Joulin*, p. 531.

Par contre, en droit pénal international, en vertu du principe de la solidarité des compétences législative et judiciaire[942], chaque fois qu'une disposition prévoit la compétence des juridictions sénégalaises, celles-ci ne peuvent appliquer que la loi nationale et, inversement, toutes les dispositions reconnaissant la compétence de la loi sénégalaise signifient implicitement que les juridictions sénégalaises sont compétentes pour l'appliquer. Le juge saisi applique sa propre loi, celle de son for, à l'exclusion de toute loi pénale étrangère.

En d'autres termes, la compétence des juridictions sénégalaises implique l'application de la loi pénale sénégalaise.

La Cour de Cassation a déjà jugé que la loi française est applicable chaque fois que les tribunaux français sont compétents[943]. Si le juge pénal sénégalais doit dans certains cas prendre en considération la loi étrangère, il ne l'applique pas[944].

Dès lors, en raison de ce principe de l'unité des compétences législative et judiciaire, encore appelé solidarité des compétences législative et judiciaire, le problème de la compétence internationale des juridictions sénégalaises pose immanquablement une question d'application de la loi pénale dans l'espace.

De sorte que l'application de la loi pénale dans l'espace n'est qu'une conséquence attachée à la compétence internationale des juridictions sénégalaises[945].

Quoi qu'il en soit, chaque État détermine, en toute indépendance, le domaine d'application de sa loi pénale dans l'espace et, par la même occasion, la compétence de ses juridictions. Pour reprendre la formule

---

[942] Sur cette question, A. HUET et R. KOERING-JOULIN, *Droit pénal international*, Paris, PUF, 3e éd., 2005, n° 102 s. ; J. LE CALVEZ, « Compétence législative et compétence judiciaire en droit pénal. La remise en cause du principe selon lequel le juge répressif n'applique que la loi nationale », *RSC* 1980, 13 s. ;V. C. LOMBOIS, *Droit pénal international*, 2e éd., 1979, Paris, Précis Dalloz, n° 6 s.

[943] Cass. crim., 3 mai 1995, n° 95-80.725, *JurisData* n° 1995-001678 ; *Bull. crim.*, n° 161 ; *RSC* 1995, p. 836, obs. J.-P. Dintilhac.

[944] J. STOUFFLET, « Application de la loi pénale étrangère par le juge national. *Rapport à la session préparatoire du VIIIe Congrès de l'Association internationale de droit pénal de Lisbonne* (Fribourg-en-Brisgau) », *RID pén.* 1960, p. 515 s. ; A. HUET, « Pour une application limitée de la loi pénale étrangère », *JDI* 1982, 625 s.

[945] En ce sens, F. DESPORTES et F. LE GUENEHEC, op. cit., n° 374.

jurisprudentielle, « *chaque État reste libre d'adopter les principes qu'il juge les meilleurs et les plus convenables* »[946]. Inversement, aucun État n'est habilité à définir le domaine d'application de la loi pénale d'un autre État.

Ainsi, l'ordre juridictionnel sénégalais n'a pas vocation à assurer une répression internationale des infractions.

Le droit pénal sénégalais a apporté une réponse au problème de la compétence internationale des juridictions sénégalaises, en opérant une distinction entre les infractions commises sur le territoire national et celles commises hors dudit territoire.

A. Les infractions commises sur le territoire national

241. Catégories d'infractions. En vertu du principe de territorialité, relève de la compétence des juridictions sénégalaises aussi bien les infractions commises sur le territoire national que celles qui sont réputées commises sur ce territoire.

1. Les infractions commises sur le territoire de la République

242. Principe de territorialité. En droit pénal international, la compétence des juridictions des États pour juger des infractions commises sur leurs territoires constitue un aspect de leur souveraineté[947]. À l'instar de plusieurs systèmes juridiques contemporains, le droit sénégalais a consacré le principe de territorialité. Il est vrai qu'aucune disposition du Code de Procédure pénale ne prévoit expressément ce principe territorialiste, mais il reste que le droit sénégalais y est particulièrement attaché[948].

---

[946] CPJI, 7 sept. 1927, Lotus, *Rev. DIP* 1928, p. 354, note H. Donnedieu de Vabres ; *RIDP* 1927, p. 326.

[947] H. SCHULTZ, « Compétence des juridictions pénales pour les infractions commises à l'étranger », *RSC*, 1967. p. 305 : « *Le droit pénal dans son essence est l'expression et la défense la plus forte de la souveraineté d'un État* ».

[948] E. VERNY, « Le principe de territorialité de l'ordre répressif français : quand tu seras à Rome, conduis-toi en romain », in « *Une certaine idée du droit* », in *Mélanges André Decocq, Litec*, 2004, p. 593 ; sur ce principe en droit sénégalais, A. CISSÉ, « Droit sénégalais », in A. CASSESE et M. DELAMAS-MARTY, « Juridictions nationales et crimes internationaux », Paris, PUF, 2002, p. 439.

D'ailleurs, le principe de territorialité se déduit implicitement de l'article 841, alinéa 2 du Code de la Famille selon lequel « *Les lois de police et de sûreté obligent tous ceux qui habitent le territoire sénégalais* ».

Ce principe de territorialité conduit à retenir la compétence des juridictions sénégalaises pour connaître de toutes les infractions commises sur le territoire national. La nationalité de l'auteur ou de la victime importe peu[949]. Il suffit qu'une infraction ait été commise sur le territoire de la République pour que les juridictions sénégalaises soient compétentes.

243. Immunités diplomatiques. Pour respecter les souverainetés étrangères, la coutume reconnaît aux représentants diplomatiques étrangers (ambassadeurs, ministres plénipotentiaires, conseillers, secrétaires, attachés) une immunité pénale pendant toute la durée de leur mission dans le pays où ils sont accrédités ; ils ne peuvent être arrêtés, détenus, jugés ou condamnés pour les infractions qu'ils commettent au Sénégal. En effet, selon l'article 31 paragraphe 1er de la Convention de Vienne du 18 avril 1961 sur les relations diplomatiques « *l'agent diplomatique jouit de l'immunité de la juridiction pénale de l'État accréditaire* ».

Les agents diplomatiques bénéficient de cette immunité pendant toute la durée de leur mission.

Les membres de la famille de l'agent diplomatique qui font partie de son ménage, pourvu qu'ils ne soient pas ressortissants de l'État accréditaire ou n'y aient pas leur résidence permanente, bénéficient aussi de cette immunité[950].

Mais cette immunité ne constitue pas une véritable exception au principe de territorialité. En effet, l'affirmation de la compétence des juridictions sénégalaises ne signifie pas que toute infraction commise sur le territoire national peut être punie. Il existe d'ailleurs des immunités autres celles diplomatiques dont personne ne soutient qu'elles sont des atteintes au principe de territorialité. Il en est ainsi notamment de l'immunité familiale, de l'immunité parlementaire et de l'immunité dont bénéficie le Président de la République. En réalité, l'immunité diplomatique ne peut être présentée comme dérogeant spécifiquement au principe de la territorialité ; elle

---

[949] Cass. crim., 1er mars 2000, n° 98-86.353, *Bull. crim.* 2000, n° 101 ; *RSC* 2000, p. 814, obs. B. Bouloc.
[950] V. art. 37 paragraphe 1er de la Convention de Vienne.

constitue seulement l'une des nombreuses limites que la loi internationale impose à la souveraineté nationale[951].

244. Notion de territoire de la République. Il convient donc de délimiter précisément ce qu'il faut entendre par la notion de territoire. Il comprend l'espace terrestre délimité par les frontières de la République, les eaux territoriales ainsi que l'espace aérien au-dessus du territoire et des eaux territoriales. Autrement dit, pour reprendre une vieille jurisprudence française, par territoire de la République, il faut entendre tout territoire sur lequel s'exerce la souveraineté de l'État et régi par ses lois [952].

245. Espace terrestre. Par espace terrestre, on peut entendre l'étendue de la surface terrestre de la République. Il a été jugé que l'ordre juridictionnel français est également compétent pour juger les infractions commises dans les locaux d'une ambassade ou d'un consulat étranger situé en France[953]. La souveraineté territoriale sénégalaise s'étend en totalité sur ses diverses composantes.

Les ambassades étrangères qui sont établies sur le territoire national demeurent une partie intégrante de ce territoire : la fiction de l'extraterritorialité des ambassades et des consulats étrangers est abandonnée[954]. Les ambassades et les consulats étrangers ne constituent pas, même fictivement, un territoire étranger[955]. Il a été jugé que « *la circonstance que les faits (vol) auraient été commis dans l'enceinte d'une ambassade étrangère est à cet égard sans influence* »[956]. En revanche, ces

---

[951] En ce sens, F. DESPORTES et F. LE GUENEHEC, op. cit., n° 378.

[952] Cass. crim., 23 févr. 1884, *Bull. crim.* 1884, n° 52.

[953] Cass. crim., 30 janv. 1979, n° 78-93.782, *JurisData* n° 1979-095043 ; *Bull. crim.* 1979, n° 43.

[954] V. A. HUET et R. KOERING-JOULIN, op. cit., n° 130.

[955] En ce sens, cass. crim., 11 juin 1852, *DP* 1852, 1, p. 192; cass. crim., 13 oct. 186, *S.* 1866, 1, p. 33; cass. crim., 16 mai 1934, *DH* 1934, p. 367; cass. crim., 30 janv. 1979, *Bull. crim.* n° 43; T. corr. Paris, 8 avr. 1987, *Rev. crit. DIP* 1988, p. 73, note Y.L. ; *RSC* 1988, p. 87, obs. G. Levasseur, délit de bigamie commis au consulat d'Algérie à Paris ; CA Versailles, 11 déc. 1990, n° 2, *JurisData* n° 1990-604091 ; *JCP* G 1991, II, 21690, note H. de Touzalin ; *D.* 1991, somm. p. 212, obs. J. Pradel, abus de confiance commis à l'ambassade du Mali en France ; CA Paris, 8 janv. 1993, *JurisData* n° 1993-020185 ; *Gaz. pal.* 1994, 1, p. 327 ; H. GAUDEMET-TALLON, note ; *Rev. crit. DIP* 1996, p. 702 ; E. DREYER, *Droit pénal général*, Paris, Lexisnexis, 6e éd., 2021, n° 1958 ; C. LOMBOIS, *Droit pénal international*, Dalloz, 2e éd., 1979, p. 360 ; D. REBUT, *Droit pénal international*, Paris, Dalloz, 3e éd., 2019, n° 35 ; A. HUET et R. KOERING-JOULIN, *Droit pénal international*, Paris, PUF, 3e éd., 2005, n° 130 ; contra J.-L. ROPERS, « Le droit pénal international à travers la jurisprudence », *Mélanges M. Patin*, Paris, Cujas, 1965, p. 740, citant Cass. crim., 13 oct. 1865, *S.* 1866, 1, p. 33.

[956] Cass. crim., 30 janv. 1979, *Bull. crim.* n° 43.

locaux sont inviolables, en vertu de la Convention de Vienne sur les relations diplomatiques du 18 avril 1961, ce qui signifie, en l'espèce, que la police judiciaire ne peut y pénétrer sans le consentement du chef de mission. En effet, l'inviolabilité des locaux diplomatiques ne repose pas sur une idée d'extraterritorialité.

Ainsi, un délinquant réfugié dans une ambassade étrangère demeure sur le territoire de la République. En conséquence, l'ambassadeur peut valablement le livrer aux autorités françaises sans qu'il soit nécessaire de suivre la procédure d'extradition[957]. De même, un étranger qui commet une infraction dans des locaux diplomatiques peut être jugé en France selon la loi française ; alors que cette solution est normalement écartée lorsque l'infraction est commise à l'étranger[958]. Il ne pourrait pas faire l'objet d'une procédure d'extradition[959].

Réciproquement, les ambassades du Sénégal à l'étranger ne sont pas davantage réputées constitutives d'une portion de sol sénégalais[960].

246. Espace maritime. L'espace maritime correspond à ce que l'on appelle la mer territoriale ou les eaux territoriales fixées à douze milles marins à compter de la côte[961]. Les ports, havres et rades sont assimilés à la mer territoriale. Il s'agit d'ailleurs d'un espace sur lequel s'exerce la souveraineté du Sénégal, le droit international reconnaissant à chaque État côtier des prérogatives souveraines sur ses eaux territoriales[962]. L'inclusion de la mer territoriale dans le territoire de la République conduit à

---

[957] M. MASSÉ, « La compétence française dans l'espace depuis l'entrée en vigueur du nouveau Code pénal », *RSC* 1995, p. 856

[958] Crim. 13 oct. 1865, *S.*, 1866, I, 232, rap. Bresson.

[959] CA Versailles, ch. acc. 11 décembre 1990, *D.* 1991, somm.212.

[960] V. en France, TGI Créteil, ord. juge d'instruction, 30 sept. 2004, *D.* 2005, p. 476, consulat ; E. DREYER, *Droit pénal général*, Paris, LexisNexis, 6e éd., 2021, n° 1958 ; cass. crim., 20 déc. 1919, *Bull. crim.* n° 285 ; cass. crim., 22 mars 1923, *Bull. crim.* n° 125 et cass. crim., 9 août 1923, sol. impl. ; *Bull. crim.* n° 315 ; Cass. 2e civ., 27 nov. 1996, *Bull. civ.* II, n° 266 ; Contra CA Bordeaux, 19 août 1906, *JDI* 1907, p. 724 ; M. TRAVERS, *Le droit pénal international*, Paris, Sirey, 1921, t. I, n° 359 s. ; cass. crim., 12 mai 1859, *S.* 1859, 1, p. 975 ; comp. CA Versailles, 10 oct. 1983, *D.* 1984, IR p. 87 ; contra, aujourd'hui, cass. crim., 29 oct. 1998, *Bull. crim.* n° 283 ; *Dr. pén.* 1999, comm. 58, obs. J.-H. Robert ; crim 15 mars 2006, n° 05-83.556, *Bull. crim.* n° 78 ; *RSC* 2006. 634, obs. Giudicelli.

[961] Crim. 11 juin 2008, *Bull. crim.* n° 147.

[962] La Convention des Nations unies sur le droit de la mer, signée à Montego Bay, le 10 décembre 1982 prévoit que « *La souveraineté de l'État côtier s'étend, au-delà de son territoire et de ses eaux intérieures et, dans le cas d'un État archipel, de ses eaux archipélagiques, à une zone de mer adjacente désignée sous le nom de mer territoriale* ».

reconnaître la compétence des juridictions sénégalaises pour connaître de toutes les infractions commises dans cet espace maritime[963].

Compte tenu de l'assimilation de la mer territoriale au territoire de la République, toute infraction commise dans les eaux territoriales à bord ou à l'encontre d'un navire relève de la compétence des juridictions sénégalaises, que ce navire soit sénégalais ou étranger.

Ainsi, la Cour de Cassation française a estimé que la loi pénale française est applicable à des dégradations commises en haute mer résultant d'une action volontaire de militants de Greenpeace sur la senne. Celle-ci constitue l'accessoire et le prolongement du navire auquel elle est rattachée et est donc soumise au même statut juridique que celui-ci. Le filet étant un accessoire du navire, les dégradations à son encontre doivent être considérées comme étant commises à l'encontre du navire battant pavillon français[964].

En outre, les juridictions pénales françaises sont compétentes pour juger le capitaine allemand d'un cargo battant pavillon allemand, pour le rejet d'hydrocarbures dans la zone économique française[965].

247. Espace aérien. L'espace aérien est l'espace situé au-dessus de la surface terrestre et de la mer territoriale. Mais ne fait pas partie du territoire français l'espace aérien situé au-dessus de la haute mer ou du territoire terrestre ou maritime d'un État étranger.

Le droit international reconnaît également à chaque État des prérogatives souveraines sur cet espace aérien[966]. Ainsi, une infraction commise dans un aéronef ou à l'encontre d'un aéronef, dès lors qu'il se trouve dans l'espace aérien sénégalais, est considérée comme commise sur le territoire de la République, la nationalité de l'aéronef ou son immatriculation étant, en principe, indifférente[967].

---

963 V. Cass. crim., 11 janv. 2006, n° 05-85.779, *JurisData* n° 2006-031648 ; *Bull. crim.* 2006, n°12.

964 Crim. 16 nov. 2016, FS-P+B, n° 14-86.980, *D.* 2016, p. 2401.

965 Crim. 15 nov. 2005, n° 05-80.320 , *Bull. crim.* n° 296 ; *JCP* 2006. II. 10034, note Mahinga

966 L'article 1er de la Convention relative à l'aviation civile internationale, signée à Chicago, le 7 décembre 1944 énonce que « *chaque État a la souveraineté complète et exclusive sur l'espace aérien au-dessus de son territoire* ».

967 Pour une infraction commise à bord d'un aéronef étranger après son décollage d'un aéroport français, V. T. corr. Corbeil, 12 mars 1969, *JCP* G 1969, II, 16023, note M. de Juglart et E. du Pontavice ; *RSC* 1969, p. 876, obs. G. LEVASSEUR. Pour une infraction commise à bord d'un

248. Navires et aéronefs sénégalais. À ces trois composantes au territoire (terre, air et mer), il faut ajouter les navires battant pavillon sénégalais[968] et les aéronefs immatriculés au Sénégal qui sont assimilés à des portions du territoire sénégalais, même s'ils se trouvent en haute mer ou dans les eaux territoriales d'un État étranger[969]. Un fiction juridique permet de les considérer comme une « *partie détachée du territoire* » de l'État dont ils portent le pavillon ou dans lequel ils sont immatriculés, selon la formule empruntée à Donnedieu de Vabres[970].

Une infraction commise à bord ou à l'encontre d'un aéronef immatriculé au Sénégal ou dans un aéronef militaire sénégalais, se trouvant hors de l'espace aérien sénégalais, peut être considérée comme commise sur le territoire national. Ainsi, un mandat d'arrêt délivré par un juge d'instruction français peut être exécuté à bord d'un avion français sur un aéroport étranger[971].

Toutefois, la règle de la compétence des juridictions sénégalaises pour connaître des infractions commises dans l'espace maritime ou aérien du Sénégal comporte une exception. En effet, si l'infraction a été commise à bord ou à l'encontre d'un navire ou d'un aéronef militaire étranger, seule la juridiction du pavillon est compétente par respect pour la souveraineté de

---

aéronef étranger après son atterrissage en France, V. Cass. crim., 27 juin 1973, n° 73-90.057, *JurisData* n° 1973-095305 ; *Bull. crim.* 1973, n° 305.

[968] Sur cet aspect, V. P. CHAUMETTE, « Le marin entre le navire et sa résidence-Le registre international français des navires (RIF) », *Rev. crit. DIP* 2006, p. 283.

[969] La solution avait déjà été affirmée par la Cour de Cassation française au sujet d'infractions commises à bord, Cass. crim., 11 févr. 1881, *Bull. crim.* n° 39 ; Cass. crim., 5 août 1920, *Bull. crim.* n° 355 ; Cass. crim., 9 janv. 1937, *S.* 1937, 1, p. 115, qui précise clairement qu'il s'agit d'une compétence territoriale ; pour une infraction commise en haute mer par des pirates à l'encontre d'un navire battant pavillon français, V. Cass. crim., 16 sept. 2009, n° 09-82.777, affaire du Ponant, *JurisData* n° 2009-049464 ; *JCP* G 2010, 184, obs. P. Beauvais ; *RGDI publ.* 2010, p. 904, obs. S. Touzé ; sur l'affaire du Ponant, V. G. Puissonier, obs. *D.* 2008, p. 2097 et A. Panossian, obs., *RGDI publ.* 2008, p. 883, comp. M. Massé, obs. *RSC* 1995, p. 858). L'infraction peut aussi concerner les filets de pêche du navire (Cass. crim., 16 nov. 2016, n° 14-86.980, publié au bulletin, *D. actu.* 2 déc. 2016, obs. Fucini ; *AJ pén.* 2017, p. 87, obs. Aubert ; *Gaz. pal.* 24 janv. 2017, p. 405, obs. Dreyer : pour une action de Greenpeace ; D. REBUT, *Droit pénal international*, Paris, Dalloz, 3e éd., 2019, n° 39.

[970] H. DONNEDIEU DE VABRES, *Les principes modernes du droit pénal international*, Paris, LGDJ, coll. Université Panthéan-Assas, 2004, (1928), p. 20.

[971] V. Cass. crim., 26 novembre 1996, n° 96-83.258, *JurisData* n° 1996-004699 ; *Bull. crim.* 1996, n° 424 ; *RSC* 1997, p. 632, obs. B. Bouloc.

l'État étranger. Pour la doctrine, cette solution est imposée par le droit de défense qui l'emporte sur le droit de punir[972].

2. Les infractions réputées commises sur le territoire de la République

249. Territorialisme de fiction. Pour que le juge sénégalais puisse retenir sa compétence, il est nécessaire qu'au moins l'un des faits constitutifs de l'infraction ait été commis au Sénégal ; ce qui pose un problème de localisation de l'infraction sur le territoire de la République. Mais la notion de faits constitutifs de l'infraction est interprétée très largement. En vertu de l'article 668 du Code de Procédure pénale : « *est réputée commise sur le territoire de la République toute infraction dont un acte caractérisant un de ses éléments constitutifs a été accompli au Sénégal* ».

Ce texte consacre ce que certains internationalistes pénalistes appellent « *un territorialisme de fiction* »[973]. Le législateur présume qu'une infraction a été commise sur le territoire de la République alors qu'elle ne l'a été que partiellement.

Il faut préciser que cette théorie du territorialisme de fiction avait déjà été forgée par la jurisprudence sénégalaise bien avant l'adoption de la loi n° 65-61 du 21 juillet 1965 portant Code de Procédure pénale. En effet, la Cour suprême a jugé, dans un arrêt du 11 janvier 1964[974], que « *doit être réputée commise dans le territoire de la République, toute infraction dont un acte caractérisant un de ses éléments constitutifs a été commis au Sénégal* ».

---

[972] C. LOMBOIS, *Droit pénal international*, Paris, Dalloz, 2e éd., 1979, n° 281 ; A. FOURNIER, « Compétence pénale », *Rép. internat.* Dalloz, n° 13 ; A. FOURNIER, « Les orientations nouvelles du droit pénal international à la faveur de la réforme du code pénal », *Rev. crit. DIP* 1998, p. 565, nos 10 s. ; M. MASSÉ, « La compétence pénale française dans l'espace depuis l'entrée en vigueur du nouveau code pénal », *RSC* 1995, p. 856 , spéc. p. 858, n° 6 ; PRALUS, « Étude en droit pénal international et en droit communautaire d'un aspect du principe non bis in idem : non bis », *RSC* 1996, p. 551, n° 15

[973] R. KOERING-JOULIN et A. HUET, « Compétence des tribunaux répressifs français et de la loi pénale française, Introduction générale. Infractions commises en France », *Juris-class. dr. inter.*, fasc. 403-10, 11, 1995, p. 13, n° 44

[974] CS n° 2 du 11 janvier 1964, Directeur du service des douanes du Sénégal c/ dame Amina Fakry, *inédit*.

250. Notion d'acte caractérisant un des éléments constitutifs de l'infraction. La doctrine a toujours considéré que ne devrait être pris en considération que l'élément matériel de l'infraction seul susceptible de « *dissection territoriale* »[975].

Au contraire, pareil éclatement géographique ne se conçoit pas pour les éléments légal ou moral de l'infraction[976].

La jurisprudence a toujours interprété, de façon très extensive, la notion d'acte caractérisant un des éléments constitutifs de l'infraction[977].

D'abord, elle considère parfois, comme un acte caractérisant un des éléments constitutifs de l'infraction, un acte préparatoire qui, précédant le commencement d'exécution de l'infraction, n'est normalement pas répréhensible. Ainsi, pour la chambre criminelle de la Cour de Cassation française « *une tentative d'escroquerie est réputée commise en France si des actes préparatoires constituant l'une des composantes nécessaires des manœuvres frauduleuses retenues ont été perpétrés sur le territoire national*»[978].

Ensuite, la jurisprudence assimile la condition préalable d'une infraction à l'un de ses faits constitutifs. Certains arrêts ont reconnu la compétence des juridictions françaises en matière d'abus de confiance, dès lors que la remise de la chose (condition préalable de l'abus de confiance) détournée à l'étranger avait eu lieu en France[979].

Enfin, la jurisprudence admet la compétence de l'ordre juridictionnel français, non seulement quand l'action délictueuse s'est déroulée en France, mais également lorsqu'elle y a développé ses effets.

---

[975] Notamment, A. HUET et R. KOERING-JOULIN, *Droit pénal international*, Paris, PUF, coll. Thémis, 2005, p. 211, n° 128; Y. LESEC, « Application de la loi pénale dans l'espace, infractions commises ou réputées commises sur le territoire de la République », *Juris-class. pén*, 1998, 2008, art. 113-1 à 113-12, fasc. 10, p. 11, n° 38

[976] Crim. 4 juin 1969, *Bull. crim.* n° 190 ; CA Paris, 22 févr. 1967, *JCP* 1967. II. 15167, pour le refus de vente ; Crim. 20 oct. 1959, *D.* 1960. 300, note Lagarde, janv. 2002, n° 01-83.122, *Bull. crim.* n° 13 ; *D.* 2002. 1352.

[977] A. LEGAL, « La localisation internationale du délit commis partiellement en France », *RSC* 1971, p. 1.

[978] Crim. 11 avril 1988, *Bull crim.*, n° 144.

[979] Crim. 12 fév. 1979, *Bull. crim.*, n° 60, *D.*, 1979, IR, 177, obs. Roujou de Boubée, *RSC*, 1980, 417, obs. Larguier; crim 13 oct. 1981, *Bull. crim.*, n° 271, *JCP*, 1982, 11, 19862, note Chambon.

251. Problème de la localisation des infractions sur le territoire de la République. Lorsque le processus délictueux caractérisant l'infraction se déroule sur le territoire de plusieurs pays, dont le Sénégal, le problème de la localisation du lieu de sa commission se pose[980]. Il a été jugé que c'est au jour de la commission de l'infraction qu'il faut se placer pour déterminer si le lieu de cette commission fait partie du territoire français[981].

252. Infractions simples et instantanées. Lorsqu'un seul acte se réalisant en un trait de temps est incriminé, sa localisation sur le territoire de la République permet bien évidemment de considérer que l'infraction est commise sur le territoire sénégalais et est dès lors soumise aux juridictions sénégalaises[982]. Et il importe peu que l'infraction produise un résultat sur le territoire d'un autre État[983].

253. Infractions complexes. L'infraction complexe est celle dont la réalisation nécessite plusieurs actes matériels de nature différente, comme l'escroquerie, qui est constituée par l'addition des manœuvres frauduleuses et de la remise de la chose escroquée. Dans ce cas, l'infraction est réputée commise dans tous les lieux où un acte matériel de l'infraction a été réalisé[984].

Une infraction continue réunit à chaque endroit où se manifeste la volonté délictueuse de son auteur tous les éléments nécessaires à sa constitution. Il est certain que les juridictions sénégalaises sont

---

[980] R. KOERING-JOULIN, *L'article 693 du Code de procédure pénale et la localisation de l'infraction*, Thèse Strasbourg, 1972 ; M-C FAYARD, *op. cit.*, p. 755 ; B. PEREIRA, « La lutte contre la cybercriminalité : de l'abondance de la norme à sa perfectibilité », *Revue internationale de droit économique*, 2016/03 (t. XXX), p. 400.

[981] Cass. crim., 26 juin 196, *Bull. crim.* n° 231 ; *RSC* 1964, p. 364, obs. A. Légal ; Cass. crim., 24 nov. 1965, *Bull. crim.* n° 249 ; Cass. crim., 26 janv. 1966, *Rev. crit. DIP* 1966, p. 661, note A. Huet ; Cass. crim., 13 mai 1969, *Bull. crim.* n° 164 ; CA Lyon, 24 mars 1964, *JCP* G 1964, II, 13730 ; comp. CA Aix-en-Provence, 30 sept. 1959, *Gaz. pal.* 1959, 2, p. 291 ; sur cet arrêt, V. C. LOMBOIS, *Droit pénal international*, Paris, Dalloz, 2e éd., 1979, p. 520, note 380.

[982] V. Cass. crim., 22 mai 1997, n° 94-85.933, *JurisData* n° 1997-005647 ; *Bull. crim.* 1997, n° 198, admettant la compétence française à l'égard de l'organisateur d'une loterie prohibée résidant à l'étranger à partir du moment où avaient été diffusés sur le territoire national des bulletins de concours, ce qui caractérise une offre de paris faite en France, élément de l'incrimination.

[983] Cass. crim., 15 mai 2001, n° 00-85.242, *JurisData* n° 2001-010106 ; *Bull. crim.* 2001, n° 122 ; *Dr. pén.* 2001, comm. 118, obs. J.-H. Robert,

[984] Crim. 4 juin 1969, *JCP*, 1969, II, 16011 : envoi à l'étranger de photos prises en France et non encore développées) ou l'organisation de loterie prohibée ; crim. 22 mai 1997, *Bull. crim.*, n° 198 : diffusion de bulletins de concours sur le territoire national.

compétentes, dès lors que le comportement délictueux se prolonge pour partie sur le territoire sénégalais.

Dans ce cas, on considère que l'infraction a été entièrement réalisée en Sénégal. La solution a notamment été appliquée en France à des actes d'espionnage[985].

254. Infractions d'habitude. En droit pénal interne, les infractions d'habitude supposent également l'accomplissement de plusieurs actes pour être matériellement constituées. Mais c'est un seul et même acte qui doit être renouvelé. Il suffit que l'acte requis ait été accompli deux fois pour que l'on considère que l'habitude est constituée. Il en est ainsi du délit d'exercice illégal de la médecine.

En droit pénal international, la doctrine quasi unanime considère qu'il suffit que l'acte requis soit accompli une fois sur le territoire sénégalais pour que la compétence des juridictions sénégalaises soit établie. Exiger que deux actes aient été réalisés en France pour que les lois et les tribunaux français soient compétents aboutirait, en effet, à exiger une localisation réelle en France, là où le législateur se contente d'une localisation fictive[986]. Mais la jurisprudence ne semble pas avoir été confrontée à ce problème.

255. Infractions d'omission. Selon la jurisprudence, une infraction d'omission est normalement localisée au lieu où l'obligation non exécutée aurait dû être accomplie. Le lieu où aurait dû s'accomplir le devoir violé prévaut sur le lieu où s'est manifestée l'abstention fautive ; autrement dit, le résultat incriminé l'emporte sur l'inaction[987].

Ainsi, le délit de non-représentation d'enfant relève de la compétence des juridictions françaises, lorsque la remise du mineur aurait dû avoir lieu en France[988]. De même en cas d'abus de confiance, les juridictions françaises sont compétentes, lorsque l'infraction est caractérisée par le

---

985 Crim. 27 juillet 1933, *S.*, 1935, 1, 38 ; crim. 23 févr. 2000, *Bull. crim.*, n° 83.

986 G. LEVASSEUR, *Cours de droit pénal général complémentaire*, éd. 1959-1960, p. 125 ; J.-B. HERZOG, « La compétence des juridictions pénales pour les infractions commises à l'étranger », *Études de droit contemporain, contribution française au 7e congrès international de droit comparé*, Uppsala, 1966, p. 545 ; C. LOMBOIS, *Droit pénal international*, Paris, Dalloz, 2e éd., 1979, n° 270 ; J. PRADEL, *Droit pénal général* : Cujas, 22e éd., 2019, n° 194.

987 V. C. LOMBOIS, op. cit., n° 259.

988 Crim. 27 oct. 1966, *Bull. crim.*, n° 244, *Gaz. pal.*, 1967, 1, 10, *RSC*, 1967, 438, obs. Légal ; 16 juillet 1969, *Bull. crim.*, n° 228.

refus de rendre compte au créancier demeurant en France malgré une mise en demeure[989].

Mais la solution n'est pas absolument constante. En effet, en matière d'abandon pécuniaire de famille, la chambre criminelle de la Cour de Cassation française décide que l'ordre juridictionnel français est compétent, non seulement lorsque le créancier est domicilié en France (lieu d'exécution de l'obligation), mais également lorsque « *le fait d'abstention volontaire imputable au débiteur (s'est) trouvé réalisé en France, où celui-ci est domicilié* »[990].

256. Complicité au Sénégal d'une infraction à l'étranger. Que décider à l'égard du complice qui agit sur un territoire autre que celui où se situe l'infraction principale ?[991] L'acte de complicité d'une infraction principale commise au Sénégal relève de la compétence des juridictions sénégalaises[992].

La solution est la conséquence logique de l'assimilation légale du complice à l'auteur de l'infraction principale. Elle permet de retenir la compétence des juridictions sénégalaises s'agissant du coauteur à l'étranger d'une infraction commise au Sénégal, puisque la jurisprudence considère que les coauteurs sont complices les uns des autres[993].

257. Solution législative. En revanche, dans l'hypothèse d'un acte de complicité au Sénégal d'une infraction principale commise à l'étranger, l'application des mêmes principes aurait dû conduire à exclure la compétence des juridictions sénégalaises, aucun fait constitutif de l'infraction principale n'ayant été commis au Sénégal.

Mais une telle conséquence serait de nature à créer des lacunes dans la répression chaque fois que le complice est de nationalité sénégalaise. Il ne pourrait alors ni être jugé au Sénégal ni être extradé vers l'État du lieu de

---

989 Crim. 22 avril 1966, *Bull. crim.*, n° 121.

990 Crim. 29 mars 1962, *Bull. crim.*, n°153, *RSC*, 1962, 746, obs. Légal.

991 Cf. DESPREZ, *De la complicité au point de vue international*, thèse Paris, 1913 ; A. FOURNIER, « Complicité internationale et compétence des juridictions répressives françaises », *Rev. crit. DIP* 1981. 31, n° 3, note 13.

992 Crim. 30 avril 1908, *S.*, 1908, I, 553, note Roux, *D.*, 1909, 1, 241, note Le Poitevin.

993 Crim. 16 déc. 1926, *S.*, 1928, 1, 155.

commission de l'infraction principale, puisque le Sénégal n'extrade pas ses nationaux.

Pour remédier à cet inconvénient, une disposition spécifique, permettant de retenir la compétence de l'ordre juridictionnel sénégalais, a été introduite dans le Code de Procédure pénale. Aux termes de l'article 665 du CPP : « *Quiconque s'est, sur le territoire de la République, rendu complice d'un crime ou d'un délit commis à l'étranger, peut être poursuivi et jugé par les juridictions sénégalaises si le fait est puni à la fois par la loi étrangère et par la loi sénégalaise, à la condition que le fait qualifié crime ou délit ait été constaté par une décision définitive de la juridiction étrangère* ».

L'attribution de compétence aux juridictions sénégalaises exige donc la réunion de deux conditions[994].

En premier lieu, il faut qu'il y ait réciprocité d'incrimination du fait principal, c'est-à-dire que celui-ci doit être puni « *par la loi étrangère et par la loi sénégalaise*». Il est en revanche indifférent que l'acte de complicité soit lui-même répréhensible dans la législation étrangère.

En second lieu, il est nécessaire que l'infraction principale ait été constatée « *par une décision définitive de la juridiction étrangère* ». Cette exigence, survivance de la théorie de l'emprunt de criminalité, s'explique aussi parce que l'État étranger est, par priorité, intéressé à la répression. La constatation de l'infraction par une décision définitive de la juridiction étrangère étant suffisante, il importe peu que son auteur ait été condamné.

L'exigence de ces deux conditions démontre que la compétence des tribunaux sénégalais n'est rattachée que de manière fictive au principe de territorialité, qui devrait permettre de retenir cette compétence sans aucune condition.

Mais l'application de l'article 665 du CPP ne se justifie plus lorsque le principe de territorialité permet de soumettre le fait principal commis à l'étranger et partant, l'acte de complicité qui s'y rattache, à la compétence du juge sénégalais. La chambre criminelle de la Cour de Cassation a, en effet, indiqué très clairement que l'article 690 du Code de Procédure pénale

---

[994] Crim. 10 févr. 1999, *Bull. crim.*, n° 15, *D.*, 1999, p. 491, note A. Fournier.

français (voir l'article 665 du Code de Procédure pénale du Sénégal) « *ne trouve son application que lorsque l'auteur du fait principal ne peut être jugé par les juridictions françaises*»[995].

Mais en matière de traite des personnes et de pratiques assimilées, le législateur a prévu des conditions plus souples sans doute pour faciliter la répression des actes de complicité commis au Sénégal, lorsque le fait principal est réalisé à l'étranger. Il résulte de l'article 9 de la loi n° 2005-06 du 10 mai 2005 relative à la lutte contre la traite des personnes et pratiques assimilées et à la protection des victimes que quiconque s'est, sur le territoire de la République, rendu complice des crimes et délits visés par cette loi commis à l'étranger peut être poursuivi et jugé par les juridictions sénégalaises « *même si le fait n'est pas puni par la loi étrangère* ». Ainsi, le législateur n'exige pas que le fait principal soit puni par la loi étrangère pour attribuer compétence aux juridictions sénégalaises pour connaître de l'acte de complicité commis au Sénégal.

258. Connexité d'une infraction commise à l'étranger avec une infraction perpétrée au Sénégal. La jurisprudence considère que le principe de territorialité permet de retenir la compétence du juge sénégalais pour des infractions totalement commises à l'étranger, dès lors qu'elles présentent un lien de connexité ou d'indivisibilité avec des infractions commises au Sénégal.

L'indivisibilité suppose « *un lien tellement intime que l'existence (d'une infraction) ne se comprendrait pas sans l'existence d'(une) autre* »[996].

Mais sous couvert d'indivisibilité, la chambre criminelle se contente souvent d'un simple lien de connexité.

Les juges français se sont reconnus compétents pour juger un recel de choses à l'étranger faisant suite à une escroquerie commise en France[997] ou même des crimes commis à l'étranger en lien avec une association de

---

[995] Crim. 20 fév. 1990, *Bull. crim.*, n° 84, *JCP*, 90, IV, 186, *D.*, 1991, 395, note Fournier.

[996] Cass. crim., 29 juill. 1875, *Bull. crim.* n° 239 ; D. REBUT, *Droit pénal international,* Paris, Dalloz, 3e éd., 2019, n° 58, regrette le flou de la notion ; l'indivisibilité n'a rien à voir avec une action unique ; cass. crim., 4 nov. 2020, n° 20-82.114, *inédit*, au sujet d'agressions sexuelles intrafamiliales commises par le même auteur sur ses deux enfants en France, en Allemagne en Grande-Bretagne, *JurisData* n° 2020-017869.

[997] Crim. 9 déc. 1933, *Bull. crim.*, n° 237, *S.*, 1936, I, 313, note Légal.

malfaiteurs formée en France, ces infractions apparaissant « *comme formant un tout indivisible* »[998].

259. Cas des infractions commises via internet. On assiste, de nos jours, à la multiplication des infractions complexes se situant « *à la fois en deux lieux différents* »[999], surtout en ce qui concerne les infractions commises via internet (diffamation en ligne, menaces de mort en ligne, contrefaçon sur internet, diffusion de contenus de pornographie enfantine, etc.).

Techniquement, l'émiettement spatial des infractions commises sur internet pose au juge pénal la délicate question de leur localisation sur le territoire sénégalais[1000].

Dans la pensée classique, l'espace de localisation du délit est « *le lieu où se manifestent extérieurement les éléments constitutifs de l'obligation délictuelle* »[1001].

Mais les propos diffamatoires hébergés à l'étranger, les images pédophiles diffusées depuis un pays étranger, et accessibles au Sénégal via le réseau des réseaux, sont-ils localisés au Sénégal? Doit-on considérer que

---

998 Crim. 23 avril 1981, *Bull. crim.*, n°116 ; *RSC*, p. 609, obs. Vitu ; 27 oct. 2004, *Bull. crim.*, n° 263, *Dr. pén.* 2005, comm. 16 et 32 ou un abus de confiance commis à l'étranger indissociable du délit d'achat de vote commis en France (Crim. 15 janv. 1990, *JCP*, 1990, IV, 143).

999 R. MERLE et A. VITU, *Traité de droit criminel, problèmes généraux de la science criminelle, Droit pénal général*, tome 1, Paris, Cujas, 6e édition, 1988, p. 372, n° 277 ; S. ALBRIEUX, « Internet et la compétence extraterritoriale des tribunaux français », *Légipresse*, n ° 238, janv.-février 2007, p. 1 ; A. HUET et R. KOERING-JOULIN, *Droit pénal international, PUF*, coll. Thémis, 2005, p. 2, n° 3 ; A. HUET, « Le droit pénal international et Internet » in, *Souveraineté étatique et marchés internationaux à la fin du XXe siècle, Mélanges en l'honneur de Ph. Kahn*, Litec, 2000, p. 665 ; dans le même sens, Nd. DIOUF, « La procédure pénale à l'épreuve des nouvelles technologies de l'information », *Rev. Ass. sén. dr. pén.*, n° 5, 6, 7 et 8, 1997-1998, p.19 ; F. MARCHADIER, « Le for du délit virtuel », Légipresse, n° 228, janv.-févr. 2006, p. 7 ; H. RUIZ FABRI, « Immatériel, territorialité et État », in *L'immatériel et le droit, Arch. phil. dr.*, tome 43, 1999, p. 189 ; A. LEPAGE, « Internet, territoires et État : le franchissement dématérialisé des frontières », RGCT, numéro spécial, 2002, p. 47 ; J.F CHASSAING, « Internet et le droit pénal », *D.* 1996, 329 et s., spéc. p. 332 ; M. VIVANT, « Cybermonde : droit et droits des réseaux », *JCP*, 1996, éd. G., I, 3969, n° 1 et 2 ; J. FRANCILLON, « La compétence pénale territoriale française à l'épreuve de la cybercriminalité », in *Mélanges Mayaud*, Paris, Dalloz, 2017, p. 205 ; R. MESA, « Le droit pénal général à l'épreuve de l'infraction digitalisée », *D.* 2022, p. 125.

1000 Sur la localisation internationale des infractions, en général, M.-C. FAYARD, « La localisation internationale de l'infraction », *RSC*, 1968, p. 753 et s ; A. JABER, *Les infractions commises sur internet*, Paris, l'Harmattan, 2009, p. 207.

1001 M-C FAYARD, *op. cit.*, p. 755; B. PEREIRA, « La lutte contre la cybercriminalité : de l'abondance de la norme à sa perfectibilité », *Revue internationale de droit économique*, 2016/03 (t. XXX), p. 400.

ces infractions sont commises au lieu où se situe le serveur ayant hébergé les contenus illicites ? Ou faudrait-il retenir la compétence du tribunal du lieu où s'est produit le dommage causé par l'infraction ?

Si les réponses à ces interrogations paraissent particulièrement difficiles à trouver, c'est surtout en raison de l'éparpillement à l'extrême des situations délictueuses dans l'environnement électronique. Cette situation a montré les limites du critère classique de rattachement qu'est la territorialité[1002].

260. Théorie de l'accessibilité. Les difficultés de localisation des infractions commises via internet ont favorisé, en France, l'avènement d'un nouveau critère jurisprudentiel de rattachement tiré de l'accessibilité des contenus illicites à partir du territoire de la République[1003].

En matière de délits de presse, dans l'affaire Faurisson jugée le 13 novembre 1998[1004], le Tribunal de grande Instance de Paris a été saisi d'une espèce relative à la diffusion sur internet de textes révisionnistes par l'intermédiaire d'un site hébergé aux États-Unis[1005].

Le tribunal, pour rejeter l'exception d'incompétence soulevée, a soutenu « *qu'en matière de presse, il est constant que le délit est réputé commis partout où l'écrit a été diffusé, l'émission entendue ou vue. En l'espèce, dès lors que le texte incriminé, diffusé depuis un site étranger, a été reçu et vu dans le ressort territorial du tribunal de Paris, ainsi qu'il ressort de l'enquête, celui-ci est compétent pour connaître de la*

1002 M. QUEMENER et J. FERRY, *Cybercriminalité. Défi mondial*, Paris, Economica, 2e édition, p. 224 : « *Le domaine de la cybercriminalité bouleverse le principe classique de territorialité de la loi pénale, les infractions pouvant être commises simultanément dans plusieurs pays* » ; A. LUCAS, J. DEVEZE et J. FRAYSSINET, *Le droit de l'informatique et de l'internet*, Paris, PUF, 2001, p. 732, n° 1022.

1003 V. *Rapport du Conseil d'État, Internet et les réseaux numériques*, coll. « Les études du Conseil d'État », *La Documentation française*, p.171 ; également, G. GIUDICELLI-DELAGE et H. MATSOPOULOU, « Les transformations de l'administration de la preuve pénale- perspectives comparées », *Arch. pol. crim.*, 2004, n° 26, p. 152 ; J. FRANCILLON, « Le droit pénal face à la cyberdélinquance et à la cybercriminalité », in *Dossier spécial. Le droit international du web, RLDI* 2012, n° 81, p. 99 s. ; P. A. TOURÉ, *Le traitement de la cybercriminalité devant le juge : l'exemple du Sénégal*, Paris, l'Harmattan, 2010, p. 495 et s.

1004 TGI Paris, 13 novembre 1998, *Droit de l'informatique et des télécoms*, 1999, 02, p. 73, note F.-D. GOLDSTEIN ; ou encore s'agissant d'un délit pénal de contrefaçon, CA Paris, 25 septembre 2007, *Comm. com. électr.*, 2008, comm. 6, obs. ch. Caron.

1005 E. WERY, « Droit pénal sur le web : acquittement en France », 03 décembre 1998, accessible à l'adresse : www.droit-technologie.org. Dans son commentaire M. WERY en déduit justement que les juridictions françaises s'octroient de fait une compétence universelle.

poursuite ». Sur le fondement de l'article 113-2 du CP sur la compétence territoriale, la possibilité d'accéder en France aux textes litigieux a suffi au tribunal pour retenir sa compétence[1006].

La jurisprudence a réaffirmé la thèse de l'accessibilité des contenus illicites dans l'affaire Yahoo, jugée en matière pénale par le Tribunal de grande Instance de Paris, le 26 février 2002. Les juges se sont déclarés compétents pour juger l'ancien président de Yahoo, poursuivi pour apologie de crime de guerre et de crime contre l'humanité.

Le tribunal a considéré que « *la mise à disposition au public d'un site de vente aux enchères d'objets nazis, qui peut être vu et reçu sur le territoire national et auquel l'internaute peut accéder du fait de la simple existence d'un lien informatique search qui l'y invite, caractérise l'élément de publicité nécessaire à la constitution du délit d'apologie de crime contre l'humanité, et ce sans qu'il soit besoin que l'internaute soit spécialement démarché par le propriétaire du site* »[1007]. Ce jugement a été confirmé par l'arrêt de la Cour d'Appel de Paris du 17 mars 2004[1008].

Il faut préciser que l'admission de la théorie de l'accessibilité a été largement facilitée par une jurisprudence classique selon laquelle le délit de presse est réputé commis partout où l'écrit a été diffusé, l'émission entendue ou vue[1009].

En matière de cybercriminalité, la théorie de l'accessibilité, comme critère de compétence internationale, a été récemment codifiée par le droit pénal béninois. En vertu de l'article 597 du Code du Numérique du Bénin,

---

[1006] Pour une application par la thèse de l'accessibilité par la jurisprudence étrangère, Bundesgerichtshof, 12 décembre 2000, cité par L. Pech, *op. cit.*, p. 30, n° 74 ; Haute cour Australie, 10 décembre 2000, cité par L. Pech, *op. cit.*, *Ibid* ; F. THERIN, « En Australie les éditeurs étrangers d'un journal sur le net seront poursuivis localement », *Le Monde*, 11 décembre 2002 ; également, N. ROLLAND, « Quel tribunal pour apprécier la liberté d'expression dans le cyberespace ? L'audace (payante ?) de la jurisprudence autrichienne » : http : //www.droit-technologie.org/1_2.asp ? actu_id :708.

[1007] TGI Paris, 26 février 2002, *affaire Yahoo, Comm. com. électr.*, 2002. comm. 77, note A. Lepage.

[1008] CA Paris, 17 mars 2004, *Comm. com. électr.*, 2005, comm. 72, note A. Lepage ; V. aussi Cass. crim., 15 janvier 2008, n° 07-86.944, *JurisData* n° 2008-042506 ; *Bull. crim.* 2008, n° 5 ; *D.* 2008, p. 2561, obs. L. d'Avout et *D.* 2009, p. 133, obs. Th. Garé ; *RSC* 2008, p. 358, obs. R. Finielz, au sujet de la diffusion sur l'internet d'un faux rapport d'expertise dénigrant un produit ophtalmique fabriqué par une société française.

[1009] Notamment, TGI Paris, 1e décembre 1971, *Gaz. pal.* 1972, I, jurisp, p. 110 ; cass. 8 octobre 1979, *Bull. crim.* 1979, n° 272 ; Cass. crim., 5 décembre 2000, *Jurisdata*, n° 2000-008004.

les juridictions béninoises sont compétentes « *lorsque l'infraction a été commise sur internet sur le territoire de la République du Bénin dès lors que le contenu illicite est accessible depuis la République du Bénin* ».

261. Critique de la thèse de l'accessibilité. Mais la théorie dite de l'accessibilité des informations illicites a fait l'objet de vives critiques en doctrine.

En premier lieu, la généralisation de ce système risque d'entraîner des conflits positifs de compétence entre juridictions, la théorie de l'ubiquité étant consacrée par de nombreux systèmes répressifs, notamment en Allemagne, en Belgique, en Espagne, en Finlande, etc.[1010]. Le professeur Mireille Delmas-Marty a bien décrit cette situation, lorsqu'elle écrit que dans le cyberespace « « *le risque de conflit tient à la pluralité des juridictions simultanément compétentes, précisément en raison des phénomènes d'ubiquité propres aux réseaux (...) l'ubiquité semble attribuer aux juges une compétence quasi universelle* »[1011]. Cette situation est de nature à gêner la répression pénale des infractions commises sur internet.

En second lieu, la majorité des auteurs reproche au système de l'accessibilité des contenus illicites de ne pas procéder d'une véritable démonstration d'un lien de rattachement suffisant entre la situation infractionnelle et l'ordre répressif reconnu compétent.

262. Théorie de la focalisation. C'est pourquoi il a été proposé de recourir au critère tiré du « *public visé* ». Cette théorie impose au juge du for la démonstration de la réalisation d'un fait infractionnel permettant

---

[1010] Sur l'ensemble de cette question, A. HUET, « Le droit pénal international et internet », *LPA*, 10 novembre 1999, p. 39 ; également, Nd. DIOUF, « Infractions en relation avec les nouvelles technologies de l'information et procédure pénale : l'inadaptation des réponses nationales face à un phénomène de dimension internationale », *Rev. sén. dr. aff.*, n° 2, 3, 4, 2003-2004, p. 67.

[1011] M. DELMAS-MARTY, *Les forces imaginantes du droit, Le relatif et l'universel*, Paris, Seuil, 2004, p. 342 ; D. CHILDSTEIN, *Droit pénal international et lois de police*, Paris, Dalloz, 2003, coll, NBT, t. 24, p. 166 ; également, B. BEIGNIER, B. DE LAMY et E DREYER (dir), *Traité de droit de la presse et des médias*, Paris, Litec, 2009, p. 1279, n° 2240 : « *Textuellement, rien n'empêcherait pourtant la chambre criminelle de dire que le contenu mis en ligne sur un site étranger ne réalise pas une infraction réputée commise en France en l'absence de tout indice démontrant une intention de s'adresser au public français* ».

d'établir que son auteur vise effectivement à atteindre le public français[1012].

Les traces de cette théorie dite de la « *focalisation* » sont perceptibles dans la motivation d'un arrêt de la Cour d'Appel de Paris du 10 novembre 1999.

Dans cette affaire, un citoyen français avait diffusé sur un site internet en Suisse, un message (rédigé en allemand) mettant en cause le président d'une société commerciale. La cour a refusé de retenir sa compétence au seul constat de l'accessibilité des propos en France[1013].

La jurisprudence considère comme commis hors du territoire de la République, le délit de menaces commis dans un pays étranger, par un étranger à l'encontre d'un Français, peu important que ces menaces soient parvenues à la connaissance de son destinataire par divers moyens de communication les ayant rapportées[1014].

Un arrêt de la Cour de Cassation du 12 juillet 2016[1015] a énoncé que si les infractions de presse sont réputées commises en tout lieu où les propos incriminés ont été reçus, lorsque ces derniers ont été diffusés sur le réseau internet, la compétence territoriale du tribunal français saisi, qui ne saurait être universelle, ne peut être retenue que si les pages du site les contenant sont à destination du public français.

1012 Sur cette approche, Y. EL SHAZLY, « La contrefaçon de marque sur internet : la jurisprudence privilégie de plus en plus la "focalisation"», *RLDI* 2008, n° 36, p. 57 ; Ch. DE HAAS, « L'omnipotence du juge français de la propriété intellectuelle face à internet ou l'histoire d'une incompétence largement ignorée », *LPA*, 13 novembre 2001, p. 14 ; J.-Ph. HUGOT, *op. cit.*, p. 122 ; L. PECH, *op. cit.*, p. 32, n° 77; F. POLLAUD-DULIAN, « Compétence juridictionnelle. Contrefaçon en ligne. Internet-Accessibilité », *RTD com.*, 2013, p. 733; X. SKWORON-GALVEZ, « Le principe de territorialité des marques à l'épreuve de l'universalité de l'internet : un bref tour d'horizon de la jurisprudence française », *Gaz. pal.* 2005, 1, p. 1778 ; G. NGOUMTSA ANOU, « La compétence internationale des juridictions françaises en matière de contrefaçon sur internet- (à propos de l'arrêt de la Cour d'Appel de Paris du 2 décembre 2009) », *Propriété industrielle*, n° 07-08, juillet 2010, étude 13.

1013 CA Paris, 10 novembre 1999, *Jurisdata*, n° 1999-103622.

1014 V. Cass. crim., 08 décembre 2009, n° 09-82.120 et 09-82.135, *JurisData* n° 2009-050886 ; *Bull. crim.* 2009, n° 206 ; *Dr. pén.* 2010, comm. 42, obs. M. Véron ; sur cette décision, V. aussi, T. GARE, « Localisation dans l'espace du délit de menaces de mort via l'internet », *Dr. pén.* 2010, étude 16 ; M. LENA, « Menaces diffusées sur internet : incompétence des juridictions françaises », *D.* 2010, n° 03, p. 152.

1015 Cass. crim., 12 juillet 2016, n° 15-86.645 , *JurisData* n° 2016-013713.

Selon la cour, tel n'est pas le cas lorsque, ni les propos, en langue anglaise, visant des personnes de nationalité japonaise et/ou américaine domiciliées au Japon et portent sur des événements qui se sont déroulés dans ce pays, ni le site internet américain sur lequel ils ont été mis en ligne par une personne n'étant pas de nationalité française. Ainsi, estime le juge, les pages du site ne sont pas orientées vers le public français, peu important que ce site ne soit accessible depuis le territoire national[1016].

La chambre criminelle a justifié cette jurisprudence par une différence de situation d'avec la presse écrite ou audiovisuelle : « *la diffusion au plan mondial exclut que soit retenu le seul critère d'accessibilité appliqué en matière de presse écrite ou audiovisuelle* »[1017].

B. Les infractions commises à l'étranger

263. Limites du principe de territorialité. En application du principe de territorialité, les infractions commises hors du territoire de la République devraient normalement échapper à la compétence de l'ordre juridictionnel sénégalais, toutes les fois du moins qu'elles ne peuvent être rattachées, fut-ce fictivement, au territoire national[1018].

Mais la nécessité de réprimer efficacement la criminalité internationale et le besoin de protéger les intérêts du Sénégal au-delà de ses frontières ont

---

[1016] Pour des commentaires de cette décision, V. A. LEPAGE, « Compétence territoriale de la loi pénale française en matière d'infraction de presse commise sur internet », *Comm. com. électr.* n° 10, octobre 2016, comm. 83 ; Ph. CONTE, « Compétence de la loi française », *Dr. pén.* n° 11, novembre 2016, comm. 156.

[1017] Cass. crim., 26 juill. 2017, n° 16-87.533, *inédit*, *JurisData* n° 2017-016057 ; *Dr. pén.* 2017, comm. 142, obs. Conte ; Cass. crim., 19 juin 2018, n° 17-86.604 ; Cass. crim., 6 mars 2018, n° 16-87.533, *inédit* ; *JurisData* n° 2018-003648 ; *RSC* 2019, p. 109, obs. Dreyer ; *Dr. pén.* 2018, comm. 105, obs. Ph. Conte ; *Gaz. pal.* 22 mai 2018, n° 18, p. 38, obs. F. Fourment ; Cass. crim., 23 janv. 2018, n° 17-80.323, *JurisData* n° 2018-000663 ; *Légipresse* 2018, p. 154, note E. Dreyer ; *Gaz. pal.* 30 avr. 2018, n° 16, p. 52, obs. St. Detraz.

[1018] Sur l'ensemble de la question de la compétence extraterritoriale, V. H. SCHULTZ, «Compétence des juridictions pénales pour les infractions commises à l'étranger », *RSC*, 1967. p. 305 et s. ; R. KOERING-JOULIN et A. HUET, « Compétence des tribunaux répressifs français et de la loi pénale française, Infractions commises à l'étranger », *Juris-class. dr. inter.*, fasc. 403-20, 11, 1995 ; E. SERVIDIODELABRE, « Application de la loi pénale dans l'espace, infractions commises ou réputées commises hors du territoire de la République », », *Juris-class. pén.*, 1998, mise à jour, 6 janvier 2008, art. 113-1 à 113-12, fasc. 20 ; A. HUET et R. KOERING-JOULIN, *Droit pénal international,* Paris, PUF, coll. Thémis, 2005, p. 230 et s.

conduit à reconnaître la compétence des tribunaux sénégalais pour connaître de certaines infractions commises à l'étranger[1019].

La compétence extraterritoriale des juridictions sénégalaises est retenue, soit du fait de la nationalité de l'un des protagonistes de l'infraction (compétence personnelle), soit en raison de la nature même des infractions (compétence réelle), soit en raison de l'arrestation ou de la simple présence au Sénégal de l'auteur de l'infraction (compétence universelle).

1. La compétence personnelle des juridictions sénégalaises

264. Système de personnalité. La théorie de la compétence personnelle constitue un chef de compétence extraterritoriale qui permet de retenir la compétence des juridictions sénégalaises, soit lorsque l'auteur (compétence personnelle active), soit lorsque la victime de l'infraction a la nationalité sénégalaise (compétence personnelle passive).

a. La compétence personnelle active

265. Justification de la compétence des juridictions sénégalaises. La compétence des juridictions sénégalaises pour connaître des infractions commises à l'étranger par un Sénégalais peut se justifier par plusieurs arguments.

D'une part, cette compétence peut être fondée sur les nécessités de l'entraide répressive internationale. Le Sénégal n'extradant pas ses nationaux, il serait inadmissible que ceux-ci, après avoir commis une infraction à l'étranger, pussent trouver refuge au Sénégal.

D'autre part, la compétence des juridictions sénégalaises peut également être justifiée par la volonté de protéger l'ordre public interne sénégalais contre les possibles agissements délictueux d'un citoyen sénégalais qui a révélé une certaine dangerosité et, de manière plus théorique, par le souci de réparer le dommage causé aux intérêts moraux du Sénégal par l'attitude de son ressortissant à l'étranger.

266. Conditions communes aux crimes et aux délits. Pour que le juge sénégalais soit compétent, il faut que l'infraction commise à l'étranger soit

---

[1019] A. DELTELL, « Les chefs de compétence internationale de la loi pénale française » *Rev. pénit.*, 2014, p. 43.

un crime ou un délit. L'article 664 du CPP vise tout citoyen sénégalais qui, en dehors du territoire de la République, s'est rendu coupable d'un fait qualifié crime ou délit par la loi sénégalaise. Dès lors, les contraventions, qui sont des infractions trop peu graves criminologiquement, lorsqu'elles sont commises à l'étranger par un sénégalais ne sont pas punissables en Sénégal.

Le législateur prévoit une condition fondamentale relative à la nationalité sénégalaise de l'auteur de l'infraction. En effet, pour que les juridictions sénégalaises puissent retenir leur compétence, il est nécessaire qu'un « *citoyen sénégalais* » commette une infraction en dehors du territoire de la République.

En vertu de l'article 664, alinéa 4 du CPP, le principe de la compétence personnelle active est applicable à « *l'auteur du fait qui n'a acquis la qualité de citoyen sénégalais que postérieurement au fait qui lui est imputé* ». Il n'est donc pas indispensable que l'auteur ait eu la nationalité sénégalaise le jour de la commission de l'infraction pourvu qu'il l'ait acquise le jour du déclenchement des poursuites.

Par ailleurs, l'article 664 du CPP énonce que l'infraction commise à l'étranger doit être punie par la loi sénégalaise. Cette condition est logique, puisque notre pays n'est pas chargé de défendre l'ordre public des autres États.

En outre, ce texte ajoute qu'aucune poursuite n'a lieu si l'auteur de l'infraction justifie qu'il a été jugé définitivement à l'étranger et, en cas de condamnation, qu'il a subi ou prescrit sa peine ou obtenu grâce[1020]. C'est l'application de l'autorité négative de la chose jugée à l'étranger ou de la règle *non bis in idem*. Ainsi, l'exécution de la condamnation prononcée à l'étranger peut être réelle ou seulement fictive, par l'effet de l'acquisition d'une prescription de la peine ou de l'obtention d'une grâce.

267. Conditions spécifiques. Le législateur a prévu deux conditions spécifiques à la mise en œuvre de la compétence personnelle active. Le législateur distingue suivant que l'infraction poursuivie est un crime ou un délit.

[1020] V. art. 667 du CPP.

268. Crime. En matière criminelle, l'article 664, alinéa 1er du CPP attribue compétence aux juridictions sénégalaises pour juger « *tout citoyen sénégalais qui, en dehors du territoire de la République, s'est rendu coupable d'un fait qualifié crime puni par la loi sénégalaise* ». Outre la nationalité sénégalaise de l'auteur des faits, la seule exigence prévue tient à la punition du crime par la législation sénégalaise. Les juridictions sénégalaises ne sauraient retenir leur compétence pour juger un sénégalais qui commet à l'étranger un fait qualifié crime par la loi étrangère, mais qui n'est pas incriminé et sanctionné par la loi sénégalaise[1021].

269. Délit : double incrimination. En matière correctionnelle, le législateur a prévu des exigences supplémentaires. L'article 664, alinéa 2 du CPP énonce que : « *tout citoyen sénégalais qui, en dehors du territoire de la République, s'est rendu coupable d'un fait qualifié délit par la loi sénégalaise peut être poursuivi et jugé par les juridictions sénégalaises si le fait est puni par la législation du pays où il a été commis* ».

Cette règle dite de la réciprocité d'incrimination ou de la double incrimination est une véritable « *manifestation de la subsidiarité de la compétence personnelle* » des tribunaux sénégalais[1022]. Elle postule que l'infraction poursuivie soit qualifiée délit par la législation sénégalaise et par celle du pays où elle est commise.

Mais réciprocité ne signifie pas identité. Il importe donc peu que la loi étrangère donne aux faits une qualification différente ou leur applique des peines plus ou moins sévères[1023]. Il faut simplement que les faits soient susceptibles d'être effectivement réprimés à l'étranger. Aucune poursuite ne peut donc être exercée en France si le délit n'est pas punissable à l'étranger en raison d'un fait justificatif ou d'une amnistie à caractère réel[1024].

1021 Cass. crim., 23 juill. 1883, *Bull. crim.* 1883, n° 190 ; CA Pau, 18 avril 1883, *D.* 1886, 2, p. 166.
1022 A. FOURNIER, « Aperçu critique du principe de double incrimination en droit pénal international », *Le droit et les droits, in Mélanges Bouloc*, p. 333.
1023 Crim. 09 nov. 1988, *Bull. crim*, n° 385, *Gaz. pal.* , 1989, 1, 296, note Doucet ; C. LOMBOIS, *Droit pénal international*, n° 377-378 ; A. HUET et R. KOERING-JOULIN, op. cit, n° 137.
1024 T. corr. Toulon, 17 mai 1963, *Gaz. pal.*, 1963, II, 387

270. Exigences procédurales. Lorsque le délit est commis contre un particulier, la loi prévoit des conditions liées à la recevabilité de l'action publique.

En premier lieu, en cas de délit contre un particulier, l'article 666 du CPP prévoit que la poursuite ne peut être intentée qu'à la seule requête du ministère public. La poursuite du délit relève du monopole exclusif du parquet qui seul peut mettre en mouvement l'action publique, à l'exclusion d'une action de la victime (constitution de partie civile ou citation directe). Le parquet n'est pas obligé d'engager des poursuites, mais il est, en revanche, seul à pouvoir décider de le faire.

Il a été jugé que, pour les délits commis par un Français en territoire étranger, le législateur réserve au seul ministère public l'exercice des poursuites. Une plainte avec constitution de partie civile ou une citation directe ne sauraient donc suffire[1025]. Ce qui ne signifie pas pour autant qu'il ne soit pas alors possible de porter plainte avec constitution civile, mais il faut alors que cette plainte avec constitution de partie civile conduise le parquet à requérir l'ouverture d'une information[1026].

En second lieu, l'article 666 du CPP précise que la poursuite « *doit être précédée d'une plainte de la partie offensée ou d'une dénonciation officielle à l'autorité sénégalaise par l'autorité du pays où le fait a été commis* ». En cas de délit commis par un sénégalais en territoire étranger, le ministère public ne peut pas agir de sa propre initiative. Il importe peu que la plainte ait été déposée au Sénégal ou à l'étranger, étant précisé que dans cette seconde hypothèse, elle doit alors être transmise aux autorités judiciaires sénégalaises[1027].

Il peut également s'agir d'une plainte avec constitution de partie civile, dès lors que cette plainte conduit le ministère public à requérir l'ouverture d'une information judiciaire[1028]. À défaut de plainte, une dénonciation officielle est nécessaire. La jurisprudence précise que la dénonciation

---

[1025] CA Paris, 30 mai 2002, *JurisData* n° 2002-181500 ; *Dr. pén.* 2002, comm. 132, note M. Véron.

[1026] Cass. crim., 11 juin 2003, n° 02-83.576, *JurisData* n° 2003-019801 ; *Bull. crim.* 2003, n° 119 ; *D.* 2004, somm. p. 308, obs. B. de Lamy ; *Rev. pénit.* 2004, p. 392, obs. P. Bonfils.

[1027] Cass. crim., 24 nov. 1998, n° 98-80.048, *JurisData* n° 1998-005106 ; *Bull. crim.* 1998, n° 312 ; *Dr. pén.* 1999, comm. 79, note M. Véron ; *Rev. crit. DIP* 2000, p. 744, note D. Thiel.

[1028] V. Cass. crim., 11 juin 2003, n° 02-83.576, *JurisData* n° 2003-019801 ; *Bull. crim.* 2003, n°119 ; D. 2004, somm. p. 308, obs. B. de Lamy ; *Rev. pénit.* 2004, p. 392, obs. P. Bonfils.

officielle adressée par l'autorité étrangère aux fins de jugement au Sénégal de délits commis par un sénégalais à l'étranger est un acte de poursuite interruptif de la prescription de l'action publique[1029].

271. Règles spécifiques à certaines infractions. Il existe deux catégories d'infractions qui, en raison de leur nature particulière ou des circonstances de leur commission, sont soumises à des règles spéciales.

Premièrement, l'article 664, alinéa 3 du CPP énonce qu'en matière de délits attentatoires à la sûreté de l'État, de contrefaçon du sceau de l'État ou des monnaies nationales ayant cours, le délit commis en dehors du territoire de la République est punissable comme le délit commis sur le territoire.

Dans cette hypothèse, les intérêts les plus élevés de l'État sénégalais sont en cause et les infractions commises sont traitées exactement comme si elles avaient été commises au Sénégal. Peu importe donc que le coupable ait ou non été jugé définitivement à l'étranger pour ces faits, et qu'il y ait ou non réciprocité d'incrimination avec la législation étrangère ; peu importe également que l'intéressé soit revenu en Sénégal ou soit demeuré à l'étranger[1030].

Deuxièmement, pour éviter une impunité facilitée par la proximité des frontières, le législateur permet de punir au Sénégal un sénégalais qui se rend coupable de l'une ou l'autre des infractions en matière forestière, rurale, de pêche, de douane, de contributions indirectes sur le territoire d'un État étranger limitrophe de notre pays, sans autre condition que celle d'une réciprocité dans la répression. En effet, selon l'article 670 du CPP, tout sénégalais qui s'est rendu coupable de délits et contraventions en matière forestière, rurale, de pêche, de douane, de contributions indirectes sur le territoire de l'un des États limitrophes, peut être poursuivi et jugé au Sénégal d'après la loi sénégalaise si cet État autorise la poursuite de ses nationaux pour les mêmes faits commis au Sénégal. La réciprocité sera légalement constatée par des conventions internationales ou par décret.

[1029] V. Cass. crim., 12 oct. 2005, n° 05-80.189, *JurisData* n° 2005-030518 ; *Bull. crim.* 2005, n°260 ; *Procédures* 2005, comm. 287, note J. Buisson ; *Dr. pén.* 2006, comm. 20, note M. Véron.
[1030] R. MERLE et A. VITU, op. cit., n° 310.

b. La compétence personnelle passive

272. Consécration de compétence personnelle passive. Le système de la compétence personnelle passive habilite les juridictions sénégalaises à connaître d'une infraction commise à l'étranger dont la victime est sénégalaise[1031]. Cette compétence des tribunaux répressifs sénégalais est généralement justifiée par l'idée que le Sénégal a le devoir de protéger ses citoyens dans les États étrangers qui ne sont pas toujours prompts à assurer la répression des infractions commises au préjudice des Sénégalais[1032].

L'attribution de compétence aux juridictions sénégalaises pour connaître des infractions commises à l'encontre d'une victime sénégalaise à l'étranger peut être considérée comme un aspect de la protection qu'un État se doit d'accorder à ses nationaux. On peut y voir une sorte de prolongement du droit à une protection diplomatique et consulaire, c'est-à-dire le droit de chaque citoyen d'être protégé par l'État dont il ressort, où il se trouve[1033].

La théorie de la personnalité passive a été introduite, pour la première fois, en droit sénégalais, en matière de traite des personnes et de pratiques assimilées. Aux termes de l'article 11 de la loi n° 2005-06 du 10 mai 2005 relative à la lutte contre la traite des personnes et pratiques assimilées et à la protection des victimes: « *Tout étranger qui, hors du territoire de la République, s'est rendu coupable soit comme auteur soit comme complice des infractions visées par la présente loi peut être poursuivi et jugé d'après les dispositions des lois sénégalaises, lorsque la victime de ces infractions est de nationalité sénégalaise* ».

Ce texte a délimité un champ très large au principe de la compétence personnelle passive en matière de traite des personnes et de pratiques assimilées, puisqu'il n'exige pas que les faits poursuivis n'aient pas donné

1031 H. DONNEDIEU DE VABRES, « Le système de la personnalité passive ou de la protection des nationaux », *RIDP* 1950, p. 511 ; F. DESPORTES et F. LE GUNEHEC, op. cit. n° 15, n° 401 ; V. E. CAFRITZ et O. TENE, « Plaidoyer en faveur d'une restriction de la compétence personnelle passive en droit français » *RSC* 2003, p. 733 ; R. KŒRING-JOULIN, « Appréciation critique du droit français de la compétence personnelle passive », *Mélanges B. Bouloc,* Paris, Dalloz, 2007, p. 529.

1032 J. BIGAY, « Les dispositions nouvelles de compétence des juridictions françaises à l'égard des infractions commises à l'étranger », *D.* 1976, chron. p. 51.

1033 V. par ex. A. HUET et R. KŒRING-JOULIN, op. cit, n° 137.

lieu à une décision définitive à l'étranger. Le jugement des faits à l'étranger est sans influence sur la compétence de l'ordre répressif sénégalais.

Ce qui signifie en principe que l'étranger, déjà jugé et condamné par une décision définitive, pour avoir commis à l'étranger des actes de traites de personnes à l'étranger au préjudice d'un Sénégalais, peut malgré tout faire l'objet de poursuites pénales au Sénégal.

Cette solution traduit une véritable approche de politique criminelle répressive en matière de traite des personnes et de pratiques assimilées liée au besoin d'assurer une protection effective des Sénégalais à l'étranger.

Un an plus tard, la loi n° 2008-23 du 25 juillet 2008 portant insertion d'un article 664 bis dans le Code de procédure pénale[1034] a consacré la compétence personnelle passive en toutes matières. Ce texte est ainsi rédigé : « *tout citoyen sénégalais, qui hors le territoire de la République, a été victime d'un crime ou d'un délit, peut saisir les juridictions sénégalaises si les faits n'ont pas donné lieu à une décision définitive sur le fond* ».

273. Crime ou délit. Quant aux infractions dont la victime est sénégalaise, il doit s'agir d'un crime ou d'un délit puni d'emprisonnement, à l'exclusion des contraventions.

Mais à la différence du droit français, le texte sénégalais n'exige pas que le crime ou le délit soit puni d'une peine d'emprisonnement, même la commission d'un adultère (puni de peines d'amende) à l'encontre d'un Sénégalais à l'étranger peut justifier la compétence des juges sénégalais.

274. Nationalité sénégalaise de la victime. La théorie de la compétence personnelle active mobilise exclusivement la nationalité sénégalaise de la victime de l'infraction comme critère de rattachement attributif de compétence.

Que l'infraction soit un crime ou un délit, le législateur n'exige pas que les faits commis hors du territoire de la République soient incriminés par la législation du pays où ils ont été commis. L'exercice de la compétence personnelle passive n'est donc pas subordonné à la condition de la double

[1034] JORS, n° 6420 du 8 août 2008, p. 751.

incrimination, y compris lorsque l'infraction commise à l'étranger est un délit.

L'application des dispositions de l'article 664 bis du CPP suppose, avant tout, et bien évidemment, que la victime de l'infraction soit de nationalité sénégalaise. Cette victime peut être une personne physique, mais aussi une personne morale. Il a été jugé en France que le chef de compétence personnelle passive peut être mis en œuvre si la victime est une personne morale, dès lors qu'elle est de nationalité française[1035]. Il convient encore de préciser que le juge sénégalais n'est compétent que si la victime directe de l'infraction est sénégalaise.

Toutefois, n'est pas assimilable à une victime directe, le conjoint de la personne décédée, bien qu'il puisse se constituer partie civile[1036].

275. Principe « *non bis in idem*». Selon l'article 664 bis du CPP, le juge sénégalais n'est compétent pour juger l'infraction ayant pour victime un Sénégalais à l'étranger que « *si les faits n'ont pas donné lieu à une décision définitive sur le fond* ». Cette règle, dite « *non bis in idem*», démontre bien que la compétence des juridictions sénégalaises n'est que subsidiaire, puisqu'elle ne s'exerce qu'en l'absence de répression à l'étranger.

Mais l'application de la règle suppose à la fois que la décision étrangère soit définitive[1037]. Dès lors, un jugement étranger ne saurait avoir autorité de la chose jugée au Sénégal tant qu'il peut faire l'objet d'une voie de recours. Il en est de même d'une décision étrangère de classement sans suite pour insuffisance de charges[1038].

[1035] V. Cass. crim., 25 avr. 2007, n° 06-84.623, *Jurisdata* n° 2007-039322 ; *Dr. soc.* 2007, comm. 167, note R. Salomon ; CA Paris 18 juin 2001, *JurisData* n° 2001-158355.

[1036] Crim. 31 janv. 2001, *Bull crim.*, n° 31; C. LACROIX, « Victime par ricochet et compétence passive des juridictions françaises : la QPC n'a pas prospéré », *Act. jur. pén.* 2018, p. 421.

[1037] V. en ce sens, A. HUET et R. KOERING-JOULIN, *Droit pénal international*, Paris, PUF, coll. Thémis, 2005, p. 232-233 ; également, E. SERVIDIO-DELABRE, « Application de la loi pénale dans l'espace, infractions commises ou réputées commises hors du territoire de la République », *Juris-class. pén.,* 1998, mise à jour, 6 janvier 2008, art. 113-1 à 113-12, fasc. 20, p. 10, n° 43 : « *La condition de l'article 113-6 de la double incrimination (n'est pas prévue). De cette façon, une personne pourrait être poursuivie en France pour des faits non incriminés dans le pays où ils ont été commis, et cela pour la seule raison que la victime est française* ».

[1038] Cass. crim., 6 déc. 2005, n° 04-86.37, *JurisData* n° 2005-031595, *Bull. crim.* 2005, n° 317 ; *RSC* 2006, p. 307, obs. G. Vermelle ; *Rev. pénit.* 2006, p. 377, obs. X. Pin ;V. aussi, dans la même

2. La compétence réelle des juridictions sénégalaises

276. Principe de réalité de la compétence. Certaines infractions commises à l'étranger portent gravement atteinte aux intérêts du Sénégal. Elles sont soumises à la compétence des juridictions sénégalaises, quelle que soit la nationalité de leur auteur. Leur répression peut être assurée sans qu'aucune des conditions requises en matière de compétence personnelle soit remplie.

Le principe de la compétence réelle exclut l'exigence de réciprocité d'incrimination, de même que celle d'une plainte ou d'une dénonciation préalable ou encore la règle « *non bis in idem* ». La compétence réelle équivaut en pratique à « *une sorte de territorialité fictive* »[1039]. En effet, l'infraction troublant gravement l'ordre public sénégalais à l'étranger est traitée comme une infraction commise sur le territoire de la République[1040].

Ce système extraterritorial de compétence, dans sa pureté originelle, est fondé sur l'idée qu'on ne saurait laisser à d'autres États que le Sénégal le soin de protéger ses intérêts fondamentaux, à savoir les intérêts supérieurs de la sûreté de l'État, le sceau et la monnaie expressément visés par la loi. De sorte que, même lorsque ces infractions sont commises à l'étranger, même par un étranger, l'ordre répressif sénégalais reste compétent pour les juger.

Cette compétence extraterritoriale des juridictions sénégalaises, fondée sur la nature des infractions commises, est qualifiée par la doctrine de compétence réelle ou de protection. On peut y voir également une forme de compétence personnelle passive dont la victime est l'État[1041]. Cette compétence réelle est justifiée par l'idée qu'un État ne peut ignorer les infractions portant atteinte à ses intérêts supérieurs. La doctrine parle même d'une « *sorte de légitime défense* » de l'État[1042].

---

affaire, Cass. crim., 12 mai 2009, n° 07-85.875, *JurisData* n° 2009-048217, *Bull. crim.* 2009, n° 89 ; *D.* 2009, p. 2258, note D. Brach-Thiel,

1039 F. DESPORTES et F. LE GUENEHEC, op. cit., 406.

1040 V. A. VITU, « Un aspect particulier du droit pénal international. La protection des intérêts publics étrangers par le droit criminel français », *Mélanges Larguier*, Presses universitaires de Grenoble, 1993, p. 357 s.

1041 V. en ce sens, R. MERLE et A. VITU, *op. cit.*, n° 290 et 313.

1042 Comp. D. REBUT, *op. cit.*, n° 106.

Le critère de la compétence réelle est aussi nécessaire pour compenser le risque de désintérêt des États à l'égard des infractions dirigées contre un État étranger[1043].

Sous l'empire de la législation antérieure, le principe de la réalité était prévu par l'article 669 du CPP. Ce texte disposait que : « *tout étranger qui, hors du territoire de la République, s'est rendu coupable soit comme auteur, soit comme complice, d'un crime ou d'un délit attentatoire à la sûreté de l'État ou de contrefaçon du sceau de l'État, de monnaies nationales ayant cours, peut être poursuivi et jugé d'après les dispositions des lois sénégalaises ou applicables au Sénégal, s'il est arrêté au Sénégal ou si le Gouvernement obtient son extradition* ».

Mais l'article 669 du CPP a été révisé par la loi n° 2007-05 du 12 février 2007 modifiant le Code de procédure pénale relative à la mise en œuvre du Traité de Rome instituant la Cour pénale internationale[1044]. Le nouvel article 669 du CPP énonce que : «*tout étranger qui, hors du territoire de la République, s'est vu reproché d'être l'auteur ou le complice, d'un des crimes visés aux articles 431-1 à 431-5 du CP, d'un crime ou délit d'attentat à la sûreté de l'État ou de contrefaçon du sceau de l'État, de monnaies nationales ayant cours ou d'actes visés aux articles 279-1 à 279-3, 295-1 du CP peut être poursuivi et jugé d'après les dispositions des lois sénégalaises ou applicables au Sénégal, s'il se trouve sous la juridiction du Sénégal ou si une victime réside sur le territoire de République du Sénégal, ou si le Gouvernement obtient son extradition* ».

Ainsi, le législateur a choisi d'insérer le nouveau dispositif de l'universalité du droit de punir dans le texte[1045] qui servait de siège légal au principe de la compétence réelle[1046]. Alors que ces deux systèmes de compétence sont de nature différente. Il en a résulté ainsi des difficultés de détermination des conditions de mise en œuvre des deux systèmes de compétence extraterritoriale tenant à la confusion des régimes entretenue par le législateur.

[1043] R. MERLE et A. VITU, *op. cit.* n° 300.

[1044] JORS, n° 6332, du 10 mars 2007, p. 2384.

[1045] V. art. 669 du CPP.

[1046] Ce texte vise, en effet, « *tout étranger qui, hors du territoire de la République, s'est vu reproché d'être l'auteur ou le complice, d'un (...) délit d'attentat à la sûreté de l'État ou de contrefaçon du sceau de l'État, de monnaies nationales ayant cours* »

En tout état de cause, il semble que le principe de la compétence réelle, encore prévu par l'article 669 du CPP, habilite les juridictions sénégalaises à connaître des infractions attentatoires à la sûreté de l'État ou de la contrefaçon du sceau de l'État et de monnaies nationales ayant cours commises à l'étranger par un étranger, à la condition qu'il soit arrêté au Sénégal ou que le Gouvernement obtienne son extradition[1047].

277. Intérêts protégés. Le législateur vise les intérêts fondamentaux de l'État, à savoir les crimes ou délits d'attentat à la sûreté de l'État[1048]. Il s'agit de la trahison, de l'espionnage, des autres atteintes aux institutions de la République ou à l'intégrité du territoire national (attentat et complot, participation à un mouvement insurrectionnel, usurpation de commandement, etc.) et des « *autres atteintes à la défense nationale* » (atteintes à la sécurité des forces armées et aux zones protégées intéressant la défense nationale, atteintes au secret de la défense nationale).

L'article 669 du CPP vise aussi les crimes de contrefaçon du sceau de l'État. L'article 125 du CP sanctionne pénalement ceux qui auront contrefait le sceau de l'État ou fait usage du sceau contrefait. En vertu de l'ordonnance n°60-26 du 10 octobre 1960 relative au sceau de l'État, la République du Sénégal a deux sceaux.

Le premier sceau est appelé le « *Sceau du Lion passant* », réservé au Président de la République, est destiné à marquer sous timbre sec les grands actes de l'État, comme les traités.

Le second sceau est appelé le « *Sceau du Baobab* ». Il estampille les actes de l'Administration publique.

La loi vise également les crimes de contrefaçon de monnaies nationales ayant cours. Il faut préciser que l'article 119 du CP, qui incriminait le contrefaçon, la falsification et l'altération des signes monétaires ayant cours légal sur le territoire national ou à l'étranger a été abrogé par la loi

---

[1047] V. en ce sens, R. KOERING-JOULIN et A. HUET, « Compétence des tribunaux répressifs français et de la loi pénale française, Infractions commises à l'étranger », *Juris-class. dr.inter.*, fasc. 403-20, 11, 1995, p. 14, n° 65.

[1048] V. A. VITU, « Un aspect particulier du droit pénal international. La protection des intérêts publics étrangers par le droit criminel français », *Mélanges Larguier*, Presses universitaires de Grenoble, 1993, p. 357 s.

n°2018-02 du 23 février 2018 relative à la répression du faux monnayage et des autres atteintes aux signes monétaires[1049].

Ce texte sanctionne la contrefaçon ou la falsification des billets de banque ou pièces de monnaie ayant cours légal sur le territoire national d'un État membre de I'UMOA ou à l'étranger. À la contrefaçon de monnaie, la jurisprudence assimile l'introduction dans le territoire national d'une monnaie contrefaite[1050].

L'extension de la compétence des juridictions sénégalaises en matière de contrefaçon de monnaies en cours est imposée par la ratification par le Sénégal de la Convention de Genève du 20 avril 1929 sur la répression du faux monnayage[1051].

278. Conditions de mise en œuvre. Lorsque l'infraction commise hors du territoire de la République porte atteinte aux intérêts supérieurs de l'État, l'ordre juridictionnel sénégalais est compétent sans condition particulière.

Le législateur exige seulement que l'infraction soit commise à l'étranger par un étranger en qualité d'auteur ou de complice.

L'article 669 du CPP vise, en effet, « *tout étranger* » qui commet certaines infractions hors du territoire de la République. Ainsi, lorsque l'infraction est commise par un citoyen sénégalais, le chef de compétence réelle ne saurait être mis en œuvre.

En outre, aucune des conditions qui viennent parfois limiter la compétence extraterritoriale des juridictions sénégalaises n'est prévue par le législateur.

En cas de délit, la double incrimination n'est pas requise et les conditions procédurales exigées par l'article 666 du CPP ne sont pas applicables.

1049 JORS n° 7095 du lundi 14 mai 2018, p. 553.

1050 CA Paris, ch. acc., 9 mai 1962, *D.* 1963, p. 107.

1051 L'article 9 de la convention de Genève du 20 avril 1929 sur la répression du faux monnayage énonce que les étrangers, qui ont commis à l'étranger des faits de fabrication ou d'altération de monnaie se trouvant sur le territoire d'un pays dont la législation interne admet, comme règle générale, le principe de la poursuite d'infractions commises à l'étranger, doivent être punis de la même manière que si le fait avait été commis sur le territoire de ce pays.

En somme, dans un système de compétence réelle, l'infraction qui met en cause les intérêts supérieurs de l'État « *est traitée comme une infraction commise sur le territoire de la République* »[1052]. D'ailleurs, comme pour les infractions commises sur le territoire de la République, la compétence des juridictions sénégalaises est exclusive, le principe *non bis in idem* n'étant pas applicable. En d'autres termes, le jugement des faits à l'étranger est sans influence sur la compétence de l'ordre judiciaire sénégalais.

Par ailleurs, pour que les juridictions sénégalaises puissent retenir leur compétence internationale, il est nécessaire que le Gouvernement obtienne l'extradition de l'étranger.

Il faut relever que curieusement, le nouvel article 669 du CPP n'a pas repris la condition alternative liée à l'arrestation de l'étranger au Sénégal.

Cette omission est une véritable lacune qui semble résulter d'une confusion avec le régime de la compétence universelle, entretenue par la loi n° 2007-05 du 12 février 2007 modifiant le Code de procédure pénale. Elle a pour effet de limiter la compétence des juridictions sénégalaises qui risque de dépendre de la décision d'extradition de l'État étranger, c'est-à-dire de son bon vouloir.

Il faut préciser que la condition liée à la résidence de la victime sur le territoire de la République ne semble pas applicable à la compétence réelle qui met en cause les intérêts supérieurs de l'État du Sénégal.

3. La compétence universelle des juridictions sénégalaises

279. Notion de compétence universelle. Le système de la compétence universelle dit aussi système de l'universalité du droit de punir attribue compétence aux tribunaux d'un État pour juger certaines infractions graves (crimes de guerre, crimes contre l'humanité, génocide et terrorisme), lorsque l'auteur est arrêté sur son territoire ou s'y trouve même passagèrement, quelle que soit sa nationalité ou celle de la victime et quel que soit le lieu de commission de l'infraction (*judex deprehensionis*) [1053].

[1052] V. F. DESPORTES et F. LE GUNEHEC, op. cit., n° 406.

[1053] H. DONNEDIEU DE VABRES, « Le système de la répression universelle », *RIDP* 1922-1923, p. 533 s. ; D. CARREAU, « La compétence universelle au regard du droit international », *Mélanges Bouloc*, Paris, Dalloz, 2007, p. 89 ; F. DESPORTES et F. LE GUNEHEC, op. cit. n° 375 et 409 s. ; G. GUILLAUME, « La compétence universelle. Formes anciennes et nouvelles », *Mélanges*

La compétence universelle exprime la solidarité des États dans la lutte contre la délinquance internationale. Plusieurs instruments juridiques internationaux ont consacré le principe de compétence universelle[1054].

280. Affaire Hissein HABRÉ. Pendant longtemps, le principe de compétence universelle n'était pas prévu dans le CPP. La consécration de ce chef de compétence, notamment en matière de crimes de guerre et de crimes contre l'humanité, est étroitement liée à l'affaire Hissein Habré.

Le 07 juin 1982, Hissein HABRÉ, un jeune général tchadien renversait, suite à une rébellion armée, le régime de son ex-compagnon et frère d'armes, Goukouni Weddeye, alors Président de la République du Tchad.

Mais durant les huit années de son règne, celui qui a été surnommé le «*général Pinochet africain* », a été accusé d'avoir commis de graves crimes de masse contre les groupes ethniques qui s'opposaient à son régime.

Ayant été chassé du pouvoir le 1er décembre 1990, par son ancien chef d'état-major, Idriss Deby, HABRÉ se réfugia au Sénégal.

Une commission d'enquête instituée par un décret n° 014/PCE/CJ/90 du 29 décembre 1990 signé par Idriss DEBY, a évalué à environ quarante mille (40 000) le nombre de victimes d'assassinats politiques et de torture

---

Levasseur, Paris, Litec, 1992, p. 23 s. ; G. DE LA PRADELLE, « La compétence universelle », in H. ASCENSIO, E. DECAUX et A. PELLET (dir.), *Droit international pénal*, Paris, Pedone, 2e éd. 2012 ; C. LOMBOIS, op. cit, n° 235 s. ; R. MERLE et A. VITU, op. cit, n° 291, 315 s. ; I. MOULIER, *La compétence pénale universelle en droit international*, Thèse, Paris I, 2006 ; B. STERN, « La compétence universelle en France. Le cas des crimes commis en ex-Yougoslavie et au Rwanda », *German Yearbook of international law,* 1997, vol. 40, p. 280 s. ; L. DIE KASSABO, « La compétence universelle des juridictions pénales burkinabé », *Annales africaines,* avril 2021, n° 14, p. 433.

[1054] Parmi ces textes internationaux, il faut citer notamment la Convention de Genève du 12 septembre 1923 pour la répression de la circulation et du trafic des publications obscènes, la Convention de Genève du 20 avril 1929 relative à la répression du faux monnayage, les quatre conventions de Genève du 12 août 1949 concernant le droit humanitaire en temps de guerre et la Convention 7 septembre 1956 relative à l'abolition de l'esclavage et à la traite des esclaves du. Il en est de même de la Convention de New York du 30 mars 1961 sur le trafic de stupéfiants, de la convention de Vienne du 21 février 1971 sur les substances psychotropes, de la Convention de Londres du 29 décembre 1972 sur la prévention de la pollution marine par l'immersion de déchets et de la Convention de Londres du 2 novembre 1973 sur la prévention de la pollution par les navires.

du régime de HABRÉ. La conclusion de cette commission a été, dès 1992, d'engager des poursuites contre les auteurs des crimes[1055].

Le 25 janvier 2000, sept victimes et l'Association des Victimes de Crimes et Répression Politiques au Tchad (AVCRP) avaient porté plainte avec constitution de partie civile devant M. Demba KANDJI, Doyen des juges d'instruction près le Tribunal de grande Instance hors Classe de Dakar, pour notamment, crimes contre l'humanité, tortures et actes de barbarie.

Par une ordonnance du 03 février 2000, le magistrat instructeur inculpa Hissein HABRÉ pour complicité de crimes contre l'humanité, d'actes de tortures et de barbarie et le plaça en résidence surveillée.

Mais suite à un appel interjeté par l'inculpé, la chambre d'accusation de la Cour d'Appel de Dakar, par un arrêt du 04 juillet 2000, a infirmé l'ordonnance du 03 février 2000, avant d'annuler le procès-verbal d'inculpation de M. Habré ainsi que la procédure subséquente[1056].

La chambre d'accusation a jugé, d'une part, que les tribunaux sénégalais ne peuvent connaître des faits de crimes contre l'humanité et que, d'autre part, la compétence universelle n'était pas intégrée dans le dispositif procédural sénégalais. Selon la chambre d'accusation, le principe constitutionnel de la supériorité des conventions internationales sur les lois nationales ne saurait recevoir application, dès lors que l'exécution de la convention nécessite que soient prises par le Sénégal des mesures législatives préalables.

À la suite d'un pourvoi formé par les victimes, l'arrêt de la Cour de Cassation du 20 mars 2001 a énoncé que la seule présence de Hissein Habré sur le sol sénégalais ne saurait justifier les poursuites dirigées contre lui, dès lors que la compétence universelle n'était consacrée par aucune disposition du Code de procédure pénale[1057].

[1055] K. DIAKITE, *La justice pénale internationale en Afrique. Aspects juridiques, défis et perspectives*, Paris, l'Harmattan, 2014, p. 56-57.

[1056] CA Dakar, ch. acc. n° 135 du 04 juillet 2000, *inédit*.

[1057] Cass.crim, n° 14, 20 mars 2001, affaire Hissène HABRÉ, in, *La Balance, le Journal de l'Union des Magistrats sénégalais*, août 2002, p. 36, note, A. NDIAYE ; sur cette affaire, V. *Le Sénégal. Le secteur de la justice et l'État de droit.* Une étude d'AFRIMAP et de l'Open society initiative for West Africa-OSIWA, novembre 2008, p. 26-27.

Selon la haute juridiction, « *aucun texte de procédure ne reconnaît une compétence universelle aux juridictions sénégalaises en vue de poursuivre et de juger, s'ils sont trouvés sur le territoire de la République, les présumés auteurs ou complices de faits qui entrent dans les prévisions de la loi du 28 août 1996 portant adaptation de la législation sénégalaise aux dispositions de l'article 4 de la Convention lorsque ces faits ont été commis hors du Sénégal par des étrangers* »[1058].

281. Consécration de la compétence universelle. L'affaire HABRÉ a connu des rebondissements et plusieurs péripéties juridico-diplomatiques inattendus[1059].

Lors de la réunion des 1er et 02 juillet 2006 tenue à Banjul, la Conférence des Chefs d'États de l'Union africaine a donné à la République du Sénégal mandat pour poursuivre HABRÉ et le juger « *au nom de l'Afrique par une juridiction compétente avec les garanties d'un procès juste* ».

Le Sénégal, en vue de se conformer à ses engagements conventionnels, a modifié son Code pénal, par une loi n° 2007-02 du 12 février 2007, en y prévoyant les crimes de génocide, les crimes contre l'humanité, les crimes de guerre définis par le Statut de Rome.

Par ailleurs, la loi n° 2007-05 du 12 février 2007 modifiant le Code de procédure pénale[1060] a consacré expressément le principe de la compétence universelle dans le système procédural sénégalais.

Il résulte de l'article 669 du CPP, issu de la loi n° 2007-05 du 12 février 2007 précitée, que tout étranger qui, hors du territoire de la République, s'est vu reproché d'être l'auteur ou le complice d'un des crimes visés aux articles 431-1 à 431-5 du CP ou d'actes visés aux articles 279-1 à 279-3, 295-1 du CP peut être poursuivi et jugé d'après les dispositions des lois

---

[1058] A. CISSÉ, « Droit sénégalais », in A. CASSESE et M. DELMAS-MARTY, *Juridictions nationales et crimes internationaux*, Paris, PUF, Paris, 2002, p. 437 et s.

[1059] A. SALL, *L'affaire Hissein Habré. Aspects judiciaires nationaux et internationaux*, Paris, l'Harmattan, 2013, p. 13 ; A. AZE KERTE, *L'affaire Hissène Habré. Une première tentative de mise en œuvre de la compétence universelle en Afrique*, Paris, l'Harmattan, 2016 ; Gh. POISSONNIER, « Affaire Hissein Habré : le Sénégal devra juger ou extrader l'ancien chef d'État tchadien », *D.* 2012 p. 2184 ; J. SEROUSSI, « L'internationalisation de la justice transitionnelle : l'affaire Hissène Habré. », *Critique internationale* 1/2006 (n° 30), p. 83-101 ; P. SY, « Le juge répressif sénégalais face à la compétence universelle : l'affaire Hissène Habré», *Africajuris*, n° 06.

[1060] JORS, n° 6332 du 10 mars 2007, p. 2384.

sénégalaises ou applicables au Sénégal, s'il se trouve sous la juridiction du Sénégal ou si une victime réside sur le territoire de République du Sénégal, ou si le Gouvernement obtient son extradition.

282. Intérêts protégés. Le chef de compétence universelle habilite l'ordre répressif sénégalais à juger les crimes de génocide, les crimes contre l'humanité, les crimes de guerre, définis par le Statut de Rome et les actes de terrorisme et de tortures, indépendamment du lieu de commission ou de la nationalité de leurs auteurs.

Le système de la compétence universelle n'est prévu que pour une catégorie d'infractions. Il s'agit des crimes de génocide, des crimes contre l'humanité, des crimes de guerre définis par le Statut de Rome, des actes de terrorisme et des actes de tortures.

Comme le précise son exposé des motifs, cette loi consacre en droit sénégalais la compétence universelle[1061] pour permettre au Sénégal de se conformer à son obligation « *de réprimer les infractions graves telles que définies par les Conventions de Genève de 1949 et par d'autres instruments juridiques internationaux de même que les actes de terrorisme* ». En effet, les articles 431-1 à 431-5, intégrés au Code pénal par la loi n° 2007-02 du 12 février 2007, ont introduit dans ce code les crimes de génocide, les crimes contre l'humanité, les crimes de guerre définis par le Statut de Rome.

Les articles 279-1 à 279-3, 295-1, insérés dans le Code pénal par la loi n° 2007-01 du 12 février 2007[1062], répriment les actes de terrorisme et l'article 295-1 du CP sanctionnent les actes de tortures[1063].

Mais force est de constater que les dispositions de l'article 669 du CPP ne prennent pas en compte le réaménagement de la liste des actes de

---

[1061] Sur la compétence universelle en général, V. A. CISSÉ, « La compétence universelle des juridictions pénales sénégalaises : l'affaire Hissène Habré », *Africajuris*, du 14 au 20 novembre 2002, p. 4 ; également, P. SY, « Le juge répressif sénégalais face à la compétence universelle : l'affaire Hissène Habré », *Africajuris*, n°6 ; D. CHILSTEIN, « De la retenue en matière de compétence universelle », in V. MALABAT, B. DE LAMY et M. GIACOPELLI (dir.), *La réforme du Code pénal et du code de procédure pénale. Opinio doctorum*, Paris, Dalloz, 2009, p. 25.

[1062] JORS n° 6332 du 10 mars 2007, p. 2375.

[1063] D. ROETS, « Le crime français de tortures et actes de barbarie à l'aune du droit international des droits de l'Homme », in *Mélanges R. Koering-Joulin*, p. 649.

terrorisme opéré par la loi n° 2016-29 du 08 novembre 2016 et la loi n° 2021-33 du 21 juillet 2021 modifiant le Code pénal.

283. Conditions de mise en œuvre. La seule condition prévue par l'article 669 du CPP est que l'auteur de l'infraction doit se trouver *« sous la juridiction du Sénégal »* ou que « *la victime réside sur le territoire de République du Sénégal* ».

Malgré la confusion des régimes des compétences réelle et universelle entretenue par la loi n° 2007-05 du 12 février 2007 modifiant le Code de procédure pénale, il est certain que la condition liée à l'obtention de l'extradition de l'auteur de l'infraction par le Gouvernement du Sénégal, compréhensible en matière de compétence réelle, n'a pas vocation à s'appliquer à la compétence universelle.

Cette interprétation est confortée par l'exposé des motifs de la loi n° 2007-05 du 12 février 2007 précitée, selon lequel la compétence universelle est commandée par l'obligation du Sénégal de réprimer des infractions graves indépendamment du lieu où l'infraction a été commise, de la nationalité de son auteur *« pour peu que celui-ci ou la victime réside au Sénégal »*.

SOUS-SECTION II: L'INTERPRÉTATION DE LA LOI PÉNALE

284. Notion d'interprétation. Interpréter la loi, c'est en rechercher la signification exacte, de manière à permettre son application correcte aux cas concrets qu'elle doit régir. Toute loi doit être interprétée surtout lorsqu'elle est imprécise ou obscure, puisqu'il est nécessaire d'assurer le passage de la règle abstraite à l'espèce concrète. C'est pourquoi il est nécessaire de dégager les principes directeurs qui gouvernent une correcte interprétation des textes.

L'interprétation judiciaire doit être distinguée de notions voisines.

L'interprétation n'est pas toujours l'œuvre du seul juge, éclairé par les travaux de la doctrine. En effet, à côté de l'interprétation judiciaire, il arrive des cas où l'opération d'interprétation est l'œuvre du législateur lui-même. En effet, dans certains cas, l'interprétation est prévue dans le corps même de la loi ; il s'agit d'une interprétation authentique *ab initio*. On peut citer l'article 282 du CP qui définit la notion de préméditation et de l'article 677-65 du CPP qui donne un contenu à la notion de groupe criminel organisé. Cette forme d'interprétation revêt une force obligatoire pour les juges, puisqu'elle est l'œuvre de l'autorité même qui a rédigé la loi[1064].

On faut aussi distinguer l'interprétation de la pratique des *errata*. Les errata sont des rectificatifs d'erreurs commises à l'occasion de la publication des textes normatifs. Il arrive, en effet, qu'après la publication du texte d'une loi ou d'un règlement au *Journal officiel*, le législateur ou le Gouvernement découvre des erreurs qui s'y glissent. Pour réparer celles-ci sans être tenu de recourir à l'adoption d'une nouvelle loi ou d'un nouveau règlement, il est possible d'insérer un erratum, c'est-à-dire un rectificatif au *Journal officiel*, en utilisant la formule habituelle (« *au lieu de..., lire...* »), qui corrige ou complète le texte primitivement publié[1065]. Les errata des lois, présentés comme un retour à la vérité du texte adopté par le Parlement ne sont pas promulgués, mais sont directement publiés au *Journal officiel*[1066].

Ces correctifs sont parfois de pure forme ; ils visent à rétablir une ponctuation, l'orthographe d'un mot ou la correction grammaticale d'une phrase.

Mais d'autres comportent, sur le point pour lequel ils interviennent, une signification de fond en ce qu'ils modifient le sens ou la portée de la loi.

Au Sénégal, les errata publiés au *Journal officiel* ne sont pas encadrés par des textes, même s'ils constituent une pratique bien établie dans la pratique normative.

Par exemple, le Gouvernement a eu recours à cette procédure pour apporter une correction à l'article 65, alinéa 2 de la loi organique n° 2017-10 du 17 janvier 2017 portant statut des magistrats[1067]. En effet, contrairement au texte transmis par l'Assemblée nationale au Secrétariat général du Gouvernement, celui publié au *Journal officiel* avait omis le Premier Avocat général près la Cour suprême de la liste des hauts magistrats dont l'âge de la

---

1064 R. MERLE et A. VITU, op. cit. n° 168.

1065 G. JEZE, « La rectification des lois par voie d'erratum », *RDP,* 1918, p. 394 ; J. LAFFERRIERE, « De l'authenticité du texte des lois publiées au *Journal officiel* », *RDP*, 1949, p. 113 ; M. FREJAVILLE, « La pratique des errata au *Journal officiel* », *JCP,* 1949. I. 677.

1066 Y. GAUDEMET, « Promulgation et publication des lois », *Juris-class. civ.* code, art. 1, fasc. 10, n° 31, n° 176.

1067 JORS n° 6986 spécial du 18 janvier 2017, p. 75.

retraite a été porté à soixante-huit (68) ans. Par un erratum publié au *Journal officiel* n° 6991 du 07 février 2017[1068], cette omission a été corrigée.

285. Position du problème. En droit civil et administratif, on admet l'usage de méthodes, non seulement extensives, mais même analogiques, d'interprétation des textes.

En droit criminel, où les libertés sont toujours menacées par la défense des intérêts de la société, il est évident que de telles méthodes d'interprétation ne sauraient être généralisées sous peine de favoriser des abus les plus criants. La pondération du juge apparaît, dès lors, essentielle[1069].

Dans l'absolu, d'ailleurs, il serait préférable, au nom des libertés, de priver les tribunaux de la moindre marge d'appréciation. Le principe même d'une interprétation judiciaire est, en effet, porteur d'un risque de déformation du sens de la loi.

Mais l'interprétation judiciaire est inévitable, puisque la loi n'est jamais parfaite et le juge au demeurant a l'obligation de statuer en cas d'obscurité ou de silence de la loi.

L'article 165 du CP incrimine sous la qualification de déni de justice tout juge ou tribunal, qui, sous quelque prétexte que ce soit, même du silence ou de l'obscurité de la loi, aura dénié de rendre la justice qu'il doit aux parties, et qui aura persévéré dans son déni après avertissement ou injonction de ses supérieurs.

En matière pénale, les méthodes d'interprétation présentent des particularités, parce que les libertés individuelles sont toujours sous-jacentes à l'application de la loi et s'opposent plus ou moins aux nécessités de la défense de l'ordre public.

Selon que l'accent est mis sur la protection de la liberté individuelle ou sur la défense des intérêts publics, on fera prévaloir une méthode d'interprétation restrictive ou une approche extensive.

[1068] JORS n° 6991 du 07 février 2017, p. 197.

[1069] A. LEGAL, « Les pouvoirs d'interprétation du juge pénal en France », *Mélanges Germann*, 1959, p. 94.

Pour mieux comprendre les techniques d'interprétation retenues en droit pénal positif, il importe au préalable d'exposer les différentes méthodes d'interprétation proposées par la doctrine.

PARAGRAPHE PREMIER : LES DIFFÉRENTES MÉTHODES D'INTERPRÉTATION

286. Interprétation théorique. En droit pénal, sous l'angle théorique, trois méthodes d'interprétation ont été forgées. Il s'agit de la méthode littérale, de la méthode téléologique (parfois appelée méthode déclarative) et de la méthode analogique[1070].

A. La méthode littérale

287. Exposé de la méthode. La méthode littérale est la plus restrictive de toutes puisqu'elle consiste à s'attacher à la lettre de la loi, que l'on fait prévaloir sur son esprit[1071]. C'est la technique d'interprétation qui a été prônée par Montesquieu et par Beccaria. Selon cette conception rigoriste, pour ne pas dire « *intégriste* » du principe de la légalité, les juges devraient appliquer mécaniquement la loi pénale. Lorsque des contradictions ou des erreurs se glissent dans sa rédaction, les partisans de cette méthode permettent au juge de les rectifier dans le respect de l'intention du législateur[1072].

C'est la technique d'interprétation la plus étroite, dès lors qu'elle écarte tout ce qui n'est pas le texte lui-même. Selon Montesquieu, « *le juge ne doit être que la bouche qui prononce les paroles de la loi* ». Portalis précisait qu'en matière criminelle, il faut des textes précis et point de jurisprudence.

[1070] Sur les méthodes d'interprétation en matière pénale, V. COSTE-FLORET, « L'interprétation des lois pénales », *RSC* 1937, p. 3 ; P. ESCANDE, « L'interprétation par le juge des règles écrites en matière pénale », *RSC*, 1978, p. 811 et s. ; J-B. THIERRY, « L'interprétation créatrice de droit, en droit pénal », *Rev. pénit.* 2009, p. 799 ; P. COSTE-FLORET, « L'interprétation des lois pénales », *RSC* 1937, p. 4 ; G. RAGZ, « La méthode criminologique dans l'interprétation des lois pénales », *RSC* 1985, p. 279 ; W. JEANDIDIER, « Interprétation de la loi pénale », *Juris-class. pén.*, 1998, fasc. 20, art. 111-2 à b11-5 ; GARRON, « Infractions similaires et interprétation des lois pénales », *RSC* 1966, p. 737 ; LEGROS, « Les pouvoirs d'interprétation de la loi pénale », *RSC* 1968, p. 73 ; C. GHICA-LEMARCHAND, « L'interprétation de la loi pénale par le juge », in *L'office du juge, Colloque des 29 et 30 septembre 2006,* Sénat, Palais de Luxembourg, 2007, p. 35.

[1071] V. GEGOUT, « De l'interprétation littérale des lois pénales », in *Mélanges Gény*, 1937, III, Sirey, p. 305.

[1072] P. CHAUVEL, « Interprétation déclarative de la loi pénale et droit pénal du travail », *Dr. soc.* 1983, p. 659.

Dans cette méthode, le syllogisme et le raisonnement *a contrario* sont les outils les plus importants de l'interprète. Plusieurs brocards latins résument les techniques d'interprétation littérale utilisées.

On peut citer *ubi lex noluit dixit, ubi voluit tacuit* qui signifie que quand la loi a voulu quelque chose elle l'a dit, quand elle ne l'a pas voulu, elle s'est tue, *ubi lex non distinguit, nec non distinguere debemus :* quand la loi ne distingue pas, nous ne devons pas distinguer ou *inclusio unius, exclusio alterius :*la mention d'une chose exclut nécessairement toute autre chose ou *ubi non sit lex, ibi nec peona, nec delictum inveniri* : là où il n'existe pas de loi, on ne peut déceler ni peine ni délit.

Aussi, l'exégèse du texte sera-t-elle nourrie par l'examen des travaux préparatoires et de la situation juridique au moment de son adoption[1073].

S'il y a une contradiction entre ce qu'a voulu le législateur et ce qu'il a dit, le texte de la loi fait seul foi. Si le texte est ambigu ou obscur, le juge doit toujours choisir la solution la plus favorable à la personne poursuivie (*dubium pro reo*) (le doute profite à l'accusé ou au prévenu).

L'interprétation littérale traduit en France une réaction naturelle contre les pouvoirs exorbitants et l'arbitraire des juges de l'Ancien Régime. Elle s'est épanouie précisément au même moment que le principe de la légalité criminelle, pris dans son acception la plus rigide, et elle en est une conséquence immédiate.

288. Critique. Mais la méthode littérale n'est pas à l'abri de la critique[1074].

D'abord, l'interprétation littérale postule une perfection de la loi. Or, cette perfection n'existe, ni dans la forme ni dans le fond. La loi contient souvent des erreurs, des oublis, des contradictions. Les textes de loi n'ont pas la rigueur des théorèmes scientifiques et une disposition légale n'est pas une démonstration mathématique.

Ensuite, la méthode littérale exagère le rôle du législateur et méconnaît la fonction du juge ; celui-ci ne peut être réduit au rôle d'un « *distributeur*

1073 V. YASSEN, « Le recours aux travaux préparatoires dans l'interprétation de la loi pénale », *RSC* 1958, p. 73.
1074 R. MERLE et A. VITU, op. cit., n° 169.

automatique » de peines ; il doit appliquer les normes abstraites à la multitude des cas concrets.

Enfin, elle a le défaut de figer et de rendre immuable le droit, alors que les faits sociaux peuvent évoluer au fil du temps. Il est préférable de confier au juge la tâche d'assurer, avec la prudence nécessaire, l'adaptation progressive du droit pénal aux nécessités de chaque époque. En refusant au juge le pouvoir d'adapter la loi aux exigences du moment, la méthode littérale conduit à une asphyxie du raisonnement juridique et à des solutions anachroniques.

B. La méthode analogique

289. Notion. La méthode d'interprétation analogique suppose, face à une situation pénale, l'absence de texte. Elle consiste à résoudre une espèce pénale non prévue par la loi en prenant pour point de départ la similitude de l'espèce donnée avec une autre que la loi a définie ou prévue et, dans les cas extrêmes, en recourant à l'esprit général de l'ordre juridique, pris dans son ensemble[1075].

Ainsi, en l'absence d'un texte pour résoudre le cas d'espèce, le juge va pallier la lacune législative en assimilant le cas concret à un autre cas voisin, qui lui, est prévu par la loi ou en se fondant sur l'esprit général du système pénal en vigueur.

290. Forme de l'analogie. L'interprétation analogique se présente sous deux formes.

L'analogie légale consiste à résoudre un cas pénal non prévu par la loi en prenant appui sur la similitude de l'espèce donnée avec une autre que la loi a définie ou prévue. On applique donc l'adage *ubi eadem ratio, ibi eadem juris dispositio*, c'est-à-dire là où il y a la même raison (de décider), là est la même règle.

Si une loi est imparfaite, au sens où elle ne prévoit pas de répression dans une hypothèse où il paraît souhaitable qu'il y en ait, l'omission du législateur doit être palliée par une extension de ce qu'il a prévu à ce qu'il a omis.

[1075] L. JIMENEZ DE ASUA, « L'analogie en droit pénal », *RSC*, 1949, p. 187 et s. ; V. HURWITZ, « L'analogie dans le droit danois », *RSC* 1950, p. 1 ; J. GRAVEN, « L'analogie en droit pénal suisse, » *RSC* 1984, p. 653.

Ainsi, l'article 383 du CP, relatif à l'abus de confiance, énumère six contrats en vertu desquels la remise doit être faite. Si l'on raisonne par analogie, on débordera cette liste pour inclure dans le champ de l'infraction d'autres contrats non prévus, comme la vente ou le prêt de consommation.

Toutefois, cette méthode présente des inconvénients en ce qu'elle déforme ouvertement la loi. L'analogie légale n'est admissible que si elle joue en faveur du prévenu, du moins selon l'opinion courante (*analogie in favorem*).

La seconde forme est l'analogie juridique qui raisonne sur l'espèce donnée, non plus à partir d'une règle légale existante, mais en s'inspirant de l'esprit général du système répressif. Le juge ne prend plus appui sur un texte plus ou moins proche du cas à juger ; il recherche l'éthique politique, religieuse ou sociale dont s'inspire le droit de son pays et crée lui-même l'incrimination ou la pénalité absente. Le juge crée librement le droit et on a pu parler à cet égard de « *droit libre*» (*freies Recht*). Cette forme d'analogie est plus caricaturale, puisqu'elle fait intervenir la physionomie générale du système pénal.

Les régimes totalitaires se sont illustrés dans ce domaine[1076]. L'article 2 de la loi allemande du 28 juin 1935 constitue un exemple illustratif de l'application de l'analogie juridique. Ce texte prévoyait que « *sera puni quiconque commettra un délit que la loi déclare punissable ou qui méritera une peine en vertu des principes fondamentaux de la loi pénale et d'après le sain instinct du peuple* ».

En outre, dans la défunte URSS, le Code pénal de 1926 énonçait, en son article 16, que : « *si un acte socialement dangereux n'est pas expressément prévu par le présent code, le fondement et les limites de la responsabilité encourue à son sujet sont déterminés conformément aux articles du code qui prévoient les délits dont la nature s'en rapproche le plus* »[1077].

Les textes précités avaient particulièrement ruiné le principe de la légalité, puisqu'ils consacraient l'analogie *juris*, c'est-à-dire une interprétation dans laquelle le juge devait rechercher dans la seule conscience populaire les motifs suprêmes de sa décision.

1076 H. DONNEDIEU DE VABRES, *La politique criminelle et les États autoritaires*, Paris, Sirey, 1938 ; R. BERAUD, Le droit pénal et les dictateurs », *RSC* 1938, p. 672.

1077 V. HAZARD, « Le droit pénal soviétique et l'État du peuple tout entier », *RSC* 1964, p. 293.

291. Appréciation critique de la méthode analogique. Les deux aspects de l'interprétation analogique doivent être appréciés distinctement.

D'une part, il faut rejeter absolument l'analogie juridique qui constitue un danger extrême pour les citoyens, qui sont exposés à l'arbitraire du juge.

L'admission de l'analogie est une des armes politiques dont les régimes dictatoriaux se sont servis pour étouffer les libertés individuelles.

D'autre part, une appréciation plus nuancée s'impose en ce qui concerne l'analogie légale et une distinction doit être faite, selon que l'interprétation est ou non favorable au prévenu. L'analogie légale est légitime quand elle est avantageuse pour la personne poursuivie. Par exemple, si elle accueille des faits justificatifs ou des causes de non-imputabilité non prévues par la loi, mais semblables à des causes d'irresponsabilité déjà consacrées par elle ; on parle alors d'analogie in *favorem* ou *in bonam partem.*

C. La méthode téléologique

292. Exposé de la méthode téléologique. La méthode téléologique est axée sur la finalité de la loi. Tout en reconnaissant que la lettre de la loi constitue une frontière que l'interprète ne doit pas franchir sans raison légitime, la méthode téléologique attribue cependant une importance première au but de la loi.

D'ailleurs, l'adjectif « *téléologique* » vient du grec *telos*, qui signifie le but. Elle se fonde sur la *ratio legis*, c'est-à-dire sur la volonté déclarée ou présumée du législateur, qui doit pouvoir l'emporter quand la lettre a trahi l'esprit de la loi.

Le juge ne doit évidemment pas s'écarter d'un texte dont le sens est clair et reflète exactement l'intention du législateur. Dans le doute, il ne doit pas adopter toujours la solution la plus favorable à l'inculpé ; il doit rechercher l'exacte volonté de l'auteur du texte.

En somme, l'interprète doit donner à la loi sa capacité maximale d'application et d'extension, dans les limites de ce qu'a voulu le législateur.

293. Conséquences de la méthode téléologique. L'adoption de cette méthode entraîne diverses conséquences.

Tout d'abord, une disposition doit être interprétée de façon à atteindre le but que s'est proposé le législateur ou même celui qu'il se serait proposé s'il avait envisagé la situation particulière qu'il s'agit de régler[1078].

En outre, jusqu'à preuve du contraire, il faut présumer que chaque règle pénale s'intègre harmonieusement dans l'ensemble du droit. Par conséquent, il faut rejeter ou n'admettre qu'avec prudence les interprétations qui, d'un texte donné, tireraient des conséquences contraires aux principes généraux de l'ordonnancement juridique. Bien entendu, de telles conséquences pénales s'imposeraient si elles résultaient nécessairement d'une disposition légale expresse.

Certes, la lettre de la loi ne saurait être ouvertement contrecarrée ou bafouée. Cependant, le juge a toute latitude pour essayer de découvrir ce qu'a vraiment voulu le législateur.

L'avantage de l'interprétation téléologique est d'éviter le vieillissement prématuré des textes, en les adaptant, notamment à l'évolution des mœurs et de la technologie. Le juge doit même essayer de déterminer la réaction des auteurs du texte s'ils avaient eu connaissance de toutes les données apparues depuis. Pour ce faire, il peut avoir recours aux travaux préparatoires, aux renseignements historiques, économiques, politiques, scientifiques, etc.[1079].

En effet, l'innovation technologique suscite souvent l'apparition de nouvelles formes de criminalité qui n'entrent pas toujours dans les prévisions des textes répressifs. Dans ces cas, le principe de la légalité autorise le juge à adapter la législation à l'évolution technologique, par un recours à l'interprétation téléologique. Ainsi, la révolution numérique offre simplement à la délinquance de nouveaux objets d'infractions et de nouveaux moyens de passage à l'acte[1080].

La méthode téléologique est en harmonie avec le climat intellectuel moderne marqué par un dynamisme de la vie sociale et de profondes mutations technologiques. Elle confère aux juges un pouvoir plus large, mais

---

1078 Y. MAYAUD, « Ratio legis et incrimination », *RSC* 1983, p. 597.

1079 G. DI MARINO, « Le recours aux objectifs de la loi pénale dans son application », *RSC* 1991, p. 505.

1080 B. FILLON, « La réception de l'innovation technologique en droit pénal », *RSC*, 1990, p. 271 ; M.-L. RASSAT, *Droit pénal spécial, infractions du Code pénal*, 6e édition, Paris, Dalloz, 2011, p. 18, n° 20.

qui n'a rien d'arbitraire puisqu'elle exige d'eux, en contrepartie, non seulement une conscience aiguë et un sens affiné de leur responsabilité ainsi qu'une formation technique solide.

PARAGRAPHE II : LES MÉTHODES D'INTERPRÉTATION RETENUES PAR LE DROIT PÉNAL POSITIF SÉNÉGALAIS

294. Interprétation positive. L'analyse des décisions rendues par les tribunaux répressifs montre que la jurisprudence a rejeté l'interprétation littérale des textes et a fait triompher l'interprétation téléologique. Elle a admis, avec quelques réserves, la technique d'interprétation par analogie.

A. Le rejet de l'interprétation littérale

295. Critique de l'interprétation littérale. La chambre criminelle de la Cour de Cassation française fait obligation aux juges de rechercher le sens des textes imprécis ou obscurs applicables aux espèces dont ils sont saisis puisqu'ils ne peuvent pas systématiquement prononcer l'acquittement quand ils hésitent sur la portée d'une disposition pénale[1081].

Certaines lois ont une signification absurde, pour être mal rédigées ou parce qu'une erreur matérielle s'est glissée dans leur rédaction. La jurisprudence avait d'abord décidé qu'il n'appartenait pas aux magistrats de rectifier la rédaction malencontreuse de la loi[1082].

Mais elle a abandonné cette interprétation étroitement littérale et admet désormais que les juridictions peuvent elles-mêmes réparer les erreurs évidentes de rédaction contenues dans les textes.

On peut prendre l'exemple de l'article 17 d'un décret du 17 février 1852 interdisant de rendre compte des « *procès* » pour délits de presse. En France, la chambre criminelle a jugé avec raison que par le terme « *procès* », il faut entendre non seulement les débats de l'audience, mais encore tout ce qui concerne l'instruction[1083].

En outre, l'article 78 du décret du 11 novembre 1917 interdisait en France « *de descendre ailleurs que dans les gares, et lorsque le train est*

1081 Crim., 28 juill. 1912, *Bull. crim.*, 353; 24 janv. 1936, *D.*, 1936.I.60, note Mimin ; crim. 21 oct. 1942, *D.A.*, 1943.4; 10 nov. 1959, *Bull. crim.*, n° 476, *RSC.*, 1961, p. 337, obs. Légal.
1082 Crim., 11 mars 1831, *S.*, 1831.1.147.
1083 Cass. crim., 17 mars 1854, *D.* 1854, 1, p. 165.

complètement arrêté ». Pris au pied de la lettre, ce texte obligerait les voyageurs à descendre du train en sautant en marche de celui-ci. Non sans humour, un prévenu soutenait qu'il avait scrupuleusement respecté les dispositions de cet article en descendant d'un train en marche. Les tribunaux ont écarté cette solution ridicule en punissant la personne qui était descendue avant l'arrêt complet du train[1084].

Au Sénégal, la jurisprudence pénale, très attachéé au principe de la légalité, rejette également la méthode d'interprétation littérale. En effet, la Cour d'Appel de Dakar a jugé que la règle de l'interprétation restrictive en droit pénal n'interdit pas au juge de restituer à un texte de loi son esprit pour éviter ainsi d'en faire une application littérale non conforme aux principes d'herméneutique usuels et en même temps préjudiciable dans une large mesure à la nécessaire conciliation de la défense de l'ordre public et des droits des citoyens [1085].

B. Le triomphe de l'interprétation téléologique

296. Consécration jurisprudentielle de la téléologie. L'interprétation téléologique ou déclarative est sans conteste l'interprétation dominante en jurisprudence. Les expressions utilisées par la Cour de Cassation sont diverses : « *interprétation stricte* » ou « *interprétation restrictive* »[1086]. Ces expressions peuvent dérouter si l'on sait que la méthode littérale peut être en doctrine qualifiée identiquement. En réalité, « *interpréter strictement* », c'est s'en tenir aux frontières de la loi.

Le principe de l'interprétation stricte de la loi pénale a été rattaché par le Conseil constitutionnel français au principe de la légalité. Le juge constitutionnel considère que « *le principe de la légalité impose d'interpréter strictement la loi pénale, de se prononcer sans que son appréciation puisse encourir la critique d'arbitraire* »[1087].

Le Conseil a repris son argumentation dans la décision n° 98-399 DC du 5 mai 1998, Loi relative à l'entrée et au séjour des étrangers en France et au

---

[1084] Crim., 30 déc. 1922, *S.*, 1924.1.283; 8 mars 1930, *D.*, 1930.1.101, note Voirin ; 8 fév. 1938, *RSC*, 1938, p. 313, obs. Carrive.

[1085] CA Dakar, ch. corr. n° 557 du 06 septembre 2004, MP et A. D. c/ L. L. L. et M. L., *inédit*.

[1086] G. ROUJOU DE BOUBEE, « Grandeur et décadence de l'interprétation stricte », in *Ruptures, mouvements et continuité du droit, autour de M. Gobert*, Paris, Économica 2004, 195 et s.

[1087] Cons. const., 16 juill. 1996, n° 96-377 DC, préc. n° 64, cons. 11.

droit d'asile : « *il appartient au juge, conformément au principe de légalité des délits et des peines, d'interpréter strictement les éléments constitutifs de l'infraction définie par l'article 21 de l'ordonnance du 2 novembre 1945 susvisée, notamment lorsque la personne morale en cause est une association à but non lucratif et à vocation humanitaire, ou une fondation, apportant, conformément à leur objet, aide et assistance aux étrangers* »[1088].

Les juridictions sénégalaises rappellent souvent le principe de l'interprétation stricte des textes pénaux. La Cour suprême a déjà eu l'occasion de juger à plusieurs reprises « *qu'il est de principe, en matière pénale, que les textes sont d'interprétation stricte* »[1089] ou que « *le droit pénal et la procédure pénale sont des droits d'interprétation stricte* »[1090]. Il a été aussi jugé que « *le droit pénal est le droit de la certitude* »[1091].

Un arrêt de la Cour d'Appel de Dakar du 15 juin 2012 a indiqué qu'en vertu du principe de l'interprétation stricte de la loi pénale, l'infraction de détournement de gage de l'article 373, alinéa 2 du CP ne peut être commise que par le débiteur et l'emprunteur, c'est-à-dire le donneur de gage et non par le bénéficiaire du gage[1092].

Dans une autre espèce, il a été jugé que « *la matière pénale, pour éviter tout arbitraire, doit être d'interprétation restrictive et que l'article 152 du CP énumère les personnes susceptibles d'être poursuivies pour détournement de deniers publics* ». Dès lors, le séquestre ayant détourné ou soustrait des bijoux et lingots d'or au préjudice de certains héritiers à l'occasion de l'exercice de ses fonctions ne saurait être poursuivi pour détournement de deniers publics[1093].

1088 Cons. const., 5 mai 1998, n° 98-399 DC, préc. n° 60, cons. 8.

1089 CS n° 29 du 04 mars 1992, A. D. et autres c. MP et l'adm. des Douanes, *inédit* ; CS n°72 du 17 décembre 1986, K. S. c/ MP, *inédit* ; CS n° 71 du 30 juillet 1980, MP c/ B. T., *inédit* dans le même sens, CS n° 72 du 30 juillet 1980, MP c/ M. F., *inédit* ; CS n° 41 du 30 mai 1981, MP c/ M. D., *inédit ;* CA Dakar ch. corr., n° 1300 du 30 octobre 2015, MP et D. D. G. c/ K. K. A., *inédit* ; C A Dakar ch. corr., n° 409 du 20 avril 2012, MP et J. B. M. E. D. c/ P. L., *inédit* ; CA Dakar ch. corr., n° 1153 du 30 novembre 2012, MP et B. C. c/ A. B., *inédit* ; CA Dakar ch. corr., n° 95 du 20 janvier 2012, MP et A. D. c/ M. D., *inédit* ; CA Dakar ch. corr., n° 1192 du 07 décembre 2012, MP, et I. Nd. S. c/ R. J. F. R., *inédit*

1090 CS ch. crim. n° 22 du 7 février 2013 M. ND. SGBS et A. O. D. c/ et M. A. D., *inédit.*

1091 CA Dakar ch. corr., n°06 du 09 novembre 2009, MP et U. F. D. c/ I. D., *inédit.*

1092 CA Dakar ch. corr., n° 665 du 15 juin 2012, MP et L. B. c/ S. BA, *inédit.*

1093 CA Dakar, ch. acc. n° 168 du 29 août 2000, MP c/A. K., *inédit.*

La Cour d'Appel de Dakar, dans un arrêt rendu le 27 avril 1981[1094], a jugé que le principe de l'interprétation stricte de la loi pénale « *n'exclut pas la possibilité d'interprétation de la pénale, sans modification, ni déformation de la libre recherche scientifique, mais une interprétation étroite déclarative de l'intention du législateur à partir de la formule législative* ».

S'agissant en particulier des lois d'amnistie, la jurisprudence considère qu'en raison de leur caractère de lois d'exception, elles font l'objet d'une interprétation stricte. La Cour de Cassation française rappelle souvent que « *les lois d' amnistie sont des lois d'exception qui doivent être appliquées dans leurs termes mêmes [;] il ne saurait appartenir aux juges d'étendre leurs dispositions à des cas qu'elles n'ont pas prévus* »[1095].

Dans une espèce, les juges ont refusé d'étendre à la peine d'annulation du permis de conduire l'amnistie qui était expressément prévue pour la suspension et l'interdiction d'obtenir la délivrance dudit permis[1096].

297. Définition des termes législatifs. La jurisprudence a eu recours à la technique de l'interprétation téléologique pour procéder à la définition de termes employés par la loi. Dans le silence de la loi pénale, il est revenu à la jurisprudence d'expliciter les notions de commencement d'exécution dans la théorie de la tentative punissable, de violences et de voies de fait, d'outrage public à la pudeur, de manœuvres frauduleuses ou de fausse qualité dans l'escroquerie, de domicile dans l'incrimination de violation de domicile ou la notion de bonnes mœurs en matière d'outrage aux bonnes mœurs.

L'infraction de recel fournit un exemple de définition de termes employés par la loi.. Dans le même sens, la Cour d'Appel de Dakar[1097] a jugé dans un arrêt rendu le 20 avril 2015 que « *l'article 430 du CP relatif au recel, qui est une infraction autonome, punit toute personne qui détient, dissimule ou bénéficie en connaissance de cause d'un bien provenant d'un délit ou d'un crime* ».

[1094] CA Dakar, n° 289 du 27 avril 1981, MP c/ M. MB. *inédit.*

[1095] Cass. crim., 25 mars 1980, *JurisData* n° 1980-096100 ; *Bull. crim.* n° 100.

[1096] Cass. crim., 21 déc. 1987, *Bull. crim.* n° 473.

[1097] CA Dakar ch. corr., n° 577 du 20 avril 2015, MP et Soc. A. Sarl c/ O. D. MB., *inédit.*

La Chambre criminelle de la Cour de Cassation, dans l'arrêt Lefèvre rendu par le 9 juillet 1970[1098], a estimé que : « *l'article 460 de l'ancien CP, conçu en termes généraux, atteint tous ceux qui, en connaissance de cause, ont par un moyen quelconque bénéficié du produit d'un crime ou d'un délit* ». Elle a jugé qu'est coupable de recel un passager qui avait accepté, en connaissance de cause, de se faire transporter dans un véhicule volé[1099].

Dans une chronique publiée en 1972, le professeur Robert Vouin soutenait que l'arrêt Lefèvre, loin de consacrer un recel-profit, ne sanctionne qu'une forme de détention de la chose dont les modalités variaient selon la nature de cette chose[1100].

Toutefois, cette position doctrinale a été contredite par la jurisprudence pénale subséquente qui a largement accentué le mouvement de dématérialisation du délit de recel en s'orientant vers la reconnaissance du recel-profit [1101].

Face au silence de l'article 234 du CP [1102], il est revenu à la jurisprudence de donner un contenu à la notion de charlatanisme. La Cour d'Appel de

---

1098 Cass. crim. 9 juillet 1970, arrêt Lefèvre, *D.* 1971, 3, note Littmann ; *JCP* 1971, 16616, note Benabent ; dans le même sens, crim. 24 août 1981, *JCP.*, 1982, II, 19801, note Allix ; *RSC*, 1982, p. 620, obs. Bouzat ; également, crim. 9 mai 1974, *D.* 1975, I, 66 ; *Bull. crim.*, n° 170. Cet arrêt a contribué à affiner la thèse du recel tirer-profit en retenant ce délit dans une espèce où un époux avait profité du train de vie luxueux que lui procurait sa femme provenant d'un détournement.

1099 M. CULIOLI, « Le recel commis par le passager connaissant la provenance frauduleuse du véhicule utilisé », *RSC* 1973, p. 81.

1100 R. VOUIN, « Le recel et la détention des choses », *D.* 1972, chron. p. 282. On peut lire sous la plume de l'auteur que « *la détention d'une chose ne peut se comprendre qu'en fonction de la nature de celle-ci. Une automobile ne peut être détenue comme une boîte d'allumettes ou le portefeuille que l'on met dans sa poche. Elle se détient, comme elle s'appréhende normalement, en y prenant place* ».

1101 Cass. crim, 7 novembre 1974, affaire Maillot, *Bull. crim.*, n° 323, p. 825 ; *D.* 1974. somm.144 ; *Gaz. Pal.* 1975.1. somm. 96 : « *Se rend coupable du délit de recel celui qui accueille en connaissance de cause des renseignements communiqués sur un secret de fabrique et les a mis en œuvre » ;* Cass. crim. 26 octobre 1995, affaire Pechiney Triangle, *Bull. crim.*, n° 328; *RSC* 1996, p. 660, obs. Ottenhof : « *Si le recel ne peut résulter de la seule détention d'information privilégiée, il est caractérisé à l'égard de celui qui, réalisant en connaissance de cause des opérations sur le marché avant que ces informations soient connues du public, bénéficie du produit du délit d'initié ainsi consommé* » ; cass. crim. 19 juin 2001, affaire dite des « écoutes de l'Élysée », *JCP* 2002. II. 10064, note A. Lepage ; *D.* 2001. 2538, B. Beignier et B. de Lamy ; *RSC* janv. mars 2002, p. 119, obs. J. Francillon ; sur cette décision, J. FRANCILLON, « Recel de documents provenant d'une violation du secret de l'instruction ou du secret professionnel : le glissement de la sanction de certains abus de la liberté d'expression vers le droit commun », *RSC* janv. mars 2002, p. 125.

1102 F. DIENG, « Le principe de la légalité en droit pénal à l'épreuve du mysticisme », *Nouvelles Annales africaines*, 2007, p. 137.

Dakar a jugé, dans un arrêt rendu le 24 février 2016[1103], que « *le charlatanisme s'entend des pratiques de sorcellerie ou en une imposture, ou encore en un jeu de dupes envers autrui grâce à des trucages, des déformations de la réalité en vue de gagner la confiance pour obtenir de lui de l'argent ou tout autre avantage* ».

Un autre arrêt de la Cour d'Appel de Dakar rendu le 21 juillet 2008 a énoncé que constituent des pratiques de sorcellerie, de magie ou de charlatanisme, le fait pour une personne de se rendre au cimetière où elle a enfoui des gris-gris dans un tombeau[1104].

La haute juridiction de cassation sénégalaise a eu l'occasion de préciser la notion de détention de stupéfiants. En effet, dans une espèce, le demandeur au pourvoi faisait grief à l'arrêt attaqué d'avoir prononcé sa condamnation en se bornant à énoncer que le délit de détention de stupéfiants est constitué à son encontre. Il précisait qu'il n'avait pas connaissance du contenu du paquet qu'il venait de ramasser, cette circonstance établissant l'absence de l'élément moral de l'infraction.

La Cour de Cassation sénégalaise a jugé que le délit de détention de stupéfiants « *réside tout entier dans le fait matériel qui le constitue, le mot détention exprimant par lui-même le fait que la loi pénale interdit et réprime, et ce, de façon autonome, sans le rattacher, contrairement à ce qui est soutenu au pourvoi, aux délits de fabrication, trafic ou usage de stupéfiants, eux-mêmes spécifiquement punis* »[1105].

Les juges ont aussi donné un contenu conceptuel à la notion d'adultère non définie par la loi. Dans un arrêt rendu le 12 août 2014, la Cour d'Appel de Dakar a jugé que le délit d'adultère consiste pour un individu à avoir des relations sexuelles avec une personne autre que son conjoint[1106].

[1103] CA Dakar ch. corr., n° 172 du 24 février 2016, MP et R. D. et autres c/ M. A. D. et autres, *inédit*.
[1104] CA Dakar ch. corr., n° 606 du 21 juillet 2008, MP et ND. B. c/ L. S. F., *inédit* ; CA Dakar ch. corr., n° 017 du 06 janvier 2015, MP et M. c/ Ib. ND. et I. D., *inédit* ; CA Dakar ch. corr., n° 148 du 15 février 2017, MP et B. F. c/ El H. B. ND et A. C., *inédit*.
[1105] C. cass. n° 23 du 07 juin 1994, A. D. c/ MP, *inédit*.
[1106] CA Dakar ch. corr., n° 1025 du 12 août 2014, MP et S. W. c/ D. G., *inédit*.

Par ailleurs, l'article 254 du CP sanctionne pénalement « *l'offense au Président de la République par l'un des moyens énoncés dans l'article 248* », sans définir la notion d'offense au Chef de l'État[1107].

Dans un arrêt rendu le 23 février 2016, la Cour d'Appel de Dakar a jugé que « *le délit d'offense envers le Chef de l'État, qui répond au souci du législateur d'assurer une protection particulière contre certaines atteintes à l'honorabilité et à la dignité du Chef de l'État, est constitué matériellement par toute expression de mépris ou d'invective ou par toute imputation de nature à l'atteindre dans son honneur et sa dignité à l'occasion de l'exercice de ses fonctions* »[1108].

Il a été aussi jugé que le délit d'attentat à la pudeur, non défini par la loi, suppose la commission d'acte impudique sur la personne de la victime. Ainsi, consomme ce délit, le prévenu qui s'est dévêtu et a déshabillé une fille mineure avant de se coucher sur elle[1109].

La Cour d'Appel de Dakar a estimé que la notion d'occupation illégale de terrain appartenant à autrui s'entend de « *tout acte positif qui rend indisponible un terrain appartenant à autrui ou crée un obstacle à une libre et entière jouissance de ce terrain* »[1110]. Elle a aussi jugé que la notion d'outrage à magistrat, non définie par le législateur, « *est constituée par toute parole, tout écrit ou dessin à l'égard du magistrat dès lors que le but visé est de suspecter, de mettre en doute ou d'atteindre négativement l'honneur ou la délicatesse d'une telle autorité* »[1111].

298. Adaptation du droit aux évolutions de la société. La méthode téléologique a permis aussi de procéder à l'adaptation des textes à des

---

1107 J.-J. BECUWE, *Le délit d'offense au chef de l'État*, Thèse droit, Lille, 1968, dactyl. ; O. BEAUD, « Le délit d'offense au Président de la République. Un épisode à redécouvrir de la République gaullienne (1959-1969), *Annuaire de l'Institut Michel Villey, vol. n° IV (2013), Dalloz*, p. 79-112 ; O. BEAUD, *La République injuriée, histoire des offenses au chef de l'État de la IIIe à la Ve République*, Paris, PUF, 2020. Sur la suppression de cette infraction en France, V. E. CLEMENT, « L'abrogation du délit d'offense au Président de la République au regard des exigences de la Cour européenne des droits de l'homme », *Dr. pén.* 2013, étude 19, n° 10 s.

1108 CA Dakar ch. corr., n° 03 du 23 février 2016, MP c/ El H. A. S, *inédit* ; également, CA Dakar ch. corr., n° 003 du 29 janvier 2013, MP c/El H. A. S., *inédit.*

1109 TGI Ziguinchor, n°48 du 18 juin 2015, MP c/ S. M., *inédit.*

1110 CA Dakar ch. corr. n° 908 du 11 juin 2013, MP et D. P. D. c/ D. ND., *inédit.*

1111 CA Dakar ch. corr. n° 0001 du 02 janvier 2012, MP c/ M. N. S., *inédit.*

situations que le législateur de l'époque ne pouvait prévoir[1112]. La chambre criminelle n'a pas hésité à voir dans l'électricité une chose pouvant faire l'objet d'une soustraction frauduleuse au sens du texte d'incrimination du vol [1113]. La Cour d'Appel de Dakar a déjà eu l'occasion de considérer que constitue un vol, le branchement clandestin au réseau de la société nationale d'électricité du Sénégal (SENELEC)[1114].

Cette interprétation jurisprudentielle a reçu une consécration législative. En effet, la loi n° 2014-27 du 03 novembre 2014 modifiant le Code pénal a inséré dans ce code un article 368 bis qui dispose qu'est également coupable de vol quiconque effectue un branchement frauduleux ou toute autre manipulation frauduleuse sur un réseau électrique appartement à autrui.

S'agissant du vol, la jurisprudence a considéré que constitue une « *chose* », le contenu informationnel de disquettes[1115] et des données comptables et commerciales figurant sur des documents[1116].

Dans l'arrêt de la Clinque du Cap rendu le 16 avril 2007, bien avant l'adoption de la loi sur la cybercriminalité, la Cour d'Appel de Dakar a jugé « *qu'au sens de l'article 364 du CP, l'un des éléments constitutifs du délit de vol, suppose l'existence d'une chose objet de la soustraction ; cette chose non définie par la loi peut être matérielle ou immatérielle ; ainsi les données informatiques sont susceptibles de vol* »[1117]. Le juge pénal sénégalais semble

---

[1112] P. BOUZAT, « Les transformations contemporaines des conditions matérielles d'existence et leur influence sur l'évolution du droit pénal », in *Mélanges Lebret*, Paris, PUF, 1968, p. 43 ; G. DI MARINO, « Le recours aux objectifs de la loi pénale dans son application », *RSC*, 1991, p. 50 ; B. FILLON, « La réception de l'innovation technologique en droit pénal », *RSC* 1990, p. 271.

[1113] Cass. crim., 3 août 1912, *S.* 1913, 1, p. 337, note J.A. Roux.

[1114] CA Dakar ch. corr., n° 229 du 06 février 2002, *inédit* ; CA Dakar ch. corr., n° 159 du 13 février 2006, *inédit* ; CA Dakar ch. corr., n° 518 du 12 juillet 2017, MP et La SENELEC c/ D. N. et autres, *inédit*.

[1115] Cass. crim., 12 janv. 1989, n° 87-82.265, *JurisData* n° 1989-700634 , *Bull. crim.*, n° 14.

[1116] Cass. crim., 1er mars 1989, n° 88-82.815, *JurisData* n° 1989-001418, *Bull. crim.*, n° 100 ; *D.* 1990, p. 330, obs. J. Huet ; Adde M.-P. DE LUSSAC, « L'arrêt Bourquin, une double révolution : un vol d'information seule, une soustraction permettant d'appréhender des reproductions qui ne constitueraient pas des contrefaçons », *RSC* 1990, p. 507.

[1117] CA Dakar ch. corr., n° 680 du 16 avril 2007, MP et Y. D. c/ M. D.- L. A. G. ND., *inédit* ; V. également, TGI Thiès, n° 505/2012 du 18 septembre 2012, affaire de l'Agence New Look Business, *inédit*. Selon le juge, commet un vol d'information conformément à l'ancien art. 431-53 du CP, le prévenu, qui a copié des données informatiques relatives à l'activité de l'agence New Look Business, à sa clientèle, à son patrimoine, et ce, à l'insu de son employeur ; ce dernier a soutenu sans être contredit par le prévenu, qu'il avait interdit aux employés de faire des copies des informations allant jusqu'à installer un système de sécurité désactivé à chaque fois par le prévenu.

considérer la donnée informatique comme une chose au sens de l'article 364 du CP[1118].

Mais face aux difficultés d'appliquer le concept pénal de soustraction aux actes de copiage ou de téléchargement frauduleux de données informatiques, fréquents en matière de cybercriminalité, la loi n° 2016-29 du 08 novembre 2016 a enrichi le Code pénal d'une nouvelle incrimination autonome différente du vol, à savoir le copiage frauduleux de données informatiques. En effet, l'article 431-58 du CP sanctionne celui qui a copié frauduleusement des données informatiques qui ne lui appartiennent pas.

Le texte d'incrimination de l'abus de confiance vise, au titre de l'objet du détournement, « *un bien quelconque* »[1119]. S'appuyant sur cette formule très large, la Cour de Cassation française a admis qu'elle recouvrait non seulement les choses corporelles, mais aussi les choses incorporelles, qu'il s'agisse par exemple du numéro d'une carte bancaire[1120], d'une connexion internet à un site pornographique[1121], d'un projet industriel, en l'occurrence un projet de borne informatique[1122] ou encore des informations relatives à la clientèle d'une entreprise. [1123]

Par ailleurs, du point de vue de la technique législative, dans la plupart des textes prévoyant les infractions de droit commun (vol, escroquerie, abus de confiance, recel, etc.), le législateur ne procède pas à une description précise des moyens utilisés par les délinquants pour commettre leurs méfaits. Tout au plus, érige-t-il certains moyens spécifiques en circonstances aggravantes (l'usage de fausses clés, la nuit, le port d'armes, l'appel public à l'épargne, etc.).

[1118] M. HEIDGGER, *Qu'est-ce qu'une chose* ?, Fribourg-en-Brisgau, traduction française, éd. Tél, 1988, p. 17 ; P. CORLAY, « Réflexions sur les récentes controverses relatives au domaine et à la définition du vol », *JCP* 1984, I. 3160, n° 13 ; S. JACOPIN, « Le début d'une évolution sur la nature de la chose susceptible d'appropriation frauduleuse », *Dr. pén.* avril 2001, p. 6 ; D. CIOLINO-BERG, « Vol d'information sur internet », *Comm. com. électr.* novembre 2003, p. 22.

[1119] V. art. 383 du CP.

[1120] Cass. crim., 14 nov. 2000, n° 99-84.522, *JurisData* n° 2000-007519 ; *Bull. crim.*, n° 338 ; *Dr. pén.* 2001, comm. 28, obs. M. Véron ; *D.* 2001, p. 1423, note B. de Lamy.

[1121] Cass. crim., 19 mai 2004, n° 03-83.95, *JurisData* n° 2004-024120 ; *Bull. crim.*, n° 126 ; *D.* 2004, p. 2748, obs. B. de Lamy ; *Dr. pén.* 2004, comm. 129, obs. M. Véron.

[1122] Cass. crim., 22 sept. 2004, n° 04-80.285, *JurisData* n° 2004-025176 ; *Bull. crim.*, n° 218 ; *Dr. pén.* 2004, comm. 179, obs. M. Véron ; *JCP* G 2005, II, 10 034, note A. Mendoza-Caminade ; *D.* 2005, p. 411, note B. de Lamy.

[1123] Cass. crim., 16 nov. 2011, n° 10-87.866, *JurisData* n° 2011-025156 ; *D.* 2012, p. 137, note G. Beaussonie ; *Dr. pén.* 2012, comm. 1, obs. M. Véron.

En raison du principe de la neutralité technologique qui permet « *de subsumer [les technologies informatiques] sous des règles qui lui préexistaient et dont la portée le dépasse*»[1124], la mise en œuvre et l'utilisation des nouveaux moyens résultant des TIC ne perturbent pas sensiblement l'opération de qualification pénale. En effet, en la matière, « *dès lors que les termes de l'incrimination générale ne sont pas définis de façon trop étroite, elle pourra s'appliquer sans que la modalité technique de sa réalisation y fasse obstacle* ».[1125]

Par une interprétation téléologique, les tribunaux répressifs ont eu la possibilité d'adapter certains textes pénaux à la spécificité du moyen électronique utilisé. À titre d'exemple, l'infraction d'escroquerie est une illustration parfaite de l'applicabilité du droit pénal commun des atteintes aux biens à l'environnement numérique[1126].

Malgré la nouveauté du moyen technologique utilisé, les juges sénégalais ont, à plusieurs reprises, eu l'occasion de sanctionner des faits d'escroquerie en ligne sous la qualification d'escroquerie de droit commun[1127]. Les manœuvres frauduleuses permettant de réaliser l'escroquerie en ligne constituent, en effet, une catégorie suffisamment accueillante pour appréhender les artifices déployés par les cybercriminels sur les réseaux destinés à tromper la victime.

C. La prohibition de principe de l'analogie

299. Refus de l'analogie défavorable. La jurisprudence refuse d'admettre que les textes d'incrimination soient l'objet d'interprétations extensives par la voie du raisonnement analogique. Permettre au juge de raisonner par analogie, c'est donc lui reconnaître le pouvoir de créer des

---

[1124] A. LEPAGE, «Internet : un nouvel espace de délinquance », *Act. jur. pén.*, n° 06, juin 2005, Dossier, p. 219)

[1125] D. CHILSTEIN, « Les nouveaux défis du droit pénal : incriminations générales et spéciales à l'épreuve de l'économie numérique », in J. ROCHFELD (dir), *Les nouveaux défis du commerce électronique*, Paris, LGDJ, 2010, p. 168.

[1126] En ce sens, P. A. TOURÉ, *Le traitement de la cybercriminalité devant le juge : l'exemple du Sénégal*, Paris, l'Harmattan, 2010, n° 242 et s.

[1127] TGIHC Dakar, 15 mai 2007, *inédit* ; dans le même sens, TGIHC Dakar, n° 3927 du 05 septembre 2006, affaire Ag. A. et autres, *inédit* ; TGIHC Dakar, n° 197 du 22 février 2011, affaire A. Alberto, *inédit* ; B. YAGUE, « Un cas typique de cybercriminalité », in *Informatique et libertés, quel cadre juridique pour le Sénégal ?, Séminaire, Actes, Dakar, 29 et 30 août 2005*, p. 143 et s. ; M. FALL, « Trafic, blanchiment, escroquerie, piratages de cartes de crédit sur internet : la D.I.C démantèle un réseau » : http: // www.osiris.sn/rubrique180.html.

infractions. L'histoire et le droit comparé révèlent qu'un tel pouvoir est souvent admis dans les États totalitaires, dans le seul dessein d'assurer la permanence de l'ordre établi.

La jurisprudence considère qu'il n'est pas possible de retenir le délit de vol contre l'individu utilisant un décodeur pirate pour capter des émissions télévisées[1128], ni d'étendre l'incrimination d'abus de confiance à la violation frauduleuse de contrats autres que ceux visés par l'article 408 de l'ancien Code pénal français[1129]. Ainsi, la Cour d'Appel de Dakar a considéré, dans un arrêt rendu le 8 avril 2013, que le non-respect d'un engagement pris en vertu d'un contrat de partenariat ne saurait constituer le délit d'abus de confiance, dès lors que ce contrat ne fait pas partie de la liste des contrats limitativement énumérés par l'article 383 du CP[1130].

Dans l'affaire Mamadou MBODJ jugée le 27 avril 1981[1131], la Cour d'Appel de Dakar a eu l'occasion de rejeter sans réserve la règle de l'interprétation par analogie des textes d'incrimination. On peut lire sous la plume de la juridiction d'appel que le juge pénal en raison du principe de l'interprétation stricte de la loi pénale doit nécessairement veiller à ce qu'il ait un rapport de conformité entre la loi et les agissements qui lui sont soumis. Le juge répressif *« ne peut raisonner par analogie ou juger en dehors du mobile légal, car la légalité juridique qui n'est, ni la compatibilité, ni la contradiction, l'oblige à respecter les règles d'incrimination et de pénalité (...)l'inverse aboutit nécessairement à inventer des infractions sans élément légal, la mission du juge devenant alors une menace terrible pour les libertés publiques ».*

La Cour d'appel a, en conséquence, estimé que le simple fait pour des personnes de circuler dans la Ville de Touba en état d'ébriété manifeste ne saurait caractériser le délit de profanation de lieu de culte prévu par l'article 232 du CP, puisque la cité de Touba, sanctifiée par son illustre fondateur, ne constitue pas dans l'intégralité de son territoire un lieu de culte.

1128 CA Paris, 24 juin 1987, *G.P.*, 1987.2.512, note Marchi, *RSC*, 1987.21 l, obs. Bouzat. La loi 10 juill. 1987, complétant la loi du 30 sept. 1986 relative à la liberté de communication, a prévu spécialement la captation frauduleuse d'émissions télévisées.

1129 Crim., 29 juill. 1905, *D.*, 1907.1.55; crim. 25 fév. 1916, *Bull. crim.*, n° 50.

1130 CA Dakar ch. corr., n° 499 du 08 avril 2013, MP et B. D. rep. la soc. B. Expl. c/ M. T., *inédit*.

1131 CA Dakar, n° 289 du 27 avril 1981, MP c/ M. MB. *inédit*.

Dans un arrêt rendu le 21 décembre 1983, la Cour suprême a rejeté le pourvoi formé contre l'arrêt de la Cour d'appel au motif qu'en décidant que les faits relevés contre les prévenus ne constituent pas le délit de profanation de lieu de culte, elle a fait une exacte application de la loi[1132].

Un arrêt de la chambre criminelle de la Cour suprême du 7 février 2013 a énoncé qu'en raison du principe de l'interprétation stricte « *on ne peut sanctionner une omission par une nullité alors qu'aucun texte ne le prévoit* »[1133].

De même, en raison du caractère limitatif du libellé du texte d'incrimination de l'abandon de famille, la Cour de Cassation française a estimé qu'elle ne protège que les enfants légitimes et non les enfants naturels[1134].

Dans la célèbre affaire dite de « *la séquestrée de Poitiers* », le prévenu avait laissé sa sœur pendant plusieurs années cloîtrée dans une chambre sans air et sans lumière. Les magistrats avaient refusé d'assimiler cette abstention coupable à des violences, celles-ci supposant un comportement positif [1135].

Il arrive que le progrès technique suscite l'apparition de formes inédites de criminalité auxquelles les textes répressifs ne sont pas adaptés. À cet égard, la jurisprudence, refusant toute analogie, renvoie le législateur à ses responsabilités.

La Cour de Cassation française a ainsi considéré, dans l'arrêt Lafont rendu le 24 novembre 1983[1136], que les faits relatifs à l'utilisation abusive d'un distributeur de billets de banque s'analysent en « *en l'inobservation d'une obligation contractuelle et n'entrent dans les prévisions d'aucun texte répressif* »[1137].

1132 CS n° 59 du 21 décembre 1983, PG/ CS c/ M. MB., *inédit*.

1133 CS ch. crim. n° 22 du 7 février 2013, M. ND., SGBS et A. O. D. c/ et M. A. D., *inédit*.

1134 Crim. 28 mars 1984, *Bull. crim.*, n° 132 *RSC*, 1984. 742. obs. Levasseur.

1135 CA Poitiers 20 nov. 1901, *D.*, 1902, II, 81, note Le Poitevin ; *S.*, 1902, II, 305, note Hémard.

1136 Cass. crim. 24 novembre 1983, *affaire Lafont*, *Bull. crim.*, n° 315, p. 810 ; *D.* 1984, p. 465, note Lucas de Leyssac.

1137 Sur cet arrêt, V. SOUSI-ROUBI, « Le retrait abusif de fonds d'un distributeur automatique de billets : de l'impunité à la sanction », *Gaz. pal.* 1984, 2, 570 ; J. LARGUIER, « L'abus de distributeur de billets par le titulaire d'un compte insuffisamment approvisionné ne peut-il être pénalement incriminé ? », *JCP* 1982. I. 3061 ; M. CABRILLAC et B. TEYSSIE, « Carte de prélèvement auprès d'un distributeur automatique. Irresponsabilité pénale du titulaire qui l'utilise au-delà des possibilités du compte », *RTD. com.*, 1981, p. 334.

Au Sénégal, la Cour suprême a jugé, dans un arrêt rendu le 20 mai 1981[1138], que les dispositions pénales ne peuvent être étendues et doivent être interprétées restrictivement. Dès lors, les prescriptions de l'ancienne loi du 17 juin 1964, qui opérait en matière d'abus de confiance un renversement de la charge de la preuve, ne peuvent être étendues à un autre cas que cette loi ne prévoyait pas, notamment en matière de détournement de deniers publics[1139].

300. Analogie *in favorem* dans les lois pénales de fond. Le principe de l'interprétation stricte de la loi pénale prohibe l'analogie *in malam partem*, c'est-à-dire en défaveur de l'agent pénal. L'analogie est admise dans l'intérêt du prévenu (analogie *in favorem)*. Conçue comme une protection de la liberté individuelle, la prohibition de l'interprétation analogique n'a plus lieu d'être lorsqu'elle est favorable à la personne poursuivie. Il n'y a donc aucune atteinte au principe de l'interprétation stricte dans le fait d'étendre le champ d'une cause d'irresponsabilité, d'une immunité ou encore d'une exemption de peine. Plusieurs exemples, tirés de l'interprétation des dispositions du Code pénal, peuvent illustrer cette règle. Ainsi, l'article 316 du CP ne prévoit le fait justificatif de la légitime défense qu'en cas d'homicide ou de coups et blessures.

Mais les tribunaux ont admis que ce texte pouvait s'appliquer à n'importe quelle infraction, par exemple à un bris de clôture ainsi qu'aux contraventions, pourtant non visées par le texte.

Pareillement, l'article 50 du CP, qui déclare irresponsable le dément, est prévu que pour les crimes et les délits, mais la jurisprudence l'a toujours étendu sans difficulté aux contraventions[1140].

Néanmoins, la jurisprudence sénégalaise ne se conforme pas toujours au principe de l'analogie *in favorem* en droit pénal de fond, puisqu'elle refuse d'étendre l'immunité familiale à des infractions autres que le vol. En effet, la Cour d'Appel de Saint-Louis a considéré, dans un arrêt rendu le 14 novembre

---

[1138] CS du 20 mai 1981, Moctar DIOP c/ MP, *inédit.*

[1139] V. FALL (Nd.), « Les infractions de détournement (s), soustraction (s) et escroquerie (s) portant sur des biens publics ou privés commis par les agents publics ou de détournement (s), soustraction (s) et escroquerie (s) portant sur des biens publics commis par quiconque », *La Balance, Journal de l'Union des Magistrats sénégalais*, août 2002, p. 16.

[1140] Cass. crim., 13 mars 1863, *DP* 1863, 1, p. 367.

2012[1141], « *que l'immunité familiale est exclusivement cantonnée au vol entre époux et les termes utilisés par le législateur, notamment les soustractions, sont assez illustratifs ; Qu'en vertu du principe de l'interprétation stricte des dispositions pénales, l'extension de l'immunité familiale prévue par l'article 365 du CP à l'abus de confiance ne peut être acceptée par le droit positif sénégalais* ».

La Cour suprême va dans le même sens, puisque, dans son arrêt rendu le 16 décembre 2008, elle a énoncé que « *l'immunité familiale consacrée par l'article 365 du CP s'applique uniquement au délit de vol* »[1142]. La Cour d'Appel de Dakar a également jugé, dans un arrêt du 26 février 2003, que « *l'immunité familiale n'existe pas en matière d'abus de confiance* »[1143].

301. Interprétation analogique des lois de procédure pénale. Les lois de procédure pénale tendent à la bonne administration de la justice et à la protection des droits des parties (droits de la défense, loyauté de la preuve, etc.). Il apparaît normal d'utiliser à leur égard le raisonnement par analogie lorsque, permettant d'obtenir une meilleure justice, il ne nuit pas aux intérêts de la personne poursuivie[1144].

Ainsi, sous la réserve qui précède, l'interprétation large a toujours été autorisée en matière procédurale. La jurisprudence offre de multiples exemples de cette méthode d'interprétation. Par exemple, l'obligation pour l'expert de prêter serment avant l'accomplissement de sa mission, prévue seulement pour le cas de crime flagrant, avait été étendue à toutes les expertises[1145].

Mais la chambre criminelle repousse quelquefois l'analogie en matière procédurale. Elle a refusé d'étendre à l'enquête de police l'interdiction des

---

1141 CA Saint-Louis ch. corr., n° 148 du 14 novembre 2012, MP et S. G. c/ S. C., *inédit* ; également, CA Saint-Louis ch. corr., n° 32 du 25 janvier 2012, MP et A. B. C. c/ Adj. M. F G. K., *inédit*.

1142 C ch. crim. n° 15 du 16 décembre 2008, I. B. et autres c/ MP et Kh. D., *inédit*.

1143 CA Dakar ch. corr., n° 142 du 26 février 2003, MP et A. ND. c/ A. ND., *inédit* ; contra, CA Dakar ch. corr., n° 917 du 22 juin 2015, MP et A. D. c/I. S., *inédit* : l'immunité familiale prévue par l'article 365 CP est « *valable non pas seulement pour le vol, mais aussi pour les autres infractions portant sur les biens* ».

1144 R. MERLE et A. VITU, *op. cit.*, n° 180.

1145 Cass. ch. réunies, 22 avr. 1869, *Bull. crim.*, n° 91 ; W. JEANDIDIER et J. BELOT, *Les grandes décisions de la jurisprudence, Procédure pénale*, Paris, PUF 1986, n° 5.

inculpations tardives[1146]. Aussi, un arrêt de la Cour suprême du 29 avril 1987[1147] a jugé qu'en matière pénale, le mécanisme de l'exécution provisoire n'est pas soumis aux conditions énumérées par l'article 86 du CPC (demande préalable, urgence et péril en la demeure)[1148]. En conséquence, la condition de l'urgence prévue par l'article 86 du CPC, n'est pas exigée en matière pénale, la loi pénale étant d'interprétation stricte.

Dans le même sens, la Cour d'Appel de Dakar a énoncé, dans un arrêt rendu le 20 avril 2012, que « *la loi pénale est d'interprétation stricte et qu'il ne ressort pas de l'article 451 du CPP qui traite de l'exécution provisoire l'exigence d'une condition d'urgence ou de péril* ». Ainsi, précise la cour, en vertu du principe de l'autonomie de la procédure pénale, les dispositions du droit civil n'ont pas vocation à s'appliquer en la matière[1149].

Par ailleurs, il a été jugé que l'article 1er du CPC exclut l'application en matière pénale des dispositions de ce code. Ainsi, n'est pas applicable en cette matière, les dispositions du Code de procédure civile relatives aux défenses à exécution provisoire que peut obtenir l'appelant devant la juridiction civile et qui ne font pas partie des règles auxquelles l'article 10 du CPP soumet l'action civile[1150]. Ainsi à la faveur de l'adoption de la loi n° 85-25 du 27 février 1985 modifiant le Code de procédure pénale, le législateur a institué la procédure de défense à exécution provisoire en matière pénale[1151].

[1146] Cass. crim., 17 juin 1964, n° 64-91.125, *Bull. crim.*, n° 204 ; *JCP* G 1965, II, 14028, note PC; Cass. crim., 23 août 2005, n° 03-87.719, 04-84.771, 05-83.529; *Jurisdata* n° 2005-029711 ; *Bull. crim.*, n° 209 ; Adde R. MERLE et A. VITU, *Procédure pénale*, Paris, Cujas, 5e éd. 2001, n° 457.

[1147] CS n° 16 du 29 avril 1987, A. D. c/ Coop. des bouch. du Cap Vert, *inédit* ; dans le même sens, CS n° 32 du 18 mai 1974, M. F. et El H. S. F. c/ La cie d'Ass. « L. S. », *inédit* ; ND. FALL, *Le droit pénal africain à travers le système sénégalais*, Dakar, EDJA, 2003, p. 112.

[1148] A. M. LARGUIER, « L'exécution provisoire en matière pénale », *RSC* 1980, p. 587.

[1149] CA Dakar, n° 409 du 20 avril 2012, MP et J. B. M., E. D. c/ P. L., *inédit* ; CA Dakar ch. corr., n° 364 du 13 avril 2012, MP et M. L. et cons. c/ D. S., *inédit* ; CA Dakar ch. corr., n° 94 du 20 janvier 2012, MP et M. D. c/ A. F., *inédit* ; CA Dakar ch. corr., n° 375 du 30 mars 2011, MP et Ch. T. K. c/ M. G. T., *inédit* : « *l'autonomie du droit pénal justifie que seules les dispositions du Code de procédure pénale ont vocation à s'appliquer, notamment ses art. 451 , 482 et suivants ; qu'au regard de ces textes et du principe énoncé, le juge ne peut ajouter là ou la loi pénale n'a pas ajouté ; que les règles civiles ne peuvent y suppléer ; Qu'en matière pénale, en effet, l'exécution provisoire n'est subordonnée, pour être ordonnée, à aucune condition particulière ; qu'ainsi la seule déclaration de culpabilité peut suffire à l'ordonner comme en l'espèce* ».

[1150] CS n° 31 du 29 juillet 1972, J. N'D. et M'B. F. c/ El H. S. F. et M. A., *Rev. sén. dr.* juin 1974, n° 15, p. 133.

[1151] V. art. 482 bis à 482 quater du CPP.

La jurisprudence rejette quelquefois l'interprétation analogique en matière procédurale, surtout lorsqu'elle se traduit par le recours à des textes extrapénaux.

Ainsi, la Chambre d'Accusation de la Cour d'Appel de Dakar interdit l'extension, en matière pénale, de la procédure de distraction d'objets saisis prévue par le droit uniforme de l'OHADA.

Dans son arrêt rendu le 19 août 2014[1152], elle a jugé « *qu'aucune disposition du CPP ne réglemente la distraction d'objets saisis, l'article 89 du CPP institue plutôt une procédure de restitution d'objets saisis ; et les textes en matière pénale étant d'interprétation stricte, le recours à une interprétation par analogie en empruntant aux textes de l'OHADA ne saurait prospérer* ».

Dans un arrêt rendu le 18 décembre 2016[1153], la chambre d'Accusation de la Cour d'Appel de Dakar a jugé que le droit pénal est d'interprétation stricte et que l'article 87 bis du CPP, relatif aux mesures conservatoires sur les biens de l'inculpé, qui sert de base légale à la décision du juge d'instruction, vise sans aucune équivoque les biens appartenant à l'inculpé.

Dès lors, estime la chambre d'accusation, le magistrat instructeur ne saurait ordonner des mesures conservatoires sur un immeuble objet d'un droit au bail étendu aux peines et soins portant sur un titre foncier appartenant à une banque, qui est étrangère à la procédure d'instruction.

SOUS-SECTION III : LE CONTRÔLE DE LA VALIDITÉ DE LA LOI PÉNALE

302. Position du problème. La notion de loi pénale est au cœur de l'étude du droit pénal en général[1154]. Au commencement du droit pénal, il y a la norme.

Principe fondamental de cette branche du droit, le principe de légalité criminelle implique qu'un individu ne peut être poursuivi et condamné que par l'application d'une norme préexistante à l'acte incriminé.

[1152] CA Dakar, ch. acc. n° 196 du 19 août 2014, MP et l'AJE c/A. ND. dite A. et autres, *inédit*.
[1153] CA Dakar, ch. acc. n° 374 du 08 décembre 2016, MP et N. K. et autres c/ A. D., *inédit*.
[1154] J.-P. DOUCET, La loi pénale, 1984, éditions Gazette du Palais.

Mais il convient de préciser ce qu'il faut entendre par « *norme* ». L'expression « *loi pénale* » est souvent entendue au sens formel et restrictif, de texte voté par l'Assemblée nationale.

Mais dans le cadre de cette étude, cette notion a un sens plus large. En effet, en raison de la dualité des sources du droit pénal, certaines incriminations pénales, à savoir les contraventions, figurent dans des textes de nature réglementaire.

Ainsi, la loi pénale peut renvoyer aussi bien à la loi votée par le parlement qu'au règlement adopté par le pouvoir exécutif.

La norme pénale n'est pas une loi comme les autres (loi civile, loi administrative, loi constitutionnelle, loi sociale, etc.). Elle prévoit des interdits et des obligations et limite ainsi nécessairement les libertés.

La loi pénale permet même, par les peines qu'elle édicte, de priver les citoyens de leur liberté ou de certains de leurs droits. C'est pourquoi l'élaboration et l'application par le juge de la loi pénale doivent être entourées de règles assez rigoureuses qui prémunissent les citoyens contre l'arbitraire et les abus de répression.

D'ailleurs, la plupart des règles du droit pénal ont fini par acquérir une valeur supérieure. On assiste de nos jours à un mouvement de constitutionnalisation du droit pénal favorisé par le besoin de protection des libertés individuelles contre les abus de répression[1155].

La norme pénale peut autoriser des atteintes graves aux droits et aux libertés des individus dans le cadre de la répression des infractions dont elle a la charge.

Or, les lois criminelles peuvent comporter des vices ou des irrégularités. Il en est ainsi d'un règlement de police qui est contraire à la loi. On peut également penser à une loi pénale apportant des restrictions aux droits et

---

[1155] L. FAVOREU, « La constitutionnalisation du droit pénal et de la procédure pénale. Vers un droit constitutionnel pénal », *Mélanges A. Vitu*, Paris, Cujas, 1989, p. 169 ; J. LE CALVEZ, « Les principes constitutionnels en droit pénal », *JCP* G 1985, I, 3198 ; D. MAYER, « L'apport du droit constitutionnel au droit pénal en France » *RSC*, 1988, p. 439 ; L. PHILIP, « La constitutionnalisation du droit pénal français », *RSC* 1985, p. 711 ; J. PRADEL (dir.), *Droit constitutionnel et droit pénal*, Paris, Cujas, Travaux de l'Institut de sciences criminelles de Poitiers, t. 21, 2000 ; M. VERPEAUX, « Droit constitutionnel répressif », *Juris-class. adm.* fasc. 1458.

libertés inconciliables avec des principes de valeur constitutionnelle (droit à la marche, droit de grève, liberté d'aller et de venir, etc.).

On peut, dès lors, se demander si les citoyens peuvent obtenir du juge que soit observée la hiérarchie des sources du droit pénal pour éviter qu'un législateur ou un administrateur ne viole délibérément ou involontairement des textes supérieurs. En d'autres termes, les citoyens peuvent-ils demander aux tribunaux d'invalider une norme pénale contraire aux principes fixés par la Constitution ou par la loi ? C'est toute la problématique du contrôle de la norme pénale qui est ainsi posée[1156]. Le droit sénégalais a prévu un contrôle de la constitutionnalité et un contrôle de la légalité de la loi pénale.

PARAGRAPHE PREMIER : LE CONTRÔLE DE LA CONSTITUTIONNALITÉ DE LA NORME PÉNALE

303. Interdiction d'apprécier la constitutionnalité de la loi pénale. En droit positif, la régularité de la loi pénale, c'est-à-dire sa conformité aux principes constitutionnels, ne peut être examinée par les tribunaux chargés de l'appliquer[1157]. Le juge répressif ne peut apprécier la constitutionnalité de la loi pénale[1158].

Cette règle est affirmée par une jurisprudence constante[1159]. Comme l'avait exprimé l'avocat général Voysin de Gartempe dans ses conclusions sur le pourvoi ayant donné lieu à l'arrêt de la chambre criminelle de la Cour de Cassation française du 11 février 1833 : « *le droit des tribunaux se borne à l'application des lois, leur devoir est de les exécuter, fussent-elles mauvaises* ».

La même règle a été réaffirmée par le Conseil d'État français[1160].

Le principe de la séparation des pouvoirs interdit en particulier au juge pénal de s'immiscer dans l'exercice de la fonction législative. On peut trouver une application de ce principe dans les dispositions du Code pénal. En effet, l'article 118 du CP sanctionne sous la qualification de forfaiture punie de la dégradation civique, les procureurs généraux ou procureurs de la

---

1156 L. MAYER, « Vers un contrôle du législateur par le juge pénal ? », *D.* 2001, chron. p. 1636.
1157 G. LHUILIER et E. PLOUVIER, « Le droit pénal et la Constitution », *D.* 2011, p. 1091.
1158 V. RENARD-PAYEN, *Le juge répressif interprète de la Constitution*, in *Études de droit public*, Paris, Cujas, 1964 ; M. MERLE et A. VITU, *op. cit.* n° 198.
1159 Crim. 11 février 1833, S. 1833, I, 357 ; crim. 24 juillet 1946, *Bull. crim.* n° 145.
1160 CE 1er juillet 1960, FNOSS et Fradin, *D.* 1960, 690, concl. Braibant et note l'Huillier.

République ou leurs substituts, les officiers de police, qui se seront immiscés dans l'exercice du pouvoir législatif, soit par des règlements contenant des dispositions législatives, soit en arrêtant ou en suspendant l'exécution d'une ou de plusieurs lois promulguées. Il a été jugé que les textes « *ayant valeur législative s'imposent aux juridictions de l'ordre judiciaire qui ne sont pas juges de leur constitutionnalité* »[1161] ou encore « *qu'il n'appartient pas aux juridictions de l'ordre judiciaire de se prononcer sur la constitutionnalité des traités non plus que de la loi* »[1162].

304. Monopole du Conseil constitutionnel. La Constitution a institué une fonction de contrôle de constitutionnalité permettant de soumettre la loi à un contrôle avant sa promulgation dévolue au Conseil constitutionnel[1163]. Il existe un contrôle par voie d'action, qui constitue un procès dirigé contre la loi pénale et un contrôle par voie d'exception, qui constitue un procès dans un procès.

A. Le contrôle par voie d'action de la loi pénale : le recours en inconstitutionnalité

305. Contrôle obligatoire de constitutionnalité. Au titre de ses compétences contentieuses, le Conseil constitutionnel est le juge de la constitutionnalité des lois[1164]. Aux termes des dispositions de l'article 92, alinéa premier de la Constitution : « *Le Conseil constitutionnel connaît de la constitutionnalité des lois*». La juridiction constitutionnelle se prononce notamment sur la constitutionnalité des lois organiques et des lois

---

[1161] Cass. crim., 26 févr. 1974, *D.* 1974, jurispr. p. 273, Vouin ; *RSC* 1974, p. 855, J. Larguier.

[1162] Cass. crim., 27 févr. 1990, *JurisData* n° 1990-701095 ; *Bull. crim.*, n° 96; Cass. crim., 29 mars 2000, *JurisData* n° 2000-001540 ; *Bull. crim.*, n° 146.

[1163] Sur une définition, V. B. BA, « De la Cour suprême au Conseil constitutionnel : ruptures et continuités », in DIOUF (ND.), *Le Conseil constitutionnel sénégalais dans un contexte d'intégration régionale : passé, présent, devenir, actes du colloque de Dakar, 7 et 8 décembre 2020*, Dakar, l'Harmattan, 2021, p. 45.

[1164] F. MBODJ, « Les compétences du Conseil constitutionnel à l'épreuve des saisines. Quelques remarques sur les pouvoirs du juge constitutionnel au Sénégal », *EDJA*, n° 78, juillet-août-septembre 2008, p. 7 ; I. Y. NDIAYE, «Le Conseil constitutionnel sénégalais », *Les nouveaux Cahiers du Conseil constitutionnel*, 2014/4, n° 45, p. 77 à 103.

ordinaires[1165]. Le contrôle de constitutionnalité des lois favorise ainsi une constitutionnalisation du droit pénal[1166].

Le Conseil constitutionnel exerce un contrôle obligatoire sur certaines normes. La Constitution du 22 janvier 2001 n'avait pas prévu un système de contrôle obligatoire de constitutionnalité des lois organiques[1167].

La réforme introduite par la loi constitutionnelle n° 2016-10 du 05 avril 2016 portant révision de la Constitution[1168] a procédé à la réintroduction du contrôle obligatoire de constitutionnalité des lois organiques, avant leur promulgation. En effet, l'article 78, alinéa 2 de la Constitution modifiée énonce que les lois organiques « *ne peuvent être promulguées si le Conseil constitutionnel saisi par le Président de la République, ne les a déclarées conformes à la Constitution* ».

Le règlement intérieur de l'Assemblée nationale est également soumis au contrôle obligatoire de constitutionnalité[1169]. Ce document détermine notamment les pouvoirs des parlementaires, la composition, le régime disciplinaire de ses membres, les règles de fonctionnement du bureau ainsi que les prérogatives du Président. De façon générale, il fixe toutes les règles ayant pour objet le fonctionnement de l'assemblée dans le cadre de ses compétences constitutionnelles[1170].

La loi constitutionnelle du 05 avril 2016 a mis un terme au débat sur la nature juridique du règlement intérieur de l'Assemblée nationale. L'article 62 de la Constitution énonce clairement que le règlement intérieur est institué

1165 S. SYLLA, « Le contrôle de la constitutionnalité des lois au Sénégal », *RIPAS*, octobre-décembre 1984, p. 817-888 ; S. PELLE, « Le contrôle de la légalité criminelle par le Conseil constitutionnel », *Rev. pénit.* 2013, p. 265.

1166 L. FAVOREU, « La constitutionnalisation du droit pénal et de la procédure pénale. Vers un droit constitutionnel pénal », *Mélanges A. Vitu,* Paris, Cujas, 1989, p. 169 ; J. LE CALVEZ, « Les principes constitutionnels en droit pénal », *JCP* G 1985, I, 3198 ; D. MAYER, « L'apport du droit constitutionnel au droit pénal en France », *RSC*, 1988, p. 439 ; L. PHILIP, « La constitutionnalisation du droit pénal français », *RSC* 1985, p. 711 ; J. PRADEL, (dir.), *Droit constitutionnel et droit pénal*, Paris, Cujas, Travaux de l'Institut de sciences criminelles de Poitiers, t. 21, 2000.

1167 En ce sens, EL. H. O. DIOP, *La justice constitutionnelle au Sénégal. Essai sur l'évolution, les enjeux et les réformes d'un contre-pouvoir juridictionnel*, Dakar, CREDILA/OVIPA, 2013, p. 174 ; A. NDIAYE, obs. sous Cons. const. n° 09/93 22 avril 1993, in I. M. FALL, *Les décisions et avis du Conseil constitutionnel du Sénégal*, Dakar, CREDILA, 2008, p. 71 et s.; F. MBODJ, obs. sous Cons. const. n° 13/94 23 juin 1994, op. cit., p. 107 et s.

1168 JORS n° 6926 du jeudi 07 avril 2016, p. 505.

1169 V. art. 78 de la Constitution.

1170 V. art. 62 de la Constitution.

par une loi organique. Il fait, dès lors, l'objet d'un contrôle obligatoire de constitutionnalité[1171].

306. Contrôle facultatif de constitutionnalité. Le contrôle facultatif de constitutionnalité concerne les lois ordinaires. Il vise à garantir la suprématie de la loi fondamentale de l'État (Constitution). Ce type de contrôle est prévu par l'article 92 de la Constitution et par l'article 1er de la loi organique n° 2016 du 14 juillet 2016 relative au Conseil Constitutionnel. Selon ces textes, le Conseil constitutionnel se prononce sur la constitutionnalité des lois.

Le Conseil constitutionnel peut être saisi d'un recours visant à faire déclarer une loi inconstitutionnelle par le Président de la République dans les six (6) jours francs qui suivent la transmission à lui faite de la loi définitivement adoptée, par un nombre de députés au moins égal au dixième des membres de l'Assemblée nationale, dans les six (6) jours francs qui suivent son adoption définitive[1172].

En tout état de cause, le Président de la République ne peut promulguer la loi définitivement adoptée qu'après l'expiration des délais de recours en inconstitutionnalité. Il résulte de l'article 72 de la Constitution que le Président de la République promulgue les lois définitivement adoptées dans les huit (8) jours francs qui suivent l'expiration des délais de recours en inconstitutionnalité.

Si la juridiction constitutionnelle relève dans la loi contestée soumise à son examen, une violation de la Constitution, qui n'a pas été invoquée, il doit la soulever d'office. Le moyen tiré de la violation d'une disposition constitutionnelle par la loi est d'ordre public.

Le juge constitutionnel se prononce dans un délai d'un mois à compter du recours ; ce délai est ramené à huit (8) jours francs lorsque le Gouvernement en déclare l'urgence[1173]. Le délai de huit (8) jours prévu pour la promulgation

---

[1171] P. A. TOURÉ, *La réforme de l'organisation judiciaire du Sénégal commentée et annotée*, Paris, l'Harmattan, 2016, n° 145 ; P. A. TOURÉ, « La réforme de l'organisation judiciaire du Sénégal : évolution ou révolution judiciaire ? », *La Balance, Revue semestrielle de l'Union des Magistrats sénégalais*, n° 01, janvier-juin 2017, p. 34 et s.

[1172] V. art. 74 de la Constitution.

[1173] V. art. 17 de la loi organique relative au Conseil constitutionnel.

de la loi est suspendu jusqu'à l'issue de la décision du Conseil constitutionnel déclarant ladite loi conforme à la Constitution[1174].

La publication de la décision du Conseil constitutionnel constatant qu'une disposition n'est pas contraire à la Constitution met fin à la suspension du délai de promulgation de la loi[1175].

Lorsque le Conseil constitutionnel déclare que la loi dont il est saisi contient une disposition contraire à la Constitution, inséparable de l'ensemble de cette loi, celle-ci ne peut être promulguée[1176].

Dans le cas où le Conseil constitutionnel déclare que la loi dont il est saisi contient une disposition contraire à la Constitution en constatant qu'elle est détachable de l'ensemble de cette loi, ladite loi peut être promulguée à l'exception de cette disposition, à moins qu'une nouvelle lecture n'en soit demandée[1177].

B. Le contrôle par voie d'exception de la loi pénale : l'exception d'inconstitutionnalité

307. Mécanisme de l'exception d'inconstitutionnalité. Le Conseil constitutionnel dispose d'une compétence essentielle consistant à apprécier, par la voie de l'exception d'inconstitutionnalité, la conformité à la Constitution des lois pénales déjà promulguées à l'occasion d'un procès[1178].

À l'image de l'exception d'illégalité, l'exception d'inconstitutionnalité est un moyen incident soulevé au cours d'un procès tendant à obtenir la

---

[1174] V. art. 75 de la Constitution.

[1175] V. art.18 de la loi organique n° 2016-du 14 juillet 2016 relative au Conseil constitutionnel.

[1176] V. art.19 de la loi organique n° 2016-du 14 juillet 2016 relative au Conseil constitutionnel.

[1177] V. art.20 de la loi organique n° 2016-du 14 juillet 2016 relative au Conseil constitutionnel.

[1178] En ce sens, EL. H. O. DIOP, *La justice constitutionnelle au Sénégal. Essai sur l'évolution, les enjeux et les réformes d'un contre-pouvoir juridictionnel*, Dakar, CREDILA/OVIPA, 2013, p. 189 ; I. M. FALL, *Évolution constitutionnelle du Sénégal de la veille de l'indépendance aux élections de 2007,* Dakar-Paris, CREDILA-CREPOS, 2007, p. 74 ; A. DIÈYE, « Le contrôle de constitutionnalité des lois : quelles pratiques », in I. M. FALL (dir.), *Théorie et contentieux constitutionnels en Afrique, Mélanges en l'honneur du Professeur El Hadji Mbodj*, Dakar, l'Harmattan 2022, p. 857 et s. ; A. KH. DIOP, « La particularité de l'exception d'inconstitutionnalité sénégalaise : une analyse à la lumière du contentieux de l'exception d'inconstitutionnalité en Afrique francophone », in I. M. FALL (dir.), *Théorie et contentieux constitutionnels en Afrique, Mélanges en l'honneur du Professeur El Hadji Mbodj*, Dakar, l'Harmattan 2022, p. 897 et s.

neutralisation d'un acte législatif non conforme à la Constitution, c'est-à-dire à en écarter l'application dans le cadre du procès[1179].

Contrairement au recours en inconstitutionnalité, qui est un procès dirigé à titre principal contre un acte législatif, l'exception d'inconstitutionnalité est un procès dans un procès[1180]. Il s'agit d'un contrôle *a posteriori* de constitutionnalité des lois « *qui marque un progrès important pour l'État de droit* »[1181].

L'exception d'inconstitutionnalité est, en effet, considérée comme un instrument de protection des droits fondamentaux et de renforcement de l'État de droit[1182].

Contrairement à ce que l'on pourrait penser, elle ne constitue pas techniquement une exception de procédure, il s'agit plutôt d'un moyen de fond.

La Cour suprême du Sénégal l'a clairement affirmé, dans un arrêt du 26 septembre 2013. La haute juridiction a énoncé que «*l'exception d'inconstitutionnalité n'est pas une exception de procédure, mais un moyen de fond visant à établir le défaut de base légale de l'acte attaqué qui se fonde sur un texte de loi dont la constitutionnalité est contestée ; qu'ainsi l'ordre dans lequel il est présenté n'a aucune incidence sur sa recevabilité* »[1183].

1179 Sur une définition, V. B. BA, « Présentation de l'exception d'inconstitutionnalité : lé dénouement », in DIOUF (ND.), *Le Conseil constitutionnel sénégalais dans un contexte d'intégration régionale : passé, présent, devenir, actes du colloque de Dakar, 7 et 8 décembre 2020*, Dakar, l'Harmattan, 2021, p. 58.

1180 Sur l'exception d'inconstitutionnalité, J.-H. STAHL, « La longue marche de l'exception d'inconstitutionnalité », in *Mélanges en l'honneur du Président Bruno Genevois*, Paris, Dalloz, 2008, p. 993 ; P. DEVELVE, « Sur l'introduction de l'exception d'inconstitutionnalité contre la loi en droit français », *Commentaire* 1986/3, n° 35, p. 418-420 ; P. MAZEAUD, « L'exception d'inconstitutionnalité », *D.* 2008, p. 64 ; J. RIVERO, « Sur l'exception d'inconstitutionnalité », *Commentaire* 1986/4 (numéro 36), p. 704-705 ; WANDA YENG SENG, « Le contrôle des lois promulguées dans la jurisprudence du Conseil constitutionnel, un mystère en voie de dissipation ?», *RFDC* 2005/1 (n° 61), p. 35-71 ; D. TURTIN, « L'admission de l'exception d'inconstitutionnalité est souhaitable et possible », *Commentaire* 1986/4, n° 36, p. 705-708 ; R. DRAGO, «L'exception d'inconstitutionnalité », *Commentaire* 1986/3, n° 35, p. 420-421.

1181 P.M. SY, *Le développement de la justice constitutionnelle en Afrique noire francophone : les exemples du Bénin, du Gabon et du Sénégal,* Thèse Doctorat Dakar, 1998.

1182 F. LUCHAIRE, « La protection des droits de l'homme par l'exception d'inconstitutionnalité », *Commentaire* 1991/3, n° 55, p. 483-490.

1183 CS n° 50 du 26 septembre 2013, Ch. T. S. et autres c/ État du Sénégal, *inédit*.

308. Exception d'inconstitutionnalité devant la Cour suprême. L'article 92 de la Constitution a reconnu au Conseil constitutionnel une compétence pour apprécier, par la voie de l'exception d'inconstitutionnalité, la conformité à la Constitution des lois déjà promulguées à l'occasion d'un procès devant la Cour suprême. Les citoyens peuvent ainsi obtenir l'application des garanties fondamentales reconnues par la Constitution, même après l'entrée en vigueur des actes législatifs.

Il résulte de ce texte que l'exception d'inconstitutionnalité ne pouvait être soulevée que dans le cadre d'un procès soumis à la Cour suprême. Elle ne pouvait être invoquée devant les juridictions de base (Cour d'appel, tribunal de grande instance et tribunal d'instance, tribunal de commerce, tribunal du travail). Cette restriction était légitimée par le souci d'éviter l'encombrement du prétoire du juge constitutionnel ainsi que les recours fantaisistes[1184].

Le Conseil constitutionnel a jugé, à plusieurs reprises, que le Conseil d'État et la Cour de Cassation, devaient se prononcer, avant toute saisine du Conseil constitutionnel, sur leur compétence et sur la recevabilité du pourvoi ou la déchéance, tout examen de la solution du litige leur étant subordonné[1185].

La Cour de Cassation a déjà eu l'occasion de juger, dans l'arrêt Demba MBAYE rendu le 17 janvier 1995[1186], que lorsque la solution du litige est subordonnée à l'appréciation par le Conseil constitutionnel de la conformité

1184 EL. H. O. DIOP, *La justice constitutionnelle au Sénégal. Essai sur l'évolution, les enjeux et les réformes d'un contre-pouvoir juridictionnel*, Dakar, CREDILA/OVIPA, 2013, p. 194.

1185 Cons. const. n° 16/95 du 13 février 1995, in I. M. FALL (dir), *Les décisions et avis du Conseil constitutionnel au Sénégal,* Dakar, CREDILA, 2008, p. 121 ; Cons. const. n° 17/95 du 13 février 1995, in I. M. FALL (dir), op. cit., p. 125. Selon le juge constitutionnel, un pourvoi non purgé de toutes fins de non-recevoir ou simplement fantaisistes ne saurait servir de prétexte pour saisir le Conseil constitutionnel d'une exception d'inconstitutionnalité. Ainsi, le Conseil constitutionnel ne peut être saisi que de recours recevables devant la Cour de Cassation ou le Conseil d'État. Sur cette question, EL. H. O. DIOP, op.cit., 2013, p. 194-195 ; dans le même sens, CS ch. crim. n° 30 du 19 avril 2023, O. S. c/MP et A. S., *inédit* : « *Attendu qu'il résulte d'une jurisprudence ferme du Conseil constitutionnel que la purge préalable des fins de non-recevoir pouvant entacher les recours dont sont saisies les cours d'appel et la Cour suprême, constitue une condition sine qua non de la saisine du Conseil de l'execption, ce pour éviter, selon les termes mêmes de celui-ci , un détournement de procédure l'obligeant à se prononcer alors que le recours ayant généré l'exception objet de sa saisine serait improductif parce qu'étant irrecevable* ».

1186 C. cass. pén. n° 2 du 17 janvier 1995, Caiss. de Péréq. c/ MP, in *Recueil des arrêts de la Cour de Cassation.* Années judiciaires : 1993-1998, Paris, édition Giraf, 2001, p. 90.

à la Constitution de l'article 140 du CPP, elle doit surseoir à statuer et renvoyer l'affaire devant le Conseil constitutionnel.

309. Décentralisation de l'exception d'inconstitutionnalité. Mais depuis son institution par la réforme de 1992, le bilan du mécanisme de l'exception d'inconstitutionnalité était encore très modeste[1187].

Prenant en compte la maturité démocratique et le renforcement du système démocratique du Sénégal, la réforme introduite par la loi constitutionnelle n° 2016-10 du 05 avril 2016 portant révision de la Constitution[1188] a consacré un élargissement des compétences du Conseil constitutionnel en matière d'exception d'inconstitutionnalité[1189].

En vertu de l'article 92 de la Constitution modifiée, le Conseil constitutionnel connaît « *des exceptions d'inconstitutionnalité soulevées devant la Cour d'appel ou la Cour suprême*»[1190]. Ce texte constitutionnel est précisé par l'article 22 de la loi organique n° 2016 du 14 juillet 2016 relative au Conseil Constitutionnel.

Selon ce texte : « *Lorsque la solution d'un litige porté devant la cour d'appel ou la Cour suprême est subordonnée à l'appréciation de la conformité des dispositions d'une loi ou des stipulations d'un accord international à la Constitution, la juridiction saisit obligatoirement le Conseil constitutionnel de l'exception d'inconstitutionnalité ainsi soulevée et sursoit à statuer jusqu'à ce que le Conseil constitutionnel se soit prononcé* ».

Devant la cour d'appel, l'exception d'inconstitutionnalité est une question préjudicielle[1191] ; c'est-à-dire que lorsque la question de constitutionnalité

[1187] I. Y. NDIAYE, « L'exception d'inconstitutionnalité et la question prioritaire de constitutionnalité. Étude comparative des droits sénégalais et français », *Communication au Séminaire interne sur le fonctionnement du Conseil constitutionnel,* 09-07 septembre 2011, Méridien Président, Dakar, p. 10 ; EL. H. O. DIOP, op. cit., 2013, p. 195.

[1188] JORS n° 6926 du jeudi 07 avril 2016, p. 505.

[1189] I. M. FALL, « La réforme constitutionnelle de mars 2016 : un hommage à l'œuvre du professeur Kanté » », in A. SALL et I. M. FALL (dir.), *Actualités du droit public et de la science politique en Afrique, Mélanges en l'honneur de Babacar KANTE,* Dakar, l'Harmattan, 2017, p. 152 et s. ; I. M. FALL, *La réforme constitutionnelle du 20 mars 2016 au Sénégal. La révision consolidante record,* Dakar, l'Harmattan, 2017, p. 127.

[1190] Sur cette question, P. A. TOURÉ, *La réforme de l'organisation judiciaire du Sénégal commentée et annotée,* Paris, l'Harmattan, 2016, p. 183 ; P. A. TOURÉ, « La réforme de l'organisation judiciaire du Sénégal : évolution ou révolution judiciaire ? », *La Balance, Revue semestrielle de l'Union des Magistrats sénégalais*, n° 01, janvier-juin 2017, p. 34.

[1191] Y. MENY, « Pour la question préjudicielle », *Commentaire* 1986/4 (numéro 36), p. 699-702.

soulevée devant le juge d'appel a un lien avec la solution du litige, il doit surseoir à statuer et saisir le Conseil constitutionnel de l'exception d'inconstitutionnalité.

Avec la modification constitutionnelle de 2016, dès l'instance en appel, les justiciables pourront soulever, au cours du procès, la non-conformité d'une disposition législative à la Constitution. La possibilité donnée aux justiciables de soulever l'exception d'inconstitutionnalité devant la cour d'appel contribuera à consolider la protection des libertés individuelles[1192].

Néanmoins, la modification de la Constitution, en ouvrant une possibilité de soulever l'exception d'inconstitutionnalité devant « *la cour d'appel»,* limite en même temps la portée de la protection des justiciables. En effet, cette exception ne pourra être invoquée devant le tribunal d'instance ou le tribunal de grande instance, même statuant en tant que juridiction d'appel. Cette réforme aurait été plus « *consolidante* » si elle avait habilité la juridiction constitutionnelle à statuer sur toutes les exceptions d'inconstitutionnalité soulevée devant la Cour suprême ou devant une juridiction d'appel, qu'il s'agisse de la cour d'appel ou du tribunal de grande instance statuant comme juge d'appel. Il en est ainsi par exemple, lorsque le tribunal de grande instance statue en appel des décisions rendues par le tribunal d'instance en matière de divorce.

Dans l'affaire Khalifa Ababacar SALL jugée le 16 mai 2017[1193], la Chambre d'Accusation de la Cour d'Appel de Dakar a eu l'occasion d'apprécier, pour la première fois, à notre connaissance, une exception d'inconstitutionnalité soulevée au cours d'une instance en annulation de la procédure pénale dirigée contre l'ex-Maire de Dakar. La cour d'appel a estimé que l'exception d'inconstitutionnalité peut bien être soulevée à l'occasion des litiges relevant de la compétence de la chambre d'accusation.

Selon la cour, bien que disposant d'une compétence spécifique, la chambre d'accusation n'en est pas moins une formation de la cour d'appel. Elle a jugé que la non-conformité du statut des inspecteurs généraux d'État à la Constitution alléguée n'a aucune incidence sur l'issue de la demande en

---

1192 M. DUVERGER, « L'exception d'inconstitutionnalité devant les tribunaux ordinaires », *Commentaire* 1986/3 (numéro 35), p. 413-414.

1193 CA Dakar, ch. acc. n° 168 du 16 mai 2017, Kh. A. S. c/ MP, *inédit* ; dans le même sens, CA Dakar ch. corr. n° 398 du 18 juillet 2018, MP c/ Kh. A. S. et autres, *inédit*.

annulation du rapport de l'Inspection générale d'État, dès lors que ce rapport, ne constituant pas un acte de l'information, n'est pas susceptible d'annulation.

Récemment, le Conseil constitutionnel, dans une décision rendue le 28 septembre 2022[1194], a eu l'occasion de préciser l'office de la Cour d'appel et de la Cour suprême saisie d'un pourvoi en matière d'exception d'inconstitutionnalité.

En l'espèce, des inculpés étaient poursuivis des chefs d'association de malfaiteurs, de trafic international de drogue, de contrebande en bande organisée et de blanchiment de capitaux en bande organisée.

Ils avaient interjeté appel des ordonnances de refus de mise en liberté provisoire rendues par le juge d'instruction du Tribunal de grande Instance hors Classe de Dakar. Devant la Chambre d'Accusation de la Cour d'Appel de Dakar, les inculpés ont soutenu l'inconstitutionnalité des dispositions de l'article 344 du Code des Douanes, en ce qu'elles violeraient les dispositions des articles 6, 7 et 91 de la Constitution et 16 de la Déclaration de 1789 et ont demandé à la juridiction d'appel, en application de l'article 22 de la loi organique n° 2016 du 14 juillet 2016 précitée, de saisir le Conseil constitutionnel de l'exception d'inconstitutionnalité ainsi soulevée et de surseoir à statuer.

Par arrêt n° 53 du 24 février 2022, la Chambre d'Accusation a rejeté l'exception d'inconstitutionnalité au motif que l'article 344 du Code des Douanes ne viole pas les dispositions constitutionnelles invoquées et a confirmé les ordonnances de refus de mise en liberté provisoire.

Par la suite, la Chambre criminelle de la Cour suprême, saisie d'un pourvoi contre cet arrêt a, par une décision n° 27 du 19 mai 2022, cassé et annulé l'arrêt n° 53 de la chambre d'accusation, avant de saisir le Conseil constitutionnel de l'exception d'inconstitutionnalité de l'article 344 du Code des Douanes, en disant que la procédure d'appel contre les ordonnances entreprises va se poursuivre après la décision du Conseil constitutionnel.

Le Conseil constitutionnel a rappelé qu' « *il résulte des dispositions de l'article 22 de la loi organique n° 2016-23 du 14 juillet 2016 que seule la*

[1194] Cons. const. n° 5/C/2022 du 28 septembre 2022, MP c/ A. B. L. et A. A. G., *inédit*.

juridiction saisie d'une exception d'inconstitutionnalité peut transmettre celle-ci au Conseil constitutionnel, et ce, à condition que la solution du litige porté devant elle soit subordonnée à l'appréciation de la constitutionnalité d'une loi ou d'un traité ».

Or, en l'espèce, précise la haute juridiction constitutionnelle, l'exception d'inconstitutionnalité n'a pas été soulevée devant la Cour suprême, mais devant la cour d'appel ; le juge constitutionnel a indiqué que le litige porté devant la Cour suprême avait pour objet la violation par la chambre d'accusation de l'article 22 de la loi organique relative au Conseil constitutionnel et que sa solution ne dépendait pas d'une appréciation préalable de la constitutionnalité de l'article 344 du Code des Douanes.

Ainsi, « *à la suite de l'annulation de l'arrêt de la chambre d'accusation par la Cour suprême, il appartient à la cour d'appel de renvoi de saisir obligatoirement le Conseil constitutionnel de l'exception d'inconstitutionnalité soulevée et de surseoir à statuer jusqu'à ce que le conseil se soit prononcé* ».

PARAGRAPHE II : LE CONTRÔLE DE LA LÉGALITÉ DE LA NORME PÉNALE

310. Conformité du règlement à la loi. Il résulte de la combinaison des articles 67 et 76 de la Constitution qu'en matière contraventionnelle, la création des incriminations et des peines y relatives est du domaine du règlement. Tout le droit contraventionnel de fond relève de la compétence du pouvoir exécutif.

Dès lors, il paraît nécessaire de contrôler la conformité des textes pénaux prévoyant des contraventions aussi bien à la Constitution qu'aux autres normes supérieures (Constitution, lois, ordonnances et principes généraux du droit). Le contrôle de légalité a pour objet de vérifier la conformité à la Constitution et à la loi d'un règlement comportant des dispositions pénales. Ce contrôle s'articule autour du contrôle par voie d'action, à travers le recours pour excès de pouvoir et du contrôle par voie d'exception, à savoir l'exception d'illégalité.

A. Le contrôle par voie d'action : le recours pour excès de pouvoir

311. Mécanisme. En vertu de l'article, 1er de la loi organique n° 2017-09 du 17 janvier 2017 abrogeant et remplaçant la loi organique n° 2008-35 du 08 août 2008 sur la Cour suprême, la Cour suprême est juge en premier et dernier ressort de l'excès de pouvoir des autorités administratives ainsi que de la légalité des actes des collectivités territoriales[1195]. Il s'agit d'un recours contentieux par lequel tout intéressé peut demander à la Cour suprême d'annuler un acte administratif pour violation de la légalité[1196].

Le recours pour excès de pouvoir est un recours objectif dirigé, à titre principal, contre une décision rendue par une autorité administrative ; on dit qu'il est un procès dirigé contre un acte administratif.

Un arrêt rendu par la Cour suprême, rendu le 13 décembre 2012[1197], a énoncé que « *le recours pour excès de pouvoir dirigé contre un acte administratif n'a d'autre objet que d'en faire prononcer l'annulation avec effet rétroactif* ».

312. Conditions de recevabilité. Le recours pour excès de pouvoir n'est recevable que contre une décision explicite ou implicite d'une autorité administrative[1198]. La jurisprudence sénégalaise exige que l'acte attaqué fasse grief, c'est-à-dire qu'il doit modifier l'ordonnancement juridique, par opposition notamment aux actes confirmatifs des décisions antérieures, aux mesures d'ordre intérieur et aux actes préparatoires.

1195 D. SY, *Droit administratif,* Dakar, 3e édition, Dakar, CREDILA, 2021, p. 511.

1196 Sur toute cette question, O. GAYE et M. S. DIOUF, *Le Conseil d'État et la pratique du recours en annulation*, Dakar, éd. 2001 ; M. M. MBACKE, « Le contrôle juridictionnel de l'administration. Le recours pour excès de pouvoir », *EDJA*, juin 1987, p. 9 et s. ; P. M. SY, «Quelques remarques sur l'institution du recours pour excès de pouvoir au Sénégal depuis la création du Conseil d'État», *EDJA*, n° 53, avril-mai-juin 2002, p. 57 et s. ; P. A. TOURÉ, *La réforme de l'organisation judiciaire du Sénégal commentée et annotée*, Dakar, l'Harmattan, 2016, n° 192 et s. ; P. A. TOURÉ, « La réforme de l'organisation judiciaire du Sénégal : évolution ou révolution judiciaire ? », *La Balance, Revue semestrielle de l'Union des Magistrats sénégalais*, n° 01, janvier-juin 2017, p. 34 et s. CH. B. NDONGO, « La place du recours pour excès de pouvoir au Sénégal : essai d'une appréciation concrète », in *Droit administratif : convergence ou concurrence des disciplines juridiques?, Mélanges en l'honneur de Demba Sy,* tome 2, Toulouse, Presse universitaire de Toulouse 1, 2020, p. 333 et s.

1197 CS, ch. adm. n° 65 du 13 décembre 2012, Y. A. AG. c/ État du Sénégal : https://juricaf.org/arret/SENEGAL-COURSUPREME-20121213-65

1198 V. art. 74-1 de la loi organique n° 2017-09 du 17 janvier 2017 abrogeant et remplaçant la loi organique n° 2008-35 du 08 août 2008 sur la Cour suprême.

Le délai pour se pourvoir est de deux mois ; ce délai court à compter de la date de la publication de la décision attaquée, à moins qu'elle ne doive être notifiée ou signifiée, auquel cas le délai court de la date de la notification ou de la signification. Le silence gardé plus de quatre mois sur une réclamation par l'autorité compétente vaut décision de rejet[1199].

La chambre administrative de la Cour suprême connaît également de la légalité des actes des collectivités territoriales ; elle est compétente, en dernier ressort, pour se prononcer sur le contentieux des inscriptions sur les listes électorales et des élections aux conseils des collectivités territoriales. D'une manière générale, elle juge les contentieux qui lui sont dévolus par le Code électoral.

313. Causes d'illégalité. Les moyens susceptibles d'être invoqués devant la haute juridiction administrative en vue d'obtenir l'annulation d'un acte administratif sont nombreux. Peut ainsi être invoquée l'incompétence de l'autorité qui a édicté l'acte. Il en est ainsi de l'incompétence du maire qui a empiété sur des pouvoirs dévolus au préfet[1200].

Le vice de procédure qui entache l'acte administratif consiste souvent en l'absence de consultation préalable d'un organisme dont la consultation est obligatoire. À propos des consultations préalables, la Cour suprême a déjà jugé, dans l'arrêt Souleymane SIDIBÉ rendu le 23 juillet 1975[1201], que la consultation du Conseil supérieur de la Fonction publique constitue une formalité obligatoire.

Dans cette espèce, la haute juridiction a énoncé que conformément à l'article 18 de la loi n° 61-33 du 15 juin 1961 relative au statut général des fonctionnaires « *l'avis du Conseil supérieur de la Fonction publique est une formalité préalable et obligatoire avant l'adoption de toute disposition ayant trait au statut particulier d'un cadre de fonctionnaires* »[1202].

[1199] V. art. 74-1 de la loi organique n° 2017-09 du 17 janvier 2017 abrogeant et remplaçant la loi organique n° 2008-35 du 08 août 2008 sur la Cour suprême.

[1200] Crim. 3 juin 1935, *S.*, 1937, 1, 234, *DH*, 1935, 428 ; crim. 5 juillet 1961, *Bull. crim.*, n° 322.

[1201] CS 23 juillet 1975, S. S. et Amic. admin. civils du Sénégal, GDJAS, tome I, 2e édition, 1984, obs. J. M. NZOUANKEU, p. 95 et s. ; *Annales africaines* 1975, p. 184 et s.

[1202] Sur cette question, P. NDIAYE, « Statuts particuliers et statuts spéciaux dans la fonction publique sénégalaise », in *La fonction publique sénégalaise, Actes du 1er colloque sur les institutions du Sénégal*, RIPAS, n° 14, octobre-décembre 1985, p.145 et s.

Le détournement de pouvoir est établi lorsque l'usage fait de ses pouvoirs par l'autorité administrative « *n'est pas conforme au but en vue duquel ils lui ont été conférés* », ce qui est fréquemment le cas en matière de police municipale, le maire ne pouvant agir que pour «*assurer le bon ordre, la sûreté, la sécurité et la salubrité publics* »[1203].

La violation de la loi peut aussi être invoquée à l'appui d'un recours pour excès de pouvoir ; le terme « *loi* » inclut toutes les normes d'une valeur supérieure *(Constitution, loi, décret)*.

La seule limite à l'étendue du pouvoir de contrôle du juge est liée à l'opportunité de l'acte administratif. Le juge de l'excès de pouvoir n'est pas habilité à opérer un contrôle de l'opportunité d'une décision administrative.

B. Le contrôle par voie d'exception : l'exception d'illégalité

314. Affirmation constante. La législation sénégalaise a toujours affirmé, de façon constante, la compétence des juridictions pénales pour interpréter et apprécier la légalité des actes administratifs, à travers l'exception d'illégalité. La loi du 03 novembre 2014 a maintenu le mécanisme de l'exception d'illégalité en lui affectant un régime juridique particulier.

1. Le mécanisme de l'exception d'illégalité

315. Consécration. La loi n° 2014-26 du 03 novembre 2014 fixant l'organisation judiciaire a réaffirmé la compétence des juridictions pour connaître du contentieux de l'interprétation et de l'appréciation de la légalité des décisions administratives[1204]. L'article 8 de cette loi énonce que : « *les juridictions ont, au cours des instances dont elles sont saisies, compétence*

[1203] Crim. 21 déc. 1961, dame Le Roux.

[1204] C. GAUTRON et M. ROUGEVIN BAVILLE, *Droit public du Sénégal*, Paris, éd. Pédone, 2e éd., 1977, p. 341 ; A BOCKEL, *Droit administratif*, Dakar-Abidjan, NEA, 1978, p. 450 ; J.M. NZOUANKEU, *Les grandes décisions de la jurisprudence administrative sénégalaise,* Tome I, Contentieux général de la légalité, 2e éd., publication, Dakar, RIPAS, 1984, p. 30 et s. ; A.A. BA, «L'exception d'illégalité dans le système sénégalais d'organisation judiciaire », *EDJA*, n° 33, avril-mai-juin 1997, p. 39 et s. ; J.M. NZOUANKEU, « Remarques sur quelques particularités du droit administratif sénégalais », *RIPAS*, n° 09, janvier-mars 1984, p. 1 ; D. SY, Droit administratif, Dakar, CREDILA, p. 122 ; plus récemment, I. DIALLO, « L'exception d'illégalité dans le système judiciaire sénégalais », *Nouvelles Annales africaines*, n° 01, 2010, p. 152.

pour interpréter et apprécier la légalité des décisions des diverses autorités administratives »[1205].

Le mécanisme de l'exception d'illégalité est une application de la règle « *le juge de l'action (du fond) est le juge de l'exception* ». L'exception d'illégalité est une contestation incidente de la légalité d'un acte administratif soulevée au cours d'un procès en vue d'en obtenir la neutralisation[1206].

Un arrêt rendu par la Cour d'Appel de Dakar le 5 février 2013 a énoncé que *« l'exception d'illégalité est une procédure visant à faire apprécier par le juge pénal la légalité d'un règlement servant de fondement à la poursuite ou invoqué comme un moyen de défense ; Que cette exception suppose cependant l'existence d'une norme supérieure dont la violation est alléguée »*[1207].

La question de l'appréciation de la légalité d'un acte administratif pose, à l'image du recours pour excès de pouvoir, un problème de contentieux objectif relatif à la légalité d'une décision administrative.

Toutefois, l'exception d'illégalité se différencie du recours pour excès de pouvoir.

En premier lieu, elle constitue un recours incident *(un procès dans un procès)* et non une voie d'action principale *(un procès contre un acte administratif)* ; c'est-à-dire qu'il dérive d'une instance en cours devant le juge. L'exception d'illégalité constitue un contrôle de légalité par voie d'exception.

En second lieu, contrairement au recours pour excès de pouvoir, l'exception d'illégalité n'est pas enfermée dans des délais. Elle permet de

---

[1205] CS du 05 juillet 1961, W. S. c/ Commune de Saint-Louis, *Annales africaines,* 1973, p. 257 ; *RLJ*, 1961, I, 33 ; *GDJAS*, n° 04, tome 01, p.28 et s., *Rec. Législ. Jursip.*, 1962, n° 741, p. 33 ; CS, n° 106 du 16 décembre 2010, A. A. ND. c/ I. ND., *Cour suprême. Bulletin des arrêts*, n° 02-03, année judiciaire 2010-2011, décembre 2012, p. 125 : les juridictions de fond ont, au cours des instances dont elles sont saisies, compétence pour interpréter et apprécier la légalité des décisions des diverses autorités administratives.

[1206] V. PELLETIER, *L'appréciation de la légalité des actes administratifs par le juge répressif*, Thèse Paris, 1954 ; O. GOHIN, « Exception d'illégalité », *Rép.cont.adm.*, n° 1 ; D. BOUTET, «Quelques problèmes concernant les effets de l'exception d'illégalité », *RD publ.* 1990, p. 1735 ; P.-G. FRANCOZ, «Les actes administratifs et l'exception d'illégalité », *Cah. fonct. publ. territ.* 1995, p. 15 ; G. LIET-VEAUX, « Précisions sur l'exception d'illégalité», *Rev. adm.* 1951, p. 492 ; V. LESCLOUS, « L'appréciation des actes administratifs par le juge répressif», *JCP* 1994. I. 3747.

[1207] CA Dakar, ch. corr. n° 172 du 05 février 2013, MP et V. M. c/ S. B., *inédit*.

contester la légalité d'un acte administratif qui n'aurait pas été déféré en temps utile devant la juridiction administrative ; elle est perpétuelle[1208].

316. Exception d'illégalité en droit sénégalais. Le droit sénégalais a adopté le système de l'unité de juridiction à dualité du contentieux *(un juge unique et deux droits)*. Le juge de l'Administration est, en principe, le juge de droit commun. Il y a au Sénégal un seul ordre de juridiction qui connaît de tous les litiges, quelle que soit leur nature. La compétence n'étant pas liée au droit applicable, le même juge applique le droit privé aux particuliers et connaît en même temps des litiges impliquant l'Administration.

Le système de l'unité de juridiction oblige le juge à rechercher le droit applicable à chaque espèce. C'est en conséquence, de lui que dépendra l'avenir du droit administratif[1209].

Dans le modèle de l'unité de juridiction, marqué par la suppression des questions préjudicielles devant les juridictions du fond, la légalité des actes administratifs constitue une question préalable de la compétence de toutes juridictions[1210].

Un arrêt de la Cour d'Appel de Dakar rendu le 06 janvier 2014 a énoncé que le tribunal correctionnel, saisi d'une procédure d'occupation illégale d'un terrain appartenant à autrui, a l'obligation d'apprécier la validité des actes administratifs, notamment des délibérations, soumises à son appréciation, conformément aux dispositions de l'article 4 de l'ancienne loi n°84-19 du 02 février 1984 fixant l'organisation judiciaire[1211].

[1208] Crim. du 18 juin 1998, *Bull.crim.*, n° 201 ; également, A. FAYE, « État de droit et contrôle de l'exécutif : réflexions d'un privatiste sur l'exception d'illégalité en droit sénégalais », *EDJA*, n° 33, avril-mai-juin 1997, p. 31 ; A. A. BA, « L'exception d'illégalité dans le système sénégalais d'organisation judiciaire », *EDJA*, n° 33, avril-mai-juin 1997, p. 39

[1209] B. KANTE, *Unité de juridiction et droit administratif : l'exemple du Sénégal,* Thèse de doctorat d'État, Université d'Orléans, 1983, p. 137 ; D. SY, « Réflexions sur la création du droit administratif par le juge administratif », *Rev. Ass. sén. dr.pén,* janvier 1996, p. 9 ; MB. M. DIAGNE, *Les méthodes et techniques du juge administratif sénégalais,* Thèse de doctorat Dakar, 1995, 532 p. ; MB. M. DIAGNE, « La contribution du Conseil d'État sénégalais à la construction de l'État de droit », *Rev. Adm., numéro spécial*, p. 81-82 ; D. SY, *Droit administratif,* Dakar, CREDILA, l'Harmattan 2014, p. 47.

[1210] J. C. GAUTRON et M. ROUGEVIN BAVILLE, *Droit public du Sénégal*, Paris, éd. Pédone, 2e éd., 1977, p. 341 ; A. BOCKEL, *Droit administratif,* Dakar-Abidjan, NEA, 1978, p. 450 ; J.M. NZOUANKEU, *Les grandes décisions de la jurisprudence administrative sénégalaise,* Tome I, *Contentieux général de la légalité*, 2e éd., publication, Dakar, RIPAS, 1984, p. 30 et s.

[1211] CA Dakar ch. corr., n° 01 du 06 janvier 2014, MP et O. T. c/ S. A. Th. et S. MB. F., *inédit* ; également, CA Dakar ch. corr, n° 1684 du 30 décembre 2013, MP et M. S. c/ O. S., *inédit* ; CA

La compétence ainsi reconnue aux juridictions de base constitue une simplification considérable par rapport au droit français. Lorsqu'une exception d'illégalité est soulevée, le juge du fond n'a pas à surseoir à statuer, il doit se prononcer sur la légalité de la décision en cause.

Toutes les juridictions sont compétentes pour connaître de l'exception d'illégalité. L'essentiel est que le contrôle par voie d'exception soit exercé à l'occasion d'un litige relevant au principal de la compétence de la juridiction saisie, qu'il s'agisse d'un litige entre un particulier et l'Administration ou entre deux particuliers[1212].

Devant les juridictions de base, comme devant la Cour suprême, le contentieux de l'appréciation de la légalité des décisions administratives est une question préalable de la compétence de toutes les juridictions. La théorie de l'exception d'illégalité retrouve toute sa cohérence dans le modèle de l'unité de juridiction à la base et au sommet.

Il faut préciser que l'introduction de l'unité juridictionnelle n'est pas totale au sommet de la pyramide judiciaire. La Cour suprême ne cumule que les compétences dévolues à la défunte Cour de Cassation et à l'ancien Conseil d'État.

Toutefois, le Conseil constitutionnel et la Cour des Comptes conservent toujours leurs compétences d'attribution.

2. Le régime juridique de l'exception d'illégalité

317. Nature des actes soumis au contrôle du juge pénal. Dans le système judiciaire sénégalais, l'exception d'illégalité a une grande portée juridique. Elle peut être invoquée à l'encontre de tous les actes administratifs, qu'il s'agisse d'actes individuels ou d'actes réglementaires. L'essentiel est que la décision en question revête la nature d'un acte administratif.

Mais le droit sénégalais ne fait aucune distinction entre les actes administratifs réglementaires et les actes administratifs individuels, l'article 8 de la loi du 03 novembre 2014 se contentant de viser « *les décisions des*

Dakar ch. corr., n° 144 du 21 mars 2007, D. G. ASECNA c /D. G. IPRES, *inédit* ; CA Dakar ch. corr., n° 106 du 21 avril 2016, Membres coll. des attrib. et propr. de Tivaouane Peulh c/ Institut Mozdahir International, *inédit*.

1212 C. GAUTRON et M. ROUGEVIN BAVILLE, *Droit public du Sénégal*, Paris, éd. Pédone, 2e éd., 1977, p. 341.

diverses autorités administratives ». Ainsi, le législateur semble soumettre tous les actes administratifs au contrôle de légalité du juge[1213].

Les juges peuvent apprécier la légalité de tous les actes administratifs, quelle que soit leur place dans la hiérarchie des normes : décrets, arrêtés et même les ordonnances tant qu'elles n'ont pas été ratifiées[1214].

Cependant, demeurent en dehors du champ d'application du contrôle par voie d'exception, les contrats administratifs qui ne constituent pas des actes administratifs unilatéraux[1215].

Récemment, la Cour suprême a eu l'occasion de préciser sa jurisprudence sur les actes soumis au contrôle de légalité dans un arrêt rendu par sa chambre administrative le 3 juillet 2019[1216]. Dans cette décision, la haute juridiction administrative a rejeté le pourvoi formé contre un arrêt d'appel qui a énoncé que l'exception d'illégalité dirigée contre un acte administratif « *ne peut être opposée qu'aux actes réglementaires et non aux actes individuels lesquels, en raison de leur non-permanence, s'ils ne sont contestés ou retirés dans le délai du recours pour excès de pouvoir, confèrent un droit acquis au profit de leurs destinataires* ».

Cet arrêt constitue une reprise d'une jurisprudence française constante qui admet que la recevabilité du recours suppose que l'acte non réglementaire dont on excipe de l'illégalité ne soit pas définitif[1217], soit que le délai de recours contentieux à son encontre court encore, soit que son destinataire ou un tiers intéressé ait en temps utile exercé un recours contentieux, peu important alors que le délai de recours direct contre la décision dont le requérant invoque l'illégalité soit écoulé pour ce dernier[1218].

[1213] A. HOMONT, « L'appréciation de la légalité des actes administratifs individuels par les tribunaux répressifs de l'ordre judiciaire », *JCP* 1951, I. 956 ter.

[1214] Crim. 19 octobre 2004, *Bull. crim.* n° 247.

[1215] Crim. 22 janvier 1997, *Bull. crim.* n° 26.

[1216] CS ch. adm. n° 59 du 3 juillet 2019, J. P. Ac c/M. Aa : https://juricaf.org/arret/SENEGAL-COURSUPREME-20190703-59

[1217] CE, 08 juill. 1936, Sté chaudronneries et tôleries Est, *Rec. CE* 1936, p. 1441 ; CE, 06 déc. 1944, Mulier, *Rec. CE* 1944, p. 415 ; CE, 28 mai 1952, Sté française exportation et commission, *Rec. CE* 1952, p. 799 ; CE, 08 janv. 1954, Lefebvre, *Rec. CE* 1954, p. 17.

[1218] CE, 08 mai 1963, Lejaille, *Rec. CE* 1963, p. 284, a contrario ; CE, sect., 04 janv. 1964, min. Int. c/ Limonier et a. : *Rec. CE* 1964, p. 21 ; *AJDA* 1964, p. 447, note V.S.

L'arrêt de la Cour suprême rendu le 03 juillet 2019 doit être approuvé. En effet, les décisions non réglementaires, qui sont créatrices de droits acquis, sont destinées à régler une fois pour toutes des situations particulières.

Il s'agit là d'une application du principe de sécurité juridique qui constitue un objectif de valeur constitutionnelle, prévalant ainsi sur le principe de la légalité[1219].

Quoi qu'il en soit en matière pénale, où la question des droits acquis n'est pas souvent en cause, la jurisprudence admet que l'exception d'illégalité peut porter sur une assignation à résidence[1220], un arrêté d'expulsion[1221], un arrêté préfectoral interdisant une manifestation sur la voie publique[1222] et un arrêté portant retrait d'une licence de transport[1223], qui constituent des actes administratifs individuels.

Dans l'arrêt Amadou Woury Diallo rendu le 07 mai 2020[1224], la chambre criminelle de la Cour suprême a jugé que la Cour d'appel est compétente pour apprécier au cours du procès pénal la légalité d'un décret présidentiel accordant la grâce à un prévenu, lorsque la peine prononcée contre ce dernier n'est pas définitive. Or, le décret de grâce collective constitue un acte administratif à caractère individuel (acte collectif).

318. Légalité au sens large. Les moyens susceptibles d'être invoqués devant la juridiction administrative, en vue d'obtenir la nullité d'un acte administratif, peuvent également être allégués à l'appui d'une exception d'illégalité.

Bien que la loi du 3 novembre 2014 fixant l'organisation judiciaire et le décret du 03 août 2015 précité n'évoquent que l'examen de la « *légalité* » des décisions des autorités administratives, il ne fait pas l'ombre d'un doute que ces textes autorisent également les juridictions à contrôler leur constitutionnalité.

En effet, la légalité est entendue au sens large, ce qui implique toutes les normes supérieures, notamment la Constitution. En contentieux

---

[1219] En ce sens, A. LOUVARIS, « Exception d'illégalité », *Juris-class. adm.*, fasc. 1160, 2014, n°86.
[1220] Crim. 29 mars 1962, *Bull. crim.* n° 158, *D.* 1962, 102 rapport Costa.
[1221] Crim. 1er février 1995, *JCP* 1995, II, n° 22564.
[1222] Crim. 2 avril 1998, *Bulll. crim.* n° 130.
[1223] Crim. 6 avril 2004, *Bull. crim.* n° 85.
[1224] CS ch. crim. n°18 du 07 mai 2020, MP c/ A. W. D. et B. S., *inédit.*

administratif, le contrôle de la régularité des règlements est classiquement désigné sous l'expression de contrôle de légalité bien qu'il inclut le contrôle de constitutionnalité.

Dans l'arrêt Aïssatou Guèye DIAGNE rendu le 22 août 2012, la Cour d'Appel de Dakar a mis en œuvre le mécanisme de l'exception d'illégalité en matière pénale. Dans cette affaire, le Tribunal de grande Instance hors Classe de Dakar a déclaré la notaire Aïssatou Guéye DIAGNE coupable d'abus de confiance et l'a condamnée à six (6) mois d'emprisonnement ferme et à payer à la partie civile la somme de 35 000 000 de francs CFA à titre de dommages et intérêts[1225].

À l'appui de son appel contre le jugement de première instance, la prévenue a fait valoir que l'article 27 du décret n° 2009-328 du 08 avril 2009 relatif au statut des notaires subordonne l'exercice des poursuites contre un notaire à une autorisation préalable du Ministre de la Justice, après avis de la chambre disciplinaire, sauf dans les cas de flagrant délit. Elle a estimé que cette garantie de procédure n'a pas été respectée en l'espèce.

De son côté, le conseil de la partie civile a soulevé l'exception d'illégalité de l'article 27 du décret relatif au statut des notaires, au motif qu'il instaure une garantie procédurale pour les notaires violant l'article 67 de la Constitution, la procédure pénale relevant du domaine exclusif de la loi.

La Cour d'appel a jugé « *qu'en vertu de l'article 4 de la loi n° 84-19 du 02 février 1984 fixant l'organisation judiciaire, les juridictions de jugement ont, au cours des instances dont elles sont saisies, compétence pour interpréter et apprécier la légalité des actes administratifs qui leur sont soumis ; considérant que l'article 27, alinéa 3 du décret n° 2009-328 du 08 avril 2009, abrogeant et modifiant certaines dispositions du décret n° 2002-1032 du 15 octobre 2002 fixant le statut des notaires, dispose que le notaire ne peut être poursuivi, recherché, arrêté, détenu ou jugé en matière pénale, à raison d'actes ou faits commis à l'occasion de l'exercice de ses fonctions professionnelles, sauf le cas de flagrant délit ou de crime flagrant, qu'avec l'autorisation du Ministre de la Justice, Garde des Sceaux, après avis de la chambre disciplinaire prévue par l'article 106 dudit décret ; Considérant*

[1225] CA Dakar ch. corr., n° 888 du 22 août 2012, MP c/ A. G. D., in *Bulletin des arrêts rendus par la Cour d'Appel de Dakar en matière pénale*, année 2014, p. 134.

qu'il en résulte que ce texte aménage une procédure pénale spéciale dérogatoire aux règles édictées par la loi n° 65-61 du 21 juillet 1965 portant Code de procédure pénale et constituant une garantie supplémentaire pour le notaire ; qu'il viole manifestement ladite loi ainsi que l'article 67 de la Constitution, en s'immisçant subrepticement dans les attributions relevant exclusivement du domaine du pouvoir législatif ; qu'il s'ensuit qu'il doit être écarté ».

Les juges de la cour d'appel ont ainsi estimé que l'article 27 du décret fixant le statut des notaires, qui subordonne les poursuites contre les notaires à l'autorisation du Garde des Sceaux, Ministre de la Justice, après avis de la chambre disciplinaire, intervient dans le domaine de la loi et méconnaît l'article 67 de la Constitution. Le juge a ainsi écarté l'article 27 du décret fixant le statut des notaires du procès avant de condamner la prévenue à six (6) mois d'emprisonnement ferme.

Par ailleurs, saisie sur le pourvoi formé contre l'arrêt de la Cour d'Appel de Thiès, la chambre criminelle de la Cour suprême a, dans un arrêt rendu le 07 mai 2020[1226], approuvé un arrêt d'appel qui a considéré que la mesure de grâce, constituant une dispense d'exécution d'une peine prononcée par les tribunaux, ne peut intervenir que dans le cas d'une décision de justice passée en force de chose jugée.

Ainsi, en accordant la grâce à une personne alors que la décision de condamnation, frappée d'appel, est susceptible d'être réformée, l'autorité administrative s'est immiscée dans le déroulement d'une procédure judiciaire en cours, en violation flagrante du principe constitutionnel de la séparation des pouvoirs. Dès lors, la juridiction suprême a reconnu au juge d'appel le pouvoir d'apprécier la conformité du décret de grâce par rapport à la Constitution.

319. Influence de la légalité du règlement sur l'issue du procès. Pour que l'exception d'illégalité prospère devant le juge pénal, il est nécessaire que la solution du procès soit subordonnée à l'appréciation de la légalité de l'acte administratif. Aux termes des dispositions de l'article 13 du décret n° 2015-1145 du 3 août 2015 fixant la composition et la compétence des cours d'appel, des tribunaux de grande instance et des tribunaux d'instance, les

[1226] CS ch. crim. n°18 du 07 mai 2020, MP c/ A. W. D. et B. S., *inédit*.

tribunaux d'instance ont, au cours des instances dont ils sont saisis, compétence pour interpréter et apprécier la légalité des décisions des autorités administratives, « *lorsque de cet examen de la légalité dépend la solution du litige* ».

En matière pénale, on admet que la décision administrative doit servir de fondement aux poursuites. L'exception d'illégalité doit tendre à contester la légalité de l'acte même qui a servi de base aux poursuites pénales. Le texte à l'encontre duquel l'exception d'illégalité est soulevée doit constituer le fondement même de la décision faisant grief[1227].

Dans l'affaire Cheikh Anta DIOP, le juge sénégalais a eu l'occasion d'apprécier la condition tirée de l'influence de la légalité du règlement sur l'issue du procès. En l'espèce, une déclaration du Rassemblement National Démocratique (RND) a été déposée à la Gouvernance de la Région du Cap-Vert le 03 février 1976 en vue de l'obtention d'un récépissé d'enregistrement.

À la suite d'une décision expresse de rejet émanant du Président de la République, Cheikh Anta DIOP a formé contre celle-ci un recours administratif gracieux, aucune réponse n'ayant été apportée par l'autorité, une décision implicite de rejet du recours est ainsi intervenue au bout de quatre (4) mois.

Aux termes de l'article 812, alinéa 3 du COCC, le refus d'enregistrement doit être motivé. Or, en l'espèce, la décision dont s'agit n'était nullement motivée étant donné son caractère implicite. Dès lors, elle était manifestement illégale alors qu'elle servait de fondement aux poursuites dirigées contre le sieur DIOP.

Le Tribunal de première instance de Dakar a jugé que le fait de faire fonctionner le RND sans enregistrement ou sans autorisation préalable découle indiscutablement de la décision susvisée qui porte une atteinte grave à la liberté d'association et par suite aux libertés individuelles garanties par la Constitution.

Le juge a estimé que l'illégalité de la décision attaquée étant suffisamment établie, les faits reprochés au prévenu ne pouvaient être pénalement réprimés,

---

[1227] J.M. NZOUANKEU, *Les grandes décisions de la jurisprudence administrative sénégalaise, Tome I, Contentieux général de la légalité,* Dakar, 2e éd., publication RIPAS, 1984, p. 36.

puisqu'il doit être relaxé lorsque l'acte administratif, en l'espèce le refus d'enregistrement du RND, servant de fondement à la poursuite était illégal.

Le tribunal a ainsi renvoyé Cheikh Anta DIOP des fins de la poursuite[1228].

320. Régime procédural de l'exception d'illégalité. L'exception d'illégalité obéit à un régime procédural assez original. Elle ne constitue pas une exception au sens processuel du terme ; il ne s'agit pas d'un moyen de défense par lequel le défendeur conteste la régularité de la procédure initiée par le demandeur.

L'exception d'illégalité peut être invoquée aussi bien par le demandeur à l'appui de son action que par le défendeur pour s'opposer à celle-ci[1229].

Lorsqu'elle est invoquée par le défendeur, elle constitue une défense au fond par laquelle ce dernier conteste la légalité d'un acte administratif susceptible de lui être appliqué par le juge.

En procédure pénale, l'exception d'illégalité ne s'analyse pas en une question préjudicielle au jugement au sens de l'article 374 du CPP, laquelle doit être soulevée avant toute défense au fond.

Dans un arrêt rendu le 25 juin 1986, la Cour d'Appel de Dakar a rappelé que l'exception d'illégalité ne constitue pas une exception au sens procédural du terme, mais un moyen de défense. D'après les juges d'appel, « *l'exception d'illégalité, en tant que moyen de défense, peut être soulevée à tout moment de la procédure, même pour la première fois en cause d'appel* »[1230].

321. Effets de la décision du juge pénal. L'exception d'illégalité n'a pas pour objet d'obtenir l'annulation de l'acte administratif[1231], mais simplement une déclaration relative à la légalité de cet acte. S'il s'avère qu'il est illégal, le juge se contente d'écarter son application du litige qui lui est soumis. Il n'annule pas l'acte administratif entaché d'illégalité ; mais il procède seulement à sa neutralisation.

[1228] TPI, Dakar, du 07 avril 1981, MP c/ Cheikh Anta DIOP, *GDJAS*, n° 04, tome 1, p. 29 et s.
[1229] En ce sens, C. GAUTRON et M. ROUGEVIN BAVILLE, *Droit public du Sénégal*, Paris, éd. Pédone, 2e éd., 1977, p. 341.
[1230] CA Dakar ch. corr., n° 454 du 25 juin 1986, MP et F. S. c/ B. D., *inédit*.
[1231] Cass. crim., 7 nov. 1908, *Bull. crim.*, n° 427; Cass. crim., 29 févr. 1912, *Bull. crim.*, n° 117; Cass. crim., 10 oct. 1974, *Bull. crim.*, n° 291.

Les décisions des juges du fond sur l'exception d'illégalité n'ont que l'autorité relative de la chose jugée[1232]. Elles ont pour seul effet d'écarter l'acte déclaré illégal du procès en cours ; ce qui ne vaut que pour ce seul procès[1233]. Un jugement qui prononcerait la nullité d'un acte administratif illégal, dans le cadre d'une exception d'illégalité, doit être censuré[1234].

Rien n'empêche alors à une autre juridiction de faire application de l'acte illégal, si l'exception n'a pas été soulevée. Le système de l'exception d'illégalité laisse ainsi entrevoir de «*belles cacophonies judiciaires*» préjudiciables à la sécurité juridique[1235].

SOUS-SECTION IV : LA QUALIFICATION PÉNALE DES FAITS

322. Mécanisme de la qualification pénale des faits. Le principe de la légalité criminelle interdit qu'un comportement soit réprimé s'il n'entre pas dans les prévisions d'un texte pénal. La qualification en droit pénal est un enjeu décisif permettant de réaliser le principe de la légalité[1236].

La première préoccupation des autorités judiciaires est de vérifier si les faits reprochés à une personne correspondent à l'une des qualifications pénales qui sont prévues par les textes; c'est-à-dire si les faits qui leur sont soumis sont qualifiables pénalement et qu'ils se rattachent à une définition légale abstraite[1237].

Dans l'affirmative, il incombe aussi à ces autorités de discriminer éventuellement parmi plusieurs qualifications voisines celle qui s'applique exactement à l'espèce. La qualification des faits est l'opération intellectuelle qui permet « *d'appliquer la règle (abstraite et générale) de droit au cas (concret et particulier) de l'espèce* »[1238].

[1232] Cass. crim., 7 nov. 1908, *Bull. crim.*, n° 427 ; Cass. 2e civ., crim. 8 juin 1995, *Bull. civ.* 1995, II, n° 217.
[1233] F. MELLERAY, «L'étendue de l'autorité de chose jugée des déclarations d'illégalité d'actes administratifs opérées par le juge administratif », *AJDA* 2004, p. 138.
[1234] Crim. 7 nov. 1908, *S.*, 1911, 1, 540 ; 30 déc. 1909, *Bull. crim.*, n° 633.
[1235] F. DESPORTES et F. LE GUNEHEC, *Droit pénal général*, Paris, Economica, 12e éd., 2005, p. 243.
[1236] E. LETOUZEY, « Concours et cumul d'infractions », *Juris-class. pén.* Code, art. 132-2 à 132-7, fasc. 20, n° 1.
[1237] B. PERREAU, *De la qualification en matière criminelle, Librairie générale de droit et de jurisprudence,* 1926, 372 p. ; E. GALLARDO-GONGGRYP, *La qualification pénale des faits*, PU Aix-Marseille, 2013,.
[1238] J. PRADEL, *Droit pénal général*, Paris, Cujas, 19e éd., 2012, n° 297, p. 261.

Dans un arrêt rendu le 25 septembre 2006[1239], la Cour d'Appel de Dakar a jugé « *que les faits poursuivis dans le cadre d'une prévention déterminée, doivent pour être qualifiés comme telle, correspondre, de par leur nature, à une réalité matérielle suffisamment établie* ». Ainsi, précise la cour, des propos virulents et outrageants à l'endroit de la personne du Président de la République constitutifs d'outrage au Chef de l'État ne sauraient être assimilés à l'infraction de diffusion de fausses nouvelles.

La qualification a donc pour objet de déterminer avec précision quel texte d'incrimination est applicable aux faits envisagés et quelle infraction a ainsi été commise. C'est une opération indispensable au regard du principe de la légalité, selon lequel il n'y a pas d'infraction ni de peine sans texte, et de ses corollaires, notamment le principe de l'interprétation stricte de la loi pénale.

En d'autres termes, la qualification pénale des faits désigne l'opération intellectuelle qui consiste à déterminer le texte d'incrimination applicable aux faits considérés en comparant le comportement de l'agent avec celui que réprime de la loi pénale. Il s'agit de trouver un habillage juridique approprié au fait infractionnel. La qualification, en ce qu'elle permet de classer les faits dans les différentes catégories procédurales d'infractions n'est pas dénuée d'enjeux et d'intérêts au regard de la fonction répressive de la loi pénale.

Cette opération permet non seulement de se prononcer sur leur caractère répréhensible, mais encore de déterminer leur régime juridique. Elle consiste à découvrir le texte incriminateur de telle ou telle activité humaine et le nom que porte cette activité dans la terminologie du droit pénal spécial (vol, abus, recel, terrorisme, etc.).

323. Qualification pénale des faits et notions voisines. La qualification pénale des faits doit être distinguée de l'interprétation de la loi pénale, même si intellectuellement ces deux opérations sont étroitement liées En effet, elles s'effectuent toutes deux à l'occasion de l'application de la loi pénale.

Dans le syllogisme judiciaire, la majeure est constituée par la règle de droit (le meurtre est l'homicide commis volontairement), la mineure renvoie aux faits poursuivis (X a donné volontairement la mort à Y), la conclusion désigne l'application de la règle de droit aux faits (X a commis un meurtre).

1239 CA Dakar, ch. corr. n° 748 du 25 septembre 2006, MP c/ B. T. D., *inédit*.

Dans cette démarche intellectuelle, l'interprétation tend à cerner le sens et la portée exacte de la règle de droit (le meurtre suppose-t-elle une volonté de donner la mort ?), tandis que la qualification est l'opération qui, par le rapprochement de la règle de droit interprétée au cas d'espèce, conduit à la conclusion[1240]. Ainsi, la qualification pénale des faits est le « *nerf du raisonnement judiciaire* »[1241].

Il convient de distinguer également l'opération de qualification des faits de celle de la qualification des infractions. Faits et infractions constituent les deux objets de la qualification pénale. En effet, après avoir qualifié le fait, il faut encore qualifier l'infraction constituée par ce fait, puisque chaque qualification pénale, c'est-à-dire chaque infraction particulière, s'intègre dans plusieurs classifications (crimes, délits, contraventions, infractions de droit commun, politiques, militaires, fiscales , etc.) qui parachèvent son régime juridique.

La qualification pénale des infractions désigne l'opération intellectuelle complémentaire qui consiste, en se fondant sur les classifications légales des infractions, à déterminer la catégorie pénale à laquelle appartient le texte d'incrimination identifié à l'issue de la qualification pénale des faits.

324. Diversité des incriminations et qualification des faits. La qualification des faits est souvent une opération délicate, en raison de la grande diversité des incriminations. En effet, le droit contemporain est fortement marqué par une inflation législative considérable, et le droit pénal ne fait pas exception[1242].

Cette floraison pénale est telle qu'il n'est pas possible de déterminer avec précision le nombre des incriminations actuellement en vigueur.

Par ailleurs, et indépendamment de ce phénomène d'inflation législative, le principe de la légalité criminelle conduit le législateur à définir de façon très précise les comportements qu'il entend interdire, en multipliant ainsi les textes d'incriminations. Dans ce contexte, l'opération de qualification peut

---

[1240] F. DESPORTES et F. LE GUNEHEC, *Droit pénal général*, Paris, Economica, 12e éd., 2005, p. 115.

[1241] F. RIGAUX, *La loi des juges*, Paris, O. Jacob, 1997, p. 51.

[1242] De BRESSON, « Inflation des lois pénales et législations ou réglementations techniques », *RSC* 1985, p. 241 ; L. JOSSERAND,« Les transformations récentes de la technique législative », *D. H.* 1939, chron., p. 10.

s'avérer fort délicate, puisque bien souvent plusieurs incriminations différentes sont susceptibles de qualifier un seul et même fait infractionnel[1243].

L'une des particularités de la qualification pénale des faits est d'être une opération encadrée par les principes généraux. Mais elle peut poser parfois de délicats problèmes liés aux qualifications multiples.

PARAGRAPHE PREMIER : LES PRINCIPES GÉNÉRAUX

325. Principes directeurs. La qualification a pour objet de déterminer le régime applicable à l'infraction, non seulement d'un point de vue substantiel, en prévoyant notamment les pénalités applicables, mais aussi d'un point de vue processuel, puisque de la qualification dépend nombre de règles procédurales (prescription, juridictions compétentes, pouvoirs des autorités de poursuite et d'instruction, etc.).

Les principes généraux relatifs à la qualification pénale des faits sont des règles qui dominent ma mise en œuvre. Ils concernent aussi bien l'opération que le pouvoir de qualification des faits.

A. L'opération de qualification

326. Moment de la qualification. La qualification d'un fait consiste à le rattacher à une catégorie juridique déterminée, afin de lui en appliquer le régime.

Il s'agit de la dénomination légale attribuée aux faits. C'est donc une opération capitale et lourde de conséquences.

Il est de principe que l'on doit se placer « *au temps de l'action*» pour apprécier les éléments constitutifs de l'infraction. En d'autres termes, c'est en se plaçant au moment des faits que la qualification doit être envisagée.

La formule signifie que l'infraction est comme cristallisée, dès que ses éléments constitutifs sont réunis. La qualification est fixée en fonction du

1243 E. LETOUZEY, *La répétition d'infractions*, Thèse, Dalloz, coll. NBT, 2016, vol. n° 153, p. 72 ; A. GAMALELDINE, *Pluralité d'infractions et concours apparent des normes pénales*, Thèse, Paris, 1963, p. 46.

moment où les faits ont été commis, indépendamment d'un changement de situation ultérieure[1244].

En d'autres termes, les juridictions d'instruction et de jugement doivent se situer au moment de la commission des faits pour procéder à la qualification. Il importe peu, dès lors, que postérieurement à l'accomplissement des faits la situation juridique qui commandait la qualification pénale des faits se soit modifiée, fût-ce rétroactivement, en faveur de l'agent. Le repentir est ainsi indifférent au regard de la constitution de l'infraction[1245].

En effet, l'attitude de l'agent qui consisterait, postérieurement à la consommation de l'infraction, à réparer ou à minimiser les conséquences dommageables de son acte délictueux, s'analyse en un repentir actif totalement indifférent à la qualification pénale des faits.

Ainsi, le cohéritier qui a dérobé pendant l'indivision des objets est passible des peines du vol, même si, par la suite, ces objets ont été mis dans son lot par le partage[1246]. Le vendeur impayé qui reprend frauduleusement la chose vendue demeure coupable de vol, même si le contrat de vente a été résolu par la suite[1247].

De la même façon, le délit de non-représentation d'enfant reste consommé malgré l'attribution ultérieure de la garde à l'auteur de l'infraction[1248]. Il a été jugé que l'infraction d'abandon de famille ne disparait pas en cas de caducité, intervenue après la date des faits, de la décision judiciaire condamnant le prévenu à payer une pension alimentaire[1249].

Il s'agit là d'une manifestation de l'autonomie du droit pénal, puisque le droit criminel saisit la volonté délictueuse dès qu'elle s'est exprimée, et il la saisit irrévocablement[1250].

1244 Crim. 29 nov. 1982, *Bull. crim.* n° 270 ; *RSC* 1983. 671, obs. Levasseur ; Crim. 14 mars 2012, n° 11-85.421, AJ fam. 2012. 279, obs. Lambert ; *Dr. fam.* 2012. Comm. 99, obs. Neirinck ; *Dr. pén.* 2012. Comm. 82, obs. Véron.

1245 Crim. 19 févr. 1959, *Bull. crim.* n° 123 ; *D.* 1959. 331, note Roujou de Boubée ; *JCP* 1959. II. 11178, 1re esp., note Chambon ; *S.* 1959. 21, note MRMP ; *Gaz. pal.* 1959. 1. 272; crim. 3 mars 1959, *Bull. crim.* n° 148 ; *JCP* 1959. II. 11178, note Chambon ; *D.* 1960. somm. 7.

1246 Crim., 27 fév. 1836, *S.*, 1836.I. 526; T. corr. Seine, 14 déc. 1912, *RTD Civ*, 1913, p.218.

1247 CA Colmar, 25 mars 1958, *JCP.*, 1958.IV.156, *D*, 1959.196, note Chavanne.

1248 Crim. 20 nov. 1982, *Bull. crim.* n° 270 ; *RSC* 1983. 671, obs. Levasseur.

1249 Crim. 7 oct. 1992, *Dr. pén.*, 1993, comm. n° 62.

1250 R. MERLE et A. VITU, *op. cit.*, p. 375, n° 321.

Toutefois cette solution pénale comporte une exception, puisque lorsque c'est l'élément légal de l'infraction qui est rétroactivement anéanti après la commission des faits, l'infraction disparaît en même temps. Il en est ainsi de l'annulation d'un règlement qui a pour conséquence logique la disparition de l'infraction elle-même[1251].

327. Les composantes extrapénales de la qualification. Les incriminations prévues par la loi pénale se réfèrent souvent à des notions définies par les autres disciplines juridiques, telles que le droit civil, le droit commercial, le droit du travail, le droit administratif, etc. Parfois, même les éléments constitutifs des infractions impliquent l'existence d'un acte juridique ou d'un titre écrit qui est une condition d'existence de l'infraction.

L'adultère et la bigamie ne peuvent être constituées que s'il y a mariage ; la qualité de fonctionnaire est une condition préalable de certaines infractions, comme les coalitions de fonctionnaires ; le détournement de gage ou d'objets saisis exige la constitution antérieure d'un gage ou la réalisation d'une procédure de saisie et la violation de domicile n'est constituée que s'il y a domicile.

Toutes ces notions extrapénales s'intègrent dans la qualification pénale.

En premier lieu, il importe de déterminer si les autorités judiciaires doivent se référer aux définitions du droit privé ou du droit public pour apprécier l'existence de l'acte juridique ou du titre juridique à défaut duquel la répression ne se conçoit pas. Comme nous l'avons déjà rappelé[1252], en vertu de l'autonomie du droit criminel, la jurisprudence pénale se démarque des définitions extrapénales.

Ainsi, les juges ont retenu une approche particulière du « *chèque* », du «*fonctionnaire* », ou du « *domicile* », etc. Ainsi, le juge n'est pas lié par la qualification extrapénale de certaines composantes de l'infraction.

En second lieu, les tribunaux répressifs sont souvent appelés à se prononcer sur l'incidence pénale de la nullité des actes ou des titres juridiques qui commandent la répression pénale. À cet égard, la Cour de Cassation

---

[1251] Crim., 29 avr. 1910, *Bull. crim.*. n° 232 ; T. corr. Seine, 28 oct. 1958, *JCP.*, 1958. II. 10880. Mais la régularisation tardive d'une situation administrative ne supprime pas rétroactivement l'infraction. En matière de permis de construire, V. Crim., 6 janv. 1965, *JCP.*, 1965. II.14061.

[1252] V. *supra*, n° 34 et s.

française a déjà eu l'occasion de juger que « *la loi civile ne détermine les causes de nullité ou d'annulation (...) qu'au point de vue des intérêts civils* »[1253]. Aussi décide-t-elle généralement que l'irrégularité d'un chèque ne fait pas obstacle à la répression du défaut de provision « *si le titre émis (...) présente toutes les apparences d'un chèque*» et s'il a été accepté comme tel.[1254].

De même, il importe peu en matière d'abus de confiance que le contrat qui a donné lieu au détournement soit frappé d'une cause de nullité[1255]. Par ailleurs, les infractions de détournement de gage et d'objets saisis sont répréhensibles malgré la nullité du gage[1256] ou de la saisie.

Quant au délit de bigamie, il est pénalement constitué indépendamment de la nullité du premier mariage[1257].

On explique ces solutions souvent par la prise en considération de la notion d'apparence: « *parce qu'il tend à la sauvegarde de l'ordre extérieur, le droit pénal a pour fonction propre de s'attaquer à toutes les manifestations extérieures d'activités qui seraient susceptibles de le troubler* »[1258].

B. Le pouvoir de qualification

328. Autorités compétentes pour qualifier les faits. La qualification pénale des faits est un pouvoir confié à toutes les juridictions répressives. En vertu d'une jurisprudence constante, les juridictions d'instruction et les juridictions de jugement ont non seulement le droit, mais également le devoir de vérifier l'exactitude de la qualification des faits visés dans l'acte qui les saisit[1259].

1253 Crim., 25 nov. 1927, *S.*, 1929.1.153, note Roux.
1254 Crim., 9 oct. 1940, *S.*, 1942.1.49 ; crim., 3 mal 1939, *Gaz pal*, 1939.2.247 (chèque non daté); T. corr. Aubusson, 9 fev. 1951, *S.*, 1952.2.17.
1255 Crim., 25 mai 1956, *Bull. crim.* n° 382, *JCP*, 1956.11. 9413.
1256 Crim., 25 nov. 1927, *S.*, 1929.1.153, note Roux; crim., 8 mai 1937, *Gaz. pal.* 1937.2.265; Crim., 18 janv. 1950, *S.*, 1950.1.193, note Légal; crim., 20 oct. 1954, *JCP*, 1954 11.8398; Montpellier, 7 fév. 1951, *JCP*, 1951.11.6347, note Magnol ; T. corr. Seme, 20 dec. 1962, *JCP*, 1964.1I.13480, note de Lestang.
1257 Sur la bigamie, V. P. DECHEIX, Bigamie, *Juris-class. pén.*, art. 433-20, 1997 ; Ph. BONFILS et E. GALLARDO, « Bigamie », *Rép. dr. pén. poc. pén.* Dallaoz, 2019.
1258 M. VASSEUR, « Des effets en droit pénal des actes nuls ou illégaux d'après les autres disciplines », *RSC* 1951, n° 1, p. 32 et s.
1259 Cass. crim., 11 juin 1990, n° 89-80.467, *Jurisdata* n° 1990-002376 ; *Bull. crim.* 1990, n° 238.

Il doit être retenue la qualification qui correspond le plus exactement aux faits de l'espèce[1260], ce qui autorise le juge non seulement à examiner les faits au regard de toutes les qualifications possibles, mais encore à procéder à une requalification, à la condition de rester dans la limite des faits objets de sa saisine (sous peine de dénaturation)[1261].

329. Procureur de la République. Le procureur de la République et la partie civile, lorsqu'elle saisit elle-même le tribunal correctionnel ou le tribunal de police, attribuent une qualification aux faits qu'il défère aux juridictions répressives.

La Cour d'Appel de Dakar a déjà eu l'occasion de juger, dans un arrêt rendu le 14 novembre 2001,[1262] « *qu'il appartient au ministère public d'examiner la légalité des poursuites et qu'à cet égard il doit s'assurer que toutes les conditions permettant de faire condamner les prévenus sont vraisemblablement réunies, que l'infraction qu'il poursuit paraît bien exister et que la responsabilité pénale de la ou des personnes prévenues est engagée ;*

Qu'il appartient au ministère public de voir sous le coup de quelle disposition précise de la loi tombent les faits ; Qu'en plus, étant maître des poursuites le ministère public doit vérifier si les éléments constitutifs du délit qu'il poursuit se trouvent réunis et que les poursuites revêtent une suffisante légalité ».

330. Juge d'instruction. Le pouvoir du juge d'instruction de qualifier et de modifier les qualifications précédemment adoptées, résulte du fait qu'il est saisi *in rem,* c'est-à-dire qu'il est chargé d'instruire sur un fait matériel donné, à lui déféré par le procureur de la République ou par la partie civile au moyen d'une plainte avec constitution de partie civile.

Les faits objet des poursuites, qui délimitent le champ d'action du magistrat instructeur et son substrat matériel se déduisent non pas exclusivement de l'acte de saisine et de la qualification qui y est retenue, mais ensemble de l'acte de saisine et des pièces qui y sont jointes[1263]. D'ailleurs,

---

[1260] Crim. 30 janv. 1989, *Bull. crim.* n° 33.
[1261] Crim. 16 déc. 1997, n° 96-82.509 , *Bull. crim.* n° 428.
[1262] CA Dakar ch. corr. n° 790 du 14 novembre 2001, MP et A. D. c/ L. L. L. et autres, *inédit.*
[1263] ND. FALL, op. cit., p. 228.

dans la pratique des parquets, il est visé dans le réquisitoire introductif les pièces qui y sont jointes.

Ces faits tels que découlant de l'acte de saisine et des pièces jointes ne coïncident pas nécessairement avec l'incrimination visée. En effet, outre qu'un même fait peut être susceptible de plusieurs qualifications différentes, le choix d'une incrimination particulière implique un tri dans le foisonnement des infractions prévues par le législateur.

La chambre d'accusation de la Cour d'Appel de Dakar a jugé, dans un arrêt rendu le 13 août 2014[1264], que « *le juge d'instruction saisi in rem vérifie conformément au principe de légalité dans un premier temps si les faits relèvent d'une disposition légale et choisit dans un second temps parmi les qualifications, celle qui est à même de s'appliquer à l'espèce* ». Dès lors, la cour en a conclu qu'en retenant souverainement le délit d'escroquerie portant sur les deniers publics, le magistrat instructeur est lié par les dispositions pertinentes de l'article 140 du CPP. Ainsi, en ne cautionnant pas l'intégralité du montant présumé détourné et en ne remboursant pas ledit montant, l'inculpé n'a pas satisfait aux exigences posées par le texte susvisé.

Dans les limites de ce fait initial, le juge a de très larges pouvoirs pour rechercher les preuves, inculper toute personne et modifier librement la qualification initiale donnée au fait par le parquet. Par exemple, saisi d'un vol commis par A ... , le juge d'instruction peut inculper en outre B ... et C ... , donner aux faits la qualification d'escroquerie s'il découvre que l'appropriation reprochée résulte de l'emploi de manœuvres frauduleuses plutôt que d'une soustraction frauduleuse ou celle de vol qualifié si l'information révèle la présence de certaines circonstances aggravantes (escalade, réunion, usage de fausses clés, etc.).

331. Chambre d'accusation. Quant à la chambre d'accusation, elle est saisie à la fois *in rem et in personam*, mais elle n'est pas liée par les qualifications retenues par le parquet et par le magistrat instructeur; elle peut les modifier, fût-ce dans le sens de la sévérité.

Il faut toutefois préciser que la chambre d'accusation n'est pas totalement prisonnière de sa saisine *in rem* et *in personam*. Le Code de procédure pénale

---

[1264] CA Dakar ch. acc. n° 92 du 13 août 2014, MP c/ P. S. B., *inédit* ; dans le même sens V. CA Dakar ch. acc. n° 204 du 23 août 2012, MP c/ M. B. S. , *inédit*

lui permet, notamment par la voie l'évocation, de statuer sur des faits qui ne lui étaient pas soumis ou à l'égard d'individus qui n'étaient pas renvoyés devant elle.

En effet, en vertu de l'article 200, alinéa 2 du CPP, lorsque, en toute autre matière, la chambre d'accusation infirme une ordonnance du juge d'instruction, elle peut évoquer. La chambre d'accusation peut donc modifier la prévention, ce qui témoigne de son caractère souverain en matière d'instruction.

Dans une espèce, la chambre d'accusation de la Cour d'Appel de Dakar avait déclaré irrecevable l'appel formé contre les dispositions d'une ordonnance du juge d'instruction qui avait refusé de prononcer un non-lieu et infirmé les dispositions de la même ordonnance qui avaient rejeté la demande de mise en liberté provisoire que l'inculpé avait formulée.

Elle avait ensuite disqualifié le délit de complicité d'importation sans déclaration prévue à l' article 294 du Code des Douanes reproché à l'inculpé en la contravention prévue à l'alinéa 2 de l'article 304 du même code. Par un arrêt rendu le 06 avril 1993, la défunte Cour de Cassation a cassé et annulé l'arrêt de la chambre d'accusation au motif « *qu'en procédant à une disqualification des faits alors qu'elle devait uniquement statuer sur les mérites des dispositions de l'ordonnance relative à la détention provisoire et se borner à les confirmer ou les infirmer, la chambre d'accusation a violé les dispositions de l'article 200 du CPP* »[1265].

332. Juridiction de jugement. Il résulte de l'article 376 du CPP que le tribunal correctionnel est saisi des infractions de sa compétence soit par le renvoi qui lui est fait par la juridiction d'instruction, soit par la comparution volontaire des parties, soit par la citation délivrée directement au prévenu et aux personnes civilement responsables de l'infraction, soit enfin par application de la procédure de flagrant délit.

Les juridictions de jugement sont saisies par le ministère public ou par la partie civile, à la fois *in rem* et *in personam* ; elles n'ont pas un pouvoir d'auto-saisine, sauf pour les infractions commises à l'audience. Elles ne

[1265] C. cass. n° 25 du 06 avril 1993, l'Adm. des Douanes c/ M. Y., *inédit*.

peuvent donc statuer que sur les faits portés devant elles et à l'égard seulement des individus auxquels ces faits sont imputés.

Cette règle est moins impérative devant la chambre criminelle. En effet, selon l'article 297 du CPP, lorsqu'au cours des débats des charges sont relevées contre l'accusé à raison d'autres faits et lorsque le ministère public a fait réserves aux fins de poursuites, le président de la chambre criminelle ordonne que l'accusé acquitté soit conduit sans délai, par la force publique, devant le procureur de la République près le tribunal de grande instance territorialement compétent qui doit immédiatement requérir l'ouverture d'une information.

Les juridictions répressives ne sont pas, sauf exception, liées par la qualification qui leur est proposée. En effet, toute juridiction pénale a le droit et le devoir d'examiner la qualification du fait qui lui est soumis et au besoin de la modifier, lorsque celle-ci parait inexacte. Ce pouvoir d'appréciation est indispensable, puisqu'il permet de vérifier si le fait dont il s'agit entre bien dans la compétence de l'autorité saisie[1266].

Dans une espèce, le prévenu a été poursuivi sur le fondement de l'article 423 CP, qui punit les actes d'occupation ou de culture illégale d'un terrain appartenant à autrui.

Mais la Cour d'Appel de Dakar a considéré que l'article 423 du CP visé par le maître des poursuites résulte d'une erreur qui ne saurait influer sur la régularité de la procédure. Le juge d'appel a jugé dès lors qu'il « *a le pouvoir de restituer aux faits leur réelle qualification et d'appliquer le texte de loi conforme* », en appliquant aux faits de la poursuite l'article 409 du CP incriminant la conclusion d'une convention sur un terrain du domaine national[1267].

[1266] Crim., 12 mars et 16 déc. 1958, *Bull. crim.* n° 241 et 745 ; crim. 16 déc. 1959, *Bull. crim.* n° 557 ; crim. 21 mai 1968, *Bull. crim.* n° 165; crim. 6 fév. 1969, *Bull. crim.* n° 67; crim. 7 juin 1969, *Bull. crim.* n° 191 ; crim. 22 juill, 1970, *Bull. crim.* n° 244; crim. 20 oct. 1980, *Bull. crim.* n° 277 ; crim. 13 mars et crim. 15 juin 1984, *Bull. crim.* n° 104 et 226 ; crim. 6 fév. 1985, *Bull. crim.* n° 65; crim. 10 fév. et 25 nov. 1986, *Bull. crim.* n° 64 et 353; crim. 21 juin et 14 nov. 1989, *Bull. crim.* n° 257 et 416; crim. 11 juin 1990, *Bull. crim.* n° 238 ; crim. 25 avr. 1992, *Bull. crim.* n° 178 ; crim. 22 juin 1994, *Bull. crim.* n° 248.

[1267] CA Dakar, ch. corr. n° 51 du 17 mai 2017, MP et A. S. rep. F. D. Th. c/ S. D., *inédit*.

333. Principe de la liberté de qualification. Les juridictions d'instruction et les juridictions de jugement qualifient librement les faits dont elles sont saisies.

Elles ne sont donc pas liées par la qualification donnée aux faits par l'acte qui les saisit[1268]. Poser une étiquette légale sur un fait infractionnel est une opération qui relève de la liberté du juge et qui doit répondre à un principe devant guider sa démarche: il s'agit de la nécessité de restituer aux faits leur exacte qualification, c'est-à-dire celle qui recouvre le plus précisément ces faits, en application du principe de légalité criminelle[1269].

Le juge est donc libre de retenir la qualification la plus adaptée, dans les limites de sa saisine. Néanmoins, cette liberté doit être lue à la lumière du principe de légalité qui exige du juge qu'il restitue aux faits leur véritable qualification. En d'autres termes, cette liberté comporte un certain nombre de devoirs, à commencer par celui de « *restituer à la poursuite sa qualification véritable* »[1270].

En conséquence, le juge doit effectuer une recherche exhaustive de la qualification pénale des faits[1271]. Ce faisant, il est amené à envisager toutes les qualifications possibles des faits qui lui sont soumis[1272], afin de retenir celle qui paraît la plus appropriée (ou la seule envisageable), le magistrat n'étant alors autorisé à prononcer une relaxe que si aucune qualification pénale ne peut être retenue. Il s'ensuit que, si une nouvelle qualification apparaît comme plus adéquate, le juge devra procéder à la requalification des faits.

Le pouvoir de qualification, qui emporte le devoir de vérifier l'exactitude de la qualification associée à la liberté de qualification, emporte également le pouvoir pour les juridictions répressives de requalifier les faits portés à leur

---

[1268] En ce sens, V. C. DIAKHOUMPA, *Traité théorique et pratique de procédure pénale. Tome I : la phase préparatoire du procès pénal*, 3e édition, 2022, p. 385.
[1269] E. GAILLARDO-GONGGRIP, *La qualification pénale des faits*, Paris, PUAM, 2013, p. 111. F. FOURMENT, « Faire et défaire les qualifications, c'est toujours qualifier », *Gaz. pal.* 2020, p.87.
[1270] Crim. 29 oct. 1996, n° 96-80.701, *Bull. crim.* n° 378 ; *Dr. pén.* 1997. Comm. 17, obs. Véron.
[1271] E. GALLARDO-GONGGRYP, thèse préc., n° 202, p. 145.
[1272] Crim. 23 avr. 1992, n° 90-85.662, *Bull. crim.* n° 178; Crim. 23 janv. 2001, n° 00-80.562 , *Bull. crim.* n° 18; Crim. 11 mai 2006, n° 05-85.637, *Bull. crim.* n° 131; Crim. 9 mai 2007, Juris-Data n° 039365; Crim. 5 déc. 2007, n° 07-81.943; crim. 6 févr. 2008, *Juris-Data* n° 043090; crim. 10 févr. 2009, n° 08-80.679, *Bull. crim.* n° 33

connaissance dans l'acte qui les saisit[1273]. C'est dire que la qualification peut évoluer au cours de la procédure.

334. Contrôle de la qualification pénale des faits. Il faut préciser que l'opération de qualification pénale, qui est de lourdes conséquences juridiques, est soumise au contrôle de la juridiction de cassation, à savoir la Cour suprême au Sénégal.

Mais depuis le début du XIXe siècle, la chambre criminelle de la Cour de cassation française a consacré la théorie dite de la peine justifiée[1274]. En effet elle a adopté une position prétorienne selon laquelle elle peut rejeter les pourvois formés devant elle pour des décisions rendues sur le fond, même si les décisions déférées sont erronées, du moment que l'erreur de droit commise n'a pas eu d'incidence sur la peine prononcée.

Elle a estimé, en effet, que la peine qui est prononcée par la décision annulable étant la même que celle qui aurait pu l'être, sans l'erreur de droit commise, la décision critiquée n'a pas porté préjudice au plaignant qui n'a donc pas intérêt à agir. Ainsi, une condamnation à un an d'emprisonnement pour escroquerie est justifiée même si les faits constituent un vol car la peine d'un an aurait pu être prononcée pour la qualification correcte[1275]. La Cour de Cassation se borne donc, dans ce cas, à redresser l'erreur commise et à rejeter le pourvoi sans cassation ni renvoi.

Cette jurisprudence est fondée sur les dispositions de l'article 598 du CPP français reprises par l'article 561 du CPP du Sénégal. Selon ce texte, lorsque

---

1273 Cass. crim., 22 avr. 1986, *Bull. crim.* 1986, n° 136; cass. crim., 21 juin 1989, *Bull. crim.* 1989, n° 267; cass. crim., 15 mars 1994, *Bull. crim.* 1994, n° 97; cass. crim., 22 nov. 1994 : *Bull. crim.* 1994, n° 370; cass. crim., 23 janv. 1995, *Bull. crim.* 1995, n° 28; cass. crim., 18 déc. 1996, *Bull. crim.* 1996, n° 477; cass. crim., 13 févr. 1997, *Bull. crim.* 1997, n° 63; cass. crim., 22 mars 2000, n° 98-87.496, JurisData n° 2000-001827 ; *Bull. crim.* 2000, n° 133; cass. crim., 27 avr. 2000, n° 99-83.648, *JurisData* n° 2000-002267 ; *Bull. crim.* 2000, n° 171; cass. crim., 16 mai 2001, n° 00-85.066, *JurisData* n° 2001-009788 ; *Bull. crim.* 2001, n° 128; cass. crim., 12 sept. 2001, n° 00-86.493, *JurisData* n° 2001-011245 ; *Bull. crim.* 2001, n° 177; cass. crim., 17 oct. 2001, n° 01-81.988, *JurisData* n° 2001-011589 ; *Bull. crim.* 2001, n° 213; cass. crim., 5 mars 2003, n° 01-87.045, *JurisData* n° 2003-018407 ; *Bull. crim.* 2003, n° 60.

1274 M. PATIN, *Essai sur la peine justifiée*, thèse, Paris, 1936 ; J. AUDIER, « Le biais de la peine justifiée», *RSC* 1978, p. 554 ; J-M. ROBERT, « La peine justifiée dans la chambre criminelle et sa jurisprudence », *Recueil d'études en hommage à la mémoire de Maurice Patin*, p. 667 et s.

1275 Cass. crim., 19 janv. 1901, *D.* 1905, 1, 55 ; cass. crim., 25 mars 1927, *D.H.* 1927, p. 287 ; cass. crim., 1er oct. 1984, *D.* 1985, jurispr., p. 380, note Fenaux ; cass. crim., 15 juin 2000, n° 99-84.171, *JurisData* n° 2000-003128 ; *Bull crim.* n° 227 ; cass. crim., 24 oct. 1956, préc., n° 31 ; cass. crim., 30 janv. 1979, *D.* 1979, IR 301.

la peine prononcée est la même que celle portée par la loi qui s'applique à l'infraction, nul ne peut demander l'annulation de l'arrêt sous le prétexte qu'il y aurait erreur dans la citation du texte de la loi.

Pris au pied de la lettre, ce texte n'envisage que l'erreur matérielle commise dans la citation de la loi (remplacement d'un numéro d'article par un autre) et non les erreurs de fond.

Cependant, la chambre criminelle de la Cour de Cassation française ne s'en est jamais tenue à cette hypothèse. Elle rejette, en effet, non seulement les erreurs de citation de textes, mais aussi les erreurs de qualification qui ont profité à la personne poursuivie en lui faisant infliger une peine inférieure à celle encourue sur la qualification exacte.

Elle a aussi refusé de censurer un cumul de qualifications en présence d'un seul fait en recourant à la théorie de la peine justifiée. En effet, lorsqu'un seul fait conduit à ce que plusieurs qualifications soient retenues, la théorie de la peine justifiée, fondée sur la thèse de l'erreur causale, consiste à relever dans les motifs le caractère erroné d'un tel cumul, mais sans que cela ait d'incidences sur le dispositif et donc sur le sens de la décision.

En effet, le résultat aurait, de toute façon, été identique. En réalité, l'intérêt de censurer pour renvoyer l'affaire devant les juges du fond, alors que la condamnation était acquise, devient très relatif[1276]. La cassation est encourue cependant si la qualification retenue lèse l'intérêt du condamné ou portait atteinte au droit de la défense du condamné.

Il semble toutefois qu'en France, la théorie de la peine justifiée soit en voie de tomber en désuétude pour ce qui est de l'enjeu de la qualification pénale idoine[1277]. En effet, aucune décision n'y a recouru depuis 2009[1278].

335. Évolution de la qualification : liberté de requalification. La qualification n'est pas fixée irrémédiablement dès l'acte de saisine. Le juge

---

1276 J. et L. BORE, *La cassation en matière pénale*, Paris, Dalloz Action, 4e éd., 2018-2019, n° 113-52.
1277 L. BORE, « Feu la peine justifiée ? », *D.* 2011, p. 251 ; M.-L. RASSAT, « Pourvoi en cassation - Mort de la théorie de la peine justifiée ? », *Dr. pén.* n° 3, mars 2019, étude 9.
1278 Cass. crim., 19 mai 2009, n° 08-87.145.

pénal étant saisi *in rem,* il est saisi de faits et non d'une qualification[1279]. Partant, il est donc libre de requalifier les faits[1280].

Dans la pratique judiciaire, on parle de disqualification, lorsque le juge pénal écarte le rattachement d'un fait délictueux à une catégorie d'infraction grave (meurtre) pour opérer son rattachement à une catégorie moins grave (coups mortels). Le terme « *requalification* » est réservé à l'hypothèse inverse consistant à retenir une qualification plus grave.

De plus, compte tenu de l'importance que revêt la qualification et du souci de déterminer celle qui est la plus adaptée, il est du devoir du juge de requalifier les faits qui lui sont soumis, si la qualification retenue ne lui paraît pas adaptée, quitte à se déclarer incompétent[1281].

La chambre d'Accusation de la Cour d'Appel de Dakar a déjà jugé que « *le juge d'instruction peut qualifier librement les faits... les inculpations sont purement indicatives...le juge saisi d'un fait et non d'une infraction déterminée a le pouvoir et même le devoir, si les circonstances le justifient, de substituer une autre qualification à la qualification initiale... même s'il faut éviter les disqualifications in limine litis...* »[1282].

Dans un autre arrêt rendu le 13 avril 2015[1283], la chambre correctionnelle de la Cour d'Appel de Dakar a jugé que la disqualification s'impose même au juge « *qui est tenue de donner aux faits leur véritable qualification (articles 503 et suivants CPP)* ». À cet égard, selon la chambre criminelle de la Cour suprême « *la cour d'appel, à l'instar des juges de première instance, est saisie in rem ; Qu'elle n'est pas tenue en conséquence de se limiter à la qualification retenue dans l'acte de saisine initiale lorsqu'au cours des débats les faits admettent une autre qualification* »[1284].

1279 Sur ce point, S. GUINCHARD et BUISSON, *Procédure pénale*, Paris, coll. Manuels, Litec, 9e éd., 2013, n° 1802, p. 1086.

1280 Chr. GUÉRY, « De la difficulté pour le juge pénal d'appeler un chat un chat [requalification stricte ou élargie : devoirs et pouvoirs du tribunal correctionnel] », *Dr. pén.* 2005. étude 6, n° 19, p. 8 ; Chr. GUERY, « Aux confins du droit et de la procédure pénale : la relative liberté de qualification du juge d'instruction », *D.* 1996, p. 335.

1281 Crim. 22 mai 1996, n° 95-84.899, *Bull. crim.* n°212.

1282 CA Dakar, ch. acc. n° 39 du 15 février 1996, MP c/ P. G et S., *inédit* ; CA Dakar, ch. acc. n° 38 du 20 février 1997, MP c/ B/ MB. et S. B., *inédit.*

1283 CA Dakar, ch. corr. n° 541 du 13 avril 2015, MP et M. A. H. c/ H. C., *inédit.*

1284 CS ch. crim. n°34 du 16 août 2018, C. S. T. et autres c/ la Société Ressort Company Invest dite RCI «Café de Rome», *inédit.*

336. Conditions de la liberté de requalification. Mais la liberté de requalification pénale des faits est enfermée dans des conditions assez strictes.

La première limite résulte de la saisine « *in rem* ». En effet, en raison du principe de la séparation des fonctions de poursuite, d'instruction et de jugement, les juridictions d'instruction et les juridictions de jugement ne peuvent s'autosaisir. Ce principe, gage de l'indépendance et de l'impartialité du juge répressif, implique les juridictions répressives ne peuvent donc qualifier que les faits, et uniquement les faits, dont elles sont saisies[1285].

Lorsqu'ils usent de leur pouvoir de requalification, « *c'est à la condition qu'il ne soit rien ajouté aux faits de la prévention et que ceux-ci restent tels qu'ils ont été retenus dans l'acte de saisine*»[1286]. Comme la Cour de Cassation française a eu l'occasion de l'affirmer, « *si le juge répressif a le pouvoir et le devoir de restituer à la poursuite sa qualification véritable, y compris lorsqu'il statue sur la seule action civile, c'est à la condition qu'il puise les éléments de sa décision dans les faits même dont il est saisi* »[1287].

Ainsi, si au cours de l'information, le juge d'instruction découvre des faits nouveaux imputables à un inculpé, mais non visés dans l'acte de saisine, il doit, conformément à l'article 71, alinéa 6 du CPP, communiquer au procureur de la République les plaintes ou les procès-verbaux qui les constatent.

Le procureur de la République ainsi informé est libre d'étendre la saisine du juge d'instruction à ces faits nouveaux par un réquisitoire supplétif ou de saisir un autre juge si les faits nouveaux lui semblent revêtir une spécificité qui justifie un traitement séparé ou enfin de procéder à un classement sans suite s'il estime les poursuites inopportunes.

Les faits nouveaux qui appellent une habilitation supplémentaire pour informer peuvent apparaître sous une qualification juridique distincte ou

---

[1285] ND. FALL, op. cit., p. 130.

[1286] Cass. crim., 22 avr. 1986, *Bull. crim.* 1986, n° 136; Cass. crim., 3 oct. 1989, *Bull. crim.* 1989, n° 335; Cass. crim., 23 janv. 1995, n° 94-80.897, *JurisData* n° 1995-004340 ; *Bull. crim.* 1995, n°28; Cass. crim., 18 déc. 1996, n° 96-82.083, *JurisData* n° 1996-005390 ; *Bull. crim.* 1996, n°477 ; adde C. GUERY, « Aux confins du droit de la procédure pénale : la relative liberté de qualification du juge d'instruction », *D.* 1996, chron. p. 335.

[1287] Crim. 18 oct. 1995, n° 94-83.119, *Bull. crim.* n° 312.

se présenter comme une réitération de la même infraction visée dans l'acte de saisine.

La Cour suprême a entendu être très explicite sur la portée de la saisine *in rem* du magistrat instructeur, dans un arrêt rendu le 28 décembre 1988[1288] : « *il résulte de l'article 71 du CPP que le juge d'instruction, effectivement saisi in rem, ne doit instruire que sur les fats qui lui sont déférés par le réquisitoire introductif du parquet.*

Il peut, par contre, leur donner une qualification différente de celle visée audit réquisitoire et inculper toute personne ayant pris part, comme auteur ou complice auxdits faits, sans avoir à rendre une quelconque décision...Ce n'est qu'en cas de connaissance de faits non visés au réquisitoire que le juge d'instruction doit communiquer au procureur de la République les procès-verbaux qui les constatent, l'article 73 du CPP offrant par ailleurs à ce dernier la possibilité de se faire communiquer la procédure aux fins de nouvelles réquisitions qui, si elles ne sont pas suivies par le juge d'instruction, obligent ce dernier à rendre une ordonnance motivée ».

Par exemple, à l'occasion d'une information ouverte pour vol, on peut citer la découverte de faits nouveaux constitutifs d'autres vols ou d'autres infractions commises dans des circonstances ignorées au moment de la saisine du juge.

En outre, il est interdit à la juridiction saisie de modifier la prévention, c'est-à-dire de statuer sur des faits autres que ceux dont elle est saisie ; c'est la conséquence du principe selon lequel une juridiction répressive ne peut pas, sauf exception législative, se saisir elle-même d'une infraction pour la juger.

Quand il modifie la qualification d'un fait, le juge doit donc prendre garde de ne pas modifier en même temps la prévention, c'est-à-dire de ne pas englober, sous le couvert de la nouvelle qualification, des faits qui ne lui avaient pas été soumis[1289].

La seconde limite est liée au principe du respect des droits de la défense. Jusqu'à la condamnation de la France par la Cour européenne des droits de

---

[1288] CS, n° 93 du 28 décembre 1988, MP c/ J. S.C, *Rev. sén. dr. pén.* n° 1, 1996. p 36 et s.
[1289] Crim. 5 mars 1968, *Gaz. pal.* 1968.2.177.

l'homme, la portée conférée à ce principe est demeurée étroite, la chambre criminelle de la Cour de Cassation ne l'imposant qu'à propos de la prise en considération d'une circonstance aggravante non visée à la prévention[1290].

L'attitude restrictive de la chambre criminelle de la Cour de Cassation française a été condamnée par la Cour européenne des droits de l'homme au motif essentiel que « *l'article 6, § 3, a), de la Convention européenne de sauvegarde des droits de l'homme et des libertés fondamentales reconnaît à l'accusé le droit d'être informé non seulement de la cause de l'accusation, c'est-à-dire des faits matériels qui sont mis à sa charge et sur lesquels se fonde l'accusation, mais aussi de la qualification juridique donnée à ces faits et ce [...] de manière détaillée* »[1291].

En effet, la requalification modifie diamétralement la défense de la personne poursuivie et il est une condition du droit à un procès équitable que celle-ci soit régulièrement informée et amenée à discuter de la nouvelle qualification[1292].

Désormais, la chambre criminelle énonce, sous le visa des articles 388 du Code de procédure pénale français et 6, § 1 de la Convention européenne de sauvegarde des droits de l'homme et des libertés fondamentales ainsi que de l'article préliminaire du Code de procédure pénale que « *s'il appartient aux juges répressifs de restituer aux faits dont ils sont saisis leur véritable qualification, c'est à la condition que les prévenus aient été mis en mesure de se défendre sur la nouvelle qualification proposée* »[1293].

1290 Cass. crim., 5 déc. 1978, *D.* 1979, p. 50 note Kehrig; Cass. crim., 22 juin 1983, *Bull. crim.* 1983, n° 193; Cass. crim., 2 juill. 1991, *Bull. crim.* 1991, n ° 290; Cass. crim., 20 mars 1996, *Bull. crim.* 1996, n° 123; Cass. crim., 3 avr. 1996, *Bull. crim.* 1996, n° 154; Cass. crim., 17 déc. 1997, *Bull. crim.* 1997, n° 434; Cass. crim., 4 mars 1998, *Bull. crim.* 1998, n° 85; Cass. crim., 21 nov. 1998, *Bull. crim.* 1998, n° 347; Cass. crim., 21 nov. 2000, n° 00-80.616, *Jurisdata* n° 2000-007525 ; *Bull. crim.* 2000, n° 347

1291 CEDH, 25 mars 1999, *D.* 2000, note D. Roets ; *RTDH* 2000, p. 281, note T. Massis et G. Flécheux.

1292 Ph. BONFILS et E. GALLARDO, « Concours d'infractions », *Rép. dr. pén. proc, pén.* Dalloz, 2015, n° 26.

1293 Cass. crim., 5 mars 2003, n° 01-87.045, *JurisData* n° 2003-018407 ; *Bull. crim.* 2003, n° 60 ; *Dr. pén.* 2003, comm. 81; Cass. crim., 4 nov. 2003, n° 03-80.838, *Juris-Data* n° 2003-021329 ; *D.* 2004, p. 673, note J. Pradel ; *Procédures* 2004, comm. 38; adde Cass. crim., 23 janv. 2001, n° 00-80.562, *JurisData* n° 2001-008883 ; *Bull. crim.* 2001, n° 18 ; D. 2002, somm. p. 1131, obs. S. Durrande ; *RTD* com. 2001, p. 794, obs. B. Bouloc; Cass. crim., 16 mai 2001, n° 00-85.066, *JurisData* n° 2001-009788 ; *Bull. crim.* 2001, n° 128 ; *D.* 2002, p. 31 note B. Lapérou-Scheneider ; *JCP* G 2001, I, 346, obs. A. Maron ; *RSC* 2004, p. 821, obs. J.-F. Renucci; Cass. crim., 12 sept. 2001, n° 00-86.493, *JurisData* n° 2001-011245 ; *Bull. crim.* 2001, n° 177 ; *D.* 2002, somm., p.

Au Sénégal, on retrouve cette solution dans la jurisprudence de la Cour d'Appel de Dakar. En effet, dans une espèce, des prévenus ont été poursuivis pour utilisation frauduleuse d'un réseau public ou privé de télécommunication, délit prévu et puni par l'ancien article 58 de la loi n° 2001-15 du 27 décembre 2001 portant Code des Télécommunications.

Le Tribunal de grande Instance de Diourbel a disqualifié les faits en vol de service et a condamné les prévenus à trois mois d'emprisonnement avec sursis et ordonné la confiscation du matériel saisi.

Dans un arrêt rendu le 18 mars 2013[1294], la Cour d'Appel de Dakar a jugé « *qu'en changeant d'office les faits d'utilisation frauduleuse d'un réseau de télécommunication public ou privé, pour retenir contre les prévenus le délit de vol de service, sans avoir mis les parties en position de discuter cette nouvelle prévention, le premier juge n'a pas respecté les règles fondamentales du procès pénal* ». Ainsi, la cour a infirmé, en toutes ses dispositions, le jugement d'instance en déchargeant les prévenus des condamnations prononcées contre eux et a ordonné la restitution du matériel saisi.

337. Effets du changement de qualification. Lorsque, par l'effet du changement de qualification, le fait demeure de la compétence normale de la juridiction saisie, celle-ci doit statuer sur ce fait ; il en est ainsi lorsque le délit de vol avec violence est disqualifié en délit d'escroquerie (compétence du tribunal de grande instance).

Par contre, si, le fait ressortit à la compétence d'une juridiction plus élevée dans la hiérarchie judiciaire, le tribunal saisi doit se déclarer incompétent et renvoyer l'affaire soit devant le procureur de la République.

Il en est ainsi lorsque le tribunal de simple police constate que le fait est, non une contravention, mais un délit de la compétence du tribunal correctionnel (par exemple, le vol en réunion) ou si le tribunal correctionnel constate que le fait est un crime (par exemple, un parricide). C'est ce qui ressort des dispositions de l'article 456 du CPP selon lesquelles si le fait déféré au tribunal correctionnel sous la qualification de délit est de nature à

1460, obs. J. Pradel; Cass. crim., 17 oct. 2001, *Bull. crim.* 2001, n° 213; Cass. crim., 16 oct. 2002, n° 01-83.936, *Jurisdata* n° 2002-016672 ; *Dr. pén.* 2003, comm. 28; Cass. crim., 3 mars 2004, *D.* 2004, inf. rap. p. 1213; Cass. crim., 26 oct. 2010, n° 09-87.671, *JurisData* n° 2010-022001.

[1294] CA Dakar, ch. corr. n° 378 du 18 mars 2013, MP et M. T. c/ A. D. et autres, *inédit*.

entraîner une peine criminelle, le tribunal renvoie le ministère public à se pourvoir ainsi qu'il avisera. Il peut, le ministère public entendu, décerner, par la même décision, un mandat de dépôt ou d'arrêt contre le prévenu.

Lorsque la disqualification donne au fait une nature moins grave que celle qu'il avait initialement (par exemple, un crime, qui devient délit), si la juridiction saisie est la chambre criminelle, elle demeure compétente et devra statuer sur la qualification nouvelle correctionnelle. C'est certainement pourquoi l'article 294 du CPP prévoit que la chambre criminelle peut prononcer une peine correctionnelle et peut ordonner qu'il soit sursis à l'exécution de ladite peine.

Si le tribunal correctionnel, régulièrement saisi d'un fait qualifié délit par la loi, estime, au résultat des débats, que ce fait ne constitue qu'une contravention, il prononce la peine et statue, s'il y a lieu, sur l'action civile[1295].

338. Exceptions à la liberté de requalification. Toutefois, le pouvoir de requalification des juridictions répressives comporte deux dérogations majeures.

En premier lieu, en matière d'infraction commises par tous moyens de diffusion publique, aux termes de l'article 621 du CPP : « *si le ministère public requiert une information, il sera tenu dans son réquisitoire d'articuler et de qualifier les provocations, outrages, diffamations et injures, à raison desquels la poursuite est intentée, avec indication des textes dont l'application est demandée à peine de nullité du réquisitoire de ladite poursuite* ».

En outre, selon l'article 624 du CPP, la citation précisera et qualifiera le fait incriminé, elle indiquera le texte de loi applicable à la poursuite. Ainsi, l'acte qui met en mouvement les poursuites doit articuler et qualifier les faits incriminés[1296].

L'articulation des faits consiste dans l'énonciation nette et précise des faits objet de la poursuite, avec leur localisation dans le temps et dans l'espace, et

---

[1295] V. art. 453 du CPP.

[1296] R. MERLE et A. VITU, *Traité de droit criminel. Droit pénal spécial*, Paris, Cujas, 1981, t. 1, par A. Vitu, p. 1255, n° 1589.

avec les circonstances qui impriment à ces faits les caractères constitutifs d'une infraction déterminée.

La jurisprudence de la chambre criminelle de la Cour de Cassation française en a déduit un principe de « *cristallisation de la qualification d'origine* »[1297]. En effet, en matière de presse, la qualification est irrévocablement fixée par le réquisitoire introductif[1298]. Aucun changement n'est permis en direction d'une autre infraction de presse, sauf s'il s'avère que l'élément de publicité fait défaut : en ce cas, il est permis et même prescrit aux juges de retenir la contravention correspondante[1299].

En d'autres termes, les juridictions répressives ont le droit de substituer à une qualification visée par la loi de 1881 sur la liberté de la presse, une qualification de droit commun (remplacer une diffamation par une dénonciation calomnieuse), mais qu'il leur est interdit de permuter entre elles deux qualifications visées par cette loi (remplacer une injure publique par une diffamation) ou de substituer à une qualification de droit commun une qualification prévue par la loi 1881[1300] (remplacer un outrage à agent public par une injure publique)[1301].

Cette interdiction de principe des requalifications en matière d'infractions commises par tous moyens de diffusion publique n'est inscrite, en tant que telle, nulle part dans le Code pénal. Elle résulte de la particularité des actes initiant les poursuites pénales. C'est ainsi que l'on peut lire sous la plume des juges de cassation français : « *qu'en matière de délits de presse, l'acte initial de poursuite fixant définitivement et irrévocablement la nature et l'étendue de la poursuite quant aux faits et à leur qualification, la juridiction de jugement ne peut prononcer aucun changement de qualification sur le rapport de la loi sur la presse, et doit statuer sur la prévention telle qu'elle résulte de cet acte* »[1302].

[1297] W. JEANDIDIER, op. cit., n° 192.

[1298] Crim. 12 janv. 1956, *Bull. crim.* n° 53; crim. 12 juin 1956, *Bull. crim.* n° 458; crim. 10 oct. 1963, *Bull. crim.* n° 279.

[1299] Crim. 21 févr. 1995, *Bull. crim.*, n° 76; crim. 8 avr. 2008, n° 07-87.226, *Bull. crim.* n° 94.

[1300] Cass. crim., 18 nov. 1975, *Bull. crim.*, n° 250; cass. crim., 25 sept. 1991, n° 90-83.140, *JurisData* n° 1991-003717 ; *Bull. crim.* 1991, n° 319.

[1301] Cass. crim., 6 févr. 1990, n° 88-86.436, *Jurisdata* n° 1990-700875 ; *Bull. crim.* 1990, n° 64; cass. crim., 4 janv. 1991, n° 90-81.872, *Jurisdata* n° 1991-700793 ; *Bull. crim.* 1991, n° 70; Cass. crim., 7 avr. 1994, n° 91-86.115; *Jurisdata* n° 1994-001032 ; *Bull. crim.* 1994, n° 142

[1302] Cass. crim., 8 avr. 2014, n° 13-81.808 , *Jurisdata* n° 2014-006954.

Au Sénégal, dans une espèce, une cour d'appel avait décidé que constituaient une diffamation réprimée par l'article 261 du CP, les faits pour lesquels une personne avait fait l'objet de poursuite du chef de dénonciation calomnieuse.

Dans un arrêt rendu le 29 mai 1971[1303], la Cour suprême a jugé que « *ce changement de qualification a été opéré en violation des articles 621 et 624 du CPP selon lesquels, en matière d'infractions commises par tous moyens de diffusion publique, le réquisitoire et la citation doivent, à peine de nullité de la poursuite, d'une part, articuler et qualifier le fait incriminé, d'autre part, indiquer le texte de loi applicable* ».

Au-delà du formalisme, le fondement principal du principe d'interdiction de la requalification en matière d'infractions commises par tous moyens de diffusion publique réside dans la préservation de l'exception de vérité du fait diffamatoire, soumise à des conditions très précises. Si un outrage ou une injure était poursuivi, avant d'être requalifié de diffamation, le prévenu serait condamné sans pouvoir démontrer la véracité de ses propos[1304].

En deuxième lieu, la chambre criminelle de la Cour de Cassation française estime avec constance qu'une loi d'amnistie « *s'oppose à ce que les faits amnistiés reçoivent une qualification autre que celle qui leur avait été antérieurement donnée par la prévention et qui a été retenue dans un jugement* »[1305]. Cette exceptionnelle cristallisation des qualifications[1306] se comprend aisément puisqu'elle obéit à un souci parfaitement légitime d'éviter que les lois d'amnistie ne soient vidées de leur substance par d'habiles changements de qualification pénale des faits amnistiés[1307].

En troisième lieu, le pouvoir de qualification du ministère public est quelque peu limité en matière douanière. Il est évident que le procureur de la

---

[1303] CS n° 21 du 29 mai 1971, S. S. c/ MP et S. M. KH. G., *inédit*.

[1304] Mais force est de constater que cette justification ne vaut que pour le délit de diffamation.

[1305] Cass. crim., 11 févr. 1970, *Bull. crim.* 1970, n° 64 ; cass. crim., 22 juill. 1970, *Bull. crim.* 1970, n° 244; cass. crim., 20 mai 1976, *Bull. crim.* 1976, n° 171; cass. crim., 11 janv. 1990, *Bull. crim.* 1990, n° 21; cass. crim., 6 mars 1997, *Bull. crim.* 1997, n° 93 ; *Dr. pén.* 1997, comm. 96 ; crim. 26 sept. 2006, n° 05-86.619, *Bull. crim.* n° 235 ; *Act. jur. pén.* 2006. 504, obs. P. R. ; *RSC* 2007. 76, note Mayaud; crim. 31 oct. 2006, n° 06-80.083, *Bull. crim.* n° 262 ; *act. jur. pén.* 2007. 26, obs. Herzog-Evans.

[1306] Sur cette question, V. P. A. TOURÉ, *Droit pénal général sénégalais, tome 2 : la responsabilité pénale et la sanction pénale*, Dakar, l'Harmattan 2023, n° 531.

[1307] V. R. MEURISSE, « La cristallisation des qualifications et des peines et la loi d'amnistie », *RSC* 1950, p. 657 ; W. JEANDIDIER, op. cit., n° 279.

République ou son délégué, saisi d'une procédure en la matière, dispose de l'action publique en vue de l'application des peines.

Toutefois, l'article 322, alinéa 2 du Code des Douanes précise que « *dans la mise en œuvre de cette action, le magistrat du parquet retient comme base des poursuites à intenter la qualification des faits donnée par l'administration des douanes* ». Ce texte ajoute que dans tous les cas, le procureur de la République reste lié par la qualification faite par l'administration douanière.

PARAGRAPHE II : LES PROBLÈMES POSÉS PAR LES QUALIFICATIONS MULTIPLES

339. Pluralité de qualifications. Le problème du rattachement législatif d'une activité délictueuse par la qualification se complique singulièrement lorsque les agissements du délinquant sont, apparemment ou réellement, susceptibles de recevoir plusieurs qualifications distinctes[1308]. Cette situation peut résulter de qualifications incompatibles ou alternatives ou de véritables concours de qualifications.

A. Qualifications incompatibles et qualifications alternatives

340. Les qualifications incompatibles. Il arrive parfois qu'une infraction objectivement imputable à un délinquant soit la conséquence logique et en quelque sorte naturelle d'une première infraction avec laquelle elle se confond intimement, au point que l'on hésite à la retenir dans la poursuite[1309].

La logique juridique commande alors de ne retenir que la qualification initiale et d'ignorer les qualifications inhérentes à celle-ci. C'est ainsi que la chambre criminelle de la Cour de Cassation française a estimé que « *les faits incriminés, perpétrés dans le même but, constituaient une infraction unique*

1308 P. SERLOOTEN, « Les qualifications multiples », *RSC* 1973, p. 45 ; J. H. ROBERT, «L'instabilité des qualifications jurisprudentielles et doctrinales des peines secondaires », *Mélanges Larguier*, p. 241.

1309 R. MERLE et A. VITU, *Traité de droit criminel, t. 1, Droit pénal général*, 7e éd., 1997, Paris, Cujas, n° 390, p. 513 ; V. MALABAT, « Le champ inutile du droit pénal : les doubles incriminations », in *Le champ pénal, Mélanges en l'honneur du professeur Reynald Ottenhof*, Dalloz, Paris, 2006.

qui devait conserver à l'exclusion de toute autre, la qualification du délit initial d'importation sans déclaration »[1310].

Tel est le cas lorsqu'un individu, après avoir volontairement porté des coups et blessures à une personne s'abstient de porter secours à sa victime ou du voleur qui recèle les objets qu'il a frauduleusement soustraits. Poursuivra-t-on cumulativement pour omission de porter secours dans le premier cas et pour recel dans le second cas? Ou négligera-t-on cette deuxième qualification?

À première vue, des raisons de bon sens, et même de logique juridique, conduisent certains auteurs à penser que la deuxième qualification est incompatible avec la première. Ne serait-il pas paradoxal de reprocher au voleur d'avoir conservé le produit de son vol? Car s'il a volé c'est précisément pour s'approprier la chose et pour en profiter, et en le punissant pour le vol, on le punit donc implicitement pour le recel. Ne serait-il pas également absurde d'imputer un défaut d'assistance à l'auteur des violences?

Mais cette première solution n'est pas tout à fait satisfaisante. L'analyse des textes pénaux ne l'impose pas. En effet, l'article 49 du CP ne fait aucune distinction selon l'origine du péril et la personne en danger et l'article 430 du CP ne précise pas non plus que les choses recelées doivent avoir été enlevées ou détournées par une personne distincte du receleur[1311].

On pourrait aussi considérer que puisque les deux textes d'incrimination sont applicables, les deux qualifications pourraient être retenues, aucun obstacle dirimant ne s'opposant à un tel cumul. Dans ce sens, on pourrait considérer que l'auteur du vol a aggravé sa situation en conservant le produit de son vol ; il en est de même de l'auteur de coups et blessures volontaires qui omettrait de porter secours à la victime.

341. Critère de solution. On peut déceler dans la jurisprudence un critère de solution, tiré de l'intention ou de la psychologie de l'auteur des faits qui permet parfois de résoudre la difficulté du choix de la qualification. Ainsi, la jurisprudence refuse de cumuler les qualifications de vol et de recel à

[1310] Cass. crim., 29 oct. 1970, *Bull. crim.* 1970, n° 282 ; adde cass. crim., 22 mai 1964, *Bull. crim.* 1964, n° 168.
[1311] R. MERLE et A. VITU, *op. cit.*, n° 325.

l'encontre du voleur ayant conservé le produit du délit, en considérant qu'il existe entre le recel et le vol une unité d'intention[1312].

Dans le même sens, les qualifications de meurtre et de recel de cadavres sont considérées comme incompatibles[1313]. Dans ces différents cas, c'est l'intention de l'auteur, et plus exactement l'unicité de son intention, qui est retenue pour justifier le rejet du cumul de qualifications.

Lorsque les qualifications sont considérées comme incompatibles, les tribunaux retiennent alors celle qui constitue la cause de l'autre ou qui se trouve à l'origine de l'autre. Ainsi, entre le vol et le recel, c'est le vol qui sera retenu, le recel étant la conséquence naturelle du vol.

342. Incertitudes. Toutefois, le critère tiré de la psychologie de l'agent ne permet pas de résoudre toutes les difficultés, d'autant que la jurisprudence ne s'y tient pas toujours. Ainsi, après avoir considéré que les violences volontaires et la non-assistance à une personne en danger constituaient des qualifications incompatibles, la jurisprudence autorise aujourd'hui le cumul de ces deux qualifications[1314].

Dans une perspective similaire, il semble que peuvent être retenues cumulativement les qualifications d'enlèvement de mineur et de séquestration de celui-ci[1315], celles de détournement d'aéronef et de prise d'otages[1316], celles d'usage de documents obtenus irrégulièrement et de recel de ceux-ci[1317], et les qualifications de violences commises par une personne dépositaire de l'autorité publique et d'actes attentatoires à la liberté individuelle[1318].

Il en est de même de l'infraction de tenue d'une comptabilité manifestement irrégulière ou incomplète, constitutive de banqueroute et celle d'omission d'écritures en comptabilité[1319].

[1312] Crim. 29 juin 1848, *Bull. crim.* n° 192 ; crim. 15 déc. 1949, *Bull. crim.* n° 350 ; crim. 6 juin 1979, *Bull. crim.* n° 193 ; de même, entre l'abus de confiance et le recel, crim. 2 déc. 1971, *Bull. crim.* n° 337.

[1313] Crim. 19 juill. 1956, *Bull. crim.* n° 556 ; *RSC* 1957, p. 139, obs. Hugueney.

[1314] Crim. 24 juin 1980, *Bull. crim.* n° 202 ; *RSC* 1981, p. 618, obs. Levasseur; crim. 22 avr. 1986, *Bull. crim.* n° 136.

[1315] Crim. 21 févr. 1979, *Bull. crim.* n°80.

[1316] Crim. 22 nov. 1983, *Bull. crim.* n° 308 ; *D.* 1984. IR 227, obs. Roujou de Boubée.

[1317] Crim. 26 avr. 1983, *Bull. crim.* n° 117 ; *RSC* 1984. 67, obs. Vitu.

[1318] Crim. 21 avr. 1998, n° 97-81.438, *Bull. crim.* n°140.

[1319] Crim. 4 mai 2006, *Dr. pén.* 2006. comm. 101, obs. Robert ; *Gaz. pal.* 2006. 2. doctr. 3006, obs. Robaczewski.

Dans ces différents cas précités, la Cour de Cassation française admet donc que les faits constituent des « *infractions différentes pouvant justifier des poursuites distinctes*»[1320].

S'agissant du blanchiment, en revanche, la jurisprudence interdit toute assimilation avec le recel. En effet, elle consacre la théorie de l'auto-blanchiment[1321]. La chambre criminelle de la Cour de Cassation française a été jugé que l'article 324-1, alinéa 2 du Code pénal français est applicable à l'auteur du blanchiment du produit d'une infraction qu'il a lui-même commise[1322]. De ce fait, la qualification de blanchiment par justification mensongère et l'infraction principale ne sont pas incompatibles entre elles. Cette position ne méconnaît cependant pas le critère de solution tiré de l'intention, puisque le blanchiment, du moins réalisé par concours, n'est pas nécessairement la suite logique de toute infraction.

En outre, rien ne s'oppose à ce que celui qui a été reconnu coupable d'avoir participé en qualité de complice d'abus de biens sociaux puisse également être retenu comme receleur des sommes provenant de ce détournement[1323].

Quoi qu'il en soit, la jurisprudence paraît, sur cette question, hésitante, sinon désordonnée, et que malgré ses inconvénients (subjectivité, appréciation souveraine des juges du fond, etc.), le critère de l'intention de l'agent pourrait être généralisé[1324].

343. Les qualifications alternatives. Les qualifications alternatives sont une variété de qualifications incompatibles, qui s'excluent l'une l'autre. En effet, certaines activités pénales sont différemment qualifiées par la loi selon

---

1320 Crim. 21 avr. 1998, préc.

1321 D. CHILSTEI, « Retour sur la question de l'auto-blanchiment », *Mélanges en l'honneur du professeur J.-H. Robert*, Paris, LexisNexis, 2012, p. 93 ; G. BEAUSSONIE, « Quelques observations à partir de (et non sur) l'auto-blanchiment », *Act. jur. pén.* 2016. 192

1322 Crim. 14 janv. 2004, n° 03-81.165, *Bull. crim.* n° 12 ; *D.* 2004. 1377, note Cutajar; *RSC* 2004. 350, obs. Ottenhof ; *JCP* 2004. IV. 1487 ; *JCP* 2004. II. 10081, note Matsopoulou ; *Gaz. pal.* 2004. 1. 1171, note Raynaud ; *JCP* 2004. 2. Somm. 2626 ; *Dr. pén.* 2004. comm. 48, obs. Véron ; confirmé par crim. 20 févr. 2008, n° 07-82.977, *Bull. crim.* n° 43 ; *D.* 2008, AJ 924 ; *D.* 2008. 1585, note Cutajar ; *D.* 2008. Pan. 1577, note Mascala ; *D.* 2009. Pan. 131, obs. Garé ; *RSC* 2008. 607, obs. Matsopoulou ; *Act. jur. pén.* 2008. 234, note Darsonville; *JCP* 2008. II. 10103, note Lasserre Capdeville ; *Dr. pén.* 2008. Comm. 67, obs. Véron ; *Gaz. pal.* 2008. 1. 966 ; *Gaz. pal.* 2008. Somm. 1906, note Teissedre ; *Gaz. pal.* 2009. 1. Somm. 1440, note Monnet ; crim. 2 juin 2010, n° 09-82.013, *Bull. crim.* n° 199 ; *Act. jur. pén.* 2010. 441.

1323 Cass. crim., 6 janv. 1970, *Bull. crim.* 1970, n° 152.

1324 Ph. BONFILS et E. GALLARDO, « Concours d'infractions », *Rép. dr. pén. proc, pén.* Dalloz, 2015, n° 14.

la nature ou le degré de la faute imputable à leurs auteurs. Ainsi, les coups mortels sont qualifiés meurtre (art. 280 du CP) ou assassinat (art. 287 du CP), si l'agent avait l'intention de tuer sa victime.

Mais à défaut de *l'animus necandi* (intention de donner la mort), l'infraction est qualifiée coups et blessures volontaires ayant occasionné la mort sans intention de la donner; et il n'y a qu'un homicide involontaire (art. 307 du CP), si les violences sont simplement le fruit d'une imprudence, d'une négligence ou d'une inobservation des règlements. De même, on ne peut retenir sans contradiction la conduite sous l'empire d'un état alcoolique et la conduite en état d'ivresse manifeste[1325].

Il est évident que ces diverses qualifications susceptibles d'être appliquées à une même activité sont alternatives: c'est l'une ou l'autre qui peut être retenue, et si ce n'est pas l'une qui convient à l'espèce envisagée, c'est l'autre.

344. Reprise des poursuites sur l'autre qualification. Après que l'échec des poursuites sur une première qualification, peut-on envisager, à raison des mêmes faits, de nouvelles poursuites sur l'autre qualification ? Par exemple, lorsqu'une chambre criminelle a prononcé l'acquittement de l'accusé du chef d'homicide volontaire, peut-on envisager des poursuites au titre de l'homicide involontaire ? A priori, le principe de l'autorité de la chose jugée paraît l'interdire.

Dans ce sens, les juridictions de jugement sont saisies des faits qu'elles peuvent envisager sous toutes les qualifications possibles, sauf éventuellement à se déclarer incompétentes si la qualification retenue dépasse les limites de leur compétence ; elles sont donc censées avoir examiné le problème de la qualification sous tous ses aspects[1326].

Mais le droit positif est plus incertain. En matière criminelle, le Code de procédure pénale a consacré législativement un revirement antérieur de la jurisprudence de la Cour de Cassation française[1327]. Aux termes des dispositions de l'article 296 du CPP : « *Aucune personne acquittée légalement par une décision passée en force de chose jugée ne peut plus être*

[1325] Crim. 13 oct. 1982, *Bull. crim.* n° 215.
[1326] R. MERLE et A. VITU, *op. cit.*, n° 391, p. 514.
[1327] Crim., 20 mars 1956, *D.*, 1957, 33, note Hugueney.

reprise ou accusée à raison des mêmes faits, même sous une qualification différente ».

Mais en matière correctionnelle et contraventionnelle, la jurisprudence est moins catégorique. Si certaines décisions paraissent, en effet, hostiles à la possibilité d'une seconde poursuite[1328], d'autres admettent une telle possibilité, permettant notamment de poursuivre pour homicide volontaire celui qui a bénéficié d'une relaxe pour homicide involontaire, lorsqu'il apparaît que le décès de la victime était intentionnel et non accidentel[1329] ou encore, les juges ont admis de nouvelles poursuites du chef d'assassinat après le prononcé d'une ordonnance de non-lieu des chefs d'homicide et de blessures involontaires[1330].

Toutefois, une condamnation pour blessures involontaires ayant l'autorité de la chose jugée exclut une nouvelle poursuite pour homicide involontaire[1331].

La jurisprudence française n'est donc pas, sur cette question, d'une grande netteté.

Sous l'angle moral, le besoin de réparer le préjudice subi par les victimes justifie l'admission d'une nouvelle poursuite pour meurtre après une relaxe du chef d'homicide involontaire, lorsque surviennent des éléments nouveaux.

Mais d'un point de vue juridique, l'autorité de la chose jugée devrait s'y opposer, comme elle s'oppose à l'exercice d'une seconde poursuite sous une autre qualification après un acquittement du chef d'homicide volontaire.

Sous ce rapport, on pourrait envisager une extension de la solution posée par l'article 296 du CPP au-delà de son domaine d'application, une

---

[1328] Crim. 20 mars 1956, *précité*.

[1329] Crim. 25 mars 1954, *Bull. crim.* n° 121 ; *JCP* 1954. II. 8272, note Verdier ; *S.* 1955. 1. 39, note Brouchot ; J. PRADEL et A. VARINARD, *Les grands arrêts de la procédure pénale*, 8e éd., 2013, Paris, Dalloz, n° 49, p. 473 s. ; crim. 19 mai 1983, *Bull. crim.* n° 149 ; *D.* 1984. 51, note Chapar.

[1330] Crim. 3 févr. 2010, n° 09-82.864 et n° 09-82.865, *Juris-Data* n° 000805 ; *JCP* 2010. 533, note Décima et Detraz ; *Procédures* 2010. comm. 149, obs. Buisson.

[1331] Crim. 8 oct. 1959, *Bull. crim.* n° 418 ; *JCP* 1959. II. 11324, note Larguier ; J. PRADEL et A. VARINARD, *Les grands arrêts de la procédure pénale*, op. cit., n° 50, p. 479.

interprétation extensive étant possible s'agissant d'une loi favorable à la personne poursuivie[1332].

345. Qualifications redondantes. Une qualification pénale peut être considérée comme redondante lorsqu'elle recouvre exactement des faits déjà inclus dans une autre qualification[1333]. Les qualifications sont dites absorbantes dès lors que « *l'une d'entre elles, plus étroite, est absorbée par l'autre, plus large, si bien qu'elle perd toute autonomie juridique* »[1334].

L'inflation pénale et le souci du détail du législateur rendent fréquentes ces hypothèses de qualifications redondantes. À cet égard, deux situations peuvent être distinguées : l'hypothèse des qualifications générales et spéciales et celle des qualifications larges et partielles.

346. Qualifications générales et spéciales. Quand un fait est susceptible de deux qualifications, l'une générale, l'autre spéciale, c'est la seconde qui est retenue au détriment de la première, conformément à l'adage *specialia generalibus derogant*. La règle selon laquelle le spécial déroge au général consiste à faire prévaloir l'incrimination la plus précise, celle qui a été spécifiquement élaborée pour appréhender un comportement ciblé.

Le plus souvent, la loi spéciale est postérieure à la loi générale et a été précisément conçue pour déroger à la loi générale. Ainsi, de façon générale, le texte qui réprime une infraction aggravée (par exemple l'assassinat) évince toujours celui qui réprime l'infraction simple (meurtre).

L'incrimination de fraude électorale prime sur celle de faux en écriture publique[1335], comme l'infraction à la législation sur les congés payés prime sur le délit d'entrave aux fonctions des délégués du personnel et au fonctionnement du comité d'établissement[1336].

Mais une difficulté peut survenir lorsque la règle de la plus haute expression pénale aboutit à une solution différente de l'application de la règle *specialia generalibus derogant* ? Autrement dit, que se passe-t-il lorsque la

---

[1332] V. sur cette possibilité, J. PRADEL et A. VARINARD, *Les grands arrêts de la procédure pénale,* op. cit., n° 50, p. 479 s. ; Ph. BONFILS et E. GALLARDO, « Concours d'infractions », *Rép. dr. pén. proc, pén.* Dalloz, 2015, n° 16.

[1333] F. DESPORTES et C. LE GUNEHEC, *Droit pénal général*, 20e éd., 2013, Paris, Économica ; on parle aussi de qualifications superposées.

[1334] Ph. CONTE et P. MAISTRE DU CHAMBON, op. cit., n° 236.

[1335] Crim. 30 juin 1987, *RSC* 1987, p. 872, obs. Delmas-Saint-Hilaire.

[1336] Crim. 6 févr. 1990, n° 87-82.316, *Bull. crim.* n° 65 ; *D.* 1991. 216, note Cerf-Hollender

qualification générale est la plus sévère ou la qualification spéciale est la plus douce ?

La doctrine, très discrète sur ce point, a néanmoins pu affirmer que « *le critère de la gravité n'est pas universel et qu'il est logiquement à écarter quand il y a conflit entre une disposition générale et spéciale* »[1337]. En effet, l'incrimination spéciale traduit la volonté du législateur de régir la situation précisément au moyen de la qualification qu'il a spécifiquement édictée.

Quant à la jurisprudence, elle semble indécise sur cette question.

D'un côté, si la qualification la plus haute est aussi le délit général, et que la qualification moins grave est le délit spécial, la chambre criminelle a pu faire prévaloir le critère de la plus haute expression pénale[1338].

Mais d'un autre côté, elle a pu adopter la solution opposée en faisant prévaloir la qualification spéciale sur la plus haute qualification pénale en présence d'un conflit entre le délit de fraude électorale et l'infraction de faux en écriture publique[1339].

347. Qualifications larges et partielles. Il arrive fréquemment que des faits constituent à la fois une infraction autonome et un élément constitutif ou une circonstance aggravante d'une autre. De la sorte, « *il n'existe pas de concours, lorsque parmi les deux qualifications envisagées, l'une correspond en réalité à une circonstance aggravante de l'autre* »[1340]. Dans ce cas, la qualification qui doit être privilégiée est celle qui permet d'embrasser l'ensemble des faits.

En d'autres termes, on retiendra en principe la qualification la plus large, au détriment de celle qui n'est que partielle. La Cour de Cassation française a déjà eu l'occasion de considérer que « *le même fait ne peut être retenu comme constitutif à la fois d'un délit et d'une circonstance aggravante accompagnant une autre infraction* »[1341].

[1337] W. JEANDIDIER, *Droit pénal général,* Paris, Montchrestien, 2e éd., 1991, n° 462.

[1338] Cass. crim., 21 mars 2006, n° 05-83.122, *JurisData* n° 2006-033123, *Bull. crim.* n° 84 ; *Dr. pén.* 2006, comm. 89 ; *Gaz. pal.* Rec. 2006, 1. som., p. 1353 ; *RTD com.* 2006, p. 926

[1339] Cass. crim., 30 juin 1987, *Bull. crim.* n° 275 ; *RSC* 1987, p. 872, obs. J.-P. Delmas Saint-Hilaire.

[1340] R. ROUGIER, « De l'application de la théorie du concours idéal à l'infraction qui forme soit la circonstance constitutive, soit la circonstance aggravante d'une autre infraction », *Journal des parquets*, 1905, I, 92.

[1341] Cass. crim., 3 oct. 1984, *Bull. crim.* 1984, n° 285.

Dans le même ordre d'idée, on rapprochera de cette situation le cas de l'individu qui commet une infraction pour en réaliser une autre dans le cadre d'un projet criminel unique, la première infraction perdant toute individualité pour ne plus devenir qu'un élément constitutif de la seconde[1342]. Ainsi, à titre d'illustration, il est admis que l'infraction de publicité de nature à induire en erreur perd toute individualité juridique, en tant qu'élément constitutif de l'escroquerie (manœuvres frauduleuses de l'article 379 du CP) : il y a donc une seule infraction[1343].

Par exemple, on retiendra l'homicide involontaire causé en état d'ivresse et non la conduite en état d'ivresse[1344], ou encore le vol de bois et non l'infraction d'abattage d'arbres[1345]. Il en va de même en cas de violences s'inscrivant dans une attitude de résistance active à un agent de la force publique. La qualification de rébellion doit être préférée à celle de violences volontaires[1346].

Dans l'arrêt Astou Ndiongue dite Aïda, la prévenue avait été poursuivie notamment pour escroquerie portant sur des deniers publics et pour faux dans un document administratif. Le tribunal pour relaxer la prévenue du chef de faux a estimé que le faux dans un document administratif ne constitue pas une infraction autonome, mais doit être considéré, au même titre que les manœuvres, comme un élément constitutif de l'escroquerie portant sur des deniers publics.

Dans un arrêt rendu le 5 avril 2016[1347], la Cour d'Appel de Dakar a jugé que « *du fait du cumul idéal d'infractions prévu par l'article 153 du CP, le faux ne peut en effet être considéré que comme un moyen utilisé pour commettre le délit d'escroquerie* » et que « *pour la réalisation de cette infraction instantanée, l'usage de pièces fausses ou l'emploi de manœuvres frauduleuses doivent être la cause déterminante soit de la remise de sommes d'argent soit de l'obtention d'un avantage indu* ». En conséquence, la cour

---

1342 Ph. SALVAGE, op. cit., n° 12.

1343 Ph. CONTE et P. MAISTRE DU CHAMBON, *op. cit.*, n° 236.

1344 Crim. 03 oct. 1984, *Bull. crim.* n° 285.

1345 Crim. 16 juin 1965, *Bull. crim.* n° 44 ; *RSC* 1965. 871, obs. Legal ; J. PRADEL et A. VARINARD, *Les grands arrêts du droit pénal général*, Paris, Dalloz, 8e éd., 2012, n° 19, p. 266.

1346 Crim. 21 févr. 2006, n° 05-81.561, *Bull. crim.* n° 47 ; *Dr. pén.* 2006. Comm. 69, obs. Véron ; *RSC* 2006. 604, obs. Mayaud ; contra, T. corr. Nanterre, 29 avr. 1975, *Gaz. pal.* 1976. 1. 367.

1347 CA Dakar, ch. corr. n° 271 du 05 avril 2016, MP et l'État du Sénégal c/ A. ND. dite Aïda et autres, *inédit*.

d'appel a relaxé la prévenue du chef de faux dans un document administratif et l'a déclaré coupable d'escroquerie portant sur des deniers publics sur le fondement de l'article 153 du CP.

Dans le même sens, dans une espèce, une personne avait introduit dans le système, en sa qualité de chef du bureau de coordination des pensions et rentes viagères, des numéros fictifs de pension qu'il utilisait pour se faire payer par la Direction de la Solde, des Pensions et Rentes viagères. La Cour d'Appel de Dakar a estimé que dans ces conditions « *ledit faux n'était qu'un moyen pour se faire indûment payer, ceci s'analysant comme un cumul idéal d'infractions, la finalité de l'opération étant d'obtenir frauduleusement de l'État des sommes d'argent conformément aux dispositions de l'article 153 du CP* »[1348].

En revanche, le cumul a pu être admis lorsqu'après une analyse des faits, il s'est avéré que ceux-ci, bien qu'étant juridiquement identiques, étaient en réalité distincts. Ainsi, une cour d'appel a ainsi pu retenir cumulativement la qualification d'association de malfaiteurs en vue de la préparation d'une évasion et celle d'évasion en bande organisée. Ce cumul a été validé par la Cour de Cassation française estimant que les juges du fond avaient constaté que les éléments constitutifs du premier de ces délits et la circonstance aggravante du second correspondaient en l'espèce à des faits distincts[1349].

Mais les solutions jurisprudentielles ne sont pas absolument nettes, et, dans une perspective répressive, un cumul des qualifications large et partielle est parfois possible, généralement lorsqu'on est en présence d'une contravention susceptible de constituer un élément d'un délit.

Dans le même ordre d'idées, il paraît possible de retenir à la fois le délit d'homicide ou de blessures involontaires et l'infraction constituée par le manquement à une obligation de prudence ou de sécurité prévue par la loi ou le règlement, alors même que ce manquement caractérise la faute de l'auteur de l'infraction.

[1348] CA Dakar, ch. corr. n° 1386 du 24 novembre 2015, MP et AJE c/ S. D., *inédit* ; CA Dakar, n° 247 du 24 février 2015, MP et KH. D. BOA c/ S. K., *inédit* ; CA Dakar, ch. corr. 361 du 17 mars 2015, MP et S. S. és qualité de M. C. c/ M. B. D. , *inédit*.

[1349] Crim. 19 janv. 2010, n° 09-84.056, *Bull. crim.* n° 11 ; *Act. jur. pén.* 2010. 201; *Dr. pén.* 2010. Comm. 43, obs. Véron.

348. Particularités du cumul en matière d'infractions non-intentionnelle. L'intérêt pour la résolution des concours redondants de qualification trouve un relief particulier en matière d'infractions non-intentionnelles.

Peut-on tout à la fois retenir l'infraction de risques causés à autrui et celle de blessures involontaires à l'égard de la même personne ? De même, peut-on sanctionner la violation d'obligations de prudence ou de sécurité en même temps que l'homicide involontaire qui en est résulté ?

La jurisprudence française refuse tout cumul s'agissant du concours entre le délit de risques causés à autrui et les infractions d'homicide ou de blessures involontaires aggravées commises à l'égard des mêmes personnes[1350]. Aussi, la violation manifestement délibérée constitutive du délit de risques causés à autrui ne peut être à la fois retenue comme circonstance aggravante de l'homicide ou des blessures involontaires.

Mais la chambre criminelle de la Cour de Cassation française retient que le manquement à une obligation de prudence ou de sécurité peut se trouver réprimé de manière autonome et constituer l'élément constitutif d'une infraction non intentionnelle[1351]. Cette solution a, par ailleurs, été jugée conforme à l'article 4-1 du Protocole 7 par la Cour européenne des droits de l'homme[1352].

Le cumul doit également être retenu pour les contraventions au Code de la Route qui ont causé un homicide ou des blessures involontaires[1353].

B. Les concours de qualifications pénales

349. Position du problème. Il arrive assez fréquemment qu'une seule activité pénale, par suite des particularités de son agencement matériel, tombe

---

[1350] Pour les blessures involontaires : Crim. 11 sept. 2001, n° 00-85.473, *Bull. crim.* n° 176 ; *Dr. pén.* 2002, comm. 4, obs. Véron ; *Gaz. pal.* 2002. 2. somm. 1596, note Monnet ; *RSC* 2002. 106, obs. Mayaud.

[1351] Crim. 8 nov. 1977, *Bull. crim.* n° 339; crim. 4 mai 1979, *Bull. crim.* n° 160; crim. 13 juin 1979, *Bull. crim.* n° 208; crim. 23 janv. 1985, *Bull. crim.* n° 38; crim. 21 sept. 1999, n° 97-85.55, *Bull. crim.* n° 191 ; *D.* 2000. Somm. 383, obs. Amauger-Lattes ; *RSC* 2000. 200, obs. Mayaud ; *RSC* 2000. 386, obs. Bouloc ; *RSC* 2000. 406, obs. Cerf ; crim. 9 mai 2012, n° 11-86.284, *Juris-Data* n° 012125.

[1352] CEDH 30 juill. 1998, Oliveira c/ Suisse, Rec. 1998-V

[1353] Crim. 3 mai 1960, Bull. crim. n° 236; crim. 25 mars 1965, *Bull. crim.* n° 88 ; *RSC* 1965. 85, obs. Légal ; crim. 8 mars 1972, n° 71-90.058, *Bull. crim.* n° 89.

sous le coup de plusieurs textes répressifs prévoyant des incriminations et des peines différentes.

Dans le cas du concours de qualification, encore appelé concours idéal d'infractions, un fait unique (ou une activité matérielle unique) est ainsi susceptible de tomber sous le coup de plusieurs incriminations[1354]. Ainsi, le concours idéal de qualifications proprement dit se révèle en l'absence de qualifications incompatibles, alternatives ou redondantes.

Ainsi, le viol, lorsqu'il est commis dans un lieu public, met en jeu, d'une part, l'article 320 du CP qui punit de peines criminelles tout acte de pénétration sexuelle commis sur la personne d'autrui par violence, contrainte ou surprise et, d'autre part, l'article 318 du CP sanctionnant de peines correctionnelles l'outrage public à la pudeur. De même, l'escroquerie commise à l'aide d'un faux en écritures publiques ou de commerce répond cumulativement à la définition de l'escroquerie et du faux en écritures.

Dans toutes ces hypothèses, la diversité des éléments légaux applicables à une seule action matérielle pose un problème très délicat. Il s'agit de déterminer dans quelle mesure le juge doit tenir compte de toutes les qualifications applicables.

Existe-t-il, comme le suggère le vieil adage *tot deliera quod leges laesae*, autant d'infractions que de lois violées ? Le délinquant est-il donc exposé à subir autant de peines que son acte comporte de qualifications ? Ou bien, compte tenu de l'unité de l'activité matérielle, une seule infraction lui est-elle imputable ?

La jurisprudence apporte une réponse nuancée à ce problème, puisqu'elle consacre le principe de l'unité de qualification, mais à titre d'exception, elle retient la possibilité d'une pluralité de qualifications.

350. Principe : unité de qualification. La situation du concours idéal de qualifications se résout en principe par l'unité de qualification et du non-cumul des peines. Au fait matériel unique correspond donc normalement une

---

[1354] Sur cette question, E. LARCHER, « Du concours idéal d'infractions », *RCLJ*, 1898, p. 44 à 64 et 96 à 112 ; Y. CHALARON, « Le concours idéal d'infractions », *JCP*, 1067, I, 2088 ; J. SALVAIRE, « Le concours idéal de contraventions », *JCP*, 1960, I, 1588 ; A. DEKEUWER, « La classification des concours de qualifications », *RSC* 1974, p. 511.

seule qualification et, partant, une seule déclaration de culpabilité et le prononcé d'une seule peine.

L'analyse de la jurisprudence pénale sénégalaise montre que les magistrats sont très attachés à la théorie de l'unité de qualification. La Cour d'Appel de Dakar a déjà eu l'occasion de juger que le raisonnement consistant à qualifier les mêmes faits d'escroquerie et d'abus de confiance « *est contraire au principe de la spécialité des infractions parce qu'un même fait ne peut être qualifié à la fois d'escroquerie et d'abus de confiance; que s'il y a un cumul idéal, le premier juge ne devait retenir qu'une seule qualification et prononcer une seule peine* »[1355].

La jurisprudence considère clairement que le principe de solution du concours idéal de qualifications est l'unité de qualification.

Mais les fondements de cette solution sont assez flous. Certaines décisions se fondent sur la règle *non bis in idem*[1356], en considérant qu'un même fait autrement qualifié ne peut entraîner une double déclaration de culpabilité[1357].

La Cour régulatrice a estimé que la violation du principe *non bis in idem* ne peut pas être écartée sur le simple constat qu'une personne a été poursuivie ou punie sur la base de deux infractions nominalement distinctes se fondant sur un seul et même comportement ; encore faut-il examiner si les deux infractions ne présentent pas en réalité les mêmes éléments essentiels.

La CEDH a considéré que l'article 4 du Protocole n° 7 « *doit être compris comme interdisant de poursuivre ou de juger une personne pour une seconde infraction pour autant que celle-ci a pour origine des faits identiques ou des faits qui sont en substance les mêmes* », alors même qu'ils relèveraient

---

[1355] CA Dakar ch. corr. n° 1071 du 17 juillet 2015, MP et ONG Hunger Projet c/ F. G. S., *inédit.*

[1356] O. DECIMA, *L'identité des faits en matière pénale*, Thèse, Dalloz, coll. NBT, 2008, vol. n° 74, spéc. n° 46 ; J.-H. ROBERT, « Application ou non-application de la règle *non bis in idem* entre les sanctions pénales, civiles et administratives », *Arch. pol. crim.*, 1984, n° 7, p. 136 ; M. PUECHAVY, *Le principe non bis in idem*, Nemesis, coll. Droit et justice, 2012 ; J. LELIEUR-FISCHER, *Du principe de l'autorité de la chose jugée au principe d'unicité d'action répressive, Étude à la lumière des droits français, allemand et européen*, Thèse Paris I, 2005 ; Ph. CONTE, « *Non bis in idem* : bref exercice d'exégèse d'où il résulte que le droit n'est pas la physique », *Dr. pén.* 2020, étude 10.

[1357] Crim. 25 févr. 1921, *S.* 1923. 1. 89, note Roux ; crim. 28 janv. 1969, *Bull. crim.* n° 51; crim. 26 mars 1974, *Bull. crim.* n° 129 ; crim. 22 nov. 1983, *Bull. crim.* n° 308 ; V. égal., bien que la solution adoptée ne soit pas exactement la même, CEDH 30 juill. 1998, Oliveira c/ Suisse, § 22, Rec. 1998 ; CEDH 29 mai 2001, Fischer c/ Autriche, § 25 ; CEDH 4 mars 2008, Garetta c/ France, req. n° 2529/04 , § 78.

de qualifications juridiques distinctes, dès lors que la première condamnation est passée en force de chose jugée[1358].

D'autres décisions, plus laconiquement, se contentent d'affirmer qu'une seule action ne peut faire l'objet de qualifications distinctes et de peines séparées[1359].

351. Règle de la plus haute expression pénale. Si le principe est donc l'unité de qualification, encore faut-il pouvoir déterminer laquelle des qualifications en concours doit être retenue. Le choix du juge pénal doit se porter vers la qualification la plus grave[1360]. C'est tout le sens de la règle dite de la plus haute qualification pénale qui est ancienne et bien assise dans la jurisprudence criminelle[1361].

Cette dernière règle est énoncée de façon générale par la chambre criminelle de la Cour de Cassation française, qui énonce avec constance que « *le fait objet de la poursuite peut et doit même être envisagé sous la plus haute acception pénale dont il est susceptible* »[1362]. Ainsi, la situation pénale, dépouillée de ses complications textuelles, se trouve donc ramenée à l'hypothèse classique de l'infraction unique régie par une seule qualification.

[1358] CEDH, gr. ch., 26 mars 2008, Sergueï Zolotoukhine c/ Russie, req. n° 14939/03, *JCP* 2009. I. 143, obs. Sudre ; *D.* 2009. 2014, note Pradel; *D.* 2009. 2014, obs. Darsonville.

[1359] Crim. 16 mai 1984, *Bull. crim.* n° 181; crim. 5 févr. 1986, *Bull. crim.* n° 47; crim. 4 févr. 1998, n° 97-82.417, *Bull. crim.* n° 46 ou qu'une faute pénale unique ne peut être sanctionnée que par une seule peine ; crim. 8 mars 2005, n° 04-83.341, *Bull. crim.* n° 78 ; V. aussi crim. 11 mai 2004, n° 03-85.925, *Bull. crim.* n° 115.

[1360] D. CRUT, *La relativité du principe de la plus haute expression pénale : la vie judiciaire*, 1967, p. 1 et 6.

[1361] P. CAZALBOU, « Retour critique sur le principe d'unicité de qualification des faits en droit pénal », *RSC* 2018, p. 387.

[1362] Cass. crim., 26 juin 1930, *Bull. crim.* n° 190; cass. crim., 19 févr. 1941, *Bull. crim.* n° 18 ; *JCP* G 1941, 1662; cass. crim., 4 févr. 1943, *Bull. crim.* n° 8; cass. crim., 17 juin 1948, *Bull. crim.* n° 163; cass. crim., 13 janv. 1953, *Bull. crim.* n° 12 ; *RSC* 1953, p. 655, obs. A. Légal; cass. crim., 29 nov. 1956, *JCP* G 1957, 9727, note P. Chambon ; *Bull. crim.* n° 588; cass. crim., 12 juin 1958, *Bull. crim.* n° 457; cass. crim., 10 févr. 1965, *Gaz. pal.* Rec. 1965, 1, p. 413 ; *RSC* 1965, p. 871, obs. A. Légal; cass. crim., 9 mars 1966, *D.* 1966, somm. p. 115; cass. crim., 3 janv. 1970, *Bull. crim.* n° 4; cass. crim., 16 févr. 1971, *Bull. crim.* n° 53 ; *JCP* G 1971, 16386; cass. crim., 26 mars 1974, *Gaz. pal.* Rec. 1974, 2, som., p. 250 ; cass. crim., 21 avr. 1976, *Bull. crim.* n° 122; cass. crim., 20 nov. 1978, *Bull. crim.* n° 323; cass. crim., 15 déc. 1993, *Bull. crim.* n° 389; crim. 15 déc. 1993, n° 93-84.515, *Bull. crim.* n° 389; crim. 16 mai 2006, n° 05-86.860, *inédit*, *Dr. pén.* 2006, comm. 121, obs. Robert : s'agissant du concours entre la qualification de destruction d'un animal non domestique appartenant à une espèce protégée et de chasse en temps et par des moyens prohibés, la chambre criminelle estime que «*les faits procèdent d'une action indivisible qui, en raison de la similitude des valeurs sociales protégées, ne peut pas entraîner plusieurs déclarations de culpabilité, et doit être exclusivement réprimée sous sa plus haute expression pénale* ».

De l'obligation faite au juge répressif de ne retenir que la qualification la plus élevée découle la possibilité de ne prononcer qu'une seule déclaration de culpabilité, la Cour de Cassation jugeant en ce sens « *qu'un même fait autrement qualifié ne peut donner lieu à une double déclaration de culpabilité* »[1363].

Dans plusieurs décisions, la jurisprudence sénégalaise a eu l'occasion de mettre en œuvre la règle de la plus haute expression pénale. Dans une espèce, une personne avait entraîné une mineure, âgée de moins de 13 ans, dans sa chambre et avant d'abuser d'elle.

La Cour d'Appel de Dakar a jugé qu'en ce qui concerne la qualification des faits, « *il y a lieu de relever le cumul idéal entre les délits de viol sur mineure âgée de moins de 13 ans et de pédophilie, les gestes et attouchements à des fins sexuelles qui caractérisent la pédophilie ayant été nécessaires à la réalisation du délit de viol* ». La Cour a estimé que « *le même fait ne pouvant faire l'objet de deux qualifications et de deux sanctions, il y a lieu de retenir seul le viol sur mineur de moins de treize ans qui traduit la plus haute expression pénale des faits commis* »[1364].

Dans une autre espèce, un jeune homme avait conduit une jeune fille âgée de moins de seize ans dans un lieu fermé avant de lui faire des attouchements. La Cour d'Appel de Dakar a considéré que ces faits sont constitutifs à la fois des délits d'attentat à la pudeur avec violences et de pédophilie. Dès lors, « *sur le fondement de l'application de la règle de la plus haute expression pénale* » , elle a déclaré le prévenu coupable du délit d'attentat à la pudeur avec violence[1365].

Dans un arrêt rendu le 05 août 2014[1366], la Cour d'Appel de Dakar a jugé que face au concours entre les infractions de viol et de pédophilie, cette dernière devrait l'emporter. Selon la cour « *est constitutif du délit de pédophilie aux termes de l'article 320 bis susvisé, tout geste, attouchement, caresse ,manipulation pornographique, utilisation d'images ou de sons par un procédé technique quelconque à des fins sexuels sur un enfant de moins*

1363 Cass. crim., 19 avr. 1967, *Bull. crim.* 1967, n° 126; cass. crim., 26 mai 1976, *Bull. crim.* 1976, n° 181; Cass. crim., 4 févr. 1998, *Bull. crim.* 1998, n° 46.

1364 CA Dakar n° 286 du 03 mars 2015, MP c/ O. B. et J. T. B. alias Lelou, *inédit*.

1365 CA Dakar n° 589 du 04 juin 2012, MP et K. MB. es qualité de sa fille Nd. Nd. ND. c/ Mb. B., *inédit*.

1366 CA Dakar, ch. corr. n° 1002 du 05 août 2014, MP et RF es qualité de Y. K. c/A. K. S., *inédit*.

de seize ans de l'un ou l'autre sexe ; Considérant qu'il est produit au dossier un extrait de naissance d'où il résulte que la demoiselle Y. K. est née le 10 juillet 1997 ; Qu'elle était donc âgée de moins de 16 ans au moment des faits ; Considérant que ces faits emportent également cette qualification en ce que l'acte de pénétration commis par le prévenu est un geste à des fins sexuelles».

Selon le juge d'appel, c'est à bon droit que les premiers juges ont déclaré également le prévenu coupable de viol au motif « *qu'il y a en l'espèce un concours idéal d'infractions, c'est-à-dire un même fait susceptible de plusieurs qualifications pénales ; Considérant qu'en cas de concours idéal d'infractions la qualification la plus haute est seule retenue* ».

Dans une autre affaire, avant de conclure un contrat de vente avec la partie civile portant sur un terrain du domaine national, le prévenu l'avait conduit sur le site et a même procédé à la délimitation du terrain. Il a été jugé que ces faits s'analysent à la fois en conclusion d'une convention sur un terrain du domaine national ainsi qu'en manœuvres frauduleuses et en usage de fausse qualité, lesquels ont déterminé la partie civile à remettre les fonds.

La Cour d'Appel de Dakar a estimé que « *le prévenu, par ses agissements, a commis deux infractions ; ainsi on est en présence d'un cumul idéal d'infractions ; qu'il convient dans cette situation de retenir l'infraction dont la sanction est plus sévère en l'occurrence l'escroquerie* »[1367] .

Le choix de la qualification correspondant à l'expression pénale la plus élevée est logique et le Conseil constitutionnel français a considéré qu'« *en vertu de l'article 8 de la Déclaration de 1789, la loi ne doit établir que des peines strictement et évidemment nécessaires [et] que le principe de proportionnalité qui en découle implique que, lorsque plusieurs dispositions pénales sont susceptibles de fonder la condamnation d'un seul et même fait, les sanctions subies ne peuvent excéder le maximum légal le plus élevé* »[1368].

Il est généralement aisé de déterminer quelle qualification traduit « *la plus haute expression pénale* » et, à cet égard, on aura recours aux mêmes méthodes que lorsqu'on détermine le caractère plus doux ou plus sévère

---

[1367] CA Dakar, ch. corr. n° 1430 du 09 décembre 2015, MP et M. D. c/ M. Mb., *inédit* ; dans le même sens, CA Dakar, ch. corr. n° 1451 du 15 décembre 2015, MP et A. F. es qualité N. H. ND. c/ M. T. S., *inédit*.

[1368] Cons. const. 12 janv. 2002, n° 2001-455 DC, JO 18 janv. 2002 ; *RSC* 2002 , p. 674, obs. Bück.

d'une loi pour l'appliquer dans le temps. Il s'agira alors de négliger les qualifications les moins graves pour n'imputer au délinquant que la qualification majeure.

Mais lorsque les deux qualifications en concours idéal ont une sévérité identique, la jurisprudence fait alors primer « *l'infraction-fin* » sur « *l'infraction-moyen* »[1369]. Autrement dit, l'infraction qui est celle recherchée par l'auteur prime sur celle qui est le moyen de perpétration de la première[1370].

352. Non-cumul des peines. En vertu du non-cumul des peines, le juge répressif ne peut prononcer que la peine afférente à la qualification qui a fait l'objet de la déclaration de culpabilité. La règle est énoncée par la chambre criminelle de la Cour de Cassation : « *une faute pénale unique ne peut être sanctionnée que par une seule peine* »[1371]. À ce titre, encourent la censure les juges du fond qui retiennent le même fait sous plusieurs qualifications pénales issues du Code des Douanes et prononcent plusieurs confiscations pour un même objet de fraude[1372].

353. Incidences de l'unité de qualification. La théorie de l'unité de qualification a des incidences aussi sous l'angle substantiel que du point de vue procédural.

Sous l'angle substantiel, le principe étant qu'une seule qualification est retenue, une seule infraction est constituée. Par conséquent, seules les peines prévues par cette incrimination sont encourues et il est donc impossible de prononcer une peine prévue pour la qualification qui n'a pas été retenue[1373] ; c'est d'ailleurs tout l'intérêt de la distinction entre concours idéal de qualifications et concours réel d'infractions[1374].

La qualification écartée l'est alors définitivement, et elle ne saurait revivre si, par exemple, la qualification retenue venait à disparaître durant le

---

[1369] J. PRADEL, op. cit., n° 306, p. 270.
[1370] En ce sens, crim. 3 mars 1966, *Bull. crim.* n° 79.
[1371] Cass. crim., 28 janv. 1969, *Bull. crim.* 1969, n° 51; cass. crim., 16 mai 1984, *Bull. crim.* 1984, n° 182; cass. crim., 22 févr. 1995, *Bull. crim.* 1995, n° 80; cass. crim., 22 févr. 1995, *Bull. crim.* 1995, n° 81; cass. crim., 21 sept. 1999, *Bull. crim.* 1999, n° 191.
[1372] Cass. crim., 30 oct. 1997, *Bull. crim.* 1997, n° 364.
[1373] Crim. 13 janv. 1953, *Bull. crim.* n° 12; crim. 28 déc. 1959, *Bull. crim.* n° 588.
[1374] Sur le concours réel d'infractions, V. P. A. TOURÉ, *Droit pénal général sénégalais, tome 2 : la responsabilité pénale et la sanction pénale*, Dakar, l'Harmattan 2023, n° 383 s.

déroulement de la procédure[1375]. Du reste, en retenant une seule qualification, on ne peut prononcer qu'une seule déclaration de culpabilité, et donc une seule infraction est ainsi constituée.

Du point de vue procédural, l'unité de qualification en cas de concours idéal d'infractions ne présente que peu de particularités.

Mais puisque la qualification qui est retenue est celle qui est la plus sévèrement punie, le choix de la qualification a naturellement des conséquences sur la compétence de la juridiction. Il est constamment décidé qu'en cas de concours de qualifications une seule juridiction est compétente : celle qui a le pouvoir de connaître de l'incrimination la plus sévèrement sanctionnée.

Ainsi, l'infraction sera ainsi examinée par une juridiction criminelle si la qualification retenue est de nature criminelle, par un tribunal correctionnel s'il s'agit d'un délit ou par un tribunal de police s'il s'agit d'une contravention.

Il est important de rappeler que le choix de la qualification n'empêche pas une éventuelle requalification.

Toutefois, la pratique de la correctionnalisation peut mettre en échec le principe de la compétence de la juridiction ayant le pouvoir de connaître de l'incrimination la plus sévèrement sanctionnée. Il arrive, en effet, que le ministère public, négligeant la qualification criminelle, poursuive les faits sous une qualification correctionnelle. Cette pratique, considérée par la Cour de Cassation comme illégale[1376], est dictée par les considérations liées à l'efficacité de la répression ou l'équité toutes les fois que la qualification criminelle semble disproportionnée avec la gravité intrinsèque des faits.

354. Exception : la pluralité de qualifications : cumul idéal de qualifications. Si le concours idéal de qualifications se résout en principe par une unité de qualification, il est des cas exceptionnels où les différentes qualifications sont retenues cumulativement[1377]. On est alors en présence d'un «*cumul idéal de qualifications* », en cas de pluralité d'atteintes à des valeurs sociales protégées et en cas de pluralité de victimes.

[1375] P. SALVAGE, article préc., *Juris-class. pén.*, fasc. 20, n° 21, p. 6.
[1376] Crim., 19 fév. 1941, *JCP*, 1941.11.1662; crim.,12 juin 1958, *Bull. crim.*, 457.
[1377] J. MAGNOL, « Cumul idéal, cumul matériel d'infractions », *RSC* 1937, p. 472.

355. Pluralité d'atteintes à des valeurs sociales protégées. Lorsqu'un seul et même fait, ou plus exactement une seule et unique activité matérielle tombe sous le coup de plusieurs qualifications et révèle une atteinte à plusieurs valeurs sociales protégées différentes, on retient une pluralité de qualifications[1378].

Ce principe est bien établi en jurisprudence[1379]. Cette solution paraît logique, car en retenant plusieurs qualifications correspondant à des atteintes à des valeurs sociales différentes, on donne à la conduite délictueuse toute son expression pénale, sans aller au-delà de ce qui est nécessaire en cas d'atteinte à une seule valeur sociale. De surcroît, la Cour européenne des droits de l'homme paraît partager cette conception, puisqu'elle a jugé conforme à l'article 4 du Protocole n° 7 de la Convention européenne (principe *non bis in idem*) le fait de retenir cumulativement deux qualifications différentes (absence de maîtrise du véhicule et blessures involontaires) lorsqu'un fait pénal se décompose en deux infractions distinctes[1380].

Quoi qu'il en soit, le cumul idéal de qualifications est lourd de conséquences, puisque de ce cumul découlent une pluralité d'infractions et une pluralité de déclarations de culpabilité.

Ainsi, selon la chambre criminelle de la Cour de Cassation française « *aucune disposition de la loi n'interdit qu'un individu déclaré coupable de fraude fiscale soit également déclaré coupable d'escroquerie au préjudice de l'État lorsque, comme en l'espèce, les éléments caractéristiques de ces infractions sont distinctement relevés* »[1381].

Au même titre, la haute juridiction française a également admis la pluralité de déclarations de culpabilité sous les qualifications de complicité d'abus de

---

[1378] A. VARINARD, obs. sous crim. 3 mars 1960, in J. PRADEL et A. VARINARD, *Les grands arrêts du droit pénal général*, op. cit., n° 19, p. 266.
[1379] Cette solution a été dégagée dès le milieu du XIXe siècle, V. crim. 17 déc. 1842, *Bull. crim.* n° 333 ; crim. 21 août 1845, *Bull. crim.* n° 263 ; *S.* 1845. 1. 848; crim. 11 mars 1905, *Bull. crim.* n° 118; crim. 3 mars 1960, *Bull. crim.* n° 138 ; *RSC* 1961. 105, obs. Legal ; J. PRADEL et A. VARINARD, *Les grands arrêts du droit pénal général*, op. cit., n° 19, p. 266 s. ; crim. 8 nov. 1977, *Bull. crim.* n° 339; crim. 21 sept. 1999, n° 97-85.551, *Bull. crim.* n° 191 ; *D.* 2000. somm. 383, obs. Amauger-Lattes; *RSC* 2000. 200, obs. Mayaud ; *RSC* 2000. 386, obs. Bouloc ; *RSC* 2000. 407, obs. Cerf.
[1380] CEDH 30 juill. 1998, Oliveira c/ Suisse, § 22, Rec. 1998-V ; à noter cependant que la motivation de cette décision laisse penser que la CEDH admet plus largement que le juge français le cumul de qualifications.
[1381] Cass. crim., 6 févr. 1969, *Bull. crim.* 1969, n° 65.

biens sociaux et de recel[1382] ou sous celles de publicité mensongère et d'escroquerie[1383].

Il en est de même des qualifications de complicité de prise illégale d'intérêts et d'usurpation de fonctions[1384] et des qualifications d'escroquerie et de non-révélation de faits délictueux[1385].

Le critère de l'atteinte à des valeurs sociales protégées n'est pas toujours d'un maniement aisé. En effet, il est ainsi parfois délicat de déterminer quelle valeur sociale se trouve protégée par une incrimination[1386]. Souvent, les intitulés des subdivisions du Code pénal permettent d'identifier la valeur sociale protégée et de résoudre le problème de leur éventuel cumul. Ainsi, l'incrimination d'homicide (volontaire comme involontaire) a pour objet la protection de la vie ; l'infraction de diffamation protège l'honneur et la considération de la personne.

Il reste que les litiges soumis à la jurisprudence font souvent apparaître des qualifications aux différences moins tranchées et que les solutions peuvent apparaître à cet égard plus subtiles[1387].

[1382] Cass. crim., 6 janv. 1970, *Bull. crim.* 1970, n° 11.

[1383] Cass. crim., 10 mai 1978, *Bull. crim.* 1978, n° 148 ; *D.* 1978, inf. rap. p. 348, obs. G. Roujou de Boubée.

[1384] Cass. crim., 21 févr. 2001, n° 00-81.167, *JurisData* n° 2001-008987 ; *Bull. crim.* 2001, n° 46.

[1385] V. Cass. crim., 31 janv. 2007, n° 05-85.886, *JurisData* n° 2007-037224 ; *Dr. pén.* 2007, comm. 56, note M. Véron.

[1386] Y. MAYAUD, « Ratio legis et incrimination », *RSC* 1983, p. 597 s., et spéc. p. 607.

[1387] En raison de la pluralité d'atteintes à des valeurs sociales différentes, ont pu être cumulées les qualifications de tentative d'assassinat et tentative de destruction par explosif d'un édifice servant à l'habitation (crim. 3 mars 1960, préc) ; diffamation et propagation de fausses nouvelles (crim. 5 mai 1966, *Bull. crim.* n°139 ; *RSC* 1967. 176, obs. Legal) ; homicide ou blessures involontaires et une contravention routière (crim. 3 mai 1960, *Bull. crim.* n° 236 ; crim. 8 mars 1972, *Bull. crim.* n° 221) ; diffamation et violation du secret professionnel (crim. 19 oct. 1982, *Bull. crim.* n° 225 ; crim. 17 juill. 1986, *Bull. crim.* n° 237) crimes contre l'humanité et crimes de guerre (crim. 20 déc. 1985, *Bull. crim.* n° 407 ; *D.* 1986. 500, note Chapar ; crim. 25 nov. 1986, *Bull. crim.* n° 353) ; violences par dépositaire de l'autorité publique et atteinte à la liberté individuelle (crim. 21 avr. 1998, n° 97-81.438, *Bull. crim.* n° 140) ; publicité de nature à induire en erreur et tromperie (crim. 4 mai 2004, n° 03-83.787, *Bull. crim.* n° 105) ; corruption de fonctionnaire et abus de biens sociaux (crim. 27 oct. 1997, n° 96-83.698, *Bull. crim.* n° 352) ; tromperie et usurpation d'appellations d'origine (crim. 16 janv. 2007, *Dr. pén.* 2007. 57, obs. Robert) ; escroquerie et délit de mise en circulation de fausse monnaie (crim. 12 janv. 2005, n° 04-81.540, *Act. jur. pén.* 2005. 240, obs. Redon) ; entrave à l'exercice du droit syndical et harcèlement moral (crim. 6 févr. 2007, n° 06-82.601, *Bull. crim.* n° 29 ; *Act. jur. pén.* 2007. 179 ; *RSC* 2007, p. 527, obs. Fortis ; *RSC* 2007. 818, obs. Mayaud ; *RSC* 2007, p. 824, obs. Cerf-Hollender); tenue d'une comptabilité manifestement irrégulière ou incomplète, constitutive de banqueroute et omission d'écritures en comptabilité, prévue par l'article 1743 du Code général des impôts (crim. 4 mai 2006, *Dr. pén.* 2006. 101, obs. Robert ; *Gaz. pal.*

356. Pluralité de victimes. Dans le cas où un fait matériel unique a occasionné des blessures de gravité inégale à des victimes différentes, entraînant ainsi des qualifications distinctes (délit de blessures involontaires et contravention de blessures involontaires, par exemple), la jurisprudence retient les diverses qualifications en concours, alors même que les valeurs sociales protégées sont identiques[1388].

Mais seules les peines applicables à la qualification la plus grave sont encourues[1389]. En réalité, dans cette situation, on se trouve dans une situation légèrement différente de celle où plusieurs qualifications sont retenues au nom de la pluralité d'atteintes à des valeurs sociales protégées. En effet, à la différence de la précédente, cette situation ne débouche pas sur un concours réel d'infractions. C'est ce qui explique que si l'auteur d'un accident automobile a causé à plusieurs victimes des blessures différentes, plusieurs déclarations de culpabilité seront prononcées, mais que les délits et contraventions de blessures involontaires qui procédaient d'une même action ne seront sanctionnés que par une seule peine[1390].

357. Appréciation. Le cumul idéal de qualifications en cas de pluralité de victimes s'explique très certainement par la volonté de préserver le droit à réparation de chacune des victimes, en sanctionnant l'infraction qui a généré leur préjudice.

Il est vrai que l'article 2 du CPP ouvre l'action civile à ceux qui ont personnellement souffert du dommage directement causé par l'infraction, et que le droit à réparation de la victime d'une contravention de blessures involontaires pourrait paraître menacé si seule la qualification de délit de blessures involontaires était retenue.

Mais ce risque n'est qu'apparent, puisque la victime dispose dans ce cas de la faculté de porter son action en réparation non seulement devant les juridictions civiles, mais aussi devant les juridictions pénales, accessoirement

---

2006. 2. doctr. 3006, obs. Robaczewski) ; association de malfaiteurs et favoritisme (crim. 2 oct. 2013, n° 12-85.606, *inédit*); méconnaissance d'un plan d'urbanisme et construction dans une zone de risques naturels (crim. 29 oct. 2013, n° 12-85.395, *inédit* ; *Dr. pén.* 2014. Comm. 8, note Robert).

[1388] Crim. 4 janv. 1957, *Bull. crim.* n° 10; crim. 26 oct. 1960, *Bull. crim.* n° 481; crim. 16 mai 1984, *Bull. crim.* n° 182; crim. 22 févr. 1995, n° 94-82.102 , *Bull. crim.* nos 80 et 81.

[1389] Crim. 28 janv. 1969, *Bull. crim.* n° 51; crim. 22 févr. 1995, n° 94-82.111, *Bull. crim.* n° 81.

[1390] Crim. 8 mars 2005, n° 04-83.341, *Bull. crim.* n° 78.

à l'action publique[1391]. En effet, l'article 3, alinéa 2 du CPP dispose que l'action civile «*est recevable pour tous les chefs de dommages aussi bien matériels que corporels ou moraux, qui découlent des faits, objet de la poursuite*».

Ainsi, l'action civile repose, en effet, davantage sur les « *faits objet de la poursuite»* que sur l'infraction proprement dite[1392].

Pour autant, la Cour de Cassation française est encore très attachée au principe du cumul de qualifications en cas de pluralité de victimes.

[1391] W. JEANDIDIER, *Droit pénal général*, 2e éd., 1991, Paris, Montchrestien, n° 463, p. 530.
[1392] PH. BONFILS, *L'action civile. Essai sur la nature juridique d'une institution*, préf. CIMAMONTI, 2000, PU Aix-Marseille, nos 259 s., p. 315 s.

CHAPITRE II :

L'ÉLÉMENT MATÉRIEL DE L'INFRACTION

358. « *Pas d'infraction sans activité matérielle* ». Parmi les éléments constitutifs de l'infraction, il y a un élément matériel, à défaut duquel aucune condamnation pénale ne peut être prononcée. Cet élément matériel, encore appelé « *corps du délit* », consiste dans la manifestation extérieure de la volonté délictueuse. C'est la première composante de l'infraction.

À la différence de la morale, qui scrute les consciences et sanctionne les mauvaises pensées et les intentions coupables, le droit pénal, qui protège la société, ne réprime pas les simples idées et intentions criminelles, non plus que la résolution de commettre un délit, car elles ne troublent pas l'ordre social.

Il ne les punit que lorsqu'elles se sont manifestées extérieurement par un fait ou un acte. L'élément matériel est indispensable à la constitution de l'infraction. On dit qu'il n'existe « *pas d'infraction sans activité matérielle* »[1393].

L'infraction n'existe que si elle se révèle de l'extérieur par un fait objectivement constatable. La loi doit, par conséquent, toujours déterminer, d'une manière claire et précise, le comportement incriminé. Cet élément matériel peut se présenter sous la forme d'une action (geste, parole, comportement, etc.) ou d'une omission (non-assistance à une personne en danger, non-dénonciation d'un crime, etc.) décrite par le texte d'incrimination[1394]. Ainsi, la suppression de la vie humaine est l'élément matériel du meurtre, la soustraction de la chose n'appartenant pas au prévenu

---

[1393] R. MERLE et A. VITU, *Traité de droit criminel. Problèmes généraux de la science criminelle. Droit pénal général*, Paris, Cujas, 7e éd. 1997, n° 479.

[1394] S. GRUNVALD, « À propos de l'élément matériel de l'infraction : quelques questions de fonctions », in *Mélanges R. Ottenhof*, p. 131 ; J. PINATEL, « L'élément matériel de l'infraction devant la criminologie et les sciences de l'homme », *RSC* 1967, p. 913.

constitue l'élément matériel du vol[1395] et le refus d'assister une personne en danger est la matérialité de l'infraction de non-assistance à une personne en danger[1396].

Le principe fondamental « *pas d'infraction sans activité matérielle* » (élément matériel de l'infraction), qui est le pendant de la règle « *pas d'infraction sans texte* » (élément légal de l'infraction), exclut la répression *ante delictum*. On dit souvent que nul ne peut être puni que pour l'infraction qu'il a matériellement commise, et non pas en prévision de l'infraction qu'il risque de commettre.

359. Exigence de l'élément matériel. Lorsque la loi ne punit pas la tentative, c'est-à-dire l'exécution incomplète de l'infraction, il est essentiel de déterminer si les faits reprochés au délinquant correspondent intégralement à ceux qui sont légalement incriminés. Si le délinquant a accompli tous les actes d'exécution, il est indispensable de localiser ces actes dans le temps et dans l'espace pour notamment fixer le point de départ du délai de prescription de l'action publique ou pour déterminer la juridiction compétente.

L'élément matériel de l'infraction doit être distingué de la condition préalable encore appelée « *élément préalable* » de l'infraction. La condition préalable se définit comme une circonstance, de fait ou de droit, absolument nécessaire à l'existence d'une infraction, mais souvent dénuée de coloration criminelle. Elle est qualifiée de « *préalable* » en ce qu'elle est une situation préexistant au comportement incriminé, à partir de laquelle l'infraction pourra être commise.

Par exemple, la constitution du délit d'abus de confiance suppose des conditions préalables, à savoir une remise d'un bien faite en vertu d'un des contrats énumérés à l'article 383 du Code pénal. La Cour d'Appel de Dakar a déjà jugé, dans un arrêt rendu le 22 juin 2012, que l'existence du contrat qui a fondé la remise d'un bien constitue la condition préalable et non l'un des éléments constitutifs du délit d'abus de confiance[1397].

[1395] C. J. BERR, « Aspects actuels de la notion de soustraction frauduleuse », *RSC* 1967, p. 49.
[1396] R. MERLE et A. VITU, op. cit., n° 479.
[1397] CA Dakar, ch. corr. n° 696 du 22 juin 2012, MP et W. Ch. Y. c/ A. S., *inédit*.

En outre, dans l'infraction de bigamie, la conclusion du premier mariage est une condition préalable à l'infraction et c'est le second mariage qui consomme l'infraction.

C'est donc le lieu du second mariage qui permettrait de localiser l'infraction et d'en déduire l'application des règles de compétence. Le lieu de la première union serait indifférent.

Pour mieux appréhender l'élément matériel de l'infraction, il importe d'analyser le contenu, la durée ainsi que le résultat des actes d'exécution de l'infraction.

SECTION PREMIÈRE :

LE CONTENU DES ACTES D'EXÉCUTION

360. Consistance des actes d'exécution. Le principe selon lequel il n'y a pas d'infraction punissable sans manifestation matérielle d'une volonté pénale correspond, dans chaque cas particulier, aux prescriptions des diverses lois répressives. Ces prescriptions comportent toujours une description plus ou moins détaillée des faits délictueux. En toutes circonstances, la loi pénale incrimine un comportement humain, une conduite, une abstention ou une attitude au cours d'une situation déterminée.

L'étude du contenu des actes d'exécution permet de retenir plusieurs classifications des infractions, à savoir, les infractions de commission et les infractions d'omission, les infractions simples et les infractions complexes, les infractions simples et les infractions d'habitude ainsi que les infractions simples et les infractions continuées.

PARAGRAPHE PREMIER : LES INFRACTIONS DE COMMISSION ET LES INFRACTIONS D'OMISSION

361. Comportement pénal actif. Les infractions d'action ou infractions de commission supposent l'accomplissement d'un fait positif, c'est-à-dire un effort physique, un geste, un écrit ou une parole. Les commissions prohibées sont multiples : soustraire, détourner, tuer, blesser, insulter, diffamer, etc. On parle de la commission de l'infraction par action.

L'acte pénal classique, celui que la loi punit le plus souvent, est un fait positif : le meurtre, qui consiste dans l'accomplissement d'un homicide[1398] ou le vol s'analysant en une soustraction de la chose d'autrui[1399], etc. Le fait positif s'accompagne toujours d'une activité physique du délinquant : gestes, paroles, dessins ou écrits, etc.

362. Comportement pénal négatif. L'infraction d'omission suppose, non pas l'accomplissement d'un acte positif, mais une simple omission ou une abstention[1400]. « *Qui peut et n'empêche, pèche* », disait Loysel.

[1398] V. art. 280 du CP.

[1399] V. art. 364 du CP.

[1400] M. GAND, *Du délit de commission par omission, thèse*, Paris, 1900 ; L. FILLETTE, « L'obligation de porter secours à la personne en péril », *JCP* 1995. I. 3868 ; C. DI MARIA

La loi pénale prescrit parfois de véritables obligations de faire ; ce qui est alors incriminé, c'est l'abstention ou l'inertie de l'agent.

Par exemple, l'article 48 du CP incrimine la non-dénonciation de crime. Ce texte sanctionne celui qui, ayant connaissance d'un crime déjà tenté ou consommé n'aura pas averti aussitôt les autorités administratives ou judiciaires, alors qu'il était encore possible d'en prévenir ou limiter les effets ou qu'on pouvait penser que les coupables ou l'un d'eux commettraient de nouveaux crimes qu'une dénonciation pourrait prévenir[1401].

Ainsi, a été déclaré coupable de non-dénonciation de crime, un évêque, à qui un prêtre de son diocèse avait avoué avoir commis plusieurs viols sur des mineurs, lequel avait gardé le silence[1402].

L'article 49 du CP incrimine sous la qualification de non-assistance à une personne en danger, quiconque s'abstient volontairement de porter à une personne en péril l'assistance que, sans risque pour lui ni pour les tiers, il pouvait lui prêter, soit par son action personnelle, soit en provoquant un secours[1403].

GOMEZ, « Le délit dolosif d'omission », *RID pén.* 1936, p. 180 ; ALBARET MONTPEYROUX, *L'inaction en droit pénal,* Thèse Strasbourg, 1944 ; R. BÉRAUD, L'omission punissable, *JCP* 1944. I. 433 ; J. VANDERVEEREN, « Le délit d'omission », *RD. pén. crim.* 1949-1950 ; G. LEVASSEUR, « L'omission de porter secours », *RID pén.* 1955, p. 407 ; G. VASSALI, Introduction au colloque préparatoire du XIIIe Congrès international de droit pénal : « Infractions d' omission et responsabilité pénale pour omission », *RID pén.* 1984, p. 453 ; F. GORÉ, « L'omission de porter secours », *RSC* 1946, p. 202 et s. ; D. MAYER, « La charité mesurée de l'article 63, alinéa 2, du Code pénal », *JCP* 1977. I. 2851 ; J. A. CROQUEZ, « L'abstention délictueuse », *Rec. dr. pén.* 1949, p. 35 ; M. ROLLAND, « Le délit d'omission », *RSC* 1965, p. 583 ; A. TOULEMON, « Le délit d'abstention fautive et le médecin », *Gaz. pal.* 1953.1., doctr. p. 48 ; D. REBUT, *L'omission en droit pénal ; Pour une théorie de l'équivalence entre l'action et l'inaction, Thèse Lyon III*, 1993 ; A. STILE, « Infractions d'omission et responsabilité pénale pour omission », *RID pén.* 1981, p. 553 et 1984, p. 449 ; K.-H. GOSSEL, « Infractions d'omission et responsabilité pénale pour omission », *RID pén.* 1985, p. 481 ; J.-A. CROQUEZ, « L'abstention délictueuse », *Rec. dr. pén.* 1949, p. 35 ; cf. MONREAL, « Infraction d'omission et responsabilité pénale par omission », *RID pén.* 1984, p. 473.

1401 C. ZAMBEAUX, « Non-dénonciation de crime », *Juris-class. code pén.*, art. 434-1 et 434-2, version 1999 ; Ph. BONFILS, « Non-dénonciation de crime », *Juris-class. pén. code*, art. 434-1 et 434-2, fasc. 20, 2019.

1402 Cass. crim., 27 févr. 2001, n° 00-84.532, *JurisData* n° 2001-008989, *Bull. crim.*, n° 48 ; *RJPF* 2001, p. 25, note G. Touati ; Y. MAYAUD, « La condamnation de l'évêque de Bayeux pour non-dénonciation ou le tribut payé à César », *D.* 2001, chron. p. 3454.

1403 D. REBUT, *L'omission en droit pénal, pour une théorie de l'équivalence entre l'action et l'inaction, thèse, Lyon III* 1993. 7 ; pour une application, V. CA Dakar ch. corr., n° 1034 du 26 décembre 2011, MP c/ B. A. G. et M. L., *inédit.*

La jurisprudence considère que commet cette infraction, le père de famille qui, par haine de son voisin, n'a rien fait pour dissuader son fils d'incendier le hangar de ce dernier[1404]. Il en est de même des chasseurs qui ont laissé leur camarade tuer le garde-chasse[1405] ou du mari qui a laissé le champ libre à son épouse et à son fils pour organiser une escroquerie à l'assurance incendie[1406].

363. Infraction résultant d'un acte positif ou d'une omission. Une incrimination peut mêler commission et omission. Il existe des infractions dont l'élément matériel est défini de telle manière qu'il peut être caractérisé indifféremment par un acte de commission ou d'omission. Il en est ainsi de l'homicide et des blessures involontaires.

L'article 307 du CP incrimine quiconque, par maladresse, imprudence, inattention, négligence ou inobservation des règlements, aura commis involontairement un homicide ou des blessures, ou en aura été involontairement la cause. Ainsi, cette infraction est constituée par un acte de maladresse, d'imprudence, d'inattention, de négligence ou d'une inobservation des règlements. Il peut donc s'agir indifféremment d'un acte positif ou d'une abstention[1407].

364. Problème du délit de commission par omission. Le résultat provoqué par une action positive peut parfois provenir d'une simple omission. C'est le cas d'une personne refusant de porter secours à une personne en péril qui décède. La question s'est alors posée de savoir si un délit de commission pouvait résulter d'une simple omission[1408]. En l'absence d'une disposition expresse du Code pénal, la jurisprudence a refusé d'assimiler l'abstention à une action : l'abstention n'équivaut pas à la commission, car elle ne répond pas à la définition légale de l'infraction[1409].

[1404] T. corr. Auch, 26 juill. 1949, *R.D.P.*, 1949, p. 43.

[1405] Crim., 18 janv. 1951, *R.D.P.*, 1951.111, *JCP*, 1951.11.6234.

[1406] Crim. 17 déc. 1959, *D*, 1960. I.151, note Bouzat.

[1407] F. DESPORTES et F. LE GUENEHEC, op. cit., n° 438.

[1408] Sur cette question, R. MERLE et A. VITU, *op. cit.*, n° 483 ; Cf. LEREBOURS-PIGEONNIERE, « Du délit de commission par omission », *RPDP,* 1901, p. 716 ; M. GAND, *Du délit de commission par omission*, Thèse Paris, 1900.

[1409] V. Cass. crim. 20 nov. 1901, *DP* 1902.1.81, note Le Poittevin ; cass. 25 janvier 1982, *Bull. crim.*, n° 29.

C'est seulement lorsque la loi l'a expressément prévu que l'omission peut avoir la valeur d'une commission et exposer son auteur aux peines prévues pour le délit de commission.

Le Code pénal sénégalais a prévu que certaines omissions dommageables sont considérées comme des commissions. Par exemple, l'article 341 du CP incrimine ceux qui auront exposé ou fait exposer, délaissé ou fait délaisser, en un lieu solitaire, un enfant ou un incapable, hors d'état de se protéger eux-mêmes à raison de leur état physique ou mental.

S'il est résulté de l'exposition ou du délaissement une maladie ou incapacité totale de plus de vingt jours, le maximum de la peine sera appliqué. Si l'enfant ou l'incapable est demeuré mutilé ou estropié ou s'il est resté atteint d'une infirmité permanente, les coupables subiront la peine d'emprisonnement de cinq à dix ans. Lorsque l'exposition ou le délaissement dans un lieu solitaire aura occasionné la mort, l'action sera considérée comme meurtre[1410]. En réalité, il ne s'agit pas d'un meurtre, mais d'un crime sui generis.

Par ailleurs, l'article 298 du CP punit d'un emprisonnement d'un à cinq ans et d'une amende de 25 000 à 200 000 francs, celui qui aura volontairement privé d'aliments ou de soins un enfant au-dessous de l'âge de quinze ans accomplis au point de compromettre sa santé.

PARAGRAPHE II : LES INFRACTIONS SIMPLES ET LES INFRACTIONS COMPLEXES

365. Principe de la distinction. L'infraction simple se réalise par une seule opération matérielle. Dans la majorité des cas, un seul type d'opération matérielle suffit à consommer l'infraction au regard de la loi. Ainsi, le vol est constitué, dès qu'il y a soustraction frauduleuse de la chose, l'escroquerie se consomme par la remise de la chose et la non-assistance à une personne en danger se réalise avec l'omission de porter secours à une personne en péril.

Mais il existe aussi une minorité d'infractions complexes, dont la consommation suppose au contraire l'accomplissement de plusieurs actes matériels de nature différente. Par exemple, l'escroquerie en est le prototype, puisque, selon l'article 379 du CP, elle comporte deux séries d'actes: l'usage

1410 V. art. 343 du CP.

d'un faux nom, d'une fausse qualité ou l'emploi de manœuvres frauduleuses, d'une part, et la remise de fonds, de meubles, d'obligations, de dispositions, de billets, de promesses, de quittances ou de décharges ou de biens quelconques, d'autre part.

366. Intérêts de la distinction. La distinction entre infractions simples et infractions complexes entraîne d'importantes conséquences juridiques.

La première conséquence a trait au point de départ du délai de prescription de l'action publique.

La prescription de l'action publique, s'agissant de l'infraction simple, court à compter du jour où le fait constituant l'élément matériel est réalisé.

S'agissant de l'infraction complexe, sa prescription court à compter de l'accomplissement de tous les actes constitutifs de l'infraction, c'est-à-dire du jour où toutes les opérations constitutives de l'infraction sont achevées. La prescription de l'action publique en matière d'escroquerie ne court qu'à compter de la remise de la chose.

Un arrêt rendu par la Cour d'Appel de Dakar le 11 janvier 2013 énonce clairement que « *le délit d'escroquerie, qui suppose l'accomplissement nécessaire de plusieurs actes de nature différente (manœuvres frauduleuses, remise d'un bien par exemple), est en droit une infraction complexe ; que le point de départ de la prescription court donc à compter de la remise des sommes qui consomme le délit et non à compter de la date de la manœuvre frauduleuse ou du jour de la découverte de l'infraction* »[1411].

La deuxième conséquence est relative à la détermination de la juridiction territorialement compétente. En ce qui concerne l'infraction simple, seul le tribunal du lieu où l'acte matériel constituant l'infraction a été commis est compétent pour en connaître.

S'agissant de l'infraction complexe, chaque tribunal dans le ressort duquel est réalisé un des actes matériels de l'infraction est compétent.

[1411] CA Dakar, ch. corr. n°17 du 11 janvier 2013, MP et El H. O. D. c/ P. S., *inédit*.

En droit pénal interne, on décide depuis longtemps que le tribunal compétent est, au choix du ministère public, celui dans le ressort duquel a été commis l'un des actes qui entrent dans la structure de l'infraction[1412].

En droit pénal international, le Code de Procédure pénale a transposé cette solution. L'article 668 du CPP énonce qu'est réputée commise sur le territoire de la République toute infraction dont un acte caractérisant un de ses éléments constitutifs a été accompli au Sénégal. Le législateur a ainsi consacré ce que certains auteurs ont appelé « *un territorialisme de fiction* »[1413].

PARAGRAPHE III : LES INFRACTIONS SIMPLES ET LES INFRACTIONS D'HABITUDE

367. Notion d'infraction d'habitude. Aux infractions simples, il faut également opposer les infractions d'habitude. L'infraction d'habitude suppose pour sa réalisation plusieurs actes matériels semblables dont chacun pris isolément ne serait pas punissable[1414]. Seule la répétition de ces actes est constitutive d'une infraction. L'infraction d'habitude est généralement consommée, comme l'infraction simple, par une seule opération matérielle.

Mais elle n'est punissable, aux termes des textes qui l'incriminent dans chaque cas, que dans la mesure où cette opération matérielle a été commise plusieurs fois.

Ainsi, constituent des infractions d'habitude, le recel de malfaiteurs[1415], l'exercice illégal de la médecine, l'accès à des contenus de pornographie enfantine[1416], l'excitation de la jeunesse à la débauche ou la corruption de la

---

[1412] Crim 12 déc. 1935, *G.P*, 1936.1.116 ; crim 6 janv. 1872, *D.P.*, 72.1.142 (dans un escroquerie des manœuvres frauduleuses ont été accomplis à Londres et la remise des fonds faite à Paris ; on admet donc la compétence du Tribunal de la Seme) ; V. aussi Crim., 18 déc. 1908, *D.P.*, 1911.5.11.

[1413] R. KOERING-JOULIN et A. HUET, « Compétence des tribunaux répressifs français et de la loi pénale française, Introduction générale. Infractions commises en France », *Juris-class. dr. inter.*, fasc. 403-10, 11, 1995, p. 13, n° 44.

[1414] Sur cette définition, CS 3 mai 1975, PG et État du Sénégal c/E. L., cité par ND. FALL, *op. cit.*, p. 39, note n° 40 ; G. ENDREO, « L'habitude », *D.* 1981, chron. 313 ; A. FAYE, *L'habitude en droit pénal*, Thèse Dakar, 1988, p. 67 et s.

[1415] V. art. 47 du CP ; J.-L. AUBERT, « Le recel de délinquants », *JCP* 1969. I. 2266.

[1416] V. art. 431-39 du CP.

jeunesse[1417] et les coups ou violences à conjoint pratiqués habituellement ayant entraîné la mort sans intention de la donner[1418].

Pour qu'il y ait habitude, il n'est pas nécessaire que les actes aient été accomplis à l'égard de personnes différentes[1419] ou que le nombre d'actes soit élevé, sauf disposition législative contraire. Deux actes peuvent constituer l'habitude, quel que soit le temps qui les a séparés[1420].

Pour déclarer une personne coupable du délit d'exercice illégal de la médecine, un arrêt de la Cour d'Appel de Dakar en date du 15 février 2012[1421], a énoncé « *qu'il constant que (le prévenu) a consulté et délivré au moins une ordonnance à un patient, établi des ordonnances et des bulletins d'analyses vierges, confectionné et fait usage d'un cachet faux; qu'il se comportait habituellement comme un médecin et exerçait les fonctions de médecin* ».

368. Intérêts de la distinction. La distinction entre les infractions simples et les infractions d'habitude présente plusieurs intérêts.

D'abord, en ce qui concerne la prescription de l'action publique, les infractions d'habitude se prescrivent à partir du dernier acte constitutif de l'habitude, puisque l'habitude est un élément de la consommation de l'infraction.

Il importe peu d'ailleurs que les divers actes antérieurs aient été séparés du dernier acte par un intervalle de temps plus long que le délai de la prescription.

Ensuite, l'intérêt de la distinction tient à la compétence territoriale des juridictions. En effet, chacun des tribunaux dans le ressort duquel ont été accomplis les actes matériels constitutifs de l'infraction d'habitude est compétent.

De même, du point de vue de la compétence pénale internationale, les juridictions sénégalaises sont compétentes, dès lors qu'un acte constitutif de

---

1417 V. art. 324, alinéa 2 du CP.
1418 V. art. 297 bis, alinéa 5 du CP.
1419 Cass. crim. 9 déc. 1993, n° 93-81.669, *Bull. crim.*, n° 379.
1420 Cass. crim. 21 oct. 1841, *S.* 1842.1.904 ; crim. 24 mars 1944, *DA* 1944.75, note Lebrun.
1421 Pour une application, V. CA Dakar ch. corr. n° 195 du 15 février 2012, MP et Ordre des Médecins du Sénégal c/ H. P. M., *inédit.*

l'infraction a été commis au Sénégal, même si les autres actes matériels ont été accomplis à l'étranger.

Enfin, en matière de conflits de lois dans le temps, une loi pénale nouvelle plus rigoureuse ne saurait régir l'infraction instantanée déjà commise.

Toutefois, même plus rigoureuse, la loi nouvelle s'applique à l'infraction d'habitude, dès lors que le dernier acte constitutif est postérieur à son entrée en vigueur. Il a été jugé que la loi nouvelle saisit l'infraction dès qu'un seul des actes requis a été commis après son entrée en vigueur, même si les actes antérieurs ont été accomplis sous l'empire de la loi ancienne[1422].

PARAGRAPHE IV : LES INFRACTIONS SIMPLES ET LES INFRACTIONS CONTINUÉES

369. Notion d'infraction continuée. L'infraction continuée se caractérise également par la répétition de l'activité matérielle incriminée par la loi. Tandis qu'en matière d'infractions d'habitude, la répétition est une condition légale de la répression, chacun des actes accomplis par le délinquant est ici punissable isolément. L'infraction continuée est une succession d'infractions occasionnelles de même type qui concourent accidentellement à l'exécution d'une même entreprise délictueuse.

Contrairement à l'infraction continue, il y a une discontinuité matérielle des actes qui la composent. L'infraction continuée est caractérisée par « *une pluralité de processus exécutifs qui constituent une seule action dans une infraction unique* »[1423]. C'est par exemple le cas lorsqu'un cambrioleur, ne pouvant emporter tous les objets qu'il a décidé de voler dans une maison inoccupée, effectue plusieurs voyages ou lorsqu'un employé indélicat puise à plusieurs reprises dans la caisse de son chef d'entreprise[1424].

370. Position du problème. La répression de l'infraction continuée pose un problème délicat. En effet, il s'agit de savoir si l'on peut imputer au délinquant plusieurs infractions ou une seule. Pour résoudre cette question, il convient d'opérer une distinction préalable entre deux sortes d'infractions continuées.

[1422] CA Poitiers, 16 août 1940, *D.P.*, 1941.1.58, note Lebrun.

[1423] V. A. TSARPALAS, op.cit., n° 426, p. 261 ; D. NZOUABETH, « Le temps et l'infraction », *Annales africaines*, décembre 2016, n° 5, p. 108.

[1424] CS Sénégal n° 7 du 3 mai 1975, *RSD*, n° 29 avril mai juin 1975.

Lorsque la répétition des actes se produit au cours d'une même action du délinquant, il n'y a véritablement qu'une seule infraction : le voleur qui s'empare, en une séance, de plusieurs billets de banque ou le pickpocket qui dévalise plusieurs personnes pendant la même cérémonie n'accomplit en réalité qu'une seule soustraction frauduleuse.

La pluralité des objets ou des victimes est un simple colorant quantitatif du produit d'un seul acte d'exécution. Comme tous les actes successifs répétés forment une unité infractionnelle, tant par le dessein de l'agent que par le droit violé, on admet qu'en dépit de la pluralité d'actes, il y a un délit unique exposant son auteur à une seule peine.

L'intérêt est alors que la prescription de l'action publique ne commence à courir qu'à compter du jour de la consommation de la dernière action constitutive de l'infraction continuée ; ce qui permet d'allonger les délais de prescription et de poursuivre des faits qui, pris isolément, auraient été prescrits[1425].

En cas de pluralité d'actions échelonnées dans un espace de temps plus ou moins long, il semble au contraire logique de considérer qu'il y a autant de délits distinctement consommés que d'actes accomplis et que chacun de ces délits est individuellement soumis à un délai de prescription qui lui est propre[1426].

[1425] Cass. crim. 22 juill. 1972, *Bull. crim.*, n° 237 ; crim. 19 janv. 2000, n° 98-88.101, *Bull. crim.*, n° 32, *Dr. pén.* 2001, comm. 73, note M. Véron.
[1426] R. MERLE et A. VITU, *op. cit.*, n° 488.

SECTION II :

LA DURÉE DES ACTES D'EXÉCUTION

371. Critère tiré de la durée des actes d'exécution. La durée des actes d'exécution permet d'opérer une distinction, d'une part, entre les infractions instantanées et les infractions continues et, d'autre part, entre les infractions permanentes et les infractions successives.

PARAGRAPHE PREMIER : LES INFRACTIONS INSTANTANÉES ET LES INFRACTIONS CONTINUES

372. Infraction instantanée. L'infraction instantanée est l'infraction dont l'élément matériel s'exécute en un trait de temps[1427]. Comme l'a écrit le président Ndongo FALL, toutes les composantes de l'infraction se réunissent dans une courte séquence[1428].

Les infractions instantanées sont constituées d'une action ou d'une omission qui s'exécute d'un seul trait. Par exemple, le vol est une infraction instantanée réalisée par l'acte de soustraction frauduleuse de la chose n'appartenant pas au prévenu[1429]. C'est aussi le cas pour l'escroquerie qui est consommé par la remise de la chose frauduleusement obtenue.

Il importe peu que les effets de l'infraction se prolongent dans le temps. C'est ainsi que l'abandon de famille est considéré comme une infraction instantanée alors même qu'il suppose l'absence de paiement de la pension alimentaire pendant plus de deux mois[1430].

De même, la bigamie, qui se réalise en un trait de temps, est un délit instantané, seuls ses effets se prolongeant après la consommation de l'infraction[1431].

373. Infraction continue. Les infractions continues exigent pour leur réalisation un seul acte qui s'étale dans le temps par une réitération de la volonté coupable[1432]. Les actes constitutifs des infractions continues sont

---

1427 D. NZOUABETH, « Le temps et l'infraction », *Annales africaines*, décembre 2016, n° 5, p. 106.

1428 Nd. FALL, *Le droit pénal africain à travers le système sénégalais*, Dakar, EDJA, 2003, p. 33.

1429 V. art. 364 du CP.

1430 Cass. crim. 2 déc. 1998, *D.* 2000.36, obs. Y. Mayaud.

1431 V. Cass. crim. 12 avr. 1983, *Bull. crim.*, n° 97.

1432 E. LETOUZEY, *La répétition d'infractions*, Paris, Dalloz, 2016.

indiscutablement caractérisés par une certaine durée[1433]. Deux éléments sont donc indispensables : la continuité matérielle des actes d'exécution et la persistance de l'intention coupable de l'auteur[1434].

Par exemple, le délit de port illégal de costume[1435], la séquestration arbitraire et la non-représentation d'enfant se prolongent tant que la personne persiste dans son attitude. Il en est de même du recel de choses qui se perpétue tant que le receleur refuse de se dessaisir de la chose détenue[1436] et de l'occupation illégale d'un terrain appartenant à autrui[1437].

374. Intérêts de la distinction. La distinction entre les infractions instantanées et les infractions continues présente plusieurs intérêts.

L'infraction continue est soumise à la loi nouvelle, même si elle a commencé avant son entrée en vigueur. À cet égard, peu importe que la loi nouvelle soit plus sévère que l'ancienne, dès l'instant où l'infraction continue s'est poursuivie sous l'empire de la nouvelle loi[1438].

De plus, les lois d'amnistie ne s'appliquent pas aux infractions continues qui ont persisté après son entrée en vigueur. Un délit continu peut même être puni en dépit d'une loi d'amnistie, s'il se prolonge après l'intervention de cette dernière[1439].

1433 Nd. FALL, *op. cit.*, p. 34.

1434 M. DONNIER, « Les infractions continues », *RSC* 1958, p. 749 ; P. ESMEIN, « Y a-t-il des infractions continues » ?, *Rev, pénit*, 1924, p. 111 ; V. SOLNAR, « La notion de l'infraction continue sur la base du droit pénal comparé », *Mélanges Constant*, 1971, p. 329 ; B. PERREAU, « La notion de délit continu en doctrine et en jurisprudence », in Travaux de la conférence de droit pénal de l'Université de Paris, 1924, p. 21.

1435 V. art. 227 du CP.

1436 V. art. 430 du CP.

1437 En ce sens, V. CA Dakar ch. corr., n° 357 du 11 avril 2012, MP et AJE c/ M. TH., *inédit*; CA Dakar ch. corr., n° 819 du 03 juin 2013, MP et L. F. S. c/ Z. B., *inédit* ; CA Dakar ch. corr., n° 845 du 03 juin 2013, MP et M. MB. c/ M. G., *inédit* ; CA Dakar ch. corr., n° 923 du 03 septembre 2012, MP et A. D. c/ D. ND., *inédit* : « *le délit d'occupation illégale de terrain appartenant à autrui, étant un délit continu, il y a réitération de la volonté coupable tant que l'acte matériel d'occupation n'a pas encore pris fin* » ; CA Dakar ch. corr., n° 1536 du 15 novembre 2013, MP et M. NG. et M. MB. c/ La Congrég. des filles du Saint Coeur de Marie et mère M. Th. D., *inédit* ; CA Dakar ch. corr., n° 1065 du 01 septembre 2014, MP et A. W. c/M. D. et autres, *inédit* ; CA Dakar ch. corr., n°78 du 19 janvier 2015, MP et B. NG. c/ R. S., *inédit* ; CA Dakar, ch. acc. n°135 du 07 mai 2015, MP c/M. D. et autres, *inédit* ; CA Dakar ch. corr., n° 1234 du 14 septembre 2015, MP et A. L. S. rep. par I. S. c/ Kh. S., *inédit*.

1438 Crim., 23 déc. 1925, *S.*, 1927.1.199 ; Cass. crim. 11 févr. 1998, *Bull. crim.* n° 53.

1439 Cass. crim., 31 août 1922, *S.* 1923, 1, p. 237 ; Cass. crim., 27 févr. 1973, *Bull. crim.*, n° 96 ; CA Colmar, 20 janv. 1967, *JCP* G 1967, II, 15134, note J. Michaud.

En outre, la prescription de l'action publique court pour l'infraction instantanée à compter du jour où l'acte consommant l'infraction a été accompli[1440].

Dans un arrêt rendu le 18 avril 2017, la Cour d'Appel de Dakar a jugé que les délits de faux en écritures privées et d'escroquerie sont des infractions instantanées qui ont pour point de départ du délai de prescription de l'action publique le jour de leur réalisation, c'est-à-dire respectivement au jour de la confection du faux et à la date de la remise de la chose par la victime[1441].

Toutefois, l'infraction continue se prescrit qu'à compter de la cessation de l'activité délictueuse, c'est-à-dire lorsque l'action pénale réitérée a pris fin[1442].

Par exemple, en matière de recel de choses, le délai de prescription de l'action publique ne court qu'à partir du moment où le receleur ne se trouve plus en possession de la chose détenue.

Mais la jurisprudence ne se conforme pas toujours à cette règle. Ainsi, un arrêt de la chambre d'accusation de la Cour d'Appel de Dakar, rendu le 07 mai 2015[1443], a énoncé que l'infraction d'occupation illégale de terrain appartenant à autrui, comme dans la plupart des cas en matière d'urbanisme, est une infraction continue qui ne peut être poursuivie qu'à la découverte des agissements des mis en cause.

Il faut cependant préciser que, pour des raisons de politique criminelle, la jurisprudence fait reculer parfois le point de départ du délai de prescription

---

1440 Cass. crim., 16 déc. 1964, *JCP* G. 1965, II, 14086, note J. Schwob ; Cass. crim., 25 nov. 1975, *Bull. crim.*, n° 257.

1441 CA Dakar ch. corr., n° 299 du 18 avril 2017, MP et A. D. c/ E. D., *inédit* ; dans le même sens, CA Dakar ch. corr., n° 357 du 11 avril 2012, MP et AJE c/ M. TH., *inédit* ; CA Dakar ch. corr., n° 819 du 03 juin 2013, MP et L. F. S. c/Z. B., *inédit* ; CA Dakar ch. corr., n°1536 du 15 novembre 2013, MP et M. Ng. et M. MB. c/ la Congrég. des filles du Saint Coeur de Marie et mère M. Th. D., *inédit* ; CA Dakar ch. corr., n° 517 du 08 avril 2015, MP et R. G et M. G c/ A. G. D., *inédit* : « *les délits de faux et usage de faux (...) sont des infractions instantanées qui sont réalisées, en un trait de temps ; que le point de départ du délai court à partir du jour où l'infraction est réalisée* ».

1442 T. corr. Lille, 27 février1954, *D.*, 1954, som., 57 ; crim., 19 déc. 1963, *G.P.*, 1964.1.230; crim., 18.mars 1986, *Bull. crim.*, n° 283; (présentation de bilan inexact à une assemblée générale) ; crim., 17 juin 1987, *D.*, 1987, 1. R., 175; (détournement de correspondance); crim., 11 fèv, 1985, *Bull. crim* n° 66 ; (contravention à la réglementation des tarifs aériens) ; cass. crim., 16 juill. 1964, *Bull. crim.*, n° 241.

1443 CA Dakar, ch. acc. n° 135 du 07 mai 2015, MP c/ M. D. et autres, *inédit*.

pour certaines infractions instantanées considérées comme des infractions occultes par nature et/ou dissimulées.

La jurisprudence sénégalaise a apporté des nuances au principe de fixation du point de départ du délai de prescription au jour de la commission de l'infraction en matière d'escroquerie. La Cour d'Appel de Dakar a jugé que « *le point de départ de la prescription commencera à courir à compter de la connaissance de la fraude, de la tromperie consistant, en connaissance de cause, à proposer une solution de rechange qui ne pouvait prospérer* »[1444].

Dans un arrêt rendu le 23 septembre 2008[1445], la chambre criminelle de l'ancienne Cour de Cassation sénégalaise a estimé que « *si la doctrine et la jurisprudence française classent habituellement le délit d'escroquerie dans la catégorie des infractions instantanées dont le point de départ de la prescription coïncide avec la date de remise des fonds, il y a lieu de ne pas généraliser cette doctrine, mais de raisonner au cas par cas pour fixer ce point de départ* ».

La haute juridiction de cassation a considéré que le contexte et la nature des rapports entre les parties en litige doivent être pris en compte pour déterminer si le point de départ de la prescription doit coïncider avec la date de la remise des fonds ou avec celle à laquelle la victime de l'escroquerie en a pris réellement connaissance et s'est trouvée à même d'intenter des poursuites pénales contre l'auteur de cette infraction.

En outre, en matière de faux, un arrêt de la chambre criminelle de la Cour suprême, rendu le 4 juin 2020[1446], a énoncé que « *la prescription commence à courir à compter du jour de la découverte de l'altération de la vérité* » et non à compter à la réalisation de l'acte d'altération de la vérité.

En ce qui concerne la compétence, l'infraction continue relève de la compétence territoriale de tous les tribunaux dans le ressort desquels la volonté du prévenu a été réitérée[1447].

Mais les infractions instantanées sont de la compétence exclusive de la juridiction dans le ressort duquel elles ont été réalisées.

[1444] CA Dakar ch. corr., n° 253 du 18 février 2014, MP et Ch. C. c/ D. ND. MB., *inédit*.
[1445] CS ch. crim. n° 113 du 16 juin 2016, V. A. D. c/ El H. M. S., *inédit*.
[1446] CS ch. crim. n° 21 du 04 juin 2020, A. MB. c/ A. D., *inédit*.
[1447] Crim, 31 août 1922, *S.*, 1923.1.237.

PARAGRAPHE II : LES INFRACTIONS PERMANENTES ET LES INFRACTIONS SUCCESSIVES

375. Sous-distinction doctrinale. La doctrine a proposé une sous-distinction entre les infractions permanentes et les infractions « *successives* ».

L'infraction permanente est celle dont les effets délictueux se prolongent dans le temps par la seule force des choses[1448]. Elle est, en effet, une infraction dont les effets se prolongent dans le temps indépendamment de toute nouvelle manifestation de volonté coupable. En d'autres termes, il n'est pas nécessaire que perdure l'intention délictueuse. Par exemple, l'édification d'une construction sans autorisation de construire, l'apposition de signes sur les biens des collectivités publiques[1449], l'affichage prohibé[1450] et la bigamie[1451] sont des infractions permanentes.

Du point de vue du régime de la prescription de l'action publique, le point de départ du délai de prescription sera le jour du mariage de l'époux bigame ou l'apposition de l'affiche ou du signe, quelle que soit la durée du mariage illicite ou de l'exposition de l'affiche ou du signe au public[1452].

L'infraction successive se perpétue, au contraire, par un renouvellement constant de la volonté pénale de son auteur. Tel est le cas de l'ouverture illégale d'un débit de boisson, de la non-représentation d'enfants, du recel de choses, etc.

Cette distinction a pour conséquence l'assimilation de l'infraction permanente à l'infraction instantanée et l'identification de l'infraction successive à l'infraction continue du point de vue de leurs régimes juridiques respectifs[1453].

Beaucoup d'auteurs contemporains considèrent que cette sous-distinction entre les infractions permanentes et les infractions successives est inutile, puisqu'elle se ramène en définitive à la distinction entre les infractions

---

1448 J. LARGUIER, « Un recul de l'infraction permanente », *RSC* 1982, p.331 ; D. MAYER, « Plaidoyer pour la réhabilitation de la notion d'infraction permanente », *D.* 1979, chron. p. 23.
1449 V. art. art. 8, 17° du Code des Contraventions.
1450 V. art. 9 du Code des Contraventions.
1451 V. art. 333 du CP.
1452 En ce sens, Nd. FALL, *Le droit pénal africain à travers le système sénégalais*, Dakar, EDJA, 2003, p. 35.
1453 R. MERLE et A. VITU, *op. cit.*, n° 490.

instantanées et les infractions continues[1454]. Un auteur a même écrit que la notion d'infraction permanente est un non-sens[1455].

[1454] CONTE et MAISTRE du CHAMBON, op. cit., n° 204, p. 123.
[1455] C. PORTERON, « Infraction », *Rép. dr. pén. proc. pén.,* Dalloz, n° 77.

SECTION III :

LE RÉSULTAT DES ACTES D'EXÉCUTION

376. Chemin du crime. La commission d'une infraction pénale est presque toujours l'aboutissement d'un processus assez complexe que l'on appelle « *le chemin du crime* » (*iter criminis*)[1456], c'est-à-dire le chemin qui trace les différentes étapes par lesquelles passe l'auteur d'une infraction. On peut décomposer la «*trajectoire du crime* » en quatre grandes étapes.

La première étape est constituée de l'idée du crime, c'est-à-dire la résolution de commettre l'infraction. Il s'agit du simple projet criminel, encore appelé pensée ou résolution criminelle, qui ne s'est pas encore manifestée par des actes matériels[1457].

La deuxième étape renvoie à l'accomplissement des actes préparatoires à l'infraction, dont le caractère encore trop équivoque n'autorise pas à penser que la volonté de l'agent était réellement tendue vers la réalisation de l'infraction. Il s'agit d'actes qui, sans faire partie des éléments constitutifs de l'acte infractionnel, permettent de réunir des éléments nécessaires à sa réalisation.

Par exemple, constitue un acte préparatoire, le fait de se procurer une arme ou différents instruments qui permettent la commission de l'infraction.

La chambre d'Accusation de la Cour d'Appel de Dakar a jugé, dans un arrêt rendu le 27 juillet 2017, que la détention d'un pistolet factice, qui n'entre pas dans le cadre de la catégorie des armes prévues par la loi n° 66-03 du 18 janvier 1966 relative au régime général des armes et munitions, non suivie d'actes positifs, peut être considérée comme un acte préparatoire[1458].

La troisième étape vise le commencement d'exécution qui prend la forme d'un ou de plusieurs actes « *qui tendent directement et immédiatement à la consommation du délit* »[1459] ou encore qui « *devaient avoir pour conséquence*

[1456] Sur cette question, V. H. LE ROUX, *Le chemin du crime*, 3e edition, éd.1889.

[1457] R. PELISSIER, « Le projet criminel dans le nouveau Code pénal camerounais », *Penant*, 1968, p. 125.

[1458] CA Dakar ch. acc. n° 245 du 27 juillet 2017, MP c/ M. O. D. et autres, *inédit*.

[1459] Crim. 3 mai 1974, *Bull. crim.* n° 157; crim. 5 juin 1984, *Bull. crim.* n° 212; crim. 10 oct. 2001, *inédit*, n° 01-83.433 . Pour une formule très proche, V. crim. 25 oct. 1962, 2 arrêts, *Bull. crim.* nos

directe et immédiate de consommer l'infraction, celle-ci étant entrée dans la période d'exécution »[1460].

Le commencement d'exécution réside donc, à la fois, dans la proximité temporelle de l'acte perpétré avec la consommation de l'infraction et sa causalité manifeste avec sa commission. Par exemple, la demande de paiement adressée à son assureur par un assuré ayant simulé un sinistre constitue un commencement d'exécution du délit d'escroquerie. Il en est de même de l'action consistant à s'approcher d'un bureau de poste avec des cagoules sur la tête dans l'intention de commettre un vol.

Le dernier stade du chemin de l'infraction est constitué de la consommation de ladite infraction. Il s'agit de la réalisation effective de l'infraction, par la constitution de tous ses éléments constitutifs (éléments légal, matériel et moral)[1461].

Dans certains cas exceptionnels, la loi intervient dès le premier stade pour punir de simples résolutions criminelles publiquement manifestées. On peut citer les menaces de mort[1462], l'association de malfaiteurs[1463] et les complots[1464].

Le législateur peut intervenir aussi dès le deuxième stade pour réprimer des actes préparatoires[1465]. Il en est ainsi en matière de violation de domicile[1466]. En effet, l'article 164, alinéa 2 du CP incrimine tout individu qui se sera introduit à l'aide de menaces ou de violences dans le domicile d'un citoyen.

Dans ces hypothèses, qui tendent à se multiplier dans le cadre d'une politique criminelle préventive, la manifestation du projet criminel ou les

---

292 et 293 ; crim. 18 août 1973, *Bull. crim.* n° 339 ; crim. 15 mai 1979, *Bull. crim.* n°175 ; crim. 19 juin 1979, *Bull. crim.* n° 219 ; crim. 14 juin 1995, n° 94-85.119 , *Bull. crim.* n° 222.

1460 Crim. 25 oct. 1962, 2 arrêts, *Bull. crim.* nos 292 et 293.

1461 R. MERLE et A. VITU, *Traité de droit criminel. Problèmes généraux de la science criminelle. Droit pénal général,* tome 1, Paris, Cujas, 7e édition 1997, p. 494 ; S. KEYMAN, « Le résultat pénal », *RSC* 1968, p. 781 ; O. SALEM, *Le résultat de l'infraction. Étude comparée du droit français et du droit égyptien,* thèse, Paris, 1990.

1462 V. art. 290 du CP.

1463 V. art. 238 du CP.

1464 V. art. 73 du CP.

1465 Cf. G. R. MOURULLO, « La punition des actes préparatoires dans le droit pénal espagnol », *RIDP* 1967, p. 76.

1466 V. H. MATSOPOULOU, « Violation de domicile », *Juris-class. pén. code*, art. 226-4 fasc. 20, 2019 ; C. FRAZIER, « Violation de domicile », *Rép. dr. pén. proc. pén.* 2001.

actes préparatoires ne sont pas punis en tant que tentatives d'une autre infraction : ils sont érigés en infractions autonomes réputées consommées en tant que telles[1467].

Il y a des cas où l'agent pénal accomplit vainement tous les actes nécessaires à sa réalisation ; c'est-à-dire qu'il réalise tous les actes d'exécution nécessaires sans atteindre le résultat escompté. On dit alors que l'infraction est inachevée.

Par ailleurs, il arrive que l'agent pénal accomplisse tous les éléments constitutifs de l'infraction; on parle alors d'infraction consommée.

PARAGRAPHE PREMIER : L'INFRACTION INACHEVÉE

377. Problème de l'infraction inachevée. Il arrive fréquemment que la matérialisation d'une infraction soit incomplète. Le délinquant, ayant entrepris l'accomplissement des opérations nécessaires à la réalisation de son projet délictueux, n'a pas eu le temps, la persévérance ou la volonté d'aller jusqu'au bout (tentative interrompue).

Parfois, même, il effectue vainement tous les actes qui, dans sa pensée, auraient dû le conduire au but incriminé par la loi (tentative infructueuse).

L'infraction, quoique caractérisée par une manifestation extérieure de la volonté pénale, n'est pas consommée. Il s'agit donc de déterminer si elle est tout de même répréhensible.

Pour bien comprendre les solutions que le droit pénal positif apporte à ce problème, il convient de distinguer les deux principales formes de tentatives : la tentative interrompue (tentative proprement dite) et la tentative infructueuse.

A. La tentative interrompue

378. Théorie de la tentative punissable. La difficulté pour le législateur consiste à choisir la phase au-delà de laquelle l'activité criminelle devient punissable. La théorie de la tentative punissable a pour objet de déterminer à partir de quel moment la tentative devient punissable ; c'est-à-dire à partir de quelle étape l'intervention du droit pénal devient-elle légitime ?

[1467] J.-Y. MARECHAL, *Essai sur le résultat dans la théorie de l'infraction pénale*, Paris, L'Harmattan, 2003.

À cet égard, le législateur a fixé les conditions ainsi que le régime juridique de la tentative punissable.

1. Les conditions de la tentative punissable

379. Conditions légales. L'article 2 du CP a apporté une réponse claire au problème de la tentative punissable. Aux termes de ce texte : « *toute tentative de crime qui aura été manifestée par un commencement d'exécution, si elle n'a été suspendue ou si elle n'a manqué son effet que par des circonstances indépendantes de la volonté de son auteur, est considérée comme le crime même*» [1468]. Pour que la tentative soit punissable, la loi pénale exige ainsi deux conditions : un commencement d'exécution et une absence de désistement volontaire[1469].

- **Le commencement d'exécution**

380. Notion de commencement d'exécution. On ne peut équitablement punir la volonté criminelle qu'à partir du moment où elle s'est concrétisée par des actes impliquant son caractère irrévocable ou qui contiennent déjà en germe une certaine potentialité dangereuse.

La notion de commencement d'exécution n'est pas définie par la loi, le législateur n'ayant fourni aucun critère permettant de distinguer les actes préparatoires du commencement d'exécution. Pourtant, il n'est pas facile d'isoler un critère de distinction entre le commencement d'exécution

---

[1468] M. M. BANGAGATARE, « Essai d'interprétation de la tentative punissable en droit répressif rwandais », *Rev. Jur. Rwanda,* 1978, n° 2-3, p. 138.

[1469] Sur la question de la tentative, V. GALLET, *La notion de tentative punissable*, Thèse Cean, 1898 ; J.-C. GENIN, *La répression des actes de tentative en droit criminel romain. Contribution à l'étude de la subjectivité répressive à Rome*, thèse, Lyon, 1968. J. PINATEL, « La théorie de la tentative devant la criminologie et les sciences de l'homme », Annales de la Faculté de droit de Thessalonique, vol. 154, 1966, p. 241-254 ; J. CHAMPCOMMUNAL, « Étude critique de législation comparée sur la tentative », *Rev. crit. législ. et jurispr.* 1895. 41 et 94 ; J. DEVÈZE, «Le commencement d'exécution de l'infraction en jurisprudence », *RSC* 1981, p. 777 ; C. GERTHOFFER, « La tentative et la complicité », *Mélanges Patin*, 1966, Paris, Cujas, p. 153 ; A. LÉGAL, « La notion de tentative punissable d'après la jurisprudence française », *RPS* 1963, p. 293 et 1972, p. 422 ; R. SALEILLES, « Essai sur la tentative et plus particulièrement sur la tentative irréalisable», *Rev. pénit.* 1897. 53 et 321 ; M. SEGONDS, « Tentative », *Juris-class.pén.* 2002, art. 121-4 et 121-5 ; R. MERLE et A. VITU, *Traité de droit criminel. Problèmes généraux de la science criminelle. Droit pénal général*, tome 1,Paris, Cujas, 7e édition 1997, p. 482 et s. ; F. DESPORTES et F.LE GENEHEC, *Droit pénal général,* 12e édition, Paris, Economica, 2005, p. 413 ; D. REBUT, «Tentative », *Rép. dr. pén. proc. pén.* Dalloz, mai 2009 ; R. COMBALDIEU, « Le problème de la tentative de complicité ou le hasard peut-il être arbitre de la répression ? », *RSC* 1959, p. 454.

répréhensible et l'acte préparatoire qui reste impuni ; l'acte préparatoire est, en effet, un acte qui prépare la commission de l'infraction.

En tout état de cause, en exigeant un commencement d'exécution, le législateur impose la réalisation d'un acte matériel, c'est-à-dire « *un minimum de criminalité* » ; il exclut, en principe, les simples projets psychologiques. La doctrine a proposé deux conceptions du commencement d'exécution.

381. Conception objective. La conception objective définit le commencement d'exécution d'un point de vue matériel et s'attache strictement à l'analyse des faits. Ce critère prend en compte objectivement l'acte commis par l'agent pénal. Selon cette thèse, il y a commencement d'exécution, lorsque l'agent accomplit un acte qui fait partie de l'infraction, soit comme élément constitutif soit comme circonstance aggravante. Il s'agit de l'acte tendant directement à la commission de l'infraction, c'est-à-dire à la production du résultat de l'infraction. Le commencement d'exécution doit consister en un « *fragment de la matérialité infractionnelle* ». Par exemple, en matière de vol, il y a commencement d'exécution à partir du moment où l'agent a posé sa main sur l'objet convoité.

Constitue également un commencement d'exécution, le fait d'escalader un mur à des fins de soustraction frauduleuse, l'escalade s'analysant en une circonstance aggravante du vol. Ainsi, l'agent est répréhensible dès qu'il est «*entré en action, en vue de la réalisation de son entreprise, même si cette action est antérieure à l'exécution proprement dite de l'infraction*»[1470].

La tentative de vol à main armée a été retenue à l'encontre de malfaiteurs armés et cagoulés, interpellés alors qu'ils s'approchaient d'un bureau de poste[1471]. Il a été également jugé qu'une fausse déclaration de sinistre constitue le commencement d'exécution d'une escroquerie à l'assurance[1472].

Un arrêt de la Cour d'Appel de Dakar rendu le 11 mars 2013[1473] a énoncé que constitue un commencement d'exécution le fait pour une personne de pénétrer frauduleusement dans les locaux de la douane et de fracturer les

---

[1470] R. GARRAUD, *Traité de droit pénal,* 1, p. 494; G. VIDAL et J. MAGNOL, op. cit., p. 150.
[1471] Crim. 19 juin 1979, *Bull. crim.* n° 219.
[1472] Crim. 1er juin 1994, *Dr. pén.* 1994, comm. 234 ; 22 février 1996, *Bull. crim.* n° 89.
[1473] CA Dakar ch. corr., n° 339 du 11 mars 2013, MP et Adm. des Douanes c/ D. S., *Bulletin des arrêts rendus par la Cour d'Appel de Dakar en matière pénale*, 2014, p. 195.

portes du bureau qui abrite le coffre-fort contenant des fonds avant de prendre la fuite à la vue d'un agent.

Il en est de même des personnes qui ont été surprises par une patrouille de police entrain de s'affairer autour d'un véhicule qu'ils cherchaient à allumer[1474] ou de la personne qui a enlevé des piquets d'un enclos de troupeau de bétail pendant la nuit pour réaliser un vol[1475].

Mais dans l'affaire de la clinique du Cap jugée le 16 avril 2007, la Cour d'Appel de Dakar a considéré que la seule présence d'une jeune femme dans le laboratoire d'analyse d'une clinique, en compagnie d'une personne même étrangère au service, en l'absence de toute preuve d'une consultation ou d'un transfert de données, ne saurait constituer le commencement d'exécution du délit de vol de données électroniques[1476].

La théorie objective du commencement d'exécution a le mérite de circonscrire le commencement d'exécution, mais elle a été critiquée, pour défendre mal les intérêts de la société ; elle conduit, en effet, à exclure de la répression des actes révélant chez leurs auteurs une intention criminelle bien arrêtée.

Cette thèse objective conduit à assurer l'impunité à des actes qui sont très près du résultat final. Le voleur, par exemple, n'encourrait aucune sanction s'il était surpris, muni de tous les instruments nécessaires à la réussite de son entreprise devant la porte qu'il est sur le point de fracturer. Il pourrait donc se prévaloir, avec cynisme, de ce que la police l'a arrêté alors qu'il n'a commis aucun acte rentrant dans l'infraction.

382. Conception subjective. La notion de commencement d'exécution a été utilisée dans une perspective subjectiviste par d'autres auteurs. Selon ces auteurs, ce qui caractérise l'action pénale, c'est essentiellement l'état d'esprit du délinquant, beaucoup plus que les opérations matérielles qu'il accomplit. Il doit être réputé en action à partir du moment où il a irrévocablement décidé d'aller jusqu'au bout.

[1474] C. ass. Dakar n° 26 du 07 juillet 2014, MP c/ A. S., *inédit*.

[1475] CA Dakar, ch. corr. 1, n°278 du 03 mai 2010, MP et Ab. S. c/ Kh. S., *inédit*.

[1476] CA Dakar ch. corr., n° 680 du 16 avril 2007, MP et Y. D. c/ M. D.-L. A. G. ND., *inédit* ; sur cette décision, V. P. A. TOURÉ, « Cinq ans de droit pénal des technologies de l'information et de la communication (2008-2013) : chronique de jurisprudence sénégalaise », in *Cour suprême Bulletin des arrêts, Bulletin d'information* 7-8, 2016, p. 117 et s.

L'approche subjective du commencement d'exécution met l'accent sur l'intention de l'agent qui doit servir de critère d'identification de la tentative punissable ; il s'agit de la volonté irrévocable de commettre l'infraction. Selon Degois, le commencement d'exécution est « *l'acte par lequel l'agent a subjectivement conscience de commencer l'exécution de l'infraction qu'il a projetée* »[1477].

Pour Donnedieu de Vabres, la tentative est punissable lorsqu'il « *existe entre le mal qu'a commis l'agent et le but qu'il se proposait une distance morale si faible que, laissé à lui-même, il l'aurait presque certainement franchie* »[1478].

D'après Vidal et Magnol, il y a tentative « *quand l'agent s'est montré décidé à courir les risques de l'entreprise, quand il a entendu couper les ponts derrière lui* »[1479]. Par exemple, une personne embusquée et munie d'un fusil à lunette chargé de balles préalablement striées est animée d'une intention homicide.

Le critère subjectif de la tentative permet incontestablement d'élargir le concept de commencement d'exécution et d'étendre démesurément le champ de la répression en vue d'assurer efficacement la défense de la société.

Toutefois, on peut lui faire deux reproches.

D'une part, il manque de certitude, puisque, en somme, il repose sur une simple observation de la psychologie du délinquant, c'est-à-dire sur une simple intention irrévocable.

D'autre part, cette conception subjective pourrait logiquement conduire à situer le moment de la tentative punissable dès la phase de la résolution manifeste, s'il apparaît qu'à cet instant l'agent avait entendu « *couper les ponts derrière lui* ». Or, cette analyse constituerait une négation de la théorie générale du commencement d'exécution forgée par le Code pénal.

383. Conception mixte. Certains auteurs ont proposé une approche mixte du commencement d'exécution en vue d'éviter l'arbitraire, en objectivant

---

[1477] C. DEGOIS, *Traité élémentaire de droit criminel*, 2e édition, Paris, sirey, 1911, n° 165.
[1478] H. DONNEDIEU DE VABRES, op. cit., n° 231.
[1479] G. VIDAL et J. MAGNOL, op. cit., p. 150.

l'intention irrévocable du délinquant en fonction de la matérialité des actes qu'il avait accomplis lorsqu'il a été interrompu.

Selon Garraud, seul devrait être retenu, au titre du commencement d'exécution, l'acte tendant «*directement et immédiatement à la perpétration du crime ou du délit* », c'est-à-dire le dernier ou l'un des derniers avant l'exécution proprement dite[1480]. Vidal et Magnol considèrent la tentative comme punissable « *toutes les fois que l'acte ne présente pas un caractère vague et douteux et qu'il a un rapport direct avec l'infraction à laquelle il tend, qu'il s'y rattache par un lien visible et étroit* »[1481].

384. Combinaison jurisprudentielle des conceptions objective et subjective. La jurisprudence française semble combiner les conceptions objective et subjective pour définir le commencement d'exécution[1482]. La Cour de Cassation française a considéré que le commencement d'exécution est « *l'acte qui tend directement au délit lorsqu'il a été accompli avec l'intention de le commettre* »[1483]. Il s'agit d'un acte qui ne laisse aucun doute sur les intentions de son auteur et qui conduit directement à la réalisation de l'infraction.

Selon une autre définition jurisprudentielle, le « *commencement d'exécution est constitué par tous les actes qui tendent directement et immédiatement à la consommation du délit, le prévenu étant ainsi entré dans la période d'exécution*»[1484]. D'autres arrêts voient dans le commencement d'exécution l'acte « *qui tend directement au délit lorsqu'il a été commis avec l'intention de le commettre* »[1485] ou l'acte « *qui doit avoir pour conséquence directe et immédiate de consommer le crime, celui-ci étant entré dans sa période d'exécution* » [1486].

1480 R. GARRAUD, op. cit., n° 232, p. 494.

1481 G. VIDAL et J. MAGNOL, *op. cit.*, p. 151.

1482 En ce sens, F. DESPORTES et F. LE GENEHEC, *Droit pénal général*, 12e édition, Paris, Economica, 2005, p. 413.

1483 Crim. 5 juill. 1951, *Bull. crim.* n° 198, *RSC* 1952. 439, obs. A. Légal ; crim. 09 mai 1956, *Bull. crim.* n° 362 ; crim. 29 déc. 1970, *Bull. crim.* n° 356 ; crim. 8 novembre 1972, *Bull. crim.* n° 361 ; crim. 3 janv. 1973, *RSC* 1974, p.577, obs. J. Larguier ; crim. 2 mai 1974, *Bull. crim.* n° 156 ; crim. 11 juin 1975, *Bull. crim.* n° 150, *RSC* 1976. 407, obs. J. Larguier.

1484 Crim. 03 mai 1974, *Bull. crim.* n° 157.

1485 Crim. 5 juillet 1951, *Bull. crim.* n° 198.

1486 Crim. 25 oct. 1962, 2 arrêts, *Bull. crim.* nos 292 et 293, *D.* 1963. 221, note P. Bouzat, *JCP* 1963. II. 12985, note R. Vouin ; 18 août 1973, *Bull. crim.* n° 339.

On retrouve les traces de la combinaison des conceptions objective et subjective du commencement d'exécution dans la jurisprudence pénale sénégalaise. L'arrêt de la Cour d'Appel de Dakar rendu le 16 avril 2007 a énoncé que « *le commencement d'exécution est constitué par des actes qui tendent directement à l'infraction avec l'intention de la commettre* »[1487].

- **L'absence de désistement volontaire**

385. Exigence du désistement volontaire. Le désistement involontaire est le deuxième élément constitutif de la tentative. L'article 2 du CP précise que la tentative manifestée par un commencement d'exécution n'est punissable « *que si elle est suspendue par des circonstances indépendantes de la volonté de son auteur* ». Il s'agit de l'absence de désistement volontaire encore appelé interruption volontaire. La tentative est ainsi une infraction intentionnelle ; c'est pourquoi son interruption ne doit donc pas être volontaire[1488].

On retrouve là une des préoccupations cardinales de la politique criminelle liées au besoin de prévention de la commission des infractions. Mieux vaut déplorer une infraction inachevée que de constater une infraction consommée, une victime éventuelle qu'une victime réelle. Il faut donc donner au délinquant un intérêt à l'abandon de son entreprise criminelle et récompenser, par une promesse d'impunité, celui qui, volontairement et librement, se ressaisit à temps.

386. Désistement volontaire. La distinction entre le désistement volontaire, qui entraîne l'impunité et l'interruption involontaire répréhensible, n'est pas toujours facile à établir.

Il n'y a pas de problème lorsque le désistement est spontané, l'agent échappera à la peine.

Le désistement est volontaire lorsqu'il est étranger à toute circonstance extérieure et provoqué par un sentiment purement personnel, quelle que soit la nature du mobile ; l'agent pénal n'est ni incité ni contraint par autrui. Il

---

[1487] CA Dakar ch. corr., n° 680 du 16 avril 2007, MP et Y. D. c/ M. D. et L. A. G. Nd., *inédit* ; sur cette décision, V. P. A. TOURÉ, « Cinq ans de droit pénal des technologies de l'information et de la communication (2008-2013) : chronique de jurisprudence sénégalaise », in *Cour suprême Bulletin des arrêts, Bulletin d'information* 7-8, 2016, p. 117 et s.

[1488] G. BEAUSSONIE, « Infraction », *Rép. dr. pén. proc. pén.*, 2021, n° 105.

peut renoncer à son action criminelle par pitié, par remords, par crainte du châtiment ou même par désir de ne pas compromettre un autre projet criminel.

Dans ces cas, l'agent échappe alors à la répression. Il a été jugé que l'interruption d'un vol sous l'influence de la peur, et non d'une circonstance extérieure, rend non punissable une tentative de vol[1489]. Dans le même sens, le renoncement de deux détenus à leur projet d'évasion à la suite du bruit fait par leurs travaux de creusement du béton sous la fenêtre de leur cellule constitue un désistement volontaire, dès lors qu'ils ont eux-mêmes informé l'administration pénitentiaire de leur projet[1490].

387. Désistement involontaire. Le désistement est involontaire lorsqu'il est déterminé par une cause totalement extérieure à l'agent (arrestation, riposte de la victime, fermeture de la banque plus tôt que prévu, défaillance physique de l'agent, etc.).

Ainsi, le désistement involontaire peut résulter de l'intervention des forces de police qui interpellent l'auteur pendant l'exécution de son forfait[1491]. Sont également exclusives du désistement volontaire, la résistance de la victime à l'infraction[1492] ainsi que la crainte d'une dénonciation ou des conséquences d'une enquête judiciaire[1493]. La tentative d'escroquerie est constituée si l'inefficacité des manœuvres frauduleuses a sa seule cause dans le refus de la victime de remettre le bien convoité[1494]. Il en va de même pour la tromperie qui échoue parce qu'aucune commande ne s'en est suivie[1495]. L'obstacle extérieur peut aussi tenir à la résistance d'une chose. C'est l'exemple classique du voleur qui renonce en raison de l'inviolabilité du coffre-fort qu'il a essayé d'ouvrir ou de la solidité de la porte qu'il a tenté de forcer.

388. Situations intermédiaires. Il y a des situations intermédiaires lorsque le désistement est déterminé à la fois par un facteur interne et par une cause externe. On peut citer l'exemple de l'abandon d'une tentative de vol

---

[1489] T. corr. Fort-de-France, 22 sept. 1967, *JCP* 1968. II. 15583, note P.-G. Biswang, *RSC* 1969. 130, obs. A. Légal.
[1490] CA Douai, 6 mai 2003, *Dr. pén.* 2003, comm. 122, obs. M. Véron.
[1491] Crim. 2 févr. 1961, *Bull. crim.* n° 71.
[1492] Crim 29 mai 1902, *DP* 1904 I. 32.
[1493] Crim 20 juillet 1933, *Bull. crim.* n° 157 et 158.
[1494] Crim. 25 avr. 1972, *Bull. crim.* n° 142.
[1495] Crim. 3 mai 1974, *Bull. crim.* n° 157.

dans un magasin de libre-service parce que son auteur s'est senti épié par les employés[1496]. On peut douter du caractère purement volontaire du désistement.

On fait généralement valoir qu'il convient d'identifier la cause prépondérante du renoncement pour résoudre la difficulté[1497]. Cette analyse a été mise en œuvre par la chambre criminelle de la Cour de Cassation française, dans un arrêt du 20 mars 1974. Elle a jugé que « *l'intervention d'un tiers, alors même qu'elle a déterminé le désistement de l'auteur de la tentative, n'exclut pas nécessairement le caractère spontané de ce désistement* »[1498].

Elle a cassé l'arrêt de condamnation au motif que les juges du fond n'avaient pas répondu aux conclusions « *par lesquelles le prévenu soutenait que ce tiers s'était contenté de le dissuader de son entreprise, sans exercer aucune contrainte, et que les conseils ainsi reçus l'avaient conduit à suspendre sa tentative par un acte libre et spontané de sa volonté* ».

Il semble résulter du motif de la cassation qu'une situation de désistement sous l'influence d'une intervention extérieure doit donner lieu à une appréciation de l'action de celle-ci sur le désistement sans qu'une solution de principe ne puisse être dégagée.

389. Antériorité du désistement : inefficacité du repentir actif. Le désistement de l'agent se situe antérieurement à la consommation de l'infraction.

L'attitude du délinquant qui consiste, postérieurement à la consommation de l'infraction, à réparer ou à minimiser les conséquences dommageables de son acte délictueux, s'analyse non point en un désistement, mais en un repentir actif[1499]. Le désistement, pour assurer l'impunité, doit intervenir avant la commission de l'infraction. Il importe de distinguer le désistement volontaire du repentir actif.

Il n'y a désistement volontaire que si l'auteur l'accomplit, par hypothèse, avant la consommation définitive de l'infraction. C'est le principe même de

[1496] Crim. 3 janvier 1974, *RSC* 1974, p. 574.
[1497] R. MERLE et A. VITU, *op. cit.*, n° 503.
[1498] Cass. 20 mars 1974, *Bull. crim.* n° 124, *RSC* 1974, p. 575, obs. J. Larguier.
[1499] L. ROZES, « L'infraction consommée », *RSC* 1975, p. 604.

la distinction entre le désistement volontaire et le repentir actif. Le désistement ne peut intervenir qu'avant l'apparition du résultat, puisqu'il doit avoir pour effet d'empêcher la survenance de l'activité délictueuse. Le désistement volontaire, qui se situe au stade du commencement d'exécution, consiste à interrompre une activité délictueuse avant qu'elle n'ait produit les conséquences incriminées par la loi au titre de l'infraction consommée.

Par contre, le repentir actif ou remord tardif intervient après la consommation de l'infraction et consiste à réparer le dommage occasionné à la victime (restitution de l'objet volé, indemnisation du préjudice subi, etc.)[1500]. En principe le repentir actif est inopérant puisqu'il laisse subsister la responsabilité du délinquant.

La Cour suprême du Sénégal a jugé, dans un arrêt rendu le 16 août 1994[1501], que « *le remboursement volontairement intervenu après le détournement est tardif et n'a de conséquence que sur l'octroi des circonstances atténuantes, conformément aux dispositions de l'article 155 du CP* ».

Dans l'arrêt Babou DRAMÉ rendu le 6 septembre 1994,[1502] la chambre pénale de la Cour de Cassation a jugé qu'un remboursement volontaire intervenu après détournement consommé, même avant la mise en demeure, ne constitue qu'un repentir actif qui n'assure pas l'impunité, même s'il fait l'objet d'un accord entre les parties antérieurement aux poursuites.

C'est ainsi que la réparation du préjudice, alors que le délit est consommé, ne saurait effacer l'infraction[1503]. Il en est de même de la régularisation de prélèvements illégaux, laquelle n'enlève pas leur caractère délictueux à des abus de biens sociaux[1504]. Dans le même sens, le fait de se livrer aux autorités ne fait pas disparaître l'infraction commise[1505].

[1500] P. SAVEY-CASARD, « Le repentir actif en droit pénal français », *RSC* 1972, p. 515. ; L.-E. PETTITI, « Le problème des repentis », *RSC* 1986, p.751 ; B. BOULOC, « Le problème des repentis. La tradition française relativement au statut des repentis », *RSC* 1986, p. 771.

[1501] CS n° 27 du 16 août 1994, Ng. F. c/ MP, *inédit*.

[1502] C. cass. pén. n° 31 du 6 septembre 1994, Sonagraines c/ B. D., in *Recueil des arrêts de la Cour de Cassation. Années judiciaires : 1993-1998,* Paris, édition Giraf, 2001, p. 82

[1503] Crim. 11 oct. 1872, *DP* 1873. 1. 391 ; Crim. 9 mai 1979, *Bull. crim.* n° 168 ; crim. 30 mai 2001, n° 00-84.454 , *Dr. pén.* 2001, comm. 126, obs. M. Véron.

[1504] Crim. 22 sept. 2004, n° 03-82.266 *Dr. pén.* 2004, comm. 177, obs. J.-H. Robert.

[1505] Crim. 19 mars 1956, *Bull. crim.* n° 272, *D.* 1957, somm. 19.

La détermination du moment de la consommation de l'infraction apparaît donc primordiale et dépend étroitement du caractère formel ou matériel de l'infraction. L'infraction matérielle impliquant la production d'un résultat, le désistement de l'agent demeure possible tant que le résultat ne s'est pas produit.

En revanche, l'infraction formelle, qui n'implique pas la production d'un résultat, ne laisse aucune place au désistement et ne rend possible qu'un repentir actif[1506]. En effet, l'éventuelle action de l'agent pour éviter une atteinte effective à la valeur protégée par la loi pénale est inopérante ; il suffit qu'il ait mis en œuvre les moyens incriminés par la loi pour qu'il soit punissable, le résultat étant, par hypothèse, indifférent. Par exemple, l'action, consistant à faire vomir la personne à qui on vient d'administrer un poison, n'est qu'un repentir actif survenu après l'empoisonnement et n'efface pas la culpabilité[1507].

390. Incidence limitée du repentir actif sur la répression. Le droit pénal sénégalais a accueilli, de façon mitigée, le repentir actif dans certaines hypothèses exceptionnelles, lorsqu'il existe un besoin à fournir au délinquant un intérêt personnel à la réparation du dommage[1508]. Le repentir du délinquant est non seulement susceptible d'être pris en considération par le juge répressif lors de la détermination du quantum de la peine, mais il peut également justifier le prononcé d'une exemption de peine.

En cas d'arrestation, de détention ou de séquestration illégale, une réduction de peine est prévue en faveur du délinquant qui aura rendu la liberté à la personne arrêtée, séquestrée ou détenue, avant le dixième jour accompli depuis celui de l'arrestation, de la détention ou de la séquestration[1509]. En outre, une exemption de peine est accordée par l'article 239 du CP, aux membres d'une association de malfaiteurs qui, avant toute poursuite, auront révélé aux autorités constituées l'entente établie ou fait connaître l'existence de l'association.

1506 P. SPITERI, « L'infraction formelle », *RSC* 1966, p. 498.
1507 J.-H. ROBERT, op. cit., p. 224.
1508 B. BOULOC, « Le problème des repentis. La tradition française relativement au statut des repentis », *RSC*, 1986, p. 771.
1509 V. art. 336 du CP.

2. Le régime juridique de la tentative punissable

391. Répression systématique de la tentative de crime. La classification cardinale des infractions en crimes, délits et contraventions retrouve en matière de tentative tout son intérêt. En effet, d'après l'article 2 du CP, la tentative de crime est toujours punissable. Selon ce texte : « *toute tentative de crime qui aura été manifestée par un commencement d'exécution, si elle n'a été suspendue ou si elle n'a manqué son effet que par des circonstances indépendantes de la volonté de son auteur, est considérée comme le crime même* ». La loi a prévu une répression systématique de la tentative de crime.

Cette règle comporte cependant quelques exceptions. Il en est ainsi notamment en cas de faux témoignage en matière criminelle soit contre l'accusé soit en sa faveur, puni de la réclusion criminelle de cinq à dix ans[1510]. On fait valoir que, les fausses déclarations d'un témoin pouvant être utilement rétractées jusqu'à la clôture des débats, la tentative de faux témoignage est juridiquement impossible[1511].

En outre, il résulte de la nature de cette infraction qu'une peine ne doit être encourue par le témoin qu'au moment où sa déposition devient irrévocable. Tant qu'elle n'est pas irrévocable, elle doit pouvoir être librement rétractée ; il importe donc que le témoin puisse revenir sans risque sur ce qu'il a affirmé à tort.

En réalité, la consommation du faux témoignage se situe dans la déposition elle-même, ce qui permet d'exercer les poursuites avant la clôture des débats de l'affaire principale, sous réserve d'attendre la fin de ces débats pour prononcer une condamnation[1512].

392. Répression spéciale de la tentative de délit. Quant à la tentative du délit, l'article 3 du CP précise qu'elle n'est punissable que «*dans les cas déterminés par une disposition spéciale de la loi* ». Le législateur a prévu une répression spéciale de la tentative de délit. Ainsi, si la loi pénale ne l'a pas spécialement prévu pour tel ou tel délit, la tentative de délit n'est pas réprimée.

[1510] V. art. 355 du CP.

[1511] R. GARRAUD, *Traité théorique et pratique du droit pénal français*, t. VI, par P. Garraud, 1935, n° 2299 ; É. Garçon, préc., art. 361 à 364, n° 106.

[1512] Cass. crim., 11 oct. 1973, *Bull. crim.* n° 354 ; *JCP* G 1973, IV, 371; Y. MAYAUD, « Faux témoignage- Répression», *Juris-class. pén.* code, art. 434-13 et 434-14 ; fasc. 30, n° 93.

Dans un arrêt rendu le 30 novembre 2016[1513], la Cour d'Appel de Dakar a jugé qu'en vertu du principe de la légalité posé par l'article 4 du Code pénal, la tentative de tout délit doit être expressément prévue par la loi.

Il n'y a pas lieu de distinguer selon que la répression de la tentative résulte du texte d'incrimination lui-même ou d'une disposition complémentaire.

Par exemple, la tentative d'escroquerie[1514] est incriminée alors que celle de falsification informatique n'est pas sanctionnée par le législateur[1515].

393. Impunité de la tentative de contravention. La loi a gardé le silence sur la tentative de contravention qui n'est donc pas punissable. La contravention n'est pas une infraction assez grave pour qu'il soit opportun d'en réprimer la simple tentative[1516]. L'impunité de la tentative de contravention s'explique par la nature de cette infraction qui sanctionne souvent un manquement à la discipline sociale dépourvu d'intention coupable.

Mais il faut reconnaître que certaines contraventions supposent la caractérisation d'une faute intentionnelle ; il en est ainsi de l'injure non publique[1517] et de la destruction de biens appartenant à autrui[1518].

394. Modalités de répression de la tentative: identité de répression. Le droit pénal sénégalais attache une grande importance à l'intention criminelle manifestée par la tentative et assimile, en ce qui concerne la répression, la tentative à l'infraction consommée. L'auteur d'une infraction tentée est puni des mêmes peines que l'auteur de l'infraction consommée[1519].

Cette règle d'unité répressive s'explique par le fait que l'incrimination de la tentative a toujours un même fondement. Il s'agit, en effet, à chaque fois de punir une intention coupable, quelle que soit l'infraction en cause.

[1513] CA Dakar ch. corr., n° 728 du 30 novembre 2016, MP et M. D. B. c/ Kh. D., *inédit.*

[1514] V. art. 379 du CP.

[1515] V. art. 431-29 du CP.

[1516] R. MERLE et A. VITU, *Traité de droit criminel. Problèmes généraux de la science criminelle. Droit pénal général,* tome 1, Cujas, 7e édition 1997, n° 434.

[1517] V. art. 8 du du Code des Contraventions.

[1518] V. art. 13 du Code des Contraventions.

[1519] R. MILLAUD, *Du principe de l'identité des peines en matière de tentative et d'infraction consommée*, thèse, Paris, 1902.

Le principe de l'unité de la répression s'applique d'abord à la peine encourue par le coupable, qui est la même que s'il avait consommé l'infraction.

Ensuite elle s'applique aussi à toutes les conséquences de la condamnation. Peu importe, notamment, en ce qui concerne les règles de la récidive, que la première condamnation subie par le récidiviste ait été prononcée pour tentative de crime ou de délit ou pour crime ou délit consommé.

Enfin, toutes les peines complémentaires ou toutes les incapacités accessoires que la loi attache à la condamnation encourue pour tel crime ou tel délit sont applicables à l'auteur d'une simple tentative.

Toutefois, le principe de l'identité des peines ne concerne à l'évidence que les peines encourues. Ce principe ne porte atteinte, en aucune façon, aux pouvoirs de personnalisation de la peine du juge répressif, en particulier. Les juridictions répressives sont donc libres d'accorder leur indulgence à l'auteur d'une infraction tentée[1520].

395. Complicité de tentative et tentative de complicité. La répression de la complicité suppose l'existence d'un fait principal punissable[1521]. Ainsi, la complicité de tentative n'est donc punissable qu'en présence d'une tentative elle-même punissable caractérisée, en conséquence, par un commencement d'exécution et l'absence d'un désistement volontaire[1522]. Ainsi, l'agent qui provoque un tiers à commettre une infraction, lequel ne tente pas ou ne commet pas ladite infraction, est assuré de l'impunité[1523]. On peut ainsi être complice d'une tentative. La chambre criminelle avait approuvé le non-lieu

---

[1520] F. DESPORTES et F. LE GUNEHEC, op. cit., p. 418, n° 458.

[1521] Pour une application de la tentative de complicité d'extorsion de fonds, V. CA Dakar, ch. corr. n° 31 du 13 janvier 2016, MP et B. T Y c/ Ch. L. N. et autres, *inédit*.

[1522] Cass. crim., 23 mai 1973, *Bull. crim.*, n° 230 ; *JCP* G. 1974, II, 17675, note D. Mayer ; *RSC* 1974, obs. J. Larguier ; Cass. crim., 8 janvier 1990, *Dr. pén.* 1990, comm. 189 ; Cass. crim., 4 et 11 juin 1998 ; *Dr. pén.* 1998, comm. 142, note M. Véron ; Cass. crim., 6 sept. 2000, *Dr. pén.* 2001, comm. 30, note M. Véron ; CA Douai, 4e ch., 21 oct. 2003, n° 03/00007, *Dr. pén.* 2004, comm. 59, note M. Véron ; Cass. crim., 12 déc. 2007, n° 07-80.886, *JurisData* n° 2007-042303 ; *Dr. pén.*, 2008, comm. 28, note M. Véron; Cass. crim., 7 juin 2011, n° 09-80.036, *JurisData* n° 2011-014291.

[1523] Cass. crim., 25 oct. 1962, *Bull. crim.*, n° 292 ; *Bull. crim.*, n° 293 ; *D.* 1963, jurispr. p. 221, note P. Bouzat ; *JCP* G 1963, II, 12985, note R. Vouin ; *RSC* 1963, p. 553, obs. A. Légal; Cass. crim., 23 mars 1978, *Bull. crim.*, n° 116; Cass. crim., 26 janv. 1993, *Dr. pén.* 1993, comm. 66 ; Adde R. COMBALDIEU, « Le problème de la tentative de complicité ou le hasard peut-il être arbitre de la répression ? », *RSC* 1959, p. 30 ; C. GERTHOFFER, « La tentative et la complicité », in *Mélanges Patin*, p. 153.

décidé au profit d'une personne qui avait recruté un tueur à gages qui n'était pas passé à l'acte[1524].

Par contre, la tentative d'une complicité n'est pas punissable, puisque la complicité n'est pas en lui-même un fait principal punissable, mais un simple mode de participation criminelle, qui emprunte sa criminalité au fait principal.

Donc, on ne peut tenter de commettre un acte de complicité.

B. La tentative infructueuse

396. Position du problème. Les problèmes posés par la tentative infructueuse présentent certaines similitudes avec les questions soulevées par la tentative interrompue. Dans les deux cas, le délinquant n'a pas atteint le résultat qu'il recherchait.

Tandis que dans la tentative interrompue, l'avortement de l'entreprise délictueuse est imputable à l'inachèvement des opérations matérielles d'exécution, en cas de tentative infructueuse, l'agent a accompli tous les actes d'exécution jusqu'au stade de la consommation, mais sans parvenir au succès final. Cette exécution infructueuse caractérise l'infraction manquée et l'infraction impossible.

1. L'infraction manquée

397. Hypothèse. Il y a infraction manquée lorsque, par suite d'une circonstance imputable à sa maladresse, à son étourderie ou à une cause fortuite, le délinquant n'a obtenu aucun résultat. L'exemple classique est celui du meurtrier qui, par suite d'une maladresse ou d'une erreur de visée ou d'un mouvement mal approprié « *manque* » sa victime.

398. Assimilation à l'infraction consommée. Le législateur assimile parfois l'infraction manquée à l'infraction consommée. Il en est ainsi des infractions formelles, comme l'empoisonnement dont la consommation est indépendante du résultat produit par les actes d'exécution. En pareil cas, l'infraction manquée demeure punissable même si la tentative proprement dite n'est pas légalement répréhensible.

[1524] Crim. 25 oct. 1962, préc.

Évidemment, si une autre personne est tuée, il y aurait une infraction consommée. L'hypothèse est la suivante : l'agent désire atteindre X mais atteint, par maladresse, Y. La jurisprudence retient la qualification de l'infraction commise sur Y d'après les circonstances que l'agent voulait commettre l'infraction à l'égard de X[1525].

La jurisprudence sénégalaise a eu l'occasion d'assimiler l'infraction manquée à l'infraction consommée. Dans un arrêt rendu le 14 janvier 2009[1526], la Cour d'Appel de Dakar a jugé que l'infraction manquée est celle dont le résultat visé n'a pas été atteint à cause de la maladresse de son auteur. Ainsi, est coupable de l'infraction manquée de coups et blessures volontaires ayant entraîné une incapacité totale de travail personnel de douze jours celui qui, par maladresse, a ébouillanté une personne autre que celle visée, dès lors qu'il y a intention de causer des blessures à autrui.

399. Assimilation à l'infraction tentée. L'infraction manquée ne soulève en droit pénal aucune difficulté particulière de répression. Le délinquant «*malchanceux* » ne mérite, en effet, aucune indulgence particulière, et ce n'est pas parce que sa victime a miraculeusement échappé au danger que sa culpabilité est pour autant neutralisée.

Aussi, l'article 2 du CP assimile-t-il complètement l'infraction manquée à la tentative interrompue, puisqu'il réprime la tentative manifestée par un commencement d'exécution, si elle n'a été suspendue « *ou si elle n'a manqué son effet* » par des circonstances indépendantes de la volonté de son auteur[1527].

L'infraction manquée est donc punissable dans le cas où la tentative interrompue est elle-même répréhensible, mais seulement dans ces cas-là. La répression de l'infraction manquée reste dans les limites habituelles de celle

---

[1525] Cass. crim., 31 janv. 1835, *S.* 1835, 1, p. 564; Cass. crim., 18 févr. 1922, *Bull. crim.*, n° 82; Cass. crim., 22 févr. 1922, *S.* 1922, 1, p. 239, note J.-A. Roux; Cass. crim., 25 avr. 1977, *Bull. crim.*, n° 133; cass. crim., 4 janv. 1978, *Bull. crim.*, n° 5 ; *RSC* 1978, p. 859, obs. G. Levasseur ; cass. crim., 21 nov. 1984, *Bull. crim.*, n° 362.

[1526] CA Dakar ch. corr., n° 40 du 14 janvier 2009, MP et N. Mb. és qualité de M. D. G. c/ D. N., in *Bulletin des arrêts rendus par la Cour d'Appel de Dakar en matière pénale*, 2011, vol n° 2, p. 79.

[1527] T. corr. Aix-en-Provence, *D.* 1978.16, note Roujou de Boubée : avortements illicites dont les effets ont été marqués du fait de l'insuffisance technique des moyens mis en œuvre ; Cass. crim., 7 janv. 1980, *IR.*, 521, note Puech (Escroquerie à l'assurance dont le succès se heurtait aux clauses du contrat) ; v. obs. M. Larguier sous cet arrêt, *RSC*, 1981, p. 365.

de toute tentative[1528]. L'auteur d'une infraction manquée est aussi dangereux pour l'ordre social que l'auteur d'une simple tentative.

2. L'infraction impossible

400. Notion. Il y a infraction impossible, lorsque le résultat visé n'est pas atteint, mais ce résultat ne pouvait matériellement pas être obtenu, soit parce que l'objet de l'infraction n'existe pas, soit parce que les moyens employés étaient insusceptibles de la consommer[1529]. C'est le cas où l'agent achève tous les actes d'exécution et n'a pas pu consommer l'infraction en raison d'une impossibilité juridique. Par exemple, tirer sur une victime déjà morte, tenter de faire avorter une femme qui n'était pas enceinte[1530].

401. Thèse de l'impunité. L'infraction impossible a donné lieu à des controverses en doctrine et en jurisprudence. La thèse de l'impunité a été défendue par les criminalistes du siècle dernier qui soulignaient la nécessité absolue d'un trouble social ou individuel effectif comme condition de la répression. On a raisonné dans le cadre de la conception objective de la tentative : la tentative étant considérée comme un «*fragment* » matériel de l'infraction, c'est-à-dire un «*morceau* » de l'acte infractionnel, on ne peut incriminer que des actes d'exécution, en rapport d'efficacité avec le but poursuivi.

Il a été soutenu que la loi pénale exige, soit un commencement d'exécution, soit une exécution. Or, en cas d'infraction impossible, ni l'exécution ni le commencement d'exécution ne sont concevables, puisqu'on ne peut exécuter ou commencer à exécuter une action impossible. Donc, il n'y a pas d'infraction punissable.

402. Thèse de la répression systématique. Toutefois, le syllogisme opéré par la thèse de l'impunité est très spécieux. Ce n'est pas, en effet, l'exécution ou le commencement d'exécution de l'infraction qui est impossible.

[1528] A. PROTHAIS, op. cit., p. 105, n° 146 ; adde R. MAMAN, « De l'évasion impossible : à propos d'un arrêt rendu par la Cour d'Appel de Toulouse le 13 avril 2006 », *Dr. pén.* 2007, étude 3.

[1529] V. BESSON, Le délit impossible », *RCLJ*, 1929, p. 240 ; M. BERNARD, « Notes sur le crime impossible », *Rev. pénit.* 1902, p. 1006.

[1530] A. VARINARD, « La théorie de l'infraction impossible : vers la disparition d'un mythe doctrinal », in *Mélanges A. Chavanne,* 1990, Paris, Litec, p. 165.

Par hypothèse, le délinquant a accompli totalement ou partiellement les gestes ou les opérations incriminés par la loi ; il a tiré un coup de feu, il a pratiqué des manœuvres qu'il croyait abortives, il a exploré le lieu à l'intérieur duquel il pensait trouver des objets à dérober; ce qui est impossible, c'est le résultat des actes d'exécution. Or, la répression de la tentative interrompue démontre que la réalisation effective de ce résultat n'est pas toujours requise[1531].

Un courant doctrinal opposé s'est développé à la fin du XIXe siècle qui préconise au contraire la répression systématique de l'infraction impossible sur le fondement de l'intention coupable qu'elle révèle[1532].

En effet, l'infraction impossible révèle la manifestation extérieure d'une volonté pénale dangereuse. Il n'y a aucune différence criminologique entre l'auteur d'une tentative interrompue et l'auteur d'une tentative infructueuse ; leur état dangereux est identique. Il n'y a donc aucune raison sérieuse d'assurer l'impunité au second alors que la société se défend contre le premier.

403. Impossibilité absolue et impossibilité relative. Devant la complexité du problème, certains auteurs ont proposé une voie médiane en opérant des distinctions entre les diverses causes d'impossibilité.

En premier lieu, certains auteurs ont distingué entre l'impossibilité absolue et l'impossibilité relative.

L'impossibilité est absolue lorsque l'objet de l'infraction n'existe pas (meurtre pratiqué sur un cadavre) ou si les moyens employés sont radicalement inefficaces (fusil chargé à blanc). En cas d'impossibilité absolue, la répression ne pourrait pas se concevoir[1533].

Par contre, il y a impossibilité relative lorsque les moyens auraient pu produire le résultat voulu s'ils avaient été mieux utilisés (coup de fusil tiré hors de portée de la victime) ou lorsque l'objet de l'infraction n'a été que momentanément impossible à atteindre (victime d'une agression fortuitement

---

[1531] R. MERLE et A. VITU, op. cit., n° 508.

[1532] V. notamment, R. SALEILLES, « Essai sur la tentative et plus particulièrement sur la tentative irréalisable », *Rev. pénit.* 1897, p. 53 et 321.

[1533] M. ORTOLAN, *Eléments de droit pénal*, p. 455, nos 1005 et s.

absente de la pièce dans laquelle un coup de feu a été tiré à travers une fenêtre).

L'infraction impossible ressemble alors à l'infraction manquée et doit être punie dans les mêmes conditions que celle-ci[1534].

404. Impossibilité de droit et impossibilité de fait. La distinction entre impossibilité absolue et impossibilité relative a fait l'objet d'un remarquable raffinement de la part de Garraud et de Roux, par une distinction entre l'impossibilité de droit et l'impossibilité de fait.

405. Impossibilité de droit : position jurisprudentielle. L'impossibilité de droit implique l'absence d'un élément constitutif de l'infraction.

En premier lieu, l'impossibilité de droit se présente, lorsque l'élément légal de l'infraction n'existe que dans l'imagination de l'agent pénal. C'est l'hypothèse de l'infraction putative, c'est-à-dire la situation où l'agent a accompli avec un sentiment de culpabilité un acte qui n'est, en aucune circonstance, incriminé par la loi pénale.

Par exemple, l'agent a émis un chèque sans provision, en supposant que ce comportement est encore incriminé, alors que l'émission de chèque sans provision a été dépénalisée à la faveur de l'adoption de la loi uniforme n° 2008-48 du 03 septembre 2008 relative à la répression des infractions en matière de chèque, de carte bancaire et d'autres instruments et procédés techniques de paiement[1535].

Il y a encore infraction putative, lorsque l'agent a cru que certaines conditions juridiques indispensables à la répression étaient réalisées. Par exemple, il a enlevé une jeune fille majeure en la croyant mineure ou a contracté une seconde union en ignorant que son premier mariage était dissous par suite du décès de sa précédente épouse.

Dans tous ces cas, aucune sanction ne peut être prononcée : l'infraction n'existe pas, le principe de la légalité s'oppose à la répression.

En second lieu, il y a impossibilité de droit dans l'hypothèse où l'élément matériel expressément requis par la loi pour la qualification de l'infraction fait défaut. Tel est le cas notamment lorsque l'incrimination protège une

---

[1534] Pour une critique, V. É. VILLEY, « *Du délit impossible* », *France judiciaire,* 1877-78, p. 185.
[1535] JORS n° 6453, du 7 février 2009, p. 120

personne vivante : homicide, infanticide, omission de porter secours à une personne décédée. L'infraction est alors légalement impossible si l'activité de l'agent s'est exercée à son insu vis-à-vis d'un cadavre. Il n'y a pas d'infanticide lorsque l'enfant était mort-né.

L'omission de porter secours n'est pas punissable lorsque la personne non secourue était déjà morte[1536]. Il n'y a pas d'homicide par imprudence lorsque la victime de l'imprudence était décédée avant l'accident[1537] ; et l'on peut tout aussi difficilement concevoir le meurtre pratiqué sur un cadavre[1538].

L'infraction est alors juridiquement impossible, car, selon l'heureuse expression de Garraud, la « *matière criminelle*» requise par la loi fait défaut (existence de la personne ou d'un nouveau-né). Roux observait que le droit pénal est sanctionnateur : il sanctionne l'atteinte à un droit (en l'occurrence le droit à la vie) et ne peut, par conséquent, protéger des «*fantômes de droits*»[1539].

Dans un arrêt rendu par la Cour d'Assises de Dakar le 14 février 2012[1540], il a été jugé que l'association de malfaiteurs suppose une association ou une entente en vue de commettre soit un ou des délits, soit un ou des crimes.

Mais en l'espèce, *« ni un délit ni un crime n'a été caractérisé à l'encontre de M. et P. ; Que le crime de trafic de drogue du chef duquel ces deux susnommés ont été inculpés procédait de la théorie de l'infraction impossible en raison de l'inexistence d'un produit qualifié drogue, la poudre suspectée au début s'étant révélée être de la farine à l'analyse ; Qu'en l'absence d'un crime ou d'un délit et de la probabilité de la constitution matérielle de l'une ou de l'autre desdites infractions, l'association de malfaiteurs ne saurait être caractérisée* ».

406. Impossibilité de fait. En cas d'impossibilité de fait, notamment dans l'hypothèse d'une inefficacité des moyens employés ou de l'inexistence sur

---

[1536] T. corr. Poitiers, 27 avr. 1950, *JCP*, 1950.11.5618.

[1537] CA Paris, 9 nov. 1951, *D.*, 1952. *S.*, 38 ; crim., 12 dec. 1972, *RSC*, 1973, p. 409.

[1538] V. cependant CA Paris, 9 avr. 1946, *RSG*, 1948, p. 147, obs. Gulphe, et surtout crim., 16 janv. 1986, *D.*, 1986.265.

[1539] R. GARRAUD, *Traité théorique et pratique de droit pénal français*, 2e éd., t. 1, 1898, n° 209 ; J.-A. ROUX, *Cours de droit criminel français,* t. 1, 1927, Paris, Sirey, p. 117 et s.

[1540] C. ass. Dakar du 14 février 2012, MP c/ K. M. et autres, *inédit*.

le lieu du délit des objets convoités, etc., la jurisprudence a adopté trois positions successives depuis le début du XIXe siècle.

D'abord, quelques décisions se sont ralliées à la thèse de l'impunité[1541].

Ensuite, la Cour de Cassation a fait une application de la distinction doctrinale entre l'impossibilité absolue et l'impossibilité relative. C'est ainsi qu'elle a expressément considéré comme des cas d'impossibilités relatives répréhensibles, les coups de feu tirés dans une pièce momentanément inoccupée par la personne que le meurtrier voulait atteindre et la présentation de fausses déclarations en vue de l'obtention d'une prime alors que l'administration avait les moyens de contrôler la sincérité des affirmations du requérant[1542].

Enfin, la Cour de Cassation française a résolument abandonné cette distinction pour s'engager dans la voie de la répression. En 1928, la Cour de Cassation, dans l'arrêt Fleury, a amorcé un revirement de sa jurisprudence en approuvant la condamnation prononcée par une cour d'appel dans un cas d'impossibilité absolue. Dans le cas d'espèce, il s'agissait d'injections d'eau de Cologne mélangée à de l'eau-de-vie en vue de procurer l'avortement[1543].

Toutefois, la répression de l'infraction impossible en cas d'impossibilité de fait comporte des limites.

La première limite procède de l'application des règles propres à la tentative.

L'infraction impossible, lorsqu'elle est poursuivie, est considérée comme une infraction tentée par assimilation avec l'infraction manquée ; elle n'est donc répréhensible que dans les cas où la tentative est légalement punissable.

De nos jours, la jurisprudence française assimile l'infraction impossible à l'infraction tentée, car dans cette hypothèse tous les éléments constitutifs de la tentative sont consommés (commencement d'exécution et absence de désistement volontaire).

1541 CA Montpellier, 26 fév. 1852, *S.*, 52.2.464 : coups de feu tirés dans une pièce vide de tout occupant.
1542 Crim., 16 juill. 1910, *Bull. crim.*, n° 389.
1543 Crim., 9 nov. 1928, *D.P*, 1929.1.97.

La répression de l'infraction impossible n'est possible que si la tentative de cette infraction est sanctionnée. Par exemple, le fait de s'abstenir de porter secours à une personne en péril déjà morte n'est pas sanctionné puisque la tentative de non-assistance à une personne en danger n'est pas sanctionnée par l'article 49 du CP.

Il faut signaler enfin qu'en matière d'empoisonnement, le législateur a expressément subordonné la répression à l'efficacité des moyens employés par le délinquant. En effet, l'article 286 du CP qualifie empoisonnement tout attentat à la vie d'une personne « *par l'effet de substances qui peuvent donner la mort plus ou moins promptement, de quelque manière que ces substances aient été employées ou administrées et quelles qu'en aient été les suites* ».

Ainsi, la Cour d'Assises de Dakar a eu l'occasion de juger, dans un arrêt rendu le 09 novembre 2009[1544], que le seul fait pour une accusée d'administrer à une personne « *une substance sans que la nature mortifère de celle-ci soit établie, est insuffisant pour caractériser le crime d'empoisonnement* »[1545].

Cependant, la discussion n'est pas close pour autant. Dans l'arrêt Perdereau, rendu par le 16 janvier 1986[1546], la Chambre criminelle de la Cour de Cassation française a jugé que les violences accomplies avec l'intention de donner la mort sur le corps d'une personne supposée en vie alors qu'elle était décédée caractérisent un commencement d'exécution d'un homicide volontaire, le prédécès de la victime étant une circonstance indépendante de la volonté de l'auteur[1547].

La solution adoptée par la chambre criminelle est d'inspiration plus criminologique que juridique. Criminologiquement parlant, il est vrai qu'en s'efforçant de tuer une personne qu'il croyait vivante, l'auteur de cet acte est « *passé à l'acte* ».

[1544] C ass. Dakar, n° 06 du 09 novembre 2009, MP et Mme U. F. D. c/ I. D. et F. ND., *inédit*.

[1545] D. MAYER, « La notion de substance mortelle en matière d'empoisonnement », *D.* 1994. chron. 325 ; A. PROTHAIS, « Plaidoyer pour le maintien de l'incrimination spéciale de l'empoisonnement », *D.* 1982. chron. 107.

[1546] D., 1986. 265 ; Crim., 5 oct. 1972, *Gaz. pal.*, 1973.1.25, obs. Larguier, *RSC*, 1973, p. 880.

[1547] Sur cet arrêt, P. KOLB, « Perplexité autour de l'impossible qualification d'homicide involontaire sur l'enfant à naître » in *Les mélanges en l'honneur de Gérard Mémeteau, Droit médical et Ethique médicale : regards contemporains,* 2015, éd. LEH ; J. MOULY, « Du prétendu homicide de l'enfant à naître-Défense et illustration de la position de la Cour de Cassation », *RSC* 2005, p. 47.

Toutefois, au plan strictement juridique, cela ne suffit pas à le rendre justiciable de la sanction pénale dans un système répressif dominé par la règle *nullum crimen sine lege*. Le passage à l'acte criminologique ne se confond pas avec le passage à l'acte juridique, que caractérise la tentative ou la consommation de l'infraction. Or, la tentative, pour tomber sous le coup de la loi, doit non seulement avoir manqué son effet par suite d'une circonstance indépendante de la volonté de son auteur, mais elle doit constituer le commencement d'exécution d'un acte susceptible de recevoir en lui-même, s'il était consommé, une qualification pénale.

La tentative d'un acte qui n'est pas incriminé est une tentative ne se greffant sur aucun support légal. La définition légale de l'homicide implique nécessairement, sauf précision contraire que la loi ne contient pas, l'attentat à la vie, c'est-à-dire le geste mortel pratiqué sur une personne vivante[1548].

PARAGRAPHE II : L'INFRACTION CONSOMMÉE

407. Consommation de l'infraction. La notion de consommation de l'infraction n'est pas facile à cerner. De façon générale, l'infraction est consommée, « *lorsque le fait accompli par l'auteur renferme tous les éléments constitutifs de l'acte incriminé tels qu'ils sont précisés dans la définition qu'en donne la loi* »[1549]. La consommation de l'infraction présente plusieurs intérêts en droit pénal.

D'abord, l'étude de l'infraction consommée permet de mesurer son élément matériel dans toutes ses dimensions.

Ensuite, lorsque la tentative n'est pas punissable, il est important de déterminer si l'acte imputé au délinquant peut être considéré comme achevé.

Enfin, il est toujours indispensable de localiser la consommation de l'infraction dans le temps ou dans l'espace pour fixer le point de départ du délai de prescription de l'action publique ou pour déterminer la juridiction territorialement compétente pour connaître de l'infraction.

En ce qui concerne l'étude des résultats de l'exécution de l'infraction, il importe de déterminer si la production effective d'un résultat est dans tous les

---

1548 R. MERLE et A. VITU, *op. cit.*, n° 512 ; dans le sens de cette interprétation, PH. CONTE et MAISTRE DU CHAMBON, *Droit pénal général*, 2e éd., n° 338.

1549 Selon R. GARRAUD, le délit est consommé quand est achevé l'emploi des moyens que le délinquant a préparés pour atteindre le résultat qu'il en attendait (*Tr. dr. pén.*, I, p. 506).

cas un élément constitutif de la consommation de l'infraction elle-même. Dans l'affirmative, quel est le contenu de ce résultat pénal ?

Pour répondre clairement à ces questions, il faut distinguer deux catégories d'infractions : les infractions formelles et les infractions matérielles.

A. Les infractions formelles

408. Notion d'infraction formelle. Les infractions formelles (peu nombreuses) sont réputées consommées par le seul emploi du moyen ou du procédé propre à provoquer un résultat dommageable, « *quelles qu'en aient été les suites* »[1550]. Il s'agit donc du commencement d'exécution, retenu par la loi, non pas au titre de la tentative, mais comme une infraction achevée, définitivement consommée.

Les infractions formelles existent indépendamment de tout résultat, de toute atteinte effective à la valeur protégée par la loi pénale, cette dernière se bornant à incriminer un procédé de nature à provoquer ultérieurement et plausiblement une telle atteinte[1551]. Dès ce stade, l'infraction est consommée, quel que soit le résultat.

Le prototype de l'infraction formelle est l'empoisonnement[1552]. Constituent également des infractions formelles, le refus de porter secours à une personne en péril[1553], la corruption[1554] et la subornation de témoin.

[1550] M. FREIJ, *L'infraction formelle, thèse*, Paris, 1977 ; P. SPITÉRI, « L'infraction formelle », *RSC* 1966, p. 498.

[1551] L. ROZES, « L'infraction consommée », *RSC* 1975, p. 603.

[1552] V. art. 286 du CP ; Cf. A. PROTHAIS, « Plaidoyer pour le maintien de l'incrimination spéciale de l'empoisonnement », *D.*, 1982, Chr. p. 107.

[1553] V. art. 49 du CP. En matière d'omission de porter secours à une personne en danger, l'abstention d'assistance est l'élément matériel du délit. Il s'agit même de son seul élément constitutif matériel, puisque l'abstention de porter secours n'intègre nullement le dommage subi par la victime à sa constitution. Le délit est une infraction formelle qui existe du seul fait qu'une abstention de secours a été établie. L'évolution bienheureuse ou fatale du péril est sans influence sur l'infraction. En ce sens, V. D. REBUT, « Omissions de porter secours-Entrave aux mesures d'assistance », *Rép. dr. pén. proc. pén.*, Dalloz, octobre 2003, n° 44.

[1554] V. art. 159 du CP. La corruption est une infraction formelle, l'agrément, c'est-à-dire le fait d'accepter ce qui est proposé la réalisant quelles qu'en soient les suites. V. crim. 22 juill. 1954, *Bull. crim.* n° 266; crim. 4 juill. 1974, n° 73-93.144, *Bull. crim.* n° 249 ; *RSC* 1975. 411, obs. Vitu. Egalement, W. JEANDIDIER, « Corruption et trafic d'influence », *Rép. dr. proc. pén.* Dalloz, 2018, n° 32. Pour des applications au Sénégal, V. CS n° 10 du 27 mars 1971, Nd. c/ MP, *inédit* ; CS ch. crim. n°33 du 06 mars 2014, MP et AJE c/ Ch. G. et autres, *inédit* ; CA Dakar ch. corr., ch. 4 n° 935 du 22 juillet 2014, MP et Nd. A. KH. et O. c/ B. F. et autres, *inédit* ; CA Dakar ch. corr.,

L'article 359 du CP incrimine quiconque, soit au cours d'une procédure et en tout état de cause, soit en toute matière en vue d'une demande ou d'une défense en justice, aura usé de promesses, offres ou présents, de pressions, menaces, voies de fait, manœuvres ou artifices pour déterminer autrui à faire ou délivrer une déposition, une déclaration ou une attestation mensongère, « *que cette subornation ait ou non produit son effet* ».

409. Infractions formelles et infractions-obstacles. L'infraction formelle présente des similitudes avec les infractions-obstacles. On appelle infraction-obstacle, l'incrimination d'une attitude ou d'un comportement dangereux sans portée dommageable immédiate et effective. Il en est ainsi de la conduite d'un véhicule en état d'ivresse, du complot, de la participation à un attroupement et de l'association de malfaiteurs[1555].

Les infractions-obstacles correspondent à des incriminations qui se situent très en amont de *l'iter criminis* (le chemin du crime), en faisant intervenir la répression de façon anticipée ; elles visent à prévenir la commission d'infractions matérielles qui portent atteinte à des valeurs particulièrement importantes (intégrité physique, intérêts fondamentaux de la nation, etc.)[1556].

Les infractions-obstacles se distinguent des infractions formelles dans la mesure où la réalisation effective d'un résultat est une simple éventualité, alors que dans le cas des infractions formelles la survenance du résultat redouté est quasi certaine.

410. Enjeux de la qualification d'infraction formelle. La qualification d'infraction formelle entraîne d'importantes conséquences.

La première conséquence a trait au désistement volontaire du délinquant. Il importe peu, en effet, que l'auteur d'une infraction formelle, pris d'un remords tardif, ait neutralisé les suites de son activité avant que celle-ci n'ait produit son résultat. Dès qu'il a mis en œuvre les moyens incriminés par la loi, il a légalement achevé son infraction et son repentir actif est juridiquement inopérant.

---

n° 141 du 16 février 2016, MP et O. D. B. es qualité d'A. L. B. et autres c/ A. Y. D. et autres, *inédit* ; C. ass. n° 18 du 28 janvier 2016, A. S. N. c/ Ch. T. D., *inédit*.

1555 V. art. 238 du CP.

1556 P. CONTE et P. MAISTRE DU CHAMBON, *op. cit.*, n° 322.

L'empoisonneur qui, après avoir administré des substances toxiques à sa victime, fait prendre à celle-ci un contrepoison, demeure punissable.

La deuxième conséquence est relative à la tentative. En effet, si l'infraction formelle peut être analysée comme une tentative érigée en délit consommé, il n'en demeure pas moins qu'elle est elle-même, dans certains cas, susceptible d'une tentative punissable. La loi incrimine en quelque sorte une tentative, à titre principal, et ne fait aucune distinction selon que cette tentative réussit ou échoue.

Dans ce cas, le commencement d'exécution intervient plus tôt que dans les infractions matérielles ; le désistement volontaire de l'agent peut parfaitement entraîner son impunité.

La troisième conséquence concerne le délai de la prescription de l'action publique de l'infraction formelle qui commence normalement à courir le jour où l'agent a eu recours aux moyens incriminés par la loi au titre de l'acte ou des actes de consommation[1557].

B. Les infractions matérielles

411. Infractions matérielles. Aux infractions formelles, on oppose les infractions matérielles, dont la consommation n'est effective que si elles ont produit (ou tenté éventuellement de produire) le résultat spécifié parmi les éléments constitutifs légaux du fait incriminé. L'infraction matérielle est celle qui se consomme par la réalisation d'un résultat ; tel est le cas de la majeure partie des infractions.

La dénomination « *infractions matérielles* » peut toutefois prêter à confusion, car elle est également employée pour désigner des infractions constituées en l'absence non seulement de toute faute intentionnelle, mais également de toute faute d'imprudence ou de négligence. La commission matérielle des faits incriminés suffit à caractériser l'infraction sans qu'il soit nécessaire de démontrer l'intention ou l'imprudence ou la négligence de leur auteur.

En réalité, la catégorie des infractions matérielles englobe une sous-catégorie composée des infractions dites « *de résultat* » dont la qualification

---

[1557] R. MERLE et A. VITU, *Traité de droit criminel. Tome 1-Problèmes généraux de la science criminelle- Droit pénal général*, Paris, Cujas, 7e éd. 1997, n° 516.

est non seulement dépendante de l'existence d'un résultat, mais aussi de la gravité de ce dernier[1558]. Ainsi, le meurtre, le viol, l'escroquerie, le vol, etc., sont des infractions matérielles. Dans ces infractions, le résultat est un élément de la qualification pénale.

412. Notion du résultat dans les infractions matérielles. Le résultat, qui commande la consommation des infractions matérielles, se confond avec les suites ou les effets de l'infraction, c'est-à-dire un trouble social ou privé particulièrement grave en relation causale avec le comportement du délinquant : ce trouble social ou privé est précisément la seule justification de l'intervention de la loi pénale. Le résultat n'est autre que l'atteinte tangible à la valeur protégée, qui est par exemple la vie humaine s'agissant du meurtre.

Ce résultat peut comporter plusieurs aspects et plusieurs degrés.

D'une part, l'activité pénale engendre toujours une atteinte à un droit, à un intérêt légitime, à l'ordre public, ou plus généralement un dommage. Ainsi, les coups et les blessures et la mutilation volontaire portent atteinte à l'intégrité physique de la personne humaine. Le vol, l'abus de confiance et l'escroquerie sont des atteintes au droit de propriété, etc.

D'autre part, le résultat de l'infraction se traduit souvent par un préjudice au détriment de la victime : une perte d'argent, une infirmité, une douleur physique ou morale, etc. Mais il n'en est pas toujours ainsi. Tous les actes dommageables ne sont pas nécessairement préjudiciables. Lorsqu'un voleur s'empare frauduleusement d'une paire de chaussures tellement usagée qu'elle n'est ni réellement utilisable ni réparable, il viole le droit de propriété du propriétaire, cependant, il ne cause à cette dernière aucun préjudice appréciable.

413. Problème du préjudice. Il est évident que l'infraction matérielle est consommée dès que les actes d'exécution ont occasionné le dommage incriminé par la loi. Mais est-il nécessaire à la répression de cette infraction consommée que le dommage ait lui-même entraîné un préjudice pour la victime ou un enrichissement pour l'agent ? En cas de tentative, est-il

---

[1558] V. MALABAT, « Retour sur le résultat de l'infraction », *Mélanges J.-H. Robert*, p. 443 ; O. SALEM, *Le résultat de l'infraction, étude comparée du droit français et du droit égyptien*, thèse Paris XII, 1990 ; S. KEYMAN, « Le résultat pénal », *RSC* 1968, p. 781.

nécessaire que le commencement d'exécution ait contenu en germe la production de ce préjudice ou de cet enrichissement ?

Il y a des cas où l'activité incriminée par la loi se confond indiscutablement avec la production d'un dommage nécessairement préjudiciable : homicide, blessures, viol, vol, etc.[1559]

Dans d'autres cas, la loi décrit un résultat qui n'est pas nécessairement préjudiciable en lui-même, mais elle précise en même temps que ce résultat doit avoir entraîné un préjudice. Il en est ainsi de l'abus des besoins des faiblesses ou des passions d'un mineur pour lui faire souscrire, *« à son préjudice »*, des obligations, quittances, ou décharges, pour prêt d'argent ou de choses mobilières ou d'effets de commerce ou de tous autres effets obligatoires[1560].

Il en est de même de la fraude informatique qui incrimine celui qui, intentionnellement, « *cause ou tente de causer un préjudice patrimonial à autrui* » par toute introduction, altération ou suppression, tout effacement de données informatiques, par toute forme d'introduction frauduleuse à un système ou d'atteinte au fonctionnement d'un système informatique, en vue d'obtenir sans droit un bénéfice économique pour soi-même ou pour autrui frauduleusement, pour soi-même ou pour autrui, un avantage quelconque en s'introduisant dans un système informatique[1561].

Toutefois, il existe des cas dans lesquels le préjudice peut ne pas entrer dans la matérialité de l'infraction[1562]. Ainsi, les infractions contre la chose publique, appelées parfois infractions d'intérêt général, n'exigent pas en principe pour leur constitution un préjudice individuel, dès lors qu'elles s'attachent à la sauvegarde d'intérêts purement collectifs, ne supposent pas de victimes déterminées atteintes dans leurs droits subjectifs[1563]. Il en est ainsi notamment du recel de malfaiteurs, du complot ayant pour but de porter

---

[1559] M.-L. LANTHIEZ, « Du préjudice dans quelques infractions contre les biens », *D.* 2005. chron., p. 464.
[1560] V. art. 381 du CP.
[1561] V. art. 431-31 du CP.
[1562] Y. MAYAUD, « La résistance du droit pénal au préjudice », *in Mélanges B. Bouloc*, Dalloz, 2006, p. 807.
[1563] En ce sens, R. OLLARD , « La distinction du dommage et du préjudice en droit pénal », *RSC* 2010, p. 561.

atteinte à la sécurité publique et du détournement ou de l'escroquerie portant sur des deniers publics.

La Chambre d'Accusation de la Cour d'Appel de Dakar a jugé, dans un arrêt rendu le 13 juillet 2021[1564], que l'escroquerie et la complicité d'escroquerie portant sur des deniers publics sont des « *infractions dont l'objet indiscutable est de protéger efficacement les ressources publiques qui sont des biens collectifs auxquels il appartient à l'État et aux institutions habilitées, de par la loi, d'en assurer la défense, que sous ce rapport, lesdites incriminations sont instituées dans un but d'intérêt général et non pour la défense d'intérêts particuliers et qu'elles ne sauraient, à ce titre, de façon évidente, faire naître une action de particuliers sous forme d'une plainte avec constitution de partie civile* ».

La cour a considéré qu'un particulier ne saurait se prévaloir, à propos de telles infractions, d'un préjudice direct et personnel résultant de leur commission, en vertu des dispositions des articles 2 et 76 du CPP. Elle a, dès lors, confirmé l'ordonnance de refus d'infirmer rendue par le Doyen des juges d'instruction[1565].

Quand bien même un tel préjudice pourrait être caractérisé, il n'en reste pas moins juridiquement indifférent à la constitution de ces infractions.

En tout état de cause, l'enrichissement du délinquant n'est jamais une condition nécessaire à la répression.

414. Influence de l'importance du résultat sur la responsabilité pénale du délinquant. L'ampleur du préjudice est, en principe, indifférente à la qualification de l'infraction.

1564 CA Dakar, ch. acc. n° 222 du 13 juillet 2021, MP et O. S. c/ M. M D, M. ND. et S. S., *inédit*.

1565 En l'espèce, nous pensons que c'est par erreur que la Chambre d'Accusation de la Cour d'Appel a confirmé l'ordonnance de refus d'informer du Doyen des juges d'instruction. En effet, dès lors que l'auteur de la plainte avec constitution de partie civile n'a pu se prévaloir d'un préjudice direct et personnel résultant de la commission des infractions invoquées, le magistrat instructeur aurait dû, à la place d'une ordonnance de refus d'informer, rendre une ordonnance d'irrecevabilité de la plainte avec constitution de partie civile. En réalité, la juridiction d'instruction ne peut rendre une décision de refus d'informer que lorsque pour des causes affectant l'action publique elle-même, les faits ne peuvent légalement comporter une poursuite (prescription de l'action publique, chose jugée, transaction, décès de l'inculpé, etc.) ou si, à supposer ces faits démontrés, ils ne peuvent admettre aucune qualification pénale (affaire civile) (V. art. 77, alinéa 4 du CPP).

Mais dans certains cas, l'importance du préjudice est prise en compte par le législateur soit dans la qualification de l'infraction soit dans la répression.

La gravité du dommage guide souvent le législateur dans la qualification des infractions ; il fait de l'homicide volontaire un crime[1566] et des coups et blessures volontaires un simple délit[1567].

Dans d'autres cas, le législateur estime qu'il est de bonne politique criminelle de moduler la peine encourue en fonction de l'importance du résultat de l'infraction et de la gravité du préjudice. Ainsi, les coups et blessures volontaires ayant entraîné une maladie ou incapacité totale de travail personnel pendant plus de vingt jours sont punis d'emprisonnement d'un an à cinq ans et d'une amende de 20 000 à 250 000 francs[1568].

Mais lorsque ces violences ont été suivies de mort, d'une mutilation, d'une amputation ou d'une privation de l'usage d'un membre, de la cécité, de la perte d'un œil ou d'autres infirmités permanentes, le coupable sera puni d'un emprisonnement de cinq à dix ans et d'une amende de 20 000 à 200 000 francs[1569].

Lorsque les blessures ou les coups ou d'autres violences ou voies de fait n'auront pas occasionné une maladie ou une incapacité de travail personnel pendant plus de vingt jours, le coupable sera puni d'un emprisonnement d'un mois à deux ans et d'une amende de 20 000 à 100 000 francs ou de l'une de ces deux peines seulement[1570].

Dans ces différents cas, il est fondamental de déterminer, avec précision, le dommage qui est la conséquence du comportement incriminé.

1566 V. art. 280 du CP.

1567 V. art. 294 et s. du CP.

1568 V. art. 294, alinéa 1er du CP. Pour des applications, V. CA Dakar, ch. corr., n°278 du 03 mai 2010, MP et A. S. c/ Kh. S., *inédit* ; CA Dakar ch. corr., n° 46, 28 juin 2006, MP et A. S. c/ A. S., *inédit* : le fait pour une jeune femme de verser de l'eau chaude sur le corps de la victime, entraînant une brûlure thermique de la face avec atteinte oculaire de la face antérieure du cou et du thorax, constitue le délit prévu par l'art. 294 du CP.

1569 V. art. 294, alinéa 3 du CP.

1570 V. art. 296 du CP. Pour une application, V. CA Dakar ch. corr., n° 40 du 14 janvier 2009, MP et N. MB. és qual. de M. D. G. c/ D. ND., in *Bulletin des arrêts rendus par la Cour d'Appel de Dakar en matière pénale*, 2011, vol n° 2, p. 79.

CHAPITRE III :

L'ÉLÉMENT MORAL DE L'INFRACTION

415. Élément psychologique de l'infraction. La participation matérielle à une infraction ne suffit pas à engager la responsabilité pénale, si l'agent n'a pas été le protagoniste volontaire du fait incriminé. Une infraction suppose non seulement un comportement que l'on qualifie d'élément matériel, mais également une attitude, un état d'esprit, une psychologie particulière appelée élément intellectuel ou moral[1571].

Avant de prononcer une condamnation, le juge doit donc reconstituer l'état d'esprit qui fut celui du délinquant au temps de l'action délictueuse, de façon à mettre en évidence l'attitude intellectuelle en fonction de laquelle il pourra reprocher moralement à l'accusé ou au prévenu l'action que celui-ci a commise.

L'élément moral constitue un élément essentiel de l'infraction. En effet, une infraction n'en est une qu'à la condition qu'elle constitue la manifestation d'une culpabilité, autrement dit, d'une faute pénale. Le terme de « *culpabilité* » vient du latin *culpa*, qui signifie faute. Il ne peut, en principe, y avoir de responsabilité pénale sans faute[1572].

[1571] J. POUYANNE, *L'auteur moral de l'infraction*, 2003, PUAM ; F. DESPORTES et F. LE GUENEHEC, op. cit., n° 463 ; J. PINATEL, « L'élément légal de l'infraction devant la criminologie et les sciences de l'homme », *RSC* 1967, p. 683 ; Cf. BERNARDINI, *L'intention coupable en droit pénal*, thèse Nice, 1976, 2 vol. (ronéo) ; J. LEBRET, « Essai sur la notion d'intention criminelle », *RSC* 1938, p. 438 s. ; B. MERCADAL, « Recherches sur l'intention en droit pénal », *RSC* 1967, p. 1 ; J-Y. MARECHAL, « Élément moral de l'infraction », *Juris-class. pén.* fasc. 2021, n° 1.

[1572] X. PIN, « La notion de faute en droit pénal », in *Droit pénal, le temps des réformes*, Paris, Lexisnexis, coll. Colloques et débats, 2011, p. 109 ; J. PINATEL, « La théorie pénale de l'intention devant les sciences de l'homme », *Mélanges Lebret*, Paris, PUF, 1968, p. 181 ; G. BEAUSSONIE, « Infraction », *Rép. dr. pén. proc. pén*, n°107 ; R. BERNARDINI, *L'intention coupable en droit pénal,* 2 vol., thèse Nice, ronéo, 1976; E. WAGNER, *La notion d'intention dans la doctrine classique et la jurisprudence contemporaine, thèse, Clermont-Ferrand*, 1976 ; Y. MAYAUD, « La volonté à la lumière du nouveau Code pénal », *Mélanges Larguier*, 1993, PU-Grenoble, p. 204 et s. ; J. C. BERRÉVILLE, « Quelques réflexions sur l'élément moral de l'infraction », *RSC* 1973. 865; I. MOINE-DUPUIS, « L'intention en droit pénal : une notion introuvable ? » *D.* 2001, chr., p. 2144-2148 ; P. PAGEAUD, « La notion d'intention en droit pénal », *JCP* 1950.1.8.

416. Délits matériels. Toutefois, la caractérisation de l'élément moral n'est pas une exigence pour toutes les infractions pénales. En effet, dans le silence de la loi, les tribunaux ont institué une catégorie spéciale de délits, punissables du seul fait de l'accomplissement matériel des faits, et indépendamment de la constatation d'une faute. On appelle ces infractions «*délits matériels*»[1573], en raison du caractère inexistant de l'élément intentionnel. Ces infractions sont, en effet, constituées non seulement en l'absence de toute faute intentionnelle, mais également de toute faute d'imprudence ou de négligence.

La commission matérielle des faits incriminés suffit à caractériser l'infraction sans qu'il soit nécessaire de démontrer l'intention ou l'imprudence ou la négligence de leur auteur. Ces délits matériels sont très fréquents dans les matières techniques (chasse, eaux et forêts, environnement, urbanisme, contributions indirectes, douane, législation du travail, etc.).

Il en est ainsi notamment de la pollution des eaux de mer ou des eaux territoriales en violation de la loi[1574], de l'altération de l'air en violation de la loi[1575], de la provocation d'un feu de brousse[1576] et de la construction sans autorisation administrative[1577]. Il s'agit d'infractions sanctionnant souvent des atteintes à la discipline collective.

417. Cas des infractions douanières. L'infraction douanière constitue le prototype de l'infraction matérielle. En effet, la constitution de cette catégorie d'infraction présente un grand particularisme par rapport aux infractions de droit commun[1578]. En matière douanière, les délits sont dits matériels et consommés, quelle que soit l'intention de l'auteur[1579]. Aux termes des dispositions de l'article 347 du Code des Douanes : « *Sous réserve de l'alinéa*

[1573] A. LEGAL, « La responsabilité sans faute et les infractions matérielles », *Mélanges Patin*, p. 130 ; J.-P. MARTY, « Les délits matériels », *RSC* 1982, p. 41.

[1574] V. art. L. 97 du Code de l'Environnement.

[1575] V. art. L 99 du Code de l'Environnement.

[1576] V. art. 68 de la loi n° 2018-25 du 12 novembre 2018 portant Code forestier.

[1577] V. art. 85 du Code de l'Urbanisme.

[1578] S. RIDEAU-VALENTINI , *Contribution à l'étude des particularismes de la matière pénale douanière*, th., Septentrion, 1999 ; G. ROUSSEL , « Les originalités du droit pénal douanier », *Act. jur. pén.* 2009, p. 201 ; B. CAMARA, *Le contentieux douanier au Sénégal*, Université de Dakar, 2005.

[1579] V. Ph. DE GUARDIA, « L'élément intentionnel dans les infractions douanières », *RSC* 1990, p. 487.

2 du présent article, les contrevenants ne peuvent bénéficier d'aucune excuse sur l'intention ».

Mis à part certains cas particuliers, le droit pénal douanier caractérise l'intention à partir de la seule constatation du fait matériel. Il en est ainsi des délits de contrebande et d'importation sans déclaration ainsi que des délits assimilés sur lesquels repose l'essentiel de la répression douanière[1580]. La jurisprudence en a vite conclu qu' « *en matière douanière ... l'intention délictueuse n'est pas un élément constitutif des infractions* »[1581], en sorte qu'une condamnation pouvait intervenir malgré la preuve du défaut d'intention[1582].

Autrement dit, il n'est pas nécessaire de rechercher si les infractions douanières avaient été commises intentionnellement ou non, leur réalisation dépendant uniquement de la violation objective d'une règle douanière. Ainsi, les infractions douanières sont considérées comme des infractions de type matériel, c'est-à-dire ni des infractions intentionnelles ni des délits d'imprudence[1583], sauf à juger qu'il s'agit d'une imprudence minuscule que seule la force majeure écarte[1584].

La force majeure est considérée donc comme la seule cause d'irresponsabilité pénale effective en matière douanière. Elle a été définie par la chambre criminelle de la Cour de Cassation française comme « *un événement non imputable à l'auteur de l'infraction et que celui-ci était dans l'impossibilité absolue d'éviter*»[1585].

Elle permet de faire échapper à la responsabilité pénale les personnes contre qui sont relevés les éléments constitutifs des infractions[1586]. Il a été ,en outre, jugé que « *la provocation à l'infraction par un agent de l'autorité publique exonère le prévenu de sa responsabilité pénale, lorsqu'elle procède*

1580 En ce sens, M. FAYE, *Le droit douanier sénégalais*, Paris, l'Harmattan, 2015, p. 71.
1581 Cass. crim., 04 oct. 1972, n° 70-93.139, *Bull. crim.* n° 267.
1582 Cass. crim., 16 mai 1983, pourvoi c/ CA Lyon, 28 mai 1982 ; Cass. crim., 3 avr. 1978, n° 77-92.593 , *Bull. crim.* n° 122.
1583 Cass. crim., 13 févr. 1964, n° 63-91.270 , *Bull. crim.* n° 53.
1584 Cass. crim., 22 avr. 1970, n° 69-90.404 , *Bull. crim.* n° 124.
1585 Cass. crim., 25 janv. 1982, n° 8-91.490 , *Bull. crim.* ° 28.
1586 Cass. crim., 16 janv. 1963, n° 62-90.259, *Bull. crim.* n° 28.

de manœuvres de nature à déterminer les agissements délictueux portant ainsi atteinte au principe de la loyauté des preuves »[1587].

On justifie cette place résiduelle laissée à l'élément moral en matière douanière par la grande fugacité des infractions douanières. Par ailleurs, la majorité de ces infractions pénales se commettent dans une grande discrétion, les fraudeurs disposant souvent de moyens ingénieux de contournement de la loi.

En France, tirant les conséquences des principes posés à l'article 121-3 du CP, qui excluent qu'un délit puisse être réprimé en l'absence d'intention de le commettre, d'imprudence ou de négligence, l'article 339 de la loi d'adaptation n° 92-1336 du 16 décembre 1992 relative à l'entrée en vigueur du nouveau Code pénal et à la modification de certaines dispositions de droit pénal et de procédure pénale rendue nécessaire par cette entrée en vigueur, précise que les délits non intentionnels prévus par des textes extérieurs au Code pénal ne seront constitués que s'il est rapporté la preuve d'une imprudence, d'une négligence ou d'une mise en danger délibérée d'autrui, même lorsque la loi ne le prévoit pas expressément.

En outre, en France, le droit pénal douanier a connu une évolution. En effet, l'ancien § 2 de l'article 369 du Code des douanes français a été abrogé par l'article 23, 1°, de la loi n° 87-502 du 8 juillet 1987.

La Cour de Cassation française en a déduit qu'« *il n'est désormais plus interdit au contrevenant de rapporter la preuve de sa bonne foi* » afin de bénéficier d'une relaxe ou d'un non-lieu[1588]. La cour régulatrice a jugé que la loi du 8 juillet 1987 a eu pour effet, non pas d'incorporer un « *élément intentionnel*» dans les infractions douanières, mais uniquement de permettre aux individus de s'exonérer en prouvant leur «*bonne foi* »[1589].

[1587] Cass. crim., 05 mai 1999, n° 97-83.117 , *Bull. crim.* n° 87, douaniers ayant recruté des individus n'appartenant à aucun réseau pour transporter de la cocaïne.

[1588] Cass. crim., 7 déc. 1987, n° 86-96.483 , *Bull. crim.* n° 446.

[1589] Cass. crim., 28 nov. 1988, n° 87-91.845; Cass. crim., 07 déc. 1987, n° 86-96.483, *Bull. crim.* n° 446. Cette dernière est alors qualifiée, au fond, de « *fait justificatif* » ; Cass. crim., 20 févr. 1997, n° 95-84.764, *Bull. crim.* n° 73 ; Cass. crim., 16 mars 1989, n° 88-84.345 , *Bull. crim.* n° 131 et, en la forme, d'« *exception* » ; Cass. crim., 30 sept. 1991, n° 91-80.446, *Bull. crim.* n° 322 ; Cass. crim., 7 déc. 1987, n° 86-96.483, *Bull. crim.* n° 446.

Mais le droit pénal sénégalais n'a pas connu une telle évolution, de sorte que la catégorie des délits matériels, comme les délits douaniers, subsiste encore.

En tout état de cause, il y a un élément moral commun à la plupart des infractions et un élément moral propre à certaines infractions.

SECTION PREMIÈRE :

L'ÉLÉMENT MORAL COMMUN À LA PLUPART DES INFRACTIONS

418. Droit commun de la culpabilité intellectuelle. En principe, l'élément moral requis pour engager la responsabilité en matière de crime et de délit est une faute intentionnelle que l'on appelle « *dol général* ».

Mais en matière contraventionnelle, une simple faute dite contraventionnelle suffit, sauf exception.

PARAGRAPHE PREMIER : LE DOL GÉNÉRAL

419. Conscience et la volonté infractionnelles. Le dol général est « *le plus petit dénominateur commun* » des infractions intentionnelles. Hormis les hypothèses particulières dans lesquelles la loi en dispose autrement, l'élément moral généralement requis pour engager la responsabilité pénale consiste dans la volonté de commettre le délit tel qu'il est déterminé par la loi, ou encore dans la conscience chez le coupable d'enfreindre les prohibitions légales.

L'expression « *dol général* » correspond à une volonté abstraite de violer la loi pénale ; c'est-à-dire la volonté d'accomplir un acte que l'on sait défendu par la loi. Il s'agit d'une intention criminelle ou d'une intention de violer la loi pénale. L'intention (du latin *tendere in*) est la volonté dirigée, en connaissance de cause, et avec mauvaise foi, vers la commission de l'infraction punie par la loi.

L'agent pénal doit agir dans l'état de conscience et de volonté infractionnelles. La Cour d'Appel de Dakar a jugé, dans un arrêt rendu le 24 septembre 2012, qu'à côté des éléments légal et matériel, l'infraction pénale suppose un « *élément moral à savoir, la violation en connaissance de cause d'une prescription légale ou réglementaire* »[1590].

Elle a également jugé que « *la réalisation de l'infraction d'abus de biens sociaux suppose l'existence d'un dol général résultant de l'intention coupable* »[1591]. Dans une autre espèce, la Cour d'Appel de Dakar a considéré que le comportement d'un individu, qui a reçu de l'argent de différentes

---

[1590] CA Dakar ch. corr., n° 1019 du 24 septembre 2012, MP et M. K. ND. c/ H. O., *inédit*.
[1591] CA Dakar ch. corr., n° 264 du 27 mars 2017, MP et R. D. c/ A. A. CH. G., *inédit*.

personnes après les avoir persuadés de ce qu'il pouvait leur procurer des visas étrangers, alors qu'il n'en était rien caractérise « *le dol criminel à son encontre et qui est un élément constitutif du délit d'escroquerie à lui imputé* »[1592].

L'habitude a été prise de qualifier l'élément moral de droit commun de « *dol général* » , par opposition au « *dol spécial* », c'est-à-dire à une intention plus caractérisée qui n'est requise par la loi que pour la répression de certaines infractions déterminées[1593].

La volonté de commettre le délit tel qu'il est déterminé par la loi (dol général) est constituée de deux éléments distincts, puisque l'agent doit bien se représenter aussi bien l'élément matériel que l'élément légal de l'infraction.

A. Le dol général et l'élément matériel de l'infraction

420. Rapport de concordance. Le dol général implique un rapport de concordance entre les faits tels que les a compris l'agent pénal et les faits décrits par la loi. L'agent est moralement coupable lorsque les actes matériels dont il a eu conscience coïncident avec ceux qui sont pénalement incriminés.

Par exemple, l'article 364 du CP punit la soustraction frauduleuse de la chose n'appartenant pas au prévenu. Est donc coupable de vol celui qui s'empare d'un objet en sachant qu'il ne lui appartient pas et qu'il n'a pas obtenu le consentement du propriétaire. Cette intention consiste à se représenter concrètement les faits tels qu'ils sont abstraitement décrits par la loi et c'est cette attitude intellectuelle qui constitue l'élément moral de l'infraction.

L'agent est coupable parce qu'il a voulu faire exactement ce que la loi prohibe. Ainsi, l'image de fait du délit s'est projetée dans l'esprit du délinquant. Il y a, comme qui dirait, identité entre l'image légale et l'image psychologique[1594].

[1592] CA Dakar ch. corr., n° 158 du 09 février 2011, MP et C. F. D. c/ C. M. S., *inédit*.

[1593] Cf. R. GARRAUD, *Tr, dr. pén.*, l, n° 290 ; G. VIDAL et J. MAGNOL, op. cit., n° 123 ; E. WAGNER, *La notion d'intention pénale dans la doctrine classique et la jurisprudence contemporaine, thèse. dactyl., Clermont-Ferrand*, 1976. Mais l'autonomie du concept de dol général est souvent contestée par une partie de la doctrine ; V. A.-C. DANA, *La notion d'infraction pénale, thèse dactyl.*, Lyon, 1980, p. 448 et s. ; S. MANACORDA, « La théorie générale de l'infraction pénale en France : lacunes ou spécificité de la science pénale », *RD pén. crim.* 1999, p. 35 ; A. MARCHAL et J. SCHEERS, « Une borne franchie : une nouvelle théorie conceptuelle de l'infraction », *RSC* 1983, p. 433.

[1594] R. MERLE et A. VITU, op. cit., n° 580.

Cette conception du dol général correspond certainement à une réalité légale et jurisprudentielle. Lorsque le législateur spécifie dans telle ou telle incrimination que l'agent doit avoir commis les faits « *sciemment* », « *volontairement* », « *de mauvaise foi* », ou « *avec connaissance*», c'est à cela qu'il fait allusion. Quant aux tribunaux, ils ne manquent pas de mettre en évidence, à propos de chaque infraction, la nécessité d'une telle coïncidence entre l'acte vécu par le délinquant et l'acte sanctionné par la loi[1595].

421. Erreur de fait. Si l'existence d'un dol général ne peut être établie, il n'y a pas d'infraction intentionnelle. C'est notamment le cas lorsque l'auteur du comportement incriminé se méprend sur la nature véritable de l'acte qu'il commet et n'a donc pas conscience qu'il viole la loi pénale, autrement dit, lorsqu'il commet une erreur de fait.

L'erreur de fait, qui s'analyse en une méprise sur la matérialité de l'acte accompli, supprime le dol général. L'agent ne se rend pas compte qu'il est entrain de réaliser les actes dont la description figure dans la loi pénale, puisqu'il se représente faussement ou ignore certains aspects pourtant réels de son activité.

Par exemple, il arbore indûment à sa boutonnière l'insigne qu'il a ramassé dans la rue, en ignorant qu'il s'agit d'une décoration officielle.

De même, n'est pas coupable de vol, celui qui se croit à tort propriétaire d'un objet dont il s'est emparé[1596]. Ces solutions doivent être approuvées, puisque la volonté de violer la loi doit être positive et concrète. Une simple négligence ne suffit pas ; il faut que l'agent ait eu effectivement conscience de tous les éléments matériels du délit.

B. Le dol général et l'élément légal de l'infraction

422. Présomption de connaissance de la loi. L'agent pénal doit se représenter l'élément légal de l'infraction. La conscience de l'illégalité des faits est certes requise, en principe, et elle est donc incluse dans la définition du dol général. Mais elle est toujours présumée d'une manière irréfragable.

[1595] Crim., 04 juin 1942, *D.G.*, 1943.34 (à propos du recel); crim., 23 juill. 1941, *D.C.*, 1942.II (à propos du chantage); crim., 21 fév. 1930, *D.P.*, 1930.1.70 (à propos de l'abus de confiance) ; crim., 19 déc. 1885, *D.*, 1886.1.347 (à propos de la divulgation de secret) ; crim., 25 mars 1958, *D.*, 1958, som. 142 (à propos du détournement d'objets saisis).

[1596] Crim. 16 nov. 1934, *DH*, 1934, p. 183 ; crim. 4 mai 1995, *Bull. crim.* n° 165, *D.* 1996. somm. 56, obs. A. Robert.

Tous les citoyens, quel que soit leur degré d'instruction ou d'intelligence, sont censés connaître ou comprendre les lois ou les règlements et personne ne peut se soustraire à l'application d'une règle pénale obligatoire en démontrant qu'il en ignorait l'existence ou qu'il s'est mépris sur son sens.

C'est tout le sens de la règle « *nul n'est censé ignorer la loi* » qui fait partie des principes généraux du droit et est imposée par les nécessités de la discipline sociale. Nul ne peut arguer pour sa défense qu'il n'avait pas connaissance des règles publiées au *Journal officiel*[1597]. L'autorité de la loi ne peut donc dépendre ni de la connaissance ni de la volonté des citoyens. L'ignorance de la loi ou du règlement n'a aucun effet sur son application.

423. Erreur de droit. L'erreur de droit est donc en principe inopérante. La règle *« nul n'est censé ignorer la loi »* consacre une présomption irréfragable de connaissance de la loi[1598]. Ainsi, en principe, aucune preuve contraire n'est susceptible de renverser la présomption de connaissance de la loi. Régulièrement publiés, les textes pénaux sont obligatoires pour tous, même pour ceux qui, en fait, les auraient ignorés.

Dans l'arrêt Oumar FALL rendu le 09 avril 1970[1599], la Cour d'Appel de Dakar a fait application du principe « *Nemo legem ignorare censetur* ». La cour a, en effet, jugé qu'un décret du 23 décembre 1970 portant baisse du prix du riz publié au quotidien *Le Soleil* et ayant fait l'objet d'un communiqué radiophonique et d'un communiqué au Bulletin de la Chambre de commerce, conformément au régime de publication d'urgence, est « *irréfragablement présumé* » être connu d'un commerçant poursuivi pour pratiques de prix illicites.

Dans une autre espèce, une femme, poursuivie pour conclusion d'une convention portant sur un terrain du domaine national, avait prétendu qu'elle ignorait que son comportement était incriminée. La Cour d'Appel de Dakar a jugé, dans un arrêt rendu le 16 novembre 2016[1600], que « *son ignorance ne*

[1597] R. LIBCHABER, « Connaissance de la loi, connaissance du droit », *RTD civ.*, 2002, p. 173.
[1598] En ce sens, CA Dakar ch. corr. n° 78 du 22 janvier 2013, MP et la SONATEL c/ I. N., *inédit* : « *Considérant que nul n'est censé ignorer la loi* » ; dans le même sens, CA Dakar ch. corr., n°135 du 08 février 2006, MP et M. J. S. c/ R. M., *inédit* ; CA Dakar ch. corr. n° 135 du 30 janvier 2013, MP c/A. C. et G. D., *inédit.*
[1599] CA Dakar ch. corr., n° 209 du 09 avril 1970, MP et Contr. écon. c/ O. F., *ASERJ*, 1973, n° 02, p. 58.
[1600] CA Dakar ch. corr., n° 692 du 16 novembre 2016, MP et I. S. M. et A. S. c/ S., *inédit.*

saurait être justificative, puisqu'il est de principe que nul n'est censé ignoré la loi ».

PARAGRAPHE II : LA FAUTE CONTRAVENTIONNELLE

424. Notion de faute contraventionnelle. Dans sa pureté originelle, la faute contraventionnelle consiste en une simple inobservation d'une prescription légale ou réglementaire, qui ne suppose pas une intention de violer la loi pénale, ni même une imprudence ou une négligence[1601]. La culpabilité pénale en matière contraventionnelle n'est rien d'autre qu'une inobservation de la loi, c'est-à-dire la violation d'une norme[1602]. La répression des contraventions est donc grandement facilitée[1603].

Dès les premières années du XIXe siècle, la Cour de Cassation française a affirmé que certaines infractions, parmi lesquelles figurent essentiellement la plupart des contraventions et même quelques délits assimilés, à cet égard, aux contraventions (les délits contraventionnels), sont des infractions «*matérielles*»[1604]. Elle décide qu'il suffit que le fait soit matériellement constaté pour que le délinquant soit répréhensible, indépendamment de la démonstration par le ministère public d'une faute intentionnelle ou non intentionnelle à la charge de ce délinquant[1605].

Autrement dit, lorsqu'un procès-verbal de police constate qu'un automobiliste n'a pas respecté un signal « *Stop* » ou a garé son véhicule sur un emplacement interdit au stationnement, la responsabilité pénale de ce contrevenant est *ipso facto* établie. La partie poursuivante est dispensée de démontrer que cette infraction est imputable à la volonté délibérée ou à la négligence du conducteur.

[1601] J. VERHAEGEN, « L'élément fautif en matière de contravention aux règlements », *RSC* 1988, p. 2 ; F. DESPORTES et F. LE GUENEHEC, *op. cit.*, n° 499 ; Ch. COURTIN, « Contravention », *Rép. dr. pén. proc. pén,* Dalloz, 2010, n° 37 ; F. CHABAS, « La notion de contravention », *RSC* 1969. 1 et 1969. 281 ; J.-C. SCHMIDT, « L'élément intentionnel en matière de contravention », *RPDP* 1932. 387 ; J. SALVAIRE, « Contraventions », 1975, *JCP* 1975. I. 274.

[1602] A. VARINARD, in J. PRADEL et A. VARINARD, *op. cit.*, n° 42, § 10 ; également, A.-C. DANA, *Essai sur la notion d'infraction pénale*, Paris, LGDJ, 1982, n° 274.

[1603] V. SCHMIDT, « L'élément intentionnel en matière de contravention et plus spécialement en matière de contraventions de grande voirie », *Rev. pénit.* 1932, p. 387 et s.

[1604] A. LEGAL, « La responsabilité sans faute et les infractions matérielles », *Mélanges Patin*, p. 130 ; J.-P. MARTY, « Les délits matériels », *RSC* 1982. 41.

[1605] Crim, 22 fév. 1844, *Bull. crim.*, n° 59 ; crim. 12 mai 1871, *S.*, 1872.1.48; crim. 16 juill. 1898, *S.* 1900.1.109; crim. 22 nov. 1912, *Bull. crim.*, n° 570; crim. 7 mars 1918, *S.*, 1921.1.89.

La faute contraventionnelle est constituée dès que le fait réprimé par la loi est commis, c'est-à-dire « *dès qu'il est matériellement constaté* », pour reprendre une expression utilisée par la Cour de Cassation française[1606].

Les contraventions résultent de la violation d'une prescription légale ou réglementaire. Elles résultent souvent d'un manquement à une mesure de police, c'est-à-dire à une règle nécessaire au maintien de l'ordre de la sécurité et de la tranquillité publique. Par exemple, le chevauchement d'une ligne continue constitue une contravention.

Dans la mesure où elle est constituée par la transgression d'une prescription légale ou réglementaire, la faute contraventionnelle peut être analysée, de même que la faute d'imprudence ou de négligence, comme une indiscipline sociale.

Mais en droit sénégalais, il y a des contraventions qui exigent que soit établie une faute intentionnelle. Il en est ainsi de la contravention de suppression, de dissimulation et de lacération des affiches ordonnées par une décision de justice qui doivent être « *opérées volontairement* » [1607] ; il en est de même de la contravention de dommage aux propriétés mobilières ou immobilières d'autrui[1608], de la rébellion contraventionnelle[1609] et du détournement des eaux destinées à l'irrigation[1610].

Par ailleurs, d'autres contraventions ne peuvent être constituées que par la caractérisation d'une faute d'imprudence. Ainsi, l'article 12 1° du Code des Contraventions incrimine ceux qui, par maladresse, imprudence, inattention, négligence ou inobservation des règlements, auront involontairement causé la mort ou la blessure des animaux ou bestiaux appartenant à autrui. En outre, l'article 13 4° du Code des Contraventions sanctionne le fait de causer

---

1606 Crim. 12 mai 1843, *S.*, 1844, I, p. 158 ; crim. 12 avril 1845, *S.*, 1845, 1, p. 470 ; crim. 28 avril 1977, *D.*, 1978, 1, p. 149, note Rassat, *JCP*, 1978, éd. G, 11, 18931, note Delmas-Marty.

1607 V. art. 7 du Code des Contraventions

1608 V. art. 13 6° du Code des Contraventions.

1609 V. art. 8 16° du Code des Contraventions. Ce texte incrimine « *ceux qui, hors les cas prévus aux art. 185 et suivants du CP, se seront opposés, par actes, paroles, gestes, manoeuvres quelconques, ou par toutes abstentions volontaires, préméditées, répétées ou concertées à l'exercice de l'autorité légitime d'un agent dépositaire de la force publique ou de tout citoyen chargé d'un ministère de service public, et auront par là, porté atteinte à l'ordre public ou entravé la bonne marche des services administratifs ou judiciaires* ».

1610 V. art. 8 18° du Code des Contraventions.

l'incendie des propriétés mobilières d'autrui par imprudence, maladresse, inattention, négligence ou inobservation des règlements.

425. Faute contraventionnelle et faute d'imprudence. Il faut distinguer la faute contraventionnelle, résultant de la violation d'une prescription légale ou réglementaire, de la faute d'imprudence ou de négligence.

D'une part, alors que la faute d'imprudence suppose la réalisation d'un dommage, la faute contraventionnelle ne tend pas à réprimer une atteinte effective et directe aux droits d'autrui, mais elles assurent une fonction de prévention.

D'autre part, contrairement à la faute d'imprudence, qui a pour objet de protéger des valeurs fondamentales de notre société, la faute contraventionnelle porte souvent sur des règles de vie en collectivité, une sorte de discipline sociale, dont la violation, n'entraîne donc aucun blâme moral.

426. La faute dans les faits contraventionnels. Il n'est pas exact de soutenir que la faute contraventionnelle, même en cas de violation d'une prescription légale ou réglementaire, n'existe pas et que les infractions que l'on dit constituées d'une telle faute ne comportent qu'un élément matériel. En effet, la faute contraventionnelle même lorsqu'elle résulte de la violation d'une prescription légale ou réglementaire suppose l'existence d'une volonté libre et éclairée[1611].

En cas de force majeure ou d'aliénation mentale, il n'y a pas de contravention[1612]. Les causes d'irresponsabilité pénale s'appliquent aux contraventions et peuvent être considérées comme supprimant l'existence de la faute contraventionnelle.

Il y a une faute incluse dans les infractions matérielles, comme les contraventions[1613]. On peut, en effet, observer que les incriminations contraventionnelles sont souvent établies dans une perspective de police, au sens administratif du terme, en vue d'assurer l'observation d'une discipline collective ou de promouvoir une répression plus rapide et nécessaire à la préservation de l'ordre social. Il ne s'agit pas de réprimer les atteintes directes

---

1611 Crim. 27 mai 1959, *Bull. crim.* n° 279.
1612 Crim. 28 juillet 1881, *DP* 1882, 1, p. 95.
1613 J. VERHAEGEN, « L'élément fautif en matière de contravention aux règlements », *RSC* 1988, p. 289.

et effectives aux droits d'autrui, mais de faire régner, par la menace de sanctions mineures, l'ordre dans le comportement quotidien des usagers des services publics.

Aussi le législateur impose-t-il aux citoyens des obligations plus strictes qu'en toute autre matière à propos de l'observation de ses prescriptions. Il ne leur demande pas seulement de s'abstenir de toute transgression délibérée. Il ne se contente même pas d'exiger d'eux une prudence ou une attention ordinaire. Il requiert d'eux, jusqu'à la limite extrême de la force majeure, le maximum d'efforts pour éviter de contrevenir à ses admonitions.

De sorte que le seul fait de commettre matériellement, et volontairement, l'infraction démontre, sauf preuve contraire de la force majeure ou d'une cause de non-imputabilité, la faute. La faute contraventionnelle s'identifie rigoureusement avec l'infraction elle-même. En effet, le droit pénal sénégalais semble poser, en matière contraventionnelle, le principe de la « *faute présumée*». Les traits distinctifs de la faute contraventionnelle sont donc partiellement inclus dans le dol général lui-même.

SECTION II :

L'ÉLÉMENT MORAL PROPRE À CERTAINES INFRACTIONS

427. Relation entre la psychologie du délinquant et les conséquences de son acte. Certaines infractions ne sont punissables que dans la mesure où il existe une relation psychologique entre leur résultat, effectif ou éventuel et l'intelligence de l'agent.

C'est en fonction de l'intensité de cette relation psychologique que s'établit la distinction entre les infractions intentionnelles et les infractions non intentionnelles[1614].

Une infraction intentionnelle suppose une intention coupable ; elle n'est punissable que si cette intention est établie[1615]. La Cour d'Appel de Dakar a jugé que le délit de dénonciation calomnieuse une infraction intentionnelle qui « *n'est caractérisée que s'il est établi à l'encontre de l'agent pénal une intention coupable qui résulte, selon une jurisprudence bien définie, de la connaissance de la fausseté du fait imputé à autrui au jour de la dénonciation* »[1616].

428. Infractions intentionnelles et infractions non intentionnelles. L'infraction non intentionnelle, au contraire, implique simplement une faute qui peut consister dans la seule violation de la prescription légale ou réglementaire.

Les infractions non intentionnelles[1617] comprennent les délits d'imprudence, les délits matériels et la plupart des contraventions.

La distinction entre les infractions intentionnelles et les infractions non intentionnelles présente plusieurs intérêts. En effet, toutes les règles de droit

---

1614 R. LEGROS, *L'élément moral dans les infractions*, Paris, Sirey-Desoer, 1952, p. 11 à 16 ; J. Cl. BERREVILLE, « Quelques réflexions sur l'élément moral de l'infraction », *RSC* 1973, p. 865 ; M. PRALUS, « Réflexions autour de l'élément moral des délits », *Dr. pén.* 2002, chron. 41.

1615 S. DETRAZ, « L'intention coupable, est-elle encore le principe ? », *Le nouveau Code pénal,* Paris, LGDJ, 2014, p. 63.

1616 CA Dakar ch. corr., n° 343 du 10 mai 2017, MP et B. Th. c/ P. A. et O. K., *inédit.*

1617 P. CORNIL, « La répression des infractions dites involontaires », *Rev. (belge) dr. pén. et crim.* 1958, p. 695 ; A. CHAVANNE, « Le problème des délits involontaires, *RSC* 1962, p. 241 ; M. E. CARTIER, « La nouvelle définition des délits non-intentionnels », *RSC* 2001, p. 725.

pénal qui se rattachent à l'existence de l'intention criminelle ne peuvent s'appliquer aux infractions non intentionnelles.

D'abord, la tentative, toujours punissable en matière de crimes et parfois en matière de délits correctionnels (lorsque la loi l'a prévu), n'est pas punissable en matière de délits d'imprudence et de contraventions.

Ensuite, l'erreur de fait qui, dans les infractions intentionnelles, peut faire disparaître l'intention et muer celle-ci en une faute d'imprudence (changer un crime de meurtre en un délit d'homicide par imprudence), est sans effet dans les infractions non intentionnelles[1618].

Enfin, la jurisprudence, qui admet la légitime défense pour les infractions intentionnelles, semble la rejeter dans le cas des infractions non intentionnelles commises par l'agresseur[1619].

Quoi qu'il en soit, la loi peut exiger que le délinquant ait eu l'intention de provoquer le résultat incriminé. Cette intention est appelée « *dol spécial* ».

Mais dans d'autres cas, il suffit, pour que l'agent soit répréhensible, qu'il ait prévu ou dû prévoir que son action ou son omission était susceptible de produire tel résultat dommageable. Cette prévision ou cette prévisibilité est inhérente à la faute d'imprudence ou de négligence ainsi qu'à la faute de mise en danger délibérée.

PARAGRAPHE PREMIER : LE DOL SPÉCIAL

429. Élément intellectuel supplémentaire. Dans de très nombreuses hypothèses, l'infraction intentionnelle suppose un élément intellectuel supplémentaire plus caractérisé que la simple volonté de commettre, en sachant qu'il est interdit, tel ou tel comportement. C'est cette intention particulière que l'on appelle le dol spécial. Il s'agit de l'intention d'atteindre un certain résultat prohibé par la loi pénale.

Par exemple, en matière d'abus de biens sociaux, la Cour d'Appel de Dakar a jugé que la réalisation de l'infraction suppose l'existence d'un dol général résultant de l'intention coupable et d'un dol spécial caractérisé par

[1618] G. STÉFANI, G. LEVASSEUR et B. BOULOC, *Droit pénal général*, Paris, Dalloz, 17e éd., 2000, n° 438, p. 364.

[1619] Cass. crim. 28 nov. 1991, n° 90-87.572, *Bull. crim.*, n° 446, *RSC* 1992.751, obs. G. Levasseur ; sur cette question, V. P. A. TOURÉ, *Droit pénal général sénégalais, tome 2 : la responsabilité pénale et la sanction pénale*, Dakar, l'Harmattan 2023, n° 189.

l'un des buts prévus par l'article 891 de l'AUSCGIE. En d'autres termes, le prévenu doit, de mauvaise foi, faire des biens ou du crédit de la société, un usage qu'il savait contraire à l'intérêt de celle-ci, à des fins personnelles, matérielles ou morales, ou pour favoriser une autre personne morale dans laquelle ils étaient intéressés, directement ou indirectement[1620].

Dans ce cas, lorsque cette intention n'existe pas, l'infraction n'est pas constituée. L'étude du contenu du dol spécial permet de mieux comprendre ses modalités.

A. Le contenu du dol spécial

430. Notion de dol spécial. Le dol spécial est une intention précise, requise par des lois particulières comme élément constitutif de certaines infractions à propos desquelles le législateur incrimine généralement la production d'un résultat déterminé. C'est l'intention d'atteindre un résultat prohibé par la loi pénale. La loi fait alors entrer dans la définition légale de l'infraction un résultat déterminé que l'agent doit avoir voulu.

L'agent n'est alors répréhensible que s'il a eu la volonté d'obtenir ce résultat.

Il s'agit par exemple de l'intention de nuire à l'honneur ou à la considération d'une personne dans la diffamation, de la volonté de causer un préjudice dans le faux documentaire, de l'intention de se comporter en propriétaire de la chose d'autrui en matière de vol, etc. Il en est de même de l'intention homicide (*animus necandi*) dans le meurtre[1621].

431. Jurisprudence. Dans l'arrêt Mamadou Keita, rendu le 30 avril 1966, la Cour suprême du Sénégal[1622] a eu l'occasion de préciser la notion de dol spécial en matière de vol. Dans cette espèce, Mamadou Keita, délégué du personnel des établissements Freysseline, avait pris dans un atelier un cahier contenant les noms des clients et des travaux à effectuer pour chacun d'eux,

---

[1620] Pour des applications judiciaires, CA Dakar, ch. corr. n° 264 du 27 mars 2017, MP et R. D. c/ A. A. Ch. G., *inédit* ; dans le même sens, CA Dakar ch. corr. n° 512 du 28 juin 2016, MP et D. H. c/ W. D., *inédit*.

[1621] Pour une étude détaillée, V. D. NZOUABETH, « L'animus necandi», *Revue Ass. sén. dr. pén.* , année 2010, n° 9, p. 73 et s.

[1622] CS Sénégal, 30 avril 1966, *arrêt Mamadou Keita, Penant*, n° 715, janvier février mars 1967, p. 109, Rapport G. Arrighi.

afin de prouver, en les soumettant à son syndicat, que le licenciement d'une partie du personnel n'était pas justifié.

La Cour d'Appel de Dakar, par un arrêt du 8 février 1964, l'avait déclaré coupable de vol au motif qu'il s'était conduit en maître absolu de la chose soustraite, en faisant de ladite chose un usage destiné à nuire à son véritable propriétaire. La haute juridiction a considéré que « *la loi réprime la soustraction lorsqu'elle révèle l'intention de se comporter même momentanément en propriétaire* »[1623].

Un arrêt de la Cour d'Assises de Dakar, rendu le 31 mars 2014, énonce que « *l'acte homicide établi doit être accompagné d'une faute intentionnelle pour être qualifié de meurtre ; Que l'intention de l'auteur dépend de ses prédispositions à rechercher le résultat en manifestant la volonté de donner la mort* »[1624].

À défaut de cette intention précise exigée par la loi, l'agent n'est pas punissable, au titre de l'infraction intentionnelle, caractérisée par le dol spécial.

Cependant, il peut être puni, le cas échéant, sous une autre qualification. Par exemple, s'il n'a pas eu l'intention de tuer, mais simplement de blesser, le délinquant pourra être condamné du chef de coups et blessures volontaires ayant entraîné la mort sans intention de la donner (coups mortels).

432. Principe de l'indifférence des mobiles. Le dol, et le dol spécial en particulier, ne doivent pas être confondus avec les mobiles qui sont les raisons pour lesquelles l'infraction est commise. Ces raisons peuvent être très variées puisqu'elles diffèrent selon les individus, alors que le dol spécial est propre à chaque infraction[1625].

[1623] Sur cette affaire, E. MICHELET, « Chronique jurisprudentielle : la jurisprudence de la Cour Suprême du Sénégal en matière pénale », *Annales. africaines,* 1989, 1990, 1991, p. 303 et s.
[1624] C. ass. Dakar, n° 10 du 31 mars 2014, MP c/ P. ND., *inédit* ; dans le même sens, C. ass. Dakar, n° 06 du 26 mars 2014, MP c/ S. ND., *inédit* ; C. ass. Dakar, n° 19 du 07 avril 2014, MP c/ R. G., *inédit.*
[1625] P. MIMIN, « L'intention et le mobile », *Mélanges Patin,* Paris, Cujas, 1965, p. 113 et s. ; P. E. TROUSSE, « Le mobile justificatif », *RSC* 1962-1963, p. 418 ; LABORDE-LACOSTE, « Le but de l'agent, élément constitutif de l'infraction dans la législation, la doctrine et la jurisprudence », *RIDP*, 1926, p. 125 ; Cf. CHAZAL, *Essai sur la notion de mobile et de but en droit pénal,* Thèse Lyon, 1929 ; A. YOTOPOULOS-MARANGOPOULOS, *Les mobiles du délit : étude de criminologie et de droit pénal suisse et comparé*, Paris, LGDJ, Paris, 1974.

La définition de l'intention étant abstraite, elle est détachée des considérations psychologiques qui peuvent animer l'auteur des faits. Les mobiles, tels que la haine, l'amour, la cupidité, la jalousie ou encore la vengeance, sont d'une grande utilité pour comprendre les raisons de l'infraction et parfois pour déterminer son auteur, mais d'un point de vue juridique, ils sont sans incidence sur la caractérisation de l'intention. Le dol spécial en matière de meurtre est toujours l'intention de tuer, mais le meurtrier peut agir par vengeance, par jalousie, etc. Il peut même être mu par un mobile honorable, comme le désir d'abréger les souffrances d'un mourant.

En principe, ce mobile n'est pas pris en compte par le législateur pour définir l'infraction. On dit que le mobile est juridiquement indifférent. À titre d'exemple, en cas de vol de document commis par un salarié au préjudice de son employeur pour assurer sa défense dans une instance sociale, la Cour de Cassation française a eu l'occasion de censurer les décisions de relaxe fondées sur cette circonstance, après avoir rappelé que « *toute appropriation de la chose d'autrui contre le gré de son propriétaire caractérise la soustraction frauduleuse constitutive de vol, quel que soit le mobile qui a inspiré son auteur* »[1626].

La Cour d'Appel de Dakar a jugé, dans un arrêt rendu le 16 février 2005[1627], qu'une crise de jalousie d'une personne qui soupçonnait la partie civile de courtiser sa femme est indifférente à la caractérisation de l'infraction de coups et blessures volontaires ayant entraîné l'amputation du pouce gauche.

La règle de l'indifférence des mobiles s'explique essentiellement par deux raisons.

D'une part, si le mobile permet de savoir pourquoi l'agent est passé à l'acte, il n'excuse pas ce dernier qui demeure prohibé par la loi pénale.

D'autre part, le mobile peut être très difficile à prouver et donc à prendre en considération. Au demeurant, la question de l'incidence du mobile sur l'intention ne se pose guère que lorsque celui-ci est présenté par l'auteur de l'infraction comme louable ou du moins comme non condamnable. L'on

---

[1626] Crim. 08 décembre 1998, *Bull. crim.* n° 336 ; *Dr. pén.* comm. 67.
[1627] CA Dakar ch. corr. n° 182 du 16 février 2005, MP et S. D. c/A. K., *inédit*.

songe ainsi à celui qui volerait de l'argent pour venir en aide à une personne dans le besoin ou celui qui tuerait la victime pour mettre fin à ses souffrances.

433. Prise en compte des mobiles. Mais le principe de l'indifférence du mobile sur l'existence de l'infraction n'interdit pas aux juridictions pénales de le prendre en considération pour déterminer, dans les limites prévues par la loi, le quantum des peines qu'elles prononcent[1628].

Le délinquant, guidé par des mobiles jugés honorables, pourrait bénéficier de l'indulgence des juges, tandis que celui animé par des mobiles crapuleux ou méprisables pourrait être plus sévèrement sanctionné.

La Cour de Cassation française rappelle ainsi fréquemment que les mobiles ne peuvent être retenus par les juges du fond autrement que pour l'application de la peine, notamment par l'octroi ou le rejet des circonstances atténuantes[1629].

434. Indifférence de l'erreur sur le dol spécial. Tandis que l'erreur de fait supprime le dol général, elle n'a, en principe, aucune influence sur le dol spécial.

L'individu qui, confondant l'automobile d'une autre personne avec la sienne, s'en empare, n'a pas conscience de violer la loi et n'a *a fortiori* nullement l'intention de se comporter en propriétaire de la chose d'autrui.

Cependant, lorsque le dol général existe, une erreur sur les éléments propres du dol spécial n'a aucune incidence sur la responsabilité de l'agent, car elle laisse subsister l'intention criminelle. Tel est le cas par exemple de l'erreur sur la personne de la victime d'un homicide volontaire. Si le meurtrier ou l'assassin se trompe de victime, il n'en a pas moins l'*animus necandi* (intention de donner la mort) et demeure évidemment responsable[1630].

B. Les modalités du dol spécial

435. Modalités différentes. La volonté de produire le résultat prohibé par la loi, qui caractérise le dol spécial, ne se présente pas toujours sous un aspect

---

[1628] J. C. COUAPEL, *L'intérêt du mobile en criminologie et en droit pénal*, Thèse Poitiers 1980.
[1629] Crim. 13 mai 1992, *Dr. pén.*, 1992, comm. n° 279 ; crim. 3 sept. 1996, *Bull. crim.* n° 311.
[1630] Crim., 31 janv. 1835, *S.*, 35.1.564.

uniforme; il peut comporter des modalités différentes et des degrés divers qui peuvent influer sur la qualification et la répression[1631].

436. Dol simple et dol aggravé ou prémédité. Il est classique de faire une première distinction entre le dol simple et le dol aggravé. Le dol simple fait encourir la peine ordinaire. Il correspond à une situation dans laquelle l'acte accompli est spontanément réalisé par l'agent. Il entraîne l'application des sanctions ordinaires prévues par les textes.

Le dol aggravé ou prémédité manifeste une intention criminelle plus longuement mûrie qui entraîne une peine plus sévère. En matière de dol aggravé, le législateur prend en compte, de façon exceptionnelle, le mobile dans la répression. La préméditation aggrave la peine applicable à l'homicide volontaire qui devient un assassinat. Selon l'article 281 du CP, tout meurtre commis avec préméditation, guet-apens ou pour cause de discrimination raciale, ethnique ou religieuse, est qualifié assassinat. Le législateur présume que celui qui a prémédité son acte est plus coupable que le délinquant dont le comportement a été moins réfléchi. L'article 288 du CP définit la préméditation comme le dessein formé avant l'action de commettre un crime ou un délit déterminé. Elle exige donc une intention antérieure à l'action.

D'après un arrêt de la Cour d'Assises de Dakar rendu le 31 mars 2014 : « *la préméditation doit être recherchée dans les circonstances qui ont accompagné l'acte de la personne poursuivie* »[1632]. Elle « *résulte des circonstances de l'acte homicide, notamment de la manière de donner la mort (strangulation), du moment choisi (absence des membres de la famille), de l'heure, de la dissimilation du corps et du silence de l'inculpé après son forfait* »[1633].

Le législateur aggrave aussi la peine si les coups et blessures volontaires ou la privation d'aliments ou de soins à un enfant de moins de quinze ans[1634]

[1631] Sur cette question, Cf. BERNARDINI, *L'intention coupable en droit pénal*, thèse Nice, 1976, 2 vol. (ronéo) ; A. HAUTEVILLE, « La gradation des fautes pénales », in *Réflexions sur le nouveau Code pénal*, Paris, Pédone 1995, p. 31.

[1632] C. ass. Dakar n° 10 du 31 mars 2014 MP c/ P. ND., *inédit* ; C. ass. Dakar n° 06 du 26 mars 2014, MP c/ S. ND., *inédit*.

[1633] CA Dakar, ch. acc. n° 20 du 22 janvier 2008, MP c/ S. S., in *Bulletin des arrêts rendus par la Cour d'Appel de Dakar en matière pénale*, 2011, vol n° 2, p. 116.

[1634] V. art. 298 du CP.

ou les violences exercées sur les fonctionnaires et agents publics ont été commis avec préméditation[1635].

Derrière l'aggravation de la peine encourue se profile assurément la volonté de tenir compte des desseins particulièrement blâmables de certains auteurs.

437. Discordance entre le dol et le résultat de l'infraction. Il peut exister des différences d'intensité dans l'objet de l'intention criminelle. Le dol spécial comporte dans sa plénitude une volonté directement tendue vers les conséquences préjudiciables de l'infraction. Or, dans beaucoup de cas, cette intention est moins nette, et plus indirectement dirigée.

Le délinquant n'a pas formellement voulu les conséquences de son acte, mais il les a prévues ou aurait dû les prévoir. Il y a ainsi une discordance entre le dol (l'intention criminelle) et le résultat de l'infraction. Il s'agit alors de décider si ce résultat doit lui être imputé comme s'il l'avait voulu. Pour résoudre ce problème, il faut distinguer plusieurs situations.

438. Dol déterminé et dol indéterminé. Le dol est déterminé lorsque l'agent a voulu d'une façon précise commettre tel crime ou tel délit (tuer ou voler) et à l'encontre d'une personne déterminée. Il l'est également quand l'agent a voulu le résultat, mais n'a pas connu l'identité de la victime, car la détermination du dol dépend d'abord de l'étendue de la volonté par rapport au résultat de l'infraction.

Par contre, il y a dol indéterminé, lorsque l'agent, tout en recherchant un effet délictueux, ne peut à l'avance se représenter exactement en quoi il consistera.

Ainsi, l'individu qui porte volontairement des coups à une personne sans intention de le tuer a la volonté de faire souffrir sa victime.

Cependant, il ignore quelle sorte de mal celle-ci subira en définitive: simple sensation douloureuse, contusions ou ecchymoses, blessures légères, blessures graves, décès, etc. Il sait seulement que toute la gamme de ces conséquences indéterminées est en germe dans les coups qu'il administre.

[1635] V. art. 203 du CP.

Sachant cela, et l'ayant prévu ou ayant dû le prévoir, il doit donc être condamné comme s'il avait voulu le résultat précis qui s'est produit (*dolus indeterminatus determinatur evemu*).

En droit criminel sénégalais, l'agent auteur d'un dol indéterminé doit être puni en fonction du résultat qui s'est effectivement produit et non pas en fonction du résultat qu'il avait l'intention de provoquer.

Il y a une assimilation du dol déterminé au dol indéterminé. Cette assimilation est expressément consacrée en matière de coups et blessures volontaires. Ainsi, les violences ayant entraîné une incapacité de travail supérieure vingt jours constituent un délit[1636], même si leur auteur ne souhaitait pas causer un dommage aussi important. Il savait ou devait savoir que ces violences risquaient de causer un tel résultat.

439. Dol praeter intentionnel ou dépassé. L'hypothèse du délit praeter intentionnel se réalise au contraire lorsque l'infraction entraîne des conséquences plus graves que celles qui étaient prévues ou prévisibles par l'agent[1637]. On parle de dol præter intentionnel, ou encore de dol dépassé, lorsque le résultat de l'acte infractionnel a dépassé les prévisions de son auteur. Si l'agent a bien recherché l'acte, il n'en a pas voulu toutes les conséquences.

C'est l'hypothèse classique de celui qui tue sa victime alors qu'il entendait seulement la blesser. Le résultat va au-delà de l'intention du délinquant, et au-delà de ce qu'il pouvait normalement imaginer. Qui, de la volonté ou du résultat, doit être pris en compte?

Le Code pénal n'a pas prévu une solution de principe au problème du dol praeter intentionnel ; ce qui explique parfois l'embarras de la doctrine et de la jurisprudence.

D'abord, il arrive des cas où le législateur prend en compte l'intention, pour punir l'auteur du délit praeter intentionnel. Ainsi, selon l'article 407, alinéa 2 du CP, le dépôt, dans une intention criminelle, sur une voie publique ou privée, d'un engin explosif, sera assimilé à la tentative de meurtre prémédité.

1636 V. art. 294 du CP.

1637 Cf. LAGRANGE-SOCCARO, *Le délit præter intentionnel*, thèse, Paris, 1962 ; L. JIMENEZ DE ASUA, « L'infraction praeter intentionnelle », *RSC* 1960, p. 567.

Ensuite, le législateur peut tenir compte à la fois de l'intention et du résultat en punissant l'auteur des faits plus que s'il était jugé uniquement sur ses seules intentions, mais moins sévèrement que s'il l'était uniquement en fonction du résultat. Ainsi, la personne qui consomme un mariage célébré ou accomplit l'acte sexuel sur la personne d'un enfant au-dessous de 13 ans accomplis, si les rapports ont entraîné la mort de l'enfant, encourt un emprisonnement de cinq à dix ans[1638].

Ainsi, la loi prévoit une peine intermédiaire, à la fois inférieure à celle du meurtre et supérieure à celles de l'homicide involontaire.

Enfin, lorsqu'il s'agit de comportements particulièrement graves, le législateur tient compte du résultat et non de l'intention, en punissant leurs auteurs comme s'ils avaient voulu la réalisation du dommage. Ainsi, il résulte de l'article 299 du CP que lorsque les violences ou privations d'aliments ou de soins commises au préjudice d'un enfant au-dessous de l'âge de quinze ans accomplis, ont été suivies d'une mutilation, d'une amputation ou d'une privation de l'usage d'un membre, de la cécité, d'une perte d'un œil ou d'autres infirmités permanentes ou s'ils ont occasionné la mort sans intention de la donner, la peine sera celle de la réclusion criminelle à temps de dix à vingt ans.

440. Dol éventuel. Il y a dol éventuel lorsque l'agent, sans rechercher le résultat dommageable qui s'est produit, ni même un résultat dommageable quelconque, avait cependant envisagé qu'il pouvait éventuellement intervenir, et l'ayant ainsi prévu comme un risque qu'il espérait éviter, a persisté dans son action[1639]. On peut citer le cas d'un automobiliste qui accomplit délibérément un dépassement de quelques mètres avant le sommet d'une côte sur une route très étroite ou sans visibilité et cause la mort de personnes. Doit-il être poursuivi pour homicide volontaire ? N'y a-t-il pas plutôt une faute d'imprudence? Il n'a certes voulu faire aucun mal aux occupants du véhicule qui se trouvaient sur l'autre versant de la côte et qu'il a heurtés violemment, provoquant ainsi la mort de plusieurs personnes.

[1638] V. art. 300, alinéa 1er du CP.

[1639] Cf. H. DUVAL, *Le dol éventuel*, thèse, Paris, 1900 ; MADRAY, « Le dol éventuel », *RIDP*, 1938, p. 207 et s. ; J. CEDRAS, « Le dol éventuel, aux limites de l'intention », *D.*, 1995, chr. p. 18 ; L. JIMENEZ DE ASUA, « La faute consciente et le dolus eventualis », *RSC* 1959-1960, p. 603 ; F. NEGREL-FILIPPI, *Le dol éventuel : vers la reconnaissance d'une intention atténuée,* Thèse Paris I, 2020.

Mais il a commis une imprudence d'une gravité telle qu'elle est toute proche de la faute intentionnelle, puisque le résultat de son imprudence était une éventualité dont il a volontairement pris le risque.

Le dol éventuel se situe entre l'intention et la faute d'imprudence ou de négligence, qui ne suppose ni l'acceptation éventuelle du résultat illicite ni la recherche d'un tel résultat.

Jusqu'à une période récente, le droit pénal sénégalais ne tirait aucune conséquence juridique d'une telle situation (dol éventuel).

Mais à la faveur de l'adoption de la loi n° 2016-29 du 8 novembre 2016 modifiant le Code pénal, le législateur a ainsi créé, à côté de la faute intentionnelle, de la faute d'imprudence et de négligence ainsi que de la faute contraventionnelle, la faute de mise en danger délibérée[1640].

PARAGRAPHE II : LA FAUTE D'IMPRUDENCE OU DE NÉGLIGENCE

441. Délinquance d'imprudence. Le système répressif est traditionnellement organisé pour châtier les actes de délinquance intentionnelle.

Mais le développement des dommages corporels dus à l'apparition postérieure du machinisme et de l'industrialisation ainsi que l'accroissement de la circulation automobile ont considérablement bouleversé les perspectives.

L'imprudence et la négligence routières, génératrices chaque année de multiples décès et d'innombrables blessés, ont rapidement pris les proportions d'une catastrophe sociale à laquelle les assassinats, les meurtres ou les violences volontaires ne sauraient être statistiquement comparés.

D'ailleurs, par une circulaire n° 01473 MJ/ACG du 07 mai 1999, le Ministre de la Justice a demandé aux chefs de parquet de placer sous mandat de dépôt ou de requérir le placement en détention de tout conducteur de véhicule, lorsque l'homicide ou les blessures auront été occasionnés par son comportement fautif, notamment en cas d'excès de vitesse en agglomération,

[1640] V. art. 307 bis du CP.

de conduite en état d'ébriété ou d'imprégnation alcoolique ou de conduite sans permis.

Parallèlement, les accidents occasionnés par la fabrication, la manipulation ou l'utilisation d'engins ou de produits dangereux se multiplient d'une façon inquiétante. Dans un tel contexte, le droit criminel accorde de plus en plus une attention toute particulière à la prévention et à la répression des infractions d'imprudence ou de négligence.

Il importe d'abord de cerner les contours de la notion de faute d'imprudence ou de négligence avant d'étudier sa consistance.

A. La notion de faute d'imprudence ou de négligence

442. Faute ordinaire. On réserve traditionnellement la dénomination de «*faute pénale ordinaire*», par opposition au dol et à la faute contraventionnelle, à l'élément moral particulier qui permet d'imputer pénalement à une personne le résultat dommageable que celle-ci n'a pas voulu provoquer[1641]. La plupart des délits prévus par le Code pénal sont des infractions intentionnelles.

Cependant, lorsque la valeur à laquelle il est porté atteinte est d'une particulière importance, le législateur fait preuve d'une plus grande sévérité. Il érige en délits des comportements non intentionnels à condition que leur auteur, qui, par définition, n'a pas voulu violer la loi pénale, puisse se reprocher une faute de négligence ou d'imprudence.

Pour décrire la faute d'imprudence ou de négligence, le législateur emploie plusieurs expressions : « *maladresse* », « *imprudence* », « *inattention* », « *négligence* » ou « *inobservation des règlements*»[1642].

Les valeurs qui font l'objet d'une surprotection pénale sont assez nombreuses.

[1641] P. SALVAGE, « L'imprudence en droit pénal », *JCP* G. 1996, I, 3984 ; A. SERIAUX, « L'appréciation de la faute pénale d'imprudence en droit français contemporain », *RSC* 2017, p. 231 ; A. CHAVANNE et M.C. FAYARD, « Les délits d'imprudence », *RSC* 1975, p. 5 ; TH. DALMASSO, « Les délits d'imprudence », colloque de droit et commerce, 2001, *RJ com.* 2001, p. 18; S. PETIT, « Une nouvelle définition des délits d'imprudence », *Gaz. pal.* 9-11 juill. 2000, p. 2 ; Ph. SALVAGE, « Retour vers l'imprudence pénale », *JCP* 2000. I. 281.

[1642] V. art. 307 du CP.

Le champ d'application de la faute d'imprudence et de négligence recouvre surtout les atteintes involontaires à la vie et à l'intégrité de la personne ou aux biens. L'exemple type du délit d'imprudence est l'homicide ou les blessures involontaires. L'article 307 du CP incrimine « *quiconque, par maladresse, imprudence, inattention, négligence ou inobservation des règlements, aura commis involontairement un homicide ou des blessures, ou en aura été involontairement la cause* ». Un arrêt de la Cour d'Appel de Dakar rendu le 11 juin 2003 a énoncé que « *les dispositions de cet article visent à réprimer le comportement des individus qui par maladresse, inattention, imprudence, négligence ou inobservation des règlements auraient commis involontairement un homicide* »[1643].

La Cour d'Appel de Dakar a jugé, dans un arrêt du 19 novembre 2013, que le directeur général d'un hôtel qui n'a pas mis en place un cadre sécuritaire, notamment une barrière ou installation de protection dans une piscine, ce qui a entraîné la noyade d'une jeune fille, commet une faute d'imprudence[1644].

Un autre arrêt de la Cour d'Appel de Dakar rendu le 24 avril 2017 a énoncé que le manque d'étanchéité qui a entraîné l'effondrement d'une partie d'une dalle du salon du prévenu et causé des blessures constitue une faute d'imprudence caractérisant le délit de blessures involontaires[1645]. Commet également une faute d'imprudence, le conducteur quin par défaut de maîtrise pendant une traversée en agglomération, cause un accident mortel[1646].

L'article 308 du CP incrimine également l'incendie involontairement provoqué ayant entraîné la mort ou ayant provoqué les blessures d'une ou plusieurs personnes.

Les valeurs protégées concernent aussi les données à caractère personnel et même les intérêts fondamentaux de l'État. Ainsi, le législateur sanctionne la divulgation illicite de données à caractère personnel commise par imprudence ou négligence[1647] et la violation du secret de défense nationale

---

[1643] CA Dakar ch. corr. n° 366 du 11 juin 2003, MP et Hoirs H. F. c/ B. A. D. et autres, *inédit*.
[1644] CA Dakar ch. corr. n° 1542 du 19 novembre 2013, MP c/ P. D., *inédit*.
[1645] CA Dakar ch. corr. n° 312 du 24 avril 2017, MP et autres c/ F. F., *inédit*.
[1646] CA Dakar ch. corr. n° 689 du 16 novembre 2016, MP et S. N. T. es qual. H. T. c/ A. S., *inédit* ; CA Dakar ch. corr., n° 296 du 18 avril 2017, MP et M. D. c/ S. Th. ND. D., *inédit*.
[1647] V. art. 431-27 du CP.

commise « *par maladresse, imprudence, inattention, négligence ou inobservation des règlements* »[1648].

Dans ces types d'infractions, ce qui est incriminé c'est essentiellement l'imprudence ou la négligence, à laquelle s'apparentent l'inattention, la maladresse et même l'inobservation des règlements.

La faute pénale consiste donc soit à ne pas prévoir les conséquences dommageables de l'acte que l'on accomplit - ou à ne pas croire qu'elles pourront se produire - soit à ne pas prendre les précautions nécessaires pour empêcher qu'elles ne surviennent.

C'est la raison pour laquelle une doctrine classique qualifie les infractions d'imprudence de «*délits involontaires* »[1649]. En cas de faute d'imprudence ou de négligence, il n'existe aucune intention de violer la loi pénale, puisque la réalisation du dommage n'a pas été prévue par l'auteur de la faute ; celui-ci n'a pas eu l'intention de provoquer ce dommage.

L'auteur d'une faute d'imprudence ou de négligence ne peut échapper à la répression qu'en démontrant qu'il n'a commis aucune imprudence, négligence ou inobservation des règlements.

443. Exigence de la réalisation d'un dommage. La faute par imprudence suppose la réalisation d'un dommage qui n'avait pas été prévue. En l'absence de ce résultat dommageable, il n'y a pas de délit d'imprudence ou de négligence.

Par exemple, le fonctionnaire d'un service de renseignement, dépositaire d'un secret de la défense nationale, qui oublie de fermer son coffre, ne commet pas l'infraction de violation involontaire du secret de défense nationale prévu par l'article 61 du CP, si des personnes n'ont pu mettre à profit cet oubli pour dérober des documents secrets.

La Cour d'Appel de Dakar a jugé, dans un arrêt rendu le 11 juin 2003[1650], que le délit d'homicide et de blessures involontaires « *suppose un acte de commission ayant un lien direct avec le préjudice dont se prévaut la victime* ».

[1648] V. art. 61 du CP.
[1649] R. MERLE et A. VITU, *op. cit.*, n° 603.
[1650] CA Dakar ch. corr. n° 366 du 11 juin 2003, MP et Hoirs H. F. c/ B. A. D. et autres, *inédit*.

La jurisprudence estime qu'en l'absence de preuve d'un lien de causalité certain entre la faute alléguée et le dommage, en l'occurrence le décès d'une personne, le prévenu, poursuivi du chef d'homicide involontaire, doit être relaxé[1651].

444. Appréciation objective de la faute d'imprudence ou de négligence. La faute d'imprudence ou de négligence est appréciée *in concreto* ; ce qui ne signifie pas qu'elle doit être appréciée par le juge par référence à un comportement idéal qui ne tiendrait pas compte des circonstances concrètes extérieures à l'agent. Le juge doit, au contraire, s'attacher à démontrer que, compte tenu des circonstances, et par référence au comportement de l'homme moyen, une imprudence ou une négligence a été commise[1652]. Une cour d'appel avait condamné la SNCF pour homicide involontaire survenu dans une gare qui ne disposait pas de passage supérieur ou inférieur pour traverser les voies. Les juges du fond indiquaient, de manière générale, que la SNCF n'équipait pas convenablement ses gares.

Toutefois, la Cour de Cassation française a jugé qu'« *en statuant ainsi pour des motifs tenant non aux spécificités du lieu, mais à des considérations générales, la cour d'appel n'a pas justifié sa décision* »[1653].

B. La consistance de la faute d'imprudence ou de négligence

445. Contenu. La faute d'imprudence ou de négligence suppose à la fois une imprévoyance et une indiscipline.

446. Imprévoyance. Bien souvent, l'imprudence ou la négligence imputable à l'auteur du dommage apparaît comme le fruit d'un acte de volonté conscient et délibéré. L'auteur d'une faute d'imprudence ou de négligence a fait preuve d'imprévoyance dans la mesure où il n'a pas prévu les conséquences dommageables de son acte. Il en résulte, d'une part, que sa faute n'est pas intentionnelle, donc il n'y a pas de dol spécial et, d'autre part, qu'elle doit avoir entraîné la réalisation d'un dommage.

Par exemple, l'individu qui jette délibérément un objet par la fenêtre sans se soucier des passants qui pourront être blessés dans la rue et le père de famille qui remet à son enfant un objet dangereux ont volontairement fait

[1651] Cass. crim., 22 nov. 2011, n° 11-81.706, *JurisData* n° 2011-029387.
[1652] F. DESPORTES et F. LE GUENEHEC, *op. cit.*, n° 490.
[1653] Cass. crim., 3 déc. 2019, n° 18-84.227, *Dr. pén.* 2020, comm. 26, note Ph. Conte.

preuve d'imprudence ou de négligence. Ils ont eu conscience des dangers que comportait leur attitude, en espérant qu'un dommage ne se produirait pas.

En pareille hypothèse, non seulement l'acte générateur du dommage est volontaire, mais encore il n'est pas possible d'affirmer que le dommage lui-même est absolument involontaire. L'imprévoyance constitue une faute tellement grave qu'elle est plus proche du dol que de la faute non intentionnelle.

Il y a imprévoyance inconsciente dans les hypothèses où le comportement dangereux de l'auteur du dommage est imputable à l'inattention, à la maladresse ou à une simple méprise. Le dommage et l'acte qui l'a occasionné sont involontaires.

Comme cette erreur est habituellement le fruit d'une négligence, elle ne peut en principe exonérer le délinquant de sa responsabilité pénale. Le chasseur qui, croyant son fusil déchargé, blesse ou tue quelqu'un en le nettoyant, ne peut s'abriter derrière son erreur. En effet, c'est précisément cette erreur imputable à sa négligence qui le condamne.

L'automobiliste qui, confondant la pédale de l'accélérateur avec celle du frein, renverse un piéton n'est pas admis à se prévaloir de cette grossière méprise, puisqu'elle démontre la maladresse ou le défaut d'attention qui lui est reproché.

Dans un arrêt rendu le 11 juin 2003[1654], la Cour d'Appel de Dakar a déjà eu l'occasion de déclarer deux médecins et un infirmier, coupables du délit d'homicide involontaire pour avoir opéré un malade sans anesthésie. À la suite de complications, le malade a été transféré à l'hôpital Principal de Dakar où il avait rendu l'âme.

D'après le juge d'appel, les dispositions de l'article 307 du CP « *visent à réprimer le comportement des individus qui, par maladresse, inattention, imprudence, négligence ou inobservation des règlements, auraient commis involontairement un homicide; l'imprudence commise par les prévenus résulte de ce que les médecins et l'infirmier, en décidant de procéder à une opération même bénigne doivent prévoir toutes les éventualités surtout les*

[1654] CA Dakar, ch. corr. n° 366 du 11 juin 2003, MP et Hoirs H. F. c/ B. A. D. et autres, *inédit.*

plus pessimistes avant de procéder à l'opération, étant admis que la faute d'imprudence est celle que les individus prévoyants ne commettent pas ;

Qu'en procédant à une opération sans anesthésie, le plateau médical doit avoir une claire conscience des risques liés à l'endormissement, aux complications liées à cette anesthésie et au réveil du malade; Qu'il est constant que le seul fait d'avoir à évacuer H. F. à l'hôpital principal où il devait mourir, établit que les prévenus ne disposaient pas de tous les moyens pour faire face à toute éventualité avant de procéder à l'opération ».

447. Indiscipline. L'imprudence ou la négligence impliquent le non-respect d'une certaine discipline sociale. La personne imprudente ou négligente fait preuve d'indiscipline puisqu'elle viole une règle de prudence qui s'imposait à elle ou néglige de prendre les précautions qu'elle aurait normalement dû respecter[1655].

Cette indiscipline présente une certaine gravité qui justifie une réprobation sociale, contrairement à la faute contraventionnelle, puisqu'elle se manifeste à l'occasion d'activités sociales mettant en jeu des valeurs fondamentales de la société (intégrité physique, vie humaine, défense nationale, etc.). L'auteur d'un délit d'imprudence fait montre à l'égard de ces valeurs d'une indifférence blâmable[1656].

La règle de conduite doit être inscrite dans une loi ou dans un règlement, le terme « *règlement* » étant ici entendu dans son sens le plus large. Il peut s'agir d'un décret ou d'un arrêté, d'une circulaire, d'une règle professionnelle ou du règlement intérieur d'une entreprise[1657].

Il se peut qu'il n'ait pas de réglementation précise ; il appartient dans ce cas au juge, si une négligence ou une imprudence a été commise, de se référer au comportement dans le domaine d'activité considéré d'un individu normalement prudent diligent et avisé[1658].

[1655] F. DESPORTES et F. LE GUENEHEC, *op. cit.*, n° 489.
[1656] F. DESPORTES et F. LE GUENEHEC, *ibid.*
[1657] Crim. 7 janv. 1959, *Bull crim.*, n° 25 ; CA Rouen, 26 fév. 1969, *JCP*, 1971, éd. G, Il, 16849, note Brunot.
[1658] F. DESPORTES et F. LE GUENEHEC, *op. cit.*, n° 489.

PARAGRAPHE III : LA FAUTE DE MISE EN DANGER DÉLIBÉRÉE

448. Situation intermédiaire entre la faute intentionnelle et la faute d'imprudence. La distinction traditionnelle entre la faute intentionnelle et la faute non intentionnelle, constituée par une imprudence ou une négligence, ne permet pas de saisir suffisamment la diversité des situations.

En effet, entre l'individu qui viole intentionnellement la loi pénale, avec le plus souvent la volonté de parvenir à un certain résultat, et celui qui cause un dommage sans en avoir eu conscience, par pure imprudence ou négligence, il existe une hypothèse intermédiaire : celle de la personne qui prend un risque de façon délibérée, tout en espérant que ce risque ne provoque aucun dommage.

Cette situation renvoie à la frontière entre le dol et la faute d'imprudence ou de négligence. Il importe donc de revenir sur l'institution ainsi que les conditions d'existence de la faute de mise en danger délibérée.

A. L'institution de la faute de mise en danger délibérée

449. Notion de faute de mise en danger délibérée. La loi n° 2016-29 du 8 novembre 2016 modifiant le Code pénal a institué dans ledit code le délit de mise en danger d'autrui[1659], par l'institution de la faute de mise en danger délibérée, qui constitue la consécration de la notion de dol éventuel[1660].

L'article 307 bis du CP incrimine toute personne qui expose autrui à un risque immédiat de mort ou de blessures de nature à entraîner une mutilation ou une infirmité permanente, par la violation délibérée d'une obligation particulière de sécurité ou de prudence imposée par la loi ou le règlement. Il

[1659] M. PUECH, « De la mise en danger d'autrui », *D.* 1994, chron. p. 154 ; V. MALABAT, « Le délit dit de mise en danger, la lettre et l'esprit », *JCP* G 2000, I, 208 ; J.-Y. MARECHAL, « La mise en danger délibérée en droit pénal français » in *Légalité, légitimité, licéité, Regards contemporains, Mélanges en l'honneur du professeur Jean-François Seuvic*, éditions de l'Université de Lorraine, 2018, p. 325-338; B. BOURDEAU, « Mise en œuvre de l'article 223-1 du Code pénal : autrui en danger et dogmes en péril », *ALD* 1994, comm. législ. p. 188 ; J.-A. LEFEBVRE, *La mise en danger d'autrui en droit pénal*, Thèse Paris II, 2009 ; G. ACCOMANDO et C. GUERY, « Le délit de risque causé à autrui ou de la malencontre à l'article 223-1 du nouveau Code pénal », *RSC* 1994, p. 681 ; P. BORDESSOULE de BELLEFEUILLE et M. HAAS, « La mise en danger d'autrui », *Rev. pénit.* 1996. 289 ; J. DUMONT, « Risques causés à autrui », *Juris-class. pén.*, art. 223-1 , n° 51 ; O. MAURY, « À propos du délit de mise en danger : analyse du contentieux », *Gaz. pal.* 2006. 2. doctr. 3862.

[1660] J. PRADEL, *Droit pénal général*, n° 570 ; F. DESPORTES et F. LE GUNEHEC, op. cit., n° 493 ; Ph. CONTE et P. MAISTRE DU CHAMBON, op. cit.., n° 390 ; X. PIN, op. cit., n° 21 ; B. BOULOC, op. cit., n° 41, n° 291.

punit également des mêmes peines toute personne qui expose autrui à un risque de maladie grave par la violation délibérée d'une obligation particulière de sécurité ou de prudence.

En créant le délit de mise en danger d'autrui, le législateur a entendu incriminer le comportement de celui, qui, en violant délibérément une norme de sécurité ou de prudence, expose directement autrui à un risque immédiat de mort ou de blessures d'une extrême gravité. Destinée à améliorer la lutte contre de véritables fléaux sociaux, comme les accidents de la route ou ceux du travail, cette infraction de prévention incrimine un comportement indépendamment du résultat.

Le caractère novateur de cette infraction réside dans le fait qu'elle a opéré une dissociation complète entre le risque et le résultat[1661]. Le risque est incriminé en tant que tel, indépendamment de ses suites. Il s'agit de sanctionner le comportement socialement inadmissible d'une personne qui expose délibérément autrui à un risque d'atteinte à son intégrité physique sans pour autant avoir la volonté de parvenir à un résultat dommageable.

En général, l'auteur d'une violation intentionnelle de la loi pénale recherche un certain résultat. En revanche, l'auteur d'une faute non intentionnelle, de pure négligence ou imprudence, peut provoquer un dommage gravissime sans avoir eu conscience des conséquences possibles de son comportement.

Mais la loi pénale n'appréhendait pas le comportement de la personne qui, consciente de faire encourir à autrui un risque majeur, agit néanmoins en espérant qu'il ne se réalisera pas. L'agent envisage le dommage comme possible, mais persiste dans son action. La répression de l'infraction de mise en danger d'autrui repose donc sur un critère d'éventualité.

B. Les conditions d'existence de la faute de mise en danger délibérée

450. Conditions. La faute de mise en danger délibérée est une violation manifestement délibérée d'une obligation particulière de prudence ou de

[1661] G. ROUJOU DE BOUBEE, B. BOULOC, J. FRANCILLON et Y. MAYAUD, *Code pénal commenté*, Paris, Dalloz, 1996, p. 258, note 1.

sécurité prévue par la loi ou le règlement[1662]. Ainsi, la mise en danger délibérée devrait être considérée comme une forme d'imprudence aggravée, faute intermédiaire entre l'imprudence ordinaire et l'intention[1663].

La faute consciente ou délibérée peut être commise en l'absence de tout résultat. On dit que le comportement délibéré non suivi d'un résultat illicite réalise une mise en danger d'autrui.

La caractérisation d'une faute de mise en danger délibérée suppose la réunion de conditions précises.

451. Volonté de violer une obligation de sécurité ou de prudence. Elle suppose la volonté de violer une obligation de sécurité ou de prudence. La preuve de cette intention est d'autant plus difficile à prouver que le législateur exige que la violation soit délibérée . Il faut démontrer que le prévenu a été animé par une volonté délibérée. Il semble que l'adjectif « *délibérée* » est destiné à rendre plus difficile la condamnation du prévenu lorsqu'il n'y a pas de dommage.

Cette preuve, qui incombe au ministère public, ne peut en pratique être établie que dans des circonstances très particulières. Par exemple, cette preuve peut résulter du comportement d'un conducteur qui a brûlé plusieurs feux consécutivement. Si cette preuve n'est pas rapportée, seule une contravention au Code de la Route pourra éventuellement être constituée.

Mais la faute de mise en danger délibérée, si elle suppose la volonté de violer une obligation de sécurité ou de prudence, n'implique pas, en revanche, que l'auteur de cette violation ait eu connaissance de la nature possible des conséquences dommageables de son imprudence consciente.

La Cour de Cassation française a jugé, dans un arrêt rendu le 16 février 1999, que l'élément moral de l'infraction de mise en danger d'autrui se situe exclusivement dans le caractère manifestement délibéré de la violation de l'obligation de sécurité[1664]. Il a été jugé que le fait pour un conducteur,

---

[1662] V. F. DESPORTES et F. Le GUNEHEC, op. cit., n° 496 ; J. CEDRAS, « Le dol éventuel, aux limites de l'intention », *D.* 1995, p. 18.

[1663] V. F. DESPORTES et F. LE GUNEHEC, ibid ; R. MERLE et A. VITU, op. cit.., n° 613.

[1664] Cass. crim., 16 févr. 1999, *JurisData* n° 1999-000763 ; *Bull. crim.*, n° 24 ; *RSC* 1999, p. 581, note Y. Mayaud ; p. 808, note B. Bouloc et p. 837, note G. Giudicelli-Delage ; *D.* 2000, jurispr. p. 9, comm. A. Cerf ; *Dr. pén.* 1999, comm. 82, obs. M. Véron ; cass. crim., 9 déc. 2008, n° 08-80.788, *JurisData* n° 2008-046423 ; *Dr. soc.*, p. 162, note F. Duquesne.

circulant sur une bretelle d'autoroute ne comportant qu'une voie, de procéder à un dépassement à grande vitesse du véhicule le précédant, avant de se rabattre brutalement en contraignant ce dernier à un écart, caractérise la faute de mise en danger délibérée[1665].

452. Violation d'une obligation particulière de sécurité ou de prudence. La caractérisation de la faute de mise en danger délibérée suppose la violation délibérée d'une « *obligation particulière de sécurité ou de prudence imposée par la loi ou le règlement* »[1666]. L'article 307 bis du CP n'est pas destiné à réprimer un manquement au devoir général de sécurité ou de prudence, mais exige la violation d'une disposition précise prévue par un texte.

En l'absence de la violation d'une telle disposition, la faute d'imprudence ou de négligence, même d'une particulière gravité, n'est réprimée qu'à condition d'avoir produit un dommage. Ainsi, le fait de jeter un sac de détritus sur la chaussée avant le passage d'un véhicule ne constitue pas la violation d'une obligation de sécurité, aucune disposition du Code la Route n'interdisant un tel agissement[1667]. Il doit s'agir d'une obligation particulière.

Cela signifie qu'à la différence de la simple faute d'imprudence ou de négligence, qui peut être caractérisée soit par l'inobservation d'une réglementation préexistante, soit par la conduite contraire à celle d'une personne normalement prudente, le législateur a exclu que la faute de mise en danger délibérée puisse être retenue dans cette seconde hypothèse[1668].

Il doit s'agir d'une violation d'une loi ou d'un règlement imposé aux prévenus, pour protéger la sécurité d'autrui, en matière de circulation routière, de droit de travail, de pollution, etc. La Cour de Cassation impose aux juges de préciser « *la source et la nature* » de cette obligation particulière[1669].

Le législateur n'a pas entendu incriminer le simple non-respect d'un devoir général de prudence ou de sécurité ou l'inobservation d'une prescription imprécise édictant de manière vague une norme générale de comportement

---

1665 Cass. crim., 12 mars 1997, *JurisData* n° 1997-002441 ; *Bull. crim.*, n° 102.
1666 V. art. 307 bis du CP.
1667 CA Bordeaux, 15 mai 1997, *JurisData* n° 1997-047051 ; *JCP* G 1998, IV, 1647.
1668 Cass. crim., 10 mai 2000, *JurisData* n° 2000-023376 ; *Bull. crim.* n° 183.
1669 Cass. crim., 18 juin 2002, *JurisData* n° 2002-015291 ; *Dr. pén.* 2002, comm. 120, M. Véron ; *Gaz. pal.* 24-26 nov. 2002, jurispr. p. 8, note S. Petit.

qui ne définit pas précisément la conduite à tenir dans une circonstance déterminée.

Ainsi, doivent être écartées les obligations générales de prudence. L'obligation violée doit donc être suffisamment précise et imposer un mode de conduite circonstancié, ce qui n'est pas le cas de l'obligation pesant sur le maire de prévenir et faire cesser les événements de nature à compromettre la sécurité des personnes[1670].

La loi, utilisant l'expression « *le règlement* », et non « *les règlements* », il en résulte que seules les obligations prévues par un règlement au sens administratif du terme (décret ou arrêté) peuvent être prises en compte et non, par exemple, les obligations prévues par un règlement intérieur[1671].

La jurisprudence exige que la règle édictée par l'autorité publique présente un caractère général et absolu.

L'exigence d'un acte doté d'un caractère général et absolu exclut également les actes qui n'ont qu'une valeur normative relative, telles les circulaires et les instructions[1672].

Ainsi, plusieurs dispositions du Code de la Route prévoient des obligations auxquelles la jurisprudence a reconnu un caractère particulier, parce qu'elles imposent un modèle de conduite circonstanciée précisant exactement l'attitude à adopter dans telle ou telle situation. Les tribunaux ont, par exemple, retenu un tel caractère aux dispositions relatives aux précautions à prendre avant de réaliser un dépassement et à l'attitude à adopter en fin de dépassement[1673].

Le Tribunal de grande Instance hors Classe de Dakar, dans une décision rendue le 6 avril 2017, a jugé que le fait d'effectuer un demi-tour sur l'autoroute est constitutif d'une exposition d'autrui à un risque immédiat de mort ou de blessures de nature à entraîner une mutilation ou une infirmité

[1670] Crim. 25 juin 1996, *Bull. crim.* n° 274; *Dr. pén* 1996, p. 265, obs. Véron ; *RSC* 1997, 106 ; obs. Y. Mayaud.
[1671] CA Aix en Provence 22 novembre 1996, *D.* 1996, 405, note Boricans ; *Gaz. pal.* 1996, 1, 112, note Doucet.
[1672] Cass. crim., 10 mai 2000, *JurisData* n° 2000-023376 ; *Bull. crim.* n° 183.
[1673] Cass. crim., 11 mars 1998, *JurisData* n° 1998-001906 ; *Bull. crim.*, n° 99 ; *JCP* G 1998, II, 10 064, note K. Hoyez ; cass. crim., 12 nov. 1997, *JurisData* n° 1997-005406 ; *Bull. crim.*, n° 384 ; *Dr. pén.* 1998, comm. 49, obs. M. Véron ; *RSC* 1998, p. 547, obs. Y. Mayaud; Cass. crim., 23 juin 1999, *JurisData* n° 1999-002799 ; *Bull. crim.*, n° 154 ; *Dr. pén.* 2000, comm. 4, obs. M. Véron.

permanente par la violation d'une obligation particulière de sécurité ou de prudence imposée par la loi ou le règlement[1674].

[1674] TGIHC Dakar, n° 1834 du 06 avril 2017, MP c/Y. T., *inédit*.

BIBLIOGRAPHIE

I. OUVRAGES, MANUELS, TRAITÉS ET RAPPORTS

ANGAMBEGA (E. L)., *Droit pénal général*, Collection précise de droit burkinabé, Ouagadougou, PADEG, 2007.

BARBIER, *Code expliqué de la presse*, 2e édition, 1911, tome I.

BECCARIA, *Traité des délits et des peines* (1764).

BEIGNIER (B.), DE LAMY (B.) et DREYER (E.) (dir), *Traité de droit de la presse et des médias*, Paris, Litec, 2009.

BORRICAND (J.) et SIMON (A. M.), *Droit pénal et procédure pénale,* 7e éd., 2010.

BOULOC (B)., *Droit pénal général*, Paris, Dalloz, coll. Précis, 26e éd., 2019.

BOUZAT (P.) et PINATEL (J.), *Traité de droit pénal et de criminologie*, 3 vol., 2e éd., Paris, 1970.

CAMARA (NF.), *La lutte contre le terrorisme en Afrique : contribution à l'étude de la pertinence des instruments de lutte contre le terrorisme en Afrique*, Dakar, 2013.

CONTE (PH.) et MAISTRE DU CHAMBON (P.), *Droit pénal général*, Paris, A. Colin, coll. U, 7e éd., 2004.

Criminalité Transnationale organisée en Afrique de l'Ouest : une Evaluation des Menaces, ONUDC, 2013.

DANA (A.-C.), *Essai sur la notion d'infraction pénale*, 1982, Paris, LGDJ.

DECOCQ (A.), *Droit pénal général*, éd. Armand Colin, Paris, 1971.

DELMAS-MARTY (M.), *Les chemins de la répression*, Paris, PUF, 1980.

DELMAS-MARTY (M.), *Les grands systèmes de politique criminelle*, Paris, PUF, 1992.

DELMAS-MARTY (M.), *Modèles et mouvements de politique criminelle*, Paris, Economica, 1983.

DESPORTES (F) et LE GUENEHEC (F.), *Droit pénal général*, Paris, Economica, 12e édition, 2005.

DIAKHATE (M.), *Les lois au Sénégal. Volume 1. La procédure législative*, Dakar, CREDILA, 2020.

DIAKHOUMPA (C.), *Traité théorique et pratique de procédure pénale. Tome I : la phase préparatoire du procès pénal*, 3e édition, 2022.

DIAKHOUMPA (C.), *Traité théorique et pratique de procédure pénale. Tome II : la phase décisoire du procès pénal,* 3e édition, 2022.

DIALLO (Y.), *Le procureur de la République. La pratique du parquet,* Dakar, l'Harmattan, 2018.

DIENG (A. O.), *Le contentieux dans la loi n° 2014-10 du 28 février 2014 portant Code des douanes du Sénégal : un équilibre réussi ?,* Dakar, 2014.

DIOH (A.), *Les syndicats de travailleurs au Sénégal*, Paris, l'Harmattan, 2002.

DIOP (M.), *L'institution militaire au Sénégal. Dimensions humaine, technique et stratégique,* Dakar, juin 2012.

DIOP (M. L.), *Le système pénitentiaire sénégalais*, Paris, l'Harmattan 2016.

DIOUF (ND.), *Le Conseil constitutionnel sénégalais dans un contexte d'intégration régionale : passé, présent, devenir, actes du coloque de Dakar, 7 et 8 décembre 2020*, Dakar, l'Harmattan, 2021.

DONNEDIEU DE VABRES (H.), *Traité de droit criminel et de législation pénale comparée*, 3e éd., 1947.

DREYER (E.), *Droit pénal général*, Paris, LexisNexis, coll. Manuel, 5e éd., 2019.

FALL (Nd.), *Le droit pénal africain à travers le système sénégalais*, Dakar, EDJA, 2003.

FAYE (M.), *Le droit douanier sénégalais*, Paris, l'Harmattan, 2015.

FOFANA (M. L.), *La police et le citoyen au Sénégal*, Dakar, Editions juridiques africaines, 1993, 84 pages.

FOURNIER (S.), *Droit pénal général*, Paris, Lexisnexis, coll. Obj. Droit, 1ere éd. 2019.

G. CORNU, *Vocabulaire juridique*, Paris, PUF, 2014.

GARRAUD (R.), *Traité théorique et pratique de droit pénal*, 6 vol., 3e éd., Paris, 1913-1942.

GUEYE (B.), *Droit pénitentiaire sénégalais. Réformes pénitentiaires et droit de l'homme*, Dakar, EDJA, 2015.

HUET (A.) et KOERING-JOULIN (R.), *Droit pénal international*, Paris, Themis 3e éd. 2005.

JEANDIDIER (W.), *Droit pénal général,* Paris, éd. Montchrestien, 2e éd., 1991.

LARGUIER (J.), CONTE (Ph.), MAISTRE DU CHAMBON (P.), *Droit pénal général*, Paris, Dalloz, coll. Mémentos, 23e éd., 2018.

LAZERGES (Ch.), *Introduction à la politique criminelle*, Paris, l'Harmattan 2000.

LAZERGES (Ch.), *La politique criminelle*, Paris, Que sais-je ?, PUF, 1987.

LEGROS (R.), *L'élément moral dans les infractions*, Paris, Sirey-Desoer, 1952.

LEROY (dir.) (J.) , *Faut-il rethéoriser le droit pénal* ?, Paris, Lexisnexis, 2017.

LEROY (J.), *Droit pénal général*, Paris, LGDJ, coll. Manuel, 8e éd., 2020.

LETOUZEY (E.), *La répétition d'infractions*, Paris, 2016, Dalloz.

LOMBOIS (Cl.), *Droit pénal général*, Paris, Hachette, 1994.

LOMBOIS (Cl.), *Droit pénal international*, 2e éd., 1979.

LOMBROSO, *L'homme criminel*, 2e éd., 1895.

LOPEZ (G.) et TZITZIS (S.), *Dictionnaire des sciences criminelles*, Paris, Dalloz, 2004.

MALABAT (V.), DE LAMY (B.) et GIACOPELLI (M.) (dir.), *La réforme du Code pénal et du Code de procédure pénale- Opinio doctorum*, in, coll. Thèmes et commentaires, Paris, Dalloz, 2009.

MARECHAL (J.-Y.), *Essai sur le résultat dans la théorie de l'infraction pénale*, Paris, l'Harmattan, 2003.

MASCALA (C.), *Droit pénal général,* Paris, éd. Montchrestien, 2003.

MAYAUD (Y.), *Droit pénal général*, Paris, *PUF,* coll. Droit fondamental, 7e éd., 2021.

MEHAIGNERIE (P.) (dir.), *Le nouveau Code pénal, enjeux et perspectives,* Paris, Dalloz, 1994

MERLE (R.) et VITU (A.), *Traité de droit criminel. Problèmes généraux de la science criminelle. Droit pénal général,* tome 1, Paris, Cujas, 7e édition 1997.

Ministère de l'Intérieur, *La délinquance au Sénégal et sa cartographie. Faits et chiffres d'une enquête de victimation*, Dakar.

NDIAYE (M.) et ROBIN (N.), *Délinquance et politique pénale au Sénégal. Les chiffres clés de la Justice*, Institut de recherche pour le développement, ministère de la Justice, Organisation internationale des migrants, 2002.

NDOYE (D.), *La liberté d'opinion et d'expression au Sénégal. La doctrine politique et les textes,* éditions du Caford, 2003.

PIN (X.), *Droit pénal général*, Paris, Dalloz, coll. cours, 12e éd., 2020.

POUYANNE (J.), *L'auteur moral de l'infraction*, 2003, PUAM.

PRADEL (J.), *Histoire des doctrines pénales*, 2e éd., Paris, PUF 1991.

PRADEL (J.) et DALLEST (J.), *La criminalité organisée. Droit français, droit international et droit comparé*, Paris, Lexisnexis, 2012.

PRADEL (J.) et DANTI-JUAN (M.), *Droit pénal spécial. Droit commun droit des affaires*, 4e édition, Paris, édition Cujas, 2007.

PRADEL (J.) et VARINARD (A.), *Les grands arrêts du droit criminel*, 2 vol., Paris, Sirey, 8e et 9e éd., Paris, 2014 et 2015.

PRADEL (J.), *Droit pénal général*, Paris, Cujas, coll. Référence, 22e éd., 2019.

PUECH (M.), *Droit pénal général*, Paris, Litec, 1988.

PUECH (M.), *Les grands arrêts de la jurisprudence criminelle*, tome I, éd. Paris, Cujas,

RASSAT (M.-L.), *Droit pénal général*, Paris, Paris, Ellipses, 4e éd., 2017.

REBUT (D.), *Droit pénal international*, Paris, Dalloz 2014.

ROBERT (J.-H.), *Droit pénal général*, Paris, PUF, coll. Thémis, 6e éd., 2005.

SADY (S.), *La gendarmerie nationale sénégalaise*, Paris, l'Harmattan, 2001.

SALEILLES (R.), *L'individualisation de la peine, Étude de criminalité sociale*, éd. F. Alcan, 1898.

SALVAGE (Ph.), *Droit pénal général*, Grenoble, PUG, 7e éd., 2010.

SEGONDS (M.), *Droit pénal général*, Paris, Éllipses, 2004.

SOYER (J.-C.), *Droit pénal et procédure pénale*, Paris, LGDJ, 19e éd., Paris, 2008.

THELLIER DE PONCHEVILLE (B.), *La condition préalable de l'infraction,* PUAM, 2010.

TOUBOUL (C.), *Le particularisme de la responsabilité pénale en matière douanière,* in *Etudes de droit pénal douanier,* Paris, PUF, 1968.

TOURÉ (P. A.), *L'entrée en vigueur des lois, des ordonnances et des actes administratifs en droit sénégalais,* Dakar, Abis édition, 2021.

TOURÉ (P. A.), *La réforme de l'organisation judiciaire du Sénégal commentée et annotée*, Dakar, l'Harmattan, 2016.

TOURÉ (P. A.), *La réforme de la composition et de compétence des juridictions du Sénégal commentée et annotée*, Dakar, Abis édition, 2017.

TOURÉ (P. A.), *Le droit à l'assistance d'un avocat dès l'interpellation durant l'enquête dans l'espace UEMOA : l'exemple du Sénégal,* Dakar, Abis, 2018.

TOURÉ (P. A.), *Légistique. Techniques de conception et de rédaction des lois et des actes administratifs*, Dakar, l'Harmattan, 2019.

TOURÉ (P. A.), *Droit pénal général sénégalais, tome 2 : la responsabilité pénale et la sanction pénale,* Dakar, l'Harmattan 2023.

TOSI (J-P.), *Droit des obligations au Sénégal*, Dakar, LGDJ-NEA, p. 200.

VARINARD (A.), *Les grands arrêts du droit pénal général*, Paris, Dalloz 11e éd., 2018.

VIDAL (G.) et MAGNOL (J.), *Cours de droit criminel et de science pénitentiaire*, 9e éd.,

VOUIN (R.) et LEAUTE (J.), *Droit pénal général et criminologie*, Paris, PUF, 1956.

VOUIN (R.), *Manuel de droit criminel,* Paris, 1949.

II. THESES DE DOCTORAT

BALLOT-SQUIRAWSKI (C.), *Les éléments constitutifs de l'infraction : essai sur les composantes de l'infraction*, thèse, Paris-Saclay, 2017.

BERNARDINI (R.), *L'intention coupable en droit pénal*, thèse Nice, 1976, 2 vol. (ronéo).

CISSÉ (A.), *La transaction pénale administrative*, thèse Tunis II, 1993.

D'HAILLECOURT (C.), *Droit pénal technique et droit pénal*, thèse, Paris II, 1983.

DANA (A. C.), *Essai sur la notion d'infraction*, thèse, Lyon, 1980.

DETRAZ (S.), *La contrainte par corps*, thèse, Bordeaux, 2002.

DIAKHATE (S. M.), *La lutte contre la délinquance économique et financière dans l'Union Economique et Monétaire Ouest Africaine (UEMOA) et dans l'Organisation pour l'Harmonisation du Droit des Affaires en Afrique (OHADA) : état des lieux et perspectives,* Thèse de doctorat, Université Panthéon-Sorbonne, Paris I, 2017.

DIAKHOUMPA (C.), *Le régime juridique des nullités dans le Code de Procédure pénale sénégalais,* thèse Doctorat, Dakar, année 2011-2012.

DIOUF (Nd.), *La situation des parties au procès pénal pendant l'instruction préparatoire*, thèse Paris Nanterre, 1992.

DUTHEIL DE LA ROCHERE (C.), *Politique criminelle et techniques du droit pénal, étude systématique d'une relation*, thèse Lyon, 2001.

DUVAL (R.), *Le dol éventuel*, thèse, Paris, 1900.

FAIVRE (P.), *La détermination par référence de la pénalité,* thèse de doctorat, Lyon, 1937.

FAYE (A.), *L'habitude en droit pénal*, thèse Dakar, 1988.

FOULON-PIGANIOL (C. I.), *L'interdiction de séjour*, thèse Paris, 1955.

FREIJ (M.), *L'infraction formelle,* thèse, Paris, 1977.

GAILLARDO-GONGGRIP (E.), *La qualification pénale des faits*, Paris, PUAM, 2013, p. 111.

GAND (M.), *Du délit de commission par omission,* thèse, Paris, 1900.

GUÈYE (M.), *Les procédures pénales dérogatoires au Sénégal,* thèse doctorat Dakar, Presses universitaires de Dakar, 2021.

HENRY-RINGEL (F.), *L'infraction politique en droit extraditionnel,* thèse, Aix-Marseille, 1988.

JULLIOT DE LA MORANDIERE (L.), *De la règle nulla poena sine lege*, thèse Paris, 1910.

KONATE (M.), *Le temps et le procès pénal*, thèse de Doctorat, Université de Dakar, 2017.

LAGRANGE-SOCCARO, *Le délit prœter intentionnel*, thèse, Paris, 1962.

LEFEBVRE (J.-A.), *La mise en danger d'autrui en droit pénal*, thèse Paris II, 2009.

LETOUZEY (E.), *La répétition d'infractions*, Thèse, Dalloz, coll. NBT, 2016.

MIGNARD (J. P.), *Cybercriminalité et cyberépression, entre désordre et harmonisation mondiale*, thèse, Paris I, 2004.

NEGREL-FILIPPI (F.), *Le dol éventuel : vers la reconnaissance d'une intention atténuée,* Thèse Paris I, 2020.

OLLARD (R.), *La protection pénale du patrimoine,* Dalloz, coll. Nouv. Bibl. de thèses, 2010.

REBUT (D.), *L'omission en droit pénal : Pour une théorie de l'équivalence entre l'action et l'inaction,* thèse Lyon III, 1993.

REYMOND (J.), *Des lois d'interprétation et de leur rétroactivité*, thèse Aix, 1925.

RODIERE (R.), *Le délit politique*, thèse Paris, 1931.

SALEM (O.), *Le résultat de l'infraction. Étude comparée du droit français et du droit égyptien,* thèse, Paris, 1990.

STONESTREET (N.), *La notion d'infraction pénale*, thèse, Bordeaux 4, 2009.

TOURÉ (A.), *Le contentieux du viol au Sénégal,* thèse Dakar, 2022.

TOURÉ (P. A.), *Le traitement de la cybercriminalité devant le juge : l'exemple du Sénégal*, thèse Toulouse 1 et Saint-Louis, Paris, l'Harmattan, 2012.

WAGNER (E.), *La notion d'intention pénale dans la doctrine classique et la jurisprudence contemporaine,* thèse dacryl., Clermont-Ferrand, 1976.

WANE (S.), *Le temps dans la procédure pénale sénégalaise*, Thèse, Paris 1, IRJS- CRJP, 2017.

ZEROUKI (D.), *La légalité criminelle, enrichissement de la conception formelle par une conception matérielle*, thèse Lyon-III, 2001.

II. ARTICLES, CHRONIQUES DE DOCTRINE ET DISCOURS

ACCAD (L.), « Classification des infractions », in *Encyclopédie juridique de l'Afrque*, tome dixième *Droit pénal et procédure pénale*, Abidjan-Dakar-Lomé, 1982, p. 53.

ACCOMANDO (G.) et GUERY (C.), « Le délit de risque causé à autrui ou de la malencontre à l'article 223-1 du nouveau Code pénal », *RSC* 1994, p. 681.

AGARD-PEANO (M. A.), « Faut-il repenser le principe de la légalité criminelle», *Rev. pénit.* 2001, p. 247 s.

AGARO-PEANO (M.-A.), « Le principe de la légalité et la peine », *Rev. pénit.* 2001, p. 28.

ALIX (J.), « Flux et reflux de l'intention terroriste», *RSC* 2019, p. 505.

ALT (Mme), « L'autonomie du droit pénal, mythe ou réalité d'aujourd'hui ou de demain ? », *RSC* 1987, p. 347.

ANCEL (M.), « Contribution de la recherche à la définition d'une politique criminelle », *Rev intern. crim.pol.tech,* 1975, p. 226.

ANCEL (M.), « Pour une étude systématique des problèmes de politique criminelle », *Arch. pol. crim*, n°01, Pédone 1975, p. 32.

AUVRET (P.), « Application de la loi de 1881 à la communication en ligne », *Juris-class. comm.,* 2006, fasc. 4860, n° 29.

AUVRET (P.), « Détermination des personnes pénalement responsables », *Juris-cl. comm.*, fasc. 3050, 2007.

AUVRET (P.), « Éléments constitutifs des infractions de la loi de 1881 », *Juris-class. comm.*, fasc. 3020, juin 2006.

BA (A.A.), «L'exception d'illégalité dans le système sénégalais d'organisation judiciaire », *EDJA*, n° 33, avril-mai-juin 1997, p. 39 et s.

BACHERAOUI (D. AI.), « Du caractère plus doux ou plus sévère de certaines dispositions du nouveau code pénal », *JCP* 1994. I. 3767.

BANGAGATARE (M. M.), « Essai d'interprétation de la tentative punissable en droit répressif rwandais », *Rev. Jur. Rwanda,* 1978, n° 2-3, p. 138.

BEAUSSONIE (G.), « Infraction », *Rép. dr. pén. proc. pén.* 2021.

BÉRAUD (R.), « La non-rétroactivité des lois nouvelles plus douces », *RSC* 1949, p. 7.

BERNARD (M.), « Notes sur le crime impossible », *Rev. pénit.* 1902, p. 1006.

BERNAT DE CELIS (J.), « La politique criminelle à la recherche d'elle-même », *Arch.pol.crim*, n° 02, Pedone 1977, p. 03 et s.

BERREVILLE (J. Cl.), « Quelques réflexions sur l'élément moral de l'infraction», *RSC* 1973, p. 865.

BONFILS (Ph.), « L'autonomie du juge pénal », *Mélanges Bouloc*, Paris, Dalloz 2006, p. 47.

BOULOC (B.), « L'influence du droit communautaire sur le droit pénal interne », *Mélanges offerts à Georges Levasseur,* Paris, Litec 1992, p. 103 s.

BOUTET (D.), « Quelques problèmes concernant les effets de l'exception d'illégalité », *RD publ.* 1990, p. 1735.

BRAHY (S.), « De l'effet justificatif de l'erreur en droit pénal », *RD pén. crim.* 1976, p. 339.

BRENAUT (M.), « Sur la justification du principe d'autonomie du droit pénal », *Cahiers de droit de l'entreprise* n° 04, juillet 2021, dossier 22.

BUCHOLZ (E.), « Réflexions sur la politique criminelle », *RSC* 1986, p. 79.

CAMARA (F. K.), « Les nouveaux défis de la codification au Sénégal : harmonisation et accessibilité : le cas du droit pénal », *Droit sénégalais, Droit, politique et religion*, n° 8, 2009, p. 227.

CAMOUS (É.), « L'Agence de gestion et de recouvrement des avoirs saisis et confisqués (AGRASC) », *Juris-class. procé. pén.*, art. 706-159 à 706-165, fasc. 20.

CARTIER (M.-E.), «Le terrorisme dans le nouveau Code pénal français», *RSC* 1995, n° 02, p. 225 à 246.

CEDRAS (J.), « Le dol éventuel, aux limites de l'intention », *D.*, 1995, chr. p. 18.

CEDRAS (J.), « Les systèmes pénaux à l'épreuve du crime organisé », *RIDP.,* n°69,1998, p. 341.

CHABAS (F.), « La notion de contravention », *RSC* 1969. 1 et 1969. 281.

CHALARON (Y.), « Le concours idéal d'infractions », *JCP*, 1067, I, 2088.

CHAMPCOMMUNAL (J.), « Étude critique de législation comparée sur la tentative », *Rev. crit. législ. et jurispr.* 1895. 41 et 94.

CHAVANNE (A.), « Le problème des délits involontaires, *RSC* 1962, p. 241.

CISSÉ (A.), « Droit sénégalais », in A. CASSESE et M. DELMAS-MARTY, *Juridictions nationales et crimes internationaux*, Paris, PUF, 2002, p. 437 et s.

CISSÉ (A.), « La compétence universelle des juridictions pénales sénégalaises : l'affaire Hissène HABRÉ », *Africajuris*, du 14 au 20 novembre 2002, p. 04.

CISSÉ (A.), « La politique criminelle à l'épreuve de la décentralisation. Le cas du Sénégal », *Rev. ass. sén. dr. pén,* janvier-décembre 1996, n° 03-04, p. 81.

CISSÉ (A.), « Lois relatives à la répression de l'enrichissement illicite de retour ou le lifting laborieux d'un lit de procuste mite par une désuétude méritée», *Revue EDJA*, n° 106, juillet-août-septembre 2015, p. 9 et s.

CISSÉ (A.), « L'art de réformer ou la construction d'un nouveau droit dans la pensée de Mireille Delmas-Marty », in « *Mireille Delmas-Marty et les années UMR* », Société de législation comparée, 2005, p. 135.

CLAVERIE-ROUSSET (Ch.), « La légalité criminelle », *Dr. pén*, septembre 2011, p. 21 et s.

COMBALDIEU (R.), « Le problème de la tentative de complicité ou le hasard peut-il être arbitre de la répression ? », *RSC* 1959, p. 454.

CONTE (Ph.), « La distinction de la légalité formelle et de la légalité matérielle : ses dits et non-dits », *Dr. pén.* n° 7-8, juillet 2020, étude 23.

COSTA (J.), « Quelques aspects nouveaux du droit des pays africains d'expression française, une politique pénale contre le sous-développement », *Penant* 1967, p. 246.

COSTE-FLORET (P.), « L'interprétation des lois pénales », *RSC* 1937, p. 4.

COULIBALY (A. L.) et TOURÉ (P. A.), « Au-delà des turbulences, la constitutionnalisation du principe de l'intelligibilité de la loi : à propos de la décision du Conseil constitutionnel n° 02/C/21 du 20 juillet 2021 » : https://www.pressafrik.com.

COURTIN (Ch.), « Contravention », *Rép. dr. pén. proc. pén.* Dalloz, 2010.

COUTURIER (J.-P.), « L'erreur de droit invincible en matière pénale », *RSC* 1968, p. 547.

CROQUEZ (J.-A.), « L'abstention délictueuse », *Rec. dr. pén.* 1949, p. 35.

CUTAJAR (Ch.), « Garantir que le crime ne paie pas. À propos de 10 priorités stratégiques proposées par la commission européenne », *JCP* G. 2008, act. 733.

D'ARBOUSSIER (G.), « Le Sénégal : un exemple africain d'organisation judiciaire », *Penant*, n° 686, avril-mai 1961, p. 177.

DANET (J.), « De la procédure à la répression de la criminalité organisée ou laquelle est l'instrument de l'autre ? », *Act. jur. pén.* 2004, p. 192.

DAUTRICOURT (J-Y.), « De la loi pénale à la politique criminelle », *Arch.pol.crim*, n° 02, 1977, p. 83.

DE LAROSIERE (H.), « L'application dans le temps des lois de procédure pénale (organisation judiciaire et compétence, procédure, prescription et voies de recours) », *Gaz. pal.* Rec. 1996, 1, doct., p. 465.

DEBOVE (F.), « La faim ne justifie pas les moyens », *Dr. pén.* 1998, chron. 4.

DEBOVE (F.), «Vers un droit pénal de la criminalité organisée ? », *LPA*, n° 226, 12 novembre 2002, p. 06.

DEKEUWER (A.), « La classification des concours de qualifications », *RSC* 1974, p. 511.

DEKEUWER (A.), « La rétroactivité *in mitius* en droit pénal : un principe encore et toujours contesté ! », *JCP* G. 1997, I, 4063.

DELMAS MARTY (M.), « L'analyse systémale et la politique criminelle », *Arch. pol. crim.*, n° 8, Pedone, 1985, p. 27 et s.

DELMAS MARTY (M.), « Permanence ou dérive du modèle libéral de politique criminelle », *Arch. pol. crim.*, n° 6, Pédone 1983, p. 13.

DELMAS SAINT-HILAIRE (J.-P.), « Les principes de la légalité des délits et des peines », *Mélanges Bouzat*, Paris, Pédone, 1980, p. 149 et s.

DERIEUX (E.), « La notion de "publication" en droit de la communication », in *Droit et Actualité Études offertes à Jacques Béguin,* Paris, LexisNexis, 2005, p. 124.

DERIEUX (E.), « Responsabilité du directeur de publication », *RLDI* sept. 2009, n° 52, n° 1734.

DEVAUX, « Étude critique sur l'adage "nul n'est censé ignorer la loi" », *RTD civ.* 1907, p. 532.

DEVÈZE (J.), « Le commencement d'exécution de l'infraction en jurisprudence », *RSC* 1981, p. 777.

DI MARINO (G.), « Le recours aux objectifs de la loi pénale dans son application », *RSC*, 1991, p. 50.

DIALLO (I.), « L'exception d'illégalité dans le système judiciaire sénégalais », *Nouvelles Annales africaines*, n° 1, 2010, p. 152.

DIENG (F.), « Le principe de la légalité en droit pénal à l'épreuve du mysticisme», *Nouvelles Annales africaines*, 2007, p. 137.

DIENG (F.), « La défense de la vie par le droit », *Rev. Ass. sén. dr. pén.*, 1997-1998, n° 5, 6, 7 et 8, p. 68.

DIENE (P. B.), « De l'adultère : articles 330 et 331 du Code pénal », *Rev. sen. dr.*, spécial , n° 12, 1973, p. 147.

DIOP (A.), « Une juridiction méconnue : la chambre d'accusation », *Rev. sén.dr.*, décembre 1975, n° 18, p. 47.

DIOP DIOUF (M. D.), « La lutte contre le terrorisme, un défi pour les Etats africains à l'aube du 21e siècle », Discours d'usage audience solennelle de rentrée des cours et tribunaux, 9 janvier 2020.

DIOUF (El H.), « Réflexions sur quelques textes : articles 433, 307, 380 du Code pénal et articles 11 du Code des Contraventions », *Rev. sen. dr.*, spécial , n° 12, 1973, p. 157 et s.

DIOUF (Mb.) et TALL (M. M.), « Personnes, famille », *Juris-class. dr. comp.* V° Sénégal, fasc. 1, 2006.

DIOUF (ND.), « Procès pénal et droits de l'homme : l'exemple du Sénégal », *RASDP*, n° 02, juillet-décembre, 1995, p. 1.

DIOUF (ND.), « Actes uniformes et droit pénal des États signataires du traité de l'OHADA : la difficile émergence d'un droit pénal communautaire des affaires dans l'espace OHADA » : http://www.ohada.com.

DIOUF (ND.), « La place du droit pénal dans le droit communautaire », *Nouvelles Annales africaines*, n° 01, 2007, p. 161.

DIOUF (ND.), « Réflexion sur la loi n° 2009-16 du 02 mars 2009 portant loi uniforme relative à la lutte contre le financement du terrorisme », *Rev. sén. dr.*, n° 36, janvier-juin 2011, p. 125 et s.

DONNIER (M.), « Les infractions continues », *RSC* 1958, p. 749.

DOUCET (J.-P.), « La condition préalable à l'infraction », *Gaz. pal.* 1972. 2, doctr. 726.

DOUCET (J.-P.), « Les familles d'infraction », *RD pén. crim.* 1975, p. 769.

DREYER (E.), « La subsidiarité du droit pénal », in *Mélanges J.-H. Robert*, p. 247.

DREYER (E.), « L'auteur de l'infraction de presse : auteur naturel ou artificiel ? », *Dr. pén.*, n° 9, septembre 2008, étude 18.

DUBARRY (J.), « Les pénalistes parlent-ils la même langue que les civilistes ? Regards croisés sur la chose et le bien », in *Mélanges Mayaud*, Paris, Dalloz, 2017, p. 167 et s., spéc. p. 179.

ENDREO (G.), « L'habitude », *D.* 1981, chron. 313.

ESCANDE (P.), « L'interprétation par le juge des règles écrites en matière pénale », *RSC*, 1978, p. 811 et s.

ESMEIN (P.), « Y a-t-il des infractions continues » ?, *Rev, pénit*, 1924, p.111.

FALL (Nd.), « L'abus de confiance en droit sénégalais », *La Balance, Journal de l'Union des Magistrats sénégalais*, août 2002, p. 12.

FALL (Nd.), « Les infractions de détournement (s), soustraction (s) et escroquerie (s) portant sur des biens publics ou privés commis par les agents publics ou de détournement (s), soustraction (s) et escroquerie (s) portant sur des biens publics commis par quiconque », *La Balance, Journal de l'Union des Magistrats sénégalais*, août 2002, p. 16.

FAYE (A.), « État de droit et contrôle de l'exécutif : réflexions d'un privatiste sur l'exception d'illégalité en droit sénégalais », *EDJA*, n° 33, avril-mai-juin 1997, p. 31.

FAYE (A.), « Le suspect dans les enquêtes de police », *Rev.ass.sén.dr.pén*, 2010, n° 09, p. 17.

FAYE (EL. H. B) « Droit à un conseil dès l'interpellation : de la portée de la réforme du Code de Procédure pénale », *Les Echos du Palais*, n° 01, février 2018, p. 23.

FILLON (B.), « La réception de l'innovation technologique en droit pénal », *RSC* 1990, p. 271.

FOFANA (M. L.), « La procédure douanière et la garantie des libertés individuelles », in *L'État de droit au Sénégal*, Actes du 8 [e] colloque de la RIPAS, Dakar, 1er -4 décembre 1992, *RIPAS*, janvier-décembre 1993, n° 29-30, p. 33 et s.

FOURMENT (F.), « Faire et défaire les qualifications, c'est toujours qualifier », *Gaz. pal.* 2020, p. 87.

FOURNIER (A.), « La nouvelle agence de gestion et de recouvrement des avoirs saisis et confisqués (AGRASC). À propos du décret du 1er février 2011 », *JCP* N 2011, act. 334.

FRANÇON (A.), « L'erreur en droit pénal », in *Quelques aspects de l'autonomie du droit pénal* ; Paris, Dalloz, 1956, p. 254.

GASSIN (R.), « Le principe de la légalité et la procédure pénale », *Rev. pénit.* 2001, p. 300.

GENTHIAL (J.), « Les principales infractions en matière de presse », *Rev. pol. nat., janv.* 1972, p. 29.

GERTHOFFER (C.), « La tentative et la complicité », *Mélanges Patin*, 1966, Paris, Cujas, p. 153.

GIACOPELLI (M.), « Détention criminelle » *Rép. dr. pén. proc. pén.* 2002.

GIACOPELLI (M.), « Réclusion criminelle » *Rép. dr. pén. proc. pén.* 2002.

GIRAULT (C.), « Le droit pénal à l'épreuve de l'organisation criminelle », *RSC* 1998, p. 715.

GIUDICELLI (A.), « Le principe de la légalité en droit pénal français : aspects législatifs et jurisprudentiels», *RSC* 2007, p. 509.

GOHIN (O.), « Exception d'illégalité », *Rép.cont.adm.*, n° 1.

GOSSEL (K.-H.), « Infractions d'omission et responsabilité pénale pour omission », *RID pén.* 1985, p. 481.

GRÉCOURT (G.), « Réflexion autour de la notion d'infraction politique », *Dr. pén.* 2017. étude 17.

GROUTAL (J.-L.), « L'autonomie du droit pénal : reflux et métamorphose », *RSC* 1980, p. 911, spéc. p. 927.

GRUNVALD (S.), « À propos de l'élément matériel de l'infraction : quelques questions de fonctions », in *Mélanges R. Ottenhof*, p. 131.

GHICA-LEMARCHAND (C.), « L'interprétation de la loi pénale par le juge », in *L'office du juge, Colloque des 29 et 30 septembre 2006,* Sénat, Palais de Luxembourg, 2007, p. 35.

GUERIN (D.), « Les actes de terrorisme », *Juris-class. pén.* code , art. 421-1 à 422-7, fasc. 20, 2021.

GUÉRY (Chr.), « De la difficulté pour le juge pénal d'appeler un chat un chat [requalification stricte ou élargie : devoirs et pouvoirs du tribunal correctionnel] », *Dr. pén.* 2005. étude 6, n° 19, p. 8.

GUÉRY (Chr.), « Aux confins du droit et de la procédure pénale : la relative liberté de qualification du juge d'instruction », *D.* 1996, p. 335.

GUILLOT (H.), « Presse », *Rép. dr. pén. proc. pén.* Dalloz.

HUET (A.), « La rétroactivité *in mitius* des textes réglementaires en matière économique (dissonances sur une question simple) », *JCP* G 1989, I, 3378.

JEANDIDIER (W.), « Principe de légalité criminelle », *Juri-class. pén.*, 1998, fasc. 10, art. 111-2 à 111-5.

JEANDIDIER (W.), « Criminalité et délinquance organisées », *Rep. dr. pén. proc. pén.*, Dalloz, janvier 2017.

JEANDIDIER (W.), « Interprétation de la loi pénale », *Juris-class. pén*, 1998, fasc. 20, art. 111-2 à b11-5.

JEANDIDIER (W.), « Principe de légalité criminelle. Sources du droit pénal. Contrôles de constitutionnalité et de conventionnalité des lois. Contrôle de légalité et interprétation des actes administratifs », *Juris-class.pén.* Code, art. 111-2 à 111-5, fasc. 10, 2011.

JEZE (G.), « Contribution à l'étude du principe de la non-rétroactivité des lois. Les lois interprétatives », *RDP* 1924, p. 177.

JEZE (G.), « Les lois rétroactives », *RDP* 1916, p. 2.

JIMENEZ DE ASUA (L.), « La faute consciente et le dolus eventualis », *RSC* 1959-1960, p. 603.

JIMENEZ DE ASUA (L.), « L'analogie en droit pénal », *RSC*, 1949, p. 187 et s.

JIMENEZ DE ASUA (L.), « L'infraction praeter intentionnelle », *RSC* 1960, p. 567.

KAMA (L.), « Commentaire de lois, loi n° 71-77 du 22 décembre 1971 relative à l'extradition », *Rev. sén. dr.,* mars 1970, p. 113.

KANDJI (D.), « Le procès pénal », *Nouvelles Annales africaines*, n° 2, 2008, p. 283 et s.

KEYMAN (S.), « Le résultat pénal », *RSC* 1968, p. 781.

LABORDE (A.), « La contrainte par corps », *Lois nouvelles*, 1929.I.167.

LARCHER (E.), « Du concours idéal d'infractions », *Revue critique de législation et de jurisprudence*, 1898, p. 44 à 64, 96 et 112.

LARGUIER (J.) et LARGUIER (A.-M.), « Le rejet de l'analyse rétroactive en droit pénal », *RSC* 1972, p. 759.

LARGUIER (J.), « La notion d'auteur moral », *RSC* 1976, p. 409.

LASSALLE (J-Y.), « La notion criminologique de l'infraction pénale », in *Mélanges Gassin*, p. 421.

LAZERGES (Ch.), « De la fonction déclarative de la loi pénale », *RSC* 2004, p. 194.

LEBRET (J.) , « Essai sur la notion d'intention criminelle », *RSC* 1938, p. 438 s.

LÉGAL (A.), « La notion de tentative punissable d'après la jurisprudence française », *RPS* 1963. 293 et 1972. 422.

LÉGAL (A.), « Le Code pénal et la loi du 29 juillet 1881 sur la liberté de la presse », in V. MALABAT, B. DE LAMY et M. GIACOPELLI (dir.), « *La réforme du Code pénal et du Code de procédure pénale. Opinio doctorum* », éditions *Dalloz*, 2009, p. 135 et s.

LÉGAL (A.), « Les pouvoirs d'interprétation du juge pénal en France », *Mélanges Germann*, 1959, p. 94.

LEGEAIS (D.), « Légitime défense et protection des biens : aperçu de droit comparé », *RSC* 1980, p. 325.

LEGROS (R.), « L'élément intentionnel dans la participation criminelle », *R.D.P.C.,* 1952, p. 117.

LEGROS (R.), « Politique criminelle et droit pénal », *Rev.dr.pén.crim*, n° 04, avril 1980, p. 287.

LEMOINE (P.), « Le délit d'association de malfaiteurs et la circonstance de bande organisée », *Dr. pén.* 2007. 277 s.

LEMOULAND (J.-J.), « Les critères jurisprudentiels de l'infraction politique », *RSC* 1988, p. 16.

LEPAGE (A.), « Précisions sur la communauté d'intérêts », *comm. com. électr*. 2009, comm. 102.

LESCLOUS (V.), « L'appréciation des actes administratifs par le juge répressif», *JCP* 1994. I. 3747.

LEVASSEUR (G.), « La politique criminelle », *Arch. ph. dr..,* XVI, 1971, p.131.

LEVASSEUR (G.), « Un problème d'application de la loi pénale dans le temps », *RSC*, 1966, p. 1

LEVASSEUR (G.), « Le domaine d'application dans le temps des lois relatives à l'exécution des sanctions répressives », in *Mélanges A. VITU*, Paris, Cujas 1989, p. 349.

LEVASSEUR (G.), « Opinions hétérodoxes sur les conflits de lois répressives dans le temps », *Mélanges J. Constant*, 1971, p. 192.

LEVY-BRUHL (H.), « Les délits politiques. Recherche d'une définition », *Rev. française de sociologie*, 1964, p. 131.

LIET-VEAUX (G.), « Précisions sur l'exception d'illégalité», *Rev. adm.* 1951, p. 492.

LOCHOUARN (D.), « La contrainte par corps : nature, évolution, actualité », *Rev. huissiers* 1998, p. 449.

MAISTRE DU CHAMBON (P.), « Le déclin du principe de la légalité en matière pénale », *Mélanges en l'honneur du doyen R. Decottignies*, PUG, 2003, p. 209 et s.

MALABAT (V.), « Retour sur le résultat de l'infraction », *Mélanges J.-H. Robert,* p. 443.

MALLET-POUJOL (N.), « La notion de publication sur l'Internet et son incidence concernant la prescription des délits en ligne », in « *Le droit de la presse : une spécialité légitime ou dépassée ?* », *Actes du Forum Légipresse du 29 septembre 2005, Légicom*, n° 35, 2006, p. 54.

MANACORDA (S.), « La théorie générale de l'infraction pénale en France : lacunes ou spécificité de la science pénale », *RD pén. crim.* 1999, p. 35.

MANDIANG (I.), « L'affaire Hissène Habré devant les chambres africaines extraordinaires : ou une expérimentation réussie de la mise en œuvre de la compétence universelle par la justice sénégalaise », *Annales africaines,* avril 2023, n° 18, p. 163.

MARCHAL (A.) et SCHEERS (J.), « Une borne franchie : une nouvelle théorie conceptuelle de l'infraction », *RSC* 1983, p. 433.

MARECHAL (J-Y.), « Élément moral de l'infraction », *juris-class. pén.* 2021

MARGUENAUD (J.-P.), « La qualification pénale des actes de terrorisme », *RSC* 1990, n° 1, p. 1 à 28.

MARON (A.), « La lutte contre la délinquance organisée. Aspects de procédure pénale française », *RIDP*., vol. 69, 1998, p. 643.

MAROUN (J. M.), « Les infractions contre la chose publique : les détournements de deniers publics », *Rev. sen. dr.,* spécial , n° 12, 1973, p. 141 et s.

MARTY (J.-P.), « Les délits matériels », *RSC* 1982, p. 41.

MASSE (M.), « La criminalité terroriste », *RSC* 2012, p. 89.

MATHIEU (G.), « L'application de la loi pénale dans le temps (dans la perspective du Code pénal de 1992) », *RSC* 1995, p. 257.

MATSOPOULOU (H.), « L'autonomie du droit pénal et le droit commercial », *Cahiers de droit de l'entreprise* n° 4, Juillet 2021, dossier 29.

MATSOPOULOU (H.), « Les nouveaux moyens de preuve au service de la criminalité organisée : à propos de la loi n° 2016-731 du 3 juin 2016 », *JCP* 2016. 707.

MAURY (O.), « À propos du délit de mise en danger : analyse du contentieux », *Gaz. pal.* 2006. 2. doctr. 3862.

MAYAUD (Y.), « Terrorisme», *Rép. dr. pén. proc. pén.,* Dalloz, 1995.

MAYAUD (Y.), « Communauté d'intérêts » *RSC* 1998, p. 104.

MAYAUD (Y.), « La volonté à la lumière du nouveau code pénal », *Mélanges Larguier*, 1993, PU-Grenoble, p. 204 et s.

MAYAUD (Y.), « Le crime organisé », in P. MEHAIGNERIE (dir.), *Le nouveau Code pénal, enjeux et perspectives,* Paris, Dalloz, 1994, p. 145.

MAYAUD (Y.), « Ratio legis et incrimination », *RSC* 1983, p. 597.

MAYER (D.), « L'infraction politique », *RDPC* 1984, p. 480.

MBAYE (B. N.), « À propos du pouvoir réglementaire au Sénégal » in *Le pouvoir réglementaire des autorités administratives au Sénégal*, Actes du 5e colloque de la RIPAS, Dakar, 11-15 décembre 1989, *RIPAS*, janvier-décembre 1990, n° 23-24, p. 33 et s.

MBAYE (K.), « L'expérience sénégalaise de la réforme du droit », *Rev. Inter. dr. comp.*, 1970, Vol. 22, n° 1, p. 35.

MEINDL (Th.), « Procédure applicable à la criminalité et la délinquance organisées. Poursuite. Instruction. Jugement. Assistants spécialisés. Dispositions dérogatoires de procédure », *Juris-class. proc. pén.,* art. 706-73 à 706-106, fasc. 20, 2020.

MERCADAL (B.), « Recherches sur l'intention en droit pénal », *RSC* 1967, p. 1.

MEURISSE (R.), « À propos de l'autonomie du droit pénal », *S.*, 1964, chr., p. 59.

MICHELET (E.), « Chronique jurisprudentielle : la jurisprudence de la Cour suprême du Sénégal en matière pénale », *Annales africaines,* 1989, 1990, 1991, p. 303.

MICHELET (E.), « Flash sur la procédure pénale sénégalaise issue de la loi du 27 février 1985 », *RIPAS*, n° 12-13, janvier-juin 1985.

MICHELET (E.), « Politique criminelle et prophylaxie sociale au Sénégal», *Annales africaines,* 1980, NEA, 1981, p. 111 et s.

MIMIN (P.), « L'intention et le mobile », *Mélanges Patin*, Paris, Cujas, 1965, p. 113 et s.

MOINE-DUPUIS (I.), « L'intention en droit pénal : une notion introuvable ? » *D.* 2001, chr., p. 2144-2148.

MOLFESSIS (N.), « La notion de loi interprétative », *RTD civ.* 2002, p. 599.

MONGIN (P.), « Le problème de la responsabilité pénale des directeurs de publication », *RSC* 1974, p. 59.

MOURULLO (G. R.), « La punition des actes préparatoires dans le droit pénal espagnol », *RIDP* 1967, p. 76.

NDIAYE (I. Y.), « L'exception d'inconstitutionnalité et la question prioritaire de constitutionnalité. Etude comparative des droits sénégalais et français », Communication au Séminaire interne sur le fonctionnement du Conseil constitutionnel, 09-07 septembre 2011, Méridien Président, Dakar, p. 10.

NDIAYE (I. Y.), « Le Conseil constitutionnel sénégalais », *Les nouveaux Cahiers du Conseil constitutionnel*, 2014/4, n° 45, p. 77 à 103.

NDIAYE (Y.), « Présence de l'avocat durant la garde à vue : de l'ambition à la réalité », *Le Plumutif*, janvier-février-mars 2022, p. 23.

NDIOGOU (TH. A.), « Réflexions sur la nouvelle législation sénégalaise antiterroriste », *Revue Droits fondamentaux,* n° 16, Paris 2, 2018, p. 1.

NGOM (N.), « Les droits de la personnalité et la liberté de la presse au Sénégal », *Revue Ass. sén. dr. pén.*, année 2010, n° 9, p. 39.

NIANG (B.), « Le principe de la légalité de la répression au Sénégal » : http://afrilex.u-bordeaux.fr

NIANG (C. M. B.), « Le rôle du parquet dans la procédure d'application des peines », *La Balance. Le Journal de l'Union des Magistrats sénégalais,* édition spéciale, août 2002, p. 4.

NIANG (C. M. B.), « La justice pénale financière au Sénégal », *Les Cahiers de la Justice*, 2022/2, n° 2, p. 289-300.

NZOUABETH (D.), « L'activité de l'entreprise saisie par le droit pénal », *Annales africaines, nouvelle série*, vol. 1, n° 8, avril 2018, pp. 1 à 46.

NZOUABETH (D.), « La légalité criminelle malmenée dans le droit OHADA », *in Les horizons du droit OHADA, Mélanges en l'honneur du Professeur Filiga Michel SAWADOGO*, édition du CREDIJ, 2018, pp. 521 à 546.

NZOUABETH (D.), « L'animus necandi», *Revue Ass. sén. dr. pén.* , année 2010, n° 9, p. 73 et s.

NZOUABETH (D.), « La tolérance en matière pénale au Sénégal », *Annales africaines*, décembre 2017, n°, p . 190-191.

NZOUABETH (D.), « Le temps et l'infraction », *Annales africaines*, décembre 2016, n° 5, p. 99 et s.

NZOUANKEU (J. M.), « Remarques sur le pouvoir réglementaire au Sénégal » in *Le pouvoir réglementaire des autorités administratives au Sénégal*, Actes du 5e colloque de la RIPAS, Dakar, 11-15 décembre 1989, *RIPAS*, janvier-décembre 1990, n° 23-24, p. 11 et s.

PAGEAUD (P.), « La notion d'intention en droit pénal », *JCP* 1950.1.8.

PAYE (J-C.), « Les définitions légales de l'organisation criminelle », *Courrier hebdomadaire du CRISP*, 2000/32 (n° 1697), p. 5.

PELISSIER (R.), « Le projet criminel dans le nouveau code pénal camerounais », *Penant*, 1968, p. 125.

PERREAU (B.) , « La notion de délit continu en doctrine et en jurisprudence », in *Travaux de la conférence de droit pénal de l'Université de Paris*, 1924, p. 21.

PETIT (S.), « Une nouvelle définition des délits d'imprudence », *Gaz. pal.* 9-11 juill. 2000, p. 2.

PETTITI (L.-E.), « Le problème des repentis », *RSC* 1986, p.751.

PIAZZON (T.), « Le principe de non-rétroactivité de la loi pénale » in *Code pénal et code d'instruction criminelle, livre du Bicentenaire*, ouvrage collectif de l'Université Panthéon-Assas, Paris, Dalloz, 2010.

PIN (X.), « La notion de faute en droit pénal », in *Droit pénal, le temps des réformes*, Paris, LexisNexis, coll. Colloques et débats, 2011, p. 109.

PIN (X.), « Politique criminelle et frontières du droit pénal : enjeux et perspectives », *Rev.pén.dr. pén*, n° 1, janvier-mars 2011, p. 83.

PINATEL (J.), « Les infractions de terrorisme, un nouvel exemple de l'éclatement du droit pénal (loi n° 86-1020 du 9 septembre 1986) », *D.* 1987, chron. p. 39.

PINATEL (J.), « Infractions et valeurs morales », *RSC* 1972, p. 664.

PINATEL (J.), « L'élément légal de l'infraction devant la criminologie et les sciences de l'homme », *RSC* 1967, p. 683.

PINATEL (J.), « L'élément matériel de l'infraction devant la criminologie et les sciences de l'homme », *RSC* 1967, p. 913.

PORTERON (C.), « Infraction », *Rép. dr. pén. proc. pén.,* Dalloz.

PRALUS (M.), « Réflexions autour de l'élément moral des délits », *Dr. pén.* 2002, chron. 41.

PUECH (M.), « De la mise en danger d'autrui », *D.* 1994, chron. p. 154.

PUECH (M.), « L'erreur en droit pénal », *Ann. de la faculté Toulouse* 1982, p.65.

QUILLET (M.), « Le crime organisé : du mythe à la réalité », *Rev. pénit.* 1999, p. 31.

RAGZ (G.), « La méthode criminologique dans l'interprétation des lois pénales », *RSC* 1985, p. 279.

RASSAT (M.-L.), « Emprisonnement et contraventions », *JCP* G. 1975, I, 2740.

RAYNE (S.), « Justice militaire », *Rép. dr. pén. proc. pén.,* Dalloz, 2012.

REBUT (D.), «Tentative », *Rép. dr. pén. proc. pén.* Dalloz, mai 2009.

RIGAUX (V.), « Quelques réflexions sur les rapports entre le droit pénal et les autres branches du droit », *Mélanges Legros,* 1985, p. 517.

RIVES (G.), « La classification des infractions selon leur gravité en droit sénégalais », *Annales africaines* 1974, p. 185.

RIVES (G.), « Le droit criminel sénégalais », *Rev.sén.dr*, juin 1974, n° 15, 7e année, p. 45.

RIVES (G.), « Les problèmes et l'évolution de la politique criminelle au Sénégal depuis l'indépendance », *A.P.C.,* Ed. A. Pedone, Paris, 1975, p. 178.

RIVES (G.), « Théorie générale des obligations en droit sénégalais », *Rev. sén. dr.* décembre 1971, n° 10, p. 32.

ROBERT (H.), « Histoire des éléments constitutifs de l'infraction », *RSC* 1977, p. 269.

ROBERT (J-H.), « L'incrimination par renvoi du législateur national à des règlements communautaires futurs», in *Mélanges offerts à Georges Levasseur*, Paris, Litec-Gazette du Palais, 1992, p. 169.

ROBERT (J-H.), « L'autonomie du droit pénal : survie ou déclin », *Cahiers de droit de l'entreprise* n° 04, juillet 2021, dossier 32.

ROBERT (J. H.), «L'instabilité des qualifications jurisprudentielles et doctrinales des peines secondaires », *Mélanges Larguier*, p. 241.

ROCCA (M.-C.), « Le principe de la légalité et l'incrimination », *Rev. pénit.* 2001, p. 272.

ROETS (D.), « Classifications des infractions », *Juris-class. pén. code*, art. 111-1, fasc. 20, 2010.

ROLLAND (M.), « Le délit d'omission », *RSC* 1965, p. 583.

ROUJOU DE BOUBEE (G.), « Grandeur et décadence de l'interprétation stricte », in *Ruptures, mouvements et continuité du droit, autour de M. Gobert*, Paris, Économica 2004, 195 s.

ROUJOU DE BOUBEE (G.), « Les deux sources du droit pénal d'après la Constitution du 04 octobre 1958 », *JCP*, 1961, I, 1638.

ROZES (L.), « L'infraction consommée », *RSC* 1975, p. 603.

SAINT-PAU (J.-C.), « La responsabilité pénale des infractions de presse », *Travaux de l'Institut de sciences criminelles et de la justice,* vol. 1, Paris, Cujas, 2011, p. 228.

SALEILLES (R.), « Essai sur la tentative », *RPDP*, 1902, p. 1006.

SALVAGE (P.), « L'imprudence en droit pénal », *JCP* G. 1996, I, 3984.

SALVAGE (Ph.), « Retour vers l'imprudence pénale », *JCP* 2000. I. 281.

SALVAGE (Ph.), « Contraventions » 1975, *JCP* G 1975, I, 2741.

SALVAGE (Ph.), « Délits, contraventions, délits-contraventions », *JCP* G 1962, I, 1732.

SALVAIRE (J.), « Le concours idéal de contraventions », *JCP*, 1960, I, 1588.

SALVAIRE (J.), « Les contraventions successives », *JCP* G 1962, 1696.

SANSICO (V.), « Le terrorisme, vie et mort d'une notion juridique (1930-1945) », *Arch. pol. crim.*, vol. 38, n° 01, 2016, p. 27.

SAVEY-CASARD (P.), « Le repentir actif en droit pénal français », *RSC* 1972, p. 515.

SCHAEFFER, « Politique pénale et développement. Libres propos sur la politique pénale dans les États d'Afrique noire d'expression française », *Annales africaines*, 1962, p. 248.

SCHMELCK (R.), «Où en est la politique criminelle ?,» *Pouvoirs*, n° 16, 1981, p. 79.

SCHMIDT (J.-C.), « L'élément intentionnel en matière de contravention », *RPDP* 1932, p. 387.

SECK (El H. A. A.), « Les mesures non privatives de liberté au Sénégal, *inédit.*

SEGONDS (M.), « Tentative », *Juris-class. pén.* 2002, art. 121-4 et 121-5.

SERLOOTEN (P.), « Les qualifications multiples », *RSC* 1973, p. 45.

SENE (B.), « Le traitement de l'exception d'illégalité en droit sénégalais », *La Balance, Revue semestrielle de l'Union des Magistrats sénégalais,* n° 01, janvier-juin 2017, p. 53 et s.

SERIAUX (A.), « L'appréciation de la faute pénale d'imprudence en droit français contemporain », *RSC* 2017, p. 231.

SEYE (O.), « La procédure en matière de délits de presse », *Nouvelles Annales africaines*, n° 2, 2008, p. 349.

SPITÉRI (P.) , « L'infraction formelle », *RSC* 1966, p. 498.

STILE (A.), « Infractions d'omission et responsabilité pénale pour omission », *RID pén.* 1981, p. 553 et 1984, p. 449

SUSINI (J.), « La bande criminelle », *RSC* 1957, p. 673.

TEISSIER, « La solidarité en matière pénale peut-elle se concilier avec les principes de notre droit pénal », *JCP*, 1953.1.1119.

THERON (J.), « De la communauté d'intérêts », *RTD civ.,* janvier-mars 2009, p. 19.

THIAM (S.), « Une vielle habitude malheureuse de la procédure pénale sénégalaise : de la légalité à la transgression de la personne humaine », *Annales africaines,* décembre 2014, p. 255.

THIERRY (J-B.), « L'interprétation créatrice de droit, en droit pénal », *Rev. pénit.* 2009, p. 799.

TOURÉ (P. A.), « « L'ordonnance : un instrument normatif au service de la riposte contre la COVID-19 », *Revue de l'ERSUMA* 2020, n° 12, p. 363.

TOURÉ (P. A.), « Cinq ans de droit pénal des technologies de l'information et de la communication (2008-2013) : chronique de jurisprudence sénégalaise », in *Cour suprême Bulletin des arrêts, Bulletin d'information* 07-08, 2016, p. 117.

TOURÉ (P. A.), « Le vol d'information : virage ou mirage du droit pénal sénégalais ? », *Annales africaines*, mai 2014, p. 103.

TOURÉ (P. A.), « Les infractions commises par tous moyens de diffusion publique à l'épreuve du cyberespace », in *Justice et intégration, Mélanges en l'honneur du professeur Ndiaw DIOUF*, Cotonou, édition du CREDIJ et éditions de l'ERSUMA, 2020, tome I : *la Justice*, p. 661 et s.

TOURÉ (P. A.), « L'article 5 du Règlement 05/CM UEMOA du 25 septembre 2014 relatif à l'assistance de l'avocat dès l'interpellation devant la Chambre d'accusation de la Cour d'Appel de Dakar : à propos de l'arrêt n° 149 du 22 septembre 2015, affaire Thione SECK », *Annales africaines*, nouvelle série, vol 02, n° 03, décembre 2015, p. 323 et s.

TOURÉ (P. A.), « L'assistance de l'avocat dès l'interpellation dans la réforme du Code pénal et du Code de procédure pénale : la greffe processuelle n'a pas bien pris », *La Balance, Revue semestrielle de l'Union des Magistrats sénégalais*, n° 01, janvier-juin 2017, p. 315.

TOURÉ, (P. A.), « Clair-obscur autour du périmètre de compétence du tribunal d'instance en matière correctionnelle », Lex Hebdo, n° 1275 du lundi 16 novembre 2015, p. 10 et s.

TOURÉ, (P. A.), « L'assistance : une mamelle des droits de la défense », in L'amphithéâtre et le prétoire. *Au service des droits de l'homme et de la démocratie, Mélanges en l'honneur du Président Robert Dossou,* Paris, l'Harmattan, 2020, p. 326 et s.

TOURÉ, (P. A.), « La réforme de l'organisation judiciaire du Sénégal : évolution ou révolution judiciaire ?», *La Balance, Revue semestrielle de l'Union des Magistrats sénégalais*, n° 01, janvier-juin 2017, p. 34 et s.

TOURÉ, (P. A.), « Pourvoi en cassation et contentieux pénal de l'OHADA : la difficile gestation d'un droit pénal uniforme de l'OHADA» : https://www.legiafrica.com

TOURÉ, (P. A.),« La Convention de Malabo du 27 juin 2014 sur la cybersécurité et la protection des données à caractère personnel : une nouvelle approche de la gouvernance de la cybercriminalité en Afrique? », in *Administrer la Justice. Transcender les frontières du droit, Mélanges en l'honneur du juge Kéba MBAYE*, Toulouse, Presse universitaire de l'Université de Toulouse I Capitole, 2018.

TOURÉ, (P. A.), « Le droit du travail à l'épreuve de la Covid-19 : un droit social d'exception « fugace » au service de la stabilité de l'emploi », in *Le droit africain à la quête de son identité, Mélanges offerts au Professeur Isaac Yankhoba Ndiaye*, Dakar, l'Harmattan, 2021, p. 1181.

TOURÉ, (P. A.), « Le groupe criminel organisé en droit pénal sénégalais », in *Par le droit immobilier et au-delà, Mélanges en l'honneur de Daniel Tomasin*, Paris, Dalloz, 2022, p. 697 et s.

TOURÉ, (P. A.), « La procédure constitutionnelle de délégalisation au service de la politique de régulation des loyers : à propos de la décision du Conseil constitutionnel du n° 2/C/2023 du 1er février 2023 » : https://ceracle.com (consulté le 29 avril 2023).

TOUZAIN (A.), « L'autonomie du droit pénal et le droit des biens », *Cahiers de droit de l'entreprise* n° 4, juillet 2021, dossier 25.

TOUZAIN (A.), « Regards d'un civiliste sur la notion de bien en matière pénale », in *Des limites à la volonté de puissance ?,* vol. 12, Paris, Dalloz, ICP, Essais de philosophie pénale et de criminologie, 2017, p. 221 à 246, spéc. Note 83.

TRAORE (A.), « L'institution des chambres criminelles au niveau des tribunaux de grande instance », *La Balance, Revue semestrielle de l'Union des Magistrats énégalais*, n° 01, janvier-juin 2017, p. 121.

VAN DROOGHENBRŒK (S.), « Interprétation jurisprudentielle et non-rétroactivité de la loi pénale », *RTDH* 1996, p. 463.

VARINARD (A.), « La prescription de l'action publique. Une institution à réformer », in *Le droit pénal à l'aube du troisième millénaire, Mélanges offerts à Jean Pradel*, 2006, Paris, Cujas, p. 605 s., spéc. p. 629.

VERGES (E.), « La notion de criminalité organisée après la loi du 09 mars 2004 », in *Dossier Criminalité organisée : une justice adaptée ?*, *Act. jur. pén.* 2003-2004, p. 181.

VERON (M.), « La responsabilité du directeur de la publication. Infractions de presse et infractions par voie de presse », *Dr. pén.*, février 1996, p. 1.

VIENNE (R.), « Le principe de la rétroactivité de la loi pénale plus douce doit-il être considéré comme absolu ? », *JCP* 1947. I. 618.

VOUIN (R.), « Justice criminelle et autonomie du droit pénal », *D.* 1947, p. 81, chron. XXI.

WANE (S.), « Plaidoyer pour un procès pénal simplifié : les nouvelles figures des réponses de politique criminelle»: http://afrilex.u-bordeaux.fr

YAWAGA (S.), « Politique criminelle de l'OHADA », in P-G. POUGOUE, *Encyclopédie du droit OHADA*, Paris, Lamy, 2011, p. 1389.

ZANKIA (Z.), « Le droit OHADA et le droit communautaire », *Annales africaines,* avril 2021, n° 14, p. 401.

ZLATARIC (B.), « La participation criminelle et les différentes formes de culpabilité », *RID pén.* 1967. 157.

III. CONSTITUTION, LOIS, DECRETS ET ARRETES

- Constitution du 22 janvier 2001 (JORS, numéro spécial n° 5963 du 22 janvier 2001, p. 27) ;
- loi n° 65-60 du 21 juillet 1965 portant Code pénal (JORS, n° 3767 du 6 septembre 1965, p. 1009 et s.) ;
- loi n° 65-61 du 21 juillet 1965 portant Code de procédure pénale (JORS, n° 3777 du 25 août 1965, p. 1265 et s.) ;
- la loi n° 66-16 du 1er février 1966 modifiant les articles 319 et 423 du Code pénal (JORS n° 3801 du 5 février 1966, p. 150) ;
- la loi n° 67-52 du 29 novembre 1967 complétant le Code pénal et modifiant ses articles 36 et 375 (JORS n° 3930 du 9 décembre 1967, p. 1691) ;
- la loi n° 69-27 du 23 avril 1969 complétant le Code pénal par un article 327 bis réprimant la prostitution des mineurs de 21 ans (JORS n° 4027 du 10 mai 1969, p. 530) ;
- la loi n° 69-47 du 16 juillet 1969 modifiant l'article 154 du Code pénal (JORS n° 4050 du 02 avril 1969, p. 978) ;
- la loi n° 69-72 du 23 décembre 1969 abrogeant et remplaçant l'article 392 du Code pénal (JORS n° 4079 du 24 janvier 1969, p. 68) ;
- erratum à la loi n° 69-72 du 23 décembre 1969 abrogeant et remplaçant l'article 392 du Code pénal (JORS du 28 février 1970, p. 210) ;
- loi n° 71-77 du 22 décembre 1971 relative à l'extradition (JORS, n° 4207 du 05 février 1972, p. 176) ;
- loi n° 72-61 du 12 juin 1972 portant Code de la famille (JORS, 1972, p. 1295) ;
- loi n° 74-13 du 24 juin 1974 abrogeant et remplaçant les dispositions du chapitre deuxième du titre premier du livre troisième du Code pénal (JORS n° 4367 du 20 juillet 1974, p. 1100) ;
- loi n° 74-54 du 04 novembre 1974 abrogeant et remplaçant l'intitulé du paragraphe VI de la section IV du chapitre IV du titre premier du livre troisième et l'article 225 du Code pénal (JORS n° 4388 du 09 novembre 1974, p. 1827) ;
- loi n° 75-77 du 09 juillet 1975 (JORS n° 4436 du 21 juillet 1975, p. 1007) ;
- loi n° 76-02 du 25 mars 1976 modifiant le Code pénal (JORS n° 4483 du 03 avril 1966, p. 502) ;
- loi n° 77-33 du 22 février 1977 modifiant le Code pénal (JORS n° 4556 du 4 avril 1977, p. 381) ;

- erratum à la loi n° 77-33 du 22 février 1977 (JORS n° 4559 du 18 juin 1977, p. 729 ;
- loi n° 77-84 du 10 août 1977 abrogeant et remplaçant les articles 57 4° et 70 du Code pénal (JORS n° 4586 du 12 septembre 1977, p. 1173);
- erratum à la loi n° 77-84 du 10 août 1977 abrogeant et remplaçant les articles 57 4° et 70 du Code pénal (JORS 1978, p. 164);
- loi n° 77-87 du 10 août 1977 abrogeant et remplaçant les articles 254 alinéa premier, 265, 266, 277 alinéa premier et 278 du Code pénal (JORS n° 4586 du 12 septembre 1977, p. 1175) ;
- loi n° 79-49 du 11 avril 1979 modifiant le Code pénal (JORS du 21 mai 1979, p. 545) ;
- loi n° 79-68 du 28 décembre 1979 abrogeant et remplaçant les intitulés de la section II et du paragraphe premier de ladite section du chapitre IV, du titre premier du livre troisième et des articles 152 et 153 du Code pénal (JORS 1979, p. 59) ;
- loi n° 80-48 du 24 décembre 1980 insérant un article 278 bis dans la section IV du Code pénal relative aux infractions commises par tous moyens de diffusion publique (JORS n° 4806 du 26 du décembre 1980, p. 1506) ;
- loi n° 80-49 du 24 décembre 1980 complétant le Code pénal par un article 305 bis et abrogeant le décret du 30 mai 1933 portant application de la loi du 31 juillet 1920 réprimant la propagande anti-conceptionnelle et la provocation à l'avortement (JORS n° 4806 du 26 d décembre 1980, p. 1506) ;
- loi n° 81-53 du 10 juillet 1981 relative à la répression de l'enrichissement illicite (JORS n° 4846 du 24 juillet 1981, p. 713) ;
- loi n° 81-77 du 10 décembre 1981 relative à la répression des actes de discrimination raciale, ethnique er religieuse (JORS n° 4872 du 2 janvier 1982, p. 8) ;
- loi n° 84-11 du 04 janvier 1984 relative aux faux-monnayage abrogeant et remplaçant les articles 119 à 124 inclus du Code pénal ((JORS n° 4987, du 28 janvier 1984, p. 58) ;
- loi n° 96-13 du 28 août 1996 relative aux instruments de paiement : chèque, carte de paiement et de retrait, lettre de change et billet à ordre (JORS n° 5708 du 28 septembre 1996, p. 395 et s.) ;
- loi n° 96-15 du 28 août 1996 complétant le Code pénal (JORS n° 5709, du 05 octobre 1996, p. 421) ;
- loi n° 97-18 du 1er décembre 1997 portant Code des Drogues (JORS n° 5777 du 20 décembre 1997, p. 539) ;

- loi n° 99-05 du 29 janvier 1999 modifiant certaines dispositions du Code pénal (JORS n° 5847 du 27 février 1999, p. 832) ;
- loi n° 99-84 du 3 septembre 1999 complétant l'article 294 du Code pénal (JORS n° 5883 du 25 septembre 1999, p. 1267) ;
- loi n°2000-38 du 29 décembre 2000 modifiant le Code pénal ((JORS n° 5966 du 10 février 2001, p. 67) ;
- loi n° 2004-38 du 28 décembre 2004 portant abolition de la peine de mort (JORS n° 6202 du 22 janvier 2005, p. 53) ;
- loi n° 2005-06 du 10 mai 2005 relative à la lutte contre la traite des personnes et pratiques assimilées et à la protection des victimes (JORS n° 6223 du 30 mai 2005) ;
- loi n° 2007-04 du 12 février 2007 modifiant le Code de procédure pénale relative à la lutte contre les actes de terrorisme (JORS n° 6332 du 10 mars 2007, p. 2375).
- loi n° 2007-01 du 12 février 2007 modifiant le Code pénal (JORS n° 6323 du 10 mars 2007, p. 2375) ;
- loi n° 2007-02 du 12 février 2007 modifiant le Code pénal (JORS n° 6323 du 10 mars 2007, p. 2377) ;
- loi n° 2008-09 du 25 janvier 2008 portant sur le droit d'auteur et les droits voisins (JORS, n° 6407 du 10 mai 2008, p. 451);
- loi n° 2008-11 du 25 janvier 2008, portant sur la cybercriminalité (JORS n° 6406, du 3 mai 2008, p. 419) ;
- loi uniforme n° 2008-48 du 03 septembre 2008 relative à la répression des infractions en matière de chèque, de carte bancaire et d'autres instruments et procédés techniques de paiement (JORS n° 6453, du 7 février 2009, p. 120);
- loi n° 2014-27 du 03 novembre 2014 modifiant la loi n° 65-60 du 21 juillet portant Code pénal (JORS n° 6818 du 10 novembre 2014, p. 1361) ;
- loi n° 2016-29 du 08 novembre 2016 modifiant le Code pénal (JORS n° 6975 du 25 novembre 2016, p. 1613) ;
- loi n° 2017-22 du 22 mai 2017 modifiant la loi n° 65-60 du 21 juillet 1965 portant Code pénal (JORS n° 7020 du jeudi 15 juin 2017, p. 725) ;
- loi n° 2018-02 du 23 février 2018 relative à la répression du faux monnayage et des autres atteintes aux signes monétaires (JORS n° 7095 du lundi 14 mai 2018, p. 553) ;
- loi n° 2020-05 du 10 janvier 2020 modifiant n° 65-60 du 21 juillet 1965 portant Code pénal (JORS n° 7257 du 13 janvier 2020, p. 30) ;

- loi n° 2020-28 du 07 juillet 2020 modifiant la loi n° 65-60 du 21 juillet 1965 portant Code pénal et consacrant le placement sous surveillance électronique comme mode d'aménagement des peines (JORS n° 7342 du 27 juillet 2020, p. 1517 ;
- loi n° 2021-33 du 23 juillet 2021 modifiant n° 65-60 du 21 juillet 1965 portant Code pénal (JORS n° 7444 du 30 juillet 2021, p. 1049) ;
- loi n° 2021-34 du 23 juillet 2021 modifiant la loi n° 65-61 du 21 juillet 1965 portant Code de Procédure pénale (JORS n° 7444 du 30 juillet 2021, p. 1056) ;
- décret n° 65-557 du 21 juillet 1965 portant Code des contraventions (JORS du 23 août 1965, p. 954 et s.) ;
- décret n° 65-727 du 30 octobre 1965 relatif au casier judiciaire (JORS 1965, p. 1394) ;
- décret n° 66-183 du 16 mars 1966 relatif aux conditions d'application de l'article 36 du Code pénal sur l'interdiction de séjour (JORS 1966, p. 318) ;
- décret n° 69-998 du 12 septembre 1969 réglementant l'usage de la force pour l'application de l'article 92 du Code pénal (JORS du 04 octobre 1969, p 1160) ;
- décret n° 71-352 du 25 mars 1971 fixant les conditions d'agrément des sociétés ; consortiums ou organismes pouvant se prévaloir des dispositions des articles 385 et 386 du Code pénal en matière de détournement de prêts ou de garanties (JORS du 04 octobre 1971, p 413) ;
- décret n° 71-356 du 26 mars 1971 pris en application de l'article 91 du Code pénal (JORS 1971, p. 429 ;
- décret n° 2001-362 du 04 mai 2001 relatif aux procédures d'exécution et d'aménagement des sanctions pénales ;
- décret n° 2021-1064 du 11 août 2021 fixant les règles d'organisation et de fonctionnement de l'Office national de recouvrement des avoirs criminels (ONRAC);
- décret n° 2021-1068 du 11 août 2021 modifiant le décret n° 2001-362 du 4 mai 2001 relatif aux procédures d'exécution et d'aménagement des sanctions pénales (JORS n° 7466 du samedi du 23 octobre 2021, p. 1559) ;
- décret n° 2023-679 du 23 mars 2023 portant organisation du Ministère de la Justice
- arrêté n° 8683 du 29 juin 1967 portant règlement intérieur des établissements pénitentiaires ;

- arrêté du Garde des Sceaux, Ministre de la Justice n° 003820 du 28 février 2022 portant organisation et fonctionnement du Centre de surveillance électronique pris en application du décret n° 2001-362 du 4 mai 2001 relatif aux procédures d'exécution et d'aménagement des sanctions pénales, modifié par le décret n° 2021-1068 du 11 août 2021 ;
- arrêté du Garde des Sceaux, Ministre de la Justice n° 001645 du 25 janvier 2022 fixant la composition des Comités de Suivi en Milieu Ouvert auprès des tribunaux de grande instance ;
- arrêté du Garde des Sceaux, Ministre de la Justice n° 003822 du 28 février 2022 portant homologation du procédé de surveillance électronique pris en application du décret n° 2001-1068 du 4 mai 2001 relatif aux procédures d'exécution et d'aménagement des sanctions pénales ;
- arrêté du Garde des Sceaux, Ministre de la Justice n° 003823 du 28 février 2022 portant habilitation à effectuer les prestations techniques relatives à la mise en œuvre du placement sous surveillance électronique pris en application du décret n° 2001-1068 du 4 mai 2001 relatif aux procédures d'exécution et d'aménagement des sanctions pénales ;
- arrêté du Garde des Sceaux, Ministre de la Justice n° 003824 du 28 février 2022 portant habilitation à effectuer les prestations techniques relatives à la mise en œuvre du placement sous surveillance électronique pris en application du décret n° 2001-1068 du 4 mai 2001 relatif aux procédures d'exécution et d'aménagement des sanctions pénales.

V. CIRCULAIRES, LETTRES-CIRCULAIRES ET NOTE-CIRCULAIRE

- Circulaire n° 0081/PM/CAB/CTG du 23 septembre 1977 relative à la répartition des services entre la Gendarmerie, la Sûreté et l'Administration pénitentiaire ;
- circulaire interministérielle n° 14 MINT/DAP du 18 février 1980 sur la constitution et l'instruction des dossiers de libération conditionnelle ;
- circulaire du Ministre de la Justice n° 04731 MJ/DACG du 22 juin 1983 relative à l'application de la loi n° 83-76 du 5 juillet 1983 portant amnistie ;
- note circulaire du Procureur général près la Cour d'Appel de Kaolack n° 155/PG PA KK du 12 mai 2002 sur l'exécution des peines;
- circulaire du Ministre de la Justice n° 03547 MJ/DACG du 20 juin 2013 relative au traitement pénal des dossiers de nature civile ;

- circulaire n°06631 MJ/DACG en date du 28 octobre 2013 relative au recouvrement au profit des personnes publiques;
- circulaire du Ministre de la Justice n°00553 MJ/DACG en date du 3 février 2014 relative au recensement des biens saisis ou confisqués ;
- lettre-circulaire n°02228 MJ/DACG en date du 26 mars 2015 relative à la visite de prisons;
- circulaire du Ministre de la Justice n° 03319 MJ/DACG/mn du 08 mai 2017 relative au fonctionnement des Comités d'aménagement des peines;
- circulaire du Ministre de la Justice n° 09012 MJ/DACG/ m.mn en date du 08 décembre 2016;
- circulaire du Ministre de la Justice n° 02395 MJ/DACG/mn du 6 février 2018 relative au rapport semestriel des comités de l'aménagement des peines ;
- circulaire de politique pénale générale du Ministre de la Justice n° 00246 du 14 janvier 2019;
- circulaire du Ministre, Secrétaire général du Gouvernement n° 000003 SGG/SGA/JUR/SP du 05 août 2021 relative à l'objectif de valeur de l'intelligibilité de la loi.

INDEX ALPHABÉTIQUE

(Les chiffres renvoient aux numéros de paragraphe)

TABLE DES MATIÈRES

Structures éditoriales du groupe L'Harmattan

L'Harmattan Italie
Via degli Artisti, 15
10124 Torino
harmattan.italia@gmail.com

L'Harmattan Hongrie
Kossuth l. u. 14-16.
1053 Budapest
harmattan@harmattan.hu

L'Harmattan Sénégal
10 VDN en face Mermoz
BP 45034 Dakar-Fann
senharmattan@gmail.com

L'Harmattan Cameroun
TSINGA/FECAFOOT
BP 11486 Yaoundé
inkoukam@gmail.com

L'Harmattan Burkina Faso
Achille Somé – tengnule@hotmail.fr

L'Harmattan Guinée
Almamya, rue KA 028 OKB Agency
BP 3470 Conakry
harmattanguinee@yahoo.fr

L'Harmattan RDC
185, avenue Nyangwe
Commune de Lingwala – Kinshasa
matangilamusadila@yahoo.fr

L'Harmattan Congo
219, avenue Nelson Mandela
BP 2874 Brazzaville
harmattan.congo@yahoo.fr

L'Harmattan Mali
ACI 2000 - Immeuble Mgr Jean Marie Cisse
Bureau 10
BP 145 Bamako-Mali
mali@harmattan.fr

L'Harmattan Togo
Djidjole – Lomé
Maison Amela
face EPP BATOME
ddamela@aol.com

L'Harmattan Côte d'Ivoire
Résidence Karl – Cité des Arts
Abidjan-Cocody
03 BP 1588 Abidjan
espace_harmattan.ci@hotmail.fr

Nos librairies en France

Librairie internationale
16, rue des Écoles
75005 Paris
librairie.internationale@harmattan.fr
01 40 46 79 11
www.librairieharmattan.com

Librairie des savoirs
21, rue des Écoles
75005 Paris
librairie.sh@harmattan.fr
01 46 34 13 71
www.librairieharmattansh.com

Librairie Le Lucernaire
53, rue Notre-Dame-des-Champs
75006 Paris
librairie@lucernaire.fr
01 42 22 67 13

www.ingramcontent.com/pod-product-compliance
Lightning Source LLC
LaVergne TN
LVHW011224061026
849535LV00001BA/172
* 9 7 8 2 1 4 0 3 3 4 6 6 5 *